بسم الله الرحمن الرحيم

أحكـام الأسـرة
(الزواج والطلاق)
بين الحنفية والشافعية
دراسة مقـارنة بالقـانـون

أحكـام الأسـرة
(الزواج والطـلاق)
بين الحنـفية والشـافعية
دراسة مقارنة بالقانـون

الدكتور
إسماعيل أبابكر علي البامرني

الطبعة الأولى
1429هـ-2009م

المملكة الأردنية الهاشمية
رقم الإيداع لدى دائرة المكتبة الوطنية
(3069 / 9 / 2008)

265

✎ البامرني، إسماعيل
✎ أحكام الأسرة: الزواج والطلاق بين الحنفية والشافعية: دراسة مقارنة / إسماعيل أبا بكر علي البامرني.
_ عمّان : دار الحامد ، 2008 .
✎ ( ) ص .
✎ ر. أ. : (3069 / 9 / 2008) .
✎ الواصفات : /الفقه الإسلامي// الأسرة// الزواج /

❖ أعدت دائرة المكتبة الوطنية بيانات الفهرسة والتصنيف الأولية .

* (ردمك) ISBN 978-9957-32-426-1

دار الحامد للنشر والتوزيع

شفا بدران - شارع العرب مقابل جامعة العلوم التطبيقية

هاتف: 5231081 -00962   فاكس : 5235594 -00962

ص.ب . (366) الرمز البريدي : (11941) عمان – الأردن

Site : www.daralhamed.net   E-mail : info@daralhamed.net

E-mail : daralhamed@yahoo.com   E-mail : dar_alhamed@hotmail.com

بسم الله الرحمن الرحيم

﴿ وَمِنْ ءَايَٰتِهِۦٓ أَنْ خَلَقَ لَكُم مِّنْ أَنفُسِكُمْ أَزْوَٰجًا لِّتَسْكُنُوٓاْ إِلَيْهَا وَجَعَلَ بَيْنَكُم مَّوَدَّةً وَرَحْمَةً ۚ إِنَّ فِى ذَٰلِكَ لَأَيَٰتٍ لِّقَوْمٍ يَتَفَكَّرُونَ ﴿٢١﴾ ﴾

صدق الله العظيم

[سورة الروم: الآية 21]

المحتويات

بسم الـلـه الرحمن الرحيم

مقدمة

إن الحمد لله نحمده ونستعينه ونستغفره ونستهديه. ونعوذ بالله من شرور أنفسنا ومن سيئـات أعمالنـا. مـن يهـده الـلـه فهـو المهتد ومـن يضلله فلن تجـد لـه وليـا مرشدا. ﴿ يَٰٓأَيُّهَا ٱلَّذِينَ ءَامَنُواْ ٱتَّقُواْ ٱللَّهَ حَقَّ تُقَاتِهِۦ وَلَا تَمُوتُنَّ إِلَّا وَأَنتُم مُّسۡلِمُونَ ﴿١٠٢﴾ ﴾ [آل عمران: 102]. ﴿ يَٰٓأَيُّهَا ٱلنَّاسُ ٱتَّقُواْ رَبَّكُمُ ٱلَّذِي خَلَقَكُم مِّن نَّفۡسٖ وَٰحِدَةٖ وَخَلَقَ مِنۡهَا زَوۡجَهَا وَبَثَّ مِنۡهُمَا رِجَالٗا كَثِيرٗا وَنِسَآءٗۚ وَٱتَّقُواْ ٱللَّهَ ٱلَّذِي تَسَآءَلُونَ بِهِۦ وَٱلۡأَرۡحَامَۚ إِنَّ ٱللَّهَ كَانَ عَلَيۡكُمۡ رَقِيبٗا ﴿١﴾ ﴾ [النساء: 1] ﴿ يَٰٓأَيُّهَا ٱلَّذِينَ ءَامَنُواْ ٱتَّقُواْ ٱللَّهَ وَقُولُواْ قَوۡلٗا سَدِيدٗا ﴿٧٠﴾ يُصۡلِحۡ لَكُمۡ أَعۡمَٰلَكُمۡ وَيَغۡفِرۡ لَكُمۡ ذُنُوبَكُمۡۗ وَمَن يُطِعِ ٱللَّهَ وَرَسُولَهُۥ فَقَدۡ فَازَ فَوۡزًا عَظِيمًا ﴿٧١﴾ ﴾ [الأحزاب: 70-71].

أما بعد فإن الخلاف بين الفقهاء قديم قدم الآراء الفقهية منذ عصر الصحابة وإلى يومنا هذا. إلا أن الخلاف الفقهي الذي وجد في عصر الرسول ﷺ بين الصحابة رضوان الـلـه عليهم كان يؤول إلى حكم واحد وذلك بعرض المسألة على الرسول ﷺ حيث كان قضاء الرسول وحكمه قاطعا للنزاع والخلاف.

وأما بعد وفاة الرسول ﷺ فقد حصل خلاف حقيقي بين الصحابة في مسائل عديدة. فلم يكد أصحاب رسول الـلـه ﷺ يفرغون من دفنه في قبره المطهر حتى برز قرن الخلاف بينهم في أمور عدة كان في مقدمتها الخلاف الذي حصل بينهم فيمن يلي أمر هذه الأمة ويخلف رسول الـلـه ﷺ. فظن الأنصار أنهم أحق من المهاجرين بالخلافة وولاية الأمر، لأنهم آووا الرسول ونصروه وإليهم كانت هجرته ﷺ. وأما المهاجرون فقد غلب على ظنهم أنهم أحق بها لأنهم من الرسول والرسول منهم فينبغي أن تظل ولاية أمر المسلمين فيهم. عليه يمكن القول بأن الخلاف الفقهي كان موجودا منذ عصر الصحابة وإلى يومنا هذا. بين الصحابة أنفسهم وبين التابعين وتابعي التابعين وإلى يومنا هذا لا زال الخلاف الفقهي قائما بين الفقهاء في أمور شتى.

والمتتبع لكتب الفقه الإسلامي يرى ذلك الخلاف الفقهي واضحا لا لبس فيه ولا غموض. فمعظم المسائل الفقهية فيها خلاف بين الفقهاء.

ومن ضمن المسائل الفقهية الخلافية بين الفقهاء الخلاف في أحكام الأسرة (الزواج والطلاق). فالخلاف بين الفقهاء في هذه المسألة واسع جدا.

يبقى السؤال لماذا تم اختيار موضوع الخلاف بين الحنفية والشافعية في أحكام الأسرة (**الزواج والطلاق**) .

فالجواب إن الخلاف بين الحنفية والشافعية واسع في الكثير من المسائل الفقهية. ولا سيما مسألة الزواج والطلاق. فمعظم مسائل الزواج والطلاق هي محل خلاف بينهما. فقد تجد في حالات كثيرة بأن الشافعية مع الجمهور وأن المخالف لهم في ذلك هم الحنفية. وقد تجد العكس. فالوقوف على تلك المسائل الخلافية بين الحنفية والشافعية يعني الكثير وخاصة إذا تبين لنا بأن قوانين الأحوال الشخصية عموما والعراقي خصوصا تتضمن في معظمها إما مذهب الحنفية أو الشافعية. وقلما نجد قانون الأحوال الشخصية قد أخذ برأي غيرهما إلا في مسائل معدودة.

ثم لا يخفى على أحد ما لهذين المذهبين من انتشار واسع في معظم الأقطار الإسلامية فلا تكاد تجد بلدا إلا وفيه من يتبع مذهب الحنفية أو الشافعية.

ثم إن موضوع الزواج والطلاق من المواضيع المهمة جدا والحساسة لما له صلة وثيقة وتأثير بالغ على شخص الإنسان ذكرا كان أو أنثى فهو يتعلق بأدق وأخطر جوانب حياته. فلسنا بصدد بيان أهمية موضوع الزواج والطلاق لما بدا واضحا لكل ذي لب سليم أهمية الموضوع. إذ يكفي القول بأن الاشتغال بالنكاح أفضل من التخلي لنوافل العبادات. لذا ذكره الحنفية في كتبهم الفقهية في أول المعاملات بعد العبادات مباشرة.

عليه فإن وجدت كتب تحدثت عن الخلاف بين الفقهاء فهي ليست بالكثيرة في هذا المجال. فقد كتب الأقدمون حول الخلاف بين الحنفية والشافعية ولكن بصورة عامة ضمن الحديث في الخلاف بين الفقهاء ومن غير ذكر للأدلة ككتاب رحمة الأمة في اختلاف الأئمة لأبي عبد الله محمد بن عبد الرحمن الدمشقي العثماني الشافعي من علماء القرن الثامن عشر. وحتى كتاب اختلاف الفقهاء للإمام أبي عبد الله المروزي ت 294. فإنه لا يذكر الأدلة إلا ما ندر وخاصة في موضوع الزواج والطلاق.

وقد تجد كتابا فيه بيان للخلاف بين الحنفية والشافعية عموما ولكن يذكر مؤلفه مذهبه مع ذكر الأدلة القوية لتأييد مذهبه، ولكنه حينما يذكر المخالف يشير إلى الأدلة ولكن ليس بقوة أدلته فتراه يضعف حديث المخالف بينما هو قوي صالح للاحتجاج به. ككتاب رؤوس المسائل الخلافية بين الحنفية والشافعية للزمخشري ت 538هـ. وغيرها من الكتب التي تعرضت للخلاف بين الحنفية والشافعية.

عليه ارتأيت أن أكتب في الخلاف بين الحنفية والشافعية في أحكام الأسرة الزواج والطلاق. لأن وجود الخلاف بين الصحابة والتابعين وغيرهم من الفقهاء الأجلاء لا يعني النظر إلى تلك المسائل الخلافية وكأنها أمر واقع لا محيص عنه، بل لابد من تحري الحق، ومعرفة الصواب من الخطأ للوصول إلى الحكم الشرعي الصحيح الموافق للكتاب والسنة وقواعد الشريعة. فما وجدت الكتب التي أشرنا إليها وغيرها من الكتب العديدة إلا لهذا الغرض.

فالخلاف الذي وقع بين الفقهاء كان طبيعيا. حيث لم يكن خلافا مستندا إلى هوى. ولم يكن خلافا في أصول المسائل. ولا في المسائل المجمع عليها. بل كان في الفروع وقد بين الشاطبي أن الخلاف لابد وأن يكون ولكن لا في كل شيء حيث يقول "وقد ثبت عند النظار أن النظريات لا يمكن الاتفاق عليها عادة، فالظنيات عريقة في إمكان الاختلاف فيها، لكن في الفروع دون الأصول، وفي الجزئيات دون الكليات، فلذلك لا يضر هذا الاختلاف"[(1)].

عليه كان لابد من التعامل مع الخلاف بين الفقهاء والاجتهاد فيه وبيان الصائب من الخاطئ شرط أن يكون هذا الاجتهاد مبينا على أسس علمية لا تخرج عن الضوابط والقواعد الشرعية في الترجيح كي يكون الترجيح دقيقا مشروعا. فالاجتهاد إذا صدر من غير أهله لا يكون جائزا ولا يكون بذلك المجتهد مأجورا بل مأزورا. فقد روى عطاء عن جابر قال: خرجنا في سفر فأصاب رجلا منا حجر فشده في رأسه ثم احتلم فسأل أصحابه فقال هل تجدون لي رخصة في التيمم ؟ فقالوا ما نجد لك رخصة وأنت تقدر على الماء فاغتسل فمات فلما قدمنا على النبي ﷺ أخبر بذلك فقال "قتلوه قتلهم الله ألا سألوا إذ لم يعلموا فإنما شفاء العي السؤال إنما كان يكفيه أن يتيمم ويعصر أو يعصب "شك موسى" على جرحه خرقة ثم يمسح عليها ويغسل سائر جسده[(2)] قال الحاكم هذا حديث صحيح[(3)].

إن الوقوف على هذا الخلاف والآثار المترتبة عليه. وبيان الراجح يساعد الفقيه في فتواه وكذا القضاء في تلك الوقائع التي لا نص فيها ويكون الحكم فيها متروكا للعمل بالفقه الإسلامي.

عليه كان التعامل مع الخلاف من الأمور التي ينبغي أن تدرس بجدية وعناية فائقة، فليس كل من وقف على الخلاف يستطيع التعامل الشرعي معه. فقد لا يلزم نفسه بالبحث عن سبب الخلاف والبحث عن الراجح منه. ومن ثم لا يجد إلا أن يلقي اللوم كل اللوم على المخالف.

فكان من الخطأ الذي وقع فيه الكثير من الناس أنصاف المثقفين أن الفقه الإسلامي مصدر قلق وفتنة واضطراب للناس في حياتهم حيث أصبح الناس حيرى في تقليد مذهب دون مذهب ناسيا أن الأمة على مدار قرون كانت تستقي في تشريعاتها من هذا النبع العظيم. وغافلا عما يحويه هذا الفقه العظيم من حلول تشريعية لمعضلات عجزت التشريعات المعاصرة عن إيجاد حل لها وعقمت أرحام البرلمانات أن تلد مثل أبي حنيفة في إيجاد حلول لمشكلات لا للتي وقعت فقط بل للتي لم تقع بعد. وعاجزة أن تلد كالشافعي في إرجاع المسائل والوقائع إلى أصولها. فكان قائل هذه المقولة جاهلا أو متجاهلا أن اختلاف هذه الأمة كان رحمة بها.

---

(1) الشاطبي، الاعتصام، ج1، ص413.

(2) سليمان بن الأشعث أبو داود السجستاني الأزدي، سنن أبي داود، تحقيق : محمد محيي الدين عبد الحميد، ج1، دار الفكر، ص145.

(3) محمد بن عبدالله أبو عبدالله الحاكم النيسابوري، المستدرك على الصحيحين، تحقيق : مصطفى عبد القادر عطا، ج1، الطبعة الأولى، دار الكتب العلمية - بيروت، سنة الطبع 1411 - 1990، ص270.

فبإذن من المولى القدير كتبت هذا الكتاب في بيان الخلاف بين الحنفية والشافعية في أحكام الأسرة (الزواج والطلاق) دراسة مقارنة بالقانون في خطة مفصلة تتكون من مبحث تمهيدي يتطرق إلى بيان أهم أسباب الخلاف بين الفقهاء. وبابين. خصصت الأول للنكاح في خمسة فصول وأما الثاني فقد خصصته للطلاق في أربعة فصول.حيث ذكرت أولا مذهب الحنفية في كل مسألة وأدلتهم عليها. ثم بينت بعد ذلك مذهب الشافعية وأدلتهم في المسألة. ثم ذكرت موقف المشرع العراقي في قانون الأحوال الشخصية العراقي المرقم 188 لسنة 1959. ثم بينت الراجح من مذهبي الحنفية أو الشافعية. فإن كنت مصيبا فمن اللـه وحده لا غير وله الفضل والإحسان. وإن كنت مخطئا فمني وحدي راجيا من اللـه العلي القدير المغفرة والتوبة.

-20-

مبحث تمهيدي

في
أسباب الخلاف وتعريف بمذهبي
الحنفية والشافعية

مبحث تمهيدي

في

أسباب الخلاف وتعريف بمذهبي الحنفية والشافعية

أسباب الخلاف:

مما لا شك فيه أن للخلاف بين الفقهاء أسباب عديدة لا يمكن عدها ولا حصرها في مطلب. فهناك الكثير من الأسباب باتت واضحة في أنها سبب للخلاف بين الفقهاء. وهناك أسباب لم يحط بها[1] ولن نطيل في بيان أسباب الخلاف فقد كتب فيه الكثيرون ولا زال البحث فيه جاريا ولكن نشير إلى أهم أسباب الخلاف بصورة موجزة كي يكون البحث بإذنه تعالى أكثر نفعا. فالوقوف على أسباب الخلاف يعين الباحث على معرفة الصواب من الخطأ في الأحكام وبالتالي ترجيح الصحيح دون غيره من الأحكام.

عليه يمكن إيجاز أهم أسباب الخلاف بين الفقهاء في النقاط الآتية:

الاختلاف في القراءات:

لا خلاف في أن القرآن الكريم هو المصدر المتفق على حجيته وهو المصدر الأول عند جميع المسلمين. ومما هو معلوم أن للقرآن الكريم قراءات عدة وقد يكون الاختلاف في القراءة سببا للخلاف بين الفقهاء مثال ذلك:

جاءت قراءة أخرى لقوله تعالى: ﴿ يَٰٓأَيُّهَا ٱلَّذِينَ ءَامَنُوٓاْ إِذَا قُمۡتُمۡ إِلَى ٱلصَّلَوٰةِ فَٱغۡسِلُواْ وُجُوهَكُمۡ وَأَيۡدِيَكُمۡ إِلَى ٱلۡمَرَافِقِ وَٱمۡسَحُواْ بِرُءُوسِكُمۡ وَأَرۡجُلَكُمۡ إِلَى ٱلۡكَعۡبَيۡنِ ﴾[2]. التي هي النصب فقد قرئ (وأرجلكم) بالكسر فكان اختلاف القراءة سببا في الاختلاف الفقهي. فقد أخذ الجمهور بقراءة النصب فقالوا بوجوب غسل الرجلين إلى الكعبين عطفا على غسل الوجه. بينما اعتمد الإمامية من الشيعة قراءة الجر فذهبوا إلى أن الفرض هو مسح الرجلين عطفا على مسح الرأس[3].

---

[1] د. عبد الله بن عبد المحسن التركي، أسباب اختلاف الفقهاء، ط3، مؤسسة الرسالة- سوريا، سنة الطبع 1997، ص13.
[2] سورة المائدة، الآية رقم (6).
[3] د. مصطفى سعيد الخن، أثر الاختلاف في القواعد الأصولية في اختلاف الفقهاء، ط2، مؤسسة الرسالة، بيروت – لبنان، سنة الطبع 2003، ص39-40.

الاختلاف في الاحتجاج بالسنة:

لا خلاف بين الفقهاء في أن السنة هي المصدر الثاني من مصادر التشريع في الفقه الإسلامي, وكونها سببا للخلاف يكمن في أنه قد يصل الحديث إلى مجتهد فيأخذ به دون مجتهد آخر فيحكم بخلافه. وقد يكون الحديث ضعيفا عند مجتهد لعلة خفيت على مجتهد آخر. من ذلك منع الحنفية العمل بخبر الآحاد إلا بشروط كأن لا يعمل الراوي بخلاف روايته وأن لا يكون واردا فيما تعم به البلوى وأن لايكون مخالفا للقياس. ومثال ذلك الخلاف في حكم نكاح المرأة دون إذن الولي فقد منعه الشافعية لما روته عائشة رضي الـلـه عنها قالت: قال رسول الـلـه ﷺ: (أيما امرأة نكحت بغير إذن مواليها فنكاحها باطل " ثلاث مرات " فإن دخل بها فالمهر لها بما أصاب منها فإن تشاجروا فالسلطان ولي من لا ولي له)[1] بينما لم يأخذ الحنفية بهذا الحديث وقالوا بصحة نكاح المرأة دون إذن وليها لأن عائشة رضي الـلـه عنها قد زوجت بنت أخيها حفصة بنت عبد الرحمن بن أبي بكر وقد كان غائبا بالشام بلا إذن وليها[2].

الاختلاف في اللغة:

قد يكون لاستعمال اللفظ في اللغة استعمالات عدة أثر في اختلاف الفقهاء، مثال ذلك قوله تعالى: ﴿ وَٱلْمُطَلَّقَـٰتُ يَتَرَبَّصْنَ بِأَنفُسِهِنَّ ثَلَـٰثَةَ قُرُوٓءٍ ﴾[3]. فالقرء لفظ استعمل في اللغة للطهر وكذلك استعمل في الحيض وكان هذا سببا للخلاف بينهم في عدة المطلقة ذات الحيض هل تعتد بثلاثة أطهار أم ثلاث حيض. فذهب الحنفية إلى أن القروء في الآية يراد بها الحيض بينما ذهب الشافعية إلى أن المراد منها الطهر[4].

ومن ذلك أيضا قوله ﷺ: (لا طلاق ولا عتاق في إغلاق) فقد اختلفوا في تفسير الإغلاق فمنهم من فسره بالإكراه، ومنهم فسره بالغضب.وتبعا لذلك اختلف الفقهاء في بعض أحكام الطلاق[5].

الاختلاف في القياس:

إذا كان القياس حجة شرعية عند جمهور الفقهاء إلا الظاهرية إلا أن الخلاف في بعض جزئياته كان السبب في الخلاف بين الفقهاء من ذلك مدى جريان القياس في الحدود والكفارات فالذي عليه الشافعية والجمهور هو صحة جريان القياس في الحدود والكفارات ولأجل ذلك قالوا

---

[1] ابو داود، سنن أبي داود، ج1، ص634.

[2] د. مصطفى الزلمي، أصول الفقه الإسلامي في منهجه الجديد، ط2، دار الكتب للطباعة، الموصل، سنة الطبع 1997، ص55-56.

[3] سورة البقرة، ، الآية رقم (228).

[4] ينظر ص 390 من هذه الأطروحة.

[5] ينظر ص 223 من هذه الأطروحة.

بوجوب الكفارة على القاتل عمدا قياسا على القتل الخطأ. بينما لم يوجبه الحنفية بحجة أن القياس في الحدود والكفارات غير جائز لأنها من الأمور المقدرة غير المعقولة المعنى فلا يجري فيها القياس[1].

الاختلاف في الأخذ بمفهوم المخالفة:

إن من أسباب الخلاف بين الفقهاء الخلاف في دلالة المفهوم على نقيض الحكم الذي دل عليه منطوقه وهو ما يسمى بالمفهوم المخالف فقد يكون مفهوم الصفة أو مفهوم الشرط أو مفهوم العدد أو مفهوم الغاية[2]. وقد حصل بينهم خلاف في الأخذ به كحجة شرعية مثال ذلك: الخلاف في حكم الزواج بالأمة الكتابية فقد منع ذلك الجمهور لقوله تعالى: ﴿ وَمَن لَّمْ يَسْتَطِعْ مِنكُمْ طَوْلاً أَن يَنكِحَ ٱلْمُحْصَنَٰتِ ٱلْمُؤْمِنَٰتِ فَمِن مَّا مَلَكَتْ أَيْمَٰنُكُم مِّن فَتَيَٰتِكُمُ ٱلْمُؤْمِنَٰتِ﴾[3].

فبناء على اعتبار مفهوم الصفة لم يجوز الجمهور التزوج بالأمة الكتابية. بينما أجاز الحنفية تزوج الأمة الكتابية حيث لم يعتبروا مفهوم الصفة[4].

الاختلاف في حجية قول الصحابي:

موطن الخلاف في اعتبار قول الصحابي حجة أم لا؟ يكمن في كون قوله حجة على التابعين ومن بعدهم من المجتهدين. فذهب الحنفية إلى اعتبار قوله حجة مقدمة على القياس بينما لم يعتبره الشافعية حجة[5] وكان هذا سببا للخلاف بينهم في مسائل منها أكثر مدة الحمل فذهب الحنفية إلى أنها سنتان لقول عائشة رضي الله عنها (الولد لا يبقى في بطن أمه أكثر من سنتين ولو

[1] ينظر د. مصطفى سعيد الخن، المصدر السابق، ص535.

[2] ينظر الامام محمد بن محمد بن محمد الغزالي أبو حامد، المنخول في تعليقات الأصول، تحقيق د. محمد حسن هيتو، ج1، ط2، دار الفكر - دمشق، سنة الطبع1400هـ ص209. عبد القادر بن بدران الدمشقي، المدخل إلى مذهب الإمام أحمد بن حنبل، تحقيق: د. عبد الله بن عبد المحسن التركي، ج1، ط2، مؤسسة الرسالة - بيروت، سنة الطبع1401، ص275.

[3] سورة النساء، الآية رقم (25).

[4] أسباب اختلاف الفقهاء، ص240. عبد القادر بن بدران الدمشقي، المدخل إلى مذهب الإمام أحمد بن حنبل، ج1، ص275.

[5] الإمام السرخسي، المبسوط، ج2، دار المعرفة، بيروت - لبنان، سنة الطبع 1406، ص105. علي بن عبد الكافي السبكي، الإبهاج في شرح المنهاج على منهاج الوصول إلى علم الأصول، تحقيق جماعة من العلماء، ج2، لطبعة الأولى، دار الكتب العلمية - بيروت، سنة الطبع 1404، ص192. علي بن محمد الآمدي أبو الحسن، الإحكام في أصول الأحكام، تحقيق د. سيد الجميلي، ج4، ط1، دار الكتاب العربي - بيروت، سنة الطبع 1404، ص157. عبد الملك بن عبد الله بن يوسف الجويني أبو المعالي، البرهان في أصول الفقه، تحقيق د. عبد العظيم محمود الديب، ج2، ط4، دار الوفاء، المنصورة - مصر، سنة الطبع 1418، ص890.

بقدر فلكة مغزل)[1] بينما اعتبر الشافعية أكثر مدة الحمل أربع سنوات لأن ما لا نص فيه يرجع إلى الوجود وقد حدث أن بقي الحمل في البطن إلى أربع سنوات[2].

الاختلاف في الاستصحاب[3]:

إن اعتبار الحنفية الاستصحاب حجة في الدفع دون الإثبات أي لإبقاء ما كان على ما كان ودفع ما يخالفه. واعتبار الجمهور الاستصحاب حجة في الدفع والإثبات سبب للخلاف بينهم في إرث المفقود من وارثه إن مات قبله. فعند الحنفية لا يرث المفقود من وارثه الذي يموت قبله حتى يتبين حاله. وعند الشافعية يرث لأن الاستصحاب عندهم حجة في الإثبات كما هو في الدفع[4].

الاختلاف في حمل المطلق على المقيد[5]:

الخلاف بين الحنفية والشافعية في حمل المطلق على المقيد إذا كان حكمهما واحدا والسبب مختلف كان سببا للخلاف بينهما في أحكام منها الخلاف في صفة الكفارة المجزئة في الظهار في قوله تعالى: ﴿ وَٱلَّذِينَ يُظَٰهِرُونَ مِن نِّسَآئِهِمۡ ثُمَّ يَعُودُونَ لِمَا قَالُواْ فَتَحۡرِيرُ رَقَبَةٖ مِّن قَبۡلِ أَن يَتَمَآسَّاۚ ذَٰلِكُمۡ تُوعَظُونَ بِهِۦۚ وَٱللَّهُ بِمَا تَعۡمَلُونَ خَبِيرٞ ﴿٣﴾ ﴾[6]. فهل يجوز عتق الرقبة غير المؤمنة عملا بالمطلق أم لابد في الرقبة من صفة الإيمان حملا للمطلق في هذه الآية على الرقبة المقيدة بالإيمان في كفارة القتل في قوله تعالى: ﴿ وَمَن قَتَلَ مُؤۡمِنًا خَطَـٔٗا فَتَحۡرِيرُ رَقَبَةٖ مُّؤۡمِنَةٖ وَدِيَةٞ مُّسَلَّمَةٌ إِلَىٰٓ أَهۡلِهِۦٓ ﴾[7]. أما الحنفية فلم يحملوا المطلق على المقيد فقالوا بإجزاء الرقبة غير المؤمنة. وأما الشافعية فقد حملوا المطلق على المقيد فقالوا لا يجوز من في الكفارات إلا الرقاب المؤمنة[8].

---

(1) مالك بن أنس أبو عبدالله الأصبحي، موطأ الإمام مالك، تحقيق : د. تقي الدين الندوي، ج2، ط1، دار القلم - دمشق، سنة الطبع1991م، ص580.

(2) ينظر د. مصطفى سعيد الخن، المصدر السابق، ص535.

(3) الاستصحاب وهو الحكم ظنا ببقاء أمر تحقق وجوده سابقا ولم يظن عدمه بعد تحققه. التقرير والتحبير في شرح التحرير، ابن أمير حاج، ج3، دار الكتب العلمية، بيروت - لبنان، دون عدد وسنة الطبع ص291.

(4) د. عبد الركيم زيدان، الوجيز في أصول الفقه، ط3، الناشر دار إحسان -طهران، سنة الطبع1995، ص269.

(5) المطلق هو اللفظ الدال على مدلول شائع في جنسه كرجل وكتاب. وأما المقيد فهو ما تناول معينا أو موصوفا بوصف زائد على حقيقة جنسه كـ(رقبة مؤمنة). ينظر الآمدي ، المصدر السابق، ج3، ص5. حسن بن محمد بن محمود العطار، حاشية العطار على شرح الجلال المحلي، ج2، دار الكتب العلمية، بيروت - لبنان، دون عدد وسنة الطبع، حاشية العطار على شرح الجلال المحلي.

(6) سورة المجادلة، الآية رقم (3).

(7) سورة النساء، الآية رقم (92).

(8) ينظر ص 358 من هذه الأطروحة.

الاختلاف في تخصيص العام بخبر الآحاد[1]:

الخلاف بين الحنفية والشافعية في تخصيص العام بخبر الواحد كان سببا للخلاف بينهما في فروع منها أن الحنفية منعوا أكل الذبيحة التي لم يذكر اسم الـلـه عليها لعموم قوله تعالى:﴿ وَلَا تَأْكُلُوا مِمَّا لَمْ يُذْكَرِ اسْمُ اللَّهِ عَلَيْهِ وَإِنَّهُ لَفِسْقٌ ﴾[2]. وعدم وجود دليل مخصص له في قوته. بينما ذهب الشافعية إلى جواز أكل ذبيحة المسلم وإن لم يذكر اسم الـلـه عليه لما رواه البخاري عن عائشة رضي الـلـه عنها قالت: أن قوما قالوا للنبي ﷺ إن قوما يأتوننا باللحم لا ندري أذكر اسم الـلـه عليه أم لا ؟ فقال (سموا عليه أنتم وكلوه) . قالت وكانوا حديثي عهد بالكفر[3]. ولما رواه الدارقطني عن أبي هريرة قال سأل رجل رسول الـلـه ﷺ فقال: يا رسول الـلـه أرأيت الرجل منا يذبح وينسى أن يسمي الـلـه فقال النبي ﷺ (اسم الـلـه على كل مسلم) قال الدارقطني مروان بن سالم ضعيف. وقال بن قانع "اسم الـلـه على فم كل مسلم"[4]. وأعله ابن القطان به أيضا[5]. فالشافعية فقد خصصوا عموم قوله تعالى: ﴿ وَلَا تَأْكُلُوا مِمَّا لَمْ يُذْكَرِ اسْمُ اللَّهِ عَلَيْهِ وَإِنَّهُ لَفِسْقٌ ﴾[6]. بما ذكر من أحاديث. ولم يقبل الحنفية تخصيصه لكونها خبر أحاد لا تصلح أن تكون دليلا للتخصيص[7].

الاختلاف في تعارض الأدلة:

إن الأدلة من القرآن والسنة من غير الممكن أن تكون متعارضة لأن الجميع من الـلـه العليم الخبير. عليه فإن وجد ثم ما يسمى بالتعارض فهو بسبب عجزنا عن فهم المراد. لذا نقول فالتعارض بين الأدلة سبب في الخلاف بين الفقهاء من ذلك نكاح المحرم فلم يقل به الجمهور منهم الشافعية لقوله ﷺ (لا ينكح المحرم ولا ينكح)[8]. بينما قال الحنفية بجوازه لحديث (أن النبي ﷺ قد تزوج ميمونة وهو محرم)[9].

---

(1) العام لفظ يستغرق جميع ما يصلح له بوضع واحد. محمد بن عمر بن الحسين الرازي، المحصول في علم الأصول، تحقيق : طه جابر فياض العلواني، ج2، ط1، الناشر جامعة الإمام محمد بن سعود الإسلامية – الرياض، سنة الطبع 1400، ص513. السبكي، الإبهاج في شرح المنهاج ج2، ص82.

(2) سورة الأنعام، الآية رقم (121).

(3) الإمام محمد بن إسماعيل أبو عبدالـلـه البخاري الجعفي، الجامع الصحيح المختصر المسمى صحيح البخاري، تحقيق : د. مصطفى ديب البغا، ج5، ط3، دار ابن كثير ، اليمامة – بيروت، سنة الطبع 1987، ص2097.

(4) علي بن عمر أبو الحسن الدارقطني البغدادي، سنن الدارقطني، تحقيق السيد عبد الـلـه هاشم يماني المدني، ج4، دار المعرفة - بيروت ، 1386 – 1966، ص295.

(5) عبدالـلـه بن يوسف أبو محمد الحنفي الزيلعي،نصب الراية لأحاديث الهداية، تحقيق محمد يوسف البنوري، ج4، دار الحديث - مصر،سنة الطبع 1357، ص247.

(6) سورة الأنعام، الآية رقم (121).

(7) د. مصطفى الخن، المصدر السابق، ص211- 212.

(8) الإمام مسلم، صحيح مسلم، ج2، ص1031.

(9) متفق عليه. البخاري، صحيح البخاري، ج2، ص652. الإمام مسلم، صحيح مسلم، ج2، ص1031.

وقد يكون السبب أيضا الشك في ثبوت الحديث ومن ذلك الخلاف بين الحنفية والشافعية في نفقة المطلقة طلاقا بائنا فقد قال الحنفية بثبوت النفقة والسكنى للمطلقة طلاقا بائنا لقولـه تعـالى: ﴿ لَا تُخْرِجُوهُنَّ مِنۢ بُيُوتِهِنَّ وَلَا يَخْرُجْنَ إِلَّآ أَن يَأْتِينَ بِفَٰحِشَةٍ مُّبَيِّنَةٍ ﴾[1]. بينما لم يثبت الشافعية لها السكنى لحديث فاطمة بنت قيس " أن رسول الـلـه ﷺ لم يجعل لها نفقة ولا سكنى) ولكن الحنفية ردوا هذا الحديث بحجة عدم ثبوته فقد كان عمر يثبت لها ذلك ويقول (لا ندع كتاب الـلـه وسنة نبينا ﷺ لقول امرأة لا ندري أحفظت أم نسيت)[2].

ما مر ذكره كان بيانا لأهم أسباب الخلاف بين الفقهاء منهم الحنفية والشافعية. ومن خلال دراستنا هذه سنجد الكثير من أسباب الخلاف وتطبيقاتها عند المذهبين الحنفي والشافعي. لذا نكتفي بذكرها ونحيل القارئ إلى مظانها في كتب أسباب الخلاف و الـلـه هو الموفق والهادي إلى سواء السبيل.

التعريف بالمذهب الحنفي:

لا شك أن مؤسس مذهب الحنفية هو الإمام الأعظم والجليل أبو حنيفة النعمان بن ثابت, الفارسي الأصل، مولى بنى تيم الـلـه بن ثعلبة[3] المولود بالكوفة. سنة 80هـ والمتوفى سنة 150هـ[4].

واختلفوا هل لقي أحدا من الصحابة أم لا؟ إلا أن الخطيب البغدادي ذكر في تأريخ بغداد أنه رأى أنس بن مالك وبذلك يكون تابعيا. والراجح أنه لم يلق أحدا من الصحابة رضوان الـلـه عليهم[5]. فيكون من أتباع التابعين على الأرجح. وكان أبو حنيفة تاجرا يبيع الخز[6]. ويبدو أن تجارته قد أفادته في حياته فقد أغنته عن السلطان وعن تولي المناصب وعاونته على مساعدة بعض شيوخه وتلاميذه وقد أفادته التجارة أيضا في معرفته بالناس ومعاملاتهم المالية وأعرافهم[7].

---

(1) سورة الطلاق، الآية رقم (1).

(2) ينظر ص 415 من هذه الأطروحة.

(3) يروي عن إسماعيل بن حماد بن أبي حنيفة قال نحن من أبناء فارس الأحرار ولد جدي النعمان سنة ثمانين وذهب جدي ثابت إلى علي وهو صغير فدعا له بالبركة فيه وفي ذريته. ينظر أحمد بن علي بن حجر أبو الفضل العسقلاني الشافعي، تهذيب التهذيب، ج10، ط1، دار الفكر - بيروت، سنة الطبع 1984، ص401.

(4) ابن سعد، الطبقات الكبرى، ج7، ص322. الإمام البخاري ، التاريخ الكبير، تحقيق: السيد هاشـم الندوي، ج8، دار الفكر، ص81.

(5) مناع القطان، تأريخ التشريع الإسلامي، ط24، مؤسسة الرسالة، بيروت - لبنان، سنة الطبع 1996، ص269.

(6) أحمد بن علي أبو بكر الخطيب البغدادي، تاريخ بغداد، ج13، دار الكتب العلمية - بيروت، ص344. أحمد بن عبد الـلـه بن صالح أبو الحسن العجلي الكوفي، معرفة الثقات، تحقيق عبـد العليم عبـد العظيم البستوي، ج2، ط1، مكتبة الدار - المدينة المنورة، سنة الطبع 1985، ص314.

(7) د. أحمد محمود الشافعي وآخرون، المدخل لدراسة الفقه الإسلامي، منشورات الحلبي، بيروت - لبنان، سنة الطبع 2003م، ص128.

وقد تتلمذ الإمام أبو حنيفة على كثيرين فقد "سمع عطاء [1] ونافعا [2] وعكرمة[3] وعنه سمع أبو يوسف ومحمد"[4]. ولكن أكثر ما تتلمذ كان على يدي حماد بن أبي سليمان[5]. فحماد يعد أستاذه فقد لازمه ثماني عشرة سنة في مدرسة الرأي بالكوفة تلك المدرسة التي كان لها طابعها الخاص فإمام هذه المدرسة هو عبد الـلـه بن مسعود الذي تأثر بسيدنا عمر بن الخطاب في حرية الرأي وكان حماد من أنجب تلاميذ ابن مسعود ومن تلاميذ هذه المدرسة علقمة[6] ومسروق [7] وشريح

---

(1) هو عطاء بن أبي رباح (27هـ- 114هـ) المكي الثقة الفقيه الفاضل مولى آل أبي خيثم الفهري القرشي من سادات التابعين. كان مولده بالجند من اليمن ونشأ بمكة وكان اسود أعور أشل أعرج ثم عمى في آخر عمره. فكان المقدم في الصالحين مع الفقه والورع. سمع أبا هريرة وابن عباس وأبا سعيد وجابر وابن عمر رضي الـلـه عنهم. لكنه كان كثير الإرسال. وكان مولده سنة سبع وعشرين ومات بمكة سنة أربع عشرة ومائة كنيته أبو محمد. ينظر تذكرة الحفاظ للذهبي، ج1، ص62. مشاهير علماء الأمصار لابن حبان، ج1، ص81. التاريخ الكبير للبخاري، ج6، ص463. تقريب التهذيب للعسقلاني، ج1، ص391.

(2) هو نافع مولى عبد الـلـه بن عمر أبو عبد الـلـه يقال انه كان من أبرشهر ويقال انه كان من أهل المغرب أصابه بن عمر في بعض غزواته روى عن بن عمر وأبي سعيد الخدري وأبي هريرة وعائشة روى عنه الزهرى ومالك بن أنس وأيوب السختياني. قيل لأحمد يعنى بن حنبل إذا اختلف سالم ونافع في بن عمر من أحب إليك قال ما اتقدم عليهما.قال عثمان بن سعيد الدارمي قال قلت ليحيى بن معين نافع أحب إليك عن بن عمر أو سالم فلم يفضل قلت فنافع أو عبد الـلـه بن دينار فقال ثقات ولم يفضل. مات نافع سنة سبع عشرة ومائة. الجرح والتعديل لابن أبي حاتم، ج8، ص451. مشاهير علماء الأمصار لابن حبان، ج1، ص129. التاريخ الكبير للبخاري، ج8، ص84.

(3) هو الحافظ أبو عبد الـلـه عكرمة بن عبدالـلـه الهاشمي بربرى الاصل مولى ابن عباس من كبار التابعين. سمع بن عباس وأبا سعيد وعائشة وروى عنه جابر بن زيد وعمرو بن دينار قال أبو نعيم مات سنة سبع ومائة . قال جابر بن زيد عكرمة مولى بن عباس هذا أعلم الناس. مات سنة أربع ومائة. قال أبو عبد الـلـه ليس أحد من أصحابنا إلا احتج بعكرمة0 ينظر التاريخ الكبير للبخاري، ج7، ص49. تهذيب الكمال لأبي الحجاج المزي، ج20، ص265.

(4) حمد بن أحمد أبو عبدالـلـه الذهبي الدمشقي، الكاشف في معرفة من له رواية في الكتب الستة، تحقيق محمد عوامة، ج2، الطبعة الأولى، دار القبلة للثقافة الإسلامية , مؤسسة علو - جدة، سنة الطبع 1413 - 1992، ص322. يوسف بن الزكي عبدالرحمن أبو الحجاج المزي، تهذيب الكمال، تحقيق : د. بشار عواد معروف، ج33، الطبعة الأولى، مؤسسة الرسالة - بيروت، سنة الطبع1400 - 1980، ص266.

(5) مولى إبراهيم بن أبي موسى الأشعري الكوفي الفقيه أبو إسماعيل روى عن أنس وابن المسيب وإبراهيم وروي عنه ابنه إسماعيل وأبو حنيفة ومسعر وشعبة. وهو ثقة إمام مجتهد كريم جواد قال أبو إسحاق الشيباني هو أفقه من الشعبي. ولكن الشعبي أثبت منه مات سنة 120هـ

(6) هو علقمة بن قيس بن عبد الـلـه النخعي (هـ 61 هـ) فقيه العراق الإمام أبو شبل النخعي الكوفى مخضرم أدرك الجاهلية والإسلام خال إبراهيم النخعي وعم الأسود ولد في حياة رسول الـلـه ﷺ ولحق الجاهلية وسمع من عمر وعثمان وابن مسعود وعلي وأبي الدرداء وجود القرآن على بن مسعود وتفقه به وكان من انبل اصحابه قال عبد الرحمن بن يزيد قال بن مسعود ما اقرأ شيئا وما اعلم شيئا الا وعلقمة يقرؤه ويعلمه. كان صاحب خير وورع ، بلغ من علمه أن أناسا من أصحاب النبي صلي الـلـه علية وسلم كانوا يسألونه ويستفتونه . ينظر تذكرة الحفـاظ للذهبي، ج1، دار إحياء التراث العربي، دون مكان وعدد وسنة الطبع، ص48. الإصابة في تمييز الصحابة ج5، ص136.

(7) مسروق بن الأجدع الهمداني الوادعي أبو عائشة الكوفي. من اليمن التابعي الثقة صاحب ابن مسعود. كان أبوه أفرس فارس باليمن. يقال إنه سرق وهو صغير ثم وجد فسمي مسروقا. روى عن زيد بن ثابت وعبد الـلـه بن عمر بن الخطاب وعبد الـلـه بن عمرو بن العاص وكثيرين. يقول مسروق لقيت عمر بن الخطاب فقال ما اسمك فقلت مسروق بن الأجدع قال سمعت النبي ﷺ يقول الأجدع شيطان أنت مسروق بن عبد الرحمن قال الشعبي فرأيته في الديوان مسروق بن عبد الرحمن. مات سنة اثنتين أو ثلاث أو أربع وستين للهجرة. ينظر الإصابة في تمييز الصحابة للعسقلاني، ج6، ص292. الطبقات الكبرى لابن سعد، ج6، ص76.

القاضي[1] وإبراهيم النخعي[2] والشعبي[3] ولقد برع هولاء حتى أصبحوا من أبرز العلماء فكان لكل واحد منهم ثقافة معينة أثرت في مدرسة الرأي ثم جاء حماد بن أبي سليمان فجمع كل هذه الثقافات ثم أفرغها في صدر أبي حنيفة النعمان .فصاغها مذهبا بعد أن تبلورت ثقافاتها في ذهنه ولذا لقب الإمام أبو حنيفة بإمام أهل الرأي[4].

لذا كان الشافعي رحمه الـلـه يقول في حق أبي حنيفة "الناس عيال على أبي حنيفة في الفقه"[5].

وقال محمد بن بشر كنت أختلف إلى أبي حنيفة وإلى سفيان فآتي أبا حنيفة فيقول لي من أين جئت فأقول من عند سفيان فيقول لقد جئت من عند رجل لو أن علقمة والأسود[6] حضرا لاحتاجا إلى مثله فآتي سفيان فيقول لي من أين فأقول من عند أبي حنيفة فيقول لقد جئت من عند أفقه أهل الأرض[7].

---

(1) شريح بن الحارث بن قيس بن الجهم بن معاوية بن عامر من أبناء كندة (- 78هـ). أدرك النبي ﷺ ولم يلقه. مختلف في صحبته قال بن السكن روى عنه خبر يدل على صحبته. إلا أنه ذكر من بين الصحابة لكونه أدرك الجاهلية وإلا فهو تابعي على الصحيح. واستقضاه عمر بن الخطاب على الكوفة فقضى بها أيام عمر وعثمان وعلي ولم يزل على القضاء بها إلى أيام الحجاج فأقام قاضيا بها ستين سنة . وكان أعلم الناس بالقضاء ذا فطنة وذكاء ومعرفة وعقل وكان شاعرا محسنا له أشعار محفوظة وكان كوسجا لا شعر في وجهه. ينظر أسد الغابة لابن الأثير، ج2، ص382. الإصابة في تمييز الصحابة للعسقلاني، ج3، ص334. جامع التحصيل لأبي سعيد العلائي ج1، ص195.

(2) إبراهيم بن يزيد بن قيس بن الأسود النخعي أبو عمران الكوفي الفقيه الثقة. أحد أكابر الأعلام، كثير المحاسن، حجة بالإتفاق. قال الأعمش ما ذكرت لإبراهيم حديثا قط إلا زادني فيه. وكان مدلسا إلا أن تدليسه كان من أخص شيء، وكانوا يتعجبون منه. مات سنة ست وتسعين وهو بن خمسين أونحوها.ينظر الطبقات الكبرى لابن سعد، ج6، ص270-271. تقريب التهذيب للعسقلاني، ج1، ص95. التبيين لأسماء المدلسين، لأبي الوفا الحلبي الطرابلسي، ج1، ص41.

(3) عامر بن شراحيل وقيل بن عبد الـلـه بن شراحيل وقيل بن شراحيل بن عبد الشعبي أبو عمرو الهمدانــي الكــوفي (ت 104 أو 107 أو 109) .من همدان وأمه من سبي جلولاء ولد لست سنين خلت من خلافة عمر بن الخطاب على المشهور. روي عن عدد كبير من الصحابة كعلي وسعد بن أبي وقاص وسعيد بن زيد وزيد بن ثابت وغيرهم من الأعلام في الفقه والحديث وسائر العلوم. قال أدركت خمسمائة من الصحابة وقال ما كتبت سوداء في بيضاء ولا حدثت بحديث إلا حفظته. قال الزهري: العلماء أربعة: سعيد بن المسيب بالمدينة، وعامر الشعبي بالكوفة والحسن البصري بالبصرة ومكحول بالشام. ينظر تهذيب الكمال لأبي الحجاج المزي، ج14، ص28. الكاشف للذهبي، ج1، ص522.

(4) د. أحمد محمود الشافعي و آخرون، المدخل لدراسة الفقه الإسلامي، ص129.

(5) يوسف بن الزكي عبدالرحمن أبو الحجاج المزي، تهذيب الكمال، تحقيق: د. بشار عواد معروف، ج29، ط1، مؤسسة الرسالة - بيروت، سنة الطبع، 1980، ص433.

(6) هو الأسود بن يزيد، من شيوخ مدرسة الرأي تابعي من أصحاب ابن مسعود وهو من علماء الكوفة. توفي رحمه الـلـه تعالى سنة (75هـ) خمس وسبعين. ينظر كشف الظنون، ج1، ص427. أبجد العلوم، ج2،ص 180.

(7) يوسف بن الزكي عبدالرحمن أبو الحجاج المزي، تهذيب الكمال، تحقيق : د. بشار عواد معروف، ج29، ط1، مؤسسة الرسالة - بيروت، سنة الطبع، 1980، ص433.

تكوين المذهب:

كون الإمام أبو حنيفة مذهبه بطريق الشورى مع أبرز تلامذته كأبي يوسف ومحمد وزفر حيث كانت تعرض المسألة ويتم التحاور والتناظر بشأنها وسماع ما يتعلق بها من الأخبار والآثار حتى ينتهون فيها إلى رأي سواء اتفقوا على هذا الرأي أم اختلفوا عليه ثم يقوم أبو يوسف ومحمد بكتابة ذلك[1].

عليه فليس للإمام أبي حنيفة كتاب مكتوب بخط يده. فما وجد من فقه منقول عن الإمام أبي حنيفة قد كتبه تلامذته، وخاصة الإمام محمد بن الحسن الشيباني والإمام أبو يوسف. وأما الإمام زفر فلم يدون شيئا من فقه أبي حنيفة، لأنه كان أسرع أصحابه لحوقا به في الوفاة.

ولكن ينسب إلى الإمام أبي حنيفة كتاب الفقه الأكبر ولم تصح هذه النسبة وكذلك نسب إلى الإمام أبي حنيفة مسند في الحديث ولكن قال ابن حجر العسقلاني[2] في كتاب تعجيل المنفعة "وكذلك مسند أبي حنيفة فقد توهم أنه جمع أبي حنيفة وليس كذلك والموجود من حديث أبي حنيفة مفردا إنما هو كتاب الآثار التي رواها محمد بن الحسن عنه ويوجد في تصانيف محمد بن الحسن وأبي يوسف قبله من حديث أبي حنيفة أشياء أخرى"[3].

ولكن ذكر صاحب كشف الظنون مسند الإمام أبي حنيفة وذكر رواته وأن الذي اعتنى بجمع مسانيده هو أبو المؤيد محمد بن محمود الخوارزمي المتوفى 165هـ فيكون بذلك للإمام أبي حنيفة مسند في الحديث. مما ينفي الدعوى القائلة بأن أبا حنيفة لم يصح عنده أو لم ين مذهبه إلا على سبعة عشر حديثا[4].

---

[1] د. أحمد محمود الشافعي وآخرون، المصدر السابق،ص132.

[2] قاضي القضاة شهاب الدين أبي الفضل أحمد بن علي بن محمد بن محمد بن علي بن حجر(773-852هـ) نسبة إلى آل حجر قوم سكنوا الجنوب الآخذ على بلاد الجريد وأرضهم قابس الكناني العسقلاني الأصل ثم المصري المولد والمنشأ والدار والوفاة الشافعي الحافظ بل سيد الحفاظ والمحدثين في تلك الأمصار وما قاربها الموصوف بأنه: (البيهقي) الثاني. سافر بصحبة أحد أوصيائه إلى مكة فسمع بها ثم حبب إليه الحديث فسمع الكثير بقرائته وقراءة غيره بالبلاد الشامية والمصرية والحجازية وأتقن علم الحديث عند العراقي. وتفقه بالبلقيني وابن الملقن وغيرهما. قال (السيوطي) ختم به الفن. وقالوا فيه انتهت إليه الرحلة والرياسة في الحديث في الدنيا بأجمعها فلم يكن في عصره حافظ سواه. وألف كتبا كثيرة وأملى أكثر من ألف مجلس. زادت تضانيفه على مائة وخمسين مصنفا. من تصانيفه (فتح الباري شرح صحيح البخاري) خمسة عشر مجلدا ؛ ولو لم يكن له إلا هذا لكفاه و(الدراية في منتخب تخريج أحاديث الهداية) و(تلخيص الحبير في تخريج أحاديث الرافعي الكبير). ينظر الرسالة المستطرفة لمحمد بن جعفر الكتاني، ج1، ص160. معجم المطبوعات لإيليان سركيس، ج1، ص155، ص 77.

[3] ابن حجر العسقلاني، تعجيل المنفعة بزوائد رجال الأئمة الأربعة، تحقيق : د. إكرام الله إمداد الحق، ج1، ط1، دار الكتاب العربي - بيروت، ص5.

[4] ينظر مصطفى بن عبد الله القسطنطيني،كشف الظنون، ج2، ط2، دار الكتب العلمية، بيروت - لبنان، سنة الطبع 1992م، ص1680. وينظر مناع القطان، المصدر السابق، ص279.

عليه فالذي يبدو واضحا أن لتلامذة الإمام أبي حنيفة كان الدور الرئيسي في انتشار مذهبه وبقاءه إلى يومنا هذا ومن أبرز تلامذة الإمام أبي حنيفة:

أبو يوسف قاضي القضاة.

الإمام محمد بن الحسن الشيباني.

الإمام زفر بن الهذيل.

وسنذكر نبذة مختصرة عن حياة هولاء الثلاثة وأما غيرهم من فقهاء الحنفية فسنذكر تراجمهم في ثنايا الأطروحة.

الإمام أبو يوسف:

أبو يوسف يعقوب بن إبراهيم بن حبيب الأنصاري القاضي الفقيه صاحب أبي حنيفة المولود سنة 113هـ والمتوفى سنة اثنتين وثمانين ومائة[1].

وهو من أشهر تلامذة الإمام أبي حنيفة وكان ملازما لحلقاته الدراسية شديد التعلق به رغبة في التعلم وفي ذلك يقول أبو يوسف "ما كان في الدنيا أحب إلي من مجلس أجلسه مع أبي حنيفة وبن أبي ليلى فاني ما رأيت فقيها افقه من أبي حنيفة ولا قاضيا خيرا من بن أبي ليلى[2].

فأبو يوسف وإن كان من شيوخ مدرسة الرأي، إلا أنه كان قد رحل إلى الإمام مالك وأخذ عنه الحديث والفقه. ولما رجع إلى العراق عدل عن رأيه في بعض المسائل لما صح عنده من أحاديث. لذا قال عنه يحيى بن معين[3] "ليس في أصحاب الرأي أكثر حديثا ولا اثبت من أبي يوسف" [4]. ويكون بذلك قد قرب بين أهل العراق وأهل الحجاز وقد تتلمذ على يديه الكثير من تلامذة أبي حنيفة منهم الإمام محمد بن الحسن ولكن بعد توليه القضاء انصرف معظم التلاميذ إلى مجلس الإمام محمد بن الحسن [5].

ويكفيه من المحاسن ما قيل في حقه من أنه "لولا أبو يوسف ما ذكر أبو حنيفة ولا بن أبي ليلى فهو الذي نشر قولهما وبث علمهما". فهو صاحب أبي حنيفه وأفقه أهل عصره ولم يتقدمه

---

[1] أبو القاسم الجرجاني، تاريخ جرجان، تحقيق : د. محمد عبد المعيد خان، ج1، ط3، عالم الكتب - بيروت، سنة الطبع 1981، ص487.

[2] ابن حبان البستي، الثقات، تحقيق : السيد شرف الدين أحمد، ج7، الطبعة الأولى، دار الفكـر، سنة الطبع 1395 - 1975، ص645. الخطيب البغدادي، تاريخ بغداد، ج14، ص245.

[3] هو يحيى بن معين بن عون بن زياد بن بسطام أبو زكريا المري الغطفاني(158-233) من أئمة الحديث إمام أهل الجرح والتعديل، الحافظ، الثبت، الحجة، الثقة، قال الإمام أحمد: "يحيى أعلمنا بالرجال". وقال علي بن المديني "انتهى علم الناس الى يحيى بن معين" وكان أبو سعيد الحداد يقول "لولا يحيى بن معين ما كتبنا الحديث" ينظر تذكرة الحفاظ للذهبي، ج2، ص429. تهذيب التهذيب، ج11، ص248. تاريخ بغداد، ج14، ص179.

[4] الذهبي، تذكرة الحفاظ، ج1، ص293.

[5] د. أحمد محمود الشافعي، المصدر السابق، ص139.

أحد في زمانه وكان النهايه في العلم والحكم والرياسه والقدر وأول من وضع الكتب في أصول الفقه على مذهب أبي حنيفة وأملى المسائل ونشرها[1]. فكتب أبي يوسف هي التي حفظت أقوال أبي حنيفة التي نقلها عنه ومن كتبه كتاب الخراج وكتاب اختلاف أبي حنيفة وابن أبي ليلى وكتاب الرد على سير الأوزاعي.

الأمام محمد بن الحسن الشيباني:

محمد بن الحسن الشيباني مولى لبني شيبان أصله من دمشق من أهل حرستا قدم أبوه العراق فولد محمد بواسط ونشأ بالكوفة وخرج مع هارون الرشيد في رحلة فمات بالري 189هـ.

صحب أبا حنيفة أياما يسيرة. يروي عنه وعن أبي يوسف. وسمع من يعقوب عن النعمان. وكان مرجئا داعيا إليه. وهو أول من رد على أهل المدينة ونصر أبا حنيفة وكان عاقلا[2].

ويعد من أكثر أصحاب الإمام أبي حنيفة تأليفا وتدوينا وتعد مؤلفاته المرجع الأصلي في المذهب الحنفي ومن أهم هذه الكتب الكتب الستة المعروفة بكتب ظاهر الرواية وسميت بذلك لأنها مروية عنه برواية الثقاة وثابتة عنه بطريق الشهرة وهي: كتاب الأصل (المبسوط). والجامع الصغير. والجامع الكبير. وكتاب الزيادات. وكتاب السير.

الإمام زفر بن الهذيل:

الإمام زفر بن الهذيل العنبري المولود سنة 110هـ والمتوفى سنة 158هـ وكان والده قد تولى أمر أصبهان لمدة سنتين إلى أن قدم عبد الـلـه بن معاوية بن جعفر فتولى هو إمارة أصبهان[3].

يعد زفر من أكثر أصحاب أبي حنيفة اتقانا في القياس حتى لقب بالقياس[4]. وكان متقنا حافظا قليل الخطأ. لم يسلك مسلك صاحبيه في قلة التيقظ في الروايات. وكان أكثرهم رجوعا إلى الحق إذا لاح له. مات بالبصرة سنة 158هـ[5].

وليس للإمام زفر بن الهذيل كتاب بخط يده نقل فيه آراء أبي حنيفة حيث كان يقضي معظم وقته مشتغلا بالعلم والتعليم[6]. ولعل موته القريب من موت شيخه أبي حنيفة كان السبب في عدم تدوينه لآراء أبي حنيفة كما فعل ذلك الصاحبان أبو يوسف والإمام محمد.

(1) الخطيب البغدادي، تاريخ بغداد، ج14، ص245.
(2) محمد بن إدريس أبو محمد الرازي التميمي، الجرح والتعديل، ج7، ط1، دار إحياء التراث العربي - بيروت، سنة الطبع 1952، ص227. أبو حاتم محمد بن حبان البستي، المجروحين، تحقيق : محمود إبراهيم زايد، ج2، دار الوعي - حلب، ص275- 276.
(3) عبدالـلـه بن محمد بن جعفر بن حيان أبو محمد الأنصاري، طبقات المحدثين بأصبهان والواردين عليها، تحقيق: عبدالغفور عبدالحق حسين البلوشي، ج1، ط2، مؤسسة الرسالة - بيروت، سنة الطبع 1992، ص450.
(4) ابن حبان، مشاهير علماء الأمصار، تحقيق : م. فلايشهمر، دار الكتب العلمية - بيروت، سنة الطبع 1959، ج1، ص170.
(5) ابن حبان، الثقات، ج6، ص339.
(6) تأريخ التشريع الإسلامي، الشيخ محمد الخضري بك، ط1، دار القلم، بيروت - لبنان، سنة الطبع 1983،ص170.

انتشار مذهب أبي حنيفة:

وأما عن انتشار مذهب أبي حنيفة فيقول ابن خلدون " وأما أبو حنيفة فقلده اليوم أهل العراق ومسلمة الهند والصين وما وراء النهر وبلاد العجم كلها ولما كان مذهبه أخص بالعراق وكان تلميذه صاحب الخلفاء من بني العباس فكثرت تآليفهم ومناظراتهم مع الشافعية وحسنت مباحثهم في الخلافيات وجاءوا منها بعلم مستظرف وأنظار غريبة وهى بين أيدي الناس وبالمغرب منها شيء قليل نقله إليه القاضي بن العربي[1] وأبو الوليد الباجي[2] في رحلتهما"[3] ولما حكم العثمانيون حصروا القضاء في المذهب الحنفي ولا زال الأمر على ذلك فمعظم قوانين الأحوال الشخصية تأخذ بمذهب أبي حنيفة في موادها وخاصة فيما يتعلق بالزواج والطلاق[4].

مصادر الفقه عند الإمام أبي حنيفة:

من الممكن الوقوف على المصادر التي يستقي منها الحنفية الأحكام الشرعية من خلال النظر إلى ما قاله أبو حنيفة حيث يقول "آخذ بكتاب الـلـه فإن لم أجد فبسنة رسول الـلـه فإن لم أجد في كتاب الـلـه وسنة رسول الـلـه آخذ بقول أصحابه ثم آخذ بقول من شئت منهم وأدع قول من شئت منهم ولا

---

(1) محمد بن عبد الـلـه بن محمد بن عبد الـلـه بن أحمد الإمام أبو بكر ابن العربي المعافري الأندلسي. الحافظ أحد الأعلام. صحب الشاشي والغزالي ورأى غيرهما من العلماء والأدباء وكذلك لقي بمصر والإسكندرية جماعة من الأشياخ وكان من أهل التفنن في العلوم والاستبحار فيها والجمع ثاقب الذهن في تمييز الصواب نافذا في جميعها ودخل إلى الغرب بعلم جم لم يدخل به غيره واستقضي ببلده وانتفع به أهلها لأنه كانت له رهبة على الخصوم وسورة على الظلمة. وكان أبوه من وزراء الغرب. وتوفي أبو بكر صاحب الترجمة بمدينة فاس سنة ثلث وأربعين وخمس ماية. ومن تصانيفه : كتاب "عارضة الأحوذي في شرح الترمذي" وفي التفسير "احكام القرآن" في خمس مجلدات وغير ذلك في الحديث والأصول والفقه. ينظر الأدنروي أحمد بن محمد، طبقات المفسرين، تحقيق سليمان بن صالح الخزي، ج1، مكتبة العلوم والحكم - المدينة المنورة، سنـة الطبع 1997، ص180. الوافي في الوفيات للصفدي، ج1، ص431.

(2) سليمان بن خلف بن سعد بن أيوب التجيبي الأندلسي الباجي (403 – 474هـ) نسبة الي مدينة باحة بالاندلس. فقيه مالكي من الحفاظ المكثيرين في الفقه والحديث سمع الحديث. فهو من كبار فقهاء المالكية .رحل الي المشرق فسمع هناك الكثير واجتمع بأئمة ذلك الوقت كالقاضي أبي الطيب الطبري وأبي إسحاق الشيرازي. ثم عاد الي بلاده ونشر الفقه والحديث. ولي القضاء في بعض أنحاء الاندلس . وروى عنه الخطيب وابن عبد البر وهما أكبر منه. من تصانيفة (المنتقى شرح الموطأ) وله (شرح المدونة) و (احكام الفصول في أحكام الاصول). ينظر الأعلام للرزكلي، ج3، ص186. الوافي في الوفيات للصفدي، ج1، ص2121. البداية والنهاية لابن كثير، ج12، ص122.

(3) تأريخ ابن خلدون، ج1، ص563.

(4) ينظر مناع القطان، تأريخ التشريع الإسلامي، ص280- 281.

أخرج عن قولهم إلى قول غيرهم فأما إذا انتهى الأمر إلى إبراهيم والشعبي وابن سيرين[1] والحسن البصري[2] وعطاء وسعيد بن المسيب[3] فقوم اجتهدوا وأنا أجتهد كما اجتهدوا[4].

التعريف بمذهب الشافعية:

روي عن عبد الله بن مسعود قال: قال رسول الله ﷺ: لا تسبوا قريشا فان عالمها يملأ الأرض علما اللهم إنك أذقت أولها عذابا ووبالا فأذق آخرها نوالا[5]. وعلى الإمام الشافعي حمل هذا الحديث وممن قال بذلك الإمام أحمد بن حنبل[6]. لذا كان يقول الإمام أحمد إذا لم أعرف في المسألة خبرا أخذت بقول الشافعي[7].

مؤسس هذا المذهب هو الإمام أبو عبد الله محمد بن إدريس بن العباس بن عثمان بن شافع بن السائب بن عبيد بن عبد يزيد بن هاشم بن المطلب بن عبد مناف القرشي المطلبي الشافعي المكي المولود بغزة حينما كان أبوه في رحلة إلى هناك سنة 150هـ ثم رحلت أمه به بعد سنتين إلى مكة موطنه الأصلي والمتوفى بمصر حينما استقر هناك بعد رحلاته العديدة سنة 204هـ[8].

---

(1) هو أبو بكر محمد بن سيرين التابعي مولى أنس بن مالك من جرجرايا وكنيته أبوعمرة كان يعمل قدور النحاس فجاء إلى عين التمر فسباه خالد بن الوليد في أربعين غلاما. سمع ابن عمر وأبا هريرة وعمران بن حصين وابن الزبير وأنس بن مالك روى عنه قتادة وخالد الحذاء وأيوب السختياني وعبد الله بن عون وغيرهم (33-110هـ) .ينظر الإكمال لعلي بن هبة الله بن أبي نصر بن ماكولا، ج4، ص410. معجم المطبوعات لإيليان سركيس، ج1 ص155، ص126.

(2) هو الحسن بن يسار البصري (21 – 110هـ) تابعي، كان ابوه يسار من سبي ميسان ، مولي لبعض الانصار. ولد بالمدينة وكانت أمه خيرة مولاة لأم سلمة فكانت تذهب لمولاتها في حاجة وتشاغله أم سلمة بثديها فربما در عليه.رأي بعض الصحابة، وكان امام اهل البصرة. وولي القضاء بالبصرة ايام عمربن عبد العزيز. ثم استعفي. نقل عنه انه قال بقول القدرية، وينقل انه رجع عنه. ينظر الإمام البخاري ، التاريخ الصغير، ت تحقيق محمود إبراهيم زايد، ج1، ط1، دار المعرفة، بيروت – لبنان، سنة الطبع 1986. ص244. الوافي في الوفيات للصفدي، ج1، ص1723. أبجد العلوم لصديق بن حسن القنوجي، ج3، ص31.

(3) سعيد بن المسيب بن حزن بن أبي وهب بن عمرو بن عائذ بن عمران بن مخزوم القرشي المخزومي التابعي أحد العلماء الأثبات الفقهاء الكبار. اتفقوا على أن مرسلاته أصح المراسيل وقال بن المديني لا أعلم في التابعين أوسع علما منه. فهو من سادات التابعين فقها وورعا وعبادة وفضلا وزهادة وعلما. وقد قيل انه كان فيمن أصلح بين عثمان وعلى مات سنة ثلاث وتسعين مات وقد ناهز الثمانين. ينظر تقريب التهذيب للعسقلاني، ج1، ص241. مشاهير علماء الأمصار لابن حبان، ج1، ص 63.

(4) أبو شامة المقدسي، مختصر المؤمل، تحقيق: صلاح الدين مقبول أحمد، مكتبة الصحوة الإسلامية – الكويت، 1403ج1، ص63.

(5) أبو نعيم أحمد بن عبد الله الأصبهاني، حلية الأولياء وطبقات الأصفياء، ج9، ط4، دار الكتاب العربي – بيروت، سنة الطبع 1405هـ ص65. وفي سنده الجارود مجهول. ولكن له شواهد : منها ما في تاريخ بغداد للخطيب عن أبي هريرة رفعه: اللهم اهد قريشا فإن عالمها يملأ طباق الأرض علما اللهم كما أذقتهم عذابا فأذقهم نوالا دعا بها ثلاث مرات . وفي سنده راو ضعيف. ورواه أيضا البيهقي في المدخل عن ابن عباس. ورواه الترمذي وقال حسن. العجلوني، كشف الخفاء، ج2، ص692.

(6) أبوبكر الدمياطي، إعانة الطالبين، ج1، دار الفكر، بيروت – لبنان، ص16.

(7) العلامة المحدث محمد طاهر بن علي الصديقي الفتني، تذكرة الموضوعات، دون مكان وسنة الطبع، ص772.

(8) أبو الحجاج المزي، تهذيب الكمال، ج24، ص356. العبر، ج1، ص64.

إذا كان الإمام أبو حنيفة لم يدون مذهبه بنفسه وإنما نشر مذهبه تلامذته فإن الإمام الشافعي رحمه الله هو الذي قام بنشر مذهبه بنفسه متنقلا بين بغداد والحجاز ومصر إلى أن أصبح مدرسة قائمة بنفسه. فهو الذي كتب كتبه بنفسه وأملاها على تلامذته.

ويمكن القول بأن الإمام محمد بن الحسن الشيباني كان له دور رئيسي في أن يعود الإمام الشافعي إلى العلم والتعلم بعد أن كان له دور في براءته من التهم التي وجهت إليه أمام هارون الرشيد وهي كونه مع العلويين[1].

إن أمورا عديدة ساعدت الإمام الشافعي ليصل إلى ما وصل إليه وهو حفظه للقرآن الكريم منذ صغره وادراكه الواسع للغة فقد تعلم ذلك منذ صغره في قبيلة هذيل بالبادية وهناك حفظ الكثير من الأشعار وبدا وكأنه شاعر وكان يقول

لولا الشعــــر يزري بالعلماء　　　لكنــت أشعــر مــن لبيــد

بل أصبح الشافعي حجة عند أهل اللغة يقول إمام العلوم اللغوية والنحوية أبو عثمان المازني "الشافعي عندنا حجة في النحو"[2].

وكذلك تتلمذه على يد شيوخ أجلاء منهم الإمام مالك بن أنس وظل ملازما له تسع سنين وتتلمذ على مسلم بن خالد الزنجي وسمع من ابن عيينة[3]. وكذلك لازم محمد بن الحسن الشيباني مدون فقه الحنفية.

وإذا كان قد تتلمذ على يد الإمام مالك الحديث وأخذ من العراقيين فقه الرأي عليه يمكن القول بأنه مزج في مذهبه بين هاتين المدرستين ويبدو هذا واضحا من خلال كتبه.

وكتب الإمام الشافعي كتبا عدة منها الرسالة وكان بطلب من عبد الرحمن بن مهدي حيث كتب إلى الشافعي وهو شاب أن يضع له كتابا فيه "معاني القرآن ومجمع قبول الأخبار فيه وحجة الإجماع وبيان الناسخ والمنسوخ" فوضع له كتاب الرسالة فكان عبد الرحمن يقول ما أصلي صلاة إلا وإني أدعو للشافعي فيه[4]. وهو الكتاب الذي يعد الأول من حيث التدوين في أصول الفقه وفي

---

(1) الإمام محمد أبو زهرة، تأريخ المذاهب الإسلامية، دار الفكر العربي، القاهرة، سنة الطبع 1996، ص429.

(2) د. مصطفى الشكعة، الإمام محمد بن إدريس الشافعي، ط3، دار الكتاب اللبناني، سنة الطبع 1991، ص24.

(3) ينظر ابن عساكر، تاريخ دمشق، تحقيق علي شيري، ج51، دار الفكر- دمشق، ص277. وأما ابن عيينة فهو سفيان بن عيينة الهلالي أبو محمد مولى وتوفي سنة ثمان وتسعين ومائة وكان فقيها مجودا ولا كتاب له يعرف وانما كان يسمع منه له تفسير معروف. وهو تفسير ابن عيينة، ذكره : الثعلبي. أحد الثقات الأعلام أجمعت الأمة على الاحتجاج به ، كان قوي الحفظ. روى عن عبد الملك بن عمير وحميد الطويل وحميد بن قيس الأعرج وسليمان الأحوال وغيرهم. وعنه الأعمش وابن جريج وشعبة والثوري ومحمد بن إدريس الشافعي وغيرهم. تهذيب التهذيب للعسقلاني، ج8، ص117. الفهرست لابن النديم، ج1، ص316. كشف الظنون لمصطفى بن عبد الله القسطنطيني، ج1، ص439.

(4) ابن حجر العسقلاني، تهذيب التهذيب، ج9، ط 1، دار الفكر - بيروت، سنة الطبع 1984، ص25.

هذا الكتاب يبين الشافعي أصول المذهب. فيتحدث فيه عن الكتاب والسنة وإجماع الصحابة واختلافهم وموقفه من ذلك والقياس والاستحسان. ولا شك أنه الأساس في أصول الفقه.

وله أيضا كتاب الأم الذي جمع فيه الإمام الشافعي مسائل الفقه على شكل أبواب وفيه بيان لرأي المخالف وهو إضافة إلى كونه كتابا يعتمد على الكتاب والسنة فهو مليء بالمناظرات مع المخالف وخاصة الحنفية.

وله كتاب إبطال الاستحسان حيث بين فيه بطلان الاحتجاج بالاستحسان حتى قال فيه "من استحسن فقد شرع".

وكانت مكانة الإمام الشافعي العلمية من الدرجة العالية التي لا يختلف عليها اثنان لذا تجد أن العلماء قد أكثروا في مدحه وذكر شمائله.

فقد قال أبو ثور [1] من زعم أنه رأى مثل محمد بن إدريس في علمه وفصاحته ومعرفته وثباته وتمكنه فقد كذب كان محمد بن إدريس الشافعي منقطع القرين في حياته [2].

وقال عبد العزيز الحنبلي صاحب الزجاج "لما قدم الشافعي إلى بغداد كان في الجامع اما نيف وأربعون حلقة أو خمسون حلقة فلما دخل بغداد ما زال يقعد في حلقة حلقة ويقول لهم قال الله وقال الرسول وهم يقولون قال أصحابنا حتى ما بقي في المسجد حلقة غيره" [3].

وعندما حج بشر المريسي رأى الإمام الشافعي فقال لأصحابه بعدما رجع "رأيت شابا من قريش بمكة ما أخاف على مذهبنا إلا منه يعني الشافعي" [4].

كان الخليفة المتوكل يقول: واحسرتا على محمد بن إدريس الشافعي كنت أحب أن أكون في أيامه فأراه وأشاهده وأتعلم منه فإني رأيت رسول الله ﷺ في المنام وهو يقول: يا أيها الناس إن محمد بن إدريس المطلبي قد صار إلى رحمة الله وخلف فيكم علما حسنا فاتبعوه تهدوا [5].

ونظرا لرحلاته المتعددة فقد كان له تلامذة في كل مكان يذهب إليه ولا شك أن الإمام الشافعي قد ترك وراءه علما لا ينافسه في ذلك أحد ممن عاصره ولا من تأخر عنه لا من تلامذته

---

[1] إبراهيم بن خالد بن أبي اليمان أبو ثور الكلبي(ت140) الفقيه سمع سفيان بن عيينة وإسماعيل بن علية ووكيعا وأبا معاوية وعبيدة بن حميد وزيد بن هارون وأبا قطن عمرو بن الهيثم ومحمد بن عبيد الطنافسي ومحمد بن إدريس الشافعي روى عنه أبو داود السجستاني ومسلم بن الحجاج النيسابوري. كان أحد الثقات المأمونين ومن الأئمة الاعلام في الدين وله كتب مصنفة في الأحكام جمع فيها بين الحديث والفقه أحد الثقات المأمونين ومن الأئمة الأعلام في الدين. ينظر تاريخ بغداد للخطيب البغدادي، ج6، ص65. تهذيب الكمال لأبي الحجاج المزي، ج2، ص82.
[2] أبو الحجاج المزي، تهذيب الكمال، ج24، ص373.
[3] الخطيب البغدادي، تاريخ بغداد، ج2، ص69.
[4] أبو الحجاج المزي، تهذيب الكمال، ج24، ص370.
[5] عبد الرحمن بن أبي بكر السيوطي، تاريخ الخلفاء، تحقيق : محمد محي الدين عبد الحميد، ج1، الطبعة الأولى، مطبعة السعادة – مصر، سنة الطبع 1371هـ - 1952م، ص301.

ولا من مخالفيه. فقد كان إماما عالما جليلا ترك تلامذة علماء أجلاء ونكتفي هنا بذكر ثلاثة من تلامذته وهم:

من الحجاز أبو بكر الحميدي:

عبد الله بن الزبير الحميدي المكي من بني أسد بن عبد العزى بن قصي وهو صاحب سفيان بن عيينة وراويته مات بمكة في شهر ربيع الأول سنة تسع عشرة ومائتين وكان ثقة كثير الحديث[1]. أخرج البخاري في أول بدء الوحي وفي غير موضع عنه عن سفيان بن عيينة[2]. فهو وإن كان من أصحاب ابن عيينة إلا أنه صار بعد ذلك من أخص أصحاب الشافعي وكان قد تهيأ للجلوس في حلقة الشافعي بعده فتعصب عليه بن عبد الحكم[3].

وقد رحل مع الشافعي إلى مصر ولكن بعد أن توفي الشافعي لم يطب له المقام هناك فرجع إلى مكة وبقي حيا بعد وفاة الإمام خمس عشرة سنة. ولكن قبل أن يغادر مصر فقد هيأ كرسي الإمام لمن يخلفه في رئاسة حلقاته ذلك أنه لما اشتد المرض بالإمام أوصى أن يخلفه البويطي في حلقات الدرس ورتب ذلك قاطعا للنزاع الذي قد يحدث فيمن يخلف الإمام وقد حدث فعلا من محمد بن عبد الله بن الحكم[4].

من بغداد الحسن بن محمد الزعفراني الشافعي:

هو الحسن بن محمد بن الصباح أبو علي الزعفراني نسبة إلى الزعفرانية قرية قرب بغداد . والمحلة التي ببغداد وتسمى بدرب الزعفراني منسوبة إلى هذا الإمام لأنه أقام بها.

وكان أبو علي هذا صاحب الإمام الشافعي برع في الفقه والحديث وصنف فيها كتبا وسار ذكره في الآفاق. لزم الشافعي وكان يقول "ما حمل أحد محبرة إلا وللشافعي عليه منة. وكان يتولى القراءة على الشافعي وسمع من سفيان بن عيينة ومن في طبقته مثل : وكيع بن الجراح وعمرو بن الهيثم ويزيد بن هارون وغيرهم

وهو أحد رواة الأقوال القديمة عن الشافعي ورواتها أربعة : هو وأبو ثور وأحمد بن حنبل والكرابيسي. ورواة الأقوال الجديدة ستة وهم : المزني والربيع بن سليمان الجيزي والربيع بن سليمان المرادي والبويطي وحرملة ويونس بن عبد الأعلى[5].

---

[1] محمد بن سعد بن منيع أبو عبدالله البصري الزهري، الطبقات الكبرى، ج5، دار صادر – بيروت، دون عدد وسنة الطبع، ص502.
[2] سليمان بن خلف بن سعد أبو الوليد الباجي، التعديل والتجريح لمن خرج له البخاري في الجامع الصحيح، تحقيق: د. أبو لبابة حسين، ج2، ط 1، دار اللواء للنشر والتوزيع – الرياض، سنة 1406 – 1986، ص822.
[3] الذهبي، تذكرة الحفاظ، ج2، ص413.
[4] ينظر د. مصطفى الشكعة، المصدر السابق، ص184.
[5] الصفدي، الوافي في الوفيات، ج1، ص1701.

وهو الذي عرف قدر استاذه فقال قولته "كان أصحاب الحديث رقودا حتى جاء الشافعي فأيقظهم فتيقظوا"[1].

ولعل الزعفراني كان من البارعين في اللغة إذ كان من الذين يقرأون على الشافعي كتبه يقول عن نفسه "لما قرأت كتاب الرسالة على الشافعي قال لي من أي العرب أنت فقلت ما أنا بعربي وما أنا الا من قرية يقال لها الزعفرانية قال لي فأنت سيد هذه القرية"[2]. وروى عنه الجماعة كلهم سوى مسلم ووثقه النسائي. وتوفي سنة 260هـ[3].

من مصر الربيع بن سليمان المرادي:

الربيع بن سليمان المرادي أبو محمد المصري المؤذن الفقيه الحافظ شيخ مصر المولود سنة 174هـ والمتوفى سنة 270هـ[4]. روى عن ابن وهب والشافعي وأيوب بن سويد وعنه أبو داود والنسائي وابن ماجة وكان مؤذن جامع مصر.

كان الربيع راويا للشافعي[5]. وقد وجد الشافعي رحمه الله فيه النشاط وقوة العزيمة والإخلاص فقال عنه الشافعي كما يقول الربيع نفسه " كنا جلوسا بين يدي الشافعي أنا والبويطي والمزني فنظر إلي البويطي فقال ترون هذا إنه لن يموت إلا في حديده ثم نظر إلي المزني فقال ترون هذا أما أنه سيأتي عليه زمان لا يفسر شيئا فيخطئه ثم نظر الي فقال أما أنه ما في القوم أحد أنفع لي منه ولوددت أني حشوته العلم حشوا"[6]. لذا نراه قد قرأ على الشافعي ما كتبه فقد قرأ عليه الرسالة والأم. مما يدل على أن الشافعي كتب الرسالة والأم مرتين. وكان يقول "كل من حدث بعد بن وهب بمصر كنت مستمليه".

انتشار المذهب:

يقول ابن خلدون "وأما الشافعي فمقلدوه بمصر أكثر مما سواها وقد كان انتشر مذهبه بالعراق وخراسان وما وراء النهر وقاسموا الحنفية في الفتوى والتدريس في جميع الأمصار وعظمت مجالس المناظرات بينهم وشحنت كتب الخلافيات بأنواع استدلالاتهم ثم درس ذلك كله بدروس المشرق وأقطاره[7].

---

[1] الإمام الحافظ أبي القاسم علي بن الحسن ابن هبة الله بن عبد الله الشافعي المعروف بابن عساكر، تاريخ دمشق، ج51، ص356. دراسة وتحقيق علي شيري. دار الفكر للطباعة والنشر والتوزيع.
[2] الخطيب البغدادي، تاريخ بغداد، ج7، ص408.
[3] الوافي في الوفيات، ج1، ص1701.
[4] الوافي في الوفيات، ج1، ص1701. أبو الحجاج المزي، تهذيب الكمال، ج4، ص19. الذهبي، الكاشف، ج1، ص392.
[5] ابن حبان البستي، الثقات، ج8، ص240.
[6] الخطيب البغدادي، تاريخ بغداد، ج14، ص302.
[7] ابن خلدون، تاريخ ابن خلدون، ج1، ص563.

مصادر الفقه عند الشافعية:

من الممكن الوقوف على المصادر التي يستقي منها الشافعية الأحكام الشرعية من خلال النظر إلى ما قاله الإمام الشافعي حيث يقـول "العلم طبقات شتى: الأولى الكتـاب والسنة إذا ثبتت السنة ثم الثانيـة الإجمـاع فيما ليس فيه كتاب ولا سنة والثالثة أن يقول بعض أصحاب النبي ﷺ ولا نعلم له مخالفا منهم والرابعة اختلاف أصحاب النبي ﷺ في ذلك الخامسة: القياس على بعض الطبقات ولا يصار إلى شيء غير الكتاب والسنة وهما موجودان وإنما يؤخذ العلم من أعلى⁽¹⁾.

⁽¹⁾ الإمام الشافعي، الأم، ج7، ص451.

الباب الأول

الخلاف بين الحنفية والشافعية في الزواج

الباب الأول

الخـلاف بـين
الحنـفيـة والشـافـعيـة
فـي الزواج

كنا قد ذكرنا أسباب الخلاف بين الحنفية والشافعية في الزواج وأحكامه، عليه فإننا في هذا الباب سنتطرق إلى

الخلاف بين الحنفية والشافعية في أحكام الزواج في خمسة فصول هي:

الفصل الأول: الخلاف في ماهية النكاح ومقدماته.

الفصل الثاني: الخلاف في أركان وشروط عقد النكاح.

الفصل الثالث: الخلاف أحكام الولـي في عقد الزواج.

الفصل الرابع: المحرمـات في النكاح والأنكحة المختلف فيها.

الفصل الخامس: الخلاف في الحقـوق الزوجيـة.

الفصل الأول
الخلاف في ماهية النكاح ومقدماته

حصل خلاف بين الحنفية والشافعية في ماهية النكاح ومقدماته. عليه سيخصص هذا الفصل في مباحث ثلاثة لدراسة هذا الخلاف بين الحنفية والشافعية الأول منها سيخصص للخلاف في ماهية النكاح وأما الثاني فسيتضمن ماهية الخطبة وحكمها. بينما سنخصص مبحثا مستقلا للرجوع في الخطبة والأحكام المترتبة عليه:

عليه يتكون هذا الفصل من المباحث الثلاثة الآتية:

المبحث الأول: الخلاف في ماهية النكاح.

المطلب الأول: تعريف النكاح.

المطلب الثاني: الخلاف في الألفاظ التي ينعقد بها النكاح.

المطلب الثالث: الخلاف في حكم النكاح.

المبحث الثاني: الخلاف في مقدمات النكاح.

المطلب الأول: الخلاف في ماهية الخطبة وحكمها.

المطلب الثاني: الخلاف في حكم الخطبة على خطبة الغير.

المطلب الثالث: الاختلاف فيما يباح النظر إليه من المخطوبة.

المبحث الثالث: الخلاف في حكم الهدايا والمهر عند الرجوع في الخطبة.

المطلب الأول: الخلاف في حكم المهر عند الرجوع في الخطبة.

المطلب الثاني: الخلاف في حكم الهدايا عند الرجوع في الخطبة.

المبحث الأول
الخلاف في ماهية النكاح

الحنفية والشافعية وإن اتفقوا على تعريف النكاح شرعا إلا أنهم اختلفوا في أصل لفظ النكاح والألفاظ التي ينعقد بها النكاح وكذا في حكم النكاح. عليه سيخصص هذا المبحث لدراسة هذا الخلاف في المطالب الثلاثة الآتية:

المطلب الأول
تعريف النكاح

النكاح لغة: الضم والجمع، ويأتي بمعنى الوطء والعقد جميعا. والأصل في كلام العرب أن النكاح هو الوطء[1].

ولا خلاف بين الحنفية والشافعية في تعريف النكاح اصطلاحا (أي في عرفهم) عرف الفقهاء، فهو عقد بين رجل وامرأة بموجبه يحل لكل واحد منهما الاستمتاع بالآخر. فقد جاء تعريفه عند الحنفية والشافعية بأنه (عقد يفيد ملك المتعة، أي حل استمتاع الرجل من امرأة لم يمنع من نكاحها مانع شرعي. فهو عقد يتضمن إباحة وطء)[2].

وقد عرفه المشرع العراقي في البند (1) من المادة الثالثة من قانون الأحوال الشخصية العراقي بأنه" عقد بين رجل وامرأة تحل له شرعا غايته إنشاء رابطة الحياة المشتركة والنسل" والمتفق عليه أيضا أن لفظ النكاح استعمل في الوطء، واستعمل في العقد، وكذا استعمل في المعنى الأعم وهو الضم. فسياق كل نص يحمل من الشواهد ما يدل على أن المراد منه إما العقد أو الوطء أو الضم. ولكن الخلاف بين الحنفية والشافعية قائم في المقصود الشرعي الأصلي من لفظ النكاح إذا ورد مطلقا، هل هو الوطء أم العقد.

مذهب الحنفية:

الراجح عند الحنفية أن المقصود الأصلي الشرعي من لفظ النكاح هو الوطء. فإذا ورد لفظ النكاح مطلقا من أية قرينة كان المقصود منه الوطء لا العقد[3]. واستدل الحنفية لمذهبهم بما يأتي:

---

[1] محمد بن يعقوب الفيروزآبادي، القاموس المحيط ج1 ص 314. الخليل بن احمد الفراهيدي، كتاب العين، تحقيق، مهدي المخزومي، مؤسسة الرسالة، ط 2 . القاموس المحيط.

[2] ابن عابدين، رد المحتار على الدر المختار، المسمى حاشية ابن عابدين، تحقيق عبد المجيد طعمة حلبي، ج 4، ط1، دار المعرفة، بيروت - لبنان، سنة 2000م ص71. الشيخ سليمان بن محمد بن عمر البجيرمي، البجيرمي على الخطيب المسماة تحفة الحبيب على الخطيب، تحقيق الدكتور نصر فريد محمد واصل،ج3، المكتبة التوفيقية، القاهرة، د س ط، ص 359.

[3] ابن عابدين، حاشية ابن عابدين،ج4 ص 71.

أولا: الكتاب:

1- قوله تعالى: ﴿ ٱلزَّانِي لَا يَنكِحُ إِلَّا زَانِيَةً أَوْ مُشْرِكَةً وَٱلزَّانِيَةُ لَا يَنكِحُهَآ إِلَّا زَانٍ أَوْ مُشْرِكٌ وَحُرِّمَ ذَٰلِكَ عَلَى ٱلْمُؤْمِنِينَ ۝٣ ﴾[1].

وجه الدلالة من الآية في تفسيرها، أي لا يطأ الزاني إلا زانية، فقد ورد لفظ النكاح هنا مقصودا به الوطء[2].

2- ﴿ وَٱبْتَلُوا۟ ٱلْيَتَٰمَىٰ حَتَّىٰٓ إِذَا بَلَغُوا۟ ٱلنِّكَاحَ فَإِنْ ءَانَسْتُم مِّنْهُمْ رُشْدًا فَٱدْفَعُوٓا۟ إِلَيْهِمْ أَمْوَٰلَهُمْ ﴾[3].

وجه الدلالة منها في قوله تعالى (بلغوا النكاح) "أي الاحتلام فإن المحتلم يرى في منامه صورة الوطء"[4].

3 – قوله تعالى: ﴿ فَإِن طَلَّقَهَا فَلَا تَحِلُّ لَهُۥ مِنۢ بَعْدُ حَتَّىٰ تَنكِحَ زَوْجًا غَيْرَهُۥ ﴾[5].

وجه الدلالة منها في قوله تعالى ((تنكح زوجا غيره)) أي لا تحل للزوج الأول إلا بعد وطء من الزوج الثاني. فالله ﷻ عبر عن "تطأ " بـ(تنكح).

ويمكن أن يرد على هذا، بأنه قد عرف بأن المقصود هو الوطء من قرينة، وهي قوله ﷺ: ((لا حتى تذوقي عسيلته ويذوق عسيلتك))[6] وإن لم يكن قد بين الرسول ذلك، كان مجرد العقد كاف لإحلال الزوجة للزوج الأول.

ثانيا: السنة:

1- عن ابن عباس قال، قال رسول الله ﷺ: ((ولدت من نكاح لا من سفاح))[7].

وجه الدلالة منه أنه واضح في أنه ﷺ يريد أنه ولد من وطء حلال لا من وطء حرام"[8].

---

(1) سورة النـور، الآية رقم (3).

(2) الإمام السرخسي، المبسوط، ج4 ص ص 192. الإمام كمال الدين ابن الهمام، محمد بن عبد الواحد السيواسي المعروف بابن الهمام الحنفي، شرح الفتح القدير على الهداية شرح بداية المبتدي، تعليق الشيخ عبد الرزاق غالب المهدي، ج 3، ط 1، دار الكتب العلمية، بيروت – لبنان، سنة الطبع 2003، ص 175.

(3) سورة النساء، الآية رقم (6).

(4) الإمام السرخسي، المبسوط، ج 4 ص 192.

(5) سورة البقرة، الآية رقم (230).

(6) الشيخ محمد بن أحمد الشربيني الخطيب، مغني المحتاج، ج 4، ص933. الحديث متفق على صحته. الإمام البخاري، صحيح البخاري، ج2، ص933. الإمام مسلم، صحيح مسلم، ج2، ص1055.

(7) استدل به صاحب ابن الهمام في شرح الفتح القدير، ج3، ص176. ولكن لم أجد الحديث بهذا اللفظ،ولكن وجدته بلفظ آخر عن ابن عباس قال: قال رسول الله ﷺ: ((ما ولدني من سفاح أهل الجاهلية شيء وما ولدني إلا نكاح كنكاح الإسلام)). المعجم الكبير ج10 ص 329 رقم 10812.

(8) الإمام كمال الدين ابن الهمام، شرح فتح القدير،ج3 ص176.

2- قوله: ((يحل للرجل من امرأته الحائض كل شيء إلا النكاح))[1].

وجه الدلالة من الحديث، إنه أباح للرجل كل شيء مع زوجته فترة الحيض إلا النكاح أي "الوطء"[2]. وهو مما متفق عليه. ومن الأولى الاستدلال بالحديث الذي أخرجه الإمام مسلم عن أنس أن الرسول ﷺ قال في المرأة إذا حاضت ((اصنعوا كل شيء إلا النكاح))[3] أي إلا الجماع. يؤيد هذا ما روي عن مسروق قال : قلت لعائشة ما يحل للرجل من امرأته إذا كانت حائضا، قالت: كل شيء غير الجماع[4].

ثالثا: اللغة:

ورد في أشعار العرب ما يدل على أن المقصود من النكاح هو الوطء، كقول الفرزدق في البسيط:

التاركين نسائهم على طهر   والناكحين بشطي دجلة البقرا[5]

وكذا قول الشاعر:

ومنكوحة غير ممهورة   والأخرى يقال فادها

أي سبية موطوءة بغير مهر وعقد.[6]

وكذا قولهم (كبكر تحب لذيذ النكاح) أي الجماع[7].

---

(1) لم اجد الحديث بهذا اللفظ، ولكن روي عن معاذ بن جبل قال :سألت رسول الله ﷺ عما يحل للرجل من امرأته وهي حائض ؟ فقال " ما فوق الإزار، والتعفف عن ذلك أفضل. قال أبو داود وليس بالحديث القوي. أبو داود، سنن ابي داود، ج1،ص104، حديث 213.

(2) عبد الله بن محمود بن مودود الموصلي، الاختيار لتعليل المختار، تحقيق بشار بكري عرابي، ج 2 المكتبة العمرية، دمشق - سوريا، ص95.

(3) الإمام مسلم بن الحجاج أبو الحسين القشيري النيسابوري، صحيح مسلم، تحقيق : محمد فؤاد عبد الباقي، ج1، دار إحياء التراث العربي - بيروت، ص246، رقم الحديث 302.

(4) عبدالله بن عبدالرحمن أبو محمد الدارمي، سنن الدارمي، تحقيق فواز أحمد زمرلي وخالد السبع العلمي،ج1، ط 1، دار الكتاب العربي، بيروت، سنة الطبع 1407، ص259، حديث 1039.

(5) الإمام كمال الدين ابن الهمام، شرح فتح القدير،ج 3 ص176. الإمام ابو محمد الحسين بن مسعود بن محمد بن الفراء البغوي،التهذيب في فقه الإمام الشافعي، تحقيق الشيخ عادل احمد عبد الموجود و الشيخ علب محمد عوض، ج5، ط 1، منشورات محمد علي بيضون، دار الكتب العلمية، بيروت - لبنان، سنة الطبع 1997م, ص213.

(6) الله بن محمود بن مودود الموصلي، الاختيار لتعليل المختار،ج 2 ص95.

(7) الإمام السرخسي، المبسوط، ج4 ص192.

مذهب الشافعية:

إن لفظ النكاح يراد به شرعا العقد، فكلما جاء لفظ النكاح مطلقا دون قرينة صارفة له كان دالا على معناه الشرعي، وهو العقد[1]. واستدل الشافعية لمذهبهم بما يأتي:

أولا: الكتاب:

1- قوله تعالى:﴿ فَٱنكِحُوهُنَّ بِإِذۡنِ أَهۡلِهِنَّ وَءَاتُوهُنَّ أُجُورَهُنَّ بِٱلۡمَعۡرُوفِ﴾[2].

وجه الدلالة من الآية أنها اشترطت لصحة النكاح إذن الأهل، والعقد هو الذي يتوقف على إذن الأهل وليس الوطء.

2- قوله تعالى: ﴿ فَٱنكِحُواْ مَا طَابَ لَكُم مِّنَ ٱلنِّسَآءِ مَثۡنَىٰ وَثُلَٰثَ وَرُبَٰعَ ﴾[3].

وجه الدلالة من الآية أنها خصت النكاح بالعدد، والعقد هو الذي يختص بالعدد وليس الوطء.

3- قوله تعالى: ﴿ وَإِذَا طَلَّقۡتُمُ ٱلنِّسَآءَ فَبَلَغۡنَ أَجَلَهُنَّ فَلَا تَعۡضُلُوهُنَّ أَن يَنكِحۡنَ أَزۡوَٰجَهُنَّ إِذَا تَرَٰضَوۡاْ بَيۡنَهُم بِٱلۡمَعۡرُوفِ﴾[4].

وجه الدلالة منها أن النكاح أضيف فيها إلى النساء، والعقد هو الذي يضاف إليهن. وأما الوطء إنما يضاف إلى الرجال[5].

4 - قوله تعالى: ﴿ يَٰٓأَيُّهَا ٱلَّذِينَ ءَامَنُوٓاْ إِذَا نَكَحۡتُمُ ٱلۡمُؤۡمِنَٰتِ ثُمَّ طَلَّقۡتُمُوهُنَّ مِن قَبۡلِ أَن تَمَسُّوهُنَّ فَمَا لَكُمۡ عَلَيۡهِنَّ مِنۡ عِدَّةٖ تَعۡتَدُّونَهَاۖ فَمَتِّعُوهُنَّ وَسَرِّحُوهُنَّ سَرَاحٗا جَمِيلٗا ٤٩ ﴾[6].

وجه الدلالة منها في قوله ((نكحتم المؤمنات)) أي عقدتم عليهن بدليل قوله تعالى (ثم طلقتموهن من قبل أن تمسوهن) فمعناه: طلقتموهن قبل المسيس وهو الوطء والدخول[7]. فهذا واضح في استعمال لفظ النكاح مقصودا به العقد.

---

(1) الشيخ سليمان البجيرمي، حاشية البجيرمي على الخطيب، ج4، ص309.
(2) سورة النساء، الآية رقم (25).
(3) سورة النساء، الآية رقم (3).
(4) سورة البقرة، الآية رقم (232).
(5) ينظر، الشيخ محمد الشربيني الخطيب، مغني المحتاج، ج 4 ص 202. ابن حجر الهيتمي، تحفة المحتاج في شرح المنهاج، ج7 ص. عبدا لله بن محمود الموصلي، المصدر السابق، ج2 ص95.
(6) سورة الأحزاب، الآية رقم (49).
(7) د. مصطفى الخن، وآخرون، الفقه المنهجي على مذهب الإمام الشافعي، ج 2،ط 3، دار القلم، دمشق، سنة الطبع 1998 ص7.

ثانيا: السنة:

1- عن عبد اللـه بن مسعود قال قال رسول اللـه ﷺ: لا نكاح إلا بولي وشاهدي عدل[1].

وجه الدلالة من الحديث أن الرسول ﷺ اشترط في النكاح الولي والشهود، والعقد هو الذي يشترط فيه الشهود وحضور الولي، وليس الوطء، ولا يعقل أن يكون المراد من النكاح هنا الوطء بالاتفاق.

2- عن أبي هريرة قال، قال رسول اللـه ﷺ: ((لا تنكح المرأة على عمتها ولا على خالتها))[2].

وجه الدلالة من الحديث أن الرسول ﷺ منع الرجل من العقد على بنت أخ الزوجة، وليس المقصود أنه لا يجوز له أن يطأها بالاتفاق[3].

3- قوله ﷺ لفاطمة بنت قيس عندما طلقها زوجها البتة ((أنكحي إسامة))[4].

وجه الدلالة من الحديث أن الرسول ﷺ أشار على (فاطمة) بأن ترضى بالعقد مع أسامة، وليس المقصود منه الوطء لأن الوطء مختص بالرجال.

ثالثا: اللغة:

ورد في الشعر لفظ النكاح مقصودا به العقد كما في قول الشاعر:

1 - ولا تقربن جارة إن سرها عليك حرام فأنكحن أو تأبدا .

إن قوله فأنكحن، أمر بالعقد أي تزوج إن كان الزنا عليك حراما، أو تأبد، أي توحش، فكن منها كالوحش بالنسبة إلى الآدميات، فلا يكن منك قربان لهن، كما لا يقربهن وحشي[5].

رابعا: إن اللفظ إذا اجتمع فيه عرف اللغة وعرف الشرع، قدم عرف الشرع، والنكاح في عرف الشرع هو العقد[6].

الرأي الراجح:

إذا كان قد ثبت استعمال النكاح في الضم والعقد والوطء جميعا، فإنه من الممكن أن يقال بأنه من المشترك اللفظي. لاستعمال هذا اللفظ في هذه المعاني الثلاث. ولكن مع ذلك إذا ورد هذا

---

[1] الدارقطني البغدادي، سنن الدارقطني، ج2، ص221.

[2] متفق عليه،الإمام محمد بن اسماعيل البخاري، صحيح البخاري، ج5، ص1965، رقم 4821. الإمام مسلم، صحيح مسلم،ج2، ص1028، رقم 1408.

[3] الإمام النووي،كتاب المجموع شرح المهذب للشيرازي، تحقيق محمد نجيب المطيعي، ج7، طبعة جديدة ومصححة، د س ط، دار احياء التراث العربي، بيروت – لبنان، سنة الطبع 1415هـ - 1995م، ص245.

[4] الإمام مسلم، صحيح مسلم، ج2، ص1114، رقم الحديث 1480.

[5] الإمام كمال الدين ابن الهمام، شرح فتح القدير، ج3 ص 177.

[6] الإمام النووي،كتاب المجموع، ج7 ، ص 253.

اللفظ مطلقا دون أية قرينة، فالراجح و الـلـه اعلم هو حمل اللفظ على العقد دون الوطء. لأنه هو المعنى الشرعي له، والمعنى الشرعي يقدم على اللغوي، يقول الأزهري "إنه لا يعرف شيء من ذكر النكاح في كتاب الـلـه تعالى إلا على معنى التزوج". ويؤيد هذا أن الرسول ﷺ قال ((النكاح من سنتي فمن لم يعمل بسنتي فليس مني))[1]. فالنكاح الذي هو من سنته ﷺ يجب حمله على العقد، لا على الوطء، لأننا لو حملناه على الوطء لكان شاملا لكل وطء حراما كان أو حلالا و الـلـه أعلم.

المطلب الثانـي
الخلاف في الألفاظ التي ينعقد بها النكاح

لا خلاف بين الشافعية والحنفية في أن النكاح ينعقد بلفظي التزويج والنكاح وما يشتق منهما وما هو ترجمة لهما (أي لفظي النكاح والزواج). حيث ورد القرآن بهذين اللفظين، وكذا جرى عقد الزواج على لسان النبي ﷺ بهذه الألفاظ. وكذا لا خلاف بينهما في عدم انعقاد النكاح بلفظ الوصية والإجارة والإعارة والوديعة[2] ولكن الخلاف بين الحنفية والشافعية قائم فيما عدا هذه الألفاظ ومدى جواز انعقاد النكاح بها. وتلك الألفاظ هي الهبة والصدقة والبيع والشراء.

مذهب الحنفية:

الأصل أن النكاح ينعقد بكل لفظ يدل على تمليك العين كاملة في الحال، كلفظ الهبة والصدقة والتمليك والجعل باتفاق المذهب. والبيع والشراء على الراجح في المذهب[3]. واستدل الحنفية لمذهبهم بما يأتي:

أولا: الكتاب:

قوله تعالى: ﴿ وَٱمۡرَأَةٗ مُّؤۡمِنَةً إِن وَهَبَتۡ نَفۡسَهَا لِلنَّبِيِّ إِنۡ أَرَادَ ٱلنَّبِيُّ أَن يَسۡتَنكِحَهَا خَالِصَةٗ لَّكَ مِن دُونِ ٱلۡمُؤۡمِنِينَۗ قَدۡ عَلِمۡنَا مَا فَرَضۡنَا عَلَيۡهِمۡ فِيٓ أَزۡوَٰجِهِمۡ وَمَا مَلَكَتۡ أَيۡمَٰنُهُمۡ لِكَيۡلَا يَكُونَ عَلَيۡكَ حَرَجٞۗ وَكَانَ ٱللَّهُ غَفُورٗا رَّحِيمٗا ٥٠ ﴾[4].

---

(1) محمد بن يزيد أبو عبدالـلـه القزويني، سنن ابن ماجه، تحقيق وتعليق، محمد فؤاد عبد الباقي، ج1،باب فضل النكاح، دار الفكر - بيروت، والأحاديث مذيلة بأحكام الألباني عليها، ص592، رقم الحديث 1846.

(2) ابن عابدين، حاشية ابن عابدين،ج4 ص 89 - 90.

(3) الإمام كمال الدين ابـن الهمـام، شـرح فتح القديـر، ج3 ص186. ابن عابديـن، حاشيـة ابن عابديـن،ج4 ص89-90. عبد الـلـه بن محمود بن مودود الموصلي، الاختيار لتعليل المختار، ج2 ص 97. الإمام سراج الدين عمر بن ابراهيم ابن نجيم الحنفي، النهر الفائق شرح كنز الدقائق، تحقيق احمد عزو عناية،ج2، ط 1، منشورات محمد علي بيضون، دار الكتب العلمية، بيروت - لبنان، سنة الطبع 2002م، ص 279.

(4) سورة الأحزاب، الآية رقم (50).

وجـه الدلالـة من الآية أنها تدل على جـواز انعقـاد الزواج بلفظ الهبة. وقد انعقد زواجه ﷺ بلفظ الهبة بالإجماع[1]، وما كان مشروعا في حقه ﷺ يكون مشروعا في حق أمته إلا إذا وجد دليل يجعل الحكم خاصا به ﷺ.

ولكن رد على هذا بأن إجراء عقد الزواج بلفظ الهبة كان خاصا بالرسول ﷺ، بدليل قوله تعالى: ﴿ خَالِصَةً لَّكَ مِن دُونِ ٱلْمُؤْمِنِينَ ﴾.

ولكن أجيب بأن قوله (خالصة) يرجع إلى عدم المهر بقرينة العطف على المحللات المأتي أجورهـن في قولـه تعالـى: ﴿ يَٰٓأَيُّهَا ٱلنَّبِىُّ إِنَّآ أَحْلَلْنَا لَكَ أَزْوَٰجَكَ ٱلَّٰتِىٓ ءَاتَيْتَ أُجُورَهُنَّ ﴾[2]. [3]. ويؤيد ذلك أن الآية جاءت معللـة الخصوصيـة للرسـول بنفي الحرج ﴿ لِكَيْلَا يَكُونَ عَلَيْكَ حَرَجٌ ﴾[4]. والتعليل بنفي الحرج ليس في ترك لفظ إلى غيره خصوصا بالنسبة إلى أفصح العرب[5].

إضافة إلى ذلك فقد جاء هذا وقد خرج مخرج الامتنان عليه وعلى أمته[6].

ولكن يمكن أن يقال بأن لفظ الهبة من ألفاظ الطلاق، إذ يقع الطلاق لو قال الرجل لزوجته وهبتك لأهلك فلا يكون موجبا لضده[7].

ثانيا: السنة:

قوله ﷺ لرجل زوجه ((ملكتكها بما معك من القرآن))[8].

وجه الدلالة في هذا الحديث أن الرسول ﷺ قد أجرى عقد الزواج لهذا الرجل بصيغة التمليك، فدل ذلك على جواز انعقاد النكاح بهذا اللفظ[9]. قلت وبكل لفظ يدل على التمليك قياسا عليه بجامع أن النكاح تمليك للتمتع بالأنثى قصدا.

---

(1) الإمام سراج الدين عمر بن ابراهيم ابن نجيم الحنفي، النهر الفائق شرح كنز الدقائق، ج2 ص 179 - 180. الإمام علاء الدين ابي بكر بن مسعود الكاساني، بدائع الصنائع في ترتيب الشرائع، تحقيق محمـد خير طعمـة حلبي، ج2، ط 1، دار المعرفة، بيروت - لبنان، سنة الطبع 2000م، ص231.

(2) سورة الأحزاب، الآية رقم (50).

(3) الإمام سراج الدين عمر بن ابراهيم ابن نجيم الحنفي، النهر الفائق شرح كنز الدقائق، ج 2 ص179-180.

(4) سورة الأحزاب، الآية رقم (50).

(5) ابن نجيم، المصدر السابق، ج2 ص179 - 180.

(6) الإمام الكاساني، بدائع الصنائع، ج2، ص 231. زكريا الانصاري، الغرر البهية في شرح البهجة الوردية، ط1، المطبعة الميمنية، مصر، ج 2 ص98.

(7) عثمان بن علي الزيلعي، تبيين الحقائق شرح كنز الدقائق، ج2 ص98.

(8) الإمام البخاري، صحيح البخاري، ج4، ص1920، رقم الحديث 4742.

(9) ابن عابدين، حاشية ابن عابدين، ج4، ص89-90.

وقد رد على هذا الدليل بأن رواية (ملكتكها) إما وهم من معمر كما قال النيسابوري، وذلك لأن رواية الجمهور هي ((زوجكتها)) والجماعة أولى بالحفظ من الواحد. أو أن الراوي قد أتى بالرواية بالمعنى ظنا منه الترادف[1].

وأجيب بأنه من الممكن أن يكون الراوي قد روى الحديث بوجهين[2].

ثالثا: الآثار:

روي أن رجلا وهب ابنته لعبد الـلـه بن عمر عند شاهدين فأجاز علي رضي الله عنه ذلك[3].

رابعا: المعقول:

1- إن العبرة في العقود للمقاصد والمعاني لا للألفاظ والمباني. والنكاح عقد كغيره من العقود تجري عليه هذه القاعدة فهذه الألفاظ تؤدي معنى النكاح، فهي داخلة في النكاح، ولأن المراد لفظ النكاح أو معناه، فإذا اجري هذا العقد بالألفاظ الدالة عليه دون احتمال قصد آخر كان العقد صحيحا[4].

2- إن صحة انعقاد النكاح بهذه الألفاظ كان بطريق المجاز (فإن المجاز كما يجري في الألفاظ اللغوية كذا يجري في الألفاظ الشرعية بلا خلاف. وقد تحقق هذا الاستعمال).

وقد رد الشافعية على هذا بقولهم "لم يتحقق استعمال غير النكاح والتزويج مجازا في النكاح، لأنه لو وجد لصح أن يتجوز بلفظ كل منهما الآخر، كان يقال أنكحتك هذه الثوب مرادا به التمليك، أو أن يقال ملكتك نفسي أو بنتي مرادا به أنكحتك، ولم يوجد هذا في عرف الفقهاء[5].

مذهب الشافعية:

لا يصح انعقاد الزواج إلا بلفظ النكاح أو التزويج وما هو ترجمة لهما. وما عداهما من الألفاظ هي ألفاظ كناية، لا يصح انعقاد الزواج بها[6]. وقد استدل الشافعية لمذهبهم بما يأتي:

---

[1] احمد بن محمد بن علي ابن حجر الهيتمي، تحفة المحتاج في شرح المنهاج،ج7، دار إحياء التراث العربي، بيروت - لبنان، دون عدد وسنة الطبع، ص221. الشيخ زكريا الأنصاري، اسنى المطالب شرح روض الطالب، ج3، دار الكتاب الاسلامي، ص119.

[2] الإمام سراج الدين عمر بن ابراهيم ابن نجيم الحنفي، النهر الفائق شرح كنز الدقائق، ج 2 ص179-180.

[3] عثمان بن علي الزيلعي، تبيين الحقائق شرح كنز الدقائق، ج2 ص98. قلت في مصنف عبدالرزاق " أن امرأة زوجتها أمها وخالها فأجاز علي رضي الله عنه نكاحها. "ينظر ج6، ص197.

[4] ابن عابدين، حاشية ابن عابدين،ج4 ص89-90.

[5] عثمان بن علي الزيلعي، تبيين الحقائق شرح كنـز الدقائق، ج2 ص98.

[6] الإمام النووي، روضة الطالبين وعمدة المفتين، إشراف زهير الشاويس، ج7، ط3، المكتب الإسلامي، بيروت، سنة الطبع 1991، ص36.

أولا: الكتاب:

ورد عقد الزواج في القرآن الكريم بلفظ النكاح والتزوج من ذلك قوله تعالى: ﴿ فَٱنكِحُواْ مَا طَابَ لَكُم مِّنَ ٱلنِّسَآءِ مَثۡنَىٰ وَثُلَٰثَ وَرُبَٰعَ ﴾[1]. وقوله تعالى: ﴿ فَلَمَّا قَضَىٰ زَيۡدٞ مِّنۡهَا وَطَرٗا زَوَّجۡنَٰكَهَا ﴾[2]. فإذا كانت هذه هي الألفاظ التي ورد القرآن بها في النكاح، فينبغي الاقتصار عليهما، وخاصة إذا عرف بأن النكاح ينزع إلى العبادات، لورود الندب فيه، فلا بد من الاقتصار على الألفاظ التي ورد بها الشارع تعبدا واحتياطا[3].

وقد رد الحنفية على هذا الدليل بقولهم، قد ورد النكاح في القرآن بلفظ (الهبة أيضا) كما في قوله تعالى: ﴿ وَٱمۡرَأَةٗ مُّؤۡمِنَةً إِن وَهَبَتۡ نَفۡسَهَا لِلنَّبِيِّ إِنۡ أَرَادَ ٱلنَّبِيُّ أَن يَسۡتَنكِحَهَا ﴾[4].

إلا أن الشافعية قد أجابوا عن هذا الدليل وقالوا بأن ذلك من خصوصيات الرسول لقوله تعالى: ﴿ خَالِصَةٗ لَّكَ مِن دُونِ ٱلۡمُؤۡمِنِينَ ﴾.

ثانيا: السنة:

عن جابر بن عبد الله قال، قال رسول الله ﷺ ((اتقوا الله في النساء فإنكم أخذتموهن بأمان الله واستحللتم فروجهن بكلمة الله ولكم عليهن أن لا يوطئن فرشكم أحدا تكرهونه فإن فعلن ذلك فاضربوهن ضربا غير مبرح ولهن عليكم رزقهن وكسوتهن بالمعروف وقد تركت فيكم ما لن تضلوا بعده إن اعتصمتم به كتاب الله))[5].

وجه الدلالة من الحديث في قوله ﷺ ((بكلمة الله)) وكلمته ما ورد في كتابه تعالى، ولم يرد فيه غيرهما، والقياس ممتنع، لأن في النكاح ضربا من التعبد فلم يصح[6].

ثالثا: المعقول:

1- إن ما عدا ألفاظ النكاح والتزويج هي من ألفاظ الكناية وتحتاج إلى النية، فإذا كانت الشهادة شرطا في النكاح وتم العقد بلفظ الهبة أو الصدقة لم تقع الشهادة على النكاح، لعدم إطلاع الشهود على النيات[7].

---

(1) سورة النساء، الآية رقم (3).
(2) سورة الأحزاب، الآية رقم (37).
(3) الإمام الشافعي، الام، ج 5 ص37. الشيخ محمد الشربيني الخطيب، مغني المحتاج، ج4 ص230. الشيخ زكريا الأنصاري، اسنى المطالب شرح روض الطالب، ج3 ص 119.
(4) سورة الأحزاب، الآية رقم (50).
(5) الإمام مسلم، صحيح مسلم، ج2، باب حجة النبي ﷺ، ص886، رقم الحديث 1218.
(6) حمد بن محمد بن علي ابن حجر الهيتمي، تحفة المحتاج، في شرح المنهاج،ج 7 ص 221.
(7) الإمام أبو اسحاق ابراهيم بن علي ابن يوسف الفيروز ابادي الشيرازي، المهذب في فقه الإمام الشافعي، ج2، دار الفكر، بيروت - لبنان، ص 41. عثمان بن علي الزيلعي، تبيين الحقائق شرح كنز الدقائق، ج2 ص98.

2- إن عقد النكاح لما له من أهمية كبيرة وخطورة بالغة في حياة الناس، فقد خصه بالشهادة، ونظرا لذلك فقد خصه باللفظين دون غيرهما للدلالة الواضحة عليه[1].

3- إن التزويج للتلفيق، والنكاح للضم ولا ازدواج بين المالك والمملوكة، لذا يفسد النكاح عند ورد ملك احد الزوجين على الآخر.

وقد أجاب الحنفية على هذا بقولهم، إن التمليك أي معناه الحقيقي سبب لملك المتعة في محلها بواسطة كونه سبب ملك الرقبة[2].

موقف المشرع العراقي:

الذي يبدو أن المشرع العراقي قد أخذ بمذهب الحنفية وإن لم ينص على ذلك صراحة ولكن في المادة الرابعة من قانون الأحوال الشخصية مايفيد أن إنعقاد الزواج ليس محصورا في لفظي الزواج والنكاح. حيث نص المشرع العراقي على " ينعقد الزواج بإيجاب -يفيده لغة أو عرفا- من أحد العاقدين وقبول من الآخر ويقوم الوكيل مقامه" فكل إيجاب أفاد طلب الزواج عرفا وقبول وارد عليه ينعقد به العقد قانونا وأن لم يكن بلفظ الزواج أو النكاح.

الرأي الراجح:

الذي يبدو أن الراجح هو ما ذهب إليه الشافعية وهو عدم جواز انعقاد النكاح إلا بلفظي التزويج والنكاح، لما لهذا العقد من خطورة بالغة ولما يترتب على هذا العقد من حقوق وآثار و الله اعلم.

المطلب الثالث

الخلاف في حكم النكاح

إن حكم الزواج الشرعي بحسب طلب الشارع من المكلف فعله أو تركه، لا يأخذ حكما واحدا في جميع الحالات، بل يختلف حكمه تبعا لاختلاف أحوال الناس المادية وطبائعهم الخلقية، فتارة يكون واجبا وتارة يكون مندوبا وأخرى يكون مباحا وتارة أخرى يكون مكروها لذا فإن الزواج يتصف بالأحكام التكليفية الخمسة.

والذي هو محل اتفاق بين الحنفية والشافعية أن الزواج يأخذ أحكاما تكليفية أربعة، وهي الوجوب والحرمة والكراهة والندب، ومحل الخلاف بينها يكمن في هل أن الزواج يأخذ حكم المباح أم لا؟ وتفصيل ما يعتري الزواج من الأحكام الخمسة كالآتي.

---

[1] الإمام كمال الدين ابن الهمام، شرح فتح القدير،ج3 ص186.
[2] المصدر نفسه،ج3 ص186.

1- **الواجب** (الفرض)[1]:

يكون الزواج واجبا إذا يتقن المرء من الوقوع في الفاحشة، وكان قادرا على مؤن النكاح من مهر ونفقه وكسوة، لأن ترك الزنا واجب، وإذا لم يكن بالامكان التحرز منه إلا عن طريق النكاح، كان النكاح واجبا، لأن ما لا يتم الواجب إلا به فهو واجب[2].

2- **الحرام:**

يكون حراما إذا تيقن من ظلم المرأة، كما لو لم يكن قادرا على مؤن النكاح من مهر ونفقه ووطء "لأن الزواج شرع لمصلحة تحصين النفس وتحصيل الثواب، وبالجور والظلم يأثم ويرتكب المحرمات فتنعدم المصالح لرجحان هذه المفاسد" [3].

3- **الكراهة:**

يكون الزواج مكروها إذا خاف الشخص من إلحاق الضرر بالمرأة وظلمها خوفا لا يصل إلى درجة اليقين، ومثل الحنفية ذلك بالعجز عن الإنفاق، والشافعية بعدم الرغبة في النساء، كما لو كان به علة أو هرم أو ما من شأن ذلك إلحاق الضرر بالمرأة[4].

4- **الاستحباب:**

إن الاستحباب هو الحكم العام بالنسبة للزواج للأدلة الكثيرة على ذلك ويستحب الزواج باتفاق الحنفية والشافعية إذا كان الزوج قادرا على مؤن الزواج، وله رغبة في النساء، مع تيقنه من عدم ظلم المرأة والوقوع في الحرام إذا لم يتزوج، والزواج في مثل هذه الحالة، عند الحنفية سنة مؤكدة في الأصح[5].

---

(1) من المعلوم أن الفرض والواجب عند الجمهور ومنهم الشافعية واحد، وأما الأحناف فيفرقون بين الفرض والواجب في حكم الزواج بناء على درجة اليقين من ظلم المرأة والوقوع في المحضور، فان تيقن من عدم الظلم كان فرضا وإن خفت درجة اليقين كان واجبا.

(2) البابرتي، العناية شرح الهداية، ج 3 ص 189 - 190. الشيخ محمد الشربيني الخطيب، مغني المحتاج، ج 4 ص 313، ابن حجر الهيتمي، تحفة المحتاج، ج7، ص 184. ينظر الشيخ سليمان البجيرمي، حاشية البجيرمي على الخطيب،ج 3 ص 359. الأسنوي، التمهيد في تخريج الفروع على الأصول، تحقيق: د. محمد حسن هيتو،ج1، ط1، مؤسسة الرسالة - بيروت، سنة الطبع 1400، ص83.

(3) زين الدين بن ابراهيم (ابن نجيم)، البحر الرائق شرح كنز الدقائق، ج3، دار المعرفة، بروت - لبنان، ص86. حاشية البجيرمي على الخطيب، ج3، ص 359.

(4) ينظر زين الدين بن ابراهيم (ابن نجيم)، البحر الرائق شرح كنز الدقائق، ج 3 ص 82. عبد الرحمن بن محمد شيخي زاده (داماد)، مجمع الانهر شرح ملتقى الابحر، ج 1 ص 317. الرملي، نهاية المحتاج،ج 6 ص 183. ابن حجر الهيتمي، تحفة المحتاج، ج7, ص687.

(5) البابرتي، العناية شرح الهداية، ج 3 ص190. عبد الرحمن بن محمد شيخي زاده (داماد)، مجمع الانهر شرح ملتقى الابحر، ج1، ص317. الشيخ محمد الشربيني الخطيب، مغني المحتاج، ج 4 ص206. الشيخ سليمان البجيرمي، حاشية البجيرمي على الخطيب،ج 3 ص 361.

5- **حكم النكاح حال الاعتدال:**

إن محل الخلاف بين الحنفية والشافعية يكمن في حكم الزواج حال الاعتدال، والمقصود بذلك من ليس له رغبة في النساء من دون علة، ولا يخاف الوقوع في الحرام إن لم يتزوج، وإن تزوج لا يخاف من ظلم المرأة وهذا هو حال الغالبية من الناس.

مذهب الحنفية:

النكاح حال الاعتدال مستحب، بل سنة مؤكدة، يأثم المرء بتركه، ويثاب عليه إن نوى تحصينا وولدا[1]. والانشغال به أولى من التخلي للعبادة، وإلى هذا ذهب بعض الشافعية أيضا، واستدل الحنفية لمذهبهم بما يأتي:

أولا: الكتاب:

قوله تعالى: ﴿ فَٱنكِحُواْ مَا طَابَ لَكُم مِّنَ ٱلنِّسَآءِ مَثۡنَىٰ وَثُلَٰثَ وَرُبَٰعَ ﴾[2].

وجه الدلالة من الآية أن فيها حثا على الزواج، والزواج ليس واجبا باتفاق الحنفية والشافعية، فيبقى على الاستحباب والندب في حالة الاعتدال.

ثانيا: السنة:

1- عن أنس بن مالك رضي الله عنه أن نفرا من أصحاب النبي صلى الله عليه وسلم سألوا أزواج النبي صلى الله عليه وسلم عن عمله في السر؟ فقال بعضهم : لا أتزوج النساء وقال بعضهم لا آكل اللحم وقال بعضهم لا أنام على فراش، فحمد الله وأثنى عليه فقال (ما بال أقوام قالوا كذا وكذا ؟ لكني أصلي وأنام وأصوم وأفطر وأتزوج النساء فمن رغب عن سنتي فليس مني)[3].

وجه الدلالة فيه أنه صلى الله عليه وسلم رد هذا الحال ردا مؤكدا حتى تبرأ منه، والأفضلية في الإتباع لا فيما يخيل للنفس، ثم لم يكن الله عز وجل يرضى لأشرف الأنبياء إلا بأشرف الأحوال وكان حاله إلى الوفاة النكاح، فيستحيل أن يقره على ترك الأفضل مدة حياته[4].

وروري عنه صلى الله عليه وسلم أيضا: ((النكاح من سنتي فمن لم يعمل بسنتي فليس من))[5].

---

(1) عبد الرحمن بن محمد شيخي زاده (داماد)، مجمع الانهر شرح ملتقى الابحر، ج 1 ص317. حاشية ابن عابدين، ج3، ص8. تبين الحقائق، ج2، ص95. عبد الرحيم بن الحسين العراقي، طرح التثريب، دار إحياء الكتب العربية، بيروت - لبنان، دون عدد وسنة الطبع، ج 7 ص 2.

(2) سورة النساء، الآية رقم (3).

(3) متفق عليه، الإمام البخاري، صحيح البخاري، ج 5 ص 1949 رقم 4776. الإمام مسلم، صحيح مسلم، ج2 ص 1020 رقم 1401.

(4) شرح فتح القدير ج3،ص188.

(5) سبق تخريجه في ص (31).

وجه الدلالة منه أن الرسول ﷺ سمي النكاح سنة، والسنن مقدمة على النوافل بالإجماع، كما أن فيها الوعيد، ولا وعيد على ترك المباح[1].

2- عن معقل بن يسار، قال: قال رسول الـلـه ﷺ: ((تزوجوا الولود الودود فاني مكاثر بكم الأمم))[2].

الحديث صححه ابن حبان والحاكم[3].

3- عن عبد الـلـه بن عمر قال: كنا مع النبي ﷺ فقال: ((من استطاع منكم الباءة فليتزوج فانه أغض للبصر واحصن للفرج ومن لم يستطع فعلية بالصوم فإنه له وجاء))[4].

وجه الدلالة في هذين الحديثين أن حث الرسول ﷺ الشباب على الزواج لمن يجد القدرة، يحمل في أقل درجاته على الندب.

4- الإقتداء برسول الـلـه ﷺ فقد توفي وعنده تسع نساء وكان ابن عباس يقول لسعيد بن جبير "تزوج فإن خيرنا كان أكثرنا نساء"[5] يقول الـلـه تعالى: ﴿لَّقَدْ كَانَ لَكُمْ فِي رَسُولِ ٱللَّهِ أُسْوَةٌ حَسَنَةٌ لِّمَن كَانَ يَرْجُواْ ٱللَّهَ وَٱلْيَوْمَ ٱلْآخِرَ وَذَكَرَ ٱللَّهَ كَثِيرًا ﴿٢١﴾﴾[6].

ثالثا: المعقول:

إنه سبب يتوصل به إلى مقصود هو مفضل على النوافل، لأنه سبب لصيانة النفس عن الفاحشة، وسبب لصيانة نفسها عن الهلاك بالنفقة والسكن واللباس، لعجزها عن الكسب، وسبب لحصول الولد الموحد. وكل واحد من هذه المقاصد مفضل على النوافل، فكذا السبب الموصل إليه كالجهاد والقضاء[7].

مذهب الشافعية:

النكاح مباح في حق من لم يكن محتاجا إلى الزواج وله القدرة عليه ولا يخاف الوقوع في المحظور إن لم يتزوج، والأفضل له التخلي للعبادة[8]. وقد استدل الشافعية لمذهبهم بما يأتي:

---

(1) ينظر الإمام الكاساني، بدائع الصنائع، ج 2 ص 364. ينظر الإمام كمال الدين ابن الهمـام، شرح فتح القدير، ج3 ص 180.

(2) سنن النسائي ج 6 ص56 رقم 3227.

(3) كشف الخفاء للعجلوني،ج 1 ص380 رقم 1021.

(4) أحمد بن الحسين بن علي بن موسى أبو بكر البيهقي، سنن البيهقي الكبرى، تحقيق: محمد عبد القادر عطا، ج7، مكتبة دار الباز، مكة المكرمة، سنة الطبع 1414هـ - 1994م، ص 77، رقم 13228.

(5) متفق عليه البخاري ج 2 ص 673 رقم 1806. الإمام مسلم، صحيح مسلم، ج 2 ص1011 رقم 1400.

(6) سورة الأحزاب، الآية رقم (21).

(7) الإمام الكاساني، بدائع الصنائع، ج 2 ص365.

(8) الإمام النووي، روضة الطالبين وعمدة المفتين، ج7، ص18-19،

أولا: الكتاب:

1- قال تعالى: ﴿ وَٱلْقَوَٰعِدُ مِنَ ٱلنِّسَآءِ ٱلَّٰتِى لَا يَرْجُونَ نِكَاحًا فَلَيْسَ عَلَيْهِنَّ جُنَاحٌ أَن يَضَعْنَ ثِيَابَهُنَّ غَيْرَ مُتَبَرِّجَٰتٍ بِزِينَةٍ ۖ وَأَن يَسْتَعْفِفْنَ خَيْرٌ لَّهُنَّ ۗ وَٱللَّهُ سَمِيعٌ عَلِيمٌ ﴿٦٠﴾ ﴾[1].

وجه الدلالة فيها أن اللـه عز وجل قد ذكر القواعد من النساء، فلم ينههن عن القعود، ولم يندبهن إلى نكاح[2].

2- قال تعالى مادحا النبي يحيى عليه السلام ﴿ وَسَيِّدًا وَحَصُورًا وَنَبِيًّا مِّنَ ٱلصَّٰلِحِينَ ﴿٣٩﴾ ﴾[3].

وجه الدلالة فيها أن اللـه عز وجل قد مدح يحيى بقوله حصورا، والحصور هو الذي لا يأتي النساء مع القدرة على إيتيانهن. فلم يندبه إلى نكاح، فدل ذلك و اللـه اعلم على أنه مندوب إليه في حق من يحتاج إليه[4]. وإن كان لا يحتاج إليه فيكون في حقه مباحا.

ولكن رد عليه بأن هذا كان مستحبا في شريعة يحيى، فهو شرع من قبلنا، وقد نسخ بالأدلة الصحيحة والصريحة، ففي شريعتهم كانت العزلة أفضل، وأما في شريعتنا فالعشرة أفضل، كما قال الرسول صلى الله عليه وسلم "لا رهبانية في الإسلام"[5].

3- قال تعالى: ﴿ زُيِّنَ لِلنَّاسِ حُبُّ ٱلشَّهَوَٰتِ مِنَ ٱلنِّسَآءِ وَٱلْبَنِينَ ﴾[6].

وجه الدلالة منها أنها قد جاءت في معرض الذم، بدليل ما جاء في الآية الأخرى ﴿ قُلْ أَؤُنَبِّئُكُم بِخَيْرٍ مِّن ذَٰلِكُمْ ۚ لِلَّذِينَ ٱتَّقَوْا۟ عِندَ رَبِّهِمْ جَنَّٰتٌ تَجْرِى مِن تَحْتِهَا ٱلْأَنْهَٰرُ خَٰلِدِينَ فِيهَا وَأَزْوَٰجٌ مُّطَهَّرَةٌ وَرِضْوَٰنٌ مِّنَ ٱللَّهِ ۗ وَٱللَّهُ بَصِيرٌۢ بِٱلْعِبَادِ ﴿١٥﴾ ﴾[7]. فدل

---

[1] سورة النور، الآية رقم (60).

[2] الإمام الشافعي، الام، ج5، ص210.

[3] سورة آل عمران، الآية رقم (39).

[4] الإمام السرخسي، المبسوط، ج 4 ص 194.

[5] ينظر الإمام الكاساني، بدائع الصنائع، ج 2 ص 364. الإمام السرخسي، المبسوط، ج 4 ص 194. لم أجد الحديث بهذا اللفظ وما وجد بذلك اللفظ لا يصح. ينظر ابن الجوزي، العلل المتناهية، ج2، ص641. قلت أخرجه ابن حبان في صحيحه عن عائشة رضي اللـه عنها قالت: دخلت امرأة عثمان بن مظعون واسمها خولة بنت حكيم على عائشة وهي بذة الهيئة فسألتها عائشة: ما شأنك ؟ فقالت: زوجي يقوم الليل ويصوم النهار فدخل النبي صلى الله عليه وسلم فذكرت عائشة ذلك له فلقي النبي صلى الله عليه وسلم عثمان بن مظعون فقال (يا عثمان إن الرهبانية لم تكتب علينا أما لك في أسوة حسنة ! فوالله إني لأخشاكم لله وأحفظكم لحدوده). محمد بن حبان بن أحمد أبو حاتم التميمي البستي، صحيح ابن حبان بترتيب ابن بلبان، تحقيق وتذييل شعيب الأرنؤوط، ج 1، الطبعة الثانية، مؤسسة الرسالة، بيروت - لبنان، سنة الطبع 1414 - 1993، ص185. ومثله في مسند أحمد بن حنبل أبو عبداللـه الشيباني، ج6، مؤسسة قرطبة - القاهـرة، ص226.

[6] سورة آل عمران، الآية رقم (14).

[7] سورة آل عمران، الآية رقم (15).

هذا على أنه مباح، ويجوز للمرء تركه وفعله، بل الترك يكون أولى[1]. ويكون التخلي للعبادة أفضل اهتماما بشأنها[2].

ثانيا: المعقول:

إن في النكاح حقوقا للزوجة على الزوج. وقد يقع الزوج غير الراغب في النكاح في عدم الإيفاء بالحقوق، وبهذا يقع الزوج في الإثم، فتكون العبادة لذلك أفضل له من النكاح[3]. لأن الرجل الذي لا يأتي النساء إذا نكح فقد غر المرأة[4].

الرأي الراجح:

الذي يبدو أن محل الخلاف يكمن في كون النكاح عبادة أم لا؟ فالنكاح عند الحنفية عبادة، ولهذا قالوا بأن النكاح في حال الاعتدال مستحب وهو أفضل من التخلي للعبادة والنوافل. وأما الشافعية فقد اختلف النقل عنهم، فمنهم من قال بأنه عبادة، ولذا قالوا بأن النكاح مندوب إليه، ومنهم من قال بأن النكاح ليست بعبادة، بل هو مباح في حال الاعتدال، والاشتغال بالعبادة والتخلي لها أفضل من الانشغال بالنكاح.

إلا أن الراجح أن النكاح هو عبادة كما ذهب إليه الحنفية، بدليل أن الـلـه ﷻ قد أمر به. وهو سبب إلى التوحيد. وإقتداء بالرسول ﷺ، حيث قال: ((النكاح من سنتي)) عليه فإن الراجح في المسألة أن النكاح مستحب ومندوب إليه حال الاعتدال، كما ذهب إلى ذلك الحنفية وبعض الشافعية.ويؤيد ذلك أن الشافعية أنفسهم يعتبرون النكاح عبادة بالنية، فإن النكاح مع قصد الطاعة يغير نفسه طاعة، وعند عدم قصدها فهو مباح، كما يقول الرملي[5] بل يقول صاحب مغني المحتاج الشربيني الخطيب[6] (إن النكاح شرع من عهد ادم واستمرت مشروعيته، ولا نظير له فيما يتعبد به

---

(1) ينظر ابن حجر الهيتمي، تحفة المحتاج، ج7, ص 187. وينظر ايضا د. وهبة الزحيلي ج9، ط8، دار الفكر، دمشق، سنة الطبع 2005، ص 6518.

(2) ينظر، زكريا الانصاري، الغرر البهية في شرح البهجة الوردية، ج4، ص94.

(3) ينظر الشيخ محمد الشربيني الخطيب، مغني المحتاج، ج4، ص 315. ابـن حجـر الهيتمي، تحفة المحتاج، ج7، ص187. وينظر د. وهبة الزحيلي، المصدر السابق، ج 9 ص 6518.

(4) الإمام الشافعي، الام 5، 156.

(5) الرملي، نهاية المحتاج،ج 6 ص184. والرملي هو محمد بن أحمد بن حمزة ، شمس الدين (919- 1004هـ) فقية الديار المصرية مرجعها في الفتوي. يقال له : الشافعي الصغير . وقيل : هو مجدد القرن العاشر. جمع فتاوي أبيه، وصنف شروحا ، وحواشي كثيرة .من مصنفاته نهاية المحتاج الي شرح المهاج وغاية البيان شرح زبد ابن رسلان. ينظر الاعلام للزركلي، ج6، ص235.

(6) هو محمد بن احمد الشربيني شمس الدين (977هـ) فقيه شافعي مفسر لغوي من أهل القاهرة. من تصانيفه الاقناع في حل الالفاظ ابي شجاع ومغني المحتاج في شرح منهاج النووي في الفقه والذي يعتبر المرجع لكل باحث في الفقه الشافعي. وله أيضا (تقريرات على المطول) في البلاغة. و(شرح شواهد القطر) في النحو. ينظر الأعلام للزركلـي، ج6، ص234. معجم المطبوعات لإيليان سركيس، ج1، ص155، ص1108. ينظر إسماعيل باشا البغدادي، هدية العارفين، ج1، دار الفكر، بيروت - لبنان، سنة الطبع 1982، ص583.

من العقد) ثم قال: وأما القول بأن النكاح ليست بعبادة بدليل صحته من الكافر فمردود، لأنه (إنما صح من الكافر وإن كانت عبادة لما فيه عمارة الدنيا كعمارة المساجد والجوامع والعتق، فإن هذه تصح من المسلم وهي منه عبادة ومن الكافر وليست منه عبادة، ويدل لكونه عبادة أمر النبي ﷺ، والعبادة إنما تتلقى من الشرع)[1].

قلت وما نسب إلى الشافعية من" أن العبادة أفضل من النكاح حال الاعتدال" كما يقول الكاساني صاحب البدائع[2] وسار على ذلك الدكتور وهبة الزحيلي، والدكتور محمد مصطفى شلبي، وآخرون، فغير صحيح و اللـه اعلم، لأن الإمام الشافعي حينما قال (ولا أرى بأسا أن من لم تخلق فيه الشهوة أصلا أي تلك الشهوة التي جعلت في أكثر الخلق أو من ذهبت شهوته لعارض من كبر أو غيره أن يدع النكاح)[3] لأن الإنسان وهو بهذه الحالة إن تزوج لابد وأن يلحق الضرر بالزوجة ويكون بذلك قد غرها كما قال الإمام الشافعي[4] وعليه فإن الأفضل له في هذه الحالة هو العبادة وهذا مما لا خلاف فيه[5] وعند الشافعية ما يوضح ذلك أكثر إذ يقول صاحب أسنى المطالب الشيخ زكريا الأنصاري "إن القول بأن النكاح أفضل محمول على من انقطع بسبب النكاح عن العبادة فإن لم ينقطع عنها (أي عن العبادة بسبب النكاح) فالنكاح مستحب لجمعه بين العبادتين"[6].

عليه لا يبقى لنا إلا القول بأن النكاح مستحب في حال الاعتدال كما صرح بذلك الحنفية، وكما هو مقرر في كتب الشافعية لو تم ملاحظتها بدقة، وأن النكاح عبادة مع القصد باتفاق الحنفية والشافعية و اللـه اعلم، إقتداء برسول اللـه ﷺ ولو كانت العبادة أفضل، لفعله الرسول ﷺ، ولأنه لما لم يفعله، بل توفي وهو متزوج، دل ذلك على أن الأفضلية في النكاح على التخلي للنوافل. وقد رد الرسول ﷺ من أراد التبتل ردا منكرا بل قد تبرأ منهم بقوله ((فمن رغب عن سنتي فليس مني)).

وأما المشرع العراقي فلم يتطرق لبيان الحكم الشرعي للزواج ولا يوجد فيه نص يلزم الواجد للمؤونة على الزواج ولا نص يمنع غير القادر على الزواج منه.

---

(1) الشيخ الشربيني الخطيب، مغني المحتاج، ج3، ص123.

(2) هو ابو بكر بن مسعود بن أحمد ، علاء الدين الكاساني (ت587هـ 1191م) منسوب الي كاسان بلدة بالتركستان، خلف نهر سيحون وراء الشاشي. وهو من أهل حلب. من أئمة الحنفية. كان يسمي (ملك العلماء) تفقه علاء الدين السمرقندي وشرح كتابه المشهور. وتزوج ابنته الفقيهة العالمة فاطمة. وتوفي بحلب. من تصانيفة (البدائع الصنائع في ترتيب الشرائع) وهو شرح تحفة الفقهاء من أعظم كتب الحنفية في الفقه و(السلطان المبين في أصول الدين). ينظر الأعلام للزركلي، ج2، ص46. معجم المطبوعات لإيليان سركيس، ج1، ص155، ص1540. مقدمة كتاب بدائع الصنائع، للمحقق محمد خير طعمة حلبي. ج1، ص4.

(3) الإمام الشافعي، الام، ج 10 ص492.

(4) المصدر نفسه، ج 10 ص493.

(5) الشيخ زكريا الأنصاري، اسنى المطالب شرح روض الطالب، ج 3 ص108.

(6) المصدر نفسه، ج 3 ص96.

المبحث الثاني
الخلاف في مقدمات النكاح

نظرا لخطورة هذا العقد وأهميته، فقد أولى الشارع الحكيم اهتماما واسعا به، ولكي يحافظ هذا العقد على مقصوده من اللزوم والاستمرار فقد ندب إلى وجود فترة تسبق هذا العقد وتكون مقدمة له، ولم يعط له حكم العقد، وإنما كان فترة اختبار واطلاع كل واحد منهما على الآخر في حدود الشرع. وللوقوف على هذه الفترة وحكمها فإننا في هذا المبحث سنتطرق إلى تعريف الخطبة، وأحكامها، والخطبة على خطبة الغير في المطالب الثلاثة الآتية:

المطلب الأول
الخلاف في ماهية الخطبة وحكمها

يتضمن هذا المطلب الفرعين الآتيين:

الفرع الأول: تعريف الخطبة:

الخطبة لغة: من الخطب وهو الشأن والأمر صغر أو عظم، وهي الدعوة إلى التزويج[1] ويأتي معنى الخطبة في اللغة والشرع واحدا، فهي لغة وشرعا التماس الخاطب النكاح من جهة المخطوبة[2]، فالخطبة كما يقول ابن نجيم الحنفي[3] هي سؤال الرجل المرأة أمرا وشأنا في نفسها[4]، وهي الذكر التي يستدعى به إلى عقد النكاح. فالخطبة ليست عقدا. وإنما هو وعد بعقد الزواج.

وبهذا أخذ المشـرع العراقي في قانـون الأحوال الشخصيـة العراقي في البند (3) من المادة (3) حيث لم يعتبر "الوعد بالزواج وقراءة الفاتحة والخطبة عقدا"

الفرع الثاني: حكم الخطبة:

مما لا خلاف فيه بين الفقهاء أن الخطبة ليست واجبة خلافا لداود الظاهري[5] الذي يرى وجوبها. ومما يدل على عدم وجوب الخطبة قوله ﷺ للرجل الذي لم يجد خاتما: ((ملكتكها بما معك من القرآن))[6]. من غير أن يأمره بالخطبة.

---

(1) الفيروزآبادي، القاموس المحيط، ج1، ص103.

(2) الرملي، نهاية المحتاج، ج6، ص202.

(3) هو زين الدين بن إبراهيم بن محمد الشهير بابن نجيم (ت970) فقيه حنفي، من علماء مصر، له عدة تصانيف، منها: الأشباه والنظائر، والبحر الرائق. ينظر الأعلام للزركلي، ج3، ص64. كشف الظنون لمصطفى بن عبد اللـه القسطنطيني، ج1، ص98. معجم المؤلفين، ج4، ص192.

(4) ابن نجيم، البحر الرائق شرح كنـز الدقائق، ج4، ص165.

(5) هو داود بن علي بن خلف أبو سليمان الفقيه الظاهري أصبهاني الأصل (202-270)، كوفي المولد، بغدادي المنشأ. أحد الأئمة المجتهدين في الدين، انتهت إليه رياسة العلم ببغداد، وإليه ينسب المذهب الظاهري، سمع سليمان بن حرب ومحمد بن كثير العبدي ومسددا ورحل إلى نيسابور فسمع من إسحاق بن راهويه المسند والتفسير ثم قدم بغداد فسكنها وصنف كتبه بها وهو امام أصحاب الظاهر وكان ورعا ناسكا زاهدا يقول الحسين بن إسماعيل المحاملي رأيت داود بن علي يصلي فما رأيت مسلما يشبهه في حسن تواضعه. كان من المتعصبين للشافعي رضي الله عنه، وصنف في فضائله ومناقبه. وله من الكتب كتاب الإيضاح وكتاب الإفصاح وكتاب الدعوى والبينات. تاريخ بغداد للخطيب البغدادي، ج8، ص369-371. الفهرسـت لابـن النديـم، ج1، ص303.

(6) المنتقى شرح الموطأ، ج3، ص265، باب ما جاء في الخطبة.

ومما لا خلاف فيه بين الحنفية والشافعية أن حكم الخطبة تابع لحكم النكاح، لأنها وسيلة إليه، إن كان حراما فحكمها حرام، وإن كان مكروها فمكروه، وإن كان مباحا فمباح[1].

وأما إذا كان الزواج واجبا أو مستحبا، فقد حصل الخلاف فيه بين الفقهاء:

مذهب الحنفية والجمهور:

إن الخطبة مباحة وليست مستحبة، بدليل أن الرسول ﷺ قال للذي لم يجد خاتما من حديد ((زوجتكها بما معك من القرآن)) ولم يحثه ﷺ على الخطبة قبل النكاح، ولو كان مستحبا لأرشده إلى ما هو الأفضل.

مذهب الشافعية:

الخطبة مستحبة لمن كان النكاح في حقه مستحبا أو واجبا، بدليل أن الرسول ﷺ قد خطب عائشة بنت أبي بكر وحفصة بنت عمر بن الخطاب.

موقف المشرع العراقي:

يتفق المشرع العراقي مع جمهور الفقهاء في عدم اعتبار الخطبة واجبة. فلا يوجد نص فيه يدل على وجوب الخطبة. عليه فإن الأمر فيه متروك للعاقدين.

الرأي الراجح:

الذي يبدو أن الراجح هو ما ذهب إليه الشافعية اقتداءا بالرسول ﷺ، ولأن هذه الفترة قد تكون ضرورية ليتعرف كل من الخاطب والمخطوبة أحدهما على الآخر في الحدود المسموح بها شرعا ليبدو له صلاح العقد الذي سيقدم عليه و الله أعلم.

المطلب الثاني
الخلاف في حكم الخطبة على خطبة الغير

الذي يبدو أنه قد حصل اضطراب لدى الكثير من الباحثين عند النقل من كتب الحنفية للوقوف على حكم الخطبة على خطبة الغير وقد نسبوا إلى الحنفية أراء إلا أنه من خلال تتبع كتب الحنفية, قد لا يوجد مثل هذا في مذهبهم.

---

[1] فليس صحيحا أن المذهب عند الشافعية هو الاستحباب مطلقا كما قال ذلك الدكتور محمد إبراهيم الحفناوي في كتابه الزواج، ص68، والدكتور محمد كمال الدين إمام في كتابه الزواج والطلاق في الفقه الإسلامي، ص41 وكذا جاء في الموسوعة الفقهية، ج19، ص119. بل الحكم هو الاستحباب إذا كان الزواج مستحبا وهذا ما نص عليه صاحب أسنى المطالب إذ يقول: ((وتستحب الخطبة لمن يستحب له النكاح)).

عليه فلا خلاف بين الحنفية والشافعية في حرمة الخطبة على خطبة الغير إذا كانت المرأة أو وليها قد اتفقوا على الخطوبة.

وكذا لا خلاف بينهما في جواز الخطبة في الحالات الآتية:

1- إذا صرح للخاطب الأول بالرفض.

2- إذا أذن الخاطب الأول للخاطب الثاني بالتقدم لخطبة الفتاة.

3- إذا لم يعلم الخاطب الثاني بأن المرأة مخطوبة للغير ولم تخبره المرأة بذلك[1].

4- وأما حكم الخطبة على خطبة الغير في حال ما إذا لم تبد المرأة ما يدل على الرضا أو القبول، فقد تكون المرأة في تردد في الموافقة أو الرفض أو هي في حال التشاور، وهي المرحلة التي سماها الفقهاء بمرحلة عدم الركون إلى الخاطب الأول دون وجود ما يدل على الرفض أو القبول. والمتتبع لكتب الحنفية يجد و الله أعلم أنه لا يوجد خلاف بينهم وبين الشافعية في حكم الخطبة على الخطبة والحكم في هذه الحالة هو الإباحة والجواز.

فليس صحيحا ما نسب بعض الباحثين إلى الحنفية القول بكراهة الخطبة في هذه الحالة كما ذهب إلى ذلك الدكتور وهبة الزحيلي في كتابه الفقه الإسلامي وأدلته[2]، أو ما نسب البعض القول بحرمة الخطبة في هذه الحالة إلى الحنفية كما فعل ذلك الدكتور محمد مصطفى شلبي[3]. بل المعتمد عند الحنفية، كالشافعية، هو الإباحة في المعتمد من المذهب، وقد استدلوا بحديث فاطمة بنت قيس[4]. فقد روت بعد أن طلقها زوجها ثلاثا أن النبي ﷺ قال لها (إذا انقضت عدتك فآذنيني قالت فخطبني خطاب منهم معاوية وأبو الجهم فقال النبي ﷺ إن معاوية ترب خفيف الحال وأبو الجهم منه شدة على النساء (أو يضرب النساء أو نحو هذا) ولكن عليك بأسامة بن زيد)[5].

المطلب الثالث
الاختلاف فيما يباح النظر إليه من المخطوبة

الأصل حرمة النظر إلى المرأة الأجنبية، إذ الواجب هو غض البصر من الرجل والمرأة، لقوله تعالى: ﴿ قُل لِّلْمُؤْمِنِينَ يَغُضُّوا۟ مِنْ أَبْصَٰرِهِمْ وَيَحْفَظُوا۟ فُرُوجَهُمْ ۚ ذَٰلِكَ أَزْكَىٰ لَهُمْ ۗ إِنَّ

[1] ينظر الإمام الكاساني، بدائع الصنائع، ج 5 ص233. الإمام السرخسي، المبسوط، ج 15 ص76 - 77. أحمد بن محمد بن سلامة بن عبدالملك بن سلمة أبو جعفر الطحاوي، شرح معاني الآثار، تحقيق: محمد زهري النجار، ج3، ط1، دار الكتب العلمية - بيروت، سنة الطبع 1399، ص 6. الإمام الشافعي، الام،ج5 ص42. ابن دقيق العيد، احكام الاحكام شرح عمدة الاحكام، ج2، دار الكتب العلمية، بيروت- لبنان، ص41.

[2] ج 9، ص 6494.

[3] د. محمد مصطفى شلبي، احكام الاسرة في الفقه الاسلامي، ص77.

[4] الطحاوي، شرح معاني الآثار، ج 3 ص6. الإمام الشافعي، الام،ج 5 ص42.

[5] الإمام مسلم، صحيح مسلم،ج 2 ص1114 رقم 1480.

﴿ٱللَّهَ خَبِيرٌۢ بِمَا يَصۡنَعُونَ ٣٠﴾[1]. ولكن أبيح النظر إلى المرأة الأجنبية للحاجة والضرورة، كالعلاج والشهادة والمحاكمة وكذا في النكاح. فالنظر إلى المرأة بقصد النكاح مباح بل مستحب إذا عزم الرجل على النكاح، لقوله ﷺ للمغيرة بن شعبة وكان قد خطب امرأة (أنظر إليها فإنه أحرى أن يؤدم بينكما)[2].

والذي عليه جمهور الفقهاء هو جواز النظر إلى وجه المرأة وكفيها، وهذا القدر هو محل اتفاق بين الفقهاء[3].

إلا أن الذي حصل فيه الخلاف بين الفقهاء منهم الحنفية والشافعية هو في مدى جواز النظر إلى القدمين بقصد النكاح.

مذهب الحنفية:

الراجح في المذهب والمعتمد، أن القدمين ليستا بعورة، فيجوز للخاطب النظر إليهما إن رغب في ذلك، وهذا هو الذي رواه الحسن عن أبي حنيفة، وأما القولان الصحيحان الآخران في المذهب فهما أن القدمين عورة في الصلاة لا خارجها، والآخر إن القدمين عورة مطلقا كالشافعية[4]. فليس صحيحا ما نسب إلى الحنفية من أنهم يمنعون النظر إلى القدمين اتفاقا، كما ذكره الدكتور احمد الحجي الكردي وآخرون[5]، واستدل الحنفية للراجح من مذهبهم بما يأتي:

أولا: الكتاب:

1- قوله تعالى: ﴿وَلَا يُبۡدِينَ زِينَتَهُنَّ إِلَّا مَا ظَهَرَ مِنۡهَا﴾[6].

وجه الدلالة من الآية أنها تدل على منع المرأة من إظهار أي شيء من زينتها إلا ما جرت به العادة والجبلة على ظهوره وقد جرت العادة بأن تكون الأقدام ظاهرة[7].

---

(1) سورة النور، الآية رقم (30).
(2) الدارقطني، سنن الدار قطني، ج3، ص252، حديث 31. ابن ماجه، سنن ابن ماجه، ج1، ص599، حديث 1865.
(3) الإمام كمال الدين ابن الهمام، شرح فتح القدير،ج 1 ص266. الإمام محمد بن محمد بن محمد الغزالي، الوسيط في المذهب، تحقيق ابي عمرو الحسيني عمر بن عبد الرحيم، ج3، ط1، منشورات محمد علي بيضون، دار الكتب العلمية، بيروت - لبنان، سنة الطبع 2001م، ص 396. ص122.
(4) الإمام كمال الدين ابن الهمام، شرح فتح القدير،ج1 ص266. ابن عابدين، حاشية ابن عابدين، ج1 ص405 - 406.
(5) د. احمد الحجي الكردي، الزواج، دار إقرأ، دمشق - سوريا، ط 1 ص17.
(6) سورة النور، الآية رقم (31).
(7) ينظر منلا خسرو، درر الحكام شرح غرر الاحكام،ج1، دار إحياء الكتب العربية، بيروت - لبنان، ص60 - 61.

ثانيا: الآثار:

روى أن عمر بن الخطاب رضي الله عنه خطب إلى علي ابنته أم كلثوم فذكر له صغرها فقال أبعث بها إليك فإذا رضيت فهي امرأتك فأرسل بها إليه فكشف عن ساقها فقالت لولا أنك أمير المؤمنين لصككت عينيك[1].

وجه الدلالة من هذا الأثر: إن النظر إلى القدمين جائز والا لما كشف عمر ساق أم كلثوم.

ولكن يرد على هذا بأنه بإرسال علي ابنته إلى عمر أصبحت امرأته فله الحق في الكشف عن ساقها.

ثالثا: المعقول:

1- قياسا على جواز النظر إلى الوجه والكفين، لأن المرأة إذا كانت لا تجد بدا من مزاولة الأشياء بيديها وفي كفيها زيادة ضرورة، ففي قدميها زيادة أكثر فإنها كما تبتلى بإبداء يديها وكفيها فكذلك تبتلى بإبداء أقدامها إذا مشت حافية أو متنعلة وربما لا تجد الخف في كل وقت وخاصة الفقيرات منهن[2]. عليه فإن ثبوت العورة إن كان بقوله صلى الله عليه وسلم (المرأة عورة) مع ثبوت مخرج بعضها وهو الامتلاء بالإبداء فمقتضاه إخراج القدمين)[3].

2- إن الاشتهاء لا يحصل بالنظر إلى القدم أكثر مما يحصل بالنظر إلى الوجه، فإذا لم يكن الوجه عورة مع كثرة الاشتهاء فالقدم أولى[4]. ولذا قالوا إن كان ثبوت العورة بالآية (ولا يبدين زينتهن إلا ما ظهر منها) فالقدم ليس موضع الزينة[5].

مذهب الشافعية:

المذهب عند الشافعية هو حرمة النظر إلى غير الوجه والكفين بقصد الخطبة، بل وحتى بعد الخطبة، فلا يجوز للخاطب النظر من مخطوبته إلا الوجه والكفين، بل ذهب الإمام الغزالي[6] إلى

---

[1] أبو بكر عبد الرزاق بن همام الصنعاني، مصنف عبد الرزاق، تحقيق حبيب الرحمن الأعظمي، ج6، المكتب الإسلامي - بيروت، الطبعة الثانية، 1403، ص421. ج6، ص163، حديث 10352.

[2] منلا خسرو، درر الحكام شرح غرر الاحكام،ج 1 ص61. الإمام السرخسي، المبسوط، ج 1 ص 154. ابن عابدين، حاشية ابن عابدين،ج 1 ص405 - 406.

[3] الإمام كمال الدين ابن الهمام، شرح فتح القدير،ج 2 ص266

[4] المصدر نفسه، ج1 ص266.

[5] المصدر نفسه، ج 2 ص266.

[6] هو محمد بن محمد بن محمد أبو حامد الغزالي. نسبته الي مهنة أبيه حيث كان غزالا، أو هو بتخفيف الزاي نسبة الي (غزاله) قرية من قري طوس. فقيه شافعي تفقه على إمام الحرمين وبرع في علوم كثيرة وله مصنفات منتشرة في فنون متعددة. فهو الأصولي المتكلم المتصوف. رحل الي بغداد ، فالحجاز، فالشام، فمصر وعاد الي طوس. توفي في جمادي الآخرة سنة خمس وخمسمائة بطبران في خراسان. ينظر ابن كثير، البداية والنهاية، ج12، ط2، مكتبة المعارف، بيروت - لبنان، دون عدد وسنة الطبع، ص173. طبقات المفسرين للأدنروي، ج1، ص153.

ابعد من ذلك فقال (وينبغي الاقتصار على الوجه فقط)[1]. إلا أن الصحيح في المذهب هو جواز النظر إلى الوجه والكفين فقط، وحرمة النظر إلى ما وراءهما من قدمين ورأس وغير ذلك. واستدلوا بما يأتي:

أولا: الكتاب:

قوله تعالى: ﴿ وَلَا يُبْدِينَ زِينَتَهُنَّ إِلَّا مَا ظَهَرَ مِنْهَا ﴾[2].

وجه الدلالة في الآية أن فيها نهيا عن إبراز مواضع الزينة، إلا تلك التي لابد من ظهورها، نظرا للاستعمال والضرورة، وهو الوجه والكفان باتفاق الحنفية والشافعية الذين يقولون إن المراد من قوله إلا ما ظهر منها هو مواضع الكحل والخاتم وهما الوجه والكفان، وهي ليست بعورة، وعليه فلابد من الاقتصار عليهما وأما قياس القدمين عليهما واخراجهما من أصل التحريم فلا دليل عليه بل يودي بالكثيرين إلى القول بإبراز مواضع أخرى للزينة كالعنق والصدر والرأس وما إلى ذلك، عليه فلا يجوز النظر إلى غير الوجه والكفين سدا للذريعة[3].

ثانيا: السنة:

عن عائشة رضي الـلـه عنها قالت إن أسماء بنت أبي بكر دخلت على رسول الـلـه ﷺ وعليها ثياب رقاق فأعرض عنها رسول الـلـه ﷺ وقال: ((يا أسماء إن المرأة إذا بلغت المحيض لم يصلح أن يرى منها إلا هذا وهذا)) وأشار إلى وجهه وكفيه. قال أبو داود هذا مرسل خالد بن دريك لم يدرك عائشة رضي الله عنها[4].

وجه الدلالة أن الرسول علية الصلاة والسلام قد حدد ما يجوز للمراة أن تبديها إذا بلغت، وهذا للضرورة عند أمن الفتنة، ولا يوجد دليل يبيح للمراة أن تبدي من نفسها غير ذلك، حتى وإن كان المقصود منه هو النكاح، وإن كان جائزا لها أن تبدي غير الوجه والكفين لبينه ﷺ.

ثالثا: المعقول:

من القواعد الأصولية (الضرورة تقدر بقدرها)[5]. فإذا كان الأصل في النظر الحرمة، ولم يبح إلا للضرورة، فلا بد من أن تقدر الضرورة بقدرها، وضرورة النظر بقصد النكاح يندفع بالنظر إلى

---

(1) الإمام الشافعي، الام،ج8 ص265. الشيخ محمد الشربيني الخطيب، مغني المحتاج، ج4 ص219. الإمام النووي، صحيح مسلم بشرح النووي، تحقيق الشيخ خليل مأمون شيحا، ج9، ط12، دار المعرفة، بيروت – لبنان، سنة الطبع 2006، ص210.
(2) سورة النور، الآية رقم (31).
(3) ينظر الشيخ محمد الشربيني الخطيب، مغني المحتاج، ج4 ص219. الإمام النووي، صحيح مسلم بشرح النووي، ج9، ص210.
(4) أبو داود، سنن أبي داود، ج 2، ص460، حديث 4104.
(5) المليباري، نهاية الزين، ج1، ط1، دار الفكر، بيروت – لبنان، ص151.

الوجه والكفين، لأن (في الوجه ما يستدل به على الجمال وفي اليدين ما يستدل به على خصوبة البدن)[1].

ومما ينبغي الإشارة إليه هنا، وهو إن جواز النظر إنما كان بشروط[2] منها أن يكون بقصد النكاح، فيجب أن يكون قد غلب على ظنه النكاح (لأن النظر لا يجوز إلا عند غلبة الظن المجوزة، ومنها أن يكون عالما بخلوها عن نكاح وعدة تحرم التعريض)[3].

الـرأي الراجـح:

الذي يبدو أن الراجح هو ما ذهب إليه الشافعية من حرمة النظر إلى غير الوجه والكفين، خروجا من الخلاف وسدا للذريعة ولاندفاع الضرورة التي من اجلها أبيح النظر إلى المرأة بقصد الخطبة فكان ينبغي أن تقدر تلك الضرورة بقدرها و الـله اعلم.

---

[1] ينظر الشيخ محمد الشربيني الخطيب، مغني المحتاج، ج4 ص219. شرح النووي ج9 ص210.
[2] الشيخ محمد الشربيني الخطيب، مغني المحتاج، ج 4 ص219.
[3] سليمان بن منصور العجلي، حاشية الجمل، ج4 دار الفكر، بيروت-لبنان، دون عدد وسنة الطبع، ص121.

المبحث الثالث
الخلاف في حكم الهدايا والمهر عند الرجوع في الخطبة

الهدايا التي تعطى للمرأة أثناء فترة الخطوبة إما أن تكون بقصد التودد والتقرب إليها، وإما أن تكون جزء من المهر المتفق عليه بينهما. والرجوع في الخطبة التي قدمت فيها الهدايا إلى المرأة له حكمه الشرعي فيما يتعلق بتلك الهدايا، وليس الأمر كما يدعي شراح قانون الأحوال الشخصية بأن الفقه الإسلامي لم يعط جوابا يشفي الغليل لحكم الهدايا المقدمة للمخطوبة في فترة الخطوبة[1]. عليه سيتم توضيح هذا الحكم والخلاف بين الحنفية والشافعية في المطلبين الآتيين:

المطلب الأول
الخلاف في حكم المهر عند الرجوع في الخطبة

اتفق الفقهاء على أن الخطبة ليست زواجا، فقراءة الفاتحة أثناء قبول الخطبة ليست مقدمة للعقد بل مقدمة للخطبة والخطبة ليست عقد زواج بالاتفاق.

وبهذا أخذ المشرع العراقي في قانون الأحوال الشخصية العراقي في البند (3) من المادة (3) حيث لم يعد "الوعد بالزواج وقراءة الفاتحة والخطبة عقدا".

فإذا لم تكن الخطبة زواجا، عليه يمكن لأي واحد من الطرفين الرجوع عنها، بحيث لا يترتب على رجوعه أي اثر من الآثار المترتبة على الطلاق. لأن في الرجوع قد تكون مصلحة للطرفين، إذا وقف كل واحد منهما على حقيقة الآخر، بحيث يتوصلان إلى قناعة بأن الدخول معا في عقد الزواج قد يسبب لهما مشاكل في المستقبل. لذا كان الرجوع عن الخطبة حقا لكلا الطرفين.

أما الآثار المترتبة على الرجوع في الخطبة فمما لا خلاف فيه بين الفقهاء أن الخاطب إذا كان قد دفع للخطيبة المهر كله أو بعضه، فللخاطب أن يسترد المهر كله إذا كان قائما أو قيمته إن كان هالكا. لأن المهر لا يجب إلا بالعقد أو بالدخول وبالخطبة وحدها لا يحصل أي شيء من هذا لذا كان للخاطب أن يرجع المهر كله مرة أخرى[2].

إن المشرع العراقي لم يخرج عما هو متفق عليه بين الحنفية والشافعية فيما يتعلق بالمهر إذا عدل الخاطب أو المخطوبة عن الخطوبة حيث نص في المادة (19) البند (2) على "إذا سلم الخاطب

---

[1] د. أحمد علي وآخرون، شرح قانون الأحوال الشخصية، وزارة التعليم العالي والبحث العلمي، العراق، ط1، سنة الطبع 1980م، ص27.
[2] محمد بن فرموزا (منلا خسرو)، درر الحكام شرح غرر الاحكام، ج 1 ص 349. البجيرمي، حاشية البجيرمي على الخطيب، ج3، ص430.

إلى مخطوبته قبل العقد مالا محسوبا على المهر ثم عدل أحد الطرفين عن إجراء العقد أو مات أحدهما فيمكن إسترداد ما سلم عينا وإن أستهلك فبدلا".

المطلب الثاني
الخلاف في حكم الهدايا عند الرجوع في الخطبة

إن الهدايا التي أعطيت للمرأة بقصد التودد إليها ولكي تكون مقدمة للعقد وإتماما للزواج فقد اختلف الفقهاء في حكمها وإن كانوا متفقين من حيث الجملة على إرجاعها للخاطب.

ومما ينبغي الإشارة إليه أن ما ذهب إليه الحنفية والشافعية قد لا يكون هو الراجح بل الراجح في نظرنا هو مذهب المالكية على التفصيل وسنشير إليه في نهاية مناقشتنا لآراء وأدلة الحنفية والشافعية.

مذهب الحنفية في حكم الهدايا التي أعطيت للمرأة إثناء فترة الخطوبة:

إن الهدايا لتي منحت للمرأة إثناء فترة الخطوبة والتي ليست جزء من المهر حكمها حكم الهبة، فللخاطب أن يسترد عينها إن كانت باقية. وأما إن كانت هالكة أو مستهلكة، بأن وجد مانع من موانع الرجوع في الهبة، فليس له أن يطالب المخطوبة بها[1] وقد استدل الحنفية بما يأتي:

أولا: السنة:

عن سالم بن عبد الـلـه عن ابن عمر عن النبي ﷺ قال: ((من وهب هبة فهو أحق بها ما لم يثب منها))[2].
وهذا دليل على أن الموهوب له إذا عوض الواهب أو استهلك الموهوب فليس للواهب (الخاطب) الرجوع[3].

ثانيا: المعقول:

1- إن الهدايا إذا كان لها حكم الهبة، فليس له الرجوع فيها، إذا كان هناك ثم مانع من الرجوع. وهلاك الهبة أو استهلاكها مانع عقلا[4]، لأن في إلزام الموهوب له باسترداد الموهوب ضرر كبير

---

(1) الإمام الكاساني، بدائع الصنائع، ج6 ص129. الإمام السرخسي، المبسوط، ج12 ص57. ابن عابدين، تنقيح الفتاوى الحامدية، ج1، دار المعرفة، بيروت – لبنان، دون عدد وسنة الطبع، ص26.
موانع الرجوع عند الأحناف هي: 1- هلاك الموهوب او استهلاكه. 2- تغير الموهوب. 3- اخذ الواهب عوضا من الموهوب له بدلا من الموهوب. 4- موت احدهما. 5- خروج الموهوب من يد الواهب بأي شكل من الاشكال.
(2) الدار قطني، سنن الدارقطني، ج3، ص43. قال الدار قطني "لا يثبت هذا مرفوعا والصواب عن بن عمر عن عمر موقوفا".
(3) أبو بكر عبد الـلـه بن محمد بن أبي شيبة الكوفي، المصنف في الأحاديث والآثار، تحقيق : كمال يوسف الحوت، ج5، ط1، مكتبة الرشد – الرياض، سنة الطبع 1409، ص274 رقم 323.
(4) در الحكام ج1 ص349، ابن عابدين، تنقيح الفتاوى، ج1، ص26.

عليه، كما إذا خيط القماش أو قام الموهوب له بأكل وتوزيع ما يمكن أن يستهلك كالحلوى وما شابهها، فلو ألزمناه الموهوب في هذه الحالة، لكان فيه الضرر الواضح عليه، ومعلوم في الشرع أن الضرر يزال.

2- إنه لا سبيل إلى الرجوع في الهالك ولا سبيل إلى الرجوع في قيمته[1]. ولكن يرد على هذا بأن الرجوع إلى القيمة وتقديرها بالاستعانة بالخبراء أمر ميسور سواء رجعنا إلى تقدير القيمة يوم الإهداء أو يوم الفسخ.

مذهب الشافعية:

للخاطب أن يسترد جميع الهدايا التي أعطيت للمخطوبة إذا ما فسخت الخطبة سواء أكان الرجوع منها أو منه، فله أن يسترد عينها إن كانت باقية أو قيمتها إن كان مستهلكة، وهذا هو المعتمد في المذهب الشافعي[2]، وأما ما نسب إلى الشافعية من أن المذهب هو الرجوع بالهدايا إن كان الرد منهم وعدم الرجوع إذا كان الرد منه، كما ذكره الدكتور أحمد الحجي الكردي[3]، فليس صحيحا بل الذي ذكره الدكتور الكردي هو فتوى للإمام ابن حجر الهيتمي[4] في كتاب الفتاوى الفقهية الكبرى[5]. وأما المذهب في حكم الهدايا فهو ما ذكرناه و اللـه اعلم. واستدل الشافعية بما يأتي:

أولا: السنة:

عن ابن عمر رضي الله عنهما: عن النبي ﷺ قال : ((من وهب هبة فهو أحق بها ما لم يثب منها))هذا حديث صحيح على شرط الشيخين ولم يخرجاه[6].

وجه الدلالة في الحديث أن الرسول ﷺ جعل للواهب الأحقية في الموهوب إذا لم يثبت عنها أي لم يعوض مطلقا من غير فرق بين ما إذا كانت الهبة باقية أم مستهلكة وفي فسخ الخطبة لا يحصل للخاطب عوض أو ثواب على هبته فيحق له الرجوع للإطلاق[7].

---

(1) الإمام الكاساني، بدائع الصنائع، ج 6 ص 126.

(2) الشيخ سليمان البجيرمي، حاشية البجيرمي على الخطيب، ج 3 ص430. فتاوى الرملي ج 3 ص 176.

(3) الزواج، احمد الحجي الكردي، دار إقرأ، سوريا دمشق، ط 1 ص 26.

(4) هو أحمد بن محمد بن محمد بن علي بن حجر الهيتمي شهاب الدين المكي الشافعي ولد سنة 899 وتوفي سنة 974 أربع وسبعين وتسعمائة من تصانيفه إتحاف أهل الإسلام بخصومات الصيام . أسنى المطالب في صلة الأقارب. تحفة المحتاج في شرح المنهاج أربع مجلدات الخيرات الحسان في مناقب الإمام أبي حنيفة النعمان. ينظر هدية العارفين، ج1، ص78. ينظر معجم المؤلفين، ج2، ص152. الأعلام للزركلي، ج4، ص354.

(5) احمد بن محمد بن علي ابن حجر الهيتمي، الفتاوى الفقهية الكبرى، ج4، ط1، دار الكتب العلمية، بيروت - لبنان، سنة الطبع 1997، ص95.

(6) محمد بن عبداللـه أبو عبداللـه الحاكم، المستدرك على الصحيحين، ج2، ص60، حديث 2323. الدارقطني، ج3, ص43، حديث179.

(7) أبو عبد اللـه محمد بن بهادر الزركشي، المنثور في القواعد الفقهية، تحقيق محمد حسن محمد حسن اسماعيل، ج3، ط1، دار الكتب العلمية، بيروت - لبنان، سنة الطبع 2000م، ص297.

وأما الادعاء بأن هذا الحكم لا يشمل الموهوب الهالك فلا دليل عليه وما روى عن عمر لا يكون مقيدا لهذا الإطلاق أو مخصصا لعمومه.

ثانيا: المعقول:

إن الخاطب لم يدفع هذه الهدايا إلى المخطوبة إلا لغرض أن يتم النكاح ويزوجوه، وفي الفسخ لم يحصل له غرضه[1]، وكأننا أمام الهدية بشرط العوض ضمنا، وهو إتمام العقد والزواج، فإذا لم يحصل الزواج لم يتحقق الشرط الضمني، فكان له حق الرجوع في الهبة، فالمسلمون عند شروطهم.

ومما ينبغي الإشارة إليه أن الشافعية يوافقون الحنفية في عدم الرجوع بالهدايا إذا كان هالكة، شرط أن يكون المدفوع إليه غير رشيد، وعليه يمكن قياس كل حالة إذا أذن فيها الخاطب لمخطوبته بالتصرف في الهدايا كما لو أهدى إلى خطيبته الحلوى وأذن لها بالتوزيع، فليس له الرجوع على المخطوبة بقيمة هذه الحلوى و الـلـه اعلم.

موقف المشرع العراقي:

إن المشرع العراقي اعتبرالهدايا التي أعطيت للمخطوبة فترة الخطوبة بمثابة الهبة حيث نص في البند (3) من المادة (19) على " تسري على الهدايا أحكام الهبة". ومما ينبغي ذكره أن اعتبار الهدايا هذه هبة فيه إحالة إلى القانون المدني[2]. وبالرجـوع إلى القانـون المدني نـرى بأن المادة (612) تنص على "الهبات والهدايا التي تقدم في الخطبة من أحد الخطيبين للآخر أو من أجنبي عنهما لأحدهما أو لهما معا يجب أن يردها الموهوب له للواهب إذا فسخت الخطبة وطلب الواهب الرد ما دام الموهوب قائما وممكنا رده بالذات" مما يعني أن المشرع العراقي قد أخذ برأي الحنفية في هذه المسألة.

وأما الضرر الذي يلحق بأحد الخطيبين من جراء الرجوع في الخطبة فيجوز التعويض عنه على أساس المسؤولية التقصيرية[3].

الرأي الراجح:

الذي يبدو و الـلـه اعلم أن القلب لا يميل إلى أي من المذهبين، لأن في الأخذ بهما على إطلاقهما نوع ضرر، إما على الخاطب أو على المخطوبة، فعند عدم إعطاء الحق للخاطب باسترداد الهدايا من المخطوبة إن كانت قد تلفت فيه نوع ضرر على الخاطب، وكذا القول بأن له الحق بإرجاع الهدايا مطلقا قائمة أو تالفة وإن كان الرد منه فيه نوع ضرر على المخطوبة وخاصة إذا كانت قد

[1] الشيخ سليمان البجيرمي، حاشية البجيرمي على الخطيب، ج 3 ص430.
[2] د. أحمد علي وآخرون، شرح قانون الأحوال الشخصية، ص28.
[3] جمعة سعدون الربيعي، المرشد إلى إقامة الدعاوى الشرعية وتطبيقاتها العملية، ط1، مطبعة الجاحظ- بغداد، سنة الطبع1994، ص133.

تصرفت في الهدايا، لذا فالذي إميل إليه هو ما أفتى به ابن حجر في الفتاوى الفقهية الكبرى، من أن الرد إذا كان منهم فللخاطب الرجوع، لأنه لم يهد لهم إلا بناء على أن يزوجوه، ولم يحصل غرضه. وأما إن كان الرد منه فلا رجوع لانتقاء العلة المذكورة، وهذا ما عليه المالكية[1].

---

[1] ابن حجر الهيتمي، الفتاوى الفقهية الكبرى، ج4 ص95.

الفصل الثاني
الخلاف في أركان وشروط عقد النكاح

عقد الزواج كغيره من العقود لابد فيه من أركان وشروط، ونظرا لما لهذا العقد من خصوصية تميزه عن غيره من العقود، كان لابد من أن تختلف أركانه وشروطه عن أركان وشروط العقود الأخرى. عليه سيخصص هذا الفصل لبحث أركان وشروط عقد الزواج وما يمكن أن يقترن بهذا العقد من شروط إضافية في المباحث الثلاثة الآتية:

المبحث الأول: الخلاف في أركان عقد النكاح.

المطلب الأول: الخلاف في عدد أركان عقد النكاح.

المطلب الثاني: الخلاف في اتحاد مجلس الإيجاب والقبول.

المطلب الثالث: الخلاف في صحة تولي الشخص الواحد طرفي عقد النكاح.

المبحث الثاني: الخلاف في شروط عقد النكاح.

المطلب الأول: الخلاف في شـروط الانعقـاد.

المطلب الثاني: الخلاف في شـروط الصحـة.

المطلب الثالث: الخلاف في شـروط النفـاذ.

المطلب الرابع: الخلاف في شـروط اللـزوم.

المبحث الثالث: الخلاف في الشروط المقترنة بعقد الزواج.

المبحث الأول
الخلاف في أركان عقد النكاح

لعقد النكاح أركان وشروط، وبما أن معظم قوانين الأحوال الشخصية والكثير من الباحثين قد ساروا على ما سار عليه الحنفية في تقسيمهم لأركان وشروط عقد النكاح، فإننا في دراستنا لهذه الأركان والشروط وبيان الخلاف فيها بين الحنفية والشافعية نلتزم بمنهج الحنفية في التقسيم، لنبين بعد ذلك الخلاف بينهم وبين الشافعية، وهذا يتطلب منا أولا الوقوف على التفريق بين الركن والشرط ثم الحديث بعد ذلك عن الخلاف في مطالب ثلاثة:

المطلب الأول
الخلاف في عدد أركان عقد النكاح

قبل بيان الخلاف بين الحنفية والشافعية في عدد أركان عقد النكاح لابد أن نفرق أولا بين الركن والشرط.

الركن والشرط:

الركن ما توقف عليه وجود الشئ وكان جزء منه كالركوع في الصلاة.

وأما الشرط فهو ما توقف عليه وجود الشئ وليس جزء منه فهو ما لا يوجد المشروط مع عدمه ولا يلزم أن يوجد عند وجوده كالوضوء في الصلاة والحول في الزكاة[(1)].

قلت قد عرف الدكتور وهبة الزحيلي الشرط بأنه "ما يتوقف عليه وجود الشئ سواء أكان جزءا منه أم لا".

والذي يبدو أن ما ذكره الدكتور الزحيلي في تعريفه للشرط قد يحصل فيه التباس. إذ يقول في تعريفه للركن بأنه ما يتوقف عليه وجود الشيء سواء كان جزءا منه أم لا؟ عليه فإنه من الممكن أن يكون الركن ما توقف عليه وجود الشيء ولم يكن هذا الشيء جزءا من ماهيته. ثم يأتي ويعرف الشرط بقوله بأنه ما يتوقف عليه وجود الشيء وليس جزءا من ماهيته. فهنا قد حصل اتفاق في تعريف الركن والشرط في شقه الثاني كما ذكره الدكتور وهبة الزحيلي[(2)].

---

(1) السبكي، الإبهاج في شرح المنهاج ج2، ص70. الرازي، المحصول في علم الأصول، ج2، ص207. عبد الله بن أحمد بن قدامة المقدسي أبو محمد، روضة الناظر وجنة المناظر، تحقيق : د. عبد العزيز عبد الرحمن السعيد، ج1، الطبعة الثانية، جامعة الإمام محمد بن سعود - الرياض-، 1399، ص57.

(2) الفقه الاسلامي وادلته، ج9، ص6521.

أركان عقد الزواج:

إذا عرفنا المقصود من الركن والشرط لابد من القول بأن الحنفية والشافعية قد اختلفوا في أركان عقد الزواج، كالآتي:

مذهب الحنفية:

لعقد الزواج عند الحنفية ركن واحد فقط وهو الإيجاب والقبول (الصيغة) الدالة على الرضى المعبر عنها بالإيجاب من احد العاقدين والقبول من الطرف الآخر. وأما ما عدا ذلك فهي شروط لعقد الزواج[(1)] .

والشافعية متفقون مع الحنفية في اعتبار الإيجاب والقبول ركنا من أركان عقد الزواج، فلا ينعقد الزواج بأي شكل من الأشكال إذا خلا من الصيغة ولكن مع ذلك فهم مختلفون في بعض ما يشترط لهذه الصيغة من شروط سواء في ماهيتها أو في شروطها[(2)] .

وقد ورد في كتب الشافعية بأن أركان النكاح خمسة وهي: (زوج وزوجة وولي وصيغة وشاهدان)[(3)] . ولكن مما ينبغي الإشارة إليه أن الشافعية في أنسب أقوالهم لا يعتبرون الشاهدين من أركان عقد الزواج. وذلك لخروجهما عن الماهية[(4)] ويؤكد ذلك الإمام الغزالي في الوسيط بقوله "والشاهدين ليس ركنا ولكن تساهلنا بتسميتهما ركنا"[(5)] .

عليه فإن أركان العقد عند الشافعية هي الصيغة والزوج والزوجة الولي، وعند الحنفية ليس للزواج إلا ركن واحد وهو الصيغة، ولكنهم مع ذلك يجعلون للعقد شروطا أعلاها شروط الانعقاد ثم شروط الصحة ويلها شروط النفاد وأخيرا شروط اللزوم، ففيما يتعلق بشروط الانعقاد البعض منها يرجع إلى الصيغة والأخرى إلى العاقدين والأخرى إلى المحل (المنكوحة) وإذا انعدم شرط من هذه الشروط بطل العقد ولا يترتب عليه آثار الزواج، كما هو الحكم عند الشافعية، عليه يمكن القول بأن الحنفية والشافعية متفقون على عدة أمور هي بمثابة الأركان، والخلل فيها يؤثر على العقد بالبطلان وهي (الصيغه والعاقدان والزوجة) فلم يبق الخلاف إلا في الولي، فالحنفية لا يجعلونه ركنا، وأما الشافعية فلا يصححون العقد بدونه.

والإيجاب عند الحنفية هو ما صدر أولا من احد العاقدين، بغض النظر عمن صدر منه، سواء كان هو الرجل أم المرأة، والقبول هو ما صدر من الطرف الثاني، جوابا عن الأول، دالا على الموافقة على إيجاب الأول.فإذا قال رجل لآخر زوجتك ابنتي فقال قبلت كان الأول مجيبا والثاني قابلا[(6)] .

---

(1) الإمام الكاساني، بدائع الصنائع، ج 2 ص365.
(2) الشيخ محمد الشربيني الخطيب، مغني المحتاج، ج 4 ص337.
(3) المصدر نفسه، ج 4 ص337.
(4) الشيخ سليمان البجيرمي، حاشية البجيرمي على الخطيب،ج4 ص126.حاشيتا قليوبي وعميرة،ج3 ص221.
(5) الإمام الغزالي، الوسيط، ج 3 ص135.
(6) الإمام الكاساني، بدائع الصنائع، ج2 ص365.

وأما عند الشافعية فإن الايجاب هو ما يصدر من ولي المرأة، والقبول ما يصدر من الطرف الآخر، الزوج او وكيله أووليه[1].

موقف المشرع العراقي:

الذي يبدو أن المشرع العراقي قد أخذ برأي الحنفية حيث عد لعقد الزواج ركنا واحدا فقط وهو الإيجاب والقبول. وهذا واضح في اعتبار المشرع العراقي الإيجاب والقبول من شروط الانعقاد في الفقرة (أولا) من المادة (6). ومعلوم أن شرط الإنعقاد هي بمثابة الركن فعدمه يجعل العقد باطلا[2].

المطلب الثاني
الخلاف في اتحاد مجلس الإيجاب والقبول

(الفور في القبول):

من الشروط المتعلقة بالإيجاب والقبول، اتحاد مجلس الإيجاب والقبول. والمقصود بذلك أن يصدر الإيجاب والقبول في مجلس واحد من غير أن يفصل بينهما بفاصل يدل على إعراض احد الطرفين عن العقد.

فمما هو متفق عليه أن حصول الاختلاف في المجلس ضار بالإيجاب والقبول، ولا ينعقد الزواج به، كما لو قام أحد الطرفين من المجلس بعد صدور الإيجاب، أو اشتغل بما لا علاقة له بالزواج (موضوع العقد)، فاتحاد المجلس محل اتفاق بين الجمهور بما فيهم الحنفية والشافعية[3]. فلا عقد دون اتحاد مجلس الإيجاب والقبول.

إلا أن الاختلاف بينهما قائم في الفور في القبول للإيجاب، بمعنى هل أن الفور هو شرط لصحة الإيجاب والقبول أم لا؟

مذهب الحنفية:

الفور في القبول ليس شرطا للصيغة. فالفصل الطويل بين الإيجاب والقبول، أو التراخي في القبول لا يكون ضارا بالصيغة، إذا كان قد صدر في مجلس واحد، شرط أن لا يكون قد صدر منهما ما يدل على الإعراض[4] وحجة الحنفية:

---

(1) ابن حجر الهيتمي، تحفة المحتاج، ج7 ص220.
(2) ينظر د. أحمد الكبيسي، شرح قانون الأحوال الشخصية، ص61.
(3) الإمام كمال الدين ابن الهمام، شرح فتح القدير،ج 3 ص 190. الإمام الشافعي، الام، ج 5 ص 25.
(4) الإمام الكاساني، بدائع الصنائع، ج 2 ث 233.

إن الأساس في العقد هو الرضا الذي يدل عليه الإيجاب والقبول، فصدوره في مجلس واحد يكفي للدلالة على الرضا، وأما التأخير فيه فليس دليلا على الإعراض (إذ السكوت بعد الإيجاب ولو دام لا يضر إذا قبل بعده)[1].

مذهب الشافعية:

إن الفور في القبول للإيجاب الصادر من الطرف الأول شرط لصيغة الإيجاب والقبول. والمقصود بالفور هنا أن لا يطول الفصل بين الإيجاب والقبول، فإن طال لا ينعقد به الزواج، وحجة الشافعية:

إن التأخير في القبول دليل على عدم الرضا الكامل بالعقد، وفي عقد الزواج لابد من الوضوح في الرضا، (فهو عقد لا يحتمل هكذا احتمال)[2].

مما هو جدير بالذكر إليه أن المشرع العراقي قد عد "اتحاد مجلس الإيجاب والقبول" من شروط الانعقاد في الزواج. ولم يبين ما يحصل به الاختلاف في مجلس الإيجاب والقبول. ولكن الأخذ بالنص على ظاهره يفيد أن القبول إذا صدر وكان في مجلس الإيجاب كان صحيحا ويتم العقد به[3]. مما يعني أن المشرع العراقي قد أخذ برأي الحنفية في مسألة الفور.

الرأي الراجح:

الذي يبدو أن التراخي في القبول لا يكون ضارا بالعقد، ما لم يصدر منهما ما يدل على الإعراض بعد الإيجاب وقبل القبول.

المطلب الثالث
الخلاف في صحة تولي الشخص الواحد طرفي عقد النكاح

انعقاد النكاح بعبارة شخص واحد محل خلاف بين الحنفية والشافعية، ومعنى ذلك هل يجوز للشخص الواحد أن يتولى طرفي عقد النكاح، وذلك بأن يكون موجبا وقابلا في آن واحد؟ أم لابد لعقد النكاح من طرفين، يكون احدهما قابلا والآخر موجبا؟ ويتحقق ذلك في خمس صور كما بين ذلك ابن عابدين[4] وهي:

---

[1] منلا خسرو، درر الحكام شرح غرر الاحكام، ج 1 ص 327. الفتاوى الهندية، جمع من أفاضل الهند رئيسهم الشيخ نظام الدين، ج3، ص267.
[2] ابن حجر الهيتمي، تحفة المحتاج، ج 7 ص 216. حاشيتا قليوبي وعميرة، ج3 ص221.
[3] فريد فتيان، شرح قانون الأحوال الشخصية، ط2، دار واسط - لندن، سنة الطبع 1986، ص49.
[4] هو محمد أمين بن عمر بن عبد العزيز عابدين الدمشقي الحنفي المفتي العلامة الشهير بابن عابدين. فقيه الديار الشامية وإمام الحنفية في عصره . صاحب (رد المحتار علي الدر المختار) المشهور بحاشية ابن عابدين. من تصانيفه ابن عابدين الاب (العقود الدرية في تنقيح الفتاوى الحامدية) و (ونسمات الاسحار علي شرح المنار) في الاصول. توفي سنة 1252هـ ينظر الاعلام للزركلي، ج6، ص267. معجم المطبوعات لإيليان سركيس، ج1، ص155.

1- إذا كان الشخص الواحد وليا من الجانبين.

2- إذا كان أصيلا من جانب ووكيلا من جانب آخر.

3- إذا كان أصيلا من جانب ووليا من جانب آخر.

4- إذا كان وليا من جانب ووكيلا من جانب آخر.

5- إذا كان وكيلا من الجانبين.

مذهب الحنفية:

انعقاد النكاح بعبارة شخص واحد جائز، فيصح أن يتولى طرفي النكاح عاقد واحد، فيكون قابلا وموجبا في آن واحد[1]. وقد استدل الحنفية لمذهبهم بما يأتي:

1- قوله تعالى: ﴿وَأَنكِحُوا۟ ٱلْأَيَـٰمَىٰ مِنكُمْ وَٱلصَّـٰلِحِينَ مِنْ عِبَادِكُمْ وَإِمَآئِكُمْ﴾[2].

وجه الدلالة في الآية: إن الله عز وجل قد أمر بالنكاح مطلقا، من غير فصل بين الانكاح من نفسه أو من غيره، لأن الوكيل في النكاح سفير ومعبر عن العاقد، بدليل أن حقوق النكاح لا ترجع إليه، فإذا كان معبرا كانت عبارته كعبارة الموكل، فصار كلامه ككلام شخصين وهذا هو محل الخلاف بين النكاح والبيع[3].

2- قوله تعالى: ﴿وَيَسْتَفْتُونَكَ فِى ٱلنِّسَآءِ ۖ قُلِ ٱللَّهُ يُفْتِيكُمْ فِيهِنَّ وَمَا يُتْلَىٰ عَلَيْكُمْ فِى ٱلْكِتَـٰبِ فِى يَتَـٰمَى ٱلنِّسَآءِ ٱلَّـٰتِى لَا تُؤْتُونَهُنَّ مَا كُتِبَ لَهُنَّ وَتَرْغَبُونَ أَن تَنكِحُوهُنَّ﴾[4].

وجه الدلالة: إنه قد خرج مخرج العتاب، فدل على أن الولي يقوم بنكاح وليته وحده، فإذا لو لم يتم به وحده به لم يكن للعتاب معنى[5].

ثانيا: السنة:

روى عن عقبة بن عامر أنه ﷺ قال لرجل أترضى أن أزوجك من فلانة، قال نعم، قال لها أترضين أن أزوجك فلان، قالت نعم، فزوجها رسول الله ﷺ[6]، قال الحاكم صحيح على شرط الشيخين ولم يخرجاه.

---

(1) ينظر الإمام الكاساني، بدائع الصنائع، ج 2 ص 369. البابرتي، العناية شرح الهداية، ج3 ص307. ابن عابدين، حاشية ابن عابدين،3، 97 - 98.

(2) سورة النور، الآية رقم (32).

(3) الإمام الكاساني، بدائع الصنائع، ج2 ص369.

(4) سورة النساء، الآية رقم (127).

(5) الإمام الكاساني، بدائع الصنائع، 2، 369.

(6) ابن حبان، صحيح ابن حبان ج 6، ص381، رقم 4072. أبو عبد الله الحاكم، المستدرك على الصحيحين، تحقيق : مصطفى عبد القادر عطا، ج2، ط1، دار الكتب العلمية، بيروت - لبنان، سنة الطبع 1411 - 1990، ص198 رقم 2742.

وجه الدلالة من الحديث أن الرسول ﷺ قد تولى طرفي العقد، فزوج هذا من هذه وهذه من هذا بعبارته وحده، وكان ﷺ وكيلا لكل واحد منهما، فالحديث واضح أنه ﷺ قد جعل نفسه وكيلا لكليمها، فإذا لم يكن الزواج بعبارة شخص واحد صحيحا لما فعله الرسول ﷺ[1].

ثالثا: الآثـار:

أخرج البخاري عن عبد الرحمن بن عوف أنه قال لام حكيم بنت قارض" أتجعلين أمرك إلي؟ قالت: نعم. قال: تزوجتك"[2].

وجه الدلالة أن عبد الرحمن بن عوف قد عقد زواجه بلفظ واحد، وهذا دليل عن جواز انعقاد النكاح بعبارة شخص واحد[3].

ثالثا: المعقول:

إن المباشر في النكاح سفير ومعبر، والتمانع إنما يكون في الحقوق لا فـي نفس اللفظ، فالذي لا يرجع إلى الوكيل لا امتناع فيه والذي فيه الامتناع لا يرجع إلى الوكيل[4].

مذهب الشافعية:

لا ينعقد النكاح بعبارة شخص واحد، فلا يجوز أن يتولى طرفي النكاح عاقد واحد الا الجد ضرورة، فانه يجوز له أن يتولى طرفي عقد النكاح، في حال تزويجه بنت ابنه من ابن ابنه الاخر، شرط أن تكون له ولاية الإجبار، ومن ثم لابد من صدور القبول منه[5]. وقد استدل الشافعية لمذهبهم بما يأتي:

أولا: السنة:

1- قوله ﷺ: ((كل نكاح لم يحضره أربعة فهو سفاح خاطب وولي وشاهدان))[6].

وجه الدلالة في الحديث: أنه يشترط في النكاح أربعة أشخاص، فإذا كان العاقد واحدا لم يكونوا أربعة، بل ثلاثة وهذا غير جائز بنص الحديث[7].

---

(1) ينظر عثمان بن علي الزيلعي، تبيين الحقائق شرح كنز الدقائق، ح2، ص137.
(2) الإمام البخاري، صحيح البخاري، ج5، 1972.
(3) عثمان بن علي الزيلعي، تبيين الحقائق شرح كنز الدقائق، ج 2 ص 137.
(4) ينظر الإمام كمال الدين ابن الهمام، شرح فتح القدير،ج3 ص296. البابرتي، العنايـة شـرح الهدايـة، ج3 ص307.
(5) الشيخ الشربيني الخطيب، مغنى المحتاج، ج4، ص270. الرملي، نهاية المحتاج، ج6، ص253.
(6) قال ابن حجر العسقلاني "روي مرفوعا وموقوفا رواه البيهقي من حديث أبي هريرة مرفوعا وفي إسناده المغيرة بن موسى البصري قال البخاري إنه منكر الحديث. وأما الموقوف فرواه البيهقي في الخلافيات عن بن عباس وصححه. تلخيص الحبير، ج3، ص163. البيهقي، سنن البيهقي الكبرى، ج7، ص143.
(7) الشيخ زكريا الأنصاري، أسنى المطالب شرح روض الطالب، ج3 ص 136.

ولكن يرد على هذا بأن الحديث وإن كان ضعيفا، إلا أن في تولي الشخص الواحد طرفي عقد النكاح يكون قد حضره أربعة، المعبر عن الاثنين والشاهدان[1].

قلت، بل حتى إن الرملي من الشافعية يعلق على هذا الحديث بقوله " لو تولى الجد طرفي العقد فانه يكون قد نزل منزلة الزوج والولي، وبذلك يكون قد حضر النكاح أربعة ضمنا"[2] قلت: إذا كان هذا في الجد كما يقول الرملي فما المانع من أن يطبق هذا على الوكيل أيضا، لو تولى طرفي عقد النكاح فيكون موجبا عن الزوجة (أو الولي)، وقابلا عن الزوج، وبذلك يتحقق ما اشترطه الحديث و الـله اعلم.

ثانيا: المعقول:

1- قياسا على البيع، فكما لا يجوز أن يتولى طرفي عقد البيع شخص واحد، فكذلك الأمر في النكاح، إذ هو كالبيع عقد من العقود[3]. أي (عقد معاوضات)

ولكن يرد على هذا بأنه قياس مع الفارق، لأن في البيع ترجع الحقوق فيه إلى المباشر سواء كان أصيلا او وكيلا. بخلاف النكاح فإن الحقوق لا ترجع فيه إلى المباشر إلا إذا كان هو الأصيل[4].

2- لا يصح أن يتولى طرفي عقد النكاح شخص واحد، لأن خطاب الإنسان مع نفسه لا ينتظم، فلا يجوز أن يكون الشخص الواحد مملكا ومتملكا في آن واحد[5].

ولكن يرد على هذا بأن الشخص الواحد يكون مملكا ومتملكا في البيع لو تولى طرفيه لوحده، إلا أن هذا لا ينطبق على النكاح لأن الوكيل (المباشر) معبر وسفير عن الموكل وجميع الحقوق ترجع إليه لا إلى المباشر[6].

الرأي الراجح:

الذي يبدو أن الراجح هو ما ذهب إليه الحنفية، لأن الحقوق لا ترجع إلى الوكيل بل إلى الموكل (الأصيل) و الـله أعلم.

[1] الإمام كمال الدين ابن الهمام، شرح فتح القدير،ج 3 ص 296.
[2] د. وهبة الزحيلي، الفقه الاسلامي وأدلته، ج 6، ص 253. (والعبرة للمعاني دون الصور) سبط ابن الجوزي، اثيار الانصاف، ج1، ط2، دار السلام – القاهرة، ص151.
[3] الشيخ محمد الشربيني الخطيب، مغني المحتاج، ج4، ص45.
[4] الإمام كمال الدين ابن الهمام، شرح فتح القدير،ج3 ص296.
[5] الشيخ محمد الشربيني الخطيب، مغني المحتاج،ج4 ص45.
[6] البابرتي، العناية شرح الهداية، ج3 ص307.

المبحث الثانـي
الخلاف في شـروط عقـد النكـاح

لعقد الزواج شروط، وهي مختلفة عن شروط العقود الأخرى، وهي تأتي من حيث الأهمية والقوة على حسب تأثير انعدامها على الزواج، فتأتي أولا شروط الانعقاد ثم شروط الصحة ثم النفاذ وأخيرا شروط اللزوم، عليه سيخصص هذا المبحث لدراسة هذه الشروط في المطالب الأربعة الآتية:

المطلب الأول
الخلاف في شـروط الانعقـاد

وهي الشروط التي يتوقف عليها سلامة الأمور الأساسية في العقد، وهي العاقدان والصيغة والمحل، فإذا تخلفت هذه الشروط أو بعضها لحق العقد خلل في أساسه، ويعبر عن هذا الخلل بالبطلان، ويكون العقد حينئذ باطلا. وسنتحدث عن الخلاف في هذه الشروط في الفروع الثلاثة الآتية:

الفرع الأول: الشروط المتعلقة بالعاقدين:

1- أن يكون كل من العاقدين أهلا لمباشرة العقد، وهذا الشرط محل اتفاق بين الحنفية والشافعية.

فلابد من توفير شرط الأهلية في العاقدين لكي يكون العقد صحيحا. إلا أن الخلاف بينهما يكمن في عقد الصبي المميز، فعند الحنفية ينعقد نكاحه، ولكنه يكون موقوفا على إجازة الولي، بمعنى أن عبارة الصبي صالحة لإنشاء العقد، إلا أنه لا يكون نافذا إلا إذا لحقته الإجازة، فالبلوغ عندهم شرط نفاذ لا شرط صحة[1].

وأما الشافعية فعندهم عبارة الصبي غير معتبرة في العقود، فلا يمكن أن يلي أمر نفسه. عليه لا يصح نكاح الصبي ولا سائر تصرفاته سواء إذن له الولي أم لا، لأن عبارته ملغاة فلا اثر لإذن الولي، كما لو إذن لمجنون[2].

ومما ينبغي ذكره أن البلوغ في الولي شرط إذا كان الزواج لصغير عند الحنفية والشافعية[3].

---

[1] الإمام الكاساني، بدائع الصنائع، ج 2 ص365 - 366.
[2] الإمام أبو زكريا محي الدين بن شرف النووي، كتاب المجموع شرح المهذب للشيرازي، تحقيق محمد نجيب المطيعي، ج9، دار احياء التراث العربي، دون عدد والطبع سنة الطبع 1995، ص184.
[3] أحمد بن محمد الحموي، غمز عيون البصائر ج 3 ص 313، الإمام النووي، كتاب المجموع، ج9 ص184.

2- سماع كل واحد من العاقدين كلام الآخر، فإن لم يسمع أحدهما كلام الآخر، أو حتى لم يفهمه لا ينعقد بأي شكل، وهذا أيضا محل اتفاق بينهما.

وأما المشرع العراقي فلم يخرج عما هو متفق عليه بين الحنفية والشافعية حيث نص المشرع العراقي في المادة الخامسة من قانون الأحوال الشخصية العراقي على " تتحقق الأهلية في عقد الزواج بتوافر الشروط القانونية والشرعية في العاقدين أو من يقوم مقامهما" ومما هو جدير بالذكر إليه أن الأهلية عند المشرع العراقي إنما يكون بـ(العقل وإكمال الثامنة عشر) كما همو منصوص عليه في المادة (7) البند(1). من قانون الأحوال الشخصية العراقي. مما يعني أن العاقد لابد وأن يكون بالغا عاقلا. وفيه يبدو أن المشرع العراقي يميل إلى الأخذ برأي الشافعية في مسألة عدم انعقاد الزواج بعبارة الصغار.

مسألة: الإكراه في عقد الزواج:

هل يشترط في العاقدين الاختيار لكي يكون العقد صحيحا ام لا؟ بمعنى لو أن أحد العاقدين كان مكرها على الزواج فهل ينعقد زواجه أم لا؟

مذهب الحنفية:

الطوع ليس شرطا لصحة عقد الزواج، عليه يصح النكاح من الهازل والمكره والخاطيء، فليس الجد ولا الاختيار ولا العمد من شروط النكاح عند الحنفية. ويرجع الفاعل على الحامل بنصف المسمى إن لم يدخل ومهر المثل إن دخل، وسواء كان الاكراه ملجئا أم لا[1].واستدل الحنفية لمذهبهم بما يأتي:

أولا: الكتاب:

1- قولــه تعــالى: ﴿ وَأَوۡفُواْ بِعَهۡدِ ٱللَّهِ إِذَا عَـٰهَدتُّمۡ وَلَا تَنقُضُواْ ٱلۡأَيۡمَـٰنَ بَعۡدَ تَوۡكِيدِهَا ﴾[2].

وجه الدلالة من الآية كما يقول الجصاص[3] أنها لم تفرق بين عهد المكره وغيره[4].

---

(1) الإمام الكاساني، بدائع الصنائع، ج 2 ص502، عثمان بن علي الزيلعي، تبيين الحقائق شرح كنز الدقائــق، ج2 ص196 - 197. منلا خسرو، درر الحكام شرح غرر الاحكام،ج 2، ص 273.

(2) سورة النحل، الآية رقم (91).

(3) أبو بكر احمد بن علي الرازي الفقيه الجصاص (ت379هـ)امام أصحاب الرأي في وقته. كان مشهورا بالزهد والورع. ورد بغداد في شبيبته ودرس الفقه على أبي الحسن الكرخي ولم يزل حتى انتهت إليه الرياسة. وله تصانيف كثيرة مشهورة ضمنها أحاديث رواها عن أبي العباس الاصم النيسابوري وغيره وتوفى أبو بكر الرازي في ذي الحجة سنة سبعين وثلاثمائة وصلى عليه أبو بكر محمد بن موسى الخوارزمي. ينظر تاريخ بغداد للخطيب البغدادي، ج5، ص72. سير أعلام النبلاء للذهبي ج61، ص340.

(4) أبو بكر بن علي الرازي (الجصاص)، احكام القرآن، ج3، دار الفكر، بيروت - لبنان، ص284.

2- قوله تعالى: ﴿ فَإِن طَلَّقَهَا فَلَا تَحِلُّ لَهُۥ مِنۢ بَعۡدُ حَتَّىٰ تَنكِحَ زَوۡجًا غَيۡرَهُۥ ﴾[1].

وجه الدلالة في الآية أنها لم تفرق بين طلاق المكره والطائع[2] والنكاح كالطلاق في الحكم.

ثانيا: السنة:

عن حذيفة بن اليمان قال :ما منعني أن أشهد بدرا إلا أني خرجت أنا وأبي حسيل قال فأخذنا كفار قريش قالوا إنكم تريدون محمدا ؟ فقلنا ما نريده ما نريد إلا المدينة فأخذوا منا عهد الله وميثاقه لننصرفن إلى المدينة ولا نقاتل معه فأتينا رسول الله ﷺ فأخبرناه الخبر فقال ((انصرفا نفي بعهدهم ونستعين الله عليهم))[3].

وجه الدلالة في هذا الحديث أن رسول الله ﷺ لما منعهما من حضور بدر لاستحلاف المشتركين القاهرين لهم، ثبت بذلك أن الحلف على الطواعية والإكراه سواء كذلك الطلاق والعتاق[4]. والنكاح كالطلاق.

ثالثا: المعقول:

1- قياسا على صحة النكاح مع الهزل.. فلما كان النكاح صحيحا مع الهزل بالاتفاق لما روي عن أبي هريرة رضي الله عنه أن النبي ﷺ: (ثلاث جدهن جد وهزلهن جد النكاح والطلاق والرجعة)[5]. قال أبو عيسى هذا حديث حسن غريب والعمل على هذا عند أهل العلم من أصحاب النبي ﷺ وغيرهم.

وجه الدلالة: إن النبي ﷺ سوى بين الجاد والهازل، والفرق بين الجد والهزل أن الجاد قاصد إلى اللفظ وإلى إيقاع حكمه، والهازل قاصد إلى اللفظ غير مريد لإيقاع حكمه، علمنا أنه لا حظ للإرادة في إيقاع نفي الطلاق (والنكاح)، فكذلك المكره قاصد للقول غير مريد لإيقاع حكمه فهو والهازل سواء[6]. ولكن رد على هذا بأنه قياس في مقابله النص وهذا لا يحوز.

2- إن المكره على الفعل إما أن يكون في حكم من لم يفعله فلا يجب عليه شيء، أو يكون في حكم من فعله فيجب عليه ما يجب عليه ما لو فعله غير مكره. وقد وجد أن المكره على الفعل يكون حكمه حكم من فعله. فلا خلاف في أن المرأة الصائمة أو الحاجة لو اكرهها زوجها على الجماع فإن ذلك يبطل صومها وحجها، ولم يؤثر الإكراه على عدم الإبطال. ولم يجعل المرأة في حكم

---

[1] سورة البقرة، الآية رقم (230).
[2] المصدر السابق ج 3 ص284.
[3] الإمام مسلم، صحيح مسلم، ج3، ص1414، حديث1787.
[4] الطحاوي، شرح معاني الآثار، ج3 ص 98.
[5] محمد بن عيسى الترمذي السلمي، الجامع الصحيح سنن الترمذي، تحقيق : أحمد محمد شاكر وآخرون، ج3، دار إحياء التراث العربي، بيروت – لبنان، ص490، حديث 1184.
[6] الجصاص، احكام القران، ج3 ص284. درر الحكام، ج 2 ص273.

من لم يفعل، فكذلك النكاح، ولا يمكن أن يقاس على الإكراه في البيع لأن كل ما ينقض بالخيار ينقض بالإكراه، وما لا فلا كالنكاح[1].

مذهب الشافعية:

يشترط لصحة العقد الرضا والاختيار في العاقدين أثناء العقد، ولا يصح نكاح المكره بحال، إلا فيما لو اكره على الزواج من مظلومة في القسم، فإن وقع الإكراه كان العقد باطلا، ويجب التفريق بينهما، ويجب فيه مهر المثل[2]. واستدل الشافعية لمذهبهم بما يأتي:

أولا: السنة:

1- عن ابن عباس ﵁ قال: قال رسول الـلـه ﷺ (وضع عن أمتي الخطاء والنسيان وما استكرهوا عليه)[3].

وجه الدلالة من الحديث أن الـلـه ﷻ قد رفع للنبي ﷺ حكم أي فعل لم يكن عن قصد وإرادة من الفاعل. والمكره على النكاح لا يصدر منه فعله عن قصد واختيار فهو مرفوع بنص الحديث[4].

2- روي عن عمر بن الخطاب ﵁ أن النبي ﷺ قال: (إنما الأعمال بالنيات وإنما لكل أمري ما نوى فمن كانت هجرته إلى الـلـه ورسوله فهجرته إلى الـلـه ورسوله ومن كانت هجرته لدينا يصيبها وامرأة ينكحا فهجرته إلى ما هاجر إليه)[5].

وجه الدلالة من الحديث: إنه قد ثبت به أنه لا ينفد عمل من طلاق أو عتاق أو غيره (نكاح) إلا إذا كانت معه النية[6].

3- عن عائشة قالت جاءت فتاة إلى النبي ﷺ فقالت: يا رسول الـلـه إن أبي ونعم الأب هو زوجني ابن أخيه ليرفع من خسيسته فجعل الأمر إليها فقالت إني قد أجزت ما صنع أبي ولكن أردت أن تعلم النساء أن ليس إلى الآباء من الأمر شيء)) قال البيهقي[7] هذا مرسل بن بريدة لم

---

[1] الطحاوي، شرح معاني الآثار، ج3 ص98.

[2] الشيخ شمس الدين محمد بن محمد الخطيب، الاقناع في حل الفاظ ابي شجاع، ج2، ص 191. الشيخ سليمان البجيرمي، حاشية البجيرمي على الخطيب، ج 4 ص 146.

[3] سنن ابن ماجه ج 1 ص 659 رقم 2045. صحيح ابن حبان ج 16 ص202 رقم 7219.

[4] الإمام الغزالي، المستصفى في علم الأصول، تحقيق محمد عبد السلام عبد الشافي، ط1، دار الكتب العلمية - بيروت، سنة الطبع 1413هـ ص189.

[5] متفق عليه، الإمام البخاري، صحيح البخاري، ج1، ص1. الإمام مسلم،صحيح مسلم، ج3، ص1515، حديث 1907.

[6] الطحاوي، شرح معاني الآثار ج 3 ص98.

[7] هو أبو بكر أحمد بن الحسين بن علي البيهقي (384-458) علم من أعلام الشافعية، وإمام من أئمة الحديث، كان أوحد أهل زمانه في الإتقان والحفظ والفقه والتصنيف، قال إمام الحرمين: ما من شافعي إلا وللشافعي عليه منه، إلا البيهقي فإن له المنة على الشافعي نفسه وعلى كل شافعي لما صنف من نصرة المذهب ومناقب الإمام الشافعي، له تصانيف عديدة، السنن الكبرى والصغرى. ينظر تذكرة الحفاظ للذهبي، ج3، ص1135. البدايـة والنهايـةج12، ص94.

يسمع من عائشة رضي الـلـه عنها[1]. وفي رواية أن النبي ﷺ ((قد رد نكاحها)) وفي أخرى قال لها: ((لا نكاح له أنكحي ما شئت))[2].

وجه الدلالة من الحديث: إن النبي ﷺ رد نكاح المكرهة، وجعل الأمر إليها، وفي هذا دليل على عدم جواز الإكراه في النكاح ولذا قال الشافعي (فأي ولي امرأة ثيب أو بكر زوجها بغير إذنها فالنكاح باطل)[3].

4- عن بن عمر رضي الله عنه قال: لما هلك عثمان بن مظعون ترك ابنته، قال بن عمر زوجنيها خالي قدامة بن مظعون ولم يشاورها في ذلك وهو عمها، وكلمت رسول الـلـه ﷺ في ذلك فرد نكاحه، فأحبت أن يتزوجها المغيرة بن شعبة فزوجها إياه[4].

وجه الدلالة: إن انتزاع الرسول لابنة عثمان من ابن عمر بعدما تزوجها كان لعدم رضاها بالزواج، فكان هذا دليلا على عدم صحة زواج المكره[5].

ثانيا: المعقـول:

قياسا على البيع، فعقد النكاح كغيره من عقود المعاوضات لا بد فيه من الرضا والاختيار، والإكراه يعدم الرضا فلا ينعقد النكاح معه. وما ينطبق على المكره ينطبق على الخاطيء أيضا.

وأما الهازل فنكاحه صحيح لقوله ﷺ قال: ((ثلاث جدهن جد وهزلهن جد النكاح والطلاق والرجعة)) وهذا محل اتفاق بين الحنفية والشافعية.

موقف المشرع العراقي:

يبدو أن المشرع العراقي قد أخذ برأي الشافعية في زواج المكره حيث عد الإكراه على الزواج جريمة يعاقب عليها المكره وقد أتى المشرع العراقي بالمادة التاسعة وعالج فيها حالات الإكراه حيث نص فيها على:

1- لا يحق لأي من الأقارب أو الأغيار إكراه أي شخص، ذكرا كان أم أنثى على الزواج دون رضاه، ويعتبر عقد الزواج بالإكراه باطلا، إذا لم يتم الدخول، كما لا يحق لأي من الأقارب أو الأغيار، منع من كان أهلا للزواج، بموجب أحكام هذا القانون من الزواج.

---

[1] البيهقي، السنن الكبرى، ج 3 ص284 رقم 5390. سنن الدار قطني، ج3،ص323، حديث54.
المؤلف: أحمد بن شعيب أبو عبد الرحمن النسائي، المجتبى من السنن المسمى سنن النسائي، تحقيق عبدالفتاح أبو غدة، ج6، ط2، مكتب المطبوعات الإسلامية – حلب، سنة الطبع 1406 – 1986، ص86.

[2] البيهقي، السنن الكبرى، ج 3 ص284 رقم 5390.

[3] الإمام الشافعي، الام، ج5 ص17.

[4] الدارقطني ج 3 ص230 رقم 38.

[5] ينظر ابن حجر الهيتمي، تحفة المحتاج، ج4 ص229 (البيع بالاكراه).

2- يعاقب من يخالف أحكام الفقرة (1) من هذه المادة، بالحبس مدة لا تزيد على ثلاث سنوات، وبالغرامة أو بإحدى هاتين العقوبتين، إذا كان قريبا من الدرجة الأولى. أما إذا كان المخالف من غير هؤلاء، فتكون العقوبة السجن مدة لا تزيد على عشر سنوات، أو الحبس مدة لا تقل عن ثلاث سنوات.

ولكن مما يؤخذ على المشرع العراقي أنه عد الزواج بالإكراه باطلا إذا لم يتم الدخول. عليه فإن الزواج بالإكراه إذا حصل فيه الدخول فهذا يعني أن الزواج صحيح. وفي هذا غفلة عن طبيعة البطلان وحقيقته فالعقد الباطل لا ينعقد ولا تلحقه الإجازة بأي حال من الأحوال وفيه إغراء للتحايل على نصوص القانون فما أسهل على من يكره غيره على الزواج أن يهيئ له أسباب التعجيل بالدخول ليصبح الزواج مشروعا[1].

قلت من المكن أن يرد على هذا بأن الرسول ﷺ حينما خير الفتاة التي أكرهها أبوها على النكاح واختارت البقاء مع زوجها أن فيه دليل على أن الإجازة اللاحقة في الإكراه يصحح العقد و الـلـه أعلم.

الرأي الراجح:

الذي يبدو أن ما ذهب إليه الشافعية هو الراجح لقوة أدلتهم و الـلـه اعلم.

مما هو جدير بالإشارة إليه أن الشافعية حينما منعوا الزواج بالاكراه إنما قصدوا بذلك غير الأب والجد. لأنهما يملكان ولاية الإجبار.

الفرع الثاني: الشروط المتعلقة بالصيغة: وأما الشروط المتعلقة بالصيغة فهي:

1- اتحاد مجلس الإيجاب والقبول. وهذا الشرط أيضا محل اتفاق بينهما وإذا حصل اختلاف في مجلس العقد كان القبول صادرا على غير إيجاب وبالتالي لا ينعقد العقد.

واتحاد المجلس هذا وان كان محل اتفاق بينهما إلا أنه حصل بينهما اختلاف فيما يحصل به اختلاف في المجلس[2]. وقد تحدثنا عن هذا الموضوع في مسألة الركن.

2- موافقة القبول للإيجاب وإلا لم ينعقد العقد سواء أكان عدم الموافقة في محل العقد أو في مقدار المهر، إلا إذا كان في عدم الموافقة خيرا للموجب، كأن يقول ولي المرأة لرجل زوجتك موليتي على مهر قدرة 1000 دينار فقال الآخر قبلت على 2000 دينار فإنه صحيح، لأن الموافقة على الالف داخله ضمنا[3].

---

(1) د. أحمد علي وآخرون، المصدر السابق، ص45.

(2) الإمام الكاساني، بدائع الصنائع، ج 2 ص 364 – 366. الوسيط ج 3 ص 136. الشيخ سليمان البجيرمي، حاشية البجيرمي على الخطيب،ج4 ص145 – 146. وينظر سليمان بن منصور العجلي، حاشية الجمل، ج 4 ص134.

(3) الإمام الكاساني، بدائع الصنائع، ج 2 ص 365. الشيخ محمد الشربيني الخطيب، مغني المحتاج، ج4 ص337. الشيخ سليمان البجيرمي، حاشية البجيرمي على الخطيب،ج4 ص 143.

3- أن تكون الصيغة منجزة، فلا يجوز أن تكون معلقة على حدوث أمر في المستقبل أو مضافة إلى زمن المستقبل، كأن يقول الرجل زوجتك إبنتي إن قدم فلان من رحلته، أو إن جاء رأس السنة، لأن عقد الزواج من عقود التمليكات، وكل عقد يفيد الملك في الحال لا يجوز إضافته إلى زمن ولا التعليق على حدوث أمر، إلا إذا كان التعليق صوريا، كأن تقول المرأة إن رضي أبي تزوجتك، فيقول قبلت وكان الأب في المجلس ورضي بالإيجاب والقبول[1].

وعلى هذا نص المشرع العراقي في قانون الأحوال الشخصية في البند الأول من المادة السادسة.

الفرع الثالث: الشروط المتعلقة بالمحل:

1- أن تكون المعقود عليها أنثى محققة الأنوثة، والا فلا ينعقد عليها الزواج، كما إذا كانت خنثى، وإن كانت علامات الأنوثة بارزة.

2- أن تكون المعقود عليها معلومة معينة فلا عقد على مجهول غير معين.

3- أن تكون المعقود عليها حلالا للزوج، فلا يجوز أن تكون محرمة على الرجل تحريما متفقا عليه بين الفقهاء، كالزواج بالأخت أو العمة أو الخالة.

وهذه الشروط محل اتفاق بين الحنفية والشافعية فإن فقد شرط واحد منها أصاب العقد خلل، وبطل[2].

المطلب الثاني
الخلاف في شروط الصحة

شروط الصحة في عقد الزواج:

وهي الشروط التي ينبغي توفرها في العقد كي يكون صحيحا وصالحا لترتب الآثار الشرعية عليه. ولصحة العقد شروط هي:

1- أن لا تكون المرأة محرمة على الرجل تحريما فيه شبهة أو خلاف، كما لو كان التحريم قد ثبت بدليل ظني، فإن انتفت الحرمة عد العقد صحيحا عند الحنفية وفاسدا عند ثبوتها.

---

[1] الإمام الغزالي، الوسيط، ج 3 ص129. الشيخ سليمان البجيرمي، حاشية البجيرمي على الخطيب، ج4 ص141.

[2] الإمام الكاساني، بدائع الصنائع، ج2 ص369 – 370. رد المختار ج 3 ص4. الوسيط ج3 ص 130. الشيخ سليمان البجيرمي، حاشية البجيرمي على الخطيب، ج4 ص145 – 146.

وأما العقد عند الشافعية فيكون صحيحا عند انتفاء الحرمة وباطلا عند ثبوت الحرمة لعدم الفرق عندهم بين الباطل والفاسد في عقد النكاح، كالزواج بالمعتدة من طلاق بائن، والتزوج بأخت المعتدة من طلاق بائن، أو التزوج بامرأة رضعته مرة واحدة.

ففي الحالات السابقة إذا ثبتت الحرمة عندهما كان الحكم واحدا وهو الحرمة كما في الزواج بالمعتدة من طلاق بائن، إلا أنه يكون فاسدا عند الحنفية وباطلا عند الشافعية، ولكن مما ينبغي الإشارة إليه أن الآثار المترتبة عليه واحدة عند الاثنين فيجب التفريق بينهما.

2- أن تكون الصيغة مؤبدة غير مؤقتة، فإذا أقت الزواج بمدة بطل العقد، وسواء كانت المدة معلومة أو مجهولة كما في نكاح المتعة، سواء أعلم بالفساد أولم يعلم، وحيث لا حد فيجب المهر والعدة ويثبت النسب[1].

قلت: إن الأولى عد هذا (الشرط) من شروط الانعقاد المتعلقة بالصيغة لأن أثر انعدام هذا الشرط هو البطلان عند الحنفية والشافعية، لا عدهما من شروط الصحة كما فعل ذلك الدكتور وهبة الزحيلي[2] ثم لابد من الفرق بين نكاح المتعة فيما لو انعقد بلفظ التمتع كما لو قال أعطيك كذا على أن أتمتع بك يوما أو شهرا،وبين ما إذا انعقد بلفظ التزويج كأن يقول أتزوجك عشرة أيام ونحو ذلك.فالأول باطل عند الحنفية والجمهور والثاني فاسد عند الحنفية إلا الإمام زفر فإنه قال الشرط باطل والعقد صحيح، على اعتبار أن النكاح لا يبطل بالشروط الفاسدة[3]. وهذا النوع من الزواج متفق على حرمته ولم يخالف في ذلك الا الشيعة الإمامية.

3- وقد عد البعض[4] الولي شرطا من شروط الصحة عند الحنفية والشافعية. ولكن الذي يتبين من خلال كتب الحنفية والشافعية، إن عد الولي شرطا ليس صحيحا، فهو ركن عند الشافعية ولا يجوز الزواج بدونه وهو مما لابد منه، وعند الحنفية من حيث الجملة ليس بشرط، لأن للمرأة البالغة أن تزوج نفسها بإذن الولي او دون إذنه، فعبارة النساء عندهم صالحة لإنشاء العقد. فالولي ليس شرطا للصحة عند الحنفية والشافعية كما توهم العديد من الباحثين. وتفصيل ذلك يأتي في مسألة الولي.

4- الشهود: الشهود من شروط الصحة باتفاق الحنفية والشافعية، فلا يصح الزواج دون شهود وهو قول الجمهور إلا الشيعة الجعفرية حيث يرون صحة الزواج دون شهود، والشهود وإن كانوا من شروط الصحة باتفاق الحنفية والشافعية إلا أنه قد حصل خلاف بينهما في مسائل منها:

---

[1] الإمام الكاساني، بدائع الصنائع، ج2، ص430. الإمام كمال الدين ابن الهمام، شرح فتح القدير،ج3، ص237-238. الإمام النووي، روضة الطالبين وعمدة المفتين، ج9 ص42.
[2] الفقه الاسلامي وادلته، ص6550.
[3] الإمام الكاساني، بدائع الصنائع، ج2، ص430-431.
[4] منهم الدكتور أحمد الحجي الكردي، الزواج 2 68 والدكتور محمد شلبي، أحكام الأسرة،ص121، والدكتور وهبة، الفقه الاسلامي وأدلته، ص6572.

الفرع الأول: الذكورة في الشهود:

لا خلاف بين الحنفية والشافعية في عدم صحة انعقاد الزواج دون شهود. وإن تم العقد دون شهود كان غير صحيح وموجبا للتفريق بين الزوجين[1].

ولكن الخلاف بينهما قائم في صفات معينة في الشهود كالذكورة، فهل هي شرط فيهما أم لا ؟ وبعبارة أخرى هل ينعقد الزواج بشهادة رجل واحد وامرأتين أم لا؟

مذهب الحنفية:

يصح انعقاد الزواج بشهادة رجلين، أو رجل وامرأتين. فليس الشهادة على عقد الزواج عند الحنفية مقصورا على الرجال[2]. واستدل الحنفية لمذهبهم بما يأتي:

أولا: الكتاب:

قوله تعالى: ﴿ وَٱسْتَشْهِدُواْ شَهِيدَيْنِ مِن رِّجَالِكُمْ ۖ فَإِن لَّمْ يَكُونَا رَجُلَيْنِ فَرَجُلٌ وَٱمْرَأَتَانِ مِمَّن تَرْضَوْنَ مِنَ ٱلشُّهَدَآءِ أَن تَضِلَّ إِحْدَىٰهُمَا فَتُذَكِّرَ إِحْدَىٰهُمَا ﴾[3].

الآية دليل على صحة انعقاد والزواج بشهادة رجل واحد وامرأتين، لأن الأصل كما يقول الزيلعي[4] أن تقبل شهادة النساء مطلقا، ولكن جاء النص بخلافه، فلم تجز شهادتهن في الحدود والقصاص كي لا يكثر خروجهن[5] ولأن في شهادتهن ضربا من الشك والشبهة، والحدود تدرأ بالشبهات فلا قيمة لشهادتهن فيها[6]. ولكن بقي حكم شهادتهن على الأصل، وهو القبول في النكاح والطلاق وغيرها، فالآية وإن كانت واردة في الأموال، ولكن ليس هناك مانع من دخول الشهادة على الزواج فيها، وإن لم تدخل ابتداء فقياسا[7].

---

(1) الشيخ عبد الغني الغنيمي الميداني، اللباب في شرح الكتاب، تحقيق محمود أمين النواوي، ج3، د س ط ، دار إحياء التراث العربي، بيروت – لبنان، سنة الطبع 1985م، ص3.

(2) عبد الرحمن بن محمد شيخي زاده (داماد)، مجمع الأنهر شرح ملتقى الأبحر، ج3، ص201. عثمان بن علي الزيلعي، تبيين الحقائق شرح كنز الدقائق، ج2، ص 210. البابرتي، العناية شرح الهداية، ج3 ص201.

(3) سورة البقرة، الآية رقم (282).

(4) فخر الدين الزيلعي عثمان بن علي بن محجن (ت 743هـ) من أهل زيلع بالصومال. فقيه حنفي. قدم القاهرة سنة 705 هـ ودرس وأفتي وقرر ونشر الفقه . كان مشهورا بمعرفة النحو والفقه والفرائض . وهو غير الزيلعي صاحب (نصب الراية). من تصانيفه (تبين الحقائق شرح كنز الدقائق) في الفقه أجاد في شرحه وأفاد وحرر وانتقد وصحح ما اعتمد. و(الشرح على الجامع الكبير). ينظر الأعلام للزركلي، ج4، ص373. الرسالة المستطرفة لمحمد بن جعفر الكتاني، ج1، ص186.

(5) عثمان بن علي الزيلعي، تبيين الحقائق شرح كنز الدقائق، ج2، ص210.

(6) الإمام السرخسي، المبسوط، ج16 ص116 – 117.

(7) البابرتي، العناية شرح الهداية، ج7 ص371.

ولكن رد الشافعية على هذا بقولهم "إن الأصل عدم قبول شهادة النساء، وإنما أجيزت هنا في الأموال استثناء ضرورة إحياء حقوق العباد"[1]. فلا تدخل شهادة النساء على النكاح في الآية.

وأما القول بأنها تدخل قياسا فغير مقبول، لأن الأموال لكثرة وقوعها ودنو خطرها كانت القاعدة فيها التوسيع، إذ العادة أن يوسع فيما يكثر وقوعه، فلا يلحق بها ما هو أعظم خطرا وأقل وجودا كالنكاح. ثم إن النكاح يخالف البيع لأن القصد من البيع المال، والقصد من النكاح الاستمتاع وطلب الولد، فلا يقاس عليه[2].

ثانيا: الآثـار:

روي أن عمر وعليا أجازا شهادة النساء مع الرجال في النكاح والطلاق والفرقة[3].

لكن أجيب بأنه لا حجة في هذا الأثر لأنه منقطع. ثم إنه من رواية الحجاج بن ارطاة وهو لا يحتج به[4].

ثالثا: المعقـول:

1- إن أهلية الشهادة مبنية على الولاية، والولاية مبنية على الحرية، وهي موجودة في النساء بالاتفاق، لذا كانت شهادتهن حجة أصلية فأجيزت شهادتها لتمتعها بالأهلية كالرجل. وأما أهلية التحمل فتكون بالمشاهدة والضبط وقد ساوت المرأة الرجل في ذلك لوجود دالة القدرة وهو العقل المميز المدرك للأشياء واللسان الناطق[5].

لكن رد الشافعية على هذا الدليل بقولهم: إن شهادة النساء حجة ضرورية لا أصلية لنقصان العقل واختلال الضبط وقصور الولاية، لذا لا تصلح للخلافة[6]. بدليل أن المرأتين هما بديل الرجل الواحد عند عدمه، فكانت شهادة الرجل الواحد مع المرأتين للضرورة حفاظا على حقوق العباد من الضياع. ألا ترى أنه لو وجد رجلان وامرأتان وكلهم شهود فإن القبول هو شهادة الرجلين لا الرجل والمرأتين.

---

(1) البابرتي، العناية شرح الهداية، ج7، ص 371.
(2) الإمام كمال الدين ابن الهمام، شرح فتح القدير،ج7، ص 372. الشيرازي، المهذب، ج2 ص 40.
(3) عثمان بن علي الزيلعي، تبيين الحقائق شرح كنز الدقائق، ج4، ص 210.
(4) البيهقي، سنن البيهقي الكبرى، ج7، ص 126، رقم الحديث 13506.
(5) منلا خسرو، درر الحكام شرح غرر الاحكام، ج2 ص 372. علاء الدين علي بن خليل الطرابلسي، معين الحكام، دار الفكر، ص 93.
(6) عثمان بن علي الزيلعي، تبيين الحقائق شرح كنز الدقائق، ج4 ص 210. البابرتي، العناية شرح الهداية، ج7 ص371.

مذهب الشافعية:

لا ينعقد النكاح عند الشافعية إلا بشهادة رجلين. ولا يصح انعقاد الزواج بشهادة رجل واحد وامرأتين[1].

واستدل الشافعية لمذهبهم بما يأتي:

أولا: الكتاب:

قوله تعالى: ﴿ وَأَشْهِدُوا ذَوَيْ عَدْلٍ مِّنكُمْ ﴾[2].

وجه الدلالة في الآية، أن الله ﷻ نص على الرجلين في الطلاق والرجعة، فدل ذلك على أن كمال الشهادة في الطلاق والرجعة شاهدان لا نساء فيهما، لأن الشاهدين لا يحتمل أن يكونا إلا رجلين[3]. والنكاح كالطلاق.

ثانيا: السنة:

1- قوله ﷺ (لا نكاح إلا بولي وشاهدي عدل)[4]، وهذا إنما ينطبق على الرجال[5] وهو تأكيد لقوله تعالى: ﴿ وَأَشْهِدُوا ذَوَيْ عَدْلٍ مِّنكُمْ ﴾.

2- حديث عائشة رضي الله عنها (كل نكاح لم يحضره أربعة فهو سفاح زوج وولي وشاهدان)[6].

ثالثا: الآثار:

1- روي عن عمر وعلي رضي الله عنهما قولهما (لا تجوز شهادة النساء على الطلاق والنكاح ولا الدماء والحدود)[7].

2- روي عن مالك عن عقيل عن الزهري قال: (مضت السنة من لدن رسول الله ﷺ والخليفتين من بعده بأنه لاتجوز شهادة النساء في الحدود ولا في النكاح والطلاق)[8]. ولكن الصحيح أن قوله (ولا في النكاح والطلاق) لا يصح عن مالك[9].

---

[1] الإمام الشافعي، الام، ج7، ص51. الإمام الشافعي، احكام القرآن، ج2 ص131 – 132. الإمام النووي، روضة الطالبين وعمدة المفتين،ج7، ط 3، المكتب الاسلامي، بيروت، سنة الطبع، 1992، ص45. الشيرازي، المهذب،ج2 ص 40.

[2] سورة الطلاق، الآية رقم (2).

[3] الإمام الشافعي، احكام القرآن،ج2، ص132. سليمان بن منصور العجلي، حاشية الجمل،، ج5، ص392 .

[4] سبق تخريجه في ص30 .

[5] ابن الجوزي، التحقيق في أحاديث الخلاف، تحقيق مسعد عبد الحميد السعدني، ج2، ط1، دار الكتب العلمية، بيروت، سنة الطبع 1405هـ ص269.

[6] أبو اسحاق الشيرازي، المهذب في فقه الإمام الشافعي،ج2 ص40.

[7] ابن القيم الجوزية، الطرق الحكمية، ترتيب صالح أحمد الشامي، ط1، المكتب الإسلامي، بيروت، سنة الطبع 2002، ص130. أبو بكر عبد الرزاق بن همام الصنعاني، مصنف عبد الرزاق، ج8 ص329.

[8] أبوبكر بن ابي شيبة، المصنف في الأحاديث والآثار، ج5, ص533، رقم الحديث 28714. الشيخ سليمان البجيرمي، البجيرمي على المنهج، ج4، ص382.

[9] أحمد بن علي بن حجر أبو الفضل العسقلاني، تلخيص الحبير في أحاديث الرافعي الكبير، تحقيق السيد عبدالله هاشم اليماني المدني، ج 4، المدينة المنورة ، سنة الطبع 1384 – 1964، ص207.

رابعا: المعقول:

إن كل من يملك إجراء العقد بنفسه جاز أن يكون شاهد على العقد نفسه، لذا كانت شهادة النساء غيره مقبولة في النكاح. لأنها لا تملك إجراء العقد بنفسها، للأدلة القوية الواردة في ذلك[1].

الرأي الراجح:

والذي يبدو هو رجحان ما ذهب إليه الشافعية لقوة أدلتهم. ولما لهذا العقد من خطورة في حياة الناس. فكان لابد من الاستشهاد عليه برجلين، وعدم جواز شهادة النساء فيها، لاختلال الضبط، ونقص العقل، وقصور الولاية و الـلـه اعلم.

الفرع الثاني: الخلاف في عدالة الشهود في الزواج:

حصل خلاف بين الحنفية والشافعية في كون العدالة شرطا للشهود في عقد الزواج.

مذهب الحنفية:

عند الحنفية ينعقد النكاح بشهادة الفاسقين ولا تشترط العدالة في الشهود[2] وقد استدل الحنفية لمذهبهم بما يأتي:

أولا: الكتـاب:

قوله تعالى: ﴿ وَٱسْتَشْهِدُوا۟ شَهِيدَيْنِ مِن رِّجَالِكُمْ ۖ فَإِن لَّمْ يَكُونَا رَجُلَيْنِ فَرَجُلٌ وَٱمْرَأَتَانِ ﴾[3].

وجه الدلالة في الآية أنها عامة لم تفصل في كل شاهد، سواء كان عدلا أو فاسقا[4].

ثانيا: السنة:

قوله ﷺ: ((لا نكاح إلا بشهود)) [5]. والفاسق من الشهود بدليل قوله تعالى: ﴿ مِمَّن تَرْضَوْنَ مِنَ ٱلشُّهَدَآءِ أَن ﴾[6] فقد قسم الشهود إلى قسمين، مرضيين، وغير مرضيين، فدل على كون غير المرضي وهو الفاسق أهلا للشهادة[7].

---

[1] ينظر مبحث الولي في عقد الزواج.

[2] الإمام السرخسي، المبسوط، ج5 ص 31 – 32. الـلـه بن محمود بن مودود الموصلي، الاختيار لتعليل المختـار، ج2 ص 98. الإمام الكاساني، بدائع الصنائع، ج6، ص 273.

[3] سورة البقرة، الآية رقم (282).

[4] عبد الـلـه بن محمود بن مودود الموصلي، المصدر السابق ج2 ص 98.

[5] لم أجد الحديث بهذا اللفظ وإنما هو قول علي بن أبي طالب ﷺ. ينظر سنن البهقي، ج7، ص111. وكنز العمال، ج16، ص750. ولكن يوجد بلفظ آخر عند ابن حبان في صحيحه وهو ((لا نكاح إلا بولي وشاهدي عدل)).

[6] سورة البقرة، الآية رقم (282).

[7] الإمام الكاساني، بدائع الصنائع، ج6، ص273.

ولكن رد على هذا بأن الفاسق وإن سلمنا بأنه شاهد فإنه غير مرضي، وشهادته بنص الآية غير مقبولة[1].

ثالثا: المعقول:

1- إن الفاسق من أهل الشهادة، لأنه لما لم يحرم من الولاية على نفسه لم يحرم من الولاية على غيره، لأنه من جنسه كالذمي، إذ لهم الولاية على أنفسهم بعضهم على بعض لأنه من جنسه[2]. فالفسق لا يحرمه من كونه أهلا للإمامة بدلالة ألائمة الفساق بعد الخلفاء الراشدين، كالحجاج[3]. لذا لما كان الفاسق أهلا للقضاء والإمامة فيكون أهلا للشهادة.

2- إن المقصود من حضور الشهود في عقد النكاح هو الإعلام، دفعا لتهمة الزنا لا للحاجة إلى شهادتهم عند الإنكار والجحود، ويحصل هذا بشهادة الفاسقين وغيرهم، فهي شهادة تحمل لا شهادة أداء. ثم إن النكاح يشتهر بعد وقوعه فيمكن دفع الجحود والإنكار بالشهادة بالتسامع[4].

3- لم يثبت عن الرسول ﷺ حديث يشترط العدالة في الشهادة على النكاح[5].

ورد على هذا بأنه قد ثبت عن الرسول ﷺ ما يشترط العدالة في شهود النكاح.

4- إن من ملك القبول لنفسه انعقد النكاح بحضوره ومن لا فلا. والفاسق أهل لقبول العقد بنفسه بالاتفاق فكان أهلا للشهادة[6].

مذهب الشافعية:

لا ينعقد النكاح بشهادة الفاسقين، بل لابد من اشتراط العدالة فيهم، فكل نكاح يتم بشهادة الفاسقين فهو غير صحيح وباطل، ويجب أن يفرق بين الزوجين كما لو كان الشهود كافرين[7]. واستدلوا بما يأتي:

أولا: الكتاب:

قوله تعالى: ﴿ وَأَشْهِدُوا۟ ذَوَىْ عَدْلٍ مِّنكُمْ ﴾[8].

---

[1] الشيخ زكريا الأنصاري، اسنى المطالب شرح روض الطالب، ج4 ص 340.
[2] الزمخشري، رؤوس المسائل الخلافية، ص372. البابرتي، العناية شرح الهداية، ج3، ص 202.
[3] ينظر الزمخشري، رؤوس المسائل الخلافية، ص372.
[4] الإمام الكاساني، بدائع الصنائع، ج2، ص 273.
[5] عثمان بن علي الزيلعي، تبيين الحقائق شرح كنز الدقائق، ج2 ص 118.
[6] أبوبكر محمد بن علي الحدادي العبادي، الجوهرة النيرة، ج2، ص 3.
[7] ابن حجر الهيتمي، تحفة المحتاج في شرح المنهاج،ج1 ص 212.
[8] سورة الطلاق، الآية رقم (2).

إن الآية تشترط الشهود العدول في الطلاق، والنكاح مثله. ومما يؤكد ذلك قوله ﴿ وَٱسْتَشْهِدُوا۟ شَهِيدَيْنِ مِن رِّجَالِكُمْ ۖ فَإِن لَّمْ يَكُونَا رَجُلَيْنِ فَرَجُلٌ وَٱمْرَأَتَانِ مِمَّن تَرْضَوْنَ مِنَ ٱلشُّهَدَآءِ ﴾[1]. والفاسق ليس بمرضي فلا تقبل شهادته[2].

ثانيا: السنة:

قوله ﷺ: (لا نكاح إلا بولي وشاهدي عدل)[3]. فالحديث دليل على عدم صحة النكاح إلا بشهادة العدل.

ولكن رد هذا الحديث بأنه غير صالح للاحتجاج به لضعفه.

وأجيب بأن هذا الحديث قد تلقاه العلماء بالقبول وإن كان ضعيفا، وكثرة طرقه من موقوف ومرفوع يجعله صالحا للاحتجاج به.

ثالثا: المعقول:

1- إن المقصود من الشهود في عقد النكاح هو الاحتياط للأبضاع وصيانة الأنكحة عن الجحود. ولا يمكن إثبات ذلك إلا بشهادة العدول[4].

ولكن رد على هذا بأن المقصود وهو الإعلام، دفعا لتهمة الزنا وهو يتحقق بالفاسق وغيره.

2- إن الركن الأساسي للشهادة هو الصدق، ولا يظهر الصدق إلا بالعدل، لأن خبر من ليس بمعصوم يحتمل الصدق والكذب، ولا يقع الترجيح إلا بالعدالة[5].

ولكن رد على هذا بأن الصدق لا يتوقف على العدالة فقط، بل إن كثيرا من الفاسقين يأتون أنواعا من الفسق بينما يستأنفون عن قول الكذب[6].

موقف المشرع العراقي:

أما موقف المشرع العراقي فيما يتعلق بشرط الشهود من حيث الذكورة والعدالة. فإن المشرع قد أتى بنص مطلق في (هـ- 1) من المادة (6) وهو " شهادة شاهدين متمتعين بالأهلية القانونية على عقد الزواج" وقد أشرنا بأن المشرع العراقي إنما يريد بالأهلية هنا العقل وإكمال الثامنة عشرة. مما يدل على جواز شهادة الفاسقين والنساء على عقد الزواج.

---

(1) سورة البقرة، الآية رقم (282).
(2) الإمام الشافعي، الام، ج ، ص .
(3) الحديث سبق تخريجه في ص30 .
(4) الشيخ زكريا الأنصاري، اسنى المطالب شرح روض الطالب، ج3 ص126.
(5) الإمام الكاساني، بدائع الصنائع، ج2، ص273.
(6) المصدر نفسه، ج6 ص 273.

الرأي الراجح:

لو نظرنا إلى الشروط التي اشترطها الشافعية في الشاهد كي يكون عدلا، لوجدنا بأن توفرها الآن في شخص سيكون من النذر اليسير. وعليه وبناء على ما قرره الشافعية أنفسهم، من" أن الفسق لو عم، فإن شهادة الفساق في عقد النكاح جائزة للضرورة، وتقبل شهادة الأمثل فالأمثل"[1]. لذا فالذي يبدو راجحا هو ما ذهب إليه الحنفية، من عدم اشتراط العدالة في الشهود في الوقت الحاضر و الله اعلم.

المطلب الثالث
الخلاف في شروط النفاذ

شروط النفاذ:

شروط النفاذ هي تلك التي ينبغي توفرها في العقد كي يكون نافذا، ولا يتوقف بعدها على إجازة احد. وشروط النفاذ هي :

1- الأهلية الكاملة للعاقدين وتتحقق ذلك بالبلوغ.

2- توفر الصفة الشرعية للعاقد كأن يكون أصيلا[2].

قد سبق وأن اشرنا إلى أن الشرط الأول، وهو البلوغ في العاقدين، ليس شرطا نفاذ عند الشافعية بل شرط صحة، فالعقد لا يكون صحيحا إذا لم يكن العاقد بالغا، لأن عبارة الصبي غير معتبرة بل عبارته ملغاة. وأما الحنفية فإنهم يصححون الزواج ولكنه يكون غير نافذ بل موقوفا على إجازة الولي.

وأما الشرط الثاني فهو أيضا محل اتفاق بين الحنفية والشافعية، فلكي يكون العقد صحيحا نافذا لابد أن يكون للعاقد الصفة الشرعية من الاصالة، كأن يعقد لنفسه أو وكالة عن غيره أو وليا على غيره، هذا مع مراعاة الخلاف بينهما في المسائل الأساسية كعدم جواز أن يكون العاقد امرأة عند الشافعية وما إلى ذلك.

ثم يبقى الخلاف بينهما في الحكم إذا لم يتوفر في العاقد هذه الصفة، كما في نكاح الفضولي.

مذهب الحنفية:

العقد صحيح غير نافذ، بل موقوف على إجازة من ترجع إليه حقوق العقد. بحجة أن الإجازة اللاحقة كالإذن في الابتداء[3].

---

[1] الرملي، نهاية المحتاج، ج3، ص 293. ابن العماد الأقفهسي، توقيف الحكـام على غوامض الأحكـام، تحقيق د. نصير خضر سليمان الشافعي، ط1، دار الكتب العلمية، بيروت - لبنان، سنة الطبع 2005، ص158.
[2] الإمام الكاساني، بدائع الصنائع، ج 2 ص 371. الشيخ سليمان البجيرمي، حاشيـة البجيرمي على الخطيب، ج4 ص 145 – 146.
[3] الإمام السرخسي، المبسوط، ج 4 ص 227. الفتاوى الهذية ج 1، ص 269.

مذهب الشافعية:

إذا لم يكن للعاقد أية صفة من هذه الصفات الشرعية كان العقد غير صحيح، بل هو فاسد ولا يترتب عليه أي اثر من آثار الزواج قبل الدخول، وأما بعد الدخول فإنه يجب فيه ما يجب في العقد الفاسد من وجوب المهر وثبوت النسب وغيرهما من الأحكام[1].

موقف المشرع العراقي:

بما أن المشرع العراقي حينما يتحدث عن عقد الزواج فإنما يتحدث عن عقد يكون في المحكمة وما كان من عقد في المحكمة فلا يتصور وقوعه من فضولي أمام القاضي. لأنه لابد من حضور الطرفين، الزوج والزوجة أمام القاضي أو وكيليهما. وأما غيرهما فلا يتصور منه العقد.

عليه يمكن القول بأن المشرع العراقي في موقفه هذا يكون موافقا لما عليه الشافعية و اللـه أعلم.

المطلب الرابع
الخلاف في شـروط اللــزوم

وهي الشروط التي إذا فاتت أو واحد منها كان العقد غير لازم، ويكون لمن تضرر من فقدان هذا الشرط فسخ الزواج[2]. عليه يمكن القول بأن شروط اللزوم في عقد الزواج هي تلك الشروط التي تعطي حق الفسخ لمن ترجع إليه مصلحة العقد، والخلاف في هذه الشروط سنتحدث عنها في الفرعين الآتيين هي:

الفرع الأول: الخلاف في شروط الولي لتزويج ناقص الأهلية:

إن من شروط اللزوم أن يكون المزوج لفاقد الأهلية أو ناقصها كالمجنون ومن في حكمه أو الصبي المميز ومن في حكمه هو الأب أو الجد[3]. وهذا محل خلاف بين الحنفية والشافعية.

مذهب الحنفية:

يعد الأب والجد من شروط اللزوم في تزويج الصغار. عليه إن كان الولي في إنكاح الصغير أو الصغيرة هو الأب أو الجد كان العقد صحيحا نافذا لازما،وليس لاحدهما الخيار إذا بلغ وإن كان الزواج دون كفء أو اقل من مهر المثل، وأما إن كان المزوج غيرهما كان العقد صحيحا نافذا غير لازم في حق المتزوج، وله الخيار إذا بلغ أو فاق من جنونه، وقال أبو يوسف لا خيار لهما[4]، واستدل الحنفية بما يأتي:

---

[1] الإمام الغزالي، الوسيط، ج 3 ص 132. حاشيتا قليوبي وعميرة، ج 3, ص 230.
[2] ينظر الزواج، د. احمد الحجي الكردي، ص 81.
[3] الإمام الكاساني، بدائع الصنائع، ج 2 ص 494 - 495.
[4] المصدر نفسه، ج 2 ص 494 - 495.

أولا: السنة:

روي أن قدامه بن مظعون زوج بنت أخيه عثمان بن مظعون من عبد اللـه بن عمر فخيرها رسول اللـه ﷺ بعد البلوغ فاختارت نفسها، حتى روي أن ابن عمر قال إنها انتزعت مني بعد ما ملكتها[1].

وجه الدلالة منه أنه نص في الباب[2]. فالرسول ﷺ لم يبطل الزواج وانما خير المرأة بالبلوغ فاختارت نفسها، وفي هذا دليل على أن غير الأب زواجه صحيح ولكنه غير لازم.

ثانيا: المعقول:

1- إن الولاية لدفع الضرر عن المتزوج (وإذا لم يوجد ضرر فلا فساد في العقد) ولكنه يبقى غير لازم بدليل حديث قدامة بن مظغون[3].

2- إن الولاية للمصلحة، والتحقق منها ممكن، ويمكن للزوج والزوجة أن يقفا على المصلحة في عقد الزواج من عدمها عند البلوغ وهذا يعطيهما الخيار[4]، وأما أن يكون العقد فاسدا فلا دليل.

3- إن القرابة داعية إلى النظر في المصلحة كما في الجد والأب، وما فيه من القصور ظهر في سلب ولاية الإلزام[5].

مذهب الشافعية:

إن المزوج إن كان غير الأب أوالجد فالزواج فاسد وباطل [6]. واستدل الشافعية بما يأتي:

أولا: السنة:

1- قوله ﷺ: (والبكر يزوجها أبوها)[7].

وجه الدلالة في الحديث أنه نص في الباب وهو أن البكر يزوجها أبوها، وهو دليل على أن الذي يختص بنزويج البكر الصغيرة هو الأب, والجد قياسا عليه[8].

ولكن رد على هذا بأن لفظ(أبوها) غير محفوظ وهو من قول سفيان بن عيينة[9].

---

(1) الدار قطني، سنن الدارقطني، ج3، ص230.
(2) الإمام الكاساني، بدائع الصنائع، ج 2 ص 494.
(3) المصدر نفسه ج 2 ص 494.
(4) ينظر الإمام الكاساني، بدائع الصنائع، ج 2 ص 494 . الإمام كمال الدين ابن الهمام، شـرح فتـح القدير،ج 3 ص 265.
(5) جمال الدين عبد اللـه بن يوسف الزيلعي، نصب الراية في تخريج أحاديث الهداية، ج3، 359.
(6) ابن حجر الهيتمي، تحفة المحتاج، ج 7، ص244.
(7) لم أجد فيما بين يدي من كتب السنة لفظ "يزوجها أبوها" قال أبو داود لفظ "أبوها" ليس بمحفوظ ينظر سنن البيهقي الكبرى، ج7، ص115..
(8) ابن حجر الهيتمي، تحفة المحتاج، ج 7 ص 244.
(9) العسقلاني، تلخيص الحبير, ج3، ص331، حديث 1640.

ثانيا: المعقول:

1- إن الولاية هنا للمصلحة والأب أقرب إلى مصلحة الصغير والصغيرة من غيرهما لوفور الشفقة.

2- إن الأب والجد يزوجان من غير إذن، وأما غيرهما فلا يزوجان إلا بإذن، والصغير والصغيرة لا إذن لهما فلا يستطيع غيرهما تزويجهما لأنه إنما يزوج بالإذن ولا إذن للصغيرة[1].

3- يمكن أن يستدل أيضا بتزويج أبي بكر ﷺ بنته عائشة وهي صغيرة من رسول الله ﷺ.

فيكون وجه الدلالة فيه أن المزوج هنا كان الأب لا غيره فيكون قد ورد الشرع بجواز تزويج الولي (الأب) بنته الصغيرة، وأما في غيرهما فلم يرد شيء في ذلك، فيقتصر عليه.

موقف المشرع العراقي:

إذا كان المشرع العراقي قد اشترط موافقة الولي الشرعي في زواج من أكمل الخامسة عشر من عمره ولم يكمل الثامنة عشر في البند (1) من المادة الثامنة. فإن المشرع لم يحدد الولي هل هو الأب فقط أم هو الأب وغيره. إلا أن القضاء في مثل هذه الحالات يبدو أنه يأخذ بمذهب الشافعية قدر الإمكان فالقضاء يعتبر هنا موافقة الولي الذي هو الأب[2].

الرأي الراجح:

الذي يبدو أن ما ذهب إليه الحنفية هو الراجح، لقوة أدلتهم وأما أدلة الشافعية فيمكن أن يجاب عنها بما يأتي:

إن الحديث الأول لا يعني بأن تزويج الصغار لا يكون إلا بيد الآباء، بل المراد أنه بيد الأولياء وإن كان غير الأب.

ثم إن الشافعية قاسوا الجد على الأب لوفور الشفقة، عليه يمكن أن يقاس غير الجد كالأخ والعم على الأب لنفس العلة.

وأما القول بأن الولاية هنا كانت مقصورة على الأب والجد لوفور الشفقة، فالجواب أن الشفقة قد تتوفر في غير الأب والجد وإنما ترك الخيار للصغير والصغيرة جبرا لهذا الاحتمال و الله أعلم.

الفرع الثاني: الخلاف في الكفاءة في الزواج:

إن من شروط اللزوم الكفاءة بين الزوجين. فمما لا خلاف فيه بين الحنفية والشافعية أن الكفاءة شرط من شروط عقد الزواج[3]. إلا أن الخلاف بينهما قائم في بعض مسائل الكفاءة وهو أيضا ليس بالخلاف القوي، فالمتبع لكتب الحنفية والشافعية يلاحظ أن الخلاف في الكفاءة يكمن في

[1] سليمان بن منصور العجلي، حاشية الجمل، ج 4 ص151. الإمام البغوي، التهذيب في فقه الإمام الشافعي، ج5، ص256.
[2] فريد فتيان، شرح قانون الأحوال الشخصية، ص54.
[3] الإمام الكاساني، بدائع الصنائع، ج 2 ص 320. الشيخ محمد الشربيني الخطيب، مغني المحتاج، ج ص.

بعض الصفات المعتبرة، وكذا فيمن له حق الاعتراض على الزواج دون كفء برضا بعض الأولياء دون البعض مع رضا المرأة.

الصفات المعتبرة في الكفاءة:

اتفق الحنفية والشافعية على أن الصفات المعتبرة في الكفاءة هي الدين والنسب والحرية والحرفة[1]، واختلفوا في صفتين هما المال والسلامة من العيوب.

المسألة الأولى: الكفاءة في المال:

مذهب الحنفية أن الكفاءة من حيث المال معتبر فإن من لا يقدر على المهر والنفقة ليس كفئا لها، والمقصود بالمال هنا هو قدرة الرجل على دفع المهر والنفقة والراجح في المذهب هو المهر المعجل وأما النفقة فمنهم من حددها بنفقة شهر ومنهم بالقدرة على الكسب اليومي، وروي عن أبي يوسف أنه قال " إن القدرة على النفقة هي شرط الكفاءة لا القدرة على المال لأن الشخص قد يكون قادرا على دفع المهر بقدرة أبيه عادة[2]. فلا يكون الفقير كفئا للغنية بأي حال. واستدل الحنفية لمذهبهم بما يأتي:

أولا: السنة:

1- عن بريدة قال قال رسول الله ﷺ (إن أحساب أهل الدنيا الذين يذهبون إليه هذا المال) رواه النسائي، وقال الحاكم هذا صحيح على شرك الشيخين[3].

2- قول الرسول ﷺ لفاطمة بنت قيس: (أما معاوية فصعلوك لا مال له) [4].

3- حديث سمرة مرفوعا (الحسب المال) قال الترمذي حسن صحيح غريب[5].

وجه الدلالة في هذه الأحاديث أن فيها إشارة إلى أن المال له اعتبار في الكفاءة.

ثانيا: المعقول:

1- إن المال مما يقع به التفاخر أكثر من التفاخر بغيره عادة في زماننا هذا، بل التفاخر به أكثر من التفاخر بالأنساب، فإذا كانت الكفاءة في النسب معتبرا كان اعتباره في المال أولى، بل إن المرأة أحوج إليها منها إلى نسب الزوج[6].

---

[1] الإمام الكاساني، بدائع الصنائع، ج 2 ص 320. الإمام السرخسي، المبسوط، ج 5 ص.

[2] الإمام الكاساني، بدائع الصنائع،ج2، ص230. عبد الرحيم بن الحسين العراقي، طرح التثريب، ج7، ص21.

[3] النسائي، سنن النسائي، ج6، ص64. أبو عبدالله الحاكم ، المستدرك على الصحيحين، ج2، ص 60، حديث 2689الزيلعي، تبيين الحقائق شرح كنز الدقائق، ج2 ص 129.

[4] عبد الرحيم بن الحسين العراقي, طرح التثريب، ج7, ص 21.

[5] الترمذي، سنن الترمذي،ج5، ص 390، حديث 3271.

[6] ينظر الإمام الكاساني، بدائع الصنائع، ج2، ص320. عثمان بن علي الزيلعي، تبيين الحقائق شرح كنز الدقائق، ج2 ص 129. الإمام السرخسي، المبسوط، ج 5 ص.

2- إن المهر بدل البضع وبالنفقة يكون قوام الزواج، فبها تندفع حاجة المرأة[1]، فالنكاح تعلق بالمهر والنفقة تعلقا لازما، فإنه لا يجوز بدون المهر. والنفقة لازمة. ولا تعلق له بالنسب والحرية فلما اعتبر هناك فلأن تعتبر هنا أولى[2].

3- إن المقصود من الكفاءة هو انتظام المصالح بين الزوجين وحسن العشرة والألفة بينهما فلو انعدمت الكفاءة من حيث المال اثر ذلك حتما على مقصود عقد الزواج وبالتالي سيكون سببا لأن يعير أهل الزوجة.

ولكن رد على استدلال الحنفية بأن حديث (إن أحساب) يحتمل أن يكون قد خرج مخرج الذم للمال، لأن الأحساب إنما هي بالأنساب لا بالمال، فصاحب النسب العالي هو الحسيب ولو كان فقيرا، والوضيع في نسبه ليس حسيبا ولو كان ذا مال[3]. يؤيد هذا قول الرسول ﷺ (تنكح المرأة لمالها وحسبها) فعد المال شيئا مع الحسب لا الحسب نفسه. قلت فإذا كان الحديث يحتمل هذا المعنى وذاك فالدليل إذا تطرق إليه الاحتمال بطل به الاستدلال.

مذهب الشافعية:

إن المال لا أثر له في الكفاءة فالمعسر كفء للموسرة، إلا في الزواج بإجبار فإنه لا بد فيه من اعتبار المال حتى يصل المهر إلى مهر المثل[4]. واستدل الشافعية لمذهبهم بما يأتي:

أولا: الكتاب:

قد ثبت ذم الدنيا والمال بالكتاب والسنة من ذلك قوله تعالى: ﴿ وَلَوْلَآ أَن يَكُونَ ٱلنَّاسُ أُمَّةً وَٰحِدَةً لَّجَعَلْنَا لِمَن يَكْفُرُ بِٱلرَّحْمَٰنِ لِبُيُوتِهِمْ سُقُفًا مِّن فِضَّةٍ وَمَعَارِجَ عَلَيْهَا يَظْهَرُونَ ﴿٣٣﴾ ﴾[5]. وذمها الرسول ﷺ بقوله (إن الله يحمي عبده المؤمن من الدنيا كما يحمي احدكم مريضه من الطعام والشراب ولو سويت الدنيا عند الله جناح بعوضه ما سقى كافرا منها شربة ماء)[6].

ثانيا: المعقول:

1- إن المال غاد ورائح ولا يفتخر به أهل المروءات والبصائر[7].

الذي يبدو أن الاختلاف بين الحنفية والشافعية ليس اختلاف حجة وبرهان وإنما اختلاف عرف وزمان. وإذا كان البحث يقتضي منا أن نرجح رأيا، فالذي يبدو أن الأرجح هو ما ذهب إليه

---

[1] عبد الرحمن بن محمد شيخي زاده (داماد)، مجمع الانهر شرح ملتقى الابحر، ج 1، ص.
[2] بشيء من التصرف، الإمام الكاساني، بدائع الصنائع، ج2، ص500. الإمام السرخسي، المبسوط، ج2 ص.
[3] طرح التثريب، ج7، ص 20.
[4] ابن حجر الهيتمي، تحفة المحتاج، ج 7 ص 284.
[5] سورة الزخرف، الآية رقم (33).
[6] قال الحاكم صحيح على شرط الشيخين ولم يخرجاه ينظر المستدرك، ج4، ص344. وينظر ابن حجر الهيتمي، تحفة المحتاج، ج 7 ص 284.
[7] ابن حجر الهيتمي، تحفة المحتاج، ج 7 ص 284.

الشافعية، لأن المال غاد ورائح وظل زائل وطود مائل. والخلاف بينهما يبدو شكليا من حيث الآثار المترتبة على عدم توفر الكفاءة، فالشافعية الذين لم يشترطوا المال في الكفاءة يعطون للمراة الحق في الفسخ عند إعسار الرجل سواء كان إعسار مهر أو إعسار نفقه.

المسألة الثانية: تزويج المرأة البالغة برضاها ورضا بعض الأولياء دون كفء:

لو زوجت المرأة نفسها (عند الحنفية) أو زوجها الولي عند الشافعية برضاها ورضا البعض دون كفء، فهل يكون للآخرين حق الاعتراض أم أن هذا الحق يسقط بإسقاط بعض الأولياء لحقهم؟

مذهب الحنفية:

الذي عليه الإمام أبو حنيفة ومحمد أنه لو رضي بعض الأولياء كان رضا للكل وإسقاطا لحقهم[1]. واستدلوا بما يأتي.

1- إن هذا الحق واحد لا يتجزأ، وقد ثبت بسبب لا يتجزأ وهو القرابة، وإسقاط بعض ما لا يتجزأ إسقاط لكله، لأنه لا بعض له، فإذا اسقط واحد حقه لا يتصور بقاءه في حق الباقين، كالقصاص إذا وجب لجماعة فعفا أحدهم[2].

2- إن هذا الحق لم يثبت للأولياء لعينه بل لدفع الضرر، فيكون من باب دفع أشد الضررين، فسقط ضرورة. والتزويج بالكفء وقع إضرارا بالأولياء ظاهرا لعدم الكفاءة إلا أن رضا هذا البعض به لا يكون إلا لوقوفهم على مصلحة حقيقية، غفل عنها الباقون، وهي أعظم من مصلحة الكفاءة، ولولاها لما رضي بها الباقون. وفي إبقاء حقهم لزوم أعلى الضررين فسقط ضرورة دفعا للوقوع في الزنا[3].

مذهب الشافعية:

الذي عليه الشافعية وأبو يوسف من الحنفية أن رضا البعض ليس رضا للكل، وإذا ما أسقط بعضهم حقه لا يكون إسقاطا لحق الآخرين بل يبقى حق الاعتراض قائما[4]. واستدلوا بما يأتي.

1- يقول سليمان بن منصور العجلي[5] في حاشيته "إن حق الأولياء في الكفاءة ثبت مشتركا بين الكل فإذا رضي به أحدهم فقد أسقط حق نفسه، فلا يسقط حق الباقين كالدين إذا وجب لجماعة فأبرأ بعضهم لا يسقط حق الآخرين"[6].

---

(1) الإمام الكاساني، بدائع الصنائع، ج2، ص497. عثمان بن علي الزيلعي، تبيين الحقائق شرح كنز الدقائق، ج2 ص129.
(2) المصدر السابق ج2 ص 497.
(3) ينظر الإمام الكاساني، بدائع الصنائع، ج 2 ص498.
(4) ابن حجر الهيتمي، تحفة المحتاج، ج 7 ص276. سليمان بن منصور العجلي، حاشية الجمل، ج 2 ص164.
(5) هو الشيخ سليمان بن عمر بن منصور العجيلي الشافعي الأزهري المعروف بالجمل (ت1204هـ) فقيه مفسر، محدث صوفي صالح. من أهل (منية عجيل) إحدي قرى الغربية بمصر. انتقل إلى القاهرة ، ودرس بالازهر. من مصنفاته (فتوحات الوهاب) وهو حاشية شرح المنهج ؛ في فقه الشافعية. ينظر معجم المطبوعات لإيليان سركيس، ج1، ص155، ص711. عجائب الآثارلعبد الرحمن بن حسن الجبرتي، ج2، ص88.
(6) سليمان بن منصور العجلي، حاشية الجمل، ج 2 ص 164.

ولكن يرد على هذا، بأن الحق قد ثبت لكل واحد منهم على وجه الكمال كأن ليس معه غيره، ولأن ما لا يتجزأ لا يتصور فيه الشركة كحق القصاص بخلاف حق الدين، فإن تصور الشركة فيه قائم وواضح.

2- إن المرأة لو زوجت نفسها من غير كفء بغير رضاهم لا يسقط حق الأولياء، بل يبقى قائما فإذا بقى هذا الحق هنا فإن رضا أحد الأولياء بحقه كرضا المرأة لا يسقط حق الآخرين[1].

ويرد على هذا، بأن هذا قياس مع الفارق: لأن الحق هنا متعدد وحق المرأة هنا خلاف حقهم. فحقها يكون في نفسها وفي نفس العقد، وأما حق الآخرين فهو في دفع الشين عن أنفسهم وإذا ما اختلف جنس الحق فسقوط أحدهما لا يوجب سقوط الآخر[2].

بما أن المشرع العراقي قد جعل الكفاءة من حق المرأة وحدها إن كانت بالغة عاقلة فهذا يعني أن المشرع العراقي في هذه المسألة يسير على مذهب الحنفية فرضا المرأة بالزواج من شخص دون الكفاءة يسقط حق غيرها من أوليائها في الاعتراض على زواجها[3].

الذي يبدو أن ما ذهب إليه الحنفية هو الصواب خاصة إذا عرفنا بأن بعض الأولياء قد يقفون على المصلحة الحقيقة في الزواج دون الآخرين وفي إبقاء هذا الحق تفويت لمصلحة البنت.

المسألة الثالثة: شرط السلامة من العيوب:

اختلف الحنفية والشافعية في شرط السلامة من العيوب هل هو شرط من شروط الكفاءة أم لا؟

مذهب الحنفية:

السلامة من العيوب ليست صفة معتبرة في شرط الكفاءة، فمن به عيب من العيوب التي يثبت بها حق فسخ البيع كالجذام أو الجنون أو البرص، فهو كفء للمسلمة، والزواج صحيح إن رضيت المرأة ولا يحق للولي الاعتراض على هكذا شرط[4]. واستدل الحنفية لمذهبهم بما يأتي.

1- إن السلامة من العيوب حق خالص للمرأة، فإذا أسقطت حقها كان لها ذلك ولا يحق لأحد الاعتراض عليها إلا إذا كانت صغيرة أو مجنونة[5].

2- إن الأساس الذي يقوم عليه الكفاءة هو عدم إلحاق العار بأهل الزوج، والعيوب هذه لا تكون سببا لإلحاق العار بأهل الزوجة، فلا اعتبار لها.

---

(1) ينظر الشيخ زكريا الأنصاري، اسنى المطالب شرح روض الطالب، ج 3 ص 140. الإمام الكاساني، بدائع الصنائع، ج 2 ص 3190.
(2) ينظر الإمام الكاساني، بدائع الصنائع، ج 2 ص 3190.
(3) ينظر المادة التاسعة من قانون الأحوال الشخصية العراقي.
(4) زين الدين بن ابراهيم (ابن نجيم)، البحر الرائق شرح كنـز الدقائق، ج 4 ص 273. ابن عابدين ج3، ص87.
(5) الامام الكمال بن الهمام، شرح الفتح القدير، ج3ص 283- 284.

مذهب الشافعية:

إن السلامة من العيوب المثبتة للخيار من خصال الكفاءة المعتبرة، فمن به عيب مثبت للخيار كالجنون أو الجذام أو البرص فليس كفئا للمرأة[1]. واستدل الشافعية لمذهبهم بما يأتي:

1- إن النفس تعاف من صحبة من به شيء من هذه العيوب[2] فمقصود عقد الزواج هو حسن المعاشرة والصحبة وبهذه العيوب تنتفي حسن الصحبة.

2- إن عدم السلامة من العيوب سبب لاختلال النكاح ومقصوده، الذي هو السكينة والنسل المرجو من النكاح، عليه فإن السلامة من العيوب يجب أن تكون ملازمة للنكاح كي يتحقق مقصوده.

الرأي الراجح:

الذي يبدو من خلال مناقشة أدلة الفريقين أن الاختلاف بينهما شكلي أيضا كسابقته، فالحنفية الذين لم يجعلوا السلامة من العيوب شرطا للكفاءة يعطون للمرأة الحق في الفسخ لو وجدت زوجها مصابا بعيب كالعنة والجب[3].

وعلى أية حال لابد من التمييز بين العيوب التي لا يرجى شفاؤها فينبغي أن يكون سليما منها، وخاصة إن كان الزواج لصغير. وبين غيرها من العيوب التي يرجى شفاؤها أو التي ليست بذات ضرر كبير، فلا يشترط السلامة منها أثناء العقد شرط علم المرأة بها والا كان غررا و الـلـه اعلم.

موقف المشرع العراقي:

إن المشرع العراقي لم ينص على الكفاءة في مواد قانون الأحوال الشخصية العراقي. ولكن لأن المادة (9) من قانون الأحوال الشخصية العراقي البند (1) تنص على " لا يحق لأي من الأقارب أو الأغيار منع من كان أهلا للزواج" مما يعني أن الكفاءة هنا حق خاص للمرأة وحدها فإن تنازلت عن حقها في الكفاءة فلها ذلك إذا كانت ذا أهلية قانونية (عاقلة أكملت الثامنة عشر من عمرها). ولا يحق لأحد منعها من الزواج وإلا عد المنع هذا جريمة معاقبا عليها بموجب المادة نفسها. وهذا ما ذهب إليه الإمامية. إلا في حالة ما إذا كان الزواج لصغير فهنا تكون الكفاءة حقا مشتركا للفتاة وللأب. حيث له الحق في الإعتراض على الزواج عند عدم الكفاءة. بموجب البند (1) من المادة (8) وللقاضي أن يمنع هذا الزواج لأن اعتراض الولي على هكذا زواج يكون جديرا بالاعتبار. بل قد يتعين على القاضي ذلك لأن عليه بموجب البند (2) من المادة (1) الرجوع إلى مبادئ الشريعة الإسلامية إذ ينص البند المذكور على " إذا لم يوجد نص تشريعي يمكن تطبيقه فيحكم بمقتضى مبادئ الشريعة الإسلامية الأكثر ملاءمة لنصوص هذا القانون" ومما لا شك فيه أن الكفاءة شرط في عقد الزواج عند جمهور الفقهاء. فعلى القاضي أن يبحث في هذه الحالة عن الكفاءة و الـلـه أعلم.

---

[1] الإمام الشافعي، الام،ج 5 ص 21، الشيخ محمد الشربيني الخطيب، مغني المحتاج، ج4، ص273.
[2] الشيخ محمد الشربيني الخطيب، مغني المحتاج، ج 4 ص273.
[3] ابن عابدين، حاشية ابن عابدين، ج 3 ص87.

المبحث الثالث

الخلاف في الشروط المقترنة بعقد الزواج

الزواج المقترن بالشروط:

من خلال تتبع كتب الحنفية والشافعية يلاحظ عدم وجود خلاف كبير بينهما في الشروط المقترنة بالعقد، فالشروط إما ن تكون صحيحة أو فاسدة، والشروط المقترنة بالعقد يمكن معرفة حكمها عند الحنفية والشافعية في التفصيل الآتي:

الشروط الصحيحة:

وهي الشروط التي يقتضيها العقد أو تؤكد ما يقتضيها العقد، وهي التي ورد الشرع بها بنص أو جرى العرف به كأن تشترط المرأة على الرجل الإنفاق عليها أو حسن معاشرتها، أو يشترط الرجل على المرأة القرار في البيت وعدم الخروج إلا بإذنه وعدم التبرج وما إلى ذلك. ومثل هذه الشروط يكون كل واحد من الزوجين ملزم بالوفاء بها، وإن لم تشترط في العقد، لذا فإن حكم هذه الشروط الصحيحة وجوب الوفاء بها، واداءها على أتم وجه لقوله تعالى: ﴿ يَـٰٓأَيُّهَا ٱلَّذِينَ ءَامَنُوٓاْ أَوۡفُواْ بِٱلۡعُقُودِ ﴾[1]. ولقوله ﷺ: ((أحق الشروط أن توفوا به ما استحللتم به الفروج))[2].

وقد نص المشرع العراقي على وجوب الوفاء بالشروط المشروعة المقترنة بعقد الزواج في البند (3) من المادة (6) من قانون الأحوال الشخصية. كما أعطى الحق للمرأة في طلب فسخ العقد إذا لم يف الزوج بما اشترط ضمن عقد الزواج حيث نص في البند (4) من المادة المذكورة على "للزوجة طلب فسخ العقد عند عدم إيفاء الزوج بما اشترط ضمن عقد الزواج".

الشروط الفاسدة التي لا تبطل العقد:

وهي الشروط التي لا يقتضيها العقد ولا تؤكد ما يقتضيها العقد، بل تتنافى مع مقتضيات عقد الزواج، كأن يشترط الزوج على الزوجة عدم الإنفاق عليها، أو أن تنفق هي على البيت، أو أن لا يخرجها من بلدها, أو أن يطلق زوجته, أو أن لا يرث احدهما الآخر، فمثل هذه الشروط فاسدة, ولا يجوز الوفاء بها, واقترانها بالعقد لا تبطله, بل يبقى العقد صحيحا ويلغو الشرط (لأن فيها المنع عن الأمر المشروع)[3] ولقوله ﷺ (ما كان من شرط ليس في كتاب الـلـه عز وجل فهو باطل)[4]. وبما ذهب إليه الفقهاء من صحة العقد وبطلان الشرط يجري القضاء في العراق[5]

---

(1) سورة المائدة، الآية رقم (1).

(2) متفق عليه. الإمام البخاري، صحيح البخاري، ج2، ص970. الإمام مسلم، صحيح مسلم، ج2، ص1035. البابرتي، العناية شرح الهداية، ج 3 ص 349 – 350. الرملي، نهاية المحتاج،ج 6 ص 344.

(3) البابرتي، العناية شرح الهداية، ج3 ص349 –350. سليمان بن منصور العجلي، حاشية الجمل، ج4 ص244.

(4) متفق عليه. الإمام البخاري، صحيح البخاري، ج2، ص972. الإمام مسلم، صحيح مسلم، ج2، ص1141.

(5) د. أحمد علي وآخرون، شرح قانون الأحوال الشخصية العراقي، ص42.

الشروط الباطلة (الفاسدة) التي تبطل العقد إن مما هو محل اتفاق بين جمهور الفقهاء ومنهم الحنفية والشافعية أن هناك شروطا باطلة تبطل العقد لو اقترنت به، وتوجب الفسخ قبل الدخول وبعده، كاشتراط التوقيت بلفظ المتعة في العقد، أي الاتفاق على أن يكون الزواج لمدة معينة، كأن يكون شهرا أو سنة[1].

الشروط الفاسدة المختلف فيها:

وهذا القسم من الشروط وإن كانت فاسدة بالاتفاق إلا أن الخلاف قد حصل في الأثر المترتب عليها، فهل يبطل العقد أم لا؟ وهذه الشروط عبر عنها الشافعية بالشروط المتنافية مع المقصود الأصلي من عقد النكاح، كالتوقيت أو اشتراط الخيار او عدم الوطء.

أما نكاح المتعة فهو محل اتفاق بين الحنفية والشافعية من حيث حرمته، مع أن الشرط الفاسد عند الحنفية لا يبطل العقد ولكن ورد النص بتحريمه. ولكن الخلاف بينهما قائم في اشتراط الخيار في النكاح أو أن تشترط المرأة عدم الوطء.

مذهب الحنفية:

الذي عليه الحنفية أن الشرط مهما كان فاسدا أو باطلا لا يؤثر على عقد النكاح، فالنكاح عندهم لا يبطل بالشروط الفاسدة[2] إلا إذا ورد نص ببطلانه أو فساده كنكاح المتعة، ولذلك فإنهم الحقوا هذه الشروط بغيرها من الشروط الفاسدة التي تلغو ويصح العقد معها. وقالوا "إن الشرع جوز خيار الشرط لأجل المغابنة والمغابنة في باب النكاح أكثر من باب البيع فيجوز بشرط الخيار فكذلك في النكاح"[3].

وأما الشافعية فقد قالوا ببطلان مثل هذه الشروط وبطلان العقد المقترن بها، بحجة أن الوطء هو المقصود الأصلي من النكاح، فإن تضمن العقد شرط عدمه بطل الشرط وبطل معه العقد كنكاح المتعة، فإنه باطل لما في التوقيت من المنافاة مع مقصود النكاح الأصلي وهو اللزوم والدوام[4]. وعدم الوطء أيضا يتنافى مع المقصود فيبطل.

ولكن من الممكن أن يرد على هذا بأنه إذا لم يكن قد ورد النص الخاص بحرمة النكاح الذي يشترط فيه عدم الوطء فإنه يبقى صحيحا وإن اشترط فيه ذلك، إلا أن ذلك الشرط يلغو لمنافاته مقصود لنكاح و اللـه اعلم.

---

(1) الرملي، نهاية المحتاج، ج6، ص 344. دور الحكام ج 3 ص133.
(2) الإمام كمال الدين ابن الهمام، شرح فتح القدير،ج3، ص335.
(3) الزمخشري، رؤوس المسائل الخلافية، ص393.
(4) الشيخ محمد الشربيني الخطيب، مغني المحتاج، ج 4 ص 378. الرملي، نهاية المحتاج،ج 6 ص344.

ثم إن الذي ذكره الإمام الشافعي فيما يتعلق بالشروط المقترنة بعقد الزواج على عمومه يدل على بطلان الشرط مع بقاء العقد صحيحا، إذ يقول (لو نكح بكرا أو ثيبا على أن لا ينكح عليها ولا يتسرى عليها أو أي شرط مما شرطته عليه مما كان له إذا انعقد النكاح أن يفعله ويمنعها منه، فالنكاح جائز والشرط باطل)[1].

قلت أليس الوطء مما له أن يفعله بالنكاح؟ فالجواب بلى. عليه فإن شرطت المرأة عدمه, فالذي يبدو من كلام الإمام الشافعي أنه شرط باطل والنكاح جائز.

مذهب الشافعية:

واحتج الشافعية على بطلان اشتراط الخيار في النكاح وبطلان العقد معه، بأن في الاشتراط منافاة لمقصود النكاح من اللزوم والدوام، وعقد النكاح مبناه على اللزوم، وفي اشتراط الخيار ما يخالف ذلك[2].

ولكن رد الحنفية على هذا أيضا بقولهم: "إن اشتراط الخيار في النكاح كاشتراط عدم الوطء من قبل المرأة لا يبطل العقد وإن كان هو باطلا، واستدلوا أيضا بما يأتي:

أولا: السنة:

عن أبي هريرة أن رسول الله ﷺ قال: ((ثلاث جدهن جد وهزلهن جد النكاح والطلاق والرجعة)). قال أبو عيسى هذا حديث حسن غريب والعمل على هذا عند أهل العلم من أصحاب النبي ﷺ وغيرهم[3].

وجه الدلالة من الحديث إنه جعل الهزل في النكاح غير مؤثر عليه. واشتراط الخيار والهزل سواء، لأن الهازل قاصد إلى مباشرة السبب، غير راض بحكمه، بل أولى، فإن الهازل غير راض بالحكم أبدا، وشارط الخيار غير راض بالحكم في وقت مخصوص، فإذا لم يمنع الهزل تمامه فاشتراط الخيار أولى[4].

الرأي الراجح في هذه المسائل:

الذي يبدو راجحا هو مذهب الشافعية في شرط التوقيت ، وأما في شرط عدم الوطء والخيار فالراجح هو مذهب الحنفية، وهذا ما يفهم أيضا من كلام الإمام الشافعي و اللـه اعلم.

---

[1] الإمام الشافعي، الام، ج 5 ص80.
[2] الشيخ محمد الشربيني الخطيب، مغني المحتاج، ج4، ص469.
[3] الترمـذي، سنن الترمذي،ج3، ص 490، حديث 1184. الشيـخ محمد الشربيني الخطيب، مغني المحتاج، ج 4 ص 469.
[4] الإمام السرخسي، المبسوط، ج 5 ص 96.

الفصل الثالث

الخلاف
في أحكام الولي في عقد الزواج

الخلاف في الولي في النكاح بين الحنفية والشافعية كبير جدا. وترتب على هذا الخلاف الكثير من الآثار، وكان هذا الخلاف أيضا سببا للخلاف بينهما في انعقاد النكاح بعبارة النساء. وكذا في مدى جواز إجبار البكر البالغة على النكاح، وفيمن لهم الولاية في عقد النكاح.وتوضيح ذلك في المبحثين الآتيين:

المبحث الأول: شرط الولي في عقد الزواج.

المبحث الثاني: الخلاف في أنواع الولاية وترتيبها.

المطلب الأول: الخلاف في ولاية الإجبار.

المطلب الثاني: الخلاف في ترتيب الولاية الإجبارية.

المبحث الأول
شرط الولـي في عقد الزواج

اختلف الحنفية والشافعية في صحة النكاح دون ولي. وعليه اختلفوا في مدى صحة النكاح بعبارة النساء. فالذين أجازوا النكاح دون ولي صححوا النكاح بعبارة النساء. والذين لم يجيزوا ذلك قالوا بعدم انعقاد النكاح بعبارة النساء أصلا.

مذهب الحنفية:

الولي ليس شرطا في عقد النكاح، ومن ثم ينعقد النكاح بعبارة النساء. فالنكاح صحيح في ظاهر مذهب الحنفية إذا تزوجت المرأة دون إذن الولي، ولكن بشرط أن يكون الزواج من كفء[1]. واستدل الحنفية لمذهبهم بما يأتي:

أولا: الكتاب:

قوله تعالى: ﴿ فَإِن طَلَّقَهَا فَلَا تَحِلُّ لَهُۥ مِنۢ بَعْدُ حَتَّىٰ تَنكِحَ زَوْجًا غَيْرَهُۥ ﴾[2]. وقوله تعالى: ﴿ وَإِذَا طَلَّقْتُمُ ٱلنِّسَآءَ فَبَلَغْنَ أَجَلَهُنَّ فَلَا تَعْضُلُوهُنَّ أَن يَنكِحْنَ أَزْوَٰجَهُنَّ إِذَا تَرَٰضَوْا۟ بَيْنَهُم بِٱلْمَعْرُوفِ﴾[3].

وجه الدلالة من هذه الآيات إن الـلـه قد أضاف النكاح إلى النساء ونهى الأولياء عن العضل، فدل ذلك على أنهن يملكن مباشرة العقد[4].

ولكن الذي يرد على هذا بأن الآيات دليل على مباشرة العقد، وهذا لا يدل بدوره على أنها تملك الاستقلال والاستبداد بالعقد.

وأما الاستدلال بقوله تعالى (فلا تعضلوهن أن ينكحن أزواجهن) فإن الآية بحد ذاتها دليل على اعتبار الولي، لأنه نهى عن المنع، فدل على أن الممنوع وهو العقد، كما بيد المرأة هو أيضا بيد الولي[5].

ثانيا: السنة:

1- قوله ﷺ: ((الايم أحق بنفسها من وليها))[6].

---

(1) الإمام السرخسي، المبسوط، ج5 ص 11. الإمام الكاساني، بدائع الصنائع، ج2، ص 249. عثمان بن علي الزيلعي، تبيين الحقائق شرح كنز الدقائق، ج2 ص 118.
(2) سورة البقرة، الآية رقم (230).
(3) سورة البقرة، الآية رقم (232).
(4) الإمام السرخسي، المبسوط، ج5 ص 12. البابرتي، العناية شرح الهداية، ج3 ص 257. الـلـه بن محمود بن مودود الموصلي، الاختيار لتعليل المختار، ج2 ص 7. أبوبكر بن علي الرازي الجصاص، احكام القرآن، ، ج1، ص 46.
(5) الإمام الشافعي، الأم، ج5 ص 14.
(6) الحديث أخرجه الإمام مسلم , ج 2، ص 1037، حديث 1421.

ووجه الدلالة من الحديث أن الأيم اسم لامرأة لا زوج لها، بكرا كانت أو ثيبا، وقد جعل الحديث في الزواج حقين، حق الولي وهو مباشرته عقد النكاح برضاها، وحقها وقد جعلها الحديث أحق منه ولن تكون أحق إلا إذا زوجت نفسها بغير رضاه[1].

ولكن من الممكن أن يرد على هذا بأن معنى قوله ﷺ (أحق بنفسها) ليس محصورا فقط في أن تتزوج دون رضا الولي. فهناك الكثير من الحالات التي من الممكن أن يشملها قوله ﷺ (أحق منه)، كأن تباشر العقد بنفسها مع حضور الولي، وكذا تحديد وقت ومكان العقد، ومنه أيضا أحقيتها في اختيار الزوج أو الإذن، وغيرها من الحالات التي ترجع منفعتها الخالصة للمراة. فتوجيه قول الرسول لهذا المعنى فقط، لا دليل له و الـلـه اعلم.

ولو سلمنا فرضا بصحة المعنى، فإن هذا الحكم لا يشمل كل امرأة، بل يخص الثيب لا البكر، لأن الايم هنا هي الثيب. ويؤيد ذلك ما جاء في تتمة الحديث (والبكر تستأمر) فعلم انه أراد الثيب إذ ليس هناك قسم ثالث[2].

2- عن ابن عباس أن رسول الـلـه ﷺ قال: ((ليس للولي مع الثيب أمر))[3].

وجه الدلالة في الحديث أنه صريح في رفع الولاية عن الثيب[4].

ولكن من الممكن أن يرد على هذا بأنه من الممكن أن يكون معناه: ليس للولي أن يأمر ويجبر الثيب على الزواج.

3- روي أن رسـول الـلـه ﷺ لما خطـب أم سلمة اعتذرت بأعذار من جملتها أن أولياءها غيب فقال ﷺ: ((ليس في أوليائك من لا يرضى بي، قم يا عمر فزوج أمك من رسول الـلـه))[5].

وجه الدلالة من الحديث أن أم سلمة تزوجت برسول الـلـه ﷺ ولم يكن أولياءها موجودين. فدل على صحة النكاح دون ولي.

ولكن يرد على هذا بأن الرسول ﷺ تزوج أم سلمة بولاية نفسه عليها، كونه السلطان، إذ السلطان ولي من لا ولي له. فأولياؤها كانوا غيبا. يضاف إلى ذلك ما يتمتع به الرسول من خصوصية ولايته على المسلمين جميعا بدليل قوله تعالى: ﴿ ٱلنَّبِيُّ أَوۡلَىٰ بِٱلۡمُؤۡمِنِينَ مِنۡ أَنفُسِهِمۡ ﴾[6]. [7]

---

[1] زين الدين بن ابراهيم (ابن نجيم)، البحر الرائق شرح كنز الدقائق، ج3، ص 118 – 119.
[2] الزيلعي، نصب الراية، ج3، ص 354.
[3] سليمان بن الأشعث أبو داود السجستاني الأزدي، سنن ابي داود، محمد محيي الدين عبد الحميد، تعليق كمال يوسف الحوت،ج1، باب الثيب، دار الفكر ، بيروت – لبنان، والأحاديث مذيلة بأحكام الألباني عليها، ص638، رقم الحديث 2100. الدار قطني، سنن الدارقطني، ج3، كتاب النكاح،ص239، رقم الحديث66.
[4] الإمام الكاساني، بدائع الصنائع، ج2، ص 249.
[5] محمد بن عبدالـلـه أبو عبدالـلـه الحاكم النيسأبوري، المستدرك على الصحيحين، تحقيق مصطفى عبد القادر عطا، ج4، ط1، دار الكتب العلمية – بيروت- لبنان، سنة الطبع 1411هـ - 1990 هـ ، ص18. الإمام السرخسي، المبسوط، 5 ص 13.
[6] سورة الأحزاب، الآية رقم (6).
[7] محمد بن إدريس الشافعي أبو عبد الـلـه ، أحكام القرآن، تحقيق عبد الغني عبد الخالق ،ج1، دار الكتب العلمية - بيروت، سنة الطبع 1400م، ص 168.

4- عن عائشة قالت كان رسول الـلـه ﷺ إذا أراد أن يزوج شيئا من بناته جلس إلى خدرها فقال إن فلانا يذكر فلانة يسميها ويسمي الرجل الذي يذكرها فإن هي سكتت زوجها وإن كرهت نقرت الستر فإذا نقرته لم يزوجها[1].

وجه الدلالة من الحديث أن الإستئمار لو لم يكن شرطا لما فعله الرسول ﷺ[2].

ثالثا: الآثـار:

1- روي عن عمر وعلي وابن عمر رضي الـلـه عنهم جواز النكاح بغير ولي[3].

2- روي أن عائشة رضي الـلـه عنها زوجت ابنة أخيها حفصة بنت عبد الرحمن من المنذر بن الزبير وهو غائب، فلما رجع قال أومثلى يفتات عليه في بناته، فقالت عائشة أو ترغب عن المنذر و الـلـه لتملكنه أمرها[4]. فالأثر هذا دليل على جواز أن تتزوج المرأة دون إذن وليها وعلى جواز انعقاد النكاح بعبارتها فعائشة رضي الـلـه عنها هي التي زوجت بنت أخيها من المنذر بن الزبير.

3- عن علي رضي الله عنه أن امرأة زوجت ابنتها برضاها فجاء أولياؤها فخاصموها إلى علي رضي الله عنه فأجاز النكاح[5].

رابعا: المعقول:

1- القياس، إذا كان النكاح بالكفء ومهر المثل هو من خالص حق المراة، بدليل أن لها أن تطالب الولي به، ويجبر على الإيفاء عند طلبها، عليه فإذا لم تسلب المراة حق التصرف في المال لأنه خالص حقها ولها الأهلية الكاملة، فكذا لا يجوز سلب حق الزواج منها، بل الأحكام الشرعية تؤيد بقاء هذا الحق لها، كما في سائر التصرفات من المعاملات المالية والديانات. فإذا صح منها التصرف في المال على سبيل الاستبداد، صح الزواج منها أيضا على سبيل الاستبداد[6]، لأن الأصل أن كل من تصرف في ماله تصرف في نفسه وما لا فلا.

ولكن يرد على هذا بما هو مقرر في فقه الحنفية من أنهم يميزون بين تصرف المحجور في المال وبين تصرفه في النكاح، فالمحجور يملك النكاح بينما لا يملك التصرف في المال[7]. فليس كل من ملك التصرف في المال ملك التصرف في النكاح قياسا على المحجور.

---

(1) الإمام أحمد بن حنبل، مسند أحمد بن حنبل، ج6، ص78. قال شعيب الأرنؤوط " إسناده ضعيف لضعف أيوب بن عتبة وهو اليمامي".
(2) محمود بن عمر الزمخشري، رؤوس المسائل، تحقيق عبد الـلـه نذير أحمد، دار البشائر الإسلامية، دون مكان وسنة الطبع، ص 371.
(3) الإمام السرخسي، المبسوط، ج5 س 13.
(4) الإمام كمال الدين ابن الهمام، شـرح فتـح القدير، ج3 ص 26. سعيد بن منصور، سنن سعيد بن منصور،ج1، ص 382.
(5) الإمام السرخسي، المبسوط، ج5 ص 13.
(6) ابن عابدين، حاشية ابن عابدين،ج3 ص 56. عبد الرحمن بن محمد شيخي زاده (داماد)، مجمع الانهر شرح ملتقى الابحر،ج1 ص 336. الإمام الكاساني، بدائع الصنائع، ج2، ص 249.
(7) ابن عابدين، حاشية ابن عابدين،ج3 ص 56.

ثانيا: إن هذه الولاية ثبتت للأب على الصغيرة، نظرا لحاجتها إلى الزواج، وعدم معرفتها بأموره، وما فيه من منافع ومصالح لصغرها. فلما انتهى الصغر عن عقل لم تعد الحاجة إلى الولاية قائمة، وان أخطأت في اختيار الزوج فتزوجت بغير كفء، كان للولي حق الاعتراض[1].

مذهب الشافعية:

الولي ركن من أركان عقد النكاح، فلا ينعقد النكاح دون ولي. وبالتالي فإن عبارة النساء لا تنشيء العقد، وإن أذن لها الولي بذلك. فإن تم العقد دون إذنه كان باطلا، ويجب التفريق بينهما[2] ، واستدل الشافعية لمذهبهم بما يأتي:

أولا: الكتاب:

1- قوله تعالى: ﴿ وَإِذَا طَلَّقْتُمُ ٱلنِّسَآءَ فَبَلَغْنَ أَجَلَهُنَّ فَلَا تَعْضُلُوهُنَّ أَن يَنكِحْنَ أَزْوَٰجَهُنَّ إِذَا تَرَٰضَوْا۟ بَيْنَهُم بِٱلْمَعْرُوفِ ۗ ذَٰلِكَ يُوعَظُ بِهِۦ مَن كَانَ مِنكُمْ يُؤْمِنُ بِٱللَّهِ وَٱلْيَوْمِ ٱلْـَٔاخِرِ ۗ ذَٰلِكُمْ أَزْكَىٰ لَكُمْ وَأَطْهَرُ ۗ وَٱللَّهُ يَعْلَمُ وَأَنتُمْ لَا تَعْلَمُونَ ﴿٢٣٢﴾ ﴾[3].

وجه الدلالة من الآية، أن فيها اعتبارا للولي في عقد النكاح لأن فيها "نهى الأولياء عن المنع ولا يتحقق ذلك إلا إذا كان الممنوع في يده"، يقول الإمام الشافعي هذه الآية أصرح دليل على اعتبار الولي والا ما كان لعضله معنى[4]. يؤيد هذا سبب نزوله، وهو أن معقل بن يسار زوج أخته فطلقها زوجها طلقة رجعية، وتركها حتى انقضت عدتها، ثم أراد مراجعتها حتى حلف (أي معقل) أن لا يزوجها، قال ففي نزلت هذه الآية، فكفرت عن يميني وأنكحتها إياه[5].

2- قوله تعالى: ﴿ وَأَنكِحُوا۟ ٱلْأَيَٰمَىٰ مِنكُمْ وَٱلصَّٰلِحِينَ مِنْ عِبَادِكُمْ وَإِمَآئِكُمْ ۚ إِن يَكُونُوا۟ فُقَرَآءَ يُغْنِهِمُ ٱللَّهُ مِن فَضْلِهِۦ ۗ وَٱللَّهُ وَٰسِعٌ عَلِيمٌ ﴿٣٢﴾ ﴾[6]. وقوله تعالى: ﴿ وَلَا تَنكِحُوا۟ ٱلْمُشْرِكَٰتِ حَتَّىٰ يُؤْمِنَّ ﴾[7].

وجه الدلالة من هذه الآيات أن الـلـه قد خاطب الأولياء، وأضاف النكاح إليهم، فدل على أنهم يملكون مباشرة العقد.

3- قوله تعالى: ﴿ فَٱنكِحُوهُنَّ بِإِذْنِ أَهْلِهِنَّ ﴾[8].

---

(1) الإمام الكاساني، بدائع الصنائع، ج2، ص 249.

(2) الإمام الشافعي، الإمام الشافعي، الام، ج 5، ص14. الإمام محمد بن محمد الغزالي، الوسيط في المذهب، ج3ص 132. البغوي،التهذيب في فقه الإمام الشافعي، ج5، ص 242.

(3) سورة البقرة، الآية رقم (232).

(4) الإمام الشافعي،الأم، ج5، ص 14.

(5) الشيخ زكريا الأنصاري، اسنى المطالب شرح روض الطالب، ج3 ص 126. سبل السلام ج2 ص 177.

(6) سورة النور، الآية رقم (32).

(7) سورة البقرة، الآية رقم (221).

(8) سورة النساء، الآية رقم (25).

وجه الدلالة من الآية أنها وإن كانت واردة في الإماء، إلا أنها دليل على عدم جواز نكاحهن دون إذن من أهلهن. وقد لا يكون هناك ما يمنع أن يكون هذا الحكم عاما يشمل الاماء وغيرهن.

4- قـوله تعـالى: ﴿ٱلرِّجَالُ قَوَّٰمُونَ عَلَى ٱلنِّسَآءِ بِمَا فَضَّلَ ٱللَّهُ بَعۡضَهُمۡ عَلَىٰ بَعۡضٍ﴾[1].

وجه الدلالة فيها أن القوامة للرجال على النساء وذلك بقيامهم بمصالحهن ومنها ولاية تزوجيهن[2].

ثانيا: السنة:

1- قوله ﷺ: (لا نكاح إلا بولي)[3].

وجه الدلالة من الحديث: إنه ينفي وجود نكاح شرعي في الخارج دون ولي، فإن وجد فليس له حكم النكاح.

ولكن رد الحنفية على هذا بقولهم، إن الحديث على ضعفه لو أخذنا به، فإن المرأة هي ولي نفسها وقد تحققت الولاية وتحقق الشرط[4].

ولكن يجاب على هذا بأن التذكير في صفه الولي يؤكد وجوب كون الولي ذكرا لا امرأة[5].

2- قوله ﷺ ((لا تزوج المرأة المرأة ولا تزوج المرأة نفسها فإن الزانية هي التي تزوج نفسها)). الحديث رواه ابن ماجه وأخرجه الدارقطني بإسناد على شرط الشيخين[6] " في إسناده جميل بن الحسين العتكي . قال فيه عبدان: إنه فاسق يكذب يعني في كلامه . وقال ابن عدي لم أسمع أحدا تكلم فيه غير عبدان إنه لا بأس به ولا أعلم له حديثا منكرا"[7].

3- عن عائشة: أن رسول الـلـه ﷺ قال: ((أيما امرأة نكحت بغير إذن وليها فنكاحها باطل فنكاحها باطل فنكاحها باطل فإن دخل بها فلها المهر بما استحل من فرجها فإن اشتجروا فالسلطان ولي من لا ولي له)). قال أبو عيسى :هذا حديث حسن. وقال الحاكم: هذا حديث صحيح على شرط الشيخين و لم يخرجاه[8].

---

(1) سورة النساء، الآية رقم (34).
(2) احمد سلامة القليوبي واحمد البرلسي عميرة، حاشيتا قليوبي وعميرة ج3 ص223.سبل السلام، ج2،ص174.
(3) أبو داود، سنن أبي داود ، ج1، ص635. الترمذي، سنن الترمذي، ج3، ص407 قال الشيخ الألباني صحيح.
(4) الإمام الكاساني، بدائع الصنائع، ج2، ص249.
(5) الشيخ سليمان البجيرمي، البجيرمي على المنهج، ج3، ص338 . وانظر الإمام الشافعي، الام،ج5 ص20.
(6) الشيخ زكريا الأنصاري، اسنى المطالب شرح روض الطالـب، ج2 ص126. الدارقطـني، سنن الدارقطني، ج3، ص227، حديث 25.
(7) ابن ماجه، سنن ابن ماجه، ج1، ص 606، حديث 1882.
(8) الترمذي، سنن الترمذي، ج3، ص 407، حديث 1102. الحاكم، المستدرك على الصحيحين، ج 2، ص182، حديث 2706.

وجه الدلالة من الحديث أنه يفيد بطلان النكاح الذي لا يحضره الولي[1].

4- حديث عائشة (كل نكاح لم يحضره أربعة فهو سفاح، زوج وولي وشاهدين)[2].

ثالثا: الآثـار:

1- روي عن عمر رضي الله عنه أنه رد النكاح بغير إذن الولي.

2- عن عكرمة بن خالد قال (جمعت الطريق ركبا فجعلت امرأة منهن ثيب أمرها بيد رجل غير ولي فأنكحها، فبلغ ذلك عمر بن الخطاب فجلد الناكح والمنكح ورد نكاحهما[3].

3- عن الشعبي قال "ما كان أحد من أصحاب رسول الـلـه صلى الله عليه وسلم أشد في النكاح بغير ولي من علي، كان يضرب فيه"[4].

رابعا: المعقول:

1- إن عقد الزواج ذو خطورة بالغة جدا. لما له من خصوصية، إذ يتعلق بشخص الإنسان وبفطرته التي جبل عليها. وخطورة هذا العقد تكمن في الآثار المترتبة عليه، وصفته الدائمة تجعل هذا العقد أهم من بقية العقود التي تتعلق بالمعاملات، ولأنه عقد العمر، فكان من الضروري جدا توخي الحذر فيه واستخدام الخبرة والعقل، لكي ينتج عن هذا العقد غاياته التي من اجلها شرعه الـلـه تبارك وتعالى. ولأن هذا العقد كثيرا ما يعتمد على العقل، كان وجود الولي فيه ضروريا جدا، لما له من خبرة في هذا المجال، وما توصف به النساء من سرعة التأثر بالمظاهر، ولأن العطف غلب عقولهن وما أحوج هذا العقد إلى خبرة من يدرك عواقب الأمور، فكان النكاح غير جائز إلا بإذن الولي.

2- إن محاسن الشريعة تقتضي فطمها عن إنشاء عقد الزواج بنفسها بالكلية، لما قصد منها من الحياء[5].

موقف المشرع العراقي:

لا يوجد في نصوص قانون الأحوال الشخصية العراقي ما يجعل الولي شرطا لصحة زواج البكر البالغة. مما يعني وجوب الرجوع إلى مبادئ وأحكام الشريعة الإسلامية الأكثر ملائمة لنصوص هذا القانون. ومن خلال النظر في مواد قانون الأحوال الشخصية نجد بأن الولي ليس شرطا في عقد الزواج وهذا يعني أن المشرع العراقي قد أخذ برأي الحنفية في هذه المسألة. وقد بين شراح قانون

---

[1] الإمام الشافعي، الام،ج 5 ص14.
[2] الشيرازي، المهذب في فقه الإمام الشافعي، ج2 ص40.
[3] الشوكاني، نيل الاوطار، ج6 ص 143. الدارقطني، سنن الدار قطني، ج3، ص225، حديث 20.
[4] الدارقطني، سنن الدار قطني، ج3، ص229، حديث 33.
[5] الإمام الشافعي، الام،ج5 ص 182. احمد بن محمد بن علي بن حجر الهيتمي، تحفة المحتـاج في شـرح المنهاج،ج7 ص237.

الأحوال الشخصية "بأن المشرع العراقي قد أخذ برأي الحنفية بموجب نص المادة المادة الرابعة"[1]. ولكن من خلال النظر في المادة وهي "ينعقد الزواج بإجاب يفيده لغة أو عرفا من أحد العاقدين وقبول من الآخر ويقوم الوكيل مقامه" يلاحظ بأنها لا تفيد صحة الزواج دون ولي. لأن موضع الاستدلال هو في لفظ العاقدين، ولفظ العاقدين ليس بالضرورة أن يراد به الزوج والزوجة. فقد يكون العاقد هنا وليا. بل حتى وإن سلمنا بأن المراد بلفظ العاقدين هنا الزوج والزوجة. فليس في النص ما لا يجعل حضور الولي شرطا لصحة العقد.

إلا أن الصحيح أن يقال بأن الولي ليس شرطا لصحة الزواج قانونا بموجب البند (1) من المادة (9) من قانون الأحوال الشخصية، ذلك لأنه ينص على "لا يحق لأي من الأقارب أو الأغيار منع من كان أهلا للزواج بموجب أحكام هذا القانون من الزواج" فهذا النص واضح في عدم جواز أن يمنع الولي البكر البالغة من الزواج إن أرادت ذلك و الـلـه أعلم.

ثم إن ما ذهب إليه المشرع العراقي من صحة زواج البكر البالغة دون إذن الولي على إطلاقه ليس صحيحا. فكان عليه أن يجنح إلى ما ذهب إليه الحنفية من تقييد صحة زواج البكر البالغة بالزواج من كفء وإلا أعطي لأوليائها حق الاعتراض. ففي هكذا رأي أكثر حماية للمرأة من أن يغرر بها من قبل الزوج و الـلـه أعلم.

ولكن مما هو جدير بالذكر إليه بأن المشرع العراقي وإن لم يشترط لصحة الزواج إذن الولي وحضوره أثناء العقد بالنسبة للبكر البالغة. إلا أنه جعل إذن الولي شرطا لصحة زواج الصغار. عليه فلا يجوز قانونا للذي لم يكمل الثامنة عشر من عمره أن يتزوج دون موافقة الولي الشرعي. فإن امتنع الولي من تزويجها وكان امتناعه يستند إلى سبب شرعي فليس للقاضي أن يزوجها وعلى هذا نص المشرع العراقي في البند (1) من المادة (8) إذ يقول "إذا طلب من أكمل الخامسة عشرة من عمره فللقاضي أن يأذن به إذا ثبت له أهليته وقابليته البدنية بعد موافقة وليه الشرعي".

الـرأي الراجح:

والذي يبدو من النظر إلى أدلة الفريقين وما فيها من مناقشة أنها لا ترجح مذهبا على آخر بتمامه، وذلك لأن الأدلة من الكتاب والسنة وحتى آثار الصحابة كما أسندت النكاح إلى الأولياء كذا أسندته إلى المرأة. مما يدل على أن الأمر مشترك بينهما. فليس لكل واحد منهما الاستقلال بعقد الزواج دون الآخر، بل لا بد من رضا الاثنين أثناء العقد.

وأما مباشرة المرأة للعقد فصحيح بعد إذن الولي، فعائشة رضي الـلـه عنها زوجت بنت أخيها عبد الرحمن من المنذر بن الزبير، ولكن الأولى والمستحب أن يباشر الولي العقد لا المرأة، لأن ذلك يضطرها إلى الخروج إلى محافل الرجال، وقد تنسب إلى الوقاحة. وبه قال أبو ثور[2].

فالولي شرط في عقد الزواج، إلا أن ذلك لا يعطي له الحق في الاستبداد بالزواج و الـلـه اعلم.

---

[1] د. أحمد علي وآخرون، المصدر السابق، ص33.
[2] الشيرازي، المهذب، ج2، ص426.

المبحث الثانـي
الخلاف في أنـواع الولايـة وترتيبها

الولاية قسمان وهما ولاية الندب وولاية الإجبار، والخلاف إنما في ولاية الإجبار من حيث مشروعيتها وكذا من حيث ترتيب الأولياء في عقد الزواج وهذا ما سنوضحه إن شاء الـلـه في المطلبين الآتيين:

المطلب الأول
الخلاف فـي ولايـة الإجبـار

ولاية الإجبار: هي سلطة يملك بها الولي تزويج من تحت ولايته من الصغار والمجانين دون إذن منهم[1] والمقصود هنا تملك الولي مباشرة العقد (عقد الزواج) دون رضا المرأة.

فالذي اتفق عليه الحنفية والشافعية أن للولي تزويج البكر الصغيرة دون رضاها، وكذا اتفقوا على عدم جواز تزويج الثيب الكبيرة دون رضاها.

وأما محل الخلاف بين الحنفية والشافعية فيكمن في صحة إجبار البكر البالغة، والثيب الصغيرة على الزواج.

الفرع الأول: الخلاف في إجبار البكر على الزواج:

مذهب الحنفية:

يجوز للولي إجبار الصغيرة على النكاح سواء كانت بكرا أم ثيبا. وأما البكر البالغة فلا يجوز إجبارها على الزواج، بل لابد من رضاها أثناء العقد[2]، وقد استدل الحنفية لمذهبهم بما يأتي:

أولا: السنة:

1- قوله ﷺ (الايم أحق بنفسها من وليها) [3].

2- عن عائشة رضي الـلـه عنها قالت :قلت يا رسول الـلـه يستأمر النساء في أبضاعهن؟ قال: (نعم)[4].

---

[1] الزيلعي، تبيين الحقائق، ج2، ص117. الشيخ محمد الشربيني الخطيب، مغني المحتاج، ج3، 149.
[2] الإمام الكاساني، بدائع الصنائع، ج2، ص245.
[3] الحديث سبق تخريجه في ص94.
[4] الإمام البخاري، صحيح البخاري، ج6، ص2547، حديث 6547.

وجه الدلالة من هذين الحديثين أنهما يوجبان ويشترطان في الزواج استئمار النساء، وأن المرأة لها الحق في زواجها، بل لها الأحقية، فهذه الأحاديث تشمل كل امرأة بكرا كانت أو ثيبا[1].

3- قوله ﷺ ((الثيب أحق بنفسها من وليها والبكر يستأذنها أبوها في نفسها وإذنها صماتها))[2].

4- قوله ﷺ (والبكر تستإذن في نفسها فإن سكتت فقد رضيت)[3].

ورواية (البكر تستأمر في نفسها فإن صمتت فهو إذنها وإن أبت فلا جواز عليها) ورواية البخاري قوله ﷺ (شاورا النساء في أبضاعهن قالت عائشة يا رسول الـلـه إن البكر لتستحي قال إذنها صماتها)[4]. وقوله (ولا تنكح الثيب حتى تستأمر ولا تنكح البكر حتى تستأذن).

فالأحاديث السابقة الصحيحة كلها نص في موضع الخلاف إذ هي دليل على وجوب استئذان البكر في زواجها. وإن عقد النكاح متوقف على الإذن منها[5]. وإن زوجت دون رضاها، وعلى كره منها، كان باطلا، بدلالة الأحاديث الآتية.

1- عن عائشة رضي الـلـه عنها قالت جاءت فتاة إلى النبي ﷺ فقالت : يا رسول الـلـه إن أبي ونعم الأب هو زوجني بن أخيه ليرفع من خسيسته فجعل الأمر إليها فقالت إني قد أجزت ما صنع أبي ولكن أردت أن تعلم النساء أن ليس إلى الآباء من الأمر شيء[6].

وجه الدلالة منها أن النبي ﷺ لم ينكر مقالتها، ولم يستفسر أهي بكر أم ثيب فدل على أن الحكم لا يختلف، فكان دليلا على أن أصل الرضا منها معتبر[7].

2- عن ابن عباس ﵄ قال: إن جارية بكرا أتت رسول الـلـه ﷺ فذكرت أن أباها زوجها وهي كارهة فخيرها النبي ﷺ)[8]. رواته ثقات، وقد أعل بالإرسال والجواب أن الحديث لو اختلف في وصله وإرساله فالحكم لمن وصله على طريقة الفقهاء[9].

---

(1) الإمام الكاساني، بدائع الصنائع، ج2، ص245.
(2) الإمام مسلم، صحيح مسلم، ج2، ص1037.
(3) زين الدين بن ابراهيـم (ابن نجيم)، البحر الرائق شرح كنز الدقائق. غريب بهـذا اللفـظ، نصـب الراية ، ج3، ص184.
(4) الموصلي، الاختيار لتعليل المختار، ج 2 ص 109. الزيلعي، تبيين الحقائق شرح كنز الدقائق، ج2 ص119.
(5) انظر عبد الـلـه بن محمود بن مودود الموصلي، الاختيار لتعليل المختار، ج2 ص109. الإمام الكاساني، بدائع الصنائع، ج2، ص 245. زين الدين بن ابراهيم (ابن نجيم)، البحر الرائق شرح كنز الدقائق، ج 3 ص119.
(6) البيهقي، السنن الكبرى، ج 3 ص284 رقم 5390. سنن الدار قطني، ج3،ص323، حديـث54. النسائي ج 6 ص86 رقم 3269.
(7) الإمام السرخسي، المبسوط، ج 5 ص4.
(8) ابن حجر العسقلاني، تلخيص الحبير، ج3 ص 331، رواه احمد. أبو داود. ابن ماجة. الدار قطنيى. نيل الاوطار ج5 ص146.
(9) ابن حجر العسقلاني، تلخيص الحبير، ج3 ص331.

قال ابن القطان: إن حديث ابن عباس هذا صحيح، وليست هذه هي خنساء بنت خدام (التي زوجها أبوها وهي ثيب فكرهته فرد النبي ﷺ نكاحه) فإن هذه بكر وتلك ثيب. بل هناك رواية واضحة وصريحة تفيد أن تزويج الثيب والبكر كرها باطل وغير جائز، فعن ابن عباس أن النبي ﷺ ((رد نكاح ثيب وبكر أنكحهما أبوهما وهما كارهتان))[1].

ثانيا: القيـاس:

أ- قياسا على عدم جواز تصرف الولي في مال البكر البالغة دون رضاها[2].

ب- قياسا على الثيب البالغة فكما لا يجوز للولي اتفاقا تزويج الثيب البالغة جبرا عليها كذا لا يجوز تزويج البكر البالغة بجامع البلوغ[3].

جـ- قياسا على الغلام الصغير إذا بلغ، فالغلام الصغير إذا بلغ عن عقل ارتفعت الولاية الإجبارية عنه. لأن الولاية كانت لقصور العقل وقد انتهى بالبلوغ، فكذا البكر الصغيرة لو بلغت عن عقل ارتفعت الولاية الاجبارية عنها بجامع البلوغ وانتفاء ضرورة الولاية الإجبارية[4].

5- إن من شروط الانعقاد في العقود الرضا. فإذا انتفى هذا الركن في عقد النكاح الذي يقوم على الرضا، كان باطلا. والإذن من البكر مطلوب كالثيب. إلا أن إذن الثيب هو الكلام وإذن البكر هو السكوت والضحك والبكاء الدال على الرضى.

مذهب الشافعية:

للولي إجبار البكر على الزواج صغيرة كانت أو كبيرة. ولا يجوز إجبار الثيب على الزواج وإن كانت صغيره، وإن احتاجت إلى الزواج فلن تتزوج إلى أن تكبر ويكون الإذن منها، لأن إذنها وهي صغيرة لا عبرة به، فالصغار لا إذن لهم[5].
واستدل الشافعية لمذهبهم بما يأتي:

أولا: السنة:

1- قوله ﷺ ((الثيب أحق بنفسها من وليها والبكر يزوجها أبوها))[6].

---

[1] البيهقي، سنن البيهقي الكبرى، ج7، ص117، حديث 13449. الدارقطني، سنن الدار قطني، ج3، ص234، حديث 53. الإمام كمال الدين ابن الهمام، شرح فتح القدير،ج3 26.
[2] زين الدين بن ابراهيم (ابن نجيم)، البحر الرائق شرح كنـز الدقائق، ج3، ص119- 120.
[3] الإمام الكاساني، بدائع الصنائع، ج2، ص245.
[4] المصدر نفسه، ج2، ص245.
[5] الإمام الشافعي، الام، ج5، ص181. الشيخ زكريا الأنصاري، اسنى المطالب شرح روض الطالب، ج3 ص127. الشيخ محمد الشربيني الخطيب، مغني المحتاج، ج4 ص248.
[6] لم أجد فيما بين يدي من كتب السنة لفظ "يزوجها أبوها" قال أبو داود لفظ "أبوها" ليس بمحفوظ ينظر سنن البيهقي الكبرى، ج7، ص115.

وجه الدلالة من الحديث أن الأب هو الذي يزوج البكر، ولا يوجد في الحديث ما يدل على وجوب رضاها. وما وجد من أحاديث تفيد استئذان البكر كرواية مسلم (والبكر يستأمرها أبوها) محمول على الندب، ولذا قال الشافعي وإنما يستحب استئذانها[1].

ولكن رد على هذا بأن الصحيح هو ((يستأمرها أبوها))كرواية مسلم وغيره. وحكى البيهقي عن الشافعي أن ابن عيينة زاد (والبكر يزوجها أبوها) قال الدارقطني لا نعلم أحدا وافقه على ذلك[2].

2- عن ابن عباس، أن النبي ﷺ قال: ((الثيب أحق بنفسها من وليها والبكر تستأمر وإذنها سكوتها))[3].

واستدل الشافعية بهذا الحديث من وجه آخر وهو، إن الحديث قد فرق بين البكر والثيب في الزواج، فإذا اجمعوا على تزويج البكر وهي صغيرة دون إذن منها، صح تزويجها كذلك إن كانت كبيرة بالغة، لأن هذا هو حكم الأبكار خلافا للثيب للفرق الواضح بينهما بنص الحديث[4].

ولكن يرد على هذا بأن هذا هو المفهوم وهو ليس بحجة، ولو سلمنا فانه معارض للمنطوق الذي يوجب استئذان المرأة بكرا كانت أو ثيبا عند النكاح، فالمفهوم إذا عارضه المنطوق يقدم المنطوق لكونه أقوى[5].

3- واستدلوا بما روي عن عائشة أن النبي ﷺ تزوجها وهي بنت ست سنين وبنى بها وهي بنت تسع سنين[6].

وجه الدلالة: إن هذا الحديث في التزويج والدخول، فلو كان النكاح لا يجوز على البكر إلا بإذنها لم يجز أن تزوج حتى يكون لها أمر في نفسها، كالمولود يقتل أبوه يحبس قاتله حتى يبلغ الولد أو يصالح أو يقتل[7].

ولكن يرد على هذا بأن الحديث واضح بأن السيدة عائشة كانت صغيرة آنذاك، ولا خلاف في أن الصغيرة يزوجها أبوها دون رضاها، وليس هذا هو محل الخلاف، وإنما الخلاف في البكر البالغة، فهي تختلف عن الصغيرة لكونها (البالغة) عالمة بمقاصد الزواج، وهي حرة مخاطبة كالغلام، فلا ولاية إجبار عليها.

---

[1] الامام الشافعي، الأم، ج 8، ص628.
[2] ابن حجر العسقلاني، تلخيص الحبير، ج3 ص331.
[3] الإمام مسلم، صحيح مسلم،ج2، ص1037، رقم الحديث1421 باب استئذان الثيب.
[4] الشيخ زكريا الأنصاري، اسنى المطالب شرح روض الطالب، ج3 ص128.
[5] عثمان بن علي الزيلعي، تبيين الحقائق شرح كنز الدقائق، ج2 ص119.
[6] الإمام البخاري، صحيح البخاري، ج5، ص1973. الإمام مسلم، صحيح مسلم، ج2، ص1038.
[7] الإمام الشافعي، الام، ج8، ص628.

ثانيا: المعقول:

1- إن البكر وإن كانت بالغة لم تمارس الرجال بالوطء في محل البكارة، فهي شديدة الحياء، وقد توصف بشيء من الغباوة[1]، وهي على حالها هذه تكون بأمس الحاجة إلى الولي في زواجها.

ولكن يرد على هذا بأن المرأة البالغة العاقلة قلما تجهل أمر النكاح[2]. بل قد تكون أدرى بمصلحتها في اختيار زوج مناسب لها، وخاصة إذا عرفت أصناف الرجال من مخالطتها لغيرها من النساء المتزوجات.

2- قياسا على البكر الصغيرة بجامع البكارة، باعتبار أنها جاهلة بأمر النكاح. لأنه لما وجدت البكر الصغيرة يزوجها أبوها، والثيب الكبيرة لا يزوجها، علمت أن العلة الموجبة للولاية هي البكارة، لوجود الحكم بوجودها وازالته بزوالها[3].

ولكن رد على هذا بأن وصف البكارة ليس صالحا لإثبات الولاية، لأنه لم يظهر له تأثير في موضع آخر[4]. كالولاية على المال.

الرأي الراجح:

الذي يبدو و الله اعلم أن الراجح هو ما ذهب إليه الحنفية في حق البكر البالغة من عدم جواز إجبارها على الزواج للأدلة القوية الواضحة على ذلك.

الفرع الثاني: الخلاف في إجبار الثيب الصغيرة على الزواج:

إن كل ما ذكرناه من حكم ينطبق على البكر البالغة. وأما حكم الثيب الصغيرة فيختلف، فقد ذهب الحنفية إلى ثبوت ولاية الإجبار عليها خلافا لما عليه الشافعية من عدم جواز إجبارها على الزواج، واستدل الحنفية لمذهبهم بما يأتي:

أولا: السنة:

قوله ﷺ (لا يزوج النساء إلا الأولياء ولا يزوجن إلا من الأكفاء) أخرجه الدار قطني والبيهقي[5]، واستدلوا بـ(أن النبي ﷺ تزوج عائشة وهي بنت سبع سنين ودخل بها وهي بنت تسع).

---

[1] زكريا الانصاري، الغرر البهية في شرح البهجة الوردية، ج4 ص111.
[2] عثمان بن علي الزيلعي، تبيين الحقائق شرح كنز الدقائق، ج2 ص119.
[3] أبو بكر بن علي الرازي الجصاص، الفصول في الاصول، تحقيق د. عجيل جاسم النشمي، ج4، ط1، وزارة الأوقاف والشئون الإسلامية – الكويت، سنة الطبع 1405هـ ص164.
[4] علاء الدين بن عبد العزيز البخاري،كشف الاسرار، اعتناء محمد المعتصم بالله، ج4، ط1، دار الكتاب العربي، بيروت، سنة الطبع1991، ص117.
[5] نصب الراية ج3 ص363.

إذا كان هذا هو الأصل في الزواج، فإن البالغات خرجن بالأحاديث الدالة على ذلك فبقي الصغار[1].

ولكن من الممكن أن يرد على هذا بأن الثيب أيضا (صغيرة كانت أو كبيرة) قد خرجت من النص، بالأحاديث الدالة على ذلك منها (الثيب أحق بنفسها من وليها) وأما زواج عائشة بالرسول فمعلوم أنها كانت بكرا فلا حجة فيه للفرق الواضح بينهما في أمر الزواج.

ثانيا: المعقول:

قياسا على البكر والغلام الصغيرين، بجامع الصغر، لأن الصغر لما كان العلة في إجبار البكر الصغيرة على النكاح فإن هذه العلة موجودة أيضا في الثيب الصغيرة، فيكون حكمها في الإجبار حكم البكر والغلام الصغيرين[2].

واستدل الشافعية لمذهبهم القائل بعدم جواز إجبار الثيب على الزواج بما يأتي:

أولا: السنة:

1- قوله ﷺ: ((الثيب أحق بنفسها من وليها)).

فهذا الحديث نص في موضع الخلاف، إذ يعطي الأحقية للثيب في النكاح، فلا يحوز للولي الاستبداد بعقد الزواج وإجبارها على النكاح.

2- قوله ﷺ ((ولا تنكحوا الايامى حتى تستأمروهن)) رواه الترمذي وقال حسن صحيح[3].

وجه الدلالة من الحديث أن فيه النهي عن نكاح الثيب إلا بإذنها، وهو شامل للثيب الصغيرة والكبيرة وجوبا [4].

ثانيا: المعقول:

إن الثيب تكون قد عرفت مقاصد النكاح، بممارستها الوطء مع الرجال، إلا أنها لما كانت صغيرة فلا اعتبار لإذنها، فلا تزوج حتى تبلغ لأن إذن الصغيرة لا اعتبار له[5].

---

[1] الـلـه بن محمود بن مودود الموصلي، الاختيار لتعليل المختار، ج2 ص111.

[2] ينظر، أبوبكر بن علي الرازي الجصاص، الفصول في الاصول ج4 ص164.

[3] هكذا نقله صاحب مغني المحتاج، ج4، ص245. ولكن لم أجد الحديث بهذا اللفظ عند الترمذي. وإنما وجدته عند الدارقطني بلفظ "لا تنكحوا اليتامى حتى تستأمروهن" ج2، ص229. وقال الحاكم: هذا حديث صحيح على شرط الشيخين و لم يخرجاه. ينظر الحاكم، المستدرك على الصحيحين، ج 2، ص181، حديث 2703.

[4] الشربيني الخطيب، مغني المحتاج، ج4، ص245.

[5] انظر ابن حجر الهيتمي، تحفة المحتاج، ج4 ص248.

الرأي الراجح:

والذي يبدو و الـلـه اعلم أن ما ذهب إليه الحنفية في حق البكر البالغة من عدم جواز إجبارها على النكاح هو الراجح. لأن الشافعية الذين أخرجوا الثيب من كونها محلا لولاية الإجبار بنص حديث ((الثيب أحق بنفسها)) يمكن أن يقال لهم إن الحديث أيضا واضح في أن البكر لا تزوج إلا بإذنها، وإن إذنها السكوت، وهل يتفق الإجبار مع الإذن الذي هو السكوت.

وأما في حق الثيب الصغيرة، فالراجح هو ما ذهب إليه الشافعية للحديث الذي هو نص في موضع الخلاف. ولكن منعها من الزواج إلى أن تبلغ مع حاجتها الماسة وتوفر الكفء قد يكون فيه ضرر، فالأولى جواز النكاح ولكن بشرط عدم استقلال الولي بالعقد دونها لما يأتي:

1- اتفاق الحنفية والشافعية على جواز تزويج الصغار تجنبا لتفويت المصلحة.

2- لما تبين من أن الراجح هو عدم جواز إجبار الثيب على الزواج.

3- كونها صغيرة تحتاج إلى رأي وخبرة وليها في الزواج.

4- لما تبين أن الراجح هو اشتراط الولي في عقد الزواج، بكرا كانت المنكوحة أو ثيبا و الـلـه اعلم.

المطلب الثاني
الخلاف في ترتيب الولاية الإجبارية

إذا كان الحنفية والشافعية قد اتفقوا على ثبوت ولاية الإجبار على البكر الصغيرة، وكذا المجنون والمجنونة. والحنفية على الثيب الصغيرة. والشافعية على البكر صغيرة أو كبيرة. فإنهم قد اختلفوا فيمن تثبت له ولاية الإجبار، أهي ثابتة لكل ولي أم أنها محصورة فقط في الأب والجد؟

مذهب الحنفية:

إن ولاية الإجبار ثابتة لكل ولي من العصبات، ويقدم الأقرب فالأقرب، إلا أن المزوج لو كان الأب أو الجد كان عقده نافذا، ولا خيار للمرأة إذا بلغت. وإذا كان الولي غيرهما كان للمراة الخيار إذا بلغت[1]. ويكون ترتيب الأولياء على حسب ترتيب العصبة في الإرث البنوة ثم الأبوة ثم الأخوة ثم العمومة.. وقد استدل الحنفية لمذهبهم بما يأتي:

أولا: الكتاب:

قوله تعالى: ﴿ وَيَسْتَفْتُونَكَ فِي ٱلنِّسَآءِ ۖ قُلِ ٱللَّهُ يُفْتِيكُمْ فِيهِنَّ وَمَا يُتْلَىٰ عَلَيْكُمْ فِي ٱلْكِتَٰبِ فِي يَتَٰمَى ٱلنِّسَآءِ ٱلَّٰتِي لَا تُؤْتُونَهُنَّ مَا كُتِبَ لَهُنَّ وَتَرْغَبُونَ أَن

[1] الـلـه بن محمود بن مودود الموصلي، الاختيار لتعليل المختار،ج2 ص111.الإمام السرخسي، المبسوط، ج4 ص220.

﴿... تَنكِحُوهُنَّ وَٱلۡمُسۡتَضۡعَفِينَ مِنَ ٱلۡوِلۡدَٰنِ وَأَن تَقُومُواْ لِلۡيَتَٰمَىٰ بِٱلۡقِسۡطِۚ وَمَا تَفۡعَلُواْ مِنۡ خَيۡرٖ فَإِنَّ ٱللَّهَ كَانَ بِهِۦ عَلِيمٗا ١٢٧﴾[1].

وجه الدلالة في هذه الآية كما قالت السيدة عائشة رضي اللـه عنها أنها في اليتيمة تكون في حجر وليها فيرغب في مالها وجمالها ولا يقسط لها في الصداق. وأقرب الأولياء الذين تكون اليتيمة في حجرها ويجوز له تزوجها هو ابن العم[2]. فإذا ثبتت الولاية لابن العم فلأن تثبت للأخ والعم من باب أولى.

ثانيا: السنة:

1- روي أن (رسول اللـه ﷺ لما خطب أم سلمة قال لعمر بن أبي سلمة (قم يا عمر فزوج أمك من رسول اللـه)[3].

وجه الدلالة من الحديث: أن الرسول ﷺ حينما قال لعمر ابن أم سلمة (قم يا عمر فزوج أمك) فإنه قد أثبت له الولاية على أمه.

ولكن من الممكن أن يرد على هذا بما يأتي:

أ- إن الرسول ﷺ قال ذلك لعمر تطييبا لخاطره، بدليل أنه كان صغيرا آنذاك ولا اعتبار لعبارة الصبي. لذا قال ابن الجوزي "إن في الحديث نظرا لصغر سن عمر"[4].

ب- لو سلمنا بأن عمر آنذاك كان بالغا، فإنه يكون حينئذ قد زوج أمه باعتباره ابن عم لها.

2- قوله ﷺ (النكاح إلى العصبات)[5] روي عن على مرفوعا وموقوفا، وقد أجمع العلماء على العمل بهذا الحديث. والعصبات شامل للابن والأب لأنه لم يفصل[6]. بدليل أن الرسول ﷺ قد زوج بنت عمه أمامه وهي صغيرة وقال لها الخيار إذا بلغت[7]. وإذا كان كذلك فإن الابن يقدم على الأب في الميراث عصوبة.

---

(1) سورة النساء، الآية رقم (127).
(2) الجصاص، احكام القرآن، ج2 ص77 – 78.
(3) الإمام السرخسي، المبسوط، ج 5 ص13. الحديث سبق تخريجه في ص95.
(4) التحقيق في أحاديث الخلاف، ج2، ص266.
(5) لم أجد الحديث بهذا اللفظ .
(6) عثمان بن علي الزيلعي، تبيين الحقائق شرح كنز الدقائق، ج2، ص22.
(7) المصدر السابق ج2 ص 22. الإمام كمال الدين ابن الهمام، شرح فتح القدير،ج3 ص277.

ثالثا: الإجماع:

حكى الكرخي[1] إجماع الصحابة على أن النكاح إنما هو للعصبات[2].

رابعا: المعقول:

إن أصل الشفقة سبب لثبوت الولاية وهو موجود عند سائر العصبات. فتثبت للكل.

مذهب الشافعية:

إن ولاية الإجبار ثابتة لكل من الأب والجد عند عدم الأب[3]، واستدل الشافعية لمذهبهم بما يأتي:

أولا: السنة:

1- قوله ﷺ (والبكر يزوجها أبوها).

وجه الدلالة في الحديث أنه أثبت ولاية الإجبار للأب ويقاس الجد على الأب عند عدمه[4].

ولكن يرد على هذا بأن الصحيح هو رواية (يزوجها وليها) أو (يستأذنها وليها)[5]. والولي عام يشمل الأب الجد وكذا الابن وكل عصبة كالعم وابنه.

2- عن عبد الله بن نافع مولى بن عمر عن أبيه عن بن عمر قال : لما هلك عثمان بن مظعون ترك ابنته قال بن عمر زوجنيها خالي قدامة بن مظعون ولم يشاورها في ذلك وهو عمها وكلمت رسول الله ﷺ في ذلك فرد نكاحه فأحبت أن يتزوجها المغيرة بن شعبة فزوجها إياه[6].

وجه الدلالة من الحديث أن الرسول ﷺ قد رد نكاحها. لأن الذي زوجها كان عمها. لذا فإن الرسول ﷺ قد قال بعد ذلك ((لا تنكحوا اليتامى حتى تستأمروهن فإن سكتن فهو إذنهن)) [7]. مما يدل على عدم ثبوت ولاية الإجبار لغير الأب والجد[8].

---

(1) أحد أئمة الحنفية المشهورين (260هـ - 340هـ) وسكن بغداد ودرس فقه أبي حنيفة. وانتهت إليه رئاسة أصحابه في البلاد وكان متعبدا كثير الصلاة والصوم صبورا على الفقر عزوفا عما في أيدي الناس وكان مع ذلك رأسا في الاعتزال وقد سمع الحديث من إسماعيل بن إسحاق القاضي وروى عنه حيوة وابن شاهين وأصابه الفالج في آخر عمره فاجتمع عنده بعض أصحابه واشتوروا فيما بينهم أن يكتبوا إلى سيف الدولة بن حمدان ليساعده بشيء يستعين به في مرضه فلما علم بذلك رفع رأسه إلى السماء وقال اللهم لا تجعل رزقي إلا من حيث عودتني فمات عقب ذلك قبل أن يصل إليه ما أرسل به سيف الدولة وهو عشرة آلاف درهم فتصدقوا بها بعد وفاته. البداية والنهاية لابن كثير، ج11، ص224- ص225.

(2) عثمان بن علي الزيلعي، تبيين الحقائق شرح كنز الدقائق، ج2، ص22.

(3) الشيخ محمد الشربيني الخطيب، مغني المحتاج، ج4، ص247.

(4) المصدر نفسه، ج3، ص139.

(5) الإمام مسلم، صحيح مسلم، ج2، ص1037.

(6) الدار قطني، سنن الدارقطني، ج3، ص230.

(7) الدار قطني، سنن الدارقطني، ج3، ص230. وقال الحاكم هذا حديث صحيح على شرط الشيخين و لم يخرجاه. الحاكم، المستدرك على الصحيحين، ج2، ص181.

(8) بشئ من التصرف الشيرازي، المهذب، ج2، ص426.

ثانيا: المعقول:

كمال شفقة الأب والجد وقصور شفقة غيرهما. ولهذا لا يملك التصرف في مالها بنفسه ولا يبيع مالها بنفسه فلا يملك التصرف أيضا في بضعها[1].

ولكن رد البابرتي[2] على هذا بأن اصل الشفقة موجود عند سائر العصبات، وما في غير الأب والجد من قصور، فقد تم تلافيه بإعطاء الخيار لها إذا بلغت[3].

موقف المشرع العراقي:

تخلو نصوص قانون الأحوال الشخصية العراقي من الإشارة إلى ترتيب الأولياء في عقد الزواج، إلا أن المعمول به قضاء في العراق هو مذهب الحنفية. فليست الولاية محصورة في الأب والجد. بل يذهب القضاء في العراق إلى أبعد من ذلك حيث أجاز للأخ تزويج أخته الصغيرة مع وجود أبيها، شرط أن يكون الزواج من كفء وبمهر المثل ويعطى لها الخيار إذا بلغت[4].

الرأي الراجح:

والذي يبدو أن الراجح هو ما ذهب إليه الحنفية لقوة أدلتهم، فحديث (النكاح إلى العصبات) نص في موضع الخلاف، وعصبة الرجل هم قرابته لأبيه، وإذا عرف النكاح باللام في غير معهود كان معناه، إن هذا الجنس مفوض إلى هذا الجنس.

---

(1) الشيرازي، المهذب، ج2، ص426.

(2) محمد بن محمود أكمل الدين ، البابرتي الرومي (ت786هـ) نسبة إلى (بابرتا) قرية بنواحي بغداد. ولد سنة بضع عشرة وسبعمائة . فهو الفقيه الحنفي. كان اماما ورعا محققا مدققا بارعا في الحديث. رحل الي حلب ثم القاهرة, وأخذ عن علمائها. فساد وأفتى ودرس وأفاد وصنف فأجاد، وعرض عليه القضاء مرارا فامتنع. ومن مصنفاته الأنوار شرح الهداية المسمى بالعناية وشرح أصول البزدوي المسمى بالتقرير وغيرها كثير. ينظر معجم المؤلفين، ج11ص298. طبقات المفسرين للأدنروي، ج1، ص299. معجم المطبوعات لإيليان سركيس، ج1، ص155، ص503.

(3) البابرتي، العناية شرح الهداية، ج3، ص287.

(4) د. أحمد علي وآخرون، شرح قانون الأحوال الشخصية العراقي، ص56.

الفصل الرابع
الخلاف في المحرمات في النكاح والأنكحة المختلف فيها

المحرمات في الزواج إما محرمات على وجه التأبيد أو على وجه التأقيت. وسبب التحريم إما قرابة أو مصاهرة أو رضاع. وقد يأخذ العقد صورة لا يكون محل اتفاق بين الفقهاء كما في نكاح الشغار. عليه سيخصص هذا الفصل لدراسة الخلاف بين الحنفية والشافعية في المحرمات في الزواج والخلاف في صور من الأنكحة المختلف فيها في المباحث الثلاثة الآتية:

المبحث الأول: الخلاف في المحرمات.

المطلب الأول: الخلاف في المحرمات على وجه التأبيد.

المطلب الثاني: الخلاف في المحرمات على وجه التأقيت.

المبحث الثاني: الخلاف في الأنكحة المختلف فيها.

المطلب الأول: الخلاف في نكاح المحرم.

المطلب الثاني: الخلاف في نكاح الشغار.

المطلب الثالث: الخلاف في نكاح الفضولي.

المبحث الثالث: الخلاف في المحرمات بالرضاع.

المطلب الأول: الخلاف في مدة الرضاع.

المطلب الثاني: الخلاف في مقدار الرضاع المحرم.

المطلب الثالث: الخلاف في إثبات الرضاع.

المطلب الرابع: الخلاف في لبن الميتة.

المطلب الخامس: الخلاف في اللبن المخلوط بغيره.

المبحث الأول
الخلاف في المحرمـات

حصل خلاف بين الحنفية والشافعية في بعض من تشتبه بأنها من المحرمات. والمحرمات هذه قد تكون محرمات على وجه التأبيد أو محرمات على وجه التأقيت. عليه سنتطرق في هذا المبحث إلى الخلاف بين الحنفية والشافعية في المطلبين الآتيين سنخصص الأول منهما للمحرمات على وجه التأبيد والثاني للمحرمات على وجه التأقيت:

المطلب الأول
الخلاف في المحرمات على وجه التأبيـد

يتضمن هذا المطلب الفرعين الآتيين:

الفرع الأول: البنت من الزنـا:

الإجماع قائم على أن البنت من المحرمات على وجه التأبيد. سواء كانت البنت من النسب أو من الرضاعة. ولكن حصل خلاف بين الحنفية والشافعية في البنت من الزنا، فيما لو زنى رجل بامرأة وولدت له بنتا ثم كبرت البنت وأراد الأب الزاني أن يتزوجها.

مذهب الحنفية:

لا يحل له أن يتزوج ابنته من الزنا، وتحرم عليه تحريما مؤبدا، وتكون فروع البنت كلها محرمة عليه[1]. واستدل الحنفية لمذهبهم بما يأتي:

أولا: الكتاب:

قوله تعالى: ﴿ حُرِّمَتْ عَلَيْكُمْ أُمَّهَـٰتُكُمْ وَبَنَاتُكُمْ ﴾[2].

وجه الدلالة من الآية أنها عامة تشمل كل بنت سواء كانت من نكاح أو من سفاح، ولا يوجد دليل يجعل النص خاصا بالبنت من النكاح دون غيرها.

ثانيا: المعقول:

إن بنت الإنسان اسم لأنثى مخلوقة من ماءه حقيقة لغة والكلام فيه، فكانت بنته حقيقة، إلا أنه لا تجوز الإضافة إليه لأمور:

الأول: لما في الإضافة إليه من إشاعة الفاحشة ولكن هذا لا ينفي النسبة الحقيقة[3].

---

(1) الإمام الكاساني، بدائع الصنائع، ج2، ص262.
(2) سورة النساء، الآية رقم (23).
(3) الإمام الكاساني، بدائع الصنائع، ج2، ص 259. الإمام السرخسي، المبسوط،ج4 ص208.

الثاني: إن النسب لا يثبت لا لانعدام البعضية بل للاشتباه، لأن الزانية يأتيها غير واحد، وهذا قد يؤدي إلى نسبة الولد إلى غير أبيه.

الثالث: إن قطع النسب شرعا لمعنى الزجر عن الزنا فإنه إذا علم أن ماءه يضع بالزنا يتردد عن فعل الزنا[1].

2- إن بنت الزنا بعضه، فتكون محرمة عليه كولد الراشدة، والبنت من الرضاع، لأن البعضية باعتبار الماء وذلك لا يختلف حقيقته، فالولد المخلوق من المائين يكون بعض كل واحد منهما، بدليل قوله ﷺ لفاطمة رضي الله عنها: ((هي بضعة مني)) والبعضية علة صالحة لا ثبات الحرمة[2].

مذهب الشافعية:

إن بنت الرجل من الزنا لا تحرم عليه، فلو أراد أن يتزوج من ابنته التي ولدت منه عن طريق الزنا، كان له ذلك، وإن تحقق أنها من مائه، إلا أنه يكره ذلك خروجا من الخلاف[3]. واستدل الشافعية لمذهبهم بما يأتي:

أولا: الكتاب:

قوله تعالى: ﴿ حُرِّمَتْ عَلَيْكُمْ أُمَّهَاتُكُمْ وَبَنَاتُكُمْ ﴾[4].

وجه الدلالة من هذه الآية أن لفظ البنت يتناول البنت الحقيقية والمجازية شرعا. وهي التي تنسب إلى أبيها شرعا، وأما البنت من الزنا فلا تنسب إلى أبيها بأي شكل من الأشكال، فلا يتناولها نص الآية[5].

ثانيا: المعقول:

إن البنت من الزنا أجنبية عن أبيها شرعا، بدليل انتفاء سائر أحكام النسب عنها، كالنفقة والإرث وغيرها من الأحكام[6].

---

(1) الإمام السرخسي، المبسوط،ج4 ص208.
(2) الزمخشري، رؤوس المسائل الخلافية، ص382. السرخسي، المصدر السابق، ج4، ص208.
(3) الشيخ زكريا الأنصاري، اسنى المطالب شرح روض الطالب، ج3 ص150. ابن حجر الهيتمي، تحفة المحتاج، ج 7 ص300. الشيخ محمد الشربيني الخطيب، مغني المحتاج، ج 4 ص288.
(4) سورة النساء، الآية رقم (23).
(5) ينظر، الشيخ محمد الشربيني الخطيب، مغني المحتاج، ج4 ص288.
(6) الشيخ زكريا الأنصاري، الغرر البهية في شرح البهجة الوردية، ج4، ص133. الشيخ محمد الشربيني الخطيب، مغني المحتاج، ج4 ص288. محمد بن شهاب الدين الرملي المشهور بالشافعي الصغير، نهاية المحتاج إلى شرح المنهاج، ج6، دار الفكر، ص273.

ولكن يرد على هذا بأن النسبة الحقيقية ثابتة، إلا أن الشارع قد اعتبر في الإرث والنفقة النسب شرعا، ومن ادعى أن الشارع قد تطلب هذا (النسبة الشرعية) هناك في إثبات الحرمة على الأب فعليه الدليل[1].

ثالثا: لما حرم الابن من الزنا على أمه إجماعا، لثبوت النسب بينه وبينها علم أن الشارع تصرف في نسبة الولد للواطيء، فلم يثبتها إلا بنكاح أو شبهه، لا للموطوءة فقد ألحق ولدها بها في الكل[2].

الرأي الراجح:

والذي يبدو أن الراجح هو ما ذهب إليه الحنفية في تحريم البنت من الزنا على أبيها، يؤيد ذلك أن الشافعية أنفسهم حينما حرموا على المرأة ولدها من الزنا كان من أدلتهم أن هذا الولد بعض منها، والبعضية هنا بين الأب والبنت من الزنا متحققة، فالبنت المتخلقة من المائين تكون بعض كل واحد منهما. ولذلك تسمى بنته لغة وعرفا، وأما تخلف بعض الأحكام فلا ينفي كونها بنتا له، فهي لا ترثه أيضا إن كانت مختلفة عنه في الدين، ومع ذلك تكون بنتا له وتحرم عليه و الله اعلم.

الفرع الثاني: حرمة المصاهرة بالزنا:

الحنفية والشافعية متفقون على أن الوطء الموجب لحرمة المصاهرة لا يشترط فيه أن يكون حلالا من كل وجه، إذ الشبهة في الحل كاف لإثبات الحرمة. ولكن اختلفوا في الوطء المحرم من كل وجه (الزنا)، هل يكون موجبا لثبوت الحرمة بين الزاني وأصول المزني بها وفروعها وكذا العكس أم لا؟

مذهب الحنفية:

تثبت حرمة المصاهرة بالزنا. فمن زنى بامرأة حرمت عليه أصولها وفروعها. ويحرم على المرأة المزني بها أصول وفروع الزاني[3]. واستدل الحنفية لمذهبهم بما يأتي:

أولا: الكتاب:

1- قال تعالى: ﴿ وَلَا تَنكِحُوا۟ مَا نَكَحَ ءَابَآؤُكُم مِّنَ ٱلنِّسَآءِ ﴾[4].

[1] الإمام الكاساني، بدائع الصنائع، ج2، ص258.
[2] ابن حجر الهيتمي، تحفة المحتاج، ج7 ص300.
[3] علاء الدين محمد السمرقندي، تحفة الفقهاء، ج2، دار الكتب العلمية، بيروت – لبنان، دون عدد وسنة الطبع، ص124. الإمام كمال الدين ابن الهمام، شرح فتح القدير، ج3 ص211. ابن عابدين، حاشية ابن عابدين، ج 4 ص113.
[4] سورة النساء، الآية رقم (22).

وجه الدلالة من الآية أنه قد تبين أن النكاح هو الوطء حقيقة، فتكون الآية نصا في تحريم موطوءة الأب. وأما تقييد الوطء بكونه حلالا، فهو زيادة، ولا تثبت هذه الزيادة بخبر الواحد ولا بالقياس، فكل تحريم تعلق بالوطء الحلال تعلق بالوطء الحرام، فالآية تفيد تحريم المرأة التي وطئها الأب بزنا أو غيره[1].

ولكن يرد على هذا بأن النكاح هنا منصرف إلى أن النكاح المشروع بالعقد وقد تبين أن الراجح من لفظ النكاح هو العقد فيكون معنى قوله تعالى: (ما نكح اباؤكم) أي من عقد عليها اباؤكم من النساء عقدا صحيحا[2].

2- قولـــه تعـــالى: ﴿ وَرَبَٰٓئِبُكُمُ ٱلَّٰتِي فِي حُجُورِكُم مِّن نِّسَآئِكُمُ ٱلَّٰتِي دَخَلۡتُم بِهِنَّ ﴾[3].

وجه الدلالة، إن الدخول اسم للوطء، وهو عام في جميع ضروب الوطء، من مباح أو محظور، نكاح أو سفاح[4].

ولكن يرد على هذا بأن الآية تشير إلى النساء المضافات إلى الأزواج، وهن قطعا الزوجات، فيكون المقصود الدخول بنسائكم اللاتي تزوجتم بهن، وأما الزانية فلا تضاف إلى الزاني، فالآية لا تشير إليها من أي وجه و الـلـه اعلم.

ثانيا: السنة:

1- روي عن رسول الـلـه ﷺ إنه قال ((من نظر إلى فرج امرأة لم تحل له أمها وابنتها)) وفي رواية (حرمت عليه أمها وابنتها)[5].

وجه الدلالة، أن الحديث "نص في الباب لأنه ليس في ذكر النكاح"[6]. فيشمل كل وطء.

ولكن يرد على هذا بأن الحديث غير صالح للاحتجاج به لضعفه، والجهالة في إسناده، كما قاله ابن حجر في الفتح[7]. فالحديث مرسل، إذ فيه الحجاج بن ارطأة، وهو هالك، وأما أبو هانيء فمجهول كما قاله ابن حزم[8].

---

(1) الإمام السرخسي، المبسوط،ج4 ص206. عبد الرحمن بن محمد شيخي زاده (داماد)، مجمع الانهر شرح ملتقى الابحر،ج1 ص327.
(2) الجصاص، احكام القران، ج2 ص164.
(3) سورة النساء، الآية رقم (23).
(4) إن النكاح هنا ينصرف إلى النكاح المشروع بالعقد وقد تبين لنا أن الراجح من لفظ النكاح هو العقد فيكون قوله تعالى (ما نكح إباؤكم) أي من عقد عليها إباؤكم من النساء عقدا صحيحا.
(5) الحديث أخرجه ابن أبي شبيه في مصنفه عن الحجاج بن ارطأة عن أبي هاني ج3 ص30.
(6) الإمام الكاساني، بدائع الصنائع، ج2، ص262.
(7) ابن حجر العسقلاني، فتح الباري شرح صحيح البخاري، ج2 ص261.
(8) المحلى بالآثار ج9 ص150.

وعلى فرض صحة الحديث، فإنه من المحتمل أن يكون المراد بذلك النكاح، لأن النظر الذي أشار إليه الرسول ﷺ لابد أن يكون حلالا، وهو نظر الرجل إلى فرج زوجته، فيكون المعنى من نظر إلى فرج امرأته (كناية عن النكاح) لا تحل له أمها ولا بنتها و الـلـه اعلم.

2- روي أن رجلا قال يارسول الـلـه إني زنيت بامرأة في الجاهلية أفأنكح ابنتها فقال النبي ﷺ: ((لا أرى ذلك ولا يصلح أن تنكح امرأة تطلع من ابنتها على ما اطلعت عليه منها))[1].

ولكن هذا الحديث ضعيف لا يحتج به، كما قال صاحب الفتح نفسه، فهو مرسل ومنقطع، وفيه أبو بكر ابن عبد الرحمن ابن أم حكيم[2].

3- روي عن الرسول ﷺ أنه قال (ملعون من نظر إلى فرج امرأة وابنتها)[3].

وجه الدلالة من الحديث أنه لو لم يكن النظر الأول محرما للثاني لم يلحقه اللعن، لأن النظر إلى فرج المرأة المنكوحة نكاحا صحيحا مباح، فكيف يستحق اللعن، فإذا ثبتت الحرمة بالنظر فبالدخول أولى[4].

ولكن يرد على هذا بأن الحديث ضعيف لا يصلح للاحتجاج به، ثم هو ليس من كلام الرسول ﷺ، بل موقوف على وهب بن منبه، وروي عن آخرين موقوفا، وهو منقطع في موضعين[5].

وعلى فرض صحة الحديث، فإنه يحتمل أن يكون معنى الحديث، ملعون من زنا بإحداهما، كأن يزني بالأم والبنت في عصمته[6].

قلت: ويحتمل أيضا أن يكون المراد من ذلك الجمع بين محرمين، لأن النكاح داع إلى النظر إلى الفرج، وبالجمع يتحقق النظر، فيستحق اللعن من قام بالجمع. ويحتمل أيضا أن يكون معناه، ملعون من يتزوج أم الزوجة بعد موت الزوجة، وكذا العكس دون الجمع بينهما، ويكون ملعونا من كلا الوجهين، إذ أنه تزوج محرمة عليه وهي أم زوجته، ومن وجه حصل منه النظر إلى فرج محرم عليه.

---

[1] أبو بكر عبد الرزاق بن همام الصنعاني، مصنف عبد الرزاق، تحقيق حبيب الرحمن الأعظمي، ج7، الطبعة الثانية، المكتب الإسلامي، بيروت – لبنان، سنة الطبع 1403، ص202، حديث 12784.

[2] الإمام كمال الدين ابن الهمام، شرح فتح القدير،ج3 ص 202.

[3] أبوبكر عبد الرزاق بن همام الصنعاني ، مصنف عبد الرزاق، ج7، ص194، حديث 12744. الحجة للشيباني ج3 ص 375 الحديث موقوف على عبد الرحمن الجعفري.

[4] الإمام الكاساني، بدائع الصنائع، ج2، ص362. الإمام السرخسي، المبسوط،ج4 ص218.

[5] ينظر، الإمام ابن حزم الظاهري، المحلى، ج9، ص530.

[6] ينظر، الإمام الشافعي، الأم ج5 ص156.

ثالثا: المعقول:

قياسا للوطء بالزنا على الوطء في وقت منع الزوج فيه من الدخول، بجامع حرمة الدخول في كلتا الحالتين، كالدخول بالزوجة وقت الحيض أو النفاس أو كون الزوج صائما، فإن هذا يوجب حرمة المصاهرة إذا طلقها، وإن كان الدخول حراما، فكذا الزنا. فتبين أن المقصود هو الوطء دون تقييد بوصف الحل أو الحرمة[1].

مذهب الشافعية:

لا تثبت حرمة المصاهرة بالزنا. فلا تحرم أصول وفروع المزني بها على الزاني، وكذا العكس. فإنه لما لم تحرم البنت من الزنا، فلأن لا تحرم غيرها من باب أولى[2]. واستدل الشافعية لمذهبهم بما يأتي:

أولا: الكتاب:

1- قوله تعالى: ﴿ وَأُحِلَّ لَكُم مَّا وَرَآءَ ذَٰلِكُمْ أَن تَبْتَغُواْ بِأَمْوَٰلِكُم مُّحْصِنِينَ غَيْرَ مُسَٰفِحِينَ ﴾[3].

وجه الدلالة من الآية أنها ذكرت المحرمات ثم ذكرت أن ما عداها على الحل، وإن أصول وفروع المزني بها ليست من المذكورات، فكانت الآية دليلا على عدم تحريم أصول وفروع المزني بها على الزاني وكذا العكس. وعليه فمن حرم شيئا من غير ما فصل تحريمه في القرآن فعليه بالدليل[4].

2- قوله تعالى: ﴿ وَأُمَّهَٰتُ نِسَآئِكُمْ ﴾[5].

وجه الدلالة من الآية أنها حرمت أم الزوجة، لأن لفظ النساء هنا مضاف إلى الرجال (الأزواج)، وأن المزني بها لا تضاف إلى الزاني بأي شكل، فلا تكون أصولها ولا فروعها داخلة في نص الآية فبقين على الأصل وهو الإباحة.

ثانيا: السنة:

عن عائشة، أن رسول الله ﷺ سئل عن رجل يتبع المرأة حراما، أينكح ابنتها، أو يتبع البنت حراما أينكح أمها، فقال الرسول ﷺ: ((لا يحرم الحرام الحلال إنما يحرم ما كان نكاحا حلالا))[6].

---

[1] انظر الإمام كمال الدين ابن الهمام، شرح فتح القدير،ج3 ص211. زين الدين بن ابراهيم (ابن نجيم)، البحر الرائق شرح كنز الدقائق، ج 3 ص106.

[2] الشيخ زكريا الأنصاري، اسنى المطالب شرح روض الطالب، ج3 ص150. زكريا الانصاري، الغرر البهية في شرح البهجة الوردية، ج4 ص137.

[3] سورة النساء، الآية رقم (24).

[4] انظر أبو اسحاق الشيرازي، المهذب في فقه الإمام الشافعي،ج2 ، 438.

[5] سورة النساء، الآية رقم (23).

[6] أبو القاسم سليمان بن أحمد الطبراني، المعجم الأوسط، تحقيق طارق بن عوض الله بن محمد وعبد المحسن بن إبراهيم الحسيني، ج5، دار الحرمين – القاهرة، سنة الطبع 1415، ص105.

ولكن يرد على هذا بأن الحديث ضعيف، إذ في إسناده عثمان بن عبد الرحمن الوقاص وهو متروك، وقد اخرج ابن ماجة طرفا منه من حديث بن عمر قال (لا يحرم الحرام الحلال) وإسناده أصلح[1].

ثالثا: المعقول:

1- إن المصاهرة نعمة حيث تلحق الأجنبيات بالمحارم عن طريق النكاح الذي أحله الله عز وجل وندب إليه، وهذه النعمة لا يمكن أن تنال بالمحظور[2].

ولكن يرد على هذا بأنه لا يمنع كون الزنا سببا لثبوت حرمة المصاهرة من حيث ذاته، بل من حيث إنه سبب للماء الذي هو سبب البعضية الحاصلة بالولد[3]. إذ يتعدى حرمة الواطئ وأبنائه من الولد إلى الموطوءة، وحرمة أمهات الموطوءة وبناتها منه أيضا إلى الواطئ، لصيرورة كل من الواطئ والموطوءة بعضا من الآخر بواسطة الولد، لأن الولد مخلوق من المائين ومضاف إلى كل واحد منهما[4]، وعليه إذا تحققت البعضية، كان الاستمتاع بالجزء حراما، إلا في موضوع الضرورة، كاستمتاع الرجل بزوجته.

2- إن ماء الزنا لا حرمة له، فلا تصير الموطوءة بالزنا فراشا، بخلاف النكاح في عقد صحيح. عليه فلا تثبت به حرمة المصاهرة لأن الذي يثبت ذلك هو الدخول في نكاح حلال أو شبه حلال[5].

الرأي الراجح:

الذي يبدو أن ما ذهب إليه الشافعية هو الراجح لما تبين من خلال أدلتهم ومناقشتهم لأدلة الحنفية, لأن القصد من الزواج هو المودة والسكن والألفة، ويتحقق هذا بالنكاح الصحيح الذي حث عليه الشارع العظيم وأوجبه في حالات معينة، عكس الزنا الذي يسبب النفرة بين كل من الزاني وأصول وفروع المزني بها. لذا نرى أن الحنفية أنفسهم لا يثبتون للزاني أحكام حرمة المصاهرة من حيث صحة السفر معها، والخلوة بها، وإنما قالوا بتحريم أصولها وفروعها على الزاني عقوبة له.

---

(1) الطبراني، المعجم الاوسط، ج5، ص105. وانظر عبدالله بن عدي بن عبدالله بن محمد أبو أحمد الجرجاني، الكامل في ضعفاء الرجال، تحقيق يحيى مختار غزاوي الكامل، ج5، ط3، دار الفكر ، بيروت - لبنان، سنة الطبع 1409، ص16. ابن حجر العسقلاني، فتح الباري شرح صحيح البخاري، ج9 ص156.

(2) ينظر، الإمام الشافعي، الإمام الشافعي، الام،ج5، ص167.

(3) البابرتي، العناية شرح الهداية، ج3 ص224. زين الدين بن ابراهيم (ابن نجيم)، البحر الرائق شرح كنز الدقائق، ج3ص 106.

(4) زين الدين بن ابراهيم (ابن نجيم)، البحر الرائق شرح كنز الدقائق، ج3 ص106.

(5) الشيخ زكريا الأنصاري، الغرر البهية في شرح البهجة الوردية، ج4، ص135. الشيخ زكريا الأنصاري، اسنى المطالب شرح روض الطالب، ج3 ص 151.

المطلب الثاني
الخلاف في المحرمات على وجه التأقيت

نكاح الرجل إحدى محارم معتدته:

لا خلاف بين الحنفية والشافعية فيما لو طلق الرجل زوجته قبل الدخول كان له أن يتزوج أختها مباشرة، إذ لا عدة على الزوجة بالطلاق قبل الدخول، وكذا لو توفيت الزوجة فله أن يتزوج أختها مباشرة ولو بعد ذلك بيوم واحد.

ولا خلاف بينهما أيضا في حرمة أن يتزوج الرجل من أخت معتدته من طلاق رجعي، لأن الزوجية قائمة.

إلا أن الخلاف حصل بين الحنفية والشافعية فيما لو طلق الرجل زوجته بائنا، وأراد أن يتزوج أختها وهي في العدة ومثل الأخت كل محارم الزوجة كالعمة والخالة.

مذهب الحنفية:

إذا طلق الرجل زوجته بائنا أو رجعيا لم يجز له أن يتزوج بأختها حتى تنقضي عدتها، وكذلك كل من كانت كالأخت في العلة كالعمة والخالة، وكذا إن طلق واحدة من أربع بائنا لم يحل له أن يتزوج خامسة إلا بعد انقضاء عدتها[1]. واستدل الحنفية لمذهبهم بما يأتي:

أولا: الكتاب:

قوله تعالى: ﴿ وَأَن تَجْمَعُوا بَيْنَ الْأُخْتَيْنِ إِلَّا مَا قَدْ سَلَفَ ۗ إِنَّ اللَّهَ كَانَ غَفُورًا رَّحِيمًا ﴿٢٣﴾ ﴾[2].

فالآية نصت على حرمة الجمع بين الأختين، والتزوج بأخت المعتدة جمع بينهما، لأن النكاح في الطلاق البائن قائم حكما، فلم ينقطع بالكلية، وذلك لبقاء بعض إحكامه كالنفقة والمنع من الخروج والفراش، فإذا جاءت بولد ثبت نسبه منه[3].

ثانيا: السنة:

قوله ﷺ: (من كان يؤمن بالله واليوم الآخر فلا يجمعن ماءه في رحم أختين)[4].

---

(1) البابرتي، العناية شرح الهداية، ج3 ص227. أبوبكر محمد بن علي الحدادي العبادي،الجوهرة النيرة،ج2 ص6.
(2) سورة النساء، الآية رقم (23).
(3) عثمان بن علي الزيلعي، تبيين الحقائق شرح كنز الدقائق، ج2 ص109.
(4) ويروى ((ملعون من جمع ماء ه في رحم أختين)). لا أصل له باللفظين، وقد ذكر بن الجوزي اللفظ الثاني، ولم يعزه إلى كتاب من كتب الحديث. أحمد بن علي بن حجر أبو الفضل العسقلاني، تلخيص الحبير في أحاديث الرافعي الكبير، تحقيق السيد عبدالله هاشم اليماني المدني،ج3، المدينة المنورة، سنة الطبع 1384 - 1964، ص166.

وجه الدلالة من الحديث أن فيه النهي عن جمع الرجل ماءه في رحم أختين، وتقريره أن الذي يتزوج أخت معتدته فقد جمع بين أختين، تقيم احداهما معه في نكاح حقيقي، والأخرى في نكاح حكمي[1].

ثالثا: الآثـار:

1- روي عن علي وابن عباس وابن مسعود المنع من نكاح أخت المعتدة من طلاق بائن أو ثلاث[2].

2- روي عبيدة السلماني أن أصحاب النبي ﷺ لم يجتمعوا على شيء كاجتماعهم على أربع قبل الظهر، وأن لا تنكح امرأة في عدة أختها[3].

رابعا: المعقـول:

قياسا على الطلاق الرجعي، فكما لا يجوز التزوج بأخت معتدته من طلاق رجعي، كذا لا يجوز له التزوج بأخت معتدته من طلاق بائن، بجامع بقاء النكاح حكما لبقاء آثاره[4].

ولكن يرد على هذا بأن القياس غير صحيح، لعدم توفر العلة في الفرع، لأن الطلاق البائن قاطع للنكاح بالكلية، فلا يمكن قياس البائن على الرجعي. ثم هو قياس مع الفارق لأن في الطلاق الرجعي يحق للزوج مراجعة الزوجة ولو دون رضاها.وأما في البائن فلابد من رضا المرأة ومهر وعقد جديدين[5]. ولذا فان الزوج لو وطئها في العدة عالما بالتحريم وجب عليه الحد.

ولكن أجاب السرخسي[6] عن هذا "بأن النكاح قائم حكما، نعم نسلم ارتفاع ملك النكاح بجميع علائقه وإنما ندعي هنا بقاء الحق، كحقه في الحبس والفراش وغير ذلك والعدة كذلك فإنها حق من حقوق النكاح"[7].

---

(1) الإمام كمال الدين ابن الهمام، شرح فتح القدير،ج3 ص 216. عثمان بن علي الزيلعي، تبيين الحقائق شرح كنـز الدقائق، ج2 ص109. عبد الـلـه بن محمود بن مودود الموصلي، الاختيار لتعليل المختار،ج2، ص101.

(2) الإمام السرخسي، المبسوط،ج4 ص204.

(3) عثمان بن علي الزيلعي، تبيين الحقائق شرح كنز الدقائق، ج2، ص109.

(4) الزمخشري، رؤوس المسائل الخلافية، ص386. الإمام كمال الدين ابن الهمام، شرح فتح القدير،ج3 ص216.

(5) انظر الإمام الشافعي، الام،ج5 ص 4. فرحة الطالبين ج7 ص 117.

(6) محمد بن احمد بن أبي سهل أبو بكر السرخسي شمس الأئمة صاحب المبسوط. تخرج بعبد العزيز الحلواني كان عالما أصوليا وقد شاع : أنه أملى المبسوط من غير مراجعة إلى شيء من الكتب وله كتاب في أصول الفقه أبدأه وهو في الجب محبوس بسبب كلمة نصح بها الأمراء وكان يجتمع تلامذته على أعلى الجب يكتبون فلما وصل إلى باب الشرط أطلق من الحبس فخرج إلى فرغانة فأكرمه الأمير حسن فوصل إليه الطلبة فأكمله . توفي في حـدود سنة 500هـ ينظر تذكرة الحفاظ للذهبي، ج4، ص1470. البداية والنهاية لابن كثير، ج13، ص278- 279. أبجد العلوم لصديق بن حسن القنوجي، ج3، ص117- 118.

(7) ينظر، الإمام السرخسي، المبسوط،ج4 ص 204.

وأما القول بوجوب الحد فمعارض بما روي عن الشافعي في كتاب الطلاق، من أنها لو جاءت بولد لأكثر من سنتين من يوم طلقها فأنكر الزوج لم يثبت نسبه، بمعنى أنه لو ادعى نسبه ثبت ذلك، وفيه إشارة إلى أن الوطء في العدة من طلاق بائن لا يكون زنا، والا لما ثبت به النسب لو ادعى ذلك[1].

قلت ولو سلم بوجوب الحد فلا يسلم ذلك أيضا، لأن الحد كما يجب على الرجل يجب عليها أيضا، ومع ذلك لا يحوز لها أن تتزوج ما دامت في العدة، فكذلك الزوج، وإن قلنا بوجوب الحد عليه، فلا يعني ذلك جواز تزوجه بأخت معتدته[2].

1- إن النكاح قائم من وجه في وقت العدة والثابت من وجه[3] في باب التحريم، كالثابت من كل وجه، فتثبت الحرمة هنا احتياطا، وإلحاقا بما لا يحصى من الأصول التي اجتمع فيها جهتا التحريم والإباحة، مع وجوب الاحتياط في أمر الفروج[4].

2- إن الحكمة الأساسية في تحريم الجمع بين المرأة وأختها هي اجتناب القطيعة ودفع الضغينة، والتزوج بأخت الزوجة أو أحدى محارمها ولا تزال هي في العدة يكون أقطع للقرابة وأسرع للضغائن والأحقاد، فتكون الحالة هذه أبلغ في التحريم، استنادا إلى الحكمة الواضحة منها[5].

مذهب الشافعية:

للزوج نكاح أخت مطلقته البائن في العدة ومثل الأخت العمة والزائدة الخامسة[6]. واستدل الشافعية لمذهبهم بما يأتي:

1- قياسا على الطلاق قبل الدخول، فإذا طلق زوجته طلاقا بائنا لم يبق له عليها حق كما لو طلقها قبل الدخول[7].

ولكن يرد على هذا بأنه قياس مع الفارق فالطلاق قبل الدخول لا عدة فيه بنص القرآن، وأما البائن ففيه العدة، فبالأول ينتهي النكاح بالكلية ولا يبقى أي اثر من آثار الزواج، بخلاف الثاني الذي تجب به العدة وتبقى الكثير من الآثار، عليه لا يمكن قياس البائن بعد الدخول على الطلاق قبل الدخول.

---

[1] الإمام السرخسي، المبسوط،ج4 ص204.عثمان بن علي الزيلعي، تبيين الحقائق شرح كنز الدقائق، ج2 ص109.
[2] الجصاص، احكام القرآن، ج2 ص109.
[3] علاء الدين السمرقندي، تحفة الفقهاء، ج2، ص126. الإمام الكاساني، بدائع الصنائع، ج2، ص265. الله بن محمود بن مودود الموصلي، الاختيار لتعليل المختار، ج2 ص101.
[4] الإمام الكاساني، بدائع الصنائع، ج2، ص 265.
[5] المصدر السابق ج2 ص 265.
[6] الإمام أبو اسحاق الشيرازي، المهذب في فقه الإمام الشافعي، ج2 ص23. الطالبين ج7 ص117. الشربيني الخطيب ج4 ص30.
[7] الشيخ زكريا الأنصاري، اسنى المطالب شرح روض الطالب، ج3 ص153.

2- إن الـلـه عَزَّ وَجَلَّ حينما حرم الجمع بين الأختين، كان في ذلك دلالة على أنه لا يحرم نكاح احداهما بعد الأخرى، وبالطلاق البائن ينقطع النكاح، ولا يمكن استرجاعه إلا بعد عقد ومهر جديدين. عليه يكون جائزا نكاح أخت معتدته أو إحدى محارمها[1].

3- إن المطلقة طلاقا بائنا أجنبية عن الزوج، لانقطاع النكاح بينهما بالكلية، وأما بقاء أثره فلا تأثير له[2]. فإذا ما تزوج أخت معتدته لم يكن جامعا بينهما وكان صحيحا[3].

ولكن يرد على هذا بما ذكر سابقا من أن النكاح باق بينهما حكما فيتحقق الجمع.

الرأي الراجح:

الذي يبدو و الـلـه اعلم من خلال مناقشة أدلة الفريقين رجحان مذهب الحنفية لقوة أدلتهم، فالطلاق البائن إذا كان يقتضي كما يقول الشافعية بحل التزوج بإحدى محارم معتدته، فإن البعض من أحكام النكاح يمنع الزوج من التزوج (فإذا ما تعارض المقتضي مع المانع قدم المانع)[4] احتياطا.

وما ينطبق على الأخت ينطبق على جميع محارمها وكذا يشمل الخامسة الزائدة إن كانت إحدى أربع نسائه في عدة طلاق بائن و الـلـه اعلم.

---

[1] ينظر، الإمام الشافعي، الام،ج5 ص4.

[2] ابن حجر الهيتمي، تحفة المحتاج، ج7 ص311.

[3] الإمام النووي، كتاب المجموع، ج7 ص43.

[4] أحمد بن محمد الحموي، غمز عيون البصائر ج 1 ص 356. السيوطي. الاشباه والنظائر، ص116.

المبحث الثانـي
الخلاف في الأنكحـة المختلف فيهـا

هناك عدة صور من الأنكحة المختلف فيها بين الحنفية والشافعية من حيث حكمها الشرعي منها نكاح المحرم ونكاح الشغار ونكاح الفضولي. عليه سنخصص لكل صورة من هذه الصور مطلبا نذكر فيه الخلاف بين الحنفية والشافعية وبيان الراجح منهما.

المطلب الأول
الخلاف في نكـاح المحـرم

أجمع الفقهاء على حرمة وطء الزوج زوجته وهما محرمان، أو أحدهما محرم، ولكن اختلفوا في صحة زواج المحرم أثناء الإحرام، وإن كانوا متفقين على حرمة وطء المحرم زوجته بعد الزواج، قبل الانتهاء من الحج.

مذهب الحنفية:

يصح للمحرم والمحرمة أن يتزوجا حال الإحرام إلا أنه يكره لهما ذلك، لأن في عقد الزواج انشغالا عن مقصود الحج ويحرم عليه وطء زوجته حتى ينتهي من الإحرام[1]، واستدل الحنفية لمذهبهم بما يأتي:

أولا: الكتاب:

قوله تعالى: ﴿ فَٱنكِحُواْ مَا طَابَ لَكُم مِّنَ ٱلنِّسَآءِ ﴾[2].

وجه الدلالة من الآية أن التزوج حال الإحرام داخل في نص الآية، ولا يوجد دليل قوي يخرج صحة الزواج حالة الإحرام، على اعتبار أن هناك تعارضا بين الحديثين الأساسيين في المسألة، فيتساقطان، عليه لا يوجد دليل يجعل هذا النص خاصا بغير المحرم[3].

ثانيا: السنة:

روي عن ابن عباس رضي الله عنهما أنه قال (تزوج رسول الـلـه ﷺ ميمونة وهو محرم وبنى بها وهو حلال وماتت بسرف)[4] كذا روي عن أبي هريرة رضي الله عنه[5].

---

(1) البابرتي، العناية شرح الهداية، ج3، ص233. الإمام السرخسي، المبسوط،ج4، ص190. عبد الرحمن بن محمد شيخي زاده (داماد)، مجمع الانهر شرح ملتقى الابحر، ج1، ص329.

(2) سورة النساء، الآية رقم (3).

(3) ينظر التعارض بين الحديثين في الدليل الثاني للأحناف.

(4) الحديث متفق عليـه، البخاري، صحيح البخاري، ج 4، ص1553. الإمام مسلم، صحيح مسلم، ج2، ص1031.

(5) الطحاوي، شرح معاني الآثار ج 2 ص 269. الطبراني، المعجم الأوسط ج 9 ص 16 رقم 8692.

فالحديث دليل على صحة الزواج أثناء الإحرام، ولا يوجد ما يجعل هذا الحكم خاصا بالرسول ﷺ.

ومما يؤكد وقوع هذه الواقعة ما روته عائشة رضي الـلـه عنها ((إن النبي ﷺ قد تزوج بعض نسائه وهو محرم))[1] إلا أن الصحيح في حديث عائشة هو الإرسال فهو عن المغيرة عن شباك عن أبي الضحى عن مسروق عن رسول الـلـه مرسلا، كما أشار إلى ذلك البيهقي[2].

ولكن رد على هذا بما رواه يزيد بن الأصم، قـال حدثتني ميمونه بنت الحارث أن رسول الـلـه ﷺ تزوجها وهو حلال، وقال (اي يزيد) وكانت خالتي وخالة ابن عباس[3]. الحديث صحيح رواه الإمام مسلم وآخرون، وهو يدل على أن النبي ﷺ قد تزوج ميمونة وهو حلال ولم يزوجها وهو محرم.

وقد أجاب الحنفية بأن حديث يزيد وإن كان صحيحا رواه مسلم، إلا أن حديث ابن عباس أيضا صحيح، وعليه فيكون من باب الخبرين المتضادين، وإن سبب التضاد هو غلط احد الرواة، والتيقن من وهمه، مع ثبوت حكم أحدهما دون الآخر[4]. وقد رجح الحنفية حديث ابن عباس لما يأتي:

1- إن حديث ابن يزيد لم يقو قوة حديث ابن عباس، فإنه مما اتفق عليه الستة، وحديث يزيد لم يخرجه البخاري ولا النسائي[5].

2- إن ابن عباس أخبر عن حال حادثة، واخبر الآخر عن ظاهر الأمر. فابن عباس بنى أمرا عارضا وهو الإحرام، إذ الحل اصل والإحرام عارض، فتحمل رواية يزيد على أنه الأول على الأصل، وأما رواية الإحرام فقد اعتمد على حقيقة الحال، وكان راوي الحل بانيا على الظاهر، ورواية من اعتمد حقيقة الحال أولى، ولهذا رجح قول الجارح على المزكي، كذا هذا[6].

3- إن ابن عباس افقه وأتقن من يزيد، والترجيح بفقه الراوي وإتقانه ترجيح صحيح[7]. ولذا قال عمر بن دينار للزهري وما يدري ابن الأصم أعرابي بوال على ساقه أتجعله مثل ابن عباس[8].

---

[1] ابن حبان بن، صحيح ابن حبان، ج 9، ص440، حديث 4132.
[2] البيهقي، سنن البيهقي الكبرى،ج7 ص212 رقم 13990.
[3] الإمام مسلم ج2 ص1032 رقم 1411.
[4] أبوبكر بن علي الرازي الجصاص، الفصول في الأصول، ج3 ص 163 – 164.
[5] الإمام كمال الدين ابن الهمام، شرح فتح القدير،ج3 ص223.
[6] الجصاص، أحكام القرآن، ج3 ص 658. الإمام الكاساني، بدائع الصنائع، ج2، ص 311. علي بن محمد البزدوي، البزدوي - كنز الوصول الى معرفة الأصول المسمى أصول البزدوي، ج3، مطبعة جاويد بريس – كراتشي، دون عدد وسنة الطبع، ص98.
[7] الإمام الكاساني، بدائع الصنائع، ج2، ص311.
[8] عثمان بن علي الزيلعي، تبيين الحقائق شرح كنز الدقائق، ج2 ص112.

4- إن حديث ابن عباس ناف لأنه مبق على الأمر الأول، إذ اتفقت الروايات على أن النكاح لم يكن في الحل الأصلي، وإنما اختلفت في الحل المعترض على الإحرام. فالإحرام كان ثابتا قبل التزوج. وحديث يزيد مثبت، لأنه يدل على أمر عارض على الإحرام، كما أن هذا النفي كالإثبات، وقد اخذ الحنفية بالنافي، لأن نفيه عرف عن دليل يرجحه، وهو حديث ابن عباس الصحيح. ولكن يرد على هذا بأنه قد روي أن النبي ﷺ ((قد تزوج ميمونة قبل أن يحرم))[1].

وأما الشافعية فقد أخذوا بحديث يزيد وقالوا بأنه الأولى بالقبول لما يأتي:

1- إن ابن عباس لم يكن بالغا يوم نكح رسول الله ميمونة، ولأنه لم تكن له يؤمئذ صحبة، فإنه لا يشبه أن يكون قد خفي عليه الوقت، ويزيد كابن عباس، فهو ابن أخت ميمونة أيضا، فيعرف كابن عباس[2].

2- إن حديث ابن عباس وان كان صحيحا إلا أن الوهم اقرب إليه منه إلى يزيد، فالرواية أن رسول الله ﷺ تزوج ميمونة وهو حلال متواترة، بخلاف ابن عباس الذي انفرد بذلك، فالوهم اقرب إلى الواحد منه إلى الجماعة[3].

3- إن خبر ابن عباس معارض بالخبر الحسن عن أبي رافع ((إن الرسول ﷺ كان حلالا حينما تزوجها وكان الرسول بينهما)) وهو مقدم لأنه مباشر للواقعة[4] عليه يقدم حديث ميمونة وهي صاحبة القصة[5]، وكذا حديث أبي رافع لأنه المباشر للواقعة على حديث ابن عباس الذي لم يكن بالغا آنذاك.

ويرد على هذا بأن أبا رافع وإن كان رسولا بينهما، إلا أنه قد يغيب عن العقد.

ولكن يحاب عن هذا بأنه قد يسلم هذا الحكم، ولكن الذي يرده، أن ميمونة وهي صاحبة القصة تؤكد ما رواه أبو رافع، من أن النكاح حصل منه وهو حلال.

4- إن حديث ابن عباس معارض لما روي عنه، من ((إن النبي ﷺ تزوج ميمونة وهي حلال))[6]. فيه عثمان بن مخلد، ذكره ابن حاتم ولم يجرحه، وبقية رجالة ثقات، وفي بعضهم كلام لا يضر[7].

---

(1) الإمام محمد بن ادريس الشافعي، مسند الشافعي، ج1، ص 254.

(2) الإمام الشافعي، الأم، ج 5 ص 192.

(3) ينظر ابن عبد البر، التمهيد، تحقيق مصطفى بن أحمد العلوي و محمد بن عبد الكبير البكري، وزارة الأوقاف والشؤون الدينية، المغرب، دون عدد وسنة الطبع، ج3، ص154. انظر ابن حجر العسقلاني، فتح الباري شرح صحيح البخاري ج 3 ص165. الصنعاني، سبل السلام ج2 ص983.

(4) أحمد بن علي بن ثابت أبو بكر الخطيب البغدادي، الكفاية في علم الرواية، تحقيق: أبو عبدالله السورقي، إبراهيم حمدي المدني، ج1، المكتبة العلمية - المدينة المنورة، دون عدد وسنة الطبع، ص436.

(5) الإمام النووي، كتاب المجموع، ج7 ص297. ابن حجر الهيتمي، تحفة المحتاج، ج7 ص259.

(6) الطبراني، المعجم الكبير،ج11، ص334.

(7) ابن حجر الهيثمي، مجمع الزوائد ج4 ص268.

ولكن رد على ذلك بأنه منكر لا يجوز النظر إليه، بعدما اشتهر إلى أن بلغ ذلك مرتبة اليقين (وقد روي هذا عن ابن عباس من خمسة عشر طريق كما قال ابن الهمام)[1].

5- يحتمل أن ابن عباس قد قال ذلك، بناء على ما كان يراه، من أن من قلد الهدي صار محرما، فكانت روايته على وفق مذهبه. أو يحتمل أنه قد قال ذلك لكون الزواج قد وقع في الأشهر الحرم، أو لأنه دخل الحرم، حيث يقال دخل الحرم أحرم، وإذا دخل تهامة اتهم، وقد جزم ابن حبان[2] بصحة هذا الرأي[3].

6- يحتمل أن يكون زواج الرسول ﷺ من ميمونة وهو محرم من خصائصه[4]. قال الهيثمي فإن صح خبر ابن عباس، فالتخصيص بالرسول ﷺ هو المقصود[5].

ثالثا: المعقول:

1- إن النكاح عقد كسائر العقود، فهو عقد معاوضة، والمحرم غير ممنوع عنه[6]. لأن حرمة المرأة على المحرم باعتبار الارتفاق, إما كاملا كالوطء، أو قاصرا كاللمس والقبلة، وليس عقد النكاح كذلك[7].

ولكن يرد على هذا كما قال الشوكاني[8] بأنه "قياس في مقابلة النص فهو فاسد"[9].

---

(1) الإمام كمال الدين ابن الهمام، شرح فتح القدير، ج3، ص224. وأما ترجمة ابن الهمام فهو كمال الدين محمد عبد الواحد بن عبد الحميد،الشهير بابن الهمام الحنفي(790 – 861 هـ) إمام من فقهاء الحنفية،مفسر حافظ متكلم.كان أبوه قاضيا بسيواس في تركيا،ثم والى القضاء بالإسكندرية وتزوج بها بنت القاضي المالكي ونشأ فيها.وأقام بالقاهرة وتوفي بالقاهرة فيها.كان معظما عند أرباب الدولة. وكان علامة في الفقه والاصول والنحو والتصريف والمعاني والبيان والتصوف والموسيقي وغيرها كان أفتى برهة من عمره ثم ترك الافتاء جملة. اشتهر بكتابة القيم (فتح القدير) وهو شرح الهداية. ومن مصنافته أيضا : (التحرير في أصول الفقه). ينظر كشف الظنون لمصطفى بن عبد اللـه القسطنطيني، ج1، ص881. معجم المطبوعات لإيليان سركيس، ج1، ص155، ص278. الرسالة المستطرفة لمحمد بن جعفر الكتاني، ج1، ص196.

(2) أبو حاتم محمد بن حبان بن أحمد بن حبان بن معاذ التميمي البستي (ت354هـ) الحافظ العلامة صاحب المسند وغيره من المصنفات في التأريخ والجرح والتعديل، رحل الكثير وسمع من أكثر من ألفي شيخ، وكان من أوعية العلم في الحديث والفقه واللغة والوعظ وغير ذلك حتى الطب والنجوم والكلام ولي قضاء سمرقند. غاب عن وطنه دهرا ثم رد إلى بست. وتوفي في شوال بها وهو في عمر الثمانين. ينظر تذكرة الحفاظ للذهبي، ج3، ص920. البداية والنهاية لابن كثير، ج3، ص342. لسان الميزان للعسقلاني، ج5، ص114. الوافي بالوفيات للصفدي، ج1، ص278.

(3) ابن حبان، صحيح ابن حبان،ج 9، ص445.

(4) الشيخ زكريا الأنصاري، أسنى المطالب شرح روض الطالب، ج1 ص101.

(5) ينظر البيهقي، ج7، ص58، رقم 113142.

(6) الإمام السرخسي، المبسوط، ج4، ص164. الشوكاني، نيل الاوطار، اعتناء د. محمد محمد تامر، ج5، دار ابن الهيثم، القاهرة، ص16.

(7) البزدوي، كشف الأسرار، ج3، ص98.

(8) هو الإمام محمد بن علي بن محمد بن عبد اللـه الشوكاني (1173-1250) فقيه، مجتهد، من كبار علماء اليمن، من أهل صنعاء، نشأ فيها وتولى قضاءها سنة (1259) ومات حاكما بها، وكان يرى تحريم التقليد. له مصنفاته بلغ (114) مؤلفا، منها: نيل الأوطار، وتفسير فتح القدير الجامع بين فني الرواية والدراية . ينظر الأعلام للزركلي، ج6، ص298. أبجد العلوم لصديق بن حسن القنوجي، ج3، ص201- 205.

(9) الشوكاني، نيل الاوطار، ج5، ص16.

وإن سلمنا بأنه قياس، فهو قياس مع الفارق، لأن الشراء وغيره من عقود المعاوضات مقصود به الربح، والمحرم ليس ممنوعا منه، لقوله تعالى: ﴿ لَيْسَ عَلَيْكُمْ جُنَاحٌ أَن تَبْتَغُواْ فَضْلًا مِّن رَّبِّكُمْ ﴾[1]. وأما النكاح فمقصود به الوطء، وهو ممنوع بالإجماع.

2- قياسا على صحة الرجعة، فللرجل أن يراجع زوجته المطلقة وهي في العدة وإن كان محرما، فإذا صحت الرجعة صح النكاح. لأن الرجعة عند الشافعية سبب يحل به الوطء، فإذا لم يكن ممنوعا منه، كذا لا يمنع من النكاح، بجامع كون العقد سببا للوطء[2].

ولكن يرد على هذا بأنه قياس مع الفارق، لأن الرجعة ليست بعقد جديد بل استدامة لنكاح سابق، فالنكاح كان موجودا قبل الإحرام ولم ينقطع بالإحرام، لقوله تعالى: ﴿ وَبُعُولَتُهُنَّ أَحَقُّ بِرَدِّهِنَّ ﴾[3]. فكان للرجل أن يراجع امرأته في أي وقت شاء دون أن يطأها مادامت في العدة من طلاق رجعي، فالرجعة استدامة للنكاح لا نكاح جديد، بل شيء جعله الـلـه للمطلق، ولا يقال للمراجع ناكح[4].

3- إن النكاح في حال الإحرام لو لم يصح لبطل عقد المنكوحة سابقا، لطرو الإحرام، لأن المناط للعقود يستوي في الابتداء البقاء، كالطارئ على العقد كتمجس المرأة أو الحرمة سبب الرضاع[5].

مذهب الشافعية:

يحرم على المحرم التزوج حالة الإحرام، وكذا لا يجوز له أن يخطب. فإن نكح فنكاحه مفسوخ ويجب التفريق بينهما، ولا يجب عليهما الحد للشبهة[6]. واستدلوا بما يأتي:

أولا: السنة:

1- روي عن عثمان بن عفان أن الرسول ﷺ قد قال: (لا ينكح المحرم ولا ينكح ولا يخطب)[7].

وجه الدلالة من الحديث أن الرسول ﷺ قد نهى عن النكاح حال الإحرام، والنهي يقتضي الفساد والتحريم[8].

---

(1) سورة البقرة، الآية رقم (198).
(2) عثمان بن علي الزيلعي، تبيين الحقائق شرح كنز الدقائق، ج 2 ص111.
(3) سورة البقرة، الآية رقم (228).
(4) انظر الإمام الشافعي، الأم، ج 5 ص195 أو ج 11 ص110.
(5) الإمام السرخسي، المبسوط،ج 4 ص 192. الإمام كمال الدين ابن الهمام، شرح فتح القدير،ج 3 ص224.
(6) الإمام الشافعي، الأم، ج 5 ص 192. الشيخ زكريا الأنصاري، اسنى المطالب شرح روض الطالب، ج1 ص514. الرملي، نهاية المحتاج،ج6 ص246.
(7) الإمام مسلم، صحيح مسلم، ج2 ص1030.
(8) الشيخ زكريا الانصاري، الغرر البهية في شرح البهجة الوردية، ج 1 ص540.

ولكن رد على هذا بأن الحديث محمول على الوطء، فالممنوع منه هو الوطء لا العقد[1].

وأجيب بأن لفظ النكاح في عرف الشارع ينصرف إلى العقد على ما هو الراجح, فالممنوع منه إذا هو العقد، الذي هو سبب للوطء.

2- روي عن يزيد بن الأصم أنه قال حدثتني ميمونة ((أن النبي ﷺ قد تزوجها وهو حلال))[2].

وفي هذا الحديث دليل على أن الرسول ﷺ لم يتزوج ميمونة وهو محرم كما يقول الخصم.

ولكن رد على هذا بأنه معارض لحديث ابن عباس المتفق على صحته، بأن الرسول ﷺ تزوج ميمونة وهو محرم.

ويجاب بأن من خلال مناقشة الحديثين يبدو أن حديث يزيد بن الأصم هو أولى بالقبول، ولو سلمنا بوجود التعارض بين الحديثين، فلابد من تساقطهما، وحينئذ يتطلب دليل آخر، وحديث عثمان نص في الباب، ومرجح لحديث يزيد على حديث ابن عباس. قال الاثرم : قلت لأحمد إن أبا ثور يقول بأي شيء يدفع حديث ابن عباس أي مع صحته قال الـلـه المستعان ابن المسبب يقول وهم ابن عباس وميمونة تقول تزوجني وهو حلال[3].

3- روي عن أبي رافع أنه قال ((تزوج النبي ﷺ ميمونة حلالا وبنى بها حلالا وكنت الرسول بينهما))[4] قال الترمذي حديث حسن، روي من طرق أخرى مرسلا[5].

ثم إنه ليس هناك ما يمنع من أن يكون الرسول ﷺ كان قد تزوج ميمونة قبل أن يحرم، ثم بنى بها بعد الانتهاء من الإحرام. فقول الراوي (تزوجها حلالا وبني بها حلالا) فيه إشارة بعيدة إلى طول الفترة التي وقعت بين الزواج والبناء بها، وهي فترة الإحرام، ويؤكد هذا ما جاء في بعض الروايات عن سليمان بن يسار ((إن النبي ﷺ بعث أبا رافع مولاه ورجلا فزوجاه ميمونة وهو بالمدينة قبل أن يخرج))[6]. فالحديث وإن كان مرسلا، إلا أنه وافق المتصل الصحيح، الذي يحرم النكاح حال الإحرام[7].

---

(1) عبدالـلـه بن محمود بن مودود الموصلي، الاختيار لتعليل المختار، ج 2 ص.
(2) الإمام مسلم، صحيح مسلم، ج2 ص1031.
(3) ابن حجر العسقلاني، فتح الباري شرح صحيح البخاري، ج 9 ص165.
(4) ابن حبان، صحيح ابن حبان، ج 9، ص 438. الدارقطني ج 3 ص 262 تحت رقم 67. مسند الإمام احمد ج 6 ص392 رقم 27241.
(5) عثمان بن علي الزيلعي، تبيين الحقائق شرح كنز الدقائق. الزيلعي، نصب الراية ج 3 ص324. الترمذي، سنن الترمذي، ج3 ص200.
(6) الإمام محمد بن ادريس الشافعي، مسند الشافعي، ج1، ص254.
(7) ابن حجر العسقلاني، تلخيص الحبير ج 3 ص50. الخطيب البغدادي، الكفاية في علم الرواية، ج1، ص436.

ثانيا: الإجماع:

إجماع الصحابة كذا نقله صاحب اسنى المطالب الشيخ زكريا الأنصاري[1].

ولكن يرد عليه بأن دعوى الإجماع غير سليم، بدليل أن ابن عباس كان يرى جواز النكاح حال الإحرام.

ولكن يجاب عن هذا بأن رواية ابن عباس للحديث لا يعني أن هذا رأيه. ثم إن له روايات توافق ما عليه الشافعية من أن الرسول ﷺ تزوج ميمونة وهو حلال[2].

ثالثا: الآثـار:

رويت عن الصحابة آثار كثيرة في عدم جواز نكاح المحرم فقد روي عن عمر وعلي وابن عمر قولهم "لا ينكح المحرم ولا ينكح"[3].

1- روي أن أبا غطفان المري اخبره أن أبا طريفا تزوج امرأة وهو محرم فرد عمر نكاحه[4].

2- روي أيضا أن يزيد بن ثابت رد نكاح محرم[5].

3- عن عطاء قلت لسعيد بن المسيب إن عكرمة يقول تزوج النبي ﷺ وهو محرم فقال كذب[6].

4- روي عن الزهري[7] أنه كان يقول "المحرم لا يزوج ولا يتزوج"[8].

رابعا: المعقول:

إن هذا تعارض للقول مع الفعل، وحينئذ عند الاصولين يرجح القول، لأنه يتعدى إلى الغير والفعل قد يكون مقصورا عليه[9].

الرأي الراجح:

الذي يبدو أن ما ذهب إليه الشافعية هو الراجح لقوة أدلتهم، فروايات حرمة النكاح حال الإحرام وكذا رواية أن الرسول ﷺ تزوج ميمونة وهو حلال متواترة عن ميمونة نفسها، وعن أبي رافع مولى النبي، وسليمـــان بن اليسار مولاها عن يزيد ابن أخيها، وجمهور أهل المدينة على أن النبي ﷺ لم ينكح ميمونة إلا وهو حلال[10]. والقلب إلى الجماعة أميل منه إلى الفرد. ولما في عقد

---

(1) الشيخ زكريا الأنصاري، أسنى المطالب شرح روض الطالب، ج 1 ص101.

(2) الدارقطبي، ج 3 ص262 رقم 69. الطبراني ج 11 ص334 – 1192.

(3) الإمام الشافعي، الأم، ج 5 ص 194.

(4) الإمام الشافعي، الأم، ج 5 ص192، البيهقي، السنن الكبرى ج 7 ص213 رقم 13992.

(5) الإمام الشافعي، الأم، . البيهقي، جه، 260. سنن البيهقي الكبرى،ج 7 ص213 رثن 13992.

(6) أبوبكر بن ابي شيبة، المصنف في الأحاديث والآثار، ج 4 ص228.

(7) محمد بن مسلم بن عبيدالله بن عبداللـه بن شهاب أبو بكر الزهري، ولد سنة (51 أو 58) وتوفي سنة (123 أو 124 أو 125) الإمام العلم حافظ زمانه الزهري المدني، نزيل الشام، تابعي مشهور، وهو أول من دون الحديـث بأمـر من الخليفة عمر بن عبد العزيز. ينظر طبقات الفقهـاء، ج1، ص47. سير أعـلام النبلاء ج5، ص326- 328.

(8) المصدر نفسه، ج 4 ص228.

(9) الإمام النووي، شرح مسلم ج 9 ص194.

(10) ينظر، ابن عبد البر، التمهيد، ج 3 ص152.

الزواج أثناء الاحرام انشغالا عن المقصود من الحج، وهو التفرغ لعبادة اللـه عَزَّوَجَلَّ، وأداء الشعائر والنسك على وجهها الصحيح و اللـه أعلم.

المطلب الثانـي
الخلاف في نكـاح الشـغار

الشغار لغة مأخوذ من قولهم شغر البلد إذ خلا عن السلطان[1] فيكون الشغار معناه الخلو. ففي نكاح الشغار لا مكان للمهر، بل بضع كل امرأة صداق لبضع الأخرى.ويأتي بمعنى الرفع من قولهم شغر الكلب إذا رفع إحدى رجليه ليبول وكأن كل واحد يقول للآخر لا ترفع رجل ابنتي حتى أرفع رجل ابنتك[2]، بمعنى إنه لا يحل لك نكاح بنتي حتى يحل لي نكاح ابنتك.

والشغار في الاصطلاح: هو أن يقول رجل لآخر زوجتك ابنتي على أن تزوجني ابنتك ويكون بضع كل واحدة صداقا للأخرى أو احد العقدين عوضا عن الآخر[3].

وأما أن يقول الرجل لآخر زوجتك ابنتي على أن تزوجني ابنتك، فليس هذا شغارا بل هو نكاح صحيح، ويجب لكل واحدة منها مهر المثل باتفاق الحنفية والشافعية[4].

حكم الشـغار:

لا خلاف بين الفقهاء في المنع من هكذا نكاح، فهو نوع من أنكحه الجاهلية، وقد نهى عنه الرسول ﷺ في أحاديث صحيحة وصريحة، وهذا القدر هو محل اتفاق بين الفقهاء، ولكن ما الحكم فيما لو تم الشغار، وتم العقد على أساسه، بأن زوج الرجل موليته من آخر وزوجه الآخر موليته، وكان بضع كل واحدة صداقا للأخرى.

مذهب الحنفية:

إن نكاح الشغار منهي عنه ولكن إذا تم هكذا نوع فهو جائز، ولا يكون موجبا للفسخ بينهما، فالعقد صحيح ويجب لكل واحدة منهما مهر المثل[5] واستدلوا بما يأتي.

---

[1] ابن منظور، لسان العرب، ج4، ط1، دار صادر - بيروت، ص417. القاموس المحيط، ج1، ص535.ينظر الإمام الكاساني، بدائع الصنائع، ج 2 ص418. الشيخ محمد الشربيني الخطيب، مغني المحتاج، ج 4 ص234. الشيخ سليمان البجيرمي، البجيرمي على المنهج، ج3، ص334.

[2] الإمام الشافعي، الام،ج 5 ص84. زين الدين بن ابراهيم (ابن نجيم)، البحر الرائق شـرح كنـز الدقائـق، ج 3 ص168. دور الحكام ج 1 ص343.

[3] الشيخ محمد الشربيني الخطيب، مغني المحتاج، ج 4 ص234. ابن عابدين، حاشية ابن عابدين، ج 3 ص106. الرملي، نهاية المحتاج،ج 6 ص216.

[4] ابن عابدين، حاشية ابن عابدين، ج 3 ص106. البابرتي، العناية شرح الهداية، ج 3 ص399.الإمام الشافعي، الام،ج 5 ص84.

[5] الإمام الكاساني، بدائع الصنائع، ج 2 ص278. عبد الرحمن بن محمد شيخي زاده (داماد)، مجمع الانهر شرح ملتقى الابحر، ج 1 ص346.

1- إن نكاح الشغار سمي فيه ما لا يصلح مهرا وكل ما كان كذلك صح العقد به ووجب مهر المثل[1] كما لو تم تسمية الخمر أو الخنزير صداقا فيجب مهر المثل، فكذلك لو كان بضع كل واحدة صداق للأخرى وجب مهر المثل لعدم صلاحية كون البضع مهرا.

2- إن نكاح الشغار قائم على وجود شرط فاسد، والنكاح لا يبطل بالشروط الفاسدة، كما لا يفسد العقد بتسمية ما ليس بمال، كالدم[2].

3- إن النهي الوارد في الحديث عن الشغار لم يأت للنهي عن عين النكاح لما يشتمل ذلك على مصالح الدين والدنيا، فكان النهي منصرفا إلى النهي عن خلو النكاح عن التسمية[3] والتسمية إذا كانت فاسدة فهي في حكم العدم.

مذهب الشافعية:

نكاح الشغار لا يحل وهو باطل ومفسوخ، وإن أصاب كل واحد منهما، فلكل واحدة منهما مهر المثل، وعليهما العدة، وهو كالنكاح الفاسد في جميع أحكامه[4] واستدل الشافعية لمذهبهم بما يأتي:

أولا: السـنة:

1- عن نافع عن ابن عمر أن النبي ﷺ نهى عن نكاح الشغار، والشغار هو أن يقول الرجل زوجتك ابنتي على أن تزوجني ابنتك ويكون بضع كل واحدة منهما مهرا للأخرى[5].

وجـه الدلالـة: إن النهـي يقتضي فسـاد المنهـي عنـه[6] وهـو امتثال لقولـه تعـالى: ﴿ وَمَآ ءَاتَىٰكُمُ ٱلرَّسُولُ فَخُذُوهُ وَمَا نَهَىٰكُمْ عَنْهُ فَٱنتَهُوا۟ ۚ وَٱتَّقُوا۟ ٱللَّهَ ۖ إِنَّ ٱللَّهَ شَدِيدُ ٱلْعِقَابِ ۝٧ ﴾[7].

2- عن عمران بن الحصين قال إن النبي ﷺ قال ((لا شغار في الإسلام)) [8].

---

(1) البابرتي، العناية شرح الهداية، ج 3 ص339 – 340.
(2) الإمام الكاساني، بدائع الصنائع، ج 2 ص146. الإمام السرخسي، المبسوط، ج 5 ص105.
(3) الإمام الكاساني، بدائع الصنائع، ج2، ص564.
(4) الإمام الشافعي، الام، ج 5 ص84.
(5) متفق عليه، البخاري ، صحيح البخـاري ج 5 ص1966 رقم 4822. الإمام مسلـم، صحيـح مسلـم، ج 2 ص1034، حديث1415.
(6) العمراني، البيان في مذهب الإمام الشافعي، العمراني،ج 9 ص243.
(7) سورة الحشر، الآية رقم (7).
(8) الإمام احمد، مسند احمد،ج4، ص443. الترمذي، سنن الترمذي،ج 3، 431 وقال الترمذي حسن صحيح. الإمام مسلم، صحيح مسلم، ج 2 ص1034 رقم 1415.

ثانيا: الآثـار:

روي أن العباس بن عبد الـلـه بن عباس أنكح عبد الرحمن بن الحكم ابنته وأنكحه عبد الرحمن ابنته وكانا جعلا صداقا فكتب معاوية إلى مروان يأمره بالتفريق وقال في كتابه (هذا الشغار الذي نهى عنه رسول الـلـه ﷺ) [1].

وجه الدلالة: إن هذا معاوية قد حكم بهذا بحضرة الصحابة ولا يعرف له منهم مخالف[2].

ثالثا: المعقول:

1- بالشغار يحصل الاشتراك في البضع، لذا لا يصح العقد، كما لو زوج ابنته من رجلين. وبيانه أنه جعل البضع ملكا للزوج وابنته، حيث جعل ابنته موردا للنكاح وصداقا لامرأة أخرى. وهذا هو أساس بطلان نكاح الشغار. وقيل التعليق والتوقيت هو السبب في البطلان. وقيل الخلو من المهر. إلا أن الأصح هو التعويل على الخبر وتضعيف المعاني الأخرى، أي أن سبب البطلان يكمن في ورود الحديث عن الرسول ﷺ الناهي عن نكاح الشغار[3].

2- نكاح الشغار يجعل المحل عوضا ومعوضا عنه، والمحل الواحد لا يكون فاعلا وقابلا، أي لا يجعل علة ومعلولا كما تقرر في علم الأصول[4].

3- إن الأصل في الابضاع التحريم، فالنساء محرمات إلا بما أحل الـلـه من نكاح أو ملك يمين، فالرسول ﷺ هو المبين عن الـلـه كيف يحل النكاح، فمن نكح كما أمر الرسول فنكاحه ثابت ومن نكح كما نهى عنه الرسول فهو عاص بالنكاح والشغار محرم بنهي الرسول ﷺ عنه[5]. فيقتصر على إثبات ما أمر به والانتهاء عما نهى عنه لقوله تعالى: ﴿ وَمَآ ءَاتَىٰكُمُ ٱلرَّسُولُ فَخُذُوهُ وَمَا نَهَىٰكُمۡ عَنۡهُ فَٱنتَهُواْۚ وَٱتَّقُواْ ٱللَّهَۖ إِنَّ ٱللَّهَ شَدِيدُ ٱلۡعِقَابِ ٧ ﴾.

الـرأي الراجح:

الذي يبدو أن ما ذهب إليه الشافعية هو الراجح، للأحاديث الصحيحة الدالة على النهي، والنهي يقتضي الفساد ثم إن في نكاح الشغار ظلما للمرأة، ولا يكون هذا الزواج إلا لمصلحة الولي الذي يتزوج دون أن يدفع شيئا من المهر، بل من خلال هذا النكاح فإنه يكون قد جعل بضع موليته

---

(1) أبو داود، سنن ابي داود، ج 1 ص633 رقم 2075. مسند احمد ج 4 ص94 رقم 1692. صحيح ابن حبان ج 9 ص460 رقم 4153 قال الالباني عنه حسن والارناوط بأن اسناده قوي.

(2) ينظر ابن حزم المحلي بالآثار ج 9 ص122. طرح التثريب، ج 7 ص19.

(3) ينظر الإمام يحيى بن أبي الخير العمراني، البيان في مذاهب الإمام الشافعي، تحقيق د. أحمد حجازي أحمد السقا، ج9، ط1، دار الكتب العلمية، بيروت - لبنان، سنة الطبع 2002م، ص243. الشيخ محمد الشربيني الخطيب، مغني المحتاج، ج 4 ص234. الشيخ زكريا الأنصاري، اسنى المطالب شرح روض الطالب، ج 3 ص121.

(4) الشيخ زكريا الأنصاري، اسنى المطالب شرح روض الطالب، ج 3 ص121.

(5) الإمام الشافعي، الام،ج 5 ص84.

كالمال يتاجر به كيفما شاء، وهذا مالا يتوافق مع قواعد ومبادئ الشريعة التي تنص على كرامة المرأة، وإن استحلال فروجهن لابد أن يكون بكلمة الـلـه، وكلمة الـلـه هي إعطاء المرأة المهر التي تستحقه المرأة أثناء عقد الزواج و الـلـه اعلم.

المطلب الثالث
الخلاف في نكـاح الفضولـي

لا خلاف بين الحنفية والشافعية في أن الفضولي لا يتولى طرفي عقد النكاح، سواء كان فضوليا من الجانبين، أو فضوليا من جانب ووليا أو وكيلا أو أصيلا من جانب[1]. ولكن ما الحكم فيما لو تولى الفضولي أحد طرفي النكاح بأن زوج رجلا من امرأة أو زوج امرأة من رجل؟

والفضولي هو الذي يتصرف لغيره بغير ولاية ولا وكالة، أو يتصرف لنفسه وليس أهلا[2].

مذهب الحنفية:

لو زوج رجل امرأة بغير رضاها أو رجلا بغير رضاه، فإن أجاز بالقول أو الفعل جاز العقد والا فلا، فكل عقد صدر من الفضولي وله قابل يقبل الإيجاب سواء كان وليا أو وكيلا أو فضوليا انعقد موقوفا[3]. واستدل الحنفية لمذهبهم بما يأتي.

أولا: الكتاب:

قوله تعالى: ﴿ فَٱنكِحُواْ مَا طَابَ لَكُم مِّنَ ٱلنِّسَآءِ مَثۡنَىٰ وَثُلَٰثَ وَرُبَٰعَ ﴾[4].

وجه الدلالة منه أنه عام يشمل نكاح الفضولي، لأنه نكاح جرى بين اثنين فلو كان كلاهما (كلا الطرفين) وكيلين كان العقد عقدا تاما. فكذلك إذا كانا فضوليين كان عقدهما عقدا موقوفا[5].

ثانيا: السنة:

1- روي عن ابن عباس أن (جارية بكرا أتت النبي ﷺ فذكرت أن أباها زوجها وهي كارهة فخيرها النبي ﷺ) وفي رواية (إني قد أجزت ما صنع أبي ولكني أردت أن اعلم النساء أن ليس للآباء من أمر النساء شيئا) [6].

---

[1] عبد الرحمن بن محمد شيخي زاده (داماد)، مجمع الانهر شرح ملتقى الابحر، ج 1 ص345.
[2] زين الدين بن ابراهيم (ابن نجيم)، البحر الرائق شرح كنز الدقائق، ج 3 ص148.
[3] البابرتي، العناية شرح الهداية، ج 3 ص308 0 الفتاوى الهندية ج 1 ص300.
[4] سورة النساء، الآية رقم (3).
[5] ينظر الإمام كمال الدين ابن الهمام، شرح فتح القدير،ج 3 ص296. كشف الاسرار ج 4 ص190.
[6] سبق تخريجه في ص69و 103 من هذه الأطروحة.

وجه الدلالة في الحديث أن الرسول ﷺ قد خير الفتاة المكرهة بين إمضاء العقد وبين فسخه، ثم إن الفتاة قد أجازت العقد فأجيز، وفي هذا دلالة على أن الإجازة اللاحقة كالإذن السابق[1]. فعقد الفضولي لو لحقته الإجازة جاز.

2- عن عروة البارقي (أن النبي ﷺ أعطاه دينارا ليشتري له شاة . فاشترى له شاتين . فباع إحداهما بدينار فأتى النبي ﷺ بدينار وشاة فدعا له رسول الـلـه بالبركة فلو كان اشترى ترابا لربح فيه)[2].

وجه الدلالة في الحديث أن عروة البارقي وإن كان وكيلا إلا أنه بشراء شاتين أصبح فضوليا لعدم تقيده بما وكل فيه، ومع ذلك فإن الرسول ﷺ قد دعا له بالبركة، وهذا دليل على جواز نكاح الفضولي[3].

ولكن رد على هذا بأن عروة كان وكيلا مطلقا للرسول بدليل تسليمه الشاة، والتسلم في حالة الفضول غير جائر إلا بإذن وقد حصل منه التسلم دون إذن الرسول فدل ذلك على أنه كان وكيلا مطلقا[4].

3- روي أن النبي ﷺ أجاز نكاح امرأة زوجها أمها[5].

قلت لم أجد هذا الحديث مرفوعا إلى النبي ﷺ وإنما هو موقوف على علي رضي الله عنه فقد روي عن أبي قيس الأودي عمن أخبره عن علي رضي الله عنه أنه : أجاز نكاح امرأة زوجتها أمها برضى منها[6].

ثالثا: المعقول:

1- إن العقد صدر من أهله مضافا إلى محله، وتوضيح ذلك إن من شروط صحة العقد صدوره ممن له الأهلية، وقد حصل ذلك لكون الفضولي عاقلا بالغا، مضافا إلى محله أي واقعا على محل مشروع وهو الأنثى من بني ادم ممن ليست من المحرمات عليه[7].

2- قياسا على شرط الخيار في البيع إذ يتراخى ملك المشتري إلى اختيار البائع البيع، فكذلك لا يكون نكاح الفضولي نافذا إلا بعد الإجازة[8] من صاحب الحق فإن أجاز نفذ العقد لأن الإجازة اللاحقة كالإذن السابق[9].

3- إنه لا ضرر في انعقاده، فوجب القول به. بل الضرر في إبرامه بدون اختيار ممن له الإجازة[10]. وهذا منتف في نكاح الفضولي.

---

(1) ينظر عثمان بن علي الزيلعي، تبيين الحقائق شرح كنز الدقائق، ج 2 ص133.
(2) ابن ماجه، سنن ابن ماجه، ج2، ص803.
(3) البابرتي، العناية شرح الهداية، ج 3 ص52 – 53.
(4) ينظر الشيخ محمد الشربيني الخطيب، مغني المحتاج، ج 2 ص352. البحر المحيط ج 1 ص66.
(5) عثمان بن علي الزيلعي، تبيين الحقائق شرح كنز الدقائق، ج 2 ص133.
(6) البيهقي، سنن البيهقي الكبرى، ج7، ص112. سعيد بن منصور، سنن سعيد بن منصور، ج1، ص159.
(7) الإمام كمال الدين ابن الهمام، شرح فتح القدير،ج3، ص296.
(8) عثمان بن علي الزيلعي، تبيين الحقائق شرح كنز الدقائق، ج 2 ص133.
(9) الإمام الكاساني، بدائع الصنائع، ج 2 ص371.
(10) عثمان بن علي الزيلعي، تبيين الحقائق شرح كنز الدقائق، ج 2 ص133.

مذهب الشافعية:

للشافعية في نكاح الفضولي وكذا سائر تصرفاته قولان احدهما: إنه باطل، وهو الجديد من قول الشافعي، وثانيهما: وهو القديم إنه موقوف على الإجازة، كما أن هناك حكاية في الجديد أنه موقوف وبعضهم رجح هذا القول واستدل له. اما المشهور والاصح في المذهب فإن تصرفات الفضولي ومنها النكاح باطل[1]، واستدلوا لهذا بما يأتي:

أولا: السنة:

1- عن حكيم بن حزام قال (قلت يا رسول الـله يأتيني الرجل فيسألني من البيع ليس عندي ما أبيعه منه ثم ابتاع من السوق فقال ﷺ (لا تبع ما ليس عندك) [2].

وجه الدلالة فيه كما قال النووي[3] "إن ظاهر النهي التحريم فيما لم يكن في ملك الإنسان، ولا داخلا تحت مقدرته باستثناء السلم"[4] والفضولي ليس في مقدرته أن يزوج فلانة من فلان.

ثانيا: المعقول:

1- إن الفضولي ليس بولي ولا وكيل ولا أصيل[5]، فليس له الولاية الشرعية لانعقاد هكذا عقد، فيلغو، ثم إن إجراء التصرف من الفضولي قد يدفع بالمرء إلى قبول هذا العقد، وإن لم يكن الرضا منه كاملا، وعليه فإن الرضا سيكون معيبا والرضا المعيب لا يكون صالحا لإنشاء العقود.

2- إن نكاح الفضولي مخالف للقياس[6].

3- إن الملك شرط لصحة العقد والإجازة، وهنا الملك منتف عن الفضولي فلا يصح نكاحه.

الرأي الراجح:

الذي يبدو أن الراجح هو ما ذهب إليه الشافعية و الـله أعلم.

---

(1) الشيخ محمد الشربيني الخطيب، مغني المحتاج، ج 2 ص352. البيان في مذهب الإمام الشافعي ج 9 ص136.

(2) أبو داود، سنن ابي داود،ج2، ص305، حديث 3503. الترمذي، سنن الترمذي،ج 3، ص534، حديث 1232.

(3) النووي الإمام الحافظ الأوحد القدوة شيخ الإسلام علم الأولياء محي الدين أبو زكريا يحيى بن شرف بن مري الحزامي الحوراني الشافعي(631- 676هـ) صاحب التصانيف النافعة. حفظ التنبيه في أربعة أشهر ونصف، وقرأ ربع المهذب حفظا في باقي السنة على شيخه الكمال إسحاق بن أحمد، وكان يقرأ كل يوم اثني عشر درسا على مشايخه شرحا وتصحيحا. ثم حج مع أبيه وأقام بالمدينة النبوية شهرا ونصفا ومرض أكثر الطريق. ثم سافر الشيخ فزار بيت المقدس. فقد كان أوحد زمانه في العلم والورع والعبادة والتقلل وخشونة العيش. واعتنى بالتصنيف فجمع شيئا كثيرا منها ما أكمله ومنها ما لم يكمله فما كمل شرح مسلم والروضة والمنهاج البداية والنهاية والرياض والأذكار والتبيان وتحرير التنبيه وتصحيحه وتهذيب الاسماء واللغات وطبقات الفقهاء وغير ذلك ومما لم يتممه ولو كمل لم يكن له نظير في بابه شرح المهذب الذي سماه المجموع وصل فيه إلى كتاب الربا فأبدع فيه وأجاد وأفاد وأحسن الانتقاد وحرر الفقه فيه في المذهب. ولما عاد إلى نوى من رحلاته مرض عند والده فحضرته المنية فانتقل إلى رحمة الـله في الرابع والعشرين من رجب سنة ست وسبعين وست مائة وقبره ظاهر يزار. ينظر تذكرة الحفاظ للعسقلاني، ج4، ص1470.

(4) الشوكاني، نيل الاوطار، ج 5 ص185 رقم 218.

(5) حاشيتا قليوبي وعميرة،ج 2 ص202.

(6) المصدر نفسه، ج 2 ص202، وينظر البحر المحيط ج 7 ص276.

المبحث الثالث
الخلاف في المحرمـات بالرضـاع

المحرمات بالرضاع حرمتهن حرمة مؤبدة فإذا ثبت الرضاع حرمت على الرضيع أصول وفروع المرضعة بلا خلاف بين الفقهاء. ولكن حصل خلاف في شروط الرضاع المحرم. فلكي يكون الرضاع محرما لابد له من شروط منها أن يكون الرضاع في مدة معينة. وأن يكون اللبن بصفة معينة وقدر معين يتحقق به التحريم. ثم لابد من إثباته إما بالبينة أو بالإقرار. وهذا ما سنبحثه في المطالب الخمسة الآتية:

المطلب الأول
الخلاف في وقت الرضــاع

المقصود بمدة الرضاع؛ تلك الفترة التي لو ارتضع الطفل من ثدي امرأة تحققت بينهما الرضاعة المحرمة، وأصبحت المرضعة أما للرضيع بالرضاعة، وترتبت عليها آثارها. والحنفية والشافعية اختلفوا في هذه المدة وكم هي.

مذهب الحنفية:

الذي ذهب إليه الإمام أبو حنيفة أن وقت الرضاع المحرم هي ثلاثون شهرا، بخلاف الإمام محمد وابي يوسف اللذين قالا بأن مدة الرضاع هي عامان كاملان (حولان)، وبقول الإمامين يفتى في المذهب[1] واستند الإمام أبو حنيفة لمذهبه بما يأتي:

أولا: الكتاب:

1- قوله تعالى: ﴿ وَأُمَّهَـٰتُكُمُ ٱلَّـٰتِىٓ أَرْضَعْنَكُمْ ﴾[2].

وجه الدلالة من هذه الآية أنها أثبتت الحرمة بالرضاع مطلقا عن التعرض لزمان الإرضاع.

2- قوله تعالى: ﴿ وَحَمْلُهُۥ وَفِصَـٰلُهُۥ ثَلَـٰثُونَ شَهْرًا ﴾[3].

وجه الدلالة من الآية أن الـلـه تعالى ذكر شيئين، وضرب لهما مدة فصارت لكل واحد منها كاملا كالأجل المضروب للدينين بأن قال أجلت الدين الذي لي على فلان والدين الذي على فلان سنة، يفهم منه أن السنة بكمالها لهما[4].

---

[1] عبد الرحمن بن محمد شيخي زاده (داماد)، مجمع الانهر شرح ملتقى الابحر، ج1 ص376. عثمان بن علي الزيلعي، تبيين الحقائق شرح كنز الدقائق، ج 2 ص184. منلا خسرو، درر الحكام شرح غرر الاحكام،ج1 ص356.
[2] سورة النساء، الآية رقم (23).
[3] سورة الأحقاف، الآية رقم (15).
[4] الزيلعي، تبيين الحقائق شرح كنز الدقائق، ج2 ص184. عبد الـلـه بن محمود بن مودود الموصلي، الاختيار لتعليل المختار، ج2 ص139.

قلت من الممكن أن يرد على هذا بأن المدة المضروبة هي بكمالها للرضاع فيه تناقض مع ما قرره الحنفية من أن أكثر مدة الحمل سنتان. لأنه بناء على هذا الأصل كان ينبغي أن يقال بأن مدة الحمل ثلاثون شهرا.

3- قوله تعالى: ﴿ فَإِنْ أَرَادَا فِصَالاً عَن تَرَاضٍ مِّنْهُمَا وَتَشَاوُرٍ فَلَا جُنَاحَ عَلَيْهِمَا ﴾[1].

وجه الدلالة منها أنها اعتبرت التراضي والتشاور في الفصال بعد الحولين، فدل ذلك على جواز الإرضاع بعد الحولين[2].

ولكن يرد على هذا، بأنه يمكن القول بأن الرضاع جائز بعد الحولين، ولكن هذه الرضاعة ليست بالرضاعة المحرمة، لأنها خرجت عن الوقت المحدد لها بحولين كاملين.

ثانيا: السنة:

1- عن عائشة أن رسول اللـه دخل عليها وعندها رجل، فكأنه تغير وجهه كأنه كره ذلك فقالت إنه أخي فقال: ((انظرن من إخوانكن فإنما الرضاعة من المجاعة))[3].

وجه الدلالة منه: أنه يدل على أن الرضاع غير متعلق بالحولين والا لقال الرضاعة ما كان في الحولين، ولأنه ذكر المجاعة،ومعناها: إن اللبن إذا كان يسد جوعه ويقوي بدنه فهي رضاعة، وقد يكون ذلك بعد الحولين فاقتضى ظاهر ذلك حجية الرضاع الموجب للتحريم بعد الحولين ومما يؤيد عدم التقييد بالحولين الحديث الآتي.

2- عن ابن مسعود قال ﷺ (الرضاعة ما أنبت اللحم وأنشز العظم)[4].

وجه الدلالة من الحديث: إن الرسول ﷺ حدد أن الرضاعة المحرمة هي التي يكون لها أثر في إنبات اللحم وإنشاز العظم فقد اعتبر معنى تختلف فيه أحوال الصغار، وإن كان الأغلب أنهم قد يستغنون عنه بمضي الحولين[5]. فهو يدل على نفي توقيت الرضاع بمدة الحولين.

ثالثا: الآثـار:

رويت آثار عن الصحابة كالسيدة عائشة وأم سلمة وأبي هريرة رضي اللـه عنهم، تفيد عدم توقيت الرضاع بمدة الحولين، والأساس الذي قامت عليه هذه الآثار هو الصغر وإنبات اللحم ونشور العظم[6].

---

(1) سورة البقرة، الآية رقم (233).

(2) الإمام السرخسي، المبسوط،ج 5 ص137.

(3) الإمام السرخسي، المبسوط،ج 5 ص137. عبداللـه بن عبدالرحمن أبو محمد الدارمي، سنن الدارمي، تحقيق فواز أحمد زمرلي وخالد السبع العلمي، ج2, ط1، دار الكتاب العربي- بيروت، سنة الطبع 1407، ص210، حديث 2256.

(4) الدارقطني ج4 ص172. مسند الإمام احمد ج 9 ص91 رقم 8499.

(5) الجصاص، احكام القرآن ج1 ص262.

(6) المصدر نفسه، ج1 ص516.

ويرد على الاستدلال بهذه الآثار بأن هناك أحاديث تحدد أن الرضاع المميز هو الذي يكون في الحولين.وستأتي ضمن أدلة الشافعية.

ويجاب عن الأحاديث بأنه ما المانع من أن يكون المقصود بالمجاعة هنا تلك المجاعة الواقعة في فترة الحولين. وهي الفترة التي يكون للرضاع أثر كبير في إنبات اللحم ونشور العظم. ويؤكد هذا أن هناك من الأحاديث الصحيحة والآثار المروية عن عدد من الصحابة اعتبرت أن الرضاعة من المجاعة إنما هي المجاعة التي تكون في الحولين.

رابعا: العقل:

إن قطع اللبن دفعة من غير أن يتعود غيره مهلك، لأن غذاء الرضيع اللبن وغذاء الفطيم اللبن مرة ومرة أخرى الطعام، والفطام لا يحصل في ساعة واحدة بل يحصل شيئا فشيئا حتى ينسى اللبن ويتعود غيره، فلابد من زيادة على الحولين فقدرت بأدنى مدة الحمل لأنها مدة تغير الغذاء[1].

ولكن يرد على هذا بأنها مسألة اجتهادية، فلقائل أن يقول بأن المجاعة تتوفر في عمر أربع سنين فزفر قال إن الزيادة لابد أن يكون حولا لاشتماله على الفصول الأربعة[2] عليه فسد هذا الباب أولى من الاجتهاد فيه و اللـه اعلم.

مذهب الشافعية:

إن مدة الرضاع هي سنتان من يوم تمام ولادة الطفل، فإن ارتضع الطفل من ثدي امرأة بعد الحولين ولو بلحظة واحدة لم يتعلق به التحريم، شرط أن لا يكون قد باشر بالرضعة الخامسة[3]، واستدل الشافعية لمذهبهم بما يأتي:

أولا: الكتاب:

1- قوله تعالى: ﴿ وَٱلْوَٰلِدَٰتُ يُرْضِعْنَ أَوْلَٰدَهُنَّ حَوْلَيْنِ كَامِلَيْنِ ﴾[4].

وجه الدلالة من الآية: إن اللـه عز وجل جعل الحولين الكاملين تمام مدة الرضاع وليس وراء التمام شي، فعلم أن الحكم بعد الحولين بخلافه[5].

---

(1) الزيلعي ج2 ص183. اليابرين جح2 ص444.
(2) ينظر الجصاص،احكام القرآن، ج 1 ص561
(3) الإمام الشافعي، الأم، ج5 ص32.الشيخ زكريا الأنصاري، اسنى المطالب شرح روض الطالب، ج3 ص418، الشيخ محمد الشربيني الخطيب، مغني المحتاج، ج 5 ص129. ابن حجر الهيتمي، تحفة المحتاج، ج 8 ص288.نسب ابن رشد هذا القول إلى زفر ايضا، وهو خطأ فالثابت عنه أنه يقول المدة ثلاثة احوال. ابن رشد، بداية المجتهد ونهاية المقتصد، تحقيق الشيخ علي محمد معوض و الشيخ عادل أحمد عبد الموجود، ج2، ط3، دار الكتب العلمية، بيروت - لبنان، سنة الطبع 2002، ص68.
(4) سورة البقرة، الآية رقم (233).
(5) الشيخ زكريا الأنصاري،اسنى المطالب شرح روض الطالب، ج3 ص418.

ويرد على هذا، بأن التقييد في هذه الآية بحولين محمول على الرضاع المستحق للأجرة[1].

2- قوله تعالى: ﴿ وَحَمْلُهُۥ وَفِصَٰلُهُۥ ثَلَٰثُونَ شَهْرًا ﴾[2].

وجه الدلالة منها أن الـلـه ﷻ جعل مدة الحمل والفصال ثلاثين شهرا، ومدة الحمل داخلة فيه، وأقلها ستة اشهر، فيبقى عامان، وهي مدة الرضاع[3].

ويرد على هذا بأنه لو سلمنا بأن الفصال هنا هو مدة الرضاع فإنه يكون بيانا لأقل مدته، لا أنه لا يوجب الحرمة بعد ذلك، ألا ترى أنه فرق بين الفصال والحمل، والمراد أقل مدة الحمل، فيكون المقصود هنا أيضا اقل مدة الرضاع[4].

3- قولـه تعالى: ﴿ وَوَصَّيْنَا ٱلْإِنسَٰنَ بِوَٰلِدَيْهِ حَمَلَتْهُ أُمُّهُۥ وَهْنًا عَلَىٰ وَهْنٍ وَفِصَٰلُهُۥ فِى عَامَيْنِ ﴾[5].

وجه الدلالة من الآية أنها واضحة في الدلالة على أن الفصال إنما يكون في عامين وما يكون بعد العامين من رضاع فلا عبرة به [6].

ثانيا: السنة:

1- عن أم سلمه قالت قال رسول الـلـه ﷺ ((لا يحرم من الرضاع إلا ما فتق الأمعاء في الثدي وكان قبل الفطام)) قال أبو عيسى هذا حديث حسن، والعمل به عند أكثر أهل العلم[7].

فالحديث واضح في أن الرضاعة ما كان قبل الفطام، والفطام لا يكون بعد الحولين وإنما خلال الحولين كما نص على ذلك الكتاب الكريم: ﴿ وَوَصَّيْنَا ٱلْإِنسَٰنَ بِوَٰلِدَيْهِ حَمَلَتْهُ أُمُّهُۥ وَهْنًا عَلَىٰ وَهْنٍ وَفِصَٰلُهُۥ فِى عَامَيْنِ ﴾[8].

2- عن ابن عباس رضي الله عنه قال: قال رسول الـلـه ﷺ: ((لا رضاع إلا ما كان في الحولين))[9].

3- عن جابر رضي الله عنه قال: قال رسول الـلـه ﷺ: ((لا رضاع بعد فصال ولا يتم بعد احتلام))[10] كذا روي عن علي رضي الله عنه.

---

(1) عثمان بن علي الزيلعي، تبيين الحقائق شرح كنز الدقائق، ج2 ص184.
(2) سورة الأحقاف، الآية رقم (15).
(3) الشيخ سليمان بن محمد البجيرمي، حاشية البجيرمي على الخطيب، ج4 ص73
(4) عثمان بن علي الزيلعي، تبيين الحقائق شرح كنز الدقائق، ج 2 ص184.
(5) سورة لقمان، الآية رقم (14).
(6) ابن كثير، تفسير القرآن العظيم، ج3، ط1، مطتبة الصفا، القاهرة، سنة الطبع2004، ص446. وينظر السرخسي، المبسوط، ج 5 ص37.
(7) الترمذي، سنن الترمذي، ج 3 ص458.
(8) سورة لقمان، الآية رقم (14).
(9) الدارقطني ج 4 ص174، الدراية في احاديـث الهداية ج 2 ص68 ابن حجر العسقلاني، تلخيصالحبير ج4 ص4.
(10) الطبراني، الكبير ج 2 ص158. البيهقي، سنن البيهقي الكبرى، ج 7 ص319 و ج 7 ص461.مند الطياليي ج 1 ص243.

وجه الدلالة من الحديث الثاني أنه واضح في أن الرضاع المعتبر هو ما كان خلال الحولين، لأن الحديث ينفي أثر الرضاع الذي يكون بعد الحولين، وعليه فإذا وجدت الرضاعة بعد الحولين، فليس لها حكم الرضاعة المحرمة.

وجه الدلالة من الحديث الثالث؛ إنه مؤكد لقوله تعالى (وفصاله في عامين) حيث نفى الحديث أي حكم للرضاعة بعد الفطام الذي يكون بانتهاء الحولين[1].

ويرد على هذا أن قوله ﷺ (لا رضاع) لنفي الجنس، فإنه من الممكن أن يكون عدم الوجوب وعدم الجواز محتملين، فلم يكن حجة، لأن الدليل إذا تطرق إليه الاحتمال بطل به الاستدلال[2].

ويجاب عن هذا بأن المقصود من الحديث بأن لا حكم للرضاع بعد الحولين من حيث حرمة المرضعة على الرضيع، وإنما يكون حكمها حكم الرضاعة الأصلية وهي الكراهة و اللـه اعلم.

ثالثا: الآثـار:

وردت عن عدد من الصحابة كعمر وعلي وابن مسعود وأبي هريرة قولهم (لا رضاع بعد الفصال)[3].

الرأي الراجح:

الذي يبدو أن الراجح هو ما ذهب إليه الشافعية والإمام محمد بن الحسن وأبو يوسف لقوة أدلتهم و اللـه أعلم.

المطلب الثانـي
الخلاف في مقـدار الرضـاع المحـرم

اختلف الحنفية والشافعية في مقدار الرضاع المحرم، فهل أن قليل الرضاع وكثيره سواء في التحريم، أم لابد للرضاع من قدر معين ينبغي بلوغه كي يكون محرما.

مذهب الحنفية:

قليل الرضاع وكثيره سواء، وإن كانت قطرة واحدة. فمجرد وصول اللبن إلى جوف الطفل الرضيع يكون محرما[4]، وبمثل مذهب الحنفية قال المالكية، واستدلوا لمذهبهم بما يأتي:

---

(1) انظر الشيخ زكريا الأنصاري، اسنى المطالب شرح روض الطالب، ج 3 ص418. الشيخ سليمان بن محمد البجيرمي، حاشية البجيرمي على الخطيب، ج 4 ص73. الشيـخ محمد الشربيني الخطيـب، مغني المحتـاج، ج5 ص129. الرملي ج 7 ص176.

(2) ينظر عبد الرحمن بن محمد شيخي زاده (داماد)، مجمع الانهر شرح ملتقى الابحر،ج 1 ص376.

(3) أبوبكر بن ابي شيبة، المصنف في الأحاديث والآثار، ج 3 ص389.

(4) الإمام كمال الدين ابن الهمام، شرح فتح القدير،ج 4 ص421. عبد الرحمن بن محمد شيخي زاده (داماد)، مجمع الانهر شرح ملتقى الابحر،ج 1 ص376. محمد بن فرموزا (منلا خسرو)، درر الحكام شرح غـرر الاحكـام، ج1 ص357.

أولا: الكتاب:

قوله تعالى: ﴿ وَأُمَّهَٰتُكُمُ ٱلَّٰتِيٓ أَرۡضَعۡنَكُمۡ وَأَخَوَٰتُكُم مِّنَ ٱلرَّضَٰعَةِ ﴾[1].

وجه الدلالة من الآية أنها ذكرت الأم والأخت من الرضاع ضمن المحرمات من النساء، من غير فصل أو تقييد الرضاع بقدر معين فإطلاق الآية للرضاعة من غير فصل بين قليله وكثيره دليل على حرمته مطلقا. وعليه فاشتراط العدد فيه يكون من الزيادة على النص، ومثله لا يثبت بخبر الواحد، فالحرمة قد ثبتت بفعل الرضاع لا بعدد الرضعات[2].

ولكن رد على هذا بأن قولكم "إن اشتراط العدد في الرضاع هو من قبيل الزيادة على النص" مردود، لأنه ثابت بنصوص صحيحه وصريحة، ثم إن ما تقولونه في عدم جواز الزيادة بخبر الواحد، فقد وقعتم فيه، في كثير من المسائل، منها، تحديد المهر بألا يكون اقل من عشرة دراهم. ووجوب الطهارة للطواف لقوله ﷺ ((الطواف بالبيت صلاة))[3].

1- قوله ﷺ: ((يحرم من الرضاع ما يحرم من النسب))[4].

2- عن عائشة رضي الـلـه عنها قالت قال رسول الـلـه ﷺ: ((الرضاعة من المجاعة))[5].

وجه الدلالة في الحديثين كالآية السابقة، إذ فيهما النص على أن الرضاع محرم، من غير فصل بين قليله وكثيره، ولو كان التقدير مرادا، لفصله الشارع وبينه، ولأنه لما لم يفرق بين القليل والكثير، فهو محمول عليهما[6].

ولكن أجيب على هذا بأنه قد ثبت بأحاديث صحيحة أن الرضعة الواحدة لا تحرم، فقد اخرج الإمام البخاري في صحيحه أن الرسول ﷺ قال ((لا تحرم المصة والمصتان))، فالحديث دليل على عدم التحريم بالرضعة الواحدة والرضعتين، وهذا لا يعارض مذهب الشافعية القائل بتحريم الخمس رضعات، فهو يدل بمفهومه على أن الخمس رضعات محرمات و الـلـه اعلم.

3- روي عن علي رضي الله عنه قال: قال رسول الـلـه ﷺ: ((الرضاع قليله وكثيره سواء))[7].

---

[1] سورة النساء، الآية رقم (23).

[2] الزيلعي، تبيين الحقائق شرح كنز الدقائق، ج2، ص183. البابرتي، العناية شرح الهداية، ج3 ص439 -440.

[3] ابن القيم الجوزية، اعلام الموقعين عن رب العالمين، تحقيق عصام الدين الضبابيطي، ج4، دار الحديث، القاهرة، دون عدد وسنة الطبع، ص538. الحديث اخرجه ابن حبان في صحيحه، ج 9، ص143، حديث 3836. سليمان بن أحمد بن أيوب أبو القاسم الطبراني، المعجم الكبير، تحقيق : حمدي بن عبدالمجيد السلفي، ج11، الطبعة الثانية، مكتبة العلوم والحكم ، الموصل – العراق، سنة الطبع1404 – 1983، ص34.

[4] متفق عليه، البخاري، صحيح البخاري،ج 2، ص935. الإمام مسلم، صحيح مسلم،ج 2، ص1069.

[5] متفق عليه، الإمام البخاري، صحيح البخاري، ج 2، ص936، حديث 2504. الإمام مسلم، صحيح مسلم، ج 2، ص1078، حديث1455.

[6] الجصاص، احكام القرآن، ج 2 ص179.

[7] الإمام السرخسي، المبسوط،ج 5 ص130.

الحديث إن صح فهو نص في محل النزاع، إلا أنه غير صحيح، فهو موقوف على علي رضي الله عنه. حيث لم أجده في كتب الحديث مرفوعا إلى الرسول صلى الله عليه وسلم بل هو موقوف على علي رضي الله عنه[1].

ثالثا: الآثار:

1- روي عن علي وابن مسعود وابن عباس وعروة بن الزبير أنهم قالوا (قليل الرضاع وكثيره سواء) [2].

2- روي أن رجلا قال لابن عمر رضي الله عنه إن أمير المؤمنين بن الزبير رضي الله عنه: يقول لا تحرم الرضعة والرضعتان فقال بن عمر رضي الله عنه كتاب الله عز وجل أصدق من أمير المؤمنين ﴿ حُرِّمَتْ عَلَيْكُمْ أُمَّهَٰتُكُمْ وَبَنَاتُكُمْ وَأَخَوَٰتُكُمْ ﴾ قرأ حتى بلغ ﴿ وَأُمَّهَٰتُكُمُ ٱلَّٰتِىٓ أَرْضَعْنَكُمْ وَأَخَوَٰتُكُم مِّنَ ٱلرَّضَٰعَةِ ﴾[3].

رابعا: المعقول:

1- قياسا على الوطء فكما أن الوطء هو سبب للتحريم بين الرجل وأصول وفروع الزوجة وكذا العكس لا يشترط فيه العدد، فكذلك الرضاع إن وجد ولو مرة واحدة ثبت به التحريم كالوطء[4].

2- إن الحكمة من التحريم بالرضاع هي شبهة البعضية (الجزئية) الثابتة بنشوز العظم وانبات اللحم، وهي خفية والأحكام لا تتعلق بها لخفائها بل بالظاهر المنضبط وهو فعل الارتضاع. وهو مظنة للحكمة فالرضاع وإن قل يحصل به نشوء بقدره فكان الرضاع مطلقا مظنة بالنسبة إلى الصغير[5].

مذهب الشافعية:

إن من شروط الرضاع المحرم أن يكون عدده خمس رضعات متفرقات يقينا، فلا أثر لدون الخمس ولا مع الشك، فلا يتحقق الرضاع المحرم بأقل ما يقع عليه اسم الرضاع، فإن أرضعت امرأة

---

(1) الدارقطني، سنن الدارقطني، ج4 ، ص171، حديث2. الطبراني، المعجم الكبير، ج9،ص341، حديث9698.

(2) الإمام الكاساني، بدائع الصنائع، ج4 ص9. الدارقطني، سنن الدارقطني، ج4 ، ص171، حديث2.

(3) البيهقي، سنن البيهقي الكبرى، ج7، ص458، حديث15421. الدار قطني، سنن الدار قطني، ج 4، ص179، حديث 23.

(4) عثمان بن علي الزيلعي، تبيين الحقائق شرح كنز الدقائق، ج 2 ص182. الإمام السرخسي، المبسوط،ج 5 ص135 البيهقي، سنن البيهقي الكبرى،ج 7، ص458.

(5) ينظر، الإمام كمال الدين ابن الهمام، شرح فتح القدير،ج 4 ص421 – 422. زين الدين بن ابراهيم (ابن نجيم)، البحر الرائق شرح كنز الدقائق، ج 3 ص240. البابرتي، العناية شرح الهداية، ج 3 ص439.

طفلا خمس رضعات ثبتت الحرمة وإلا فلا، والضابط في الرضعة الواحدة هو العرف لعدم وجود ما يدل عليه في اللغة والشرع. وقد أخذ الحنابلة برأي الشافعية⁽¹⁾. وقد استدلوا لمذهبهم بما يأتي:

أولا: السنة:

1- روي عن عائشة رضي الله عنها أنها قالت (كان فيما أنزل من القرآن عشر رضعات معلومات يحرمن ثم نسخن بخمس معلومات فتوفي رسول الله ﷺ وهن فيما يقرأ من القرآن)⁽²⁾.

وجه الدلالة من الحديث: إن أمر الرضاع المحرم في بدايته كان على عشر رضعات، ثم نسخن هـذه العشـر إلى خمس رضعـات معلومـات، وبقـي الأمر على ذلك إلى أن توفي رسول ﷺ⁽³⁾. يؤيد ذلك الحديث التالي.

2- عن عائشة رضي الله عنها قالت ((أنزل في القرآن عشر رضعات فنسخ من ذلك خمس وصار إلى خمس رضعات معلومات فتوفي رسول الله ﷺ والأمر على ذلك))⁽⁴⁾.

فالحديث واضح في أن أمر النسخ آل في اخره إلى خمس رضعات، وتوفي رسول اللـه والامر على ذلك، ولا نسخ بعد الرسول ﷺ.

وقد رد على استدلال الشافعية بأحاديث عائشة رضي اللـه عنها بما يأتي:

1- إن هذا خبر آحاد لا يحوز تخصيص عام القرآن به، عليه يقدم عام القرآن لقطعيته، ويقدم حديث "يحرم من الرضاع" لسلامته من القوادح سندا ومتنا بخلاف حديث الخمس⁽⁵⁾.

2- إن الخمس رضعات كان ولكنه نسخ، بدليل أن ابن عباس سئل عن الرضاع فقيل له إن الناس يقولون لا تحرم الرضعة ولا الرضعتان، فقال ابن عباس قد كان ذاك فأما اليوم فالرضعة الواحدة تحرم⁽⁶⁾.

⁽¹⁾ الإمام الشافعي، الأم، ج 5، ص31. الإمام الغزالي، الوسيط، ج 3، ص396. الشيخ زكريا الأنصاري،
⁽²⁾ الإمام مسلم، صحيح مسلم، ج 2 ص1075 رقم 1452. أبو داود ج 2 ص203 رقم 2062.
⁽³⁾ الشيخ محمد الشربيني الخطيب، مغني المحتاج، ج5 ص134. الشيخ زكريا الأنصاري، اسنى المطالب ، ج3 ص418.
⁽⁴⁾ الترمذي ، سنن الترمذي، ج 3، ص455، حديث 1150.
⁽⁵⁾ ابن أمير حاج، التقرير والتحبير، ج1، ص129. الترمذي، سنن الترمذي، ج 3 ص455 رقم 1150.
⁽⁶⁾ الجصاص، احكام القرآن ج2 ص180.

3- إن هذا الحديث لا يصلح للاحتجاج به لأمور منها:

أ- إنه ضعيف لم يثبت عنها ففيه (وهن مما يتلى بعد وفاة الرسول) فما الذي نسخه بعد الوفاة ؟ ولا نسخ بعد ذلك، ولهذا السبب قال الطحاوي[1] بأن هذا حديث منكر. لأنه إن كان قرانا ولا نسخ بعد وفاة الرسول فلماذا لا يتلى الآن[2].

ب- إن الأخذ بحديث عائشة يقوي قول الروافض، بأن القرآن قد ضاع كثير منه بعد وفاة الرسول ﷺ، عليه يجب أن يكون المراد من قول عائشة، إن النسخ وقع للكل حتى لا يكون هذا القول مقويا لقول الروافض[3].

وأجيب بما يأتي:

1- إن هذا الحديث صحيح أخرجه مسلم، ولا يمكن رده لقول عائشة رضي الـلـه عنها (وهن مما يقرأ من القرآن) لأنه من الممكن حمله على وجه صحيح وهو أن يكون المعنى؛ يتلى بين الناس حكمهن.

2- إن الصحابة الذين كانوا يقرأون هذا على أنه قرآن لم يكن قد بلغهم أمر النسخ فلما بلغهم ذلك أجمعوا على أنه لا يتلى بعد ذلك[4].

3- إن النسخ للعشر قد وقع لفظا وحكما بخمس معلومات ونسخت هذه أيضا ولكن لفظا لا حكما[5]. فهو من قبيل نسخ التلاوة دون الحكم كما في حكم الرجم للزاني المحصن.

4- يمكن أن يكون الناسخ لقراءة العشر هو السنة، فيكون المعنى، إن النسخ لقراءة العشر وقع بالسنة، وتوفي الرسول ﷺ وهن يقرأ من القرآن (أي العشر)، لقرب النسخ بوفاة الرسول، فلما علموا بذلك، أجمعوا على عدم تلاوته. وهذا هو الراجح عند الشافعية[6].

---

(1) أحمد بن محمد بن سلامة ابن سلمة بن عبدالملك أبو جعفر الطحاوي(239 ـ 321هـ) الفقيه الحنفي صاحب المصنفات العديدة أحد الثقات الأثبات. وهو ابن أخت المزني. قال له المزني يوما و الـلـه لا يجيء منك شيء فغضب وانتقل إلى مذهب أبي حنيفة حتى برع وفاق أهل زمانه. من مصنفاته أحكام القرآن واختلاف العلماء ومعاني الآثار والتاريخ الكبير. دفن بالقرافة وقبره مشهور بها رحمه الـلـه من تصانيفه (معاني الآثار) و (شرح مشكل الآثار) وهو آخر تصانيفه و(العقيدة) المشهورة الطحاوية . ينظر الأعلام للزركلي، ج1، ص196. والبداية والنهاية لابن كثير، ج11، ص174.

(2) الإمام الكاساني، بدائع الصنائع، ج4 ص9. الإمام السرخسي، المبسوط.

(3) ابن عابدين، حاشية ابن عابدين، ج 4 ص391- 392، الامام السرخسي، ج 5 ص137.

(4) النووي على مسلم ج 1 ص27.

(5) الشيخ سليمان بن محمد البجيرمي، حاشية البجيرمي على الخطيب، ج 4 ص75، النووي على مسلم ج 10 ص17. العظيم آبادي، عون المعبود شرح سنن أبي داود، ج6، ص47.

(6) قليو بي وغميرة على المنهاج ج4 ص65.

عليه فليس في حديث عائشة ما يربك القاري ويمنع صحة الاعتقاد به كما صرح بذلك صاحب شرح الفتح القدير لما مر ذكره.

ثم إن الطحاوي لم يعد هذا الحديث منكرا كما قال صاحب شرح الفتح القدير. بل كل ما قال فيه: "إن فيه وهم من عبد الـلـه بن أبي بكر، أو أن يكون الجواب عنه هو: عدم تخصيص القرآن بخبر الآحاد"[1].

3- روي عن عائشة أنها قالت كان فيما أنزل الـلـه من القرآن ثم سقط، لا يحرم إلا عشر رضعات أو خمس معلومات[2].

وهذا هو مفهوم حصر وهو أولى من مفهوم العدد الذي في حديث (لا تحرم المصة والمصتان)[3].

4- عن عائشة رضي الـلـه عنها قالت جاءت سهلة إلى رسول الـلـه ﷺ فقالت يا رسول الـلـه كنا نرى سالما ولدا يدخل علي وليس لنا إلا بيت واحد فماذا ترى في شأنه فقال (أرضعيه خمس رضعات فيحرم بلبنك)[4].

يستدل بهذا الحديث على أن عدد الرضعات المحرم هو خمس رضعات، فالحديث وإن كان واردا في الكبير إلى أن ذلك لا يمنع من دخول الصغير فيه، بدليل أن عائشة رضي الـلـه عنها كانت قد قيدت الدخول عليه على من ارتضع خمس رضعات دون الفصل بين الرضاعة حال الكبر أو الصغر[5].

5- عن أبي مسعود قال: قال رسول الـلـه ﷺ: (لا يحرم من الرضاع إلا ما انبت اللحم وأنشز العظم)[6].

الحديث يدل على أن الرضاعة المحرمة هي ما كانت سببا في انبات اللحم وانشاز العظم كي تتحقق الجزئية بين الأم المرضع وبين الرضيع وبالرضعة الواحدة لا تتحقق هذه الجزئية، بل لابد من عدد كاف للرضعات كي تتحقق فيها مظنة الحكمة وهي متحققة في الخمس لا في الرضعة الواحدة.

---

[1] أحمد بن محمد بن سلامة الطحاوي، مشكل الآثار، ج3، دار الكتب العلمية، بيروت – لبنان، دون عدد وسنة الطبع، ص313.

[2] ابن ماجة ج 1 ص625 رقم 1942.

[3] الامام مسلم، صحيح مسلم، ج 2، ص1073، حديث 1450.

[4] ابن حبان، صحيح ابن حبان، ج 10، ص28، حديث 4215. مسند احمد بن حنبل ج6 ص201 رقم 2566. الإمام محمد بن ادريس الشافعي، مسند الشافعي، ج1 ص307.

[5] عبد الرحيم بن الحسين العراقي, طرح التثريب، ج7، ص134.

[6] الدارقطني ج 4 ص172 رقم 4. البيهقي، سنن البيهقي الكبرى، ج 7 ص461. مسند احمد بن حنبل ج1 ص432 رقم 4184.

وقد يقال بأن الأخذ بقاعدة " الأخذ بأقل ما قيل" التي اثبتها الشافعي رحمه اللـه يثبت تحريم الرضاعة بالقليل والكثير.

ولكن رد على هذا بأن الشافعية قد قالوا بهذه القاعدة في المسائل التي يكون مدار الاختلاف فيها التقدير عند عدم الدليل، وما نحن بصدده نص في الباب على الخمس، وكذا حديث لا تحرم المصة والمصتان[1].

الرأي الراجح:

الذي يبدو من خلال مناقشة أدلة الفريقين أن ما ذهب إليه الحنفية من حرمة قليل الرضاع وكثيره، هو الأحوط إلا أن قوة الأدلة التي استند إليها الشافعية ترجح مذهبهم وهو ما يفتي به الآن كثيرون و اللـه اعلم.

المطلب الثالث
الخلاف في إثبـات الرضــاع

لا خلاف بين الحنفية والشافعية في أن الرضاع يثبت بأحد أمرين وهما الإقرار والشهادة ولكن حصل بينهما خلاف في تفاصيل هاتين الوسيلتين.

الفرع الأول: الإقـرار:

ليس هناك اختلاف كبير بين الحنفية والشافعية في إثبات الرضاع بالإقرار إلا في بعض ما يترتب على هذا الإقرار من آثار وتوضيح ذلك كالآتي:

الإقرار إذا كان قبل الزواج فسواء كان منهما أو من احدهما لم يجز الزواج بينهما بأي حال من الأحوال، لثبوت مانع الزواج بينهما وهو المحرمية بالرضاع.

وأما إذا كان الإقرار منهما بعد الزواج وجب عليهما أن يتفرقا وإن لم يتفرقا، فرق القاضي بينهما جبرا. فان كان قبل الدخول فلا شيء للمرأة. وإن كان بعده، وجب للمرأة الأقل من مهر المسمى أو مهر المثل عند الحنفية وعند الشافعية يجب لها مهر المثل[2].

وأما إذا كان الإقرار من جانب الزوج وحده وجب عليهما أن يتفرقا وإن لم تصدقه المرأة ولها نصف المسمى إن كان قبل الدخول وجميعه إن كان بعد الدخول باتفاق الحنفية والشافعية.

---

(1) ينظر البحر المحيط ج 8 ص27. العلامة فخر الدين أحمد بن حسن بن يوسف الجاربردي، السراج الوهاج في شرح المنهاج، ج2، دار المعراج – السعودية، ط1، 1996. 992-993. المستصفى ص159 – 160.

(2) الإمام الكاساني، بدائع الصنائع، ج4، ص. الإمام السرخسي، المبسوط، ج 5 ص145.الشيخ محمد الشربيني الخطيب، مغني المحتاج، ج 5 ص227.

وأما إذا كان الإقرار من جانب الزوجة وحدها فلا اعتبار لإقرارها إلا إذا صدقها الزوج، أو أتت ببينة تثبت صحة إقرارها، وعدم الأخذ بإقرارها لاحتمال أنها تريد التخلص من الزوج وهذا محل اتفاق بين الحنفية والشافعية[(1)].

وفي هذه الحالة أضاف الشافعية شرطا لعدم اعتبار إقرار المرأة وهو إنكار الزوج للرضاع مع البينة إن كان الزواج وقع برضاها والا فالأصح تصديقها بيمينها ولها مهر المثل بعد التفريق.

والرجوع عن الإقرار جائز عند الحنفية بشرط أن لا يكون قد ثبت هذا الإقرار ببينة أو ثبتت عليه واستدلوا بما يأتي:

إن الرجوع عن الإقرار بالرضاع هو رجوع في الإخبار الذي يجري فيها الغلط إذ مدارها على السماع فيمكن أن يكون المقر سمع الخبر من شخص فاقر بذلك السماع ثم تبين له كذبه فكان له حق الرجوع فيه[(2)].

وعند الشافعية لا يجوز الرجوع عن الإقرار بالرضاع وحجة الشافعية.

1- إن الرجوع عن الإقرار هو رجوع عن الإثبات والإثبات لا يكون إلا عن علم ففي الرجوع عنه تناقض.
2- قياسا على الإقرار بالنسب[(3)].

الذي يبدو أن الراجح هو ما ذهب إليه الحنفية من جواز الرجوع عن الإقرار الذي لم يتأكد ثبوته بقول المقر فقط، لاحتمال أن يكون المقر قد استند في إقراره إلى خبر كاذب تبين له ذلك بعد الإقرار و الـلـه اعلم.

الفرع الثاني: الشهادة في الرضاع:

لا خلاف بين الحنفية والشافعية في أن الرضاع يثبت بشهادة رجلين أو رجل وامرأتين ولا خلاف بينهم في عدم ثبوت الرضاع المحرم بشهادة امرأة واحدة[(4)] ولكن وقع الخلاف بينهم في شهادة أربع نساء أي منفردات فهل يثبت بشهادتهن الرضاع أم لا؟

---

(1) الإمام السرخسي، المبسوط، ج 5 ص145. الشيخ محمد الشربيني الخطيب، مغني المحتاج، ج 5 ص227.
(2) ابن عابدين، حاشية ابن عابدين،ج4 ص408. عبد الرحمن بن محمد شيخي زاده (داماد)، مجمع الانهر شرح ملتقى الابحر،ج 1 ص384.
(3) الإمام الشافعي، الام، ج5، ص38. الشيخ زكريا الأنصاري، اسنى المطالب شرح روض الطالب، ج3 ص417.
(4) الإمام الكاساني، بدائع الصنائع، ج4 ص14. البابرتي، العناية ، ج3 ص462، الشيخ الشربيني الخطيب، مغني المحتاج، ج5 ص. الام ح8 ص336.

مذهب الحنفية:

إن الرضاع يثبت بما يثبت به المال، وهو شهادة رجلين أو رجل وأمراتين، فيسع الزوج المقام مع الزوجة، حتى يشهد على الرضاع رجلان أو رجل وامرأتان[1]. واستدل الحنفية لمذهبهم بما يأتي:

أولا: الآثـار:

قول عمر رضي الله عنه (لا يقبل على الرضاع اقل من شاهدين وكان ذلك بمحضر من الصحابة ولم يظهر النكير من احد فيكون إجماعا)[2].

2- إن عمر رضي الله عنه أتي بامرأة شهدت على رجل وامرأة أنها أرضعتهما، فقال: لا حتى يشهد رجلان[3].

ثانيا: المعقول:

1- إن الرضاعة مما يطلع عليه الرجال فلا يقبل فيه شهادة النساء على الانفراد[4].

2- إن قبول شهادتهن بانفراد في أصول الشرع للضرورة، وهي عدم إطلاع الرجال على الرضاع، فإذا جاز ذلك (أي إطلاع المحارم من الرجال على عملية الرضاع) انتفت الضرورة[5].

3- إن هذه شهادة تقوم لإبطال الملك، فهي كالشهادة على الأموال، فلا تكون إلا بشهادة رجلين أو رجل وامرأتين، كالنكاح والطلاق، إذ فيه إلزام إبطال حق العباد[6].

مذهب الشافعية:

تجوز شهادة النساء منفردات في الرضاع، وليس صحيحا أن المذهب هو وجوب شهادة أربع نساء في إثبات الرضاع[7]، بل يثبت الرضاع بشهادة رجلين، أو رجل وامرأتين، أو بشهادة أربع نساء منفردات[8]. واستدل الشافعية لمذهبهم بما يأتي:

(1) الإمام الكاساني، بدائع الصنائع، ج4 ص15. الإمام السرخسي، المبسوط، ج4 ص139.دور الحكام ج1 ص359.

(2) السنن، أبو عثمان الخراساني، ج1، ص 283. الطرق الحكمية ص74. البيهقي، سنن البيهقي الكبرى، ج 7 ص463.

(3) البابرتي، العناية شرح الهداية، ج3 ص462. البيهقي، سنن البيهقي الكبرى، ج7، ص463، حديث 15454.

(4) الإمام الشافعي، الأم، ج5، ص38. الشيخ زكريا الأنصاري، أسنى المطالب، ج3، ص417.

(5) الإمام الكاساني، بدائع الصنائع، ج 4 ص15.

(6) البزدوي، أصول البزدوي، ج3، ص27. مجمع الأنهر ، داماد ، ج1، ص383.

(7) نسب الإمام ابن رشد هذا الراي إلى الشافعية، وقال لا يقبل الا شهادة اربع نساء والصحيح هو الجواز، لا الوجوب. انظر ابن رشد، بداية المجتهد ونهاية المقتصد، ج2 ص71.

(8) الشيخ محمد الشربيني الخطيب، مغني المحتاج، ج5 ص149.

1- إن شهادة النساء جائزة فيما لا يحل للرجال من غير ذوى المحارم أن يتعمدوا النظر إليه، والشهادة على الرضاعة من الثدي لا تتحقق إلا بالنظر إلى الثدي وهو غير جائز، لذا كانت شهادة النساء في الرضاع بالثدي جائزة على الانفراد[1].

2- إن الرضاع من الثدي مما لا يطلع عليه الرجال غالبا، بل الغالب أن النساء هن اللواتي يطلعن على عملية الرضاع، كالولادة والعيوب تحت الثياب، فهو من اختصاصهن لذا أجيزت شهادتهن على الانفراد للضرورة[2].

ولكن رد على هذه الأدلة، بأنه قد يثبت بالجملة أن الرضاع مما يطلع عليه الرجال، سواء كان من الثدي أو من كوب، وذلك لأنه إن كانت من الثدي فان النظر إلى ثدي الحرة جائز لذي الرحم المحرم، وكذلك النظر إلى ثدي الأمة جائز للأجنبي، فإذا جاز الإطلاع عليه في الجملة، لم تتحقق الضرورة، وبذلك يثبت الرضاع بشهادة رجلين أو رجل وامرأتين، ولا يجوز الاقتصار على الأربع نساء، حتى وإن كان الرضاع من الثدي مباشرة ، فإن كان الرضاع بوجور فلا يقبلن من باب أولى[3].

الـرأي الراجــح:

الذي يبدو من خلال مناقشة أدلة الفريقين أن محل النزاع يكمن في الرضاع من الثدي مباشرة، أي الشهادة على الرضاع من الثدي فقط، وأما الارتضاع من كوب أو إناء وما شابه ذلك، فلا تقبل فيه النساء منفردات باتفاق الحنفية والشافعية[4].

ومن خلال مناقشة أدلة الفريقين يبدو أن الراجح هو ما ذهب إليه الحنفية، لقوة أدلتهم إلا أنه مع ذلك يمكن أن يقال إذا كان الحنفية يمنعون شهادة النساء منفردات في الرضاع من الثدي، بحجة أن الرجال من ذوي المحارم يطلعون على الارتضاع من الثدي، فليس الحكم مختصا بالنساء وحدهن .فيمكن أن يفيد هذا اختصاص جواز شهادة الرجال في الارتضاع من الثدي بشهادة ذوي الرحم المحرم من الرجال، لأنهم هم الذين يطلعون على هكذا إرضاع، فالحكم يكون خاصا بهم ولا يتعدى إلى غيرهم و الـلـه اعلم.

---

(1) ينظر زكريا الانصاري، الغرر البهية في شرح البهجة الوردية، ج4 ص381. الشيخ محمد الشربيني الخطيب، مغني المحتاج، ج5 ص149. حاشية الجميل ج4 ص487.

(2) الإمام الشافعي، الام، ج8 ص336.

(3) الإمام الكاساني، بدائع الصنائع، ج4 ص10.

(4) الشيخ محمد الشربيني الخطيب، مغني المحتاج، ج5 ص149.

المطلب الرابع
الخلاف في لبـن الميتـة

اختلف الحنفية والشافعية في لبن الميتة إذا حلب منها بعد موتها هل له حكم الرضاع المحرم أم لا؟

مذهب الحنفية:

إن لبن الميتة كلبن الحية في التحريم، إذا حلب منها، سواء كان الارتضاع بوجور أو سعوط[1]. واستدل الحنفية لمذهبهم بما يأتي:

أولا: السنة:

1- عموم الأدلة، فلبن الميتة لبن حقيقة فتناوله النص[2]. أي النصوص المتعلقة بالرضاع، وفعل المرضعة لا اعتبار له بدلالة ارتضاع الصبي منها وهي نائمة[3].

2- قوله ﷺ: ((الرضاعة من المجاعة)) وقوله ﷺ: ((الرضاع ما أنبت اللحم وأنشز العظم)) وروي عن أم سلمة قالت : قال رسول اللـه ﷺ: ((لا يحرم من الرضاعة إلا ما فتق الأمعاء في الثدي وكان قبل الفطام))، قال أبو عيسى هذا حديث حسن صحيح والعمل على هذا عند أكثر أهل العلم من أصحاب النبي ﷺ وغيرهم[4].

وجه الدلالة من هذه الأحاديث أن لبن الميتة لم يخرج عن كونه: يدفع الجوع وينبت اللحم وينشر العظم ويفتق الأمعاء فيثبت به التحريم.

ثانيا: المعقول:

1- قياسا على لحم الميتة وبيضها، فكل منهما مغذ للرضيع، فكذلك لبن الميتة[5].

2- إن اللبن كان محرما حال الحياة، والعارض هو الموت، واللبن لا يموت كالبيضة، روي ذلك عن عمر بن الخطاب (إن اللبن لا يموت)، إذ الموت يحل محل الحياة ولا حياة في اللبن. ألا ترى بأنها لم تتألم بأخذه منها حال حياتها والحيوان يتألم بأخذ ما فيه حياة كلحمه، وإذا لم يكن فيه حياة كان حاله بعد موت المرأة كحاله قبل موتها[6].

---

[1] الإمام الكاساني، بدائع الصنائع، ج4 ص10.
[2] عبد الرحمن بن محمد شيخي زاده (داماد)، مجمع الانهر شرح ملتقى الابحر، ج2 ص30.
[3] أبوبكر محمد بن علي الحدادي العبادي، الجوهرة النيرة، ج2 ص30. عبد الرحمن بن محمد شيخي زاده (داماد)، مجمع الانهر شرح ملتقى الابحر، ج1 ص379.
[4] الترمـذي، سنـن الترمـذي، ج 3، ص458، حديـث 1152. ابن ماجـه، سنن ابن ماجه، د1، ص626، حديث 1946.
[5] الإمام السرخسي، المبسوط، ج 5 ص140.
[6] الإمام الكاساني، بدائع الصنائع، ج4 ص10.

مذهب الشافعية:

إن لبن الميتة لا يحرم، إذ من شروط المرضع أن تكون امرأة حية، فالميتة تخرج عن كون لبنها محرما. وأما إذا كان قد حلب منها اللبن قبل موتها ثم أعطوه للصبي كان محرما[1]. واستدل الشافعية بما يأتي.

المعقول:

1- قياسا على عدم ثبوت حرمة المصاهرة بوطء الميتة، فكما لا تثبت حرمة المصاهرة لو أن رجلا وطأ امرأة ميتة، كذلك لا تثبت حرمة الرضاع من لبن امرأة ميتة[2].

ولكن يرد على هذا بأنه قياس مع الفارق، لأن حكم الرضاع الذي هو الحرمة، لم يثبت باعتبار الاصالة أو التبعية، بل باعتبار إنبات اللحم وانشاز العظم، وقد بقي هذا المعنى بعد الموت، بخلاف حرمة المصاهرة التي سببها الجزئية الحاصلة بالولد، ولا يتصور الولد بعد الموت فلم تتصور الجزئية[3].

2- قياسا على وصول اللبن إلى جوف الرضيع الميت. فلو وصل لبن الحية إلى جوف الميت لم تثبت الحرمة، كذا إن انفصل منها بعد موتها[4].

ولكن يرد على هذا بأنه قياس مع الفارق، لأن الميت منفك عن الحل والحرمة، بموجب قاعدة الشافعية، فعدم ثبوت الحرمة، هنا لأن الجزئية أو البعضية الثابتة بنشوء العظم وإنبات اللحم غير متحققه هنا، فوصول اللبن إلى جوف الميت لا تأثير له، ولا يتحقق الرضاع القائم على إنبات اللحم وانشاز العظم وفتق الأمعاء، بخلاف ما لو حلب لبن الميتة وأوجر الصبي، فإن إنبات اللحم وانشاز العظم متحقق فيه فافترقا، و اللـه اعلم.

3- إن اللبن يموت بموت المرضع، بخلاف ما لو حلب منها حال حياتها تم ماتت، وبذلك تضعف حرمة اللبن بموت المرضع، باعتبار أنها الأصل، بدليل أنه يسقط حرمة الأعضاء بالموت فلا غرم في قطعها[5].

4- إن المنفصل بعد موتها لا يقصد به الغذاء، ولا يصلح صلاحية لبن الحية، كلبن غير الآدمية والرجل[6].

---

(1) الإمام الشافعي، الام،ج5 ص34.
(2) زكريا الانصاري، الغرر البهية في شرح البهجة الوردية، ج4 ص374.
(3) الإمام كمال الدين ابن الهمام، شرح فتح القدير،ج 4 ص. الإمام الكاساني، بدائع الصنائع، ج4 ص10.
(4) الشيخ زكريا الأنصاري، اسنى المطالب شرح روض الطالب، ج3، دار الكتاب الاسلامي، ص417.
(5) الرملي، نهاية المحتاج،ج7 173.
(6) المصدر نفسه، ج7 ص173.

5- إن الميتة لا يكون له فعل، له حكم بحال من الأحوال،بدليل أن الميتة لو سقطت على احد لم يجب فيه العقل[1].

ويمكن أن يرد على هذا بأنه لا عبرة بفعل المرضع، وإنما العبرة من الارتضاع، ولو حصل وقع التحريم سواء كان فعل الرضيع أم فعل المرضعة، كما لو ارتضع صبي من نائمة وقع التحريم بالاتفاق[2].

الرأي الراجح:

الذي يبدو أن الراجح هو ما ذهب إليه الحنفية فالأساس في ثبوت حرمة الرضاع هو إنبات اللحم وانشاز العظم وهذا متحقق في الارتضاع من لبن الميتة وبه تتحقق الجزية المثبتة للتحريم و الـلـه اعلم.

المطلب الخامس
الخلاف في اللـبن المخلـوط بغيـره

لا خلاف بين الحنفية والشافعية في أن اللبن المخلوط بغيره إن كان غالبا ثبت به التحريم سواء خلط مع لبن شاة أو ماء أو دهن وكذا يحرم إن كان غالبا مع طعام لم تمسه النار. فاللبن الغالب يثبت به التحريم لأن الحكم للغالب وإلحاق المغلوب بالعدم اصل في الشرع يجب اعتباره[3]. والخلاف بينهم يكمن في الطعام الذي مسته النار سواء كان اللبن غالبا أو مغلوبا، وفي اللبن المخلوط بغيره إن كان مغلوبا بالماء والدهن ولبن الشاة.

مذهب الحنفية:

إن اللبن في الطعام الذي مسته النار سواء كان غالبا أو مغلوبا لا تثبت به الحرمة، وكذلك لا تثبت الحرمة وإن كان اللبن المغلوب مخلوطا مع غير الأطعمة، كالماء ولبن الشاه ولبن المرأة[4]. واستدل الحنفية بما يأتي:

1- إن اللبن المغلوب صار في حكم المستهلك فلا يقوم به التغذي.

2- إن اللبن المخلوط مع الطعام إذا أكل الصبي الطعام فإنما هو أكل والموجب للحرمة هو شرب اللبن لا الأكل[5].

---

(1) الإمام الشافعي، الام،ج 5 ص34. شرح النهجة ح4 ص374.
(2) أبوبكر محمد بن علي الحدادي العبادي، الجوهرة النيرة، ج2 ص30.
(3) الإمام السرخسي، المبسوط، ج5 ص141. الشيخ محمد الشربيني الخطيب، مغني المحتاج، ج 5 ص.
(4) عثمان بن علي الزيلعي، تبيين الحقائق شرح كنز الدقائق .الإمام الكاساني، بدائع الصنائع، ج4 ص10.
(5) الإمام السرخسي، المبسوط، ج5 ص141.

3- إن المغلوب غير موجود حكما بدليل اليمين، فلو حلف أن لا يشرب اللبن فاشرب ماء مخلوطا بقليل من اللبن لم يحنث [1].

4- إن اللبن الغالب له فضل ذاتي والمغلوب له فضل حالي وهو جهة الحرمة، فكان الترجيح لمعنى إلى الذات لا لمعنى راجع إلى الحال [2].

مذهب الشافعية:

اللبن إذا كان مغلوبا بأن زالت أوصافه الثلاث (الطعم واللون والريح) حرم في الأظهر إن شرب الكل، وأما إن شرب بعضه فالأصح أنه لا يحرم [3]. واستدلوا بما يأتي:

1- إن اللبن وان كان مغلوبا فهو شائع في أجزاء ما خلط به فهو باق حكما [4].

2- إن اللبن المغلوب يحصل به التغذي وهو أساس التحريم، ويتحقق ذلك بالشرب أو الأكل مع ما خلط به من طعام أو شراب [5].

3- إن المقصود هو وصول اللبن إلى جوف الرضيع، على اعتبار أن اللبن وإن كان مغلوبا بوصوله إلى المحل (الجوف) يكون سببا للتغذي [6].

الرأي الراجح:

من خلال النظر إلى أدلة الفريقين يبدو أن الحنفية قد خالفوا قاعدتهم في التحريم بالرضاع وهي (حرمة القليل والكثير بالرضاع) فاللبن إذا وصل إلى جوف الرضيع فهذا يعني أن قليل الرضاع قد تحقق. وهو محرم عند الحنفية، بل إن القطرة الواحدة تكفي للحرمة عندهم. فكان من الأولى أن يكون اللبن المغلوب محرما بناء على قاعدتهم في التسوية بين قليل الرضاع وكثيره، فالراجح هو ما ذهب إليه الشافعية إذا تحقق وصول اللبن إلى الجوف بشروطه الشرعية كأن يكون الرضاع قد حصل خمسا وصولا وانفصالا و الله اعلم.

---

[1] الإمام الكاساني، بدائع الصنائع، ج 4 ص10. البابرتي، العناية شرح الهداية، ج 3 ص452.
[2] البابرتي، العناية شرح الهداية، ج 3 ص452.
[3] الشيخ محمد الشربيني الخطيب، مغني المحتاج، ج 5 ص. ابن حجر الهيتمي، تحفة المحتاج، ج 8 ص287.
[4] الشيخ زكريا الأنصاري، اسنى المطالب شرح روض الطالب، ج3 ص417.
[5] المصدر نفسه، ج3 ص417.
[6] ابن حجر الهيتمي، تحفة المحتاج، ج 8 ص287.

الفصل الخامس
الخلاف في الحقوق الزوجية

إن أهمية عقد الزواج تأتي بالدرجة الأولى من الحقوق (الآثار) المترتبة على هذا العقد. فبتلك الحقوق تظل الأسرة متماسكة مترابطة. فكل حق أو واجب مترتب على عقد الزواج له أهمية بالغة في حياة الفرد زوجا كان أو زوجة والدا كان أو ولدا أما كانت أو بنتا. فمن الحقوق المترتبة على عقد الزواج والتي لها أهمية بالغة المهر والنفقة وثبوت النسب. عليه سنخصص هذا الفصل لدراسة هذه الحقوق والخلاف فيها بين الحنفية والشافعية في المباحث الثلاثة الآتية:

المبحث الأول: الخلاف في أحكام المهر.

المطلب الأول: الخلاف في مقدار المهر.

المطلب الثاني: الخلاف في المهر في نكاح التفويض.

المطلب الثالث: الخلاف في ضابط المهر.

المطلب الرابع: الخلاف في الجهالة في المهر.

المطلب الخامس: الخلاف في ما يجب به المهر والنزاع فيه.

المبحث الثاني: الخلاف في النفقة الزوجية.

المطلب الأول: الخلاف في ماهية النفقة وسبب وجوبها.

المطلب الثاني: الخلاف في مقدار النفقة.

المطلب الثالث: الخلاف فيمن تعتبر بحاله النفقة.

المبحث الثالث : الخلاف في ثبوت النسب.

المطلب الأول: وقت ابتداء مدة الحمل

المطلب الثاني: العمل بالقيافة في إثبات النسب

المطلب الثالث: الخلاف في الإقرار بالنسب.

المطلب الرابع: الخلاف في تعيين المولود أو الولادة.

المبحث الأول
الخلاف في أحكام المهر

المهر ليس ركنا ولا شرطا في عقد الزواج فيجوز إخلاء العقد منه باتفاق الفقهاء، ويكون الواجب حينئذ مهر المثل[1]. وبهذا أخذ المشرع العراقي حيث عد المهر أثرا من آثار عقد الزواج فأورد المهر في الفصل الأول من الباب الثالث تحت عنوان "الحقوق الزوجية وأحكامها". ونص فيها على أن الزوجة تستحق المهر بالعقد. فهو شيئ تستحقه المرأة بالعقد ولا علاقة له بكونه ركنا في عقد الزواج أو شرطا له.

ولكن حصل خلاف بين الحنفية والشافعية في أمور أو مسائل أخرى في المهر منها مقداره وكذا ما يجوز أن يكون مهرا والجهالة فيه وبما يثبت به المهر ومسائل أخرى سنذكرها في المطالب الستة الآتية:

المطلب الأول
الخلاف في مقدار المهـر

حصل خلاف بين الحنفية والشافعية في مقدار المهر. أي هل للمهر قدر معين لا يجوز للمرأة أن تتزوج دونه ؟ أم ليس له حد فيجوز بالقليل والكثير؟

مذهب الحنفية:

إن أدنى المهر عشرة دراهم أو ما قيمته ذلك، فإن تزوجها على اقل من عشرة كان الواجب عشرة دراهم عند الإمام وصاحبيه، وعند الإمام زفر الواجب هو مهر المثل لفساد التسمية[2]، واستدل الحنفية بما يأتي:

أولا: السنة:

1- عن جابر قال: قال رسول اللـه ﷺ: ((لا مهر دون عشر دراهم)) وفي رواية ((لا صداق اقل من عشر دراهم))[3].

وجه الدلالة. ينفي الحديث وجود مهر اقل من عشرة دراهم مع أنه موجود في الخارج، عليه يكون عدم الوجود هنا حكمى فإن وجد مهر دون عشرة دراهم فلا حكم له، ولا يعتبر، فالمهر لا

(1) الإمام السرخسي، المبسوط، ج 5 ص84. الإمام كمال الدين ابن الهمام، شرح فتح القدير،ج3 ص316. الشيخ محمد الشربيني الخطيب، مغني المحتاج، ج.
(2) الإمام الكاساني، بدائع الصنائع، ج2 ص276. منلا خسرو، درر الحكام شرح غرر الاحكام،ج 1 ص342.
(3) البيهقي، سنن البيهقي الكبرى،ج،7 ص،133،حديث 13538.

يقبل دون عشرة دراهم. وإنما يرجع إلى مقداره المحدد شرعا. وهو عشرة دراهم. وقالوا "الحديث وإن كان ضعيفا فقد تعددت طرقه وصار حسنا"[1].

ولكن رد على هذا بأن الحديثين نص في الباب إن كانا صحيحين، ولكن الأول فيه الحجاج بن ارطأة ومبشر بن عبيد فالحجاج وإن كان ضعيفا ينجبر ضعفه.برواية الحديث من طرق أخرى إلا أن مبشر بن عبيد كذاب مشهور بوضع الكذب على رسول ﷺ[2]. وما روي من أحاديث في اقل الصداق لا يثبت منه شيء[3]. وروي عن علي أيضا موقوفا، "قال الإمام احمد سمعت سفيان بن عينية يقول لم أجد لهذا أصلا يعني العشرة" في المهر[4].

2- روي عن عبد الـلـه بن عمر أن النبي ﷺ قال (لا قطع في أقل من عشرة دراهم ولا مهر أقل من عشرة دراهم) [5].

ثانيا: الآثـار:

1- روي عن عمر وعلي وابن عمر رضي الـلـه عنهم أنهم قالوا (ولا يكون المهر اقل من عشرة دراهم)[6].

2- روي عن علي رضي الله عنه أنه قال (إن أقل ما تستحل به المرأة عشر دراهم).

وجه الدلالة فيها، أنها آثار عن الصحابة، وقد قالوا بالتقدير ،فلابد أن يكونوا قد سمعوه من الرسول ﷺ[7].

ولكن يرد على هذا بأن الآثار المروية عن الصحابة أسانيدها ضعيفة، وما روي عن علي فإن في سنده داود الاوري وهو ضعيف وكل طرقة الأخرى ضعيفة لا تقوم بها حجة[8].

---

[1] عبد الرحمن بن محمد شيخي زاده (داماد)، مجمع الانهر شرح ملتقى الابحر، ج 1 ص347.

[2] نور الدين علي بن أبي بكـر الهيثمـي، ج 4، مجمع الزوائد ومنبع الفوائد، دار الفكـر، بيروت - 1412 هـ ص505حديث 7446.

[3] أحمد بن علي ابن حجر أبو الفضل العسقلاني، فتح الباري شرح صحيح البخاري، ج19, دار المعرفة، بيروت، 1379هـ ص253.

[4] كشف الخفاء للعجلوني، ج2، ص2091. وينظر التحقيق في احاديـث الخـلاف ج 2 ص282، البيهقـي ج7 ص246.

[5] الإمام السرخسي، المبسوط، ج5 ص82. هذا حديث مرسل رواه القاسم بن عبد الرحمن عن ابن مسعود والقاسم لم يسمع من ابن مسعود والعمل على هذا عند بعض أهل العلم وهو قول سفيان الثوري وأهل الكوفة قالوا لا قطع في أقل من عشرة دراهم وروي عن علي أنه قال لا قطع في أقل من عشرة دراهم وليس إسناده بمتصل. الترمذي، سنن الترمذي، ج 4، ص50، حديث 1446.

[6] الإمام الكاساني، بدائع الصنائع، ج 2 ص277.

[7] أبوبكر محمد بن علي الحدادي العبادي، الجوهرة النيرة، ص172.

[8] ينظر محمد عبد الرحمن بن عبد الرحيم المباركفوري أبو العلا، تحفة الأحوذي بشرح جامع الترمذي، ج4، الكتب العلمية - بيروت، دون عدد وسنة الطبع، ص213.

ثالثا: المعقول:

3- إن كل مال أوجبه الشارع تولي بيان مقداره كالزكاة وغيرها، فكذا الصداق، بدليل قوله تعالى ﴿ قَدْ عَلِمْنَا مَا فَرَضْنَا عَلَيْهِمْ فِي أَزْوَاجِهِمْ ﴾[1]. أي قدرنا فالفرض هو التقدير[2].

4- إن المهر بدل في عقد قدره الشارع، ولم يترك تقديره للمتعاقدين ابتداءا، لإظهار خطر المحل وهو البضع، ولا يكون هذا بالحقير من المال، بل لا بد فيه من التقدير بما يظهر شرف المحل[3].

5- قياسا على نصاب السرقة فإن اليد لا يستباح قطعها إلا بالعشرة فما فوق، فلأن لا يستباح البضع بأقل منه من باب أولى[4].

ولكن يرد على هذا بأنه قياس مع الفارق، فاليد عضو قد ارتكب محرما فتقطع، وأما البضع فلم يحصل منه شيء، ثم إن هذا عضو يجب قطعه بخلاف البضع، والنكاح عبادة والسرقة إثم ومعصية فافترقا.

6- إن المهر حق الله تعالى، ولهذا لا يملك نفيه فيكون تقديره إلى الله كسائر الحقوق كالصلاة والزكاة[5].

مذهب الشافعية:

لا حد لأقل المهر فيصح مهرا ما صح مبيعا أو ثمنا، فإن عقد بأقل ما يتمول الناس جاز، ويستحب أن لا يقل عن عشرة دراهم خروجا من الخلاف مع أبي حنيفة[6] وقد استدلوا بما يأتي:

أولا: الكتاب:

1- قوله تعالى: ﴿ وَأُحِلَّ لَكُم مَّا وَرَاءَ ذَٰلِكُمْ أَن تَبْتَغُوا بِأَمْوَالِكُم مُّحْصِنِينَ غَيْرَ مُسَافِحِينَ ﴾[7].

وجه الدلالة فيها: إن الآية مطلقة ولم يأت من الشارع تقدير يقوم به الحجة، وأما تقييدها بالعشرة بحديث (لا مهر اقل) فهو أولا حديث غير صالح للاحتجاج به، وثانيا هو خبر آحاد لا يجوز تقييد إطلاق الكتاب به عند الحنفية أنفسهم.

---

(1) سورة الأحزاب، الآية رقم (50).
(2) الإمام السرخسي، المبسوط، ج5 ص82.
(3) الإمام السرخسي، المبسوط، ج 5 ص82.البابرتي، العناية شرح الهداية، ج 3 ص320.
(4) المصدر نفسه، ج 3 ص320.
(5) عثمان بن علي الزيلعي، تبيين الحقائق شرح كنز الدقائق، ج 2 ص137. عبد الرحمن بن محمد شيخي زاده (داماد)، مجمع الانهر شرح ملتقى الابحر، ج 1 ص347.
(6) الشيخ الشربيني الخطيب، مغني المحتاج، ج5، ص460. الشيخ سليمان بن محمد البجيرمي، حاشية البجيرمي على الخطيب،ج 3 ص445.
(7) سورة النساء، الآية رقم (24).

ثانيا: السنة:

1- عن أنس بن مالك أن عبـد الرحمـن بن عوف جاء إلى النبي ﷺ وبه أثر صفرة فقال رسول الـلـه ﷺ هل تزوجت قال نعم قال ومن قال امرأة من الأنصار قال كم سقت قال زنة نواة من ذهب أو نواة من ذهب فقال له النبي ﷺ أولم ولو بشاة[1].

وجه الدلالة أن عبد الرحمن بن عوف تزوج على مهر قدره نواة من ذهب وهي خمسة دراهم وقيل ثلاث وثلث[2]. وهذا معارض للأحاديث التي قدرت المهر بعشرة دراهم.

2- عن جابر أن النبي ﷺ قال (من أعطى في صداق امرأة ملء كفيه سويقا أو تمرا فقد استحل)[3]. قال أبو داود روي عن جابر موقوفا.

3- روي عن الرسول ﷺ أنه قال (أدوا العلائق قيل يا رسول الـلـه وما العلائق قال ما تراض به الأهلون)[4].

والعلائق من علق وهو ما يتمول به فكل ما يتمول به جاز أن يكون صداقا بنص حديث رسول الـلـه ﷺ[5].

4- قول الرسول ﷺ للذي أراد أن يتزوج الواهبة نفسها للنبي (التمس ولو خاتما من حديد)[6].

فالحديث نص في الباب، حيث أمر الرسول ﷺ الرجل بأن يأتي لها ولو بخاتم من حديد، ومعلوم أن الخاتم من حديد لا تساوي عشر دراهم بشكل[7].

6- روي أن امرأة من بني فزارة تزوجت على نعلين، فقال رسول الـلـه ﷺ: أرضيت من نفسك ومالك بنعلين قالت نعم قال فأجاز), قال أبو عيسى الترمذي هذا حديث حسن صحيح[8].

7- روي أن رسول الـلـه ﷺ قال (من استحل بدرهم فقد استحل)[9].

ثالثا: الآثـار:

روي عن عمر ﵁ أنه قال (ثلاث بيضات مهر)[10].

---

(1) الإمام البخاري، صحيح البخاري، ج2، ص722.

(2) ينظر البيهقي، سنن البيهقي الكبرى، ج2، ص186.

(3) أبو داود، سنن أبي داود، ج2، ص236.

(4) اخرجه الدارقطني بلفظ ((أنكحوا الأيامى ثلاثا قيل ما العلائق بينهم يا رسول الـلـه قال ما تراضى عليه الأهلون ولو قضيب من أراك)) . سنن الدارقطني، ج3، ص244، حديث 10. وهو معلول بمحمد بن عبد الرحمن البيلماني قال ابن القطان : قال البخاري : منكر الحديث. نصب الراية، ج3، ص192.

(5) الإمام الشافعي، الام،ج 5 ص64.

(6) الإمام البخاري، صحيح البخاري، ج 5 ص1973 رقم 4843.

(7) ينظر الشيخ زكريا الأنصاري، اسنى المطالب شرح روض الطالب، ج 3 ص200؟

(8) الترمذي، سنن الترمذي، ج 3 ص420. ابن ماجة ج 1 ص608.

(9) البيهقي. السنن الكبرى ج 7 ص238. أبوبكر بن ابي شيبة، المصنف في الأحاديـث والآثار، ج 7 ص389 رقم 36167.

(10) البيهقي. السنن الكبرى ج 7 ص239.

فهذه الآثار وغيرها تدل على أن الأقل من عشرة دراهم يصح أن يكون مهرا إذا كان ما يتمول به [1].

رابعا: المعقول:

1- انه عقد معاوضة، فيكون تقدير العوض فيه إلى العاقدين كالبيع والإجارة [2].

2- إن المهر عوض عن الانتفاع بالبضع في عقد معاوضة. فيجوز أن يكون العوض قليلا أو كثيرا حسب ما يتراض عليه العاقدان [3]. كالبيع والإجارة.

موقف المشرع العراقي:

الذي يبدو أن المشرع العراقي قد أخذ برأي الشافعية حيث لم ينص على مقدار المهر. عليه يكون وبموجب المادة التاسعة من قانون الأحوال الشخصية العراقي وحيث لا يجوز لأحد منع غيره من الزواج إن كان ذا أهلية فيكون مقدار المهر متروكا للعاقدين. فيصح بالقليل والكثير ولا يخرج عن الصحة إلا ما كان خارجا بحكم الشرع كأن يكون المهر خمرا أو لحم خنزير. فحينئذ يكون الواجب مهر المثل.

الرأي الراجح:

الذي يبدو أن ما ذهب إليه الشافعية هو الراجح فكل ما صلح أن يطلق عليه مال أو ينتفع به يصلح أن يكون مهرا لعموم الأدلة، وما استدل بها الحنفية فلا يمكن الاحتجاج به لضعفها، بل حتى إن الآثار المروية عن الصحابة قد ضعفها ابن الهمام، فالتقديرات لابد أن تكون بنص من الشارع، ولم يصح في التقدير حديث، لذا فالراجح هو صلاحية كل ما يتمول أن يكون مهرا وإن قل إن كان ذا قيمة.

المطلب الثاني

الخلاف في المهر في نكاح التفويض

قد يحصل أن تفوض المرأة أمر مهرها إلى الولي فيكون الولي حينئذ حرا في المهر الذي يقرره لموليته. عليه إن فوض الولي في أمر المهر فما الواجب من المهر. وكذلك قد يشترط الولي في مثل هذه الحالات شيئا من الصداق لنفسه. فهل يصح ذلك أم لا وإن اشترط الولي شيئا لنفسه فما المهر الواجب حينئذ؟ عليه سنخصص هذا المطلب لدراسة هاتين الحالتين في الفرعين الآتيين:

---

[1] ينظر الإمام الشافعي، الام، ج 7 ص223.

[2] ينظر سليمان بن منصور العجلي 'الجمل'، حاشية الجمل، ج 4 ص237. وانظر عثمان بن علي الزيلعي، تبيين الحقائق شرح كنز الدقائق، ج 2 ص137.

[3] ينظر سليمان بن منصور العجلي، حاشية الجمل، ج 4 ص237.

الفرع الأول: الخلاف في المهر في نكاح التفويض:

التفويض لغة: رد الأمر إلى الغير وجعله الحاكم فيه. ففوض إليه الأمر تفويضا "رده إليه" وجعله الحاكم فيه. ومنه قوله تعالى: ﴿ وَأُفَوِّضُ أَمْرِي إِلَى ٱللَّهِ ﴾. فوض "المرأة" تفويضا: "زوجها بلا مهر"[1].

وشرعا رد أمر المهر أو البضع إلى الولي أو غيره. وهو قسمان، تفويض مهر كقولها للولي زوجني بما شئت أو شاء فلان وتفويض بضع[2].

لا خلاف بين الحنفية والشافعية في أن الواجب في التفويض هو مهر المثل بالدخول أو موت احدهما، ولا شيء لها سوى المتعة إن طلقها قبل الدخول، لقوله تعالى: ﴿ لَّا جُنَاحَ عَلَيْكُمْ إِن طَلَّقْتُمُ ٱلنِّسَآءَ مَا لَمْ تَمَسُّوهُنَّ أَوْ تَفْرِضُوا۟ لَهُنَّ فَرِيضَةً وَمَتِّعُوهُنَّ ﴾[3].

وقد نسب صاحب الهداية إلى الشافعي القول بعدم وجوب مهر المثل في المفوضة بالموت[4] ولكن الأظهر عند الشافعية هو وجوب مهر المثل، لأن رسول الـلـه ﷺ قضى في بروع بنت واشق بمهر نسائها وبالميراث، حينما توفي زوجها ولم يكن قد فرض لها شيئا.ولأن الموت كالدخول في تقرير المسمى فكذا في إيجاب مهر المثل و الـلـه اعلم[5].

وبهذا أخذ المشرع العراقي حيث نص على "تستحق الزوجة المهر المسمى بالعقد. فإن لم يسم أو نفي أصلا فلها مهر المثل".

ولكن مع ذلك فإن الخلاف بينهما قائم فيما لو تزوجها ولم يسم لها مهرا، ثم تراضيا على تسميته تسمية صحيحة بعد العقد ثم طلقها قبل الدخول.

مذهب الحنفية:

الذي عليه الإمام أبو حنيفة أن الواجب هو المتعة فقط واستدلوا بما يأتي:

(إن هذا الفرض تعيين للواجب بالعقد وهو مهر المثل، وذلك لا ينصف، فكذا ما نزل منزلته) [6].

---

(1) الزبيدي، تاج العروس، ج1، ص4699.
(2) الشيخ الشربيني الخطيب، مغني المحتاج، ج3، ص229.
(3) سليمان بن منصور العجلي، حاشية الجمل، ج 4 ص247.
(4) البابرتي، العناية شرح الهداية، ج 3 ص326.
(5) الشيخ محمد الشربيني الخطيب، مغني المحتاج، ج 4 ص384.
(6) البابرتي، العناية شرح الهداية، ج 3 ص329.

مذهب الشافعية:

الذي عليه الإمام الشافعي وأبو يوسف من الحنفية أن الواجب هو نصف ما تم التراضي عليه بعد العقد واستدلوا بما يأتي:

إن ما تم تسميته بعد العقد هو المفروض، والمفروض ينتصف، فإن طلقها قبل الدخول فلها نصف المسمى لقوله تعالى: ﴿ وَإِن طَلَّقْتُمُوهُنَّ مِن قَبْلِ أَن تَمَسُّوهُنَّ وَقَدْ فَرَضْتُمْ لَهُنَّ فَرِيضَةً فَنِصْفُ مَا فَرَضْتُمْ ﴾[1]. وهو يشمل كل مفروض سواء أثناء العقد أو بعده، فالتسمية بعد العقد بالتراضي أو بأمر من القاضي هو فرض، فينصف بخلاف المفروض الفاسد، فإن الواجب فيه هو مهر المثل وهو لا ينصف إجماعا[2].

ولكن رد الحنفية على هذا بقولهم: إن القول بوجوب النصف يؤدي بنا إلى القول بوجوب مهريين هما مهر المثل الواجب بالعقد والمهر المفروض بالدخول وهذا غير جائز اتفاقا[3].

موقف المشرع العراقي:

الذي يبدو أن المشرع العراقي هنا يأخذ برأي الشافعية لأنه نص في المادة (21) من قانون الأحوال الشخصية على أن الزوجة "تستحق نصف المهر المسمى بالطلاق قبل الدخول" ومحل النزاع هنا في زوجة طلقها زوجها قبل الدخول وقد سمى لها المهر. فيكون الواجب لها نصف المهر بنص القرآن ونص المادة (21) و اللـه أعلم.

الرأي الراجح:

الذي يبدو أن ما ذهب إليه الشافعية هو الراجح، لأن الاتفاق على المهر وإن كان بعد العقد فقد أصبح المهر مسمى، عليه فإن طلقت قبل الدخول كان الواجب نصف المسمى بنص الآية و اللـه أعلم.

الفرع الثاني: الخلاف في اشتراط الأب شيئا لنفسه من الصداق:

من المعلوم أن المهر حق خالص للمراة يثبت لها بالزواج وهو فضلا عن كونه دليلا على كرامة المراة وخطورة العقد هو عوض عن الاستمتاع بها، فكان من حقها أن تتصرف فيه كما تشاء. واذا كان هذا هو الاساس فما الحكم فيما لو اشترط الأب شيئا من صداق ابنته لنفسه.

---

[1] سورة البقرة، الآية رقم (237).

[2] ينظر الرملي، نهاية المحتاج،ج 6 ص351. الشيخ محمد الشربيني الخطيب، مغني المحتاج، ج 4 ص388. بجري على الخطيب ج 3 ص411.

[3] الإمام كمال الدين ابن الهمام، شرح فتح القدير،ج 3 ص330. البابرتي، العناية شرح الهداية، ج 3 ص329.

مذهب الحنفية:

يجوز للأب فقط اشتراط شيئ من صداق ابنته لنفسه أثناء العقد وقبله[1] واستدلوا لمذهبهم بما يأتي:

أولا: الكتاب:

قوله تعالى على لسان شعيب لموسى عليه السلام ﴿ قَالَ إِنِّيٓ أُرِيدُ أَنۡ أُنكِحَكَ إِحۡدَى ٱبۡنَتَيَّ هَٰتَيۡنِ عَلَىٰٓ أَن تَأۡجُرَنِي ثَمَٰنِيَ حِجَجٖۖ فَإِنۡ أَتۡمَمۡتَ عَشۡرٗا فَمِنۡ عِندِكَ ﴾[2].

وجه الدلالة: إن شعيبا عليه الصلاة والسلام قد جعل الإجارة على رعاية الغنم صداقا، ومعلوم أن رعاية الغنم هذه كانت لشعيب مما يدل على جواز هكذا شرط[3]. فما كان شرعا لمن قبلنا هو لازم لنا ما لم يقم دليل على نسخه[4].

ولكن رد بأن هذا شرع من قبلنا، وهو معارض لقوله تعالى: ﴿ وَءَاتُواْ ٱلنِّسَآءَ صَدُقَٰتِهِنَّ نِحۡلَةٗۚ فَإِن طِبۡنَ لَكُمۡ عَن شَيۡءٖ مِّنۡهُ نَفۡسٗا فَكُلُوهُ هَنِيٓـٔٗا مَّرِيٓـٔٗا ٤ ﴾[5].

ومن الممكن أن يرد على هذا أيضا بأن جعل شعيب عليه الصلاة والسلام الإجارة صداقا لا يعني أنه قد اشترطه لنفسه. فقد كانت إجارة لبنته أيضا حيث كانت تعيش مع أبيها. أو تكون البنت قد فوضت أمر زواجها ومهرها لأبيها كما هو عادة معظم النساء.

ثانيا: السنة:

1- قوله ﷺ لمن شكا إليه أباه بأنه يجتاح ماله ((أنت ومالك لأبيك. إن أولادكم من أطيب كسبكم، فكلوا من أموالهم))[6].

وجه الدلالة من الحديثين أن النبي ﷺ أجاز للوالد الأخذ من مال ولده، فإذا شرط لنفسه شيئا من المهر، يكون ذلك أخذا من مال نفسه وله ذلك[7].

ولكن رد على هذا بأن المهر عوض عن بضعها، وهي تستحق على الزوج كل ما تطلب[8] فإذا اشترط الأب لنفسه شيئا من مهرها فقد أضر بها ونقص من حقها. وهذا لا يجوز للقاعدة

---

(1) الجصاص، أحكام القرآن، ج5، ص215.
(2) سورة القصص، الآية رقم (27).
(3) ينظر ابن قدامة، المغني، ج6، ص26. بشئ من التصرف.
(4) السرخسي، المبسوط، ج6، ص319،
(5) انظر: الأحكام لابن حزم 5، 730. سورة النساء، الآية رقم (4).
(6) ابن ماجه، سنن ابن ماجه، ج2، ص769. قال الشيخ الألباني صحيح.
(7) المغني 8،26.
(8) ينظر المبسوط للسرخسيج17، ص115. المغني، ج12، ص499.

الشرعية لا ضرر ولا ضرار. ثم إن القول بأن للأب أن يأخذ من مال ولده، ليس على إطلاقه، بل له ذلك عند الحاجة فقط.

مذهب الشافعية:

لا يجوز للأب أن يشترط لنفسه شيئا من صداق ابنته وإن اشترط فالتسمية فاسدة والنكاح صحيح، ولها مهر مثلها[1]. واستدلوا بما يأتي:

المهر لا يستحقه إلا الزوجة فقط، فهو مال خاص بالمرأة فإن اشترط فيه شيء آخر من غير حقيقته أصبحت تسميته فاسدة. قال الشافعي في الأم "فلو نكحها بألف على أن لأبيها ألف، فالنكاح ثابت ولها مهر مثلها، كان أقل من ألف أو أكثر من ألف،لأنه نكاح جائز، عقد فيه صداق فاسد، وجب في اصل العقد، ليس من العقد، ولا يجب بالعقد ما لم يجعله الزوج للمراة ،فيكون صداقا لها، فإذا أعطاه الأب فإنما أعطاه بحق غيره، فلا يكون له أن يأخذ بحق غيره، وليس بهبة، ولو كان هبة لم تجز إلا مقبوضة، وليس للمراة إلا مهر مثلها"[2] .

المطلب الثالث
الخلاف في ضابط المهر

لكل من الحنفية والشافعية ضابط يتم به تسمية المهر تسمية صحيحة، فإن خرج المهر عن هذا الضابط لا تكون التسمية صحيحة. ويكون حينئذ الواجب هو مهر المثل.

مذهب الحنفية:

لا يصح أن يكون مهرا إلا إذا كان مالا متقوما معلوما مقدورا على تسليمه مسمى في نكاح صحيح[3]. فلكي يصح أن يكون العوض مهرا لابد فيه من أن يكون:

1- مالا.

2- متقوما.

3- معلوما.

4- مقدورا على تسلميه.

5- مسمى في نكاح صحيح.

---

[1] الإمام الشافعي، الأم، ج5، ص97. الإمام النووي، روضة الطالبين، ج5، ص590. العظيم آبادي، عون المعبود شرح سنن أبي داود، ج6، ص116. ابن حجر العسقلاني، فتح الباري، ج9، 179.

[2] الإمام الشافعي، الأم، ج5، ص97.

[3] الإمام الكاساني، بدائع الصنائع، ج2 ص278.

وعلى هذا الأصل تخرجت مسائل منها:

1- لا يصح تسمية تعليم القرآن، مهرا وكذا غيره من العلوم.

2- لا يصح أن يكون طلاق امرأة أخرى مهرا، وكذا العفو عن القصاص.

3- لو تزوج مسلم مسلمة على ميتة أو دم أو خمر أو خنزير كانت التسمية فاسدة، لأن الميتة والدم ليسا بمال في حق احد, والخمر والخنزير ليسا مال في حق مسلم.

4- ولو تزوج امرأة على أن يخدمها سنة كانت التسمية فاسدة.

5- لو تزوج على مجهول جهالة فاحشة كانت التسمية فاسدة[1]. وبناء على هذا الأصل لا يصح أن تكون المنافع مهرا واستدل الحنفية لمذهبهم هذا بما يأتي:

أولا: الكتاب:

1- قوله تعالى: ﴿ وَمَن لَّمْ يَسْتَطِعْ مِنكُمْ طَوْلاً أَن يَنكِحَ ٱلْمُحْصَنَٰتِ ٱلْمُؤْمِنَٰتِ ﴾[2]. والطول المال.

2- قوله تعالى: ﴿ وَأُحِلَّ لَكُم مَّا وَرَآءَ ذَٰلِكُمْ أَن تَبْتَغُوا۟ بِأَمْوَٰلِكُم مُّحْصِنِينَ غَيْرَ مُسَٰفِحِينَ ﴾[3].

وجه الدلالة من الآية أنها قيدت ابتغاء النكاح بالمال، وهو يدل على أن ما لا يسمى مالا لا يكون مهرا، وأن من شرط المهر أن يكون مالا، وهذا مقتضى الآية وظاهرها[4].

3- قوله تعالى: ﴿ وَإِن طَلَّقْتُمُوهُنَّ مِن قَبْلِ أَن تَمَسُّوهُنَّ وَقَدْ فَرَضْتُمْ لَهُنَّ فَرِيضَةً فَنِصْفُ مَا فَرَضْتُمْ ﴾[5].

وجه الدلالة في قوله تعالى: ﴿ فَنِصْفُ مَا فَرَضْتُمْ إِلَّآ أَن يَعْفُونَ أَوْ يَعْفُوَا۟ ٱلَّذِى بِيَدِهِۦ عُقْدَةُ ٱلنِّكَاحِ ﴾. أن الله عز وجل أمر بنصف المفروض في الطلاق قبل الدخول، فيقتضي كون المفروض محتملا للنصف وهو المال[6]. إذ هو القابل للتنصيف.

ثانيا: المعقول:

إن المنافع ليست بأموال متقومة، ولهذا لم تكن مضمونة بالغصب والإتلاف، وإنما ثبت لها حكم التقوم في سائر العقود شرعا ضرورة دفعا للحاجة[7]. وعليه فإذا لم تكن أموالا لا تصح مهرا، إذ الضابط هو كون المهر مالا متقوما.

---

[1] الإمام الكاساني، بدائع الصنائع، ج2، ص278.
[2] سورة النساء، الآية رقم (25).
[3] سورة النساء، الآية رقم (24).
[4] أحمد بن علي الرازي الجصاص، احكام القرآن، ج2، ص206.
[5] سورة البقرة، الآية رقم (237).
[6] ينظر الإمام الكاساني، بدائع الصنائع، ج2، ص278.
[7] المصدر نفسه، ج 2 ص278.

مذهب الشافعية:

إن الصداق ثمن من ألاثمان، فكل ما صلح أن يكون ثمنا صلح أن يكون صداقا[1] فيصح أن يكون مهرا كل عوض أو معوض عينا كان أو دينا أو منفعة كثيرا أو قليلا، ما لم ينته في القلة إلى حد لا يتمول[2] وأن يكون مقدرا على تسليمه[3].

إذا فكل ما جاز اخذ العوض عنه يصح أن يكون مهرا، وعليه فإن المنافع يصح أن تكون مهرا، فيجوز أن يكون تعليم القرآن مهرا، وكذا خدمة الزوجة، أو العفو عن القصاص. إذا فالضابط في المنفعة التي يجوز أن تكون مهرا هي كونها مشروعا[4]. واستدل الشافعية لمذهبهم بما يأتي:

أولا: الكتاب:

قوله تعالى في قصة شعيب مع موسى: ﴿ قَالَ إِنِّيٓ أُرِيدُ أَنۡ أُنكِحَكَ إِحۡدَى ٱبۡنَتَيَّ هَٰتَيۡنِ عَلَىٰٓ أَن تَأۡجُرَنِي ثَمَٰنِيَ حِجَجٖۖ فَإِنۡ أَتۡمَمۡتَ عَشۡرٗا فَمِنۡ عِندِكَۖ وَمَآ أُرِيدُ أَنۡ أَشُقَّ عَلَيۡكَۚ سَتَجِدُنِيٓ إِن شَآءَ ٱللَّهُ مِنَ ٱلصَّٰلِحِينَ ٢٧ ﴾[5].

وجه الدلالة: إن الآية دليل على جواز أن تكون الإجارة مهرا. والإجارة هذه هي منافع الحر، وقد جعلت بدلا من البضع.

ولكن رد على هذا بأن المنفعة كانت لشعيب والد المرأة وليس ذلك مهرا، إن سلمنا بأنه مهر فإنه منسوخ بالنهي عن نكاح الشغار[6].

ثانيا: السنة:

قول الرسول ﷺ للرجل الذي أراد أن يتزوج الواهبة نفسها للنبي ﷺ (زوجتكها بما معك من القرآن)[7] وفي رواية (زوجتكها تعلمها القرآن)[8] وفي رواية أخرى (فعلمها عشرين آية وهي امرأتك)[9].

---

(1) الإمام الشافعي، الام،ج 5 ص174.
(2) الشيخ محمد الشربيني الخطيب، مغني المحتاج، ج 4 ص369.
(3) فليس صحيحا ما نسب صاحب بدائع الصنائع إلى الشافعية القول بصحة ان يكون طلاق امرأة صداقا لاخرى، انظر الشيخ زكريا الأنصاري، اسنى المطالب شرح روض الطالب، ج 3 ص217. الشيخ سليمان البجيرمي، حاشية البجيرمي على الخطيب،ج 3 ص446.
(4) سليمان بن منصور العجلي، حاشية الجمل، ج 4 ص242.
(5) سورة القصص، الآية رقم (27).
(6) الجصاص، احكام القران، ج 5 ص206.
(7) الإمام البخاري، صحيح البخاري، ج4، ص1919، حديث 4741.
(8) لم اجد الحديث بهذا اللفظ.
(9) أبو داود، سنن ابي داود، ج1، ص642، حديث2112.

ولكن رد على هذا بأن الحديث خبر آحاد ولا يترك نص الكتاب لخبر الواحد مع أن الظاهر متروك، لأن السورة من القرآن لا تكون مهرا بالإجماع، وليس فيه ذكر تعليم القرآن ولا ما يدل عليه[1].

ولكن أجيب على هذا، بأن القول بأنه خبر آحاد لا يخص به عام القرآن مردود لأن الراجح هو جواز تخصيص العام بخبر الواحد، وأما القول بأنه لا يوجد فيه ذكر تعليم القرآن فمردود لأن قوله ﷺ (بما معك) فالباء تقتضى المقابلة في العقود كأن يقال بعتك كذا بكذا[2]، فكأنه قال زوجتكها بمهر هو تعليمك إياها القرآن. يضاف إلى هذا أن هناك روايات منها ((علمها عشرين آية وهي امرأتك)).

ورد على هذا بأنه كان خاصا بذلك الرجل بدليل رواية (لا تكون لأحد بعدك) وأجيب بأن هذا مع إرساله ففيه من لا يعرف[3].

3- إن الزواج عقد على المنفعة فجاز كالإجارة. فإذا كانت منافع الحر يجوز اخذ العوض عنها في الإجارة جازت أن تكون صداقا[4].

موقف المشرع العراقي:

لم يحدد المشرع العراقي ضابطا معينا للمهر. ولكن لا يوجد ما يمنع من أن تكون المنافع مهرا. عليه يمكن القول بأن المشرع العراقي قد أخذ في هذه المسألة برأي الشافعية و اللـه أعلم.

الرأي الراجح:

الذي يبدو أن ما ذهب إليه الشافعية هو الراجح لقوة أدلتهم، وخاصة إذا عرفنا أن النكاح لا يقاس على البيع، لأن البيع أساسه على المرابحة والمماكسة، بخلاف النكاح الذي يقوم على أساس التسامح والتساهل، فالمال ليس مقصودا من النكاح.فكان القول بصحة أن تكون المنافع مهرا هو الأرجح، إذ يجوز اخذ العوض عنها إذا كانت مشروعة و اللـه اعلم.يقول ابن القيم رحمه اللـه تعالى[5] "إن الصداق شرع في الأصل حقا للمرأة تنتفع به فإذا رضيت بالعلم والدين وإسلام الزوج وقراءته للقرآن كان هذا من أفضل المهور وأنفعها واجلها"[6].

---

(1) ينظر الإمام الكاساني، بدائع الصنائع، ج 2 ص278.
(2) ابن دقيق العيد، احكام الاحكام، ج 1 ص168.
(3) أحمد بن علي بن حجر أبو الفضل العسقلاني، الشافعي فتح الباري شرح صحيح البخاري، ج9، ص212.
(4) الشيخ سليمان البجيرمي، حاشية البجيرمي على الخطيب، ج 4 ص. ينظر ايضا د. وهبة ج 9 ص6774.
(5) هو محمد بن ابي بكر بن ايوب بن سعد ازرعي شمس الدين ابن القيم (691 – 751 هـ) من أهل دمشق من أركان الاصلاح الاسلامي ، واحد من كبار الفقهاء تتلمذ على ابن تيمية وانتصرله ولم يخرج عن شيء من أقواله ، وقد سجن معه بدمشق . كتب بخطة كثيرا ، وألف كثيرا من تصانيفة : (الطرق الحكمية) و (مفتاح دار السعادة) و(الفروسية)، و (ومدراج السالكين). ينظر الأعلام للزركلي، ج6، ص281
(6) زاد المعاد ج 5 ص178.

والذي يبدوا أن الخلاف بين الحنفية والشافعية يكمن في المنفعة التي ليست بالمال. وأما التي هي ملحقة بالأموال فعند الحنفية يجوز أن تكون مهرا، كسكن دار معينة مدة محددة أو استثمار ارض معينة، فالخلاف إذا في حالة خدمته لها في البيت على اعتبار أن فيها تقليبا للأوضاع واستهانة للرجل وإذلالا له. فمنع الإمام أبو حنيفة وأبو يوسف ذلك، وأجاز الإمام محمد ولكن الواجب هو قيمة خدمة السنة لأن ركن التسلم فيها متعذر[1].

المطلب الرابع
الخلاف في الجهالة في المهر

ومن شروط المهر التي اختلفوا فيها (الجهالة في المهر) فالذي اتفق عليه الحنفية والشافعية أن الجهالة إذا كانت في الجنس أو النوع كانت التسمية فاسدة، لأن ذلك مفض إلى النزاع كما لو تزوجها على حيوان أو ميت[2].

ولكن اختلفوا في الجهالة إذا كانت في الصفة بأن كان المهر معلوم الجنس أو النوع دون الوصف أو القدر، كما لو تزوجها على فرس أو جمل.

مذهب الحنفية:

التسمية صحيحة ولها الوسط ثم الزوج بالخيار إن شاء أعطاها القيمة أو الوسط[3] واستدلوا بما يأتي.

1- إن الجهالة في الوصف أو المقدار لا يفضي إلى المنازعة، وقطعا للمنازعة كان الواجب هو الوسط في القيمة.

2- في وجوب الوسط دفع للضرر، لأن الزوج يتضرر بإيجاد الجيد والمرأة متضررة بإيجاد الرديء، فكان العدل في إيجاب الوسط[4].

3- إن جهالة الصفة أو القدر اقل من جهالة مهر المثل فيتسامح فيها.

---

[1] الإمام الكاساني، بدائع الصنائع، ج2، ص. زين الدين بن ابراهيم (ابن نجيم)، البحر الرائق شرح كنز الدقائق، ج3 ص.
[2] الإمام الكاساني، بدائع الصنائع، ج2، ص278. الشيخ محمد الشربيني الخطيب، مغني المحتاج، ج 4 ص369.
[3] الإمام الكاساني، بدائع الصنائع، ج2، ص278. زين الدين بن ابراهيم (ابن نجيم)، البحر الرائق شرح كنز الدقائق، ج 3 ص177.
[4] الإمام الكاساني، بدائع الصنائع، ج2 ص284. الإمام كمال الدين ابن الهمام، شرح فتح القدير،ج3 ص355.

مذهب الشافعية:

إن الجهالة في الجنس أو النوع أو الوصف أو المقدار تفسد المهر، وعليه فإن أية جهالة من أي نوع يوجب مهر المثل لانتفاء التسمية الصحيحة، كما لو أصدقها عبدا أو ثوبا غير موصوف[1] واستدلوا بما يأتي:

1- إن هذه الجهالة تفضي إلى النزاع وقطعا للنزاع فإن الواجب هو مهر المثل.

2- إن من شرط المهر أن يكون معلوما والجهالة هذه منافية له فانتفت التسمية.

الرأي الراجح:

الذي يبدو أن الراجح هو ما ذهب إليه الشافعية إذ به دفع للضرر وفيه أخذ للاحتياط وبه تبرأ ذمة الزوج و الله أعلم.

المطلب الخامس
الخلاف في ما يجب به المهر والنزاع فيه

حصل بين الحنفية والشافعية خلاف فيما يتأكد به المهر. وكذلك حصل بينهما خلاف فيما لو حصل النزاع بين الزوجين في المهر وذلك بأن يدعي أحدهما عكس ما يدعي الآخر. عليه سنخصص هذا المطلب لهاتين المسألتين في الفرعين الآتيين:

الفرع الأول: الخلاف فيما يتأكد به المهر:

لا خلاف بين الحنفية والشافعية في أن المهر يتأكد أو يجب بالدخول، وكذا يجب (يتأكد) بموت احد الزوجين وإن كان قبل الدخول، وسواء كان هذا الموت طبيعيا أو قتلا لها أو لأحدهما من أجنبي، وكذا إن قتل الزوج نفسه أو قتل الزوجة وهذا هو محل اتفاق بينهم سواء كان المهر مهر المسمى أو مهر المثل[2].

إذا فموضع الخلاف بينهما يكمن فيما لو قتلت المرأة نفسها أو قتلت المرأة زوجها فهل يتأكد المهر للمرأة بهذا القتل أم لا؟ وهل يتأكد بالخلوة الصحيحة وسنوضح ذلك في المسائل الثلاث الآتية:

---

[1] الشيخ زكريا الأنصاري، اسنى المطالب شرح روض الطالب، ج 3 ص205.
[2] الشيخ محمد الشربيني الخطيب، مغني المحتاج، ج 4 ص372. الشيخ سليمان البجيرمي، حاشية البجيرمي على الخطيب، ج 3 ص438. الإمام الكاساني، بدائع الصنائع، ج 2 ص284.

المسألة الأولى: قتل المرأة نفسها:

مذهب الحنفية:

لا يسقط المهر بقتل المرأة نفسها (لو انتحرت) بل يتأكد كل المهر بالانتحار[1] واستدلوا بما يأتي:

إن حق الورثة قد تعلق بالمهر حين الانتحار، فالمهر لا يكون قابلا للسقوط في هذه الحالة كما لو قتلها زوجها[2].

مذهب الشافعية:

يسقط مهر المرأة لو قتلت نفسها قبل الدخول وبهذا قال أبو يوسف من الحنفية أيضا[3]. واستدلوا بما يأتي.

1- إن الفرقة بسبب من جهتها قبل الدخول. أي بمعصية هي الانتحار. فكل فرقة منها قبل الدخول بمعصية تسقط المهر كالردة[4].

2- إن المرأة بقتلها نفسها قد فوتت على الزوج حقه في المبدل (الوطء) فيسقط حقها في البدل[5].

وأجيب عن القياس على الردة بأنه قياس مع الفارق، لأن المهر في حالة الانتحار قد انتقل إلى الورثة، فلا يكون قابلا للسقوط بفعل المرأة، بخلاف الردة أو التقبيل لأن المهر وقت الردة أو التقبيل كان ملكها فاحتمل السقوط بفعلها[6].

الرأي الراجح:

الذي يبدو أن الراجح هو ما ذهب إليه الحنفية لأن الانتحار منها كما أسقط حق الزوج في المبدل (الوطء) فقد اسقط حقها في البدل (المهر) وانتقل إلى الورثة. فأصبح حقا لهم ولا يحق للشخص إسقاط حق غيره.

---

(1) الإمام الكاساني، بدائع الصنائع، ج 2 ص284.

(2) المصدر نفسه، ج 2 ص284.

(3) الشيخ سليمان البجيرمي، البجيرمي على المنهج، ج3، ص403. الشيخ محمد الشربيني الخطيب، مغني المحتاج، ج 4 ص374. الإمام الشافعي، الام، ج 8 ص269. الشيخ زكريا الأنصاري، اسنى المطالب شرح روض الطالب، ج 3 ص205.

(4) الشيخ سليمان البجيرمي، حاشية البجيرمي على الخطيب، ج3 ص438. الشيخ سليمان البجيرمي، البجيرمي على المنهج، ج3، ص409.

(5) انظر الإمام الكاساني، بدائع الصنائع، ج 2 ص295.

(6) المصدر نفسه، ج 2 ص295.

المسألة الثانية: قتل المرأة زوجها:

مذهب الحنفية:

إن قتلت المرأة زوجها فلا يسقط المهر بل يتأكد بموته وإن كانت قد قتلته عمدا[1]. واستدلوا بما يأتي:

1- إن المهر يتأكد بأحد أمور منها الموت وقد وجد الموت وإن كان بالقتل.

2- إن عقوبة القتل هي القصاص ولا علاقة له بالمهر، وكذا فإن العقوبة هي الحرمان من الميراث، فإسقاط المهر عقوبة أخرى وهي زائدة على الكتاب وهذا غير جائز[2].

مذهب الشافعية:

إذا قتلت المرأة زوجها عمدا يسقط مهرها كله، وهو ما ذهب إليه الإمام أبو يوسف من الحنفية أيضا[3].

واستدلوا بما يأتي.

1- إن قتل المرأة لزوجها جناية، والجنايات لا تؤكد الحقوق.

2- إن الزوجة قد أنهت الزواج بنفسها بمعصية، وهي قتلها لزوجها وإنهاء الزواج بمعصية قبل الدخول يسقط كل المهر، فأي فرقة من جهتها قبل الدخول بمعصية توجب سقوط كل المهر كالردة[4].

3- إن احتمال أن يكون القتل منها بدافع الاستعجال للحصول على المهر قائم. فتدخل تحت قاعدة (كل من استعجل الشيء قبل أوانه عوقب بحرمانه) [5].

الرأي الراجح:

الذي يبدو أن الراجح هو ما ذهب إليه الشافعية لقوة أدلتهم، فالمرأة هي التي قطعت العلاقة الزوجية وأزالتها بقتلها زوجها، وهي هنا قد ارتكبت معصية خطيرة بقطعها العلاقة الزوجية عن طريق قتل الزوج وكأننا أمام جريمتين هما قطع العلاقة الزوجية والثاني قتل الزوج وإذا كانت قد أقدمت على هكذا فعل فليس من العدل أن تنعم بالمهر الذي هو أثر من آثار عقد الزواج.

---

[1] الإمام الكاساني، بدائع الصنائع، ج 2 ص284.

[2] المصدر نفسه، ج 2 ص284.

[3] ابن حجر الهيتمي، تحفة المحتاج، ج 7 ص384. الإمام الكاساني، بدائع الصنائع، ج 2 ص295. سليمان بن منصور العجلي، حاشية الجمل، ج 4 ص242.

[4] الشيخ سليمان البجيرمي، البجيرمي على المنهج، ج3، ص409.

[5] السيوطي، الأشباه والنظائر، ج1، ص283.

المسألة الثالثة: الاختلاف في وجوب المهر بالخلوة الصحية:

المقصود بالخلوة الصحيحة : هي أن يخلو بها في مكان يأمنان فيه من إطلاع الغير عليهما كدار وبيت دون الصحراء والطريق الأعظم والسطح الذي ليس على جوانبه سترة وأن لا يكون مانع من الوطء حسا ولا طبعا ولا شرعا[1].

والمقصود بالمانع الحسي كأن يكون احدهما مريضا مرضا يمنع الوطء. وأما المانع الطبيعي كوجود شخص ثالث. وأما المانع الشرعي كأن يكون أحدهما محرما.

فإن وجد مانع من هذه الموانع لا يكون للخلوة الصحيحة حكم الدخول الحقيقي، فلا يجب المهر عند الحنفية أيضا[2].

الخلوة الصحيحة هذه في وجوب المهر محل خلاف بين الحنفية والشافعية، فهل لها حكم الدخول الحقيقي أم لا؟

مذهب الحنفية:

حكم الخلوة الصحيحة في نكاح صحيح كالوطء في وجوب المهر كاملا[3] وإن لم يطأها وإلى هذا ذهب الحنابلة[4] إن مكنته من نفسها والا فلا[5]. واستدلوا لمذهبهم بما يأتي:

أولا: الكتاب:

1- قال تعالى: ﴿ وَإِنْ أَرَدتُّمُ ٱسْتِبْدَالَ زَوْجٍ مَّكَانَ زَوْجٍ وَءَاتَيْتُمْ إِحْدَىٰهُنَّ قِنطَارًا فَلَا تَأْخُذُوا۟ مِنْهُ شَيْـًٔا ۚ أَتَأْخُذُونَهُۥ بُهْتَـٰنًا وَإِثْمًا مُّبِينًا ﴿٢٠﴾ ﴾[6].

وجه الدلالة من الآية: إن فيها النهي عن أخذ شيء من المهر بعد الإفضاء. والإفضاء هو الخلوة سواء دخل بالمرأة أم لم يدخل كما قال الفراء[7].

---

(1) الإمام كمال الدين ابن الهمام، شرح فتح القدير،ج 7 ص390. الإمام الكاساني، بدائع الصنائع، ج 2 ص294 البابرتي، العناية شرح الهداية، ج 3 ص332

(2) الإمام السرخسي، المبسوط، ج5، س149-150. والاصح ان مرضها لا يمنع الخلوة الا إذا لحقه ضرر. ينظر، غمز عيون البصائر، ج2، ص106.

(3) الإمام الكاساني، بدائع الصنائع، ج 2 ص294. تنبين الحقائق ج 2 ص143. ينظر عبد الله بن محمود بن مودود المصلي، الاختيار لتعليل المختار، ج2، ص122.

(4) عبد الله بن أحمد بن قدامة المقدسي أبو محمد، المغني في فقه الإمام أحمد بن حنبل الشيباني، ج7، دار الفكر - بيروت، سنة الطبع 1405هـ ص191. الإمام محمد بن نصر المروزي، اختلاف الفقهاء، تحقيق د. محمد طاهر حكيم، ط1، أضواء السلف - الرياض، سنة الطبع 2000م، ص298.

(5) ابن عابدين، حاشية ابن عابدين، ج 3 ص122.

(6) سورة النساء، الآية رقم (20- 21).

(7) الإمام السرخسي، المبسوط، ج 5 ص150.

2- قال تعالى: ﴿وَءَاتُوا۟ ٱلنِّسَآءَ صَدُقَـٰتِهِنَّ نِحْلَةً ۚ فَإِن طِبْنَ لَكُمْ عَن شَىْءٍ مِّنْهُ نَفْسًا فَكُلُوهُ هَنِيٓـًٔا مَّرِيٓـًٔا ﴿٤﴾﴾[1].

وجه الدلالة من الآية: إن فيها الأمر بإعطاء النساء (الزوجات) الصداق، ولفظ النساء عام يشمل كل من أصبحت زوجة، ويكون ذلك بالعقد، سواء دخل بها أو لم يدخل[2].

ولكن من الممكن أن يرد على هذا بأن الآية على هذا المعنى قد تدخل فيها المراة المعقود عليها وإن لم يختل بها الزوج وهذا ما لم يقل به أحد.

ثانيا: السنة:

عن محمد بن ثوبان عن النبي ﷺ مرسلا قال: قال رسول الله ﷺ (من كشف خمار امرأة ونظر إليها فقد وجب الصداق دخل بها أو لم يدخل)[3].

وجه الدلالة من الحديث أنه واضح في وجوب المهر كاملا بمجرد الخلوة الصحيحة بين الرجل وزوجته[4].

ولكن رد على هذا بأن الحديث منقطع وفيه ابن لهيعة وهو ضعيف، ولا يحتج ببعض رواته كما قال البيهقي[5].

ثالثا: الاجماع:

حكى الطحاوى إجماع الصحابة من الخلفاء الراشدين على أن من أغلق بابا وأرخى سترا فقد وجب الصداق دخل بها أو لم يدخل[6].

ولكن يرد على هذا بأن دعوى الإجماع غير سليم للخلاف بل إن هناك أقوالا صريحة لابن عباس يرى وجوب نصف الصداق لا الصداق كاملا.

رابعا: الآثـار:

رويت آثار عن عدد من الصحابة منهم الخلفاء الراشدين كعمر وعلي وابن عباس وابن عمر وزيد وجابر ومعاذ (إن من أغلق بابا وأرخى سترا فقد وجب عليه الصداق)[7] وفي رواية (فلها الصداق كاملا وعليها العدة).

---

(1) سورة النساء، الآية رقم (4).

(2) ينظر الجصاص، احكام القرآن، ج 1 ص597.

(3) الحديـث رواه البيهقـي. السنـن الكبرى ج 7 ص256 تحت رقـم 14264. الدارقطنيى ج 3 ص307 تحت رقم 232.

(4) ينظر عبد الله بن محمود بن مودود المصلي، الاختيار لتعليل المختار، ج2، ص122. الإمام السرخسي، المبسوط، ج 5 ص150 . الإمام الكاساني، بدائع الصنائع، ج 2 ص285.

(5) البيهقي، السنن الكبرى ج 7 ص256.

(6) الإمام الكاساني، بدائع الصنائع، ج 2 ص265. تبين الحقائق ج 1 ص143.

(7) البيهقي، السنن الكبرى ج 7 ص255.

ولكن رد على هذا بأن الأثر عن علي وعمر منقطع فهو عن الاحنف عنهما[1].

خامسا: المعقول:

1- قياسا على حصول التسليم في المبيع والإجارة. وتوضيح ذلك.إن المرأة بقبولها الخلوة مع الرجل قد أتت بتسليم المستحق عليها (منافع البضع) بالعقد فيتقرر حقها في البدل (المهر) وأما الاستيفاء فليس شرطا، كما لو اخل الآجر بين الدار والمستأجر في المدة فيتقرر البدل وإن لم يستوف فالمعقود عليه وجد كما لو خلي البائع بين المشتري والمبيع، فالمعقود عليه هو التسليم لا الاستيفاء[2].

2- قياسا على صحة نكاح المجبوب، إذا فرق بينه وبين امرأته، فإن الواجب هو كل المهر إذا خلا بامرأته، حتى قال عمر (ما ذنبهن إذا جاء العجز من قبلكم)[3].

3- لو تم تعليق البدل كله بالاستيفاء (الانتفاع بالبضع) امتنع من عليه البدل (الزوج) من الاستيفاء بالبضع قصدا إلى الإضرار بمن له البدل (المرأة)[4].

4- إن الغالب عند إغلاق الباب وإرخاء الستر على المرأة وقوع الجماع، فأقيمت المظنة مقام المئنة لما جلب عليه النفوس في تلك الحالة من عدم الصبر عن الجماع غالبا، لغلبة الشهوة وتوفر دواعيه[5].

مذهب الشافعية:

يجب بالخلوة الصحية نصف المهر (المسمى) لو طلقها قبل الدخول، والمتعة عند عدم التسمية، وهو قول ابن عباس وابن مسعود، وبه قال الإمام مالك، إلا إذا أقام الرجل مع زوجته، سنة[6]. واستدل الشافعية لمذهبهم بما يأتي:

أولا: الكتاب:

1- قوله تعالى: ﴿ ثُمَّ طَلَّقْتُمُوهُنَّ مِن قَبْلِ أَن تَمَسُّوهُنَّ فَمَا لَكُمْ عَلَيْهِنَّ مِنْ عِدَّةٍ تَعْتَدُّونَهَا فَمَتِّعُوهُنَّ وَسَرِّحُوهُنَّ سَرَاحًا جَمِيلًا ﴿٤٩﴾ ﴾[7].

(1) ابن حجر العسقلاني، تلخيص الحبير، ج 7 ص193. الحافظ سراج الدين، عمر بن علي بن الملقن خلاصة البدر المنير، تحقيق حمدي عبد المجيد السلفي، دار الرشد، الرياض، ج2، ص206.
(2) ينظر الإمام الكاساني، بدائع الصنائع، ج 2 ص295. الإمام السرخسي، المبسوط، ج 5 ص150.
(3) ينظر الإمام السرخسي، المبسوط، ج 5 ص150. الصنعاني، مصنف عبد الرزاق، ج6، ص288 . البيهقي، سنن البيهقي الكبرى، ج7، ص256.
(4) الإمام الكاساني، بدائع الصنائع، ج 2 ص295.
(5) ابن حجر العسقلاني، فتح الباري، ج 9 ص194.
(6) الإمام الشافعي، الام،ج 5 ص231.
(7) سورة الأحزاب، الآية رقم (49).

وجه الدلالة من الآية أن الله ﷻ قد فرض نصف الصداق إذا لم يكن هناك مسيس والمس الجماع كما فسره ابن عباس، فالخلوة الصحيحة إذا خلت عن الإصابة (الجماع) لا يكون موجبا إلا لنصف المهر وهذا ما يدل عليه ظاهر القران[1].

2- قوله تعالى: ﴿ وَكَيْفَ تَأْخُذُونَهُۥ وَقَدْ أَفْضَىٰ بَعْضُكُمْ إِلَىٰ بَعْضٍ وَأَخَذْنَ مِنكُم مِّيثَٰقًا غَلِيظًا ﴿٢١﴾ ﴾[2]. والإفضاء هو الجماع، كما قاله ابن عباس رضي الله عنه، فلا يجب المهر كله إلا إذا حصل الجماع بعد العقد لا بالخلوة[3].

ثانيا: الآثار:

روي عن ابن مسعود وجابر بن عبد الله وضي الله عنهما أنهما قالا (إذا طلق قبل أن يدخل فلها نصف الصداق وإن كان خلى بها) [4].

ثالثا: القياس:

قياسا على عدم تمكن الرجل من الرجعة والوطء لو طلق قبل الدخول ولو كان بعد الخلوة لقوله تعالى: ﴿ يَٰٓأَيُّهَا ٱلَّذِينَ ءَامَنُوٓاْ إِذَا نَكَحْتُمُ ٱلْمُؤْمِنَٰتِ ثُمَّ طَلَّقْتُمُوهُنَّ مِن قَبْلِ أَن تَمَسُّوهُنَّ فَمَا لَكُمْ عَلَيْهِنَّ مِنْ عِدَّةٍ تَعْتَدُّونَهَا ﴾[5]. فإذا كان حكم الخلوة في الرجعة والوطء هو عدم الوجود فكذلك حكمها في المهر والعدة[6].

موقف المشرع العراقي:

لم يأت المشرع العراقي بنص يحدد فيه وجوب المهر بالخلوة الصحيحة. وإنما ترك الأمر في ذلك للعمل بمبادئ الشريعة الإسلامية الأكثر تلائما مع نصوص هذا القانون. إلا أن القضاء في العراق يبدو أنه يأخذ بمذهب الحنفية في وجوب المهر كاملا بالخلوة الصحيحة. "فقد توسع في تفسير الدخول الذي ورد في المادة (21) من قانون الأحوال الشخصية ليشمل الدخول الحكمي الذي يتحقق بالخلوة الصحيحة كما جاء ذلك في قرار محكمة التمييز المرقم 1230 والمؤرخ في 1988/2/24"[7].

---

(1) ينظر الإمام الشافعي، الام، ج 5 ص231. الشيخ محمد الشربيني الخطيب، مغني المحتاج، ج 4 ص375. الشيخ سليمان البجيرمي، البجيرمي على المنهج، ج2، ص409. وينظر الطبري، تفسير الطبري ج 2 ص528.

(2) سورة النساء، الآية رقم (21).

(3) ينظر الإمام الشافعي، الام، ج 5 ص241.

(4) أبوبكر بن ابي شيبة، المصنف في الأحاديث والآثار، ج 3 ص351 رقم 111.

(5) سورة الأحزاب، الآية رقم (49).

(6) ينظر الإمام الشافعي، الام،ج 7 ص241. ابن حجر العسقلاني، فتح الباري شرح صحيح البخاري، ج9 ص495.

(7) جمعة سعدون الربيعي، المرشد إلى إقامة الدعاوى الشرعية وتطبيقاتها العملية، ص60.

الرأي الراجح:

الذي يبدو أن الراجح هو ما ذهب إليه الشافعية لعموم الأدلة وضعف ما استدل به الحنفية و الـلـه أعلم.

الفرع الثاني: الخلاف في النزاع بين الزوجين في المهر:

الخلاف في المهر بين الزوجين إما أن يكون في اصل المهر أو في مقداره، فمما لا خلاف فيه بين الحنفية والشافعية أن القول قول من يثبت دعواه بالبينة سواء كان الخلاف في أصل المهر أو مقداره. وأما إذا لم يكن ثم بينة يثبت احد الطرفين دعواه بها، أو وجدت البينة من كلتيهما ولكن تعارضتا لقوتهما، فلا خلاف بين الحنفية والشافعية في أن الخلاف إذا كان في اصل المهر أي في التسمية، بأن ادعى احدهما التسمية وأنكر الآخر، فإن الواجب في هذه الحالة هو مهر المثل بالاتفاق بعد أن يتحالف كل واحد منهما.وكذلك لا خلاف بينهما في أن الواجب هو مهر المثل إذا لم يكن مهر المثل شاهدا لأحدهما، وفي هذه الحالات يتحالفان ثم يجب مهر المثل[1].

عليه فمحل الخلاف بين الحنفية والشافعية يكمن فيما إذا اختلف الزوجان في مقدار المهر ولم يكن مهر المثل شاهدا لأحدهما وهو أيضا إما أن يكون قبل الدخول أو بعده.

مذهب الحنفية:

لو تزوج رجل امرأة ثم اختلفا في مقدار المهر فالقول قول المرأة إلى مهر مثلها، والقول قول الزوج فيما زاد. وإن طلقها قبل الدخول بها فالقول قوله في نصف المهر وهو قول أبي حنيفة ومحمد (رحمهما الـلـه) وقال أبو يوسف (رحمه الـلـه) القول قوله بعد الطلاق وقبله إلا أن يأتي بشيء قليل[2]. واستدل الحنفية لمذهبهم بما يأتي:

إن القول في الشرع والعقل (في الدعاوى) قول من يشهد له الظاهر والظاهر يشهد لمن يوافق قوله مهر المثل، لأن الناس في العادات الجارية يقدرون المسمى بمهر المثل ويبنونه عليه، وهو الموجب الأصلي في باب النكاح، وصار كالصباغ مع رب الثوب إذا اختلفا في مقدار الأجر يحكم فيه قيمة الصبغ.

وأما الحجة لأبي يوسف فهي أن المرأة تدعي الزيادة والزوج ينكر والقول قول المنكر مع يمينه إلا أن يأتي بشيء يكذبه الظاهر[3].

---

(1) الإمام محمد بن الحسن الشيباني، الجامع الصغير، ج1، ط1، عالم الكتب، بيروت - لبنان، دون عدد وسنة الطبع، ص179. روضة الطالبين، ج5، ص644. المجموع، ج16، ص383. وقد أطلق صاحب البحر القول فقال (وان عجزا تحالفا). من غير ذكر موطن الاختلاف ولكن حرره ابن عابدين فقال: إن كان الاختلاف في اصل التسمية تحالفا وأما إن كان في مقداره فالقول قول من يشهد له مهر المثل . ولكن الراجح في المذهب أنهما يتحالفان كما ذكره الكاساني. بدائع الصنائع، ج2، ص.

(2) الإمام محمد بن الحسن الشيباني، الجامع الصغير، ج1، ص179.

(3) المرغيناني، الهداية، ج1، ص198. الإمام الكاساني، بداءع الصناءع، ج2، ص604.

مذهب الشافعية:

إذا تزوج الرجل المرأة دخل بها أو لم يدخل بها فاختلفا في المهر تحالفا وكان لها مهر مثلها سواء كان مهر المثل أقل مما ادعت أو أقل مما أقر به الزوج أو أكثر[1]. واستدل الشافعية لمذهبهم بما يأتي:

اولا: السنة:

عن عمرو بن شعيب عن أبيه عن جده: أن النبي ﷺ قال في خطبته البينة على المدعي واليمين على المدعى عليه[2].

وجه الدلالة من الحديث أن فيه النص على أن اليمين إنما هي على المدعى عليه عند تعارض البينة مع ادعاء كل واحد منهما قدرا أو صفة معينة إذ يكون كل واحد منهما مدعي ومدعى عليه في آن واحد. وكل واحد منهما يكون منكرا من جهة فيلزم كل واحد منهما اليمين[3].

ثانيا: المعقول:

1- قياسا على البيوع الفائتة، لأن البيوع الفائتة يحكم فيها بالقيمة، وهذا يحكم فيه القيمة، والقيمة فيه مهر مثلها كما هي في البيوع، إذ القيمة قيمة مثل السلعة[4].

2- إنه باليمين قد حقق كل واحد منهما ما حلف عليه، وليس أحدهما أولى من الآخر فسقطا[5]. ويكون الواجب هو مهر المثل.

3- قال البغوي[6] "بالتحالف ينفسخ الصداق"[7]. أي يسقط المهر فيكون في حكم العقد دون مهر أو مهر فاسد. قال الشافعي: "ولا نرد العقد في النكاح بما يرد به العقد في البيوع ونحكم له حكم البيوع"[8]. عليه إذا أصبح عقد النكاح دون مهر كان الواجب مهر المثل بالاتفاق.

الرأي الراجح:

الذي يبدو أن الراجح هو ما ذهب إليه الحنفية وذلك لقوة القرائن في الحكم في الدعوى. ومما لا يخفى على احد أن مهر المثل قرينة قوية على صدق من يشهد له و الله اعلم.

---

(1) الإمام الشافعي، الأم، ج7، ص237.

(2) الترمذي، سنن الترمذي، ج3، ص626، حديث1341.

(3) العمراني، البيان في فقه الامام الشافعي، ج9، ص242. وينظر، سليمان الجمل، حاشية الجمل، ج4، ص268.

(4) الإمام الشافعي، الأم، ج7، ص237. الخطيب الشربيني، مغني المحتاج، ج3، ص242.

(5) العمراني، البيان في فقه الامام الشافعي، ج9، ص242.

(6) البغوي هو الحسين بن مسعود بن محمد ، الفراء ، البغوي (436 – 510هـ) شافعي . فقية . محدث . مفسر. نسبته إلى (بغشور) من قرى خراسان بين هراة ومرو . وكان دينا ورعا زاهدا عابدا صالحا تفقه على القاضي حسين صاحب التعليقة وحدث عنه. ودفن مع شيخه القاضي حسين بالطالقان. من تصانيفة (التهذيب) في فقه الشافعية، وشرح السنة في الحديث ومعالم التنزيل في التفسير. ينظر تذكرة الحفاظ للذهبي، ج4، ص1257. البداية والنهاية لابن كثير، ج12، ص193.

(7) الامام البغوي، التهذيب في فقه الامام الشافعي، ج5، ص511.

(8) الإمام الشافعي، الأم، ج7، ص237.

المبحث الثانـي
الخلاف في النفقــة الـزوجيـة

النفقة الزوجية أثر من آثار عقد الزواج. وهي حق من حقوق الزوجة على الزوج. حيث بها قوام الأسرة. لذا نرى أن لا خلاف بين العلماء في وجوبها لقوله تعالى: ﴿ وَعَلَى ٱلْمَوْلُودِ لَهُۥ رِزْقُهُنَّ وَكِسْوَتُهُنَّ بِٱلْمَعْرُوفِ ﴾[1]. ولكن مع ذلك فقد حصل خلاف بين الحنفية والشافعية في تفاصيل في النفقة من حيث سبب وجوبها ومقدارها وكيفية تقديرها. لذا سنخصص هذا المبحث لدراسة هذه المسائل في مطالب ثلاثة.

المطلب الأول
الخلاف في ماهية النفقة وسبب وجوبهـا

للوقوف على الخلاف بين الحنفية والشافعية في ماهية النفقة وسبب وجوبها نتحدث عن ذلك في الفرعين الآتيين:

الفرع الأول: تعريف النفقة:

النفقة لغة: مشتقة من النفوق وهو الهلاك. يقال: نفقت الدابة، أي هلكت. أو من النفاق بفتح النون بمعنى الرواج، يقال نفقت السلعة نفاقا راجت. يقول الزمخشري أن كل ما فاؤه نون وعينه فاء يدل على معنى الخروج والذهاب مثل نفق ونفر ونفد[2].

واصطلاحا عرفها الحنفية بأنها الطعام والكسوة والسكن، أو الإدرار على شيء بما فيه بقاؤه[3]، وبمثل هذا عرفه الشافعية فقالوا هي صرف الشيء في غيره، ويطلق على المال المصروف[4]، وقالوا هي الإدرار، ولا يستعمل إلا في الخير[5].

فالنفقة الزوجية من الحقوق التي تجب للزوجة على الزوج بإجماع العلماء، لما دلت عليه الآيات القرآنية والأحاديث النبوية وإجماع العلماء، وكذا المعقول.

---

(1) سورة البقرة، الآية رقم (233).
(2) ينظر ابن منظور، لسان العرب، ج10، ص357. ينظر الإمام كمال الدين ابن الهمام، شرح فتح القدير،ج3، ص343.
(3) ابن عابدين، حاشية ابن عابدين، ج3، ص572.
(4) حاشيتا قليوبي وعميرة، ج4، ص71.
(5) ابن منظور، لسان العرب، ج10، ص358.

الفرع الثاني: سبب وجوب النفقة:

لا خلاف بين الحنفية والشافعية في أن الزوجية سبب من أسباب وجوب النفقة للزوجة على الزوج. إلا أن الخلاف يكمن في هل أن الاحتباس الذي يكون سببه الزواج هو سبب الوجوب؟ أم أنه الزواج الذي تمكن الزوجة فيه الزوج من نفسها؟

مذهب الحنفية:

سبب وجوب النفقة هو الحبس الثابت عليها بالنكاح، فتجب الكفاية عليه من ماله[1]، واستدل الحنفية لمذهبهم بما يأتي:

1- قياسا على وجوب النفقة للقاضي والعامل على الصدقات، فكل من كان محبوسا بحق مقصود لغيره كانت نفقته عليه كالقاضي والعامل على الصدقات بجامع الحبس لمصلحة الغير[2].

2- إن النفقة شرعت بطريق دفع الهلاك عن المنفق عليه، لأن سبب النفقة عجز المنفق عليه، ومن أسباب العجز، الاحتباس الدائم، فإن دوامه من غير إنفاق يؤدي إلى الهلاك إذ لا بقاء للإنسان عادة بدون النفقة، والدليل على أن النفقة تجب بطريق الدفع أن الأب يحبس بنفقة الابن الصغير إذا منعه منها[3].

مذهب الشافعية:

إن النفقة لا تجب على الزوج للزوجة إلا بالتمكين، أي العقد والتمكين، لأن التمكين لا يكون إلا بعد عقد صحيح، فهي معاوضة في مقابلة التمكين[4]. واستدل الشافعية لمذهبهم بما يأتي:

أولا: الكتاب:

قوله تعالى: ﴿ وَعَلَى ٱلْمَوْلُودِ لَهُۥ رِزْقُهُنَّ وَكِسْوَتُهُنَّ بِٱلْمَعْرُوفِ ﴾[5].

وجه الدلالة في قوله تعالى: (المولود له) والمقصود به الزوج، أي الذي يولد له، ولا يتحقق هذا إلا بعد التمكين.

ثانيا: السنة:

قوله ﷺ: ((اتقوا الله في النساء فإنكم أخذتموهن بأمانة الله واستحللتم فروجهن بكلمة الله ولهن عليكم رزقهن وكسوتهن بالمعروف))[6].

---

[1] الإمام كمال الدين ابن الهمام، شرح فتح القدير، ج3، ص343؛ ابن عابدين، حاشية ابن عابدين، ج3، ص572.

[2] الإمام السرخسي، المبسوط، ج5، ص181. زين الدين ابن إبراهيم ابن نجيم، ج4، ص188.

[3] علاء الدين بن عبد العزيز بن أحمد بن محمد البخاري، كشف الأسرار، ج4، ط1، دار الكتاب العربي، بيروت، سنة الطبع 1991، ص331.

[4] الشيخ محمد الشربيني الخطيب، مغني المحتاج، ج4، ص166.

[5] سورة البقرة، الآية رقم (233).

[6] الإمام مسلم، صحيح مسلم، ج2، باب حجة النبي ﷺ، ص886، رقم الحديث 1218..

وجـه الدلالـة في قوله ﷺ: ((بأمانة الـلـه)) أي جعلتموهن تحت أيديكم كالأمانة، وفي قوله ﷺ: ((بكلمة الـلـه)) أي النكاح[1]. ولا تكون المرأة تحت اليد إلا بعد التمكين، وأما الاحتباس في بيت أهلها فلا تتحقق الأمانة التي أشار إليها الرسول ﷺ؛ ثم يقول: ((ولهن عليكم رزقهن وكسوتهن)) أي إذا حصل بأن تم العقد وأصبحت هي كالأمانة تحت أيديكم وجبت لها النفقة و الـلـه أعلم.

ثالثا: المعقول:

إن الزوجة تكون بالتمكين قد سلمت ما استحق عليها فيجب ما يقابله من الأجرة، فالنفقة معاوضة في مقابلة التمكين[2]، وبالحبس وحده لا يحصل منها تسليم المبدل.

موقف المشرع العراقي:

الذي يبدو أن المشرع العراقي قد أخذ برأي الحنفية في سبب وحوب النفقة حيث عد المشرع العراقي مجرد العقد سببا لوجـوب النفقـة للزوجة على زوجها. وعلـى هـذا نص في البند (1) من المادة (23) حيث يقول "تجب النفقة للزوجة على الزوج من حين العقد الصحيح ولو كانت مقيمة في بيت أهلها إلا إذا طالبها الزوج بالإنتقال إلى بيته فإمتنعت بغير حق"

الرأي الراجح:

الذي يبدو أن الراجح هو ما ذهب إليه الحنفية، لأن الزوجة محبوسة عن الكسب وطلب الرزق، فالنفقة ليست واجبة في مقابل الوطء بل لمعنى زائد بدليل أن النفقة واجبة على الزوج للمريضة والحائض والنفساء مع عدم إمكانية الوطء، لذا كانت النفقة واجبة لأمر آخر وهو الحبس وهو ما يتوافق مع العقل و الـلـه أعلم.

المطلب الثانـي
الخلاف في مقـدار النفقـة

لا خلاف بين الحنفية والشافعية في أن المرأة تستحق النفقة من طعام وشراب وكسوة وسكن لائق بها وخادم واحد إن كانت ممن تخدم في بيت أبيها، وكذا آلات التنظيف ومتاع البيت، فهذه واجبة على الزوج ولا تسقط حتى بالإعسار بل تبقى دينا في ذمة الرجل إلى يساره. ولا خلاف في أن ما عدا الطعام والشراب تكون للمرأة على قدر كفايتها حسب العرف[3].

---

[1] الشيخ سليمان البجيرمي، حاشية البجيرمي على الخطيب،ج4، ص87.

[2] الشيخ محمد الشربيني الخطيب، مغني المحتاج، ج5، ص166، الرملي، نهاية المحتاج،ج7، ص203.

[3] الإمام كمال الدين ابن الهمام، شرح فتح القدير،ج4، ص343-344؛ الإمام الكاساني، بدائـع الصنائع، ج4، ص37؛ الشيخ محمد الشربيني الخطيب، مغني المحتاج، ج3، ص246؛ الرملي، نهاية المحتاج،ج7، ص188؛ الإمام الشافعي، الام، ج8، ص337.

وأما الخلاف بين الحنفية والشافعية فيكمن في هل أن الطعام والشراب مقدر أم لا؟ بمعنى هل أن الواجب على الزوج أن يدفع للمرأة قدرا معينا من النفقة أم أن ذلك أيضا متروك للعرف وحسب كفايتها.

مذهب الحنفية:

إن النفقة من المأكل (الطعام) والشراب والأدم وغيرها مما لابد منه في الطعام غير مقدرة بتقدير معين، فالواجب للمرأة هو كفايتها حسب العرف[1]، واستدل الحنفية لمذهبهم بما يأتي:

أولا: الكتاب:

1- قوله تعالى: ﴿ وَعَلَى ٱلْمَوْلُودِ لَهُۥ رِزْقُهُنَّ وَكِسْوَتُهُنَّ بِٱلْمَعْرُوفِ ۚ لَا تُكَلَّفُ نَفْسٌ إِلَّا وُسْعَهَا ﴾[2].

ثانيا: السنة:

1- قوله ﷺ لهند بنت عتبة حينما قالت له إن أبا سفيان رجل شحيح وليس يعطيني ما يكفيني ويكفي أولادي ((خذي ما يكفيك وبنيك بالمعروف))[3].

2- قوله ﷺ في حجة الوداع: ((ولهن عليكم رزقهن وكسوتهن بالمعروف))[4].

وجه الدلالة من الآية والحديثين الشريفين أن الله عز وجل ورسوله ﷺ لم يحددا النفقة بمقدار معين وإنما تركا أمرها إلى كفايتها حسب العرف فإن اكتفت من النفقة بقدر ما يعيلها لم يجز لها أخذ شيء بعدها. ثم إن الآية أوجبها باسم الرزق ورزق الإنسان كفايته في العرف والعادة كرزق القاضي والمضارب[5].

ثالثا: المعقول:

1- إن ما وجب كفاية لا يتقدر في نفسه شرعا لأن الكفاية مما تختلف فيها أحوال الناس بحسب الشاب والهرم وبحسب الأوقات والأماكن ففي التقدير قد يكون ضررا[6].

2- إن في تحديد النفقة بحد معين ربما يكون أقل من الكفاية في الرزق فإنه يكون تركا للمعروف، وإيجاب قدر الكفاية إنفاق بالمعروف فيكون ذلك هو الواجب بالكتاب والسنة[7].

---

(1) الإمام كمال الدين ابن الهمام، شرح فتح القدير،ج4، ص343.
(2) سورة البقرة، الآية رقم (233).
(3) الإمام البخاري، صحيح البخاري، ج2، ص768.
(4) الإمام مسلم، صحيح مسلم، ج2، باب حجة النبي ﷺ، ص886، رقم الحديث 1218.
(5) الكاساني، بدائع الصنائع، ج3، ص429.
(6) الإمام كمال الدين ابن الهمام، شرح فتح القدير،ج4، ص343-344.
(7) حقوق المرأة في الزواج، الدكتور محمد بن عمر عتين، دار الاعتصام-مصر، د.سنة الطبع ورقم الطبعة، ص193.

مذهب الشافعية:

إن النفقة مقدرة شرعا وهي تختلف باختلاف غنى الزوج وفقره فإن كان موسرا قدرت النفقة بمدين وإن كان معسرا قدرت بمد واحد، وإن كان متوسطا فمد ونصف[1]. واستدل الشافعية لمذهبهم بما يأتي:

أولا: الكتاب:

قولـه تعـالى: ﴿ لِيُنفِقْ ذُو سَعَةٍ مِّن سَعَتِهِۦ ۖ وَمَن قُدِرَ عَلَيْهِ رِزْقُهُۥ فَلْيُنفِقْ مِمَّآ ءَاتَىٰهُ ٱللَّهُ ﴾[2].

وجه الدلالة من الآية: إن الشرع فرق بين الموسر والمعسر، وأوجب على كل واحد منهما على قدر حاله، ولم يبين المقدار فوجب تقديره للاجتهاد وأشبه ما تقاس عليه النفقة هو الإطعام في الكفارة[3].

ثانيا: المعقول:

1- قياسا على المهر فالمال المستحق بالزوجية يجب أن يكون مقدرا كالمهر بجامع أن كلا من المهر والنفقة استحقا بالعقد[4].

2- قياسا على الكفارات فكل ما استقر ثبوته في الذمة من الطعام إذا لم يسقط بالإعسار كان مقدرا كالكفارات بجامع أن النفقة والكفارة مال يجب بالشرع ويستقر في الذمة[5].

ولكن يرد عليه بأن قياس النفقة على الكفارات غير سليم بل هو قياس مع الفارق، لأن الكفارات قدرت لا لكونها نفقة واجبة بل لكونها عبادات محضة كالزكاة فكانت مقدرة، وأما نفقة الزوجة فلم تجب لكونها عبادة بل لكفاية الزوجة كما هي نفقة الأقارب[6].

3- إن اعتبار النفقة بالكفاية مفض إلى التنازع في قدرها فكان تقديرها بالشرع حسما للتنازع فيه كدية الجنين[7].

4- إن النفقة لما كانت مختلفة باليسار والإعسار والتوسط وجب أن يكون مختلفا لاختلاف الأحوال، وأن يعتبر بأصل يحمل عليه ويؤخذ المقدار منه فكان أولى الأصول بها الكفارات لأمرين كما

---

(1) الشيخ محمـد الشربيني الخطيـب، مغني المحتاج، ج، ص. الماوردي، كتاب النفقات،ص55؛ كفاية الأخبار، ص658.
(2) سورة الطلاق، الآية رقم 7.
(3) الماوردي أبو الحسن علي بن محمد بن حبيب البصري، كتاب النفقات، تحقيق عامر سعيد الزيباري، ط1، دار ابن حزم، بيروت – لبنان، سنة الطبع 1998، ص61-62.
(4) الدمياطي، إعانة الطالبين، ج4، ص61.
(5) الشيخ زكريا الأنصاري، اسنى المطالب شرح روض الطالب، ج3، ص426.
(6) الإمام الكاساني، بدائع الصنائع، ج4، ص37.
(7) ينظر، الشيرازي، المهذب في فقه الإمام الشافعي، ج2، ص162. ابن حجر العسقلاني، فتح الباري ، ج9، ص50.

يقول الماوردي[1] أولا: إنه طعام يقصد به سد الجوعة. ثانيا: إنه طعام يستقر ثبوته في الذمة. ثم يقول "ثم وجدنا أكثر الطعام المقدر في الكفارات فدية الأذى، قدر فيه لكل مسكين مدان فجعلناه أصلا لنفقة الموسر فأوجبنا عليه لنفقة زوجته في كل يوم مدين، ووجدنا أقل الطعام المقدر في الكفارات كفارة الواطئ في شهر رمضان عليه لكل مسكين مد فجعلناه أصلا لنفقة المعسر، فأوجبنا عليه لنفقة زوجته في كل يوم مدا"[2].

وأما الواجب في جنس الطعام فهو من غالب قوت البلد[3]، والأدم إلا أنه لا تقدير في الأدم[4].

موقف المشرع العراقي:

من خلال النظر في البند (2) من المادة (24) والمادة (27) من قانون الأحوال الشخصية يبدو أن المشرع لم يحدد النفقة بمقدار معين وإنما ترك الأمر في ذلك للعرف مع مراعاة حال الزوجين من حيث اليسار والإعسار. وبهذا يكون قد أخذ برأي الحنفية فليس للزوجة مقدار معين من النفقة، وإنما الأمر متروك للعرف لنص القرآن ﴿ وَعَلَى ٱلْمَوْلُودِ لَهُۥ رِزْقُهُنَّ وَكِسْوَتُهُنَّ بِٱلْمَعْرُوفِ﴾[5].

الرأي الراجح:

الذي يبدو أن الراجح هو ما ذهب إليه الحنفية لقوة أدلتهم ولأن الرسول α لما أذن لهند بأن تأخذ من مال زوجها أبي سفيان لم يحدد لها شيئا ولو كان التقدير واجبا لبين الرسول α لها ولأمرها بأن لا تأخذ أكثر مما تستحق، وإنما أذن لها أن تأخذ كفايتها وكفاية أولادها، ولذا قال النووي "هذا الحديث يرد على أصحابنا"[6]. فكان دليلا على أن النفقة غير مقدرة بتقدير معين و اللـه أعلم.

---

[1] علي بن محمد بن حبيب أبو الحسن البصري المعروف بالماوردي(364- 450 هـ) من وجوه الفقهاء الشافعيين وله تصانيف عدة في أصول الفقة وفروعه وفي غير ذلك وجعلت إليه ولاية القضاء ببلدان كثيرة وسكن ببغداد. وكان مقربا من الخلفاء والملوك في بغداد . اتهم بالميل الي الاعتزال. وتوفي في بغداد .من تصانيفة: (الحاوي) في الفقة 20 مجلدا و(الاحكام السلطانية) و(ادب الدنيا والدين). ينظر تاريخ بغداد للخطيب البغدادي، ج12، ص102. الإكمال، ج1، ص477. كشف الظنون لمصطفى بن عبد اللـه القسطنطيني، ج2، ص1680.

[2] الماوردي، كتاب النفقات، ص59-60.

[3] المجموع شرح المهذب، الإمام النووي،ج20، ص145.

[4] الشربيني الخطيب، مغني المحتاج، ج2، ص429.الماوردي، كتاب النفقات، ص59-60.

[5] سورة البقرة، الآية رقم (233).

[6] الامام النووي، صحيح مسلم بشرح الامام النووي، ج12، ص7.

المطلب الثالث
الخلاف فيمن تعتبر بحالـه النفقـة

لما كان الناس يختلفون في حال اليسار والإعسار فقد اختلف الفقهاء -رحمهم اللـه- فيمن يعتبر حاله في النفقة؟ هل هي معتبرة بحال الزوج أم الزوجة أم الزوجان؟

فما لا خلاف فيه أن الزوجين إذا كانا موسرين فالواجب نفقة الموسرين وإن كان معسرين فالواجب نفقة المعسرين، وأما إذا كان أحدهما موسرا والآخر معسرا فقد اختلفوا في الواجب لها هل لها نفقة الإعسار أم اليسار؟

مذهب الحنفية:

النفقة معتبرة بحالهما معا، فلابد من اعتبار حال الزوجين من اليسار والإعسار في تقدير النفقة، فإن كانا موسرين فنفقة اليسار وإن كانا معسرين فنفقة الإعسار، وإن كان أحدهما موسرا والآخر معسرا فلها نفقة دون نفقة اليسار وفوق نفقة الإعسار، وهو اختيار الخصاف وعليه الفتوى[1] وعليه مشى المحبوبي[2] والنسفي[3] واستدل الحنفية لمذهبهم بما يأتي:

أولا: الكتاب:

قوله تعالى: ﴿وَعَلَى ٱلْمَوْلُودِ لَهُۥ رِزْقُهُنَّ وَكِسْوَتُهُنَّ بِٱلْمَعْرُوفِ﴾[4].

---

(1) الإمام كمال الدين ابن الهمام، شـرح فتح القدير،ج4، ص342-343؛ مجمع الأنهر شرح ملتقـى الأبحـر، ج1، ص487. فليس صحيحا ما نسبه الدكتور وهبة الزحيلي إلى الأحناف بأن المذهب عندهم اعتبار حال الزوج يسارا وإعسارا. الفقه الإسلامي وأدلتـه، ج10، ص7388. الشيخ عبد الغني الغنيمي، اللبـاب في شرح الكتاب، ج3، ص22.

(2) صدر الشريعة الثاني عبيد اللـه بن مسعود بن تاج الشريعة المحبوبي ورث المجد عن أب فأب فأخذ العلم عن جده تاج الشريعة محمود بن صدر الشريعة عن أبيه. كان ذا عناية بتقييد نفائس جده وجمع فوائده. شـرح كتـاب الوقايـة من تصانيف جده تاج الشريعة وهو أحسن شروحه. ثم اختصر الوقاية وسماه النقاية. توفي سنة 747 سبع وأربعين وسبعمائة .ومرقده ومرقد والديه وأولاده وأجداد والديه كله في شرع آباد ببخارى. ينظـر هدية العارفـين، ج1، ص346. معجم المؤلفين، ج6، ص246. الأعلام للزركلي، ج4، ص354. معجم المطبوعات لإليان سركيس، ج2، ص1199.

(3) هو عبد اللـه بن أحمد بن محمود النسفي حافظ الدين أبو البركات من أهل (إيزاج) من كور (أصهبان). فقيه حنفي كان إماما في جميع العلوم. ومصنفاته في الفقه والأصول أكثر من أن تحصى. تفقه في بغداد علي الكردري وخواهر زاده . ويعد من طبقة المقلدين القادرين علي التمييز بين القوي والضعيف ، وعده غيره من المجتهدين في المذهب. من تصانيفة (كنز الدقائق) المتن المشهور في الفقه الحنفي. توفي في بغداد سنة عشر وسبعمائة. ينظر الأعلام للزركلـي، ج4، ص192. طبقات المفسرين للأدنروي، ج1، ص263.

(4) سورة البقرة، الآية رقم (233).

ثانيا: السنة:

1- عن عائشة رضي الـلـه عنها: ((أن هند بنت عتبة قالت: يا رسول الـلـه إن أبا سفيان رجل شحيح لا يعطيني ما يكفيني وولدي إلا ما أخذت منه وهو لا يعلم، فقال: خذي ما يكفيك وولدك بالمعروف))[1].

وجه الدلالة من الآية أنها قد اعتبرت حال الزوج.وفي الحديث اعتبار لحال الزوجة فوجب الجمع بينهما[2].

وأما وجه الدلالة في الحديث فمن وجهين:

أحدهما: إن الرسول ﷺ قد أذن لها في أخذ كفايتها[3].

والثاني: أن الرسول ﷺ جمع بين المرأة وولدها ونفقة ولدها معتبرة بالكفاية وهو لا يأذن إلا فيما تستحق فدل على أن الكفاية هي القدر المستحق[4].

2- قوله ﷺ: ((ولهن عليكم رزقهن وكسوتهن بالمعروف)) [5].

وجه الدلالة في قوله ﷺ ((بالمعروف)) فمن المعروف أن تقدر النفقة حسب حال الاثنين مراعاة لجانبهما، وفي مراعاة جانب الزوج وحده أو جانب الزوجة وحدها إلحاق للضرر بالآخر، فمن المعروف أن لا يدفع للفائقة ما يدفع للفقيرة[6].

ثالثا: المعقول:

1- قياسا على نفقة الأقارب فهي مقدرة على الكفاية فكذلك تكون نفقة الزوجة أيضا مقدرة على الكفاية، ثم بجامع أنهما جهتان تستحق بهما النفقة ومقصود بهما دفع الجوعة[7].

2- إن النفقة تجب بطريق الكفاية لأن الفقيرة لا تحتاج إلى نفقة الموسرات، فلا معنى للزيادة على كفايتها نظرا إلى حال الزوج، لأن في الزيادة ضررا على الزوج وهو مرفوع شرعا.

مذهب الشافعية:

نفقة الزوجة معتبرة بحال الزوج لا بحال الزوجة، فيجب لابنة الوزير أو رئيس الدولة ما يجب لابنة الحارس، وهي غير معتبرة بكفايتها، فإن كان موسرا فنفقة اليسار وإن كان معسرا فنفقة الإعسار وإن كان دون اليسار فوق الإعسار فنفقة الوسط[8]، واستدلوا بما يأتي:

(1) الإمام كمال الدين ابن الهمام، شرح فتح القدير،ج4، ص343.
(2) الإمام البخاري، صحيح البخاري، ج5، ص2052.
(3) المصدر نفسه، ج4، ص343.
(4) أحمد بن محمد بن إسماعيل الطحاوي ، حاشية الطحطاوي على مراقي الفلاح، ج2، ص251.
(5) سبق تخريجه في ص35و 184من هذه الأطروحة .
(6) الإمام كمال الدين ابن الهمام، شرح فتح القدير،ج4، ص232؛ الإمام السرخسي، المبسوط، ج5، ص1181.
(7) المصدر نفسه ،ج4، ص343. الإمام السرخسي، المبسوط، ج5، ص182. الماوردي، كتاب النفقات، ص54.
(8) المجموع شرح المهذب، ج20، ص146؛ النفقات، الماوردي، ص53-54.

أولا: الكتاب:

1- قولـه تعـالى: ﴿ لِيُنفِقْ ذُو سَعَةٍ مِّن سَعَتِهِۦ ۖ وَمَن قُدِرَ عَلَيْهِ رِزْقُهُۥ فَلْيُنفِقْ مِمَّآ ءَاتَىٰهُ ٱللَّهُ ﴾[1].

وجه الدلالة أن اللـه ﷻ قد اعتبر في هذه الآية حال الزوج وأمره بالإنفاق على حسب حاله من الغنى والفقر، فإن كان ذا سعة فلينفق من سعته ومن ضيق عليه رزقه فلينفق مما آتاه اللـه[2].

2- قوله تعالى: ﴿ عَلَى ٱلْمُوسِعِ قَدَرُهُۥ وَعَلَى ٱلْمُقْتِرِ قَدَرُهُۥ ﴾[3].

وجه الدلالة من الآية أن اللـه ﷻ فرض النفقة على الأزواج ولكنه فرض على حسب حاله من السعة والإقتار.

3- قوله تعالى: ﴿ وَعَلَى ٱلْمَوْلُودِ لَهُۥ رِزْقُهُنَّ وَكِسْوَتُهُنَّ بِٱلْمَعْرُوفِ ﴾[4].

وجه الدلالة من الآية أن اللـه ﷻ فرض النفقة على الأزواج حسب العرف والعادة والعرف والعادة عند الناس أن نفقة الغني والفقير تختلف[5].

ثانيا: السنة:

1- قوله ﷺ: ((ولهن عليكم رزقهن وكسوتهن بالمعروف)).

وجه الدلالة منه أنه مؤكد لقوله تعالى: ﴿ وَلَهُنَّ مِثْلُ ٱلَّذِى عَلَيْهِنَّ بِٱلْمَعْرُوفِ ﴾[6].

2- حديث هند بنت عتبة حينما قال لها الرسول ﷺ: ((خذي ما يكفيك وولدك بالمعروف))، والمعروف عند الناس هو يسار الزوج وإعساره[7]. ولم يقل ﷺ: ((خذي ما يكفيك ويطلق))[8].

ثم إن حديث هند يحمل على أن الرسول ﷺ كان يعرف حال أبي سفيان من اليسر والغنى فأذن لها بالأخذ هكذا لما عرف هو حال زوجها، و اللـه أعلم[9].

وأجاب الحنفية عن استدلال الشافعية بالآية (لينفق) بقولهم "إننا نقول بموجب النص أنه يخاطب أن ينفق بقدر وسعه فلا يلزم التكليف بما ليس في الوسع ولكن إن زادت كفايتها على ما في وسعه يكون الباقي دينا في ذمته عملا بالدليلين"[10].

---

(1) سورة الطلاق، الآية رقم (7).
(2) الإمام النووي، المجموع ج20، ص146. ابن الهمام، ج4، ص342، كفاية الأخيار، ص657.
(3) سورة البقرة، الآية رقم (236).
(4) سورة البقرة، الآية رقم (233).
(5) الإمام النووي، المجموع بشرح المهذب، ج20، ص146.
(6) سورة البقرة، الآية رقم (228).
(7) الإمام النووي، المجموع بشرح المهذب، ج20، ص146-147.
(8) المصدر نفسه، ج20، ص146-147.
(9) المصدر نفسه، ج20، ص147.
(10) الإمام كمال الدين ابن الهمام، شرح فتح القدير، ج4، ص343.

3- حديث معاوية القشيري قال: أتيت رسول الـلـه صلى الـلـه عليه وسلم فقلت ما تقول في نسائنا، فقال: ((أطعموهن مما تأكلون وأكسوهن مما تكتسون ولا تضربوهن))[1].

وجه الدلالة من الحديث أنه واضح في إتباع المرأة لزوجها في المأكل والمشرب والاكتساء ولو كان واجبا على الزوج أن يعتبر حال الزوجة في النفقة لقال: ((أطعموهن، واكسوهن مما يليق بهن)).

ثالثا: المعقول:

1- إن المرأة بقبولها الزواج من الفقير فكأنما قبلت بنفقة المعسرين فهي كانت عالمة بحاله أثناء الزواج.

2- إن في تكليف الزوج نفقة لا يستطيع أن يتحملها ضرر عليه، وهذا لا يجوز شرعا.

موقف المشرع العراقي:

إن موقف المشرع العراقي واضح في اعتبار النفقة بحال الزوجين يسرا وعسرا. فقد نص في المادة (27) من قانون الأحوال الشخصية على " تقدر النفقة للزوجة على زوجها بحسب حالتيهما يسرا وعسرا" وبهذا يكون قد أخذ برأي الخصاف من الحنفية وهو قول المالكية والحنابلة. وكان الأولى بالمشرع العراقي أن يأخذ بمذهب الشافعية من اعتبار النفقة بحال الزوج وحده يسرا وعسرا. وقد كان العمل على هذا الرأي في العراق قبل صدور قانون الأحوال الشخصية[2]. فهو الموافق لنص القرآن.

الرأي الراجح:

الذي يبدو أن الراجح هو ما ذهب إليه الشافعية، وكذا ما هو ظاهر الرواية في المذهب الحنفي من اعتبار حال الزوج في تقدير النفقة لا حال الزوجة لقوله تعالى: ﴿ لِيُنفِقْ ذُو سَعَةٍ مِّن سَعَتِهِۦ وَمَن قُدِرَ عَلَيْهِ رِزْقُهُۥ فَلْيُنفِقْ مِمَّآ ءَاتَىٰهُ ٱللَّهُ ۚ لَا يُكَلِّفُ ٱللَّهُ نَفْسًا إِلَّا مَآ ءَاتَىٰهَا ۚ سَيَجْعَلُ ٱللَّهُ بَعْدَ عُسْرٍ يُسْرًا ﴿٧﴾ ﴾[3] ولذا قال صاحب بدائع الصنائع بأن هذه الآية نص في الباب. ومن ثم فإن قواعد الشريعة تأبى أن يكلف الرجل فوق طاقته، فالـلـه عز وجل لا يكلف نفسا إلا وسعها. ووسع المقتر والمعسر نفقة المعسرين لا نفقة الموسرين. ومما يؤيد ذلك القراءة الأخرى لقوله تعالى: ﴿ أَسْكِنُوهُنَّ مِنْ حَيْثُ سَكَنتُم مِّن وُجْدِكُمْ ﴾[4]. أي على قدر ما يجد أحدكم من السعة والمقدرة[5].

---

[1] أبو داود، سنن ابي داود، ج1، ص651، حديث 2144.
[2] د. أحمد علي وآخرون، شرح قانون الأحوال الشخصية، ص118.
[3] سورة الطلاق، الآية رقم (7).
[4] سورة الطلاق، الآية رقم (6).
[5] الإمام الكاساني، بدائع الصنائع، ج4، ص36.

ثم إن النفقة لو كانت مقدرة بحال الزوجة لبينه عز وجل ورسوله، ولما لم يحصل ذلك وفيهم الغني والفقير من لدن صحابة رسول الله وإلى يومنا هذا دل على أن الأمر على إطلاقه وهو ﴿لِيُنفِقْ ذُو سَعَةٍ مِّن سَعَتِهِۦ وَمَن قُدِرَ عَلَيْهِ رِزْقُهُۥ فَلْيُنفِقْ مِمَّآ ءَاتَىٰهُ ٱللَّهُ ۚ لَا يُكَلِّفُ ٱللَّهُ نَفْسًا إِلَّا مَآ ءَاتَىٰهَا ۚ سَيَجْعَلُ ٱللَّهُ بَعْدَ عُسْرٍ يُسْرًا ۝٧﴾[1].

[1] سورة الطلاق، الآية رقم (7).

المبحث الثالث
الخلاف في ثبوت النسب

إن ثبوت النسب من الحقوق المشتركة بين الطرفين ومن الآثار المترتبة على عقد الزواج، وقد أولى الشارع الحكيم اهتماما واسعا بالنسب ولا يخفى هذا على احد ممن تتبع كتب الفقه الإسلامي. إلا أن ثبوت النسب قد يكون طبيعيا لا إشكال فيه كما لو كان فراش الزوجية قائما ولم يكن هناك إنكار من الزوج ببنوة الولد له. ومع ذلك فإن هناك حالات قد ينكر فيها الزوج وجود حمل له منها فهنا لابد له أن يلتعن وسنشير إلى ذلك في موضوع الخلاف في اللعان.

وأما ثبوت النسب من حيث طرقه فإن النسب يثبت إما بالفراش (فراش الزوجية) أو بالبينة أو بالإقرار. فقد يكون إثبات النسب هذا في نكاح صحيح أو فاسد أو من وطء شبهة أو يكون بعد طلاق رجعي أو بائن أو بعد وفاة الزوج. وهذه الحالات كلها لابد فيها من توفر شروط معينة كي يكون إثبات النسب صحيحا. والشروط هي:

1- إمكان كون الولد من الزوج كأن يكون بالغا.

2- أن تأتي به الزوجة في وقت مدة الحمل المعروفة وهي ستة أشهر.

3- أن لا ينفي الزوج هذا الحمل أو المولود من نفسه.

ومع الاتفاق بين الحنفية والشافعية على هذه الشروط كقواعد لثبوت النسب إلا أن هناك بعضا من تفصيلات هذه الشروط حصل فيها خلاف بين الحنفية والشافعية سنتطرق إليها في المطالب الأربعة الآتية:

المطلب الأول
وقت ابتداء مدة الحمل

لا خلاف بين الحنفية والشافعية في أن اقل مدة الحمل ستة أشهر لقوله تعالى: ﴿ وَحَمْلُهُۥ وَفِصَـٰلُهُۥ ثَلَـٰثُونَ شَهْرًا ﴾[1]. ولكن حصل بينهما خلاف في الوقت الذي تبدأ فيه مدة الحمل، بمعنى متى تحتسب الستة أشهر؟ هل من وقت العقد أم من وقت إمكان الدخول؟

مذهب الحنفية:

الذي عليه الحنفية أن ابتداء الحمل إنما يحتسب من يوم العقد شرط أن يكون الدخول ممكنا إلا أن الإمكان هنا هو الإمكان في مفهومه الواسع وهو الإمكان والتصور العقلي لا الفعلي الحسي

[1] سورة الأحقاف، الآية رقم (15).

فقط لذلك قالوا لو تزوج مشرقي مغربية وجاءت بولد لستة اشهر من يوم زواجهما فالنسب ثابت لثبوت كرامات الأولياء والإستخدامات فيكون صاحب خطوة أو جنيا[1]. واستدلوا بما يأتي:

أولا: السنة:

قوله ﷺ في الحديث المتفق عليه (الولد للفراش وللعاهر الحجر)[2].

وجه الدلالة من الحديث أن الرسول ﷺ قد أثبت النسب بالفراش والفراش هنا قائم وهو العقد إذ يقوم مقام الفراش[3].

ثانيا: المعقول:

1- إن أقل مدة للحمل ستة أشهر بالاتفاق، فيكون الحمل من الزوج ممكنا بالدخول بها بعد العقد مباشرة، حيث لا مانع من ذلك[4].

2- إن النسب مما يحتاط له والقول بأنه من الزنا وليس من الزوج مع إمكان نسبته إلى الزوج، لم يحتط له بل فيه ضياع للولد وهذا ما ينكره الشرع[5].

مذهب الشافعية:

الذي عليه الجمهور منهم الشافعية أن ابتداء مدة الحمل إنما يكون من وقت إمكان الدخول[6]. واستدلوا بما يأتي:

أولا: السنة:

قوله ﷺ في الحديث المتفق عليه (الولد للفراش وللعاهر الحجر)[7].

وجه الدلالة من الحديث أن الرسول ﷺ قد أثبت النسب بالفراش والفراش لا يكون قائما حقيقة إلا بعد اجتماعهما مع إمكان الدخول. إذ الأصل في الأنساب الامكان والاحتمال[8].

---

(1) أبوبكر محمد بن علي الحدادي العبادي، الجوهرة النيرة، ج2، ص83. الزيلعي، تبيين الحقائق، ج3، 45. الإمام كمال الدين ابن الهمام، شرح الفتح القدير،ج4، ص350.

(2) الإمام البخاري، صحيح البخاري،ج2، ص724. الإمام مسلم، صحيح مسلم، ج2، ص1080.

(3) المرغيناني، الهداية، ج1، ص280. الإمام الكاساني، بدائع الصنائع، ج2، ص646.

(4) الإمام كمال الدين ابن الهمام، شرح الفتح القدير، ج4، ص358.

(5) زين الدين بن ابراهيم (ابن نجيم)، البحر الرائق، ج4، ص169.

(6) الشيرازي، المهذب، ج2، ص120. ابن قدامة، المغني، ج8، ص64. ابن رشد، بداية المجتهد ونهاية المقتصد، ج1، ص853.

(7) الإمام البخاري، صحيح البخاري،ج2، ص724. الإمام مسلم، صحيح مسلم، ج2، ص1080.

(8) الشيخ زكريا الأنصاري، أسنى المطالب، ج3، ص20.

ثانيا: المعقول:

1- إنه لا سبيل إلى معرفة حقيقة الوطء فيعلق الحكم على إمكانه في النكاح، ولا يجوز حذف الإمكان عن الاعتبار، لأنه إذا انتفى إمكانية الدخول حصل اليقين بانتفائه، عنه فلم يجز إلحاقه به مع يقين كونه ليس منه[1]. لقوله ﷺ "أيما امرأة ألحقت بقوم من ليس منهم فليست من الـلـه في شيء . ولن يدخلها جنته. وأيما رجل أنكر ولده وقد عرفه احتجب الـلـه منه يوم القيامة وفضحه على رؤس الأشهاد"[2].

2- إذا لم يكن ممكنا حسا التلاقي فلا يتصور الحمل منه لأنه لم يجامع حقيقة، فلا يجوز إلحاق النسب به قياسا على عدم إلحاق النسب بالصبي ومن هو مقطوع الذكر والأنثيين بجامع عدم الجماع[3].

الرأي الراجح:

الذي يبدو أن الراجح هو ما ذهب إليه الشافعية لقوة أدلتهم. وأما القول بأن العقد يقوم مقام الوطء فغير مقبول، فالمجبوب الخصي الذي لا يكون منه الإنزال إذا لم يلحقه النسب وإن خلا بزوجته باتفاق الحنفية والشافعية. فلأن لا يلحق النسب بمن لم يكن ممكنا حسا منه التلاقي مع زوجته من باب أولى و الـلـه أعلم.

موقف المشرع العراقي:

إن المشرع العراقي قد أخذ هنا بمذهب الشافعية حيث عد في المادة (51) من قانون الأحوال الشخصية العراقي إمكانية التلاقي بين الزوجين شرطا من شروط إثبات النسب إذ تنص المادة المذكورة على "ينسب ولد كل زوجة إلى زوجها بالشرطين الآتيين:1- أن يمضي على عقد الزواج أقل مدة الحمل. 2- أن يكون التلاقي بين الزوجين ممكنا".

قلت وعلى هذا الخلاف والخلاف في اقل مدة الحمل وأكثره بين الحنفية والشافعية يبنى الخلاف في ثبوت النسب. فبناء على رأي الحنفية في أقل مدة الحمل (ستة أشهر) وأكثره (سنتان) وكذلك وقت ابتداء الحمل (من يوم العقد)، قالوا بثبوت النسب للرجل إذا جاءت المرأة بولد لستة أشهر من تأريخ العقد وبإلحاق النسب به لو جاءت المعتدة بولد إلى سنتين من الطلاق إذا لم تقر بانقضاء العدة أما إذا أقرت بانقضاء العدة فلا يثبت النسب إلا إذا جاءت بولد لأقل من ستة أشهر من يوم الطلاق إذا كان بائنا ومن آخر يوم من أيام العدة إذا كان الطلاق رجعيا[4].

---

(1) ابن فدامة، المغني، ج9، ص52.
(2) ابن ماجه، سنن ابن ماجه،ج2، ص916.
(3) ابن فدامة، المغني، ج9، ص52.
(4) المرغيناني، الهداية، ج1، ص280. الإمام الكاساني، بدائع الصنائع، ج2، ص646.

وأما الشافعية فقد قالوا بثبوت النسب إذا جاءت المرأة بولد لستة أشهر فصاعدا من تأريخ العقد مع إمكان الدخول وبإلحاق النسب به لو جاءت المعتدة بولد إلى أربع سنين إذا لم تقر بانقضاء العدة وأما إذا أقرت بانقضاء العدة فلا يثبت النسب إلا إذا جاءت بولد لأقل من ستة أشهر من يوم الطلاق إذا كان بائنا ومن آخر يوم من أيام العدة إذا كان الطلاق رجعيا.

وأما ثبوت النسب في النكاح الفاسد والوطء بشبهة فعند الحنفية كما هو معلوم يثبت النسب حسب ما ذكرناه من شروط منها أن تأتي بولد لأكثر من ستة أشهر من تأريخ العقد.

وأما إن كان الطلاق قبل الدخول فحيث لا عدة بعد الطلاق على المرأة ولا يحل له أن يعاشرها لكونها أجنبية عنه فإن نسب ولدها لا يثبت من الزوج إلا إذا علم يقينا أنه منه وهو أن تجيء به لأقل من ستة أشهر من يوم الطلاق. للتيقن من أن العلوق وجد في حال الفراش من وطء وجد على فراش الزوج. وإذا جاءت به لستة أشهر أو أكثر فلا يلزمه لعدم التيقن بذلك لاحتمال أن يكون من وطء بعد الطلاق وسواء كان منه أم من غيره لأنه زنا في كلتا الحالتين[1]. فلا يثبت به النسب.

وأما عند الشافعية فلكي يلحقه النسب في النكاح الفاسد لابد أن تكون قد جاءت بولد لستة أشهر فصاعدا من يوم الوطء[2].

وكذلك الحكم بالنسبة للمتوفى عنها زوجها إذ يلحق النسب المتوفى لو جاءت بولد إلى سنتين من يوم الوفاة. وعند الشافعية إلى أربع سنين من يوم الوفاة. إذا لم تقر بانقضاء العدة أما إذا أقرت بانقضاء العدة فلا يثبت النسب إلا إذا جاءت به لأقل من ستة أشهر للتيقن بأنه من المتوفى لا من غيره لأن المرأة لا تلد لأقل من ستة أشهر.

المطلب الثانـي
العمل بالقيافة في إثبات النسب

القيافة لغة من قاف أثره أي تبعه.وقفت أثره إذا اتبعته والمصدر قيافة. والقائف هو متتبع الآثار والجمع قافة كبائع وباعة[3].

و شرعا من يلحق النسب بغيره عند الاشتباه بما خصه الـلـه تعالى به من علم ذلك[4].

---

(1) ينظر بشيء من التصرف الإمام الكاساني، بدائع الصنائع، ج3، ص331.
(2) الشيرازي، المهذب، ج2، ص120. الإمام الغزالي، الوسيط، ج6، ص112.
(3) ابن منظور، لسان العرب، ج9، ص293. الفيروز آبادي، القاموس المحيط، ج1، ص1095.
(4) الشربيني الخطيب، مغني المحتاج، ج4، ص488. الشيخ زكريا الأنصاري، فتح الوهاب، ج2، ص409.

إذا كان متفقا عليه بين الحنفية والشافعية في أن النسب يثبت بالفراش وكذلك بالإقرار، فقد حصل بينهما خلاف في مدى ثبوت النسب بالقيافة إذا انعدمت البينة وتنازع فيه اثنان أو أنكر الزوج كون عين الولد منه فهل يلجأ إلى القيافة أم لا.

مذهب الحنفية:

الذي عليه الحنفية أن النسب لا يثبت بالقيافة فإن تنازع شخصان في نسب ولم تكن بينة انتسب إليهما لاستوائهما في السبب ولو سبقت دعوة أحدهما فهو ابنه لأنه ثبت حقه في زمان لا نازع له فيه إلا إذا أقام الآخر البينة لأن البينة أقوى[1]. واستدلوا بما يأتي:

أولا: الكتاب:

قوله تعالى: ﴿ وَٱلَّذِينَ يَرْمُونَ أَزْوَٰجَهُمْ وَلَمْ يَكُن لَّهُمْ شُهَدَآءُ إِلَّآ أَنفُسُهُمْ فَشَهَٰدَةُ أَحَدِهِمْ أَرْبَعُ شَهَٰدَٰتٍۭ بِٱللَّهِ إِنَّهُۥ لَمِنَ ٱلصَّٰدِقِينَ ﴿٦﴾ ﴾[2].

أن هذه الآية حجة في إبطال المصير إلى قول القائف لأن الـلـه تعالى شرع حكم اللعان بين الزوجين عند نفي النسب ولم يأمر بالرجوع إلى قول القائف فلو كان قوله حجة لأمر بالمصير إليه عند الاشتباه[3].

ثانيا: السنة:

1- قوله ﷺ (الولد للفراش وللعاهر الحجر)[4].

وجه الدلالة من الحديث أن الرسول ﷺ قد أوضح بأن الولد أنما ينسب لأبويه بالفراش أي فراش الزوجية فتعريف المسند إليه، واللام الداخلة على المسند للاختصاص يفيدان الحصر[5].

ولكن يجاب على هذا بأن حديث الباب بعد تسليم الحصر المدعى مخصص لعمومه فيثبت به النسب[6].

2- عن عروة بن الزبير أن عائشة زوج النبي ﷺ أخبرته: أن النكاح في الجاهلية كان على أربع أنحاء... ونكاح رابع يجتمع الناس كثيرا فيدخلون على المرأة لا تمتنع ممن جاءها وهن البغايا كن ينصبن على أبوابهن رايات تكون علما فمن أراد دخل عليهن فإذا حملت إحداهن ووضعت حملها جمعوا لها ودعوا القافة ثم ألحقوا ولدها بالذي يرون فالتاط به ودعي ابنه لا يمتنع من ذلك فلما بعث النبي ﷺ بالحق هدم نكاح الجاهلية كله إلا نكاح الناس اليوم[7].

---

(1) المرغيناني، الهداية، ج1، ص415. الشيخ عبد الغني الغنيمي، اللباب في شرح الكتاب، ج2، ص55. السرخسي، المبسوط، ج4، ص85.
(2) سورة النـور، الآية رقم (6).
(3) السرخسي، المبسوط، ج17، ص70.
(4) سبق تخريجه ص194 من هذه الأطروحة.
(5) الشوكاني، نيل الأوطار، ج7، ص49.
(6) المصدر نفسه، ج7، ص49.
(7) الإمام البخاري، صحيح البخاري، ج5، ص1970.

وجه الدلالة من الحديث واضح وهو في قول عائشة أن هذا الحكم إنما كان في الجاهلية أما وقد بعث محمد ﷺ بالحق فقد أبطل ذلك النوع من النكاح وأبطل أحكامه، "فلو كان قولهم مستعملا في الإسلام كما كان مستعملا في الجاهلية لما قالت عائشة إن ذلك مما هدم"[1].

ثالثا: إجماع الصحابة:

روي أن شريحا كتب إلى عمر بن الخطاب في جارية بين شريكين جاءت بولد فادعياه. فكتب إليه عمر أنهما لبسا فلبس عليهما ولو بينا لبين لهما هو ابنهما يرثهما ويرثانه. وكان ذلك بمحضر من الصحابة من غير نكير فحل محل الإجماع[2].

ولكن من الممكن أن يقال بأن إلحاق عمر رضي الله عنه الولد بهما إنما كان فيما يقبل التجزئة أي مشاركة الرجلين فيما يثبت له من حقوق من قبلهما. وهذا ما أشار إليه ابن الهمام أيضا حينما قال والنسب وإن كان لا يتجزأ ولكن يتعلق به أحكام متجزئة كالإرث والنفقة وصدقة الفطر وولاية التصرف في ماله والحضانة فما يقبل التجزئة كالإرث يثبت في حقهما على التجزئة. وما لا يقبلها كالنسب وولاية الإنكاح يثبت لكل منهما كملا[3]. عليه فقد يكون مقبولا أن يثبت نسبه منهما ولكن فقط فيما يتعلق بالحقوق المالية. وأما أن يكون ابنا لهما حقيقة فغير مقبول لأن الولد لا ينعقد من اثنين. فالوطء لا بد أن يكون على التعاقب. وإذا اجتمع ماء المرأة وانعقد الولد منه حصلت عليه غشاوة تمنع من اختلاط ماء الثاني بماء الأول، كما نقل عن إجماع الأطباء، والدليل عليه قوله ﴿ يَٰٓأَيُّهَا ٱلنَّاسُ إِنَّا خَلَقۡنَٰكُم مِّن ذَكَرٖ وَأُنثَىٰ وَجَعَلۡنَٰكُمۡ شُعُوبٗا وَقَبَآئِلَ لِتَعَارَفُوٓاْۚ إِنَّ أَكۡرَمَكُمۡ عِندَ ٱللَّهِ أَتۡقَىٰكُمۡ ﴾[4].

رابعا: المعقول:

إن قول القائف رجم بالغيب ودعوى لما استأثر الله عز وجل بعلمه وهو ما في الأرحام كما قال الله تعالى: ﴿ وَيَعۡلَمُ مَا فِي ٱلۡأَرۡحَامِۖ ﴾[5]. ولا برهان له على هذه الدعوى وعند انعدام البرهان كان في قوله قذف المحصنات ونسبة الأولاد إلى غير الآباء ومجرد الشبه غير معتبر فقد يشبه الولد أباه الأدنى وقد يشبه الأب الأعلى الذي باعتباره يصير منسوبا إلى الأجانب في الحال[6].

---

(1) الطحاوي، شرح معاني الآثار، ج4، ص160.
(2) الإمام كمال الدين ابن الهمام، شرح الفتح القدير، ج5، ص52. الإمام الكاساني، بدائع الصنائع، ج6،ص244.
(3) الإمام كمال الدين ابن الهمام، شرح الفتح القدير، ج5، ص52.
(4) الشيرازي، المهذب، ج2، ص312. الشيخ محمد الشربيني الخطيب، مغني المحتاج، ج4، ص488. الحجرات، (13).
(5) سورة لقمان، الآية رقم (34).
(6) السرخسي، المبسوط، ج17، ص70.

ولكن يرد على هذا بأن القول بالقيافة ليس رجما بالغيب بل هو علم يخصه الـلـه تعالى من شاء من عباده، ولا يجوز من كل واحد بل لابد من أن تتوفر فيه شروط منها أن يكون مسلما عاقلا بالغا حرا ذكرا بصيرا ناطقا مجربا فلا حكم إلا من ذي تجربة[1].

مذهب الشافعية:

الذي عليه الجمهور إذا تخاصم في نسب شخص شخصان وليس لهما بينة يجوز اللجوء إلى القيافة لمعرفة نسب هذا الشخص وهو قول عمر بن الخطاب وابن عباس وبه قال عطاء وإليه ذهب الأوزاعي ومالك وأحمد بن حنبل وهو قول عامة أصحاب الحديث[2].

أولا: السنة:

1- عن عروة عن عائشة رضي الـلـه عنها: أن رسول الـلـه ﷺ دخل عليها مسرورا تبرق أسارير وجهه. فقال (ألم تسمعي ما قال المدلجي لزيد وأسامة ورأى أقدامهما "إن بعض هذه الأقدام من بعض")[3].

وجه الدلالة من الحديث أن الرسول ﷺ قد أقر مجزرا على عمله هذا بل وأبعد من هذا فإن الرسول ﷺ قد سر بما قام به مجزر ومعلوم أن إقرار الرسول ﷺ شخصا على عمل دليل على صحته ومشروعيته، حيث أن شروط الإقرار الذي يكون سنة متوافرة هنا[4]. فدل اقراره وسروره بعمل مجزر على شرعية ثبوت النسب بالقيافة لأنه ﷺ لا يسر إلا بما هو حق[5]. قال الشافعي معقبا على هذا الحديث فلولم يكن في القافة إلا هذا انبغى أن يكون فيه دلالة على أنه علم. ولو لم يكن علما لقال له لا تقل هذا، لأنك إن أصبت في شيء لم آمن عليك أن تخطىء في غيره، وفي خطئك قذف محصنة أو نفي نسب. وما أقره إلا أنه رضيه ورآه علما ولا يسر ﷺ إلا بالحق[6].

ولكن رد على هذا بأنه لم يقع فيه إلحاق متنازع فيه، ولا هو وارد في محل النزاع، فإن أسامة كان لاحقا بفراش زيد من غير منازع له فيه، وإنما كان الكفار يطعنون في نسبه للتباين بين لونه ولون أبيه في السواد والبياض، فلما ألحق مجزز أسامة بزيد: كان ذلك إبطالا لطعن الكفار بسبب اعترافهم

---

[1] الشيخ زكريا الأنصاري، أسنى المطالب، ج4، ص431.

[2] العظيم آبادي أبو الطيب، عون المعبود شرح سنن أبي داود، ج6، ص256.

[3] الإمام البخاري، صحيح البخاري، ج3، ص1304. الإمام مسلم، صحيح مسلم، ج2،ص1082.

[4] وحقيقة التقرير أن يرى النبي ﷺ فعلا من فاعل أو يسمع قولا من قائل أو يعلم به وكان ذلك الفعل من الأفعال التي لا يعلم تقدم إنكاره لها كمضي كافر إلى كنيسة أو مع عدم القدرة كالذي كان يشاهده من كفار مكة من عبادة الأوثان وأذاهم للمسلمين ولم ينكره كان ذلك تقريرا دالا على جوازه فإن استبشر به فأوضح. محمد بن إسماعيل الصنعاني، سبل السلام،ج1، ص220.

[5] الشيخ زكريا الأنصاري، أسنى المطالب، ج4، 431. الشيخ زكريا الأنصاري، فتح الوهاب، ج2، ص408. الشيخ محمد الشربيني الخطيب، مغني المحتاج، ج4، ص488.

[6] الإمام أبو إبراهيم اسماعيل بن يحيى بن اسماعيل المزني، مختصر المزني، ج1، ص333.

بحكم القيافة، وإبطال طعنهم حق. فلم يسر النبي ﷺ إلا بحق[1]. قلت قد سر الرسول ﷺ بالحق الذي جاء من القيافة ولو كان باطلا لما سر لأن ما بني على باطل باطل.

ورد على هذا الحديث أيضا بأنه منسوخ[2].

ولكن أجيب بأن الأصل عدم النسخ ومجرد دعواه بلا برهان غير مقبول[3].

2- قوله ﷺ في حديث المتلاعنين ((انظروها فإن جاءت به أبيض سبطا قضيء العينين فهو لهلال بن أمية وإن جاءت به آدم جعدا ربعا حمش الساقين فهو لشريك بن السحماء فجاءت به آدم جعدا ربعا حمش الساقين فقال رسول الله ﷺ لولا ما سبق فيها من كتاب الله لكان لي ولها شأن)) وفي رواية البخاري فجاءت به على الأمر المكروه[4].

وجه الدلالة من الحديث أن قول الرسول إن جاء كذا وكذا فهو لفلان وإن جاء كذا وكذا فهو للآخر هو شبيه بالقيافة. فالقيافة ما هي إلا إلحاق شخص بآخر لوجود صفات مشتركة بينهما. أليس هذا مما هو شبيه بالقيافة فالرسول أسكن قلب الرجل بهذا الجواب، مما يدل على أن إثبات النسب ليس مقصورا على الفراش بل يمكن إثباته بأية وسيلة أخرى ومنها القيافة. فقد حكم به النبي ﷺ للذي أشبهه منهما وقوله: ((لولا الإيمان لكان لي ولها شأن)) يدل على أنه لم يمنعه من العمل بالشبه إلا الإيمان فإذا انتفى المانع جاز العمل به لوجود مقتضيه[5].

ثانيا: الإجماع:

روي عن عمر رضي الله عنه أنه قضى بالقيافة بحضرة الصحابة فلم ينكره منكر فكان إجماعا[6].

ثالثا: المعقول:

إن القول بالقيافة حكم يستند إلى درك أمور خفية وظاهرة توجب للنفس سكونا فوجب اعتباره كنقد الناقد وتقويم المقوم.وقد حكى أبو محمد بن قتيبة أن قائفا كان يعرف أثر الأنثى من أثر الذكر[7].

---

(1) ابن دقيق العيد، إحكام الأحكام شرح عمدة الأحكام، ج1، ص205.
(2) الشوكاني، نيل الأوطار، ج7، ص49.
(3) المصدر نفسه، ج7، ص49.
(4) الإمام البخاري، صحيح البخاري،ج6، ص2663.
(5) ابن قدامة، المغني، ج6، ص420.
(6) ابن قدامة، المغني، ج6، ص420. أبو بكر بن أبي شيبة، المصنف، ج6، ص286.
(7) ابن القيم الجوزية، الطرق الحكمية، ج1، ص319.

الرأي الراجح:

الذي يبدو أن الراجح هو ما ذهب إليه الجمهور لقوة أدلتهم، فإذا كان إثبات النسب بالفراش متفقا عليه لكونه إضافة إلى الحديث دليلا على أن الولد لصاحب الفراش. فالقيافة مع وجود الحديث هو دليل على أن النسب يلحق بمن يحدده القائف لكونه علما وفراسة بالشروط التي ذكرناها يخصه الـلـه من يشاء من عباده و الـلـه أعلم.

المطلب الثالث
الخلاف في الإقرار بالنسب

ومما لا خلاف فيه بينهما أن النسب يثبت بالإقرار بشروط معينة منها أن يولد مثل المقر له لمثل المقر وأن يكون المقر له مجهول النسب، وأن لا ينازعه فيه أحد وأن لا يقر بأنه من زنا بينهما. والإقرار هذا إما أن يكون بمن يكون فيه حمل النسب على المقر كالإقرار بالبنوة أو الأبوة أو الأمومة وهذا متفق عليه.

وبهذا أخذ المشرع العراقي حيث عد الإقرار بالبنوة وسيلة من وسائل إثبات النسب في البند (1) من المادة (52) من قانون الأحوال الشخصية فنص على "الإقرار بالبنوة ولو في مرض الموت لمجهول النسب يثبت به نسب المقر له إذا كان يولد مثله لمثله" وأما إذا أقر بولد فيه حمل النسب على الغير كالإقرار بالأخوة أو العمومة فقد اختلفوا فيه.

مذهب الحنفية:

لا يثبت النسب بالإقرار إذا كان فيه حمل النسب على الغير سواء صدقه من حمل النسب عليه أم كذبه[1] واستدلوا بما يأتي:

إن إقرار الإنسان حجة على نفسه لا على غيره، لأنه على غيره شهادة أو دعوى. والدعوى المفردة ليست بحجة. وشهادة الفرد فيما يطلع عليه الرجال مما هو من حقوق العباد غير مقبولة [2].

مذهب الشافعية:

يثبت النسب بالإقرار وإن كان فيه حمل النسب على الغير ولكن بنفس شروط الإقرار الذي فيه حمل النسب على نفس المقر بزيادة شروط وهي كون الملحق به ميتا وأن لا يكون قد نفاه عن نفسه قبل موته وأن يكون المقر وارثا[3]. واستدلوا بما يأتي:

---

[1] الشيخ عبد الغني الغنيمي، اللباب في شرح الكتاب، ج2، ص27. السرخسي، المبسوط، ج30، ص69.

[2] المصدر نفسه، ج2، ص27.

[3] الإمام النووي، منهاج الطالبين، ص69. الشيخ محمد الشربيني الخطيب، مغني المحتاج، ج2، ص259.

أولا: السنة:

عـن عائشة رضي الـلـه عنها قالت: اختصم سعد بن أبي وقاص وعبد ابن زمعه إلى رسول الـلـه ﷺ في ابن أمة زمعة فقال سعد بن أبي وقاص: أوصاني أخي عتبة إذا قدمت مكة أن أنظر إلى ابن أمة زمعة وأقبضه فإنه ابنه وقال عبد بن زمعة: أخي وابن وليدة أبي ولـد على فراشه فقال النبي ﷺ: ((الولد للفراش وللعاهر الحجر))[1].

من الممكن أن يكون وجه الدلالة من هذا الحديث الذي استدل به صاحب المهذب أن الرسول ﷺ قد استمع إلى مقالة الطرفين سعد بن أبي وقاص وعبد بن زمعة إذ فيه دليل على جواز أن يثبت النسب بالإقرار وإلا لما استمع الرسول ﷺ أصلا إلى مقالة سعد، ولبين له أن مجرد الإقرار منه لا يكون دليلا لإثبات النسب، إذ الوقت وقت بيان. ولكن الرسول ﷺ استمع إلى مقالتهما وحكم لعبد بن زمعة لكون حجته أقوى من حجة سعد. فالفراش دليل ثبوت النسب وهو أقوى من الإقرار فحكم به الرسول ﷺ و الـلـه أعلم.

ثانيا: المعقول:

إن الوارث يخلف المورث في حقوقه ومن جملة الحقوق إثبات نسبه فيثبت بإقراره بالشروط السابقة[2].

الرأي الراجح:

الذي يبدو أن ثمرة الخلاف بين الحنفية والشافعية في عدم إثبات النسب بالإقرار إذا كان فيه حمل النسب على الغير. أن الحنفية لا يورثونه ممن حمل النسب عليه، ولكن يشارك المقر له المقر في حصته من التركة.

وأما عند الشافعية فيكون وارثا كغيره شرط أن يوافق جميع الورثة على الإلحاق ليثبت النسب ويستحق التركة[3].

وأما الراجح فهو ما ذهب إليه الشافعية على ما يبدو، إذ لا مانع من إثبات النسب بالإقرار مع الشروط التي ذكروها. ولكن قلت مع شرط آخر وهو عدم قدرة المتوفى على الإقرار في حياته بنسبه لظرف خارج عن إرادته، كعدم علمه بحياته وما شابه ذلك و الـلـه أعلم.

وأما المشرع العراقي فيبدو أنه لم يأخذ بمذهب الحنفية ولا بمذهب الشافعية حيث نص في المادة (54) من قانون الأحوال الشخصية على "الإقرار بالنسب في غير البنوة والأبوة والأمومة لا يسري على غير المقر إلا بتصديقه". فالحنفية لم يأخذوا به أصلا وأما الشافعية فقد قالوا به شرط أن

---

(1) الشيرازي، المهذب، ج3، ص476.
(2) الشيخ زكريا الأنصاري، أسنى المطالب، ج2، ص323.
(3) حاشيتا قليوبي وعميرة، ج3، ص18.

يكون من حمل عليه النسب ميتا. ولم يشترط المشرع العراقي هذا الشرط. والشافعية اشترطوا تصديق جميع الورثة كي يرث المقر له من التركة. وأما المشرع العراقي فقد أجرى هذا الإقرار على من صدقه وإن أنكر الآخرون[1].

المطلب الرابع
الخلاف في تعيين المولود أو الولادة

إذا أقر الرجل بأن الحمل منه وجاءت المراة بولد في مدة الحمل المعروفة فإن هذا النسب يثبت منه بلا خلاف بين الفقهاء، ولكن قد يحصل إقرار من الرجل بأن الحمل منه ولكن بعد أن تأتي المرأة بولد ينكر الزوج الولادة أصلا أو يقر بحدوث الولادة ولكن ينكر بأن يكون هذا هو نفس المولود كأن يقول بأن الطفل كان أبيضا والطفل محل النزاع أسود، ففي هذه الحالة أيضا لا خلاف في أنه يمكن إثبات حدوث الولادة أو أن المولود هو المولود نفسه، ولكن حصل خلاف بينهما في عدد الشهود وصفاتهم من حيث الذكورة والأنوثة.

مذهب الحنفية:

الذي عليه الحنفية أن شهادة المرأة الواحدة كافية لإثبات أن الولادة قد حدثت أو أن المولود هو نفسه واستدلوا بما يأتي:

أولا: السنة:

عن حذيفة رضي الله عنه أن النبي صلى الله عليه وسلم أجاز شهادة القابلة على الولادة[2].

ولكن يرد على هذا بأن الحديث لا يصلح للاحتجاج به. يقول الدارقطني " نا محمد بن إبراهيم بن معمر نا محمد بن عبد الملك الواسطي عن الأعمش عن أبي وائل عن حذيفة" محمد بن عبد الملك لم يسمعه من الأعمش وبينهما رجل مجهول[3]. وروي عن علي رضي اللـه تعالى عنه أنه أجاز شهادة القابلة وحدها ولكن قال الإمام الشافعي: لو ثبت عن علي رضي اللـه تعالى عنه صرنا إليه - إن شاء اللـه تعالى - ولكنه لا يثبت عندكم ولا عندنا عنه. إذا فالحديث لا يصلح للاحتجاج به لضعفه إلى درجة أنه قيل فيه أنه باطل لا أصل له[4].

---

(1) ينظر فريد فتيان، شرح قانون الأحوال الشخصية، ص184- 185.
(2) الإمام الكاساني، بدائع الصنائع، ج3، ص341. السرخسي، المبسوط، ج4، ص79.
(3) الدار قطني، سنن الدارقطني، ج4، ص232.
(4) عبداللـه بن يوسف أبو محمد الزيلعي، نصب الراية، ج4، ص102.

ولكن أجيب بأنه وإن كان بين ابن عبد الملك والأعمش رجل مجهول وهو أبو عبد الرحمن المدايني فقد تظافرا وقوى ما هو حجة به[1].

2- قوله ﷺ ((شهادة النساء جائزة فيما لا يستطيع الرجال النظر إليه))[2].

قلت لم أجد الحديث مرفوعا إلى النبي ﷺ وإنما هو موقوف على ابن عمر والزهري وغيرهما[3]. فقد روى أبوبكر ابن أبي شيبة[4] في مصنفه عن الزهري بلفظ (مضت السنة أن تجوز شهادة النساء فيما لا يطلع عليه غيرهن من ولادات النساء وعيوبهن)[5].

وجه الدلالة من الحديث أنه أجاز شهادة النساء فيما لا يطلع عليه الرجال. ولفظ النساء لفظ جمع محلى بالألف واللام يراد به الجنس، فيتناول الأقل، ولأنه إنما سقطت الذكورة ليخف النظر لأن نظر الجنس أخف فكذا يسقط اعتبار العدد إلا أن المثنى والثلاث أحوط لما فيه من معنى الإلزام[6].

ثانيا: المعقول:

إن النظر إلى الفرج حرام فلا يحل إلا عند تحقق الضرورة (عند الولادة) وعند الضرورة نظر الجنس أهون من نظر الذكور ولما سقطت صفة الذكورة لهذا المعنى سقط أيضا اعتبار العدد لأن نظر الواحد أهون من نظر الاثنين[7].

مذهب الشافعية:

لا يقبل في إثبات الولادة أو تعيين المولود وكل ما يختص النساء بمعرفته إلا أربع من النساء وهو نصاب الشهادة، أو رجلان أو رجل وامرأتان[8]. واستدلوا بما يأتي:

---

(1) الإمام كمال الدين ابن الهمام، شرح الفتح القدير، ج4، ص358.
(2) السرخسي، المبسوط، ج6، ص374.
(3) ينظر أبو بكر بن أبي شيبة، المصنـف، ج4، ص329. وعبدالله بن يوسف أبو محمــد الزيلعي، نصب الراية، ج4، ص80.
(4) عبدالـلـه بن محمد بن القاضي إبراهيم بن عثمان الامام العلم ، سيد الحفاظ ، من أقران أحمد بن حنبل، وإسحاق بن راهويه في السن والمولد والحفظ. طلب العلم وهو صبي ، قال يحيى الحماني : أولاد ابن أبي شيبة من أهل العلم كانوا يزاحموننا عند كل محدث . وقال أحمد بن حنبل : ابن أبي شيبة صدوق. وقال أحمد بن عبد الـلـه العجلي : كان ثقة حافظا للحديث . من آثاره : المسند في الحديث، السنن في الفقه ، تفسير القرآن ، وكتاب العين والمسند والمصنف توفي سنة239 هـ تاريخ الإسلام، للذهبي، ج1، ص1805.
(5) ينظر أبو بكر بن أبي شيبة، المصنف، ج4، ص329.
(6) الشيخ عبد الغني الغنيمي، اللباب في شرح الكتاب، ج4، ص8.
(7) السرخسي، المبسوط، ج4، ص79.
(8) الإمام الشافعي، الأم، ج7، ص88. الشيخ زكريا الأنصاري، أسنى المطالب، ج4، ص362. الشيخ محمد الشربيني الخطيب، مغني المحتاج، ج4، ص440.

أولا: الكتاب:

قولـه تعـالى: ﴿ وَٱسْتَشْهِدُواْ شَهِيدَيْنِ مِن رِّجَالِكُمْ ۖ فَإِن لَّمْ يَكُونَا رَجُلَيْنِ فَرَجُلٌ وَٱمْرَأَتَانِ مِمَّن تَرْضَوْنَ مِنَ ٱلشُّهَدَآءِ أَن تَضِلَّ إِحْدَىٰهُمَا فَتُذَكِّرَ إِحْدَىٰهُمَا ٱلْأُخْرَىٰ ﴾[1].

ثانيا: السنة:

عن عبد الـلـه بن عمر عن رسول الـلـه ﷺ أنه قال: يا معشر النساء تصدقن وأكثرن الاستغفار فإني رأيتكن أكثر أهل النار. فقالت امرأة منهن جزلة: وما لنا يا رسول الـلـه أكثر أهل النار. قال: تكثرن اللعن وتكفرن العشير وما رأيت من ناقصات عقل ودين أغلب لذي لب منكن. قالت: يا رسول الـلـه وما نقصان العقل والدين؟ قال: أما نقصان العقل فشهادة امرأتين تعدل شهادة رجل فهذا نقصان العقل، وتمكث الليالي ما تصلي وتفطر في رمضان فهذا نقصان الدين[2].

وجه الدلالة من الكتاب والسنة أن فيهما النص على أن الشهادة لابد فيها من عدد، إما أن يكون رجلان أو رجل وامرأتان، وحيث جاز للنساء أن تشهد منفردات عن الرجال للحديث والضرورة[3]. فإن النص قد جعل كل امرأتين مقابل رجل واحد، ولأن نصاب الشهادة هو رجلان، فلابد إذا من أربع نساء مقابل رجلين[4].

ثالثا: المعقول:

إن النسب مما يحتاط له والأخذ بقول امرأة واحدة فيه احتمال كبير من أن تتعرض هذه المرأة للنسيان أو الإضلال، مما يؤدي إلى الإختلاط في الأنساب وضياعها فكان الأخذ بالعدد مطلوبا للحفاظ على النسب من الضياع. وهذا ما تؤكده الآية ﴿ أَن تَضِلَّ إِحْدَىٰهُمَا فَتُذَكِّرَ إِحْدَىٰهُمَا ٱلْأُخْرَىٰ ﴾[5].

الرأي الراجح:

الذي يبدو أن الراجح هو ما ذهب إليه الحنفية لقوة أدلتهم، حيث من القواعد المقررة في الشريعة الإسلامية التيسير ورفع الحرج وفي عدم قبول الشهادة إلا من أربع نساء فيه مشقة كبيرة لإثبات الولادة و الـلـه أعلم.

---

(1) سورة البقرة، الآية رقم (282).
(2) متفق عليه الإمام البخاري، صحيح البخاري،ج1، ص116. الإمام مسلم، صحيح مسلم، ج1، ص86.
(3) ينظر الشيخ محمد الشربيني الخطيب، مغني المحتاج، ج4، ص440.
(4) ينظر الشيرازي، المهذب، ج3، ص450.
(5) سورة البقرة، الآية رقم (282).

الباب الثاني

الخلاف بين الحنفية والشافعية في الطلاق

الباب الثاني

الخلاف بين
الحنفية والشافعية
في الطلاق

الخلاف بين الحنفية والشافعية في الطلاق كالحلاف في النكاح فهو كبير جدا. فبدء الخلاف بينهما قائم في ماهية الطلاق وشروط المطلق وصيغة الطلاق وتفاصيل كثيرة تدخل في ماهية الطلاق. وقد يكون الطلاق اعتياديا وذلك باستخدام الرجل حقه في الطلاق من دون اللجوء إلى القضاء. وقد يكون الطلاق هذا تفريقا قضائيا، بمعنى أن الطلاق إنما يكون عن طريق القضاء إما بطلب من الرجل أو بطلب من الزوجة، لأسباب عديدة منها التفريق للضرر والعيوب أو لعدم الإنفاق. ثم هناك حالات تشبه من حيث آثاره الطلاق فلا يجوز له أن يعاشر زوجته إلا بعد أن يكفر عن فعلته كالظهار. وقد تكون هناك حالة يلزم الزوج نفسه بعدم قربان الزوجة مدة معينة ولكنها تنتهي بالطلاق بإرادة الزوج كما في الإيلاء. وهناك حالات لو وقعت بين الزوجين فإن التفريق بينهما يكون إجباريا ومؤبدا كاللعان.ثم التفريق بين الزوجين له آثار كثيرة جدا كالعدة وما يتبع هذه العدة من حقوق وآثار على كل من الزوج والزوجة. عليه يتكون هذا الباب من أربعة فصول تتحدث عن الخلاف بين الحنفية والشافعية فيما مر ذكره وما يندرج تحته من تفاصيل. يتطرق الفصل الأول منه إلى الخلاف في ماهية الطلاق. وأما الفصل الثاني فسيخصص للحديث عن التفريق القضائي بين الزوجين. وأما الفصل الثالث فيتحدث عن الظهار وأحكامه. وأما الفصل الرابع فسيتم تخصيصه لآثار الطلاق من حيث العدة وأحكامها وما يترتب عليها من حقوق وواجبات لكل من الزوجين على الآخر.

ولكن قبل أن ندخل في الفصول علينا أن نفرق بين التفريق بين الزوجين بالطلاق والتفريق بينهما بالفسخ. حيث سيتكرر لفظ الطلاق والفسخ في ثنايا البحث كثيرا. ولأن التفريق بين الزوجين إما أن يكون بطلاق أو فسخ.

يمكن القول بأنه لا يوجد معيار واحد متفق عليه في اعتبار التفريق طلاقا أم فسخا. فقد حصل خلاف بين الفقهاء بل حتى حصل خلاف بين فقهاء المذهب الواحد في اعتبار نوع من التفريق فسخا أم طلاقا كما في اللعان فأبو حنيفة ومحمد اعداه طلاقا بينما اعده الإمام أبو يوسف فسخا يتأبد به التحريم[1].

---

[1] ينظر ص (341- 342) من هذه الأطروحة.

ولكن مع ذلك ومن خلال مراجعة كتب الحنفية يلاحظ بأن ضابط الحنفية من حيث العموم للتفريق بين الفسخ والطلاق هو: إذا كان التفريق بسبب من جهة الزوج فهو طلاق وإن كان بسبب من جهة الزوجة فهو فسخ"[1].

وأما ضابط التمييز عند الشافعية فهو "تعد الفرقة طلاقا إذا أوقعها الزوج أو نائبه بالألفاظ الدالة عليه وفيما عدا ذلك تعد الفرقة فسخا"[2].

ولكن يمكن القول بأن الضابط الذي عليه جمهور الفقهاء كما أوضحه الشيخ علي الخفيف هو " إن الذي يعد طلاقا عند جمهور الفقهاء كل فرقة يراد بها إنهاء العقد لما طرأ بين الزوجين من أسباب النزاع وذلك يشمل الطلاق والخلع والإيلاء والتفريق لعيب في الزوج والتفريق لعدم الإنفاق والتفريق للغيبة والتفريق لسوء عشرته.

وأما الذي يعد فسخا فيشمل كل فرقة يراد بها نقض العقد بسبب خلل قديم يمنع ابتداءه أو طارئ يمنع بقاءه وذلك يشمل الفرقة لفساد العقد والفرقة لطرو حرمة المصاهرة والفرقة بردة أحد الزوجين والفرقة باللعان والفرقة بخيار البلوغ والتفريق لإباء أحد الزوجين الإسلام"[4].

وأثر الخلاف يكمن في الآثار المترتبة على اعتباره طلاقا أو فسخا وأهم الفروق بينهما هي:

1- الطلاق لا يكون إلا في عقد صحيح بينما الفسخ يتعلق بالعقد غير الصحيح ابتداء أو بقاء.

2- في الطلاق ينقص عدد الطلقات بينما في الفسخ لا ينقص عدد الطلقات التي يملكها الرجل.

3- الطلاق إنهاء للعقد ولا يزول الحل إلا بعد إنتهاء العدة أو الطلقة الثالثة. بينما الفسخ نقض للعقد من أساسه ويرفع الحل مباشرة بعد الفرقة.

4- يلحق المطلقة الطلاق وهي في العدة بينما المعتدة من فسخ لا يلحقها الطلاق[5].

---

(1) الغنيمي، اللباب في شرح الكتاب، ج3، ص4. بدائع الصنائع، ج2، ص653.
(2) د. عبد الكريم زيدان، المفصل في أحكام المرأة والبيت المسلم، ج7، ص343.
(4) د. محمد بلتاجي، في أحكام الأسرة، ص425.
(5) ينظر د. عبد الكريم زيدان، المفصل في أحكام المرأة والبيت المسلم، ج7، ط3، مؤسسة الرسالة، بيروت - لبنان، سنة الطبع 2000م، ص343. ود. وهبة الزحيلي، الفقه الإسلامي وأدلته، ص6864.

الفصل الأول
الخلاف في ماهية الطلاق وشروطه

هذا الفصل للخلاف بين الحنفية والشافعية في ماهية الطلاق وشروط الطلاق من حيث المطلق ومن حيث محل الطلاق ومن حيث الصيغة التي يقع بها الطلاق والصفة الشرعية للطلاق من حيث السنة والبدعة. عليه يتكون هذا الفصل من المباحث الثلاثة والمطالب الآتية:

المبحث الأول: الخلاف في ماهية الطلاق.

المطلب الأول: الخلاف في تعريف الطلاق.

المطلب الثاني: الخلاف في شروط المطلق أو (من يقع منه الطلاق).

المطلب الثالث: الخلاف فيمن يعد الطلاق بحاله.

المطلب الرابع: طلاق غير الزوج(الخلاف في التفويض في الطلاق).

المبحث الثاني: الخلاف في صيغة الطلاق.

المطلب الأول: الخلاف في صريح الطلاق وكناياته.

المطلب الثاني: الخلاف في نوع الفرقة في صريح الطلاق وكناياته.

المطلب الثالث: الخلاف في الطلاق قبل النكاح.

المبحث الثالث: الخلاف في سنية الطلاق وبدعته.

المطلب الأول: الخلاف في تقسيم الطلاق إلى بدعي وسني.

المطلب الثاني: الخلاف في حالات الطلاق السني والبدعي.

المطلب الثالث: الخلاف في المراجعة.

المطلب الرابع: الطلاق المضاف إلى الزمن.

المطلب الخامس: الطلاق في العدة من طلاق بائن.

المبحث الأول
الخلاف في ماهية الطلاق

يتحدث هذا المبحث عن الخلاف بين الحنفية والشافعية في ماهية الطلاق ومن يقع طلاقه ومن لا يقع (شروط المطلق) وكذلك الصيغة التي يقع بها الطلاق من حيث الصريح والكناية. ومن ثم الخلاف في تقسيم الطلاق من حيث سنيته وبدعيته في المطالب الثلاثة الآتية:

المطلب الأول
الخلاف في تعريف الطلاق

الطلاق لغة: هو حل القيد والإطلاق[1].

الطلاق اصطلاحا: رفع قيد النكاح في الحال بالبائن أو المآل بالرجعي بلفظ مخصوص[2] فهو حل عقد النكاح بلفظ الطلاق ونحوه[3].

الصلة بين التعريفين: الذي يبدو أنه لا يوجد خلاف بين تعريفي الحنفية والشافعية للطلاق، فعندهما هو رفع للنكاح وحل له بلفظ يدل عليه كالطلاق ونحوه.

ومما ينبغي الإشارة اليه أن إضافة قيد (في الحال أو المآل) إلى التعريف هو من قبيل الإشارة إلى الوقت الذي يكون فيه الطلاق نافذا، وهو إما أن يكون حالا أو مؤجلا، فمما هو متفق عليه أن الطلاق هو رفع للنكاح، وأما متى يتحقق أثره فلا شأن للتعريف به، لذا فالإبقاء على تعريف الطلاق على أنه " رفع لقيد النكاح بلفظ مخصوص"[4]. أولى من غيره.

مشروعية الطلاق:

لا خلاف ين الفقهاء في مشروعية الطلاق إذ يدل على مشروعيته الكتاب والسنة والإجماع والعقل، فمن الكتاب قوله تعالى: ﴿ ٱلطَّلَٰقُ مَرَّتَانِ فَإِمۡسَاكُۢ بِمَعۡرُوفٍ أَوۡ تَسۡرِيحُۢ بِإِحۡسَٰنٖ ﴾[5]. ومن السنة ان الرسول ﷺ كان قد طلق حفصة رضي الله عنها، وأن ابن عمر طلق زوجته وهي حائض فأمره ﷺ بمراجعتها، ثم الإجماع قائم على مشروعيته، وأما العقل فلأن

---

(1) الشيخ محمد بن أحمد الرملي، غاية البيان شرح زبد ابن رسلان، دار المعرفة، بيروت – لبنان، ص261.

(2) الدر المختار ج3،ص226- 227. الشيخ محمد الشربيني الخطيب، الإقناع، ج2، ص437.

(3) الشيخ محمد الشربيني الخطيب، الإقناع، ج2، ص437.

(4) الإمام الكاساني، بدائع الصنائع، ج3، ص101. محمد بن أبي الفتح البعلي الحنبلي أبو عبد الله، المطلع على أبواب الفقه، تحقيق : محمد بشير الأدلبي،ج1، المكتب الإسلامي - بيروت، سنة الطبع 1401 – 1981، ص333. الشيخ محمد الشربيني الخطيب، الإقناع، ج2، ص437. الشيخ زكريا الأنصاري، فتح الوهاب بشرح منهج الطلاب، ج2، ص124.

(5) سورة البقرة، الآية رقم (229).

العشرة بالمعروف قد لا تدوم بين الزوجين وأن الغاية التي من أجلها شرع الزواج قد تنتفي منه من حيث السكن والمودة، فكان الأولى بهما أن يتفرقا يقول الـلـه: ﴿ وَإِن يَتَفَرَّقَا يُغْنِ ٱللَّهُ كُلًّا مِّن سَعَتِهِۦ وَكَانَ ٱللَّهُ وَٰسِعًا حَكِيمًا ﴿١٣٠﴾ ﴾[1].

حكم الطلاق:

من المعلوم أن كل تصرف يصدر من الشخص له حكمه الشرعي، وبما أن الطلاق تصرف قولي يصدر ممن يملكه، كان لابد أن يكون له حكمه الشرعي، من حيث الوجوب أو الندب أو الحرمة أو الإباحة، وذلك لأن الحكم الشرعي هو "خطاب الـلـه المتعلق بأفعال المكلفين على سبيل الإقتضاء أو التخيير أو الوضع"، فمما لا خلاف فيه بين الحنفية والشافعية، أن الطلاق قد تعتريه الأحكام الخمسة من حيث الوجوب والندب والحرمة والكراهة والإباحة.

إذا كان ما مر هو أمرا متفقا عليه إلا أنه يبقى السؤال قائما في ما هو حكم الطلاق الأصلي، بمعنى هل أن الأصل في الطلاق الحظر أو الإباحة؟ فمن خلال تتبع كتب الحنفية والشافعية يظهر أنه لا خلاف بينهما في أن الأصل في الطلاق هو الحظر ولا يجوز الا لحاجة[2]، فالطلاق دون سبب من قبيل سوء الأدب و كفران النعمة[3]. التي قال الـلـه تعالى عنها: ﴿ وَمِنْ ءَايَٰتِهِۦٓ أَنْ خَلَقَ لَكُم مِّنْ أَنفُسِكُمْ أَزْوَٰجًا لِّتَسْكُنُوٓاْ إِلَيْهَا وَجَعَلَ بَيْنَكُم مَّوَدَّةً وَرَحْمَةً ﴾[4] ولقوله ﷺ ((أيما امرأة سألت زوجها طلاقا في غير ما بأس فحرام عليها رائحة الجنة))[5].

وأما ما يقال من أن الشافعية "يعتبرون كل الطلاق مباحا" كما نقل ذلك صاحب الهداية[6]. على اعتبار أن الرسول ﷺ والصحابة قد طلقوا نسائهم، وفي هذا دليل على أن الأصل فيه الإباحة[7]. فيجاب عن ذلك بأنهم لم يطلقوا إلا لحاجة [8]، عليه لا يكون الطلاق مباحا عند الشافعية إلا إذا دعت الحاجة إلى ذلك، و الـلـه أعلم.

---

[1] سورة النساء، الآية رقم (130).

[2] الشيخ عبد الغني الغنيمي، اللباب في شرح الكتاب، ج3، ص8. المرغيناني، الهداية، ج1، ص266. الشيخ محمد الشربيني الخطيب، الإقناع، ج2، ص441. زكريا الأنصاري، فتح الوهاب، ج2، ص138.

[3] الإمام كمال الدين ابن الهمام، شرح الفتح القدير، ج3، ص446.

[4] سورة الروم، الآية رقم (21).

[5] أبو داود، سنن أبي داود، ج1، ص676.

[6] المرغيناني، الهداية، ج1، ص227 .

[7] الإمام كمال الدين ابن الهمام، شرح الفتح القدير، ج3، ص446.

[8] الشيخ محمد الشربيني الخطيب، مغني المحتاج، ج5، ص48.

المطلب الثاني
الخلاف في شروط المطلق أو (من يقع طلاقه)

مما لا خلاف فيه بين الفقهاء أن الطلاق بيد الزوج، وهو يملكه ابتداء، وأما المراة فلا تملك الطلاق، الا إذا اشترطت لنفسها أثناء العقد ورضي بذلك الزوج، لقوله تعالى: ﴿ وَإِذَا طَلَّقْتُمُ ٱلنِّسَآءَ فَبَلَغْنَ أَجَلَهُنَّ فَأَمْسِكُوهُنَّ بِمَعْرُوفٍ أَوْ سَرِّحُوهُنَّ بِمَعْرُوفٍ وَلَا تُمْسِكُوهُنَّ ضِرَارًا لِّتَعْتَدُوا۟ ﴾[1]. ولقوله تعالى: ﴿ ٱلرِّجَالُ قَوَّٰمُونَ عَلَى ٱلنِّسَآءِ بِمَا فَضَّلَ ٱللَّهُ بَعْضَهُمْ عَلَىٰ بَعْضٍ وَبِمَآ أَنفَقُوا۟ مِنْ أَمْوَٰلِهِمْ ﴾[2].

وإذا كان هذا هو الأصل فهل كل زوج يملك الطلاق؟ أو هل كل زوج يقع طلاقه؟ أو ما هي شروط الزوج الذي يقع طلاقه؟

إن الشروط التي ينبغي توفرها في الزوج كي يكون طلاقه واقعا ليست جميعها محل اتفاق بين الفقهاء، عليه سنعرض تلك الشروط ثم نبين الخلاف فيها بعد ذلك بين الحنفية والشافعية. والشروط هي:

أولا: أن يكون بالغا عاقلا:

إن هذا الشرط محل اتفاق بين عامة الفقهاء، فلكي يكون الطلاق واقعا من الرجل لابد وأن يكون بالغا عاقلا، عليه فلا يقع طلاق الصبي ولا طلاق المجنون[3]، والعلة في ذلك أن الصبي والمجنون لا إرادة لهما في إيقاع الطلاق فلا يقع لقوله ﷺ ((رفع القلم عن ثلاثة عن النائم حتى يستيقظ وعن الصبي حتى يحتلم وعن المجنون حتى يعقل))[4]. عليه إذا كانت إرادة الزوج في إيقاع الطلاق معيبة لا يقع طلاقه، للسبب المذكور، على اعتبار أن عبارة الصبي والمجنون ملغاة. ولكن هناك بعض من الحالات تلحق بغير العاقل أو بمن إرادته معيبة وفيها خلاف بين الحنفية والشافعية نذكرها في الفروع الأربعة الآتية:

الفرع الأول: طلاق السكران:

إن مما يلحق بالمجنون والصبي السكران، فهو يشبه الصبي والمجنون في الإرادة غير الصحيحة بايقاع الطلاق، ومن شرب الخمر فسكر لا يخلو إما أن يكون سكره بطريق مشروع أو غير مشروع.فعندنا مسألتان

---

(1) سورة البقرة، الآية رقم (231).
(2) سورة النساء، الآية رقم (34).
(3) الإمام كمال الدين ابن الهمام، شرح الفتح القدير، ج3، ص443.مغني المحتاج، جزء5، ص5.
(4) أبو داود، سنن أبي داود، ج2، ص546.

المسألة الأولى: طلاق السكران بطريق مشروع:

الذي أجمع عليه العلماء هو عدم وقوع الطلاق من السكران إذا كان قد سكر بطريق غير محظور[1] يقول ابن قدامة الحنبلي[2] " أجمع أهل العلم على أن الزائل العقل بغير سكر أو معناه لا يقع طلاقه كذلك قال عثمان وعلي وسعيد بن المسيب والحسن والنخعي والشعبي وأبو قلابة وقتادة والزهري ومالك والثوري والشافعي وأصحاب الرأي وأجمعوا على أن الرجل إذا طلق في حال نومه لا طلاق له"[3]. وروي عن أبي هريرة عن النبي ﷺ أنه قال: ((كل الطلاق جائز إلا طلاق المعتوه المغلوب على عقله)). يقول ابن حجر في فتح الباري: "فيدخل فيه الطفل والمجنون والسكران"[4].

المسألة الثانية: طلاق السكران بطريق غير مشروع:

حصل خلاف بين الفقهاء في مدى وقوع طلاق السكران الذي كان سكره بطريق غير مشروع. هل يقع طلاقه أم لا؟

الرأي الأول:

لا يقع طلاق السكران، وهو مذهب عثمان ابن عفان وابن عباس وكان عمر بن عبد العزيز يجيز طلاقه ويوجع ظهره حتى حدثه أبان بذلك[5]. وهو قول عطاء وطاووس بن كيسان[6] وعكرمة والشعبي وأبي عبد الـلـه البصري والمزني[7] وأبي يوسف وابن سريج رضوان الـلـه عليهم

---

(1) السمرقندي، تحفة الفقهاء ج2، ص195.

(2) هو عبد الـلـه بن احمد بن محمد بن قدامة . من نابلس بفلسطين . خرج من بلده صغيرا مع عمه عندما ابتليت بالصلبيين واستقر بدمشق واشترك مع صلاح الدين في محاربه الصلبيين . رحل في طلب العلم الي بغداد اربع سنيين ثم عاد الي دمشق . قال عز الدين بن عبد السلام ما طابت نفسي بالافتاء حتي صار عندي نسخة من المغني للموفق ونسخة من المحلي لابن حزم من تصانيفة (المغني في الفقه شرح مختصر الحزقي) و(الكافي) وله في الاصول (روضة الناظر). توفي سنة (620هـ). ينظر الأعلام للزركلي، ج4، ص191. كشف الظنون لمصطفى بن عبد الـلـه القسطنطيني، ج2، ص1626.

(3) ابن فدامة، المغني، ج8، ص255.

(4) ابن حجر العسقلاني، فتح الباري، ج9، ص393.

(5) أبو بكر عبد الـلـه بن محمد بن أبي شيبة الكوفي، المصنـف في الأحاديث والآثار، تحقيق: كمال يوسف الحوت، ج4، ط1، مكتبة الرشد – الرياض، سنة الطبع 1409، ص77.

(6) أبو عبد الرحمن طاووس بن كيسان اليماني(33-106) كان رأسا في العلم والعمل، من سادات التابعين وجالس سبعين صحابيا، وكان كاملا في الفقه والتفسير، وكان مجاب الدعوة، حج أربعين حجة، وتوفي حاجا بمكة قبل التروية بيوم. قال عمرو بن دينار: ما رأيت أحدا قط مثل طاووس. ينظر طبقات المفسرين للسيوطي، ج1، ص12. تهذيب التهذيب للعسقلاني، ج5، ص8.

(7) هو أبو إبراهيم إسماعيل بن يحيى بن إسماعيل بن عمرو بن إسحاق المزني المصري (175-264) وكان زاهدا عالما مجتهدا مناظرا محجاجا غواصا قال الشافعي: المزني ناصر مذهبي. صنف كتبا كثيرة: الجامع الكبير والجامع الصغير ومختصر المختصر والمنثور والسائل المعتبرة والترغيب في العلم والوثائق. قال الشافعي: المزني ناصر مذهبي. وكان مجاب الدعوة وكان يغسل الموتى تعبدا وديانة وقال: تعانيت ذلك ليرق قلبي فصار عادة وهو الذي غسل الشافعي.. مات بمصر سنة أربع وستين ومائتين. ينظر تاريخ الإسلام للذهبي، ج1، ص2061. الوافي في الوفيات للصفدي، ج1ص1251.

واختاره الطحاوي والكرخي في التاترخانية والفتوى عليه[1] وهذا رأي الشيعة الجعفرية واستدلوا بما يأتي:

أولا: الكتاب:

قوله تعالى: ﴿ يَٰٓأَيُّهَا ٱلَّذِينَ ءَامَنُواْ لَا تَقۡرَبُواْ ٱلصَّلَوٰةَ وَأَنتُمۡ سُكَٰرَىٰ حَتَّىٰ تَعۡلَمُواْ مَا تَقُولُونَ ﴾[2].

وجه الدلالة من الآية أنها نهت المؤمنين عن الاقتراب من الصلاة حال السكر، لأن الإنسان حال السكر لا يعي ما يقول، فاعتبرت الآية الصلاة منه حال سكره غير معتبرة، فكانت أقواله غير معتبرة لعدم ارادته إياها، فكذلك طلاقه لا يعتبر إن نطق به.

ثانيا: السنة:

عن أبي هريرة قال قال رسول الله ﷺ ((كل الطلاق جائز إلا طلاق المعتوه والمغلوب عليه)) قال الترمذي: لا نعرفه من حديث عكرمة بن خالد إلا من رواية عطاء بن عجلان وهو ضعيف ذاهب الحديث[3].

وجه الدلالة من الحديث أنه لم يوقع طلاق المعتوه، والمعتوه هو من اعترته فترة جنون، لا يعي فيها ما يقول، فلم يكن لكلامه أثر. وكذلك السكران معتوه بسكره، مغلوب على عقله[4].

ثالثا: الآثار:

1- قال عثمان ليس لمجنون ولا سكران طلاق[5].

2- قال ابن عباس طلاق السكران والمستكره ليس بجائز[6].

رابعا: المعقول:

1- إن معصية شارب الخمر بشربه المسكر لا تنفي زوال عقله، كمن كسرت ساقاه فإنه يصلي قاعدا، ومن كسر ساقيه يصلي قاعدا أيضا، مع أن الأول لم يعتد على نفسه بينما اعتدى الثاني

---

(1) الدر المختار ج3، ص241. الإمام الغزالي، الوسيط، ج5، ص390. علي بن الحسين بن محمد السغدي، فتاوى السغدي تحقيق طلاح الدين الناهي، ج1، ط2، مؤسسة الرسالة ومؤسسة الفرقان، بيروت وعمان، سنة الطبع 1404هـ ص349. البيهقي، سنن البيهقي الكبرى ج7، ص359 أبو بكر بن أبي شيبة، المصنف، ج4، ص77. ابن حجر العسقلاني، فتح الباري، ج9، ص391.

(2) سورة النساء، الآية رقم (43).

(3) الترمذي، سنن الترمذي، ج3، ص496. البيهقي، السنن الصغرى، تحقيق د. محمد ضيـاء الرحمن الأعظمي، ج6، ط1، مكتبة الدار - المدينة المنورة، سنة الطبع 1989م، ص354. ابن الجوزي، التحقيق في أحاديث الخلاف، ج2، ص294.

(4) الإمام الشافعي، الأم، ج5، ص257. ابن حجر العسقلاني، فتح الباري، ج9، ص391.

(5) الإمام البخاري، صحيح البخاري، ج5، ص2017.

(6) المصدر نفسه، ج5، ص2017.

على نفسه، وكذا من ضرب رأسه فأصابه الجنون فإنه يعامل معاملة من أصابه الجنون دون تسبب بفعل منه، مع أن الأول اعتدى على نفسه دون الثاني[1].

2- إن الأساس في إسناد المسؤولية الى الشخص على ما يصدر منه هو الاختيار والإرادة، والسكران فاقد الإرادة والاختيار.

الرأي الثاني:

طلاق السكران واقع وإن كان سكره بطريق محظور، وهذا مذهب جمهور الفقهاء من الحنفية والشافعية والمالكية والحنابلة، واستدلوا لمذهبهم بما يأتي:

أولا: الكتاب:

عموم الآيات التي تدل على مشروعية الطلاق منها قوله تعالى: ﴿ لَّا جُنَاحَ عَلَيْكُمْ إِن طَلَّقْتُمُ ٱلنِّسَآءَ مَا لَمْ تَمَسُّوهُنَّ أَوْ تَفْرِضُواْ لَهُنَّ فَرِيضَةً ﴾[2] وقوله تعالى: ﴿ فَإِن طَلَّقَهَا فَلَا تَحِلُّ لَهُۥ مِنۢ بَعْدُ حَتَّىٰ تَنكِحَ زَوْجًا غَيْرَهُۥ ۗ فَإِن طَلَّقَهَا فَلَا جُنَاحَ عَلَيْهِمَآ أَن يَتَرَاجَعَآ إِن ظَنَّآ أَن يُقِيمَا حُدُودَ ٱللَّهِ ۗ وَتِلْكَ حُدُودُ ٱللَّهِ يُبَيِّنُهَا لِقَوْمٍ يَعْلَمُونَ ﴿٢٣٠﴾ ﴾[3].

وجه الدلالة من الآية أنها لم تفرق بين طلاق الصاحي وطلاق السكران، ولا يوجد ما يخصه.

ثانيا: السنة:

عن أبي هريرة قال قال رسول الله ﷺ ((كل الطلاق جائز إلا طلاق المعتوه والمغلوب عليه))[4].

وجه الدلالة من الحديث أنه لم يوقع طلاق المعتوه، وما يكون من غيره من طلاق يقع بنص الحديث.

ثالثا: المعقول:

1- إن الصحابة جعلوه كالصاحي في الحد بالقذف، ولأنه إيقاع للطلاق من مكلف غير مكره، صادف ملكه فوجب أن يقع كطلاق الصاحي، ويدل على تكليفه أنه يقتل بالقتل ويقطع بالسرقة وبهذا فارق المجنون[5].

---

[1] المفصل في أحكام المرأة والبيت المسلم، ج7، ص372.
[2] سورة البقرة، الآية رقم (236).
[3] سورة البقرة، الآية رقم (230).
[4] سبق تخريجه في ص215 من هذه الأطروحة.
[5] ابن قدامة، المغني، ج7، ص289.

2- إنه قد زال عقله بسبب هو معصية، لتلذذه بذلك، فيجعل قائما، عقوبة وتغليظا عليه، بخلاف شرب الدواء، ولهذا قالوا إن المكره على شرب الخمر أو المضطر إذا شرب فسكر فإن طلاقه لا يقع، لأن هذا ليس بمعصية[1].

3- إنه قد يعطى للزائل حقيقة حكم القائم تقديرا إذا زال بسبب هو معصية للزجر والردع كمن قتل مورثه فإنه يحرم الميراث ويجعل المورث حيا زجرا للقاتل وعقوبة عليه[2]. فكذلك السكران وإن كان زائل العقل، ولكن يعطى لعقله حكم القائم تقديرا.

موقف المشرع العراقي:

أما المشرع العراقي فقد أخذ برأي أبي يوسف وزفر والمزني القاضي بعدم وقوع طلاق السكران حيث أتى المشرع العراقي بلفظ السكران مطلقا من غير فصل بين ما إذا كان سكره بطريق مشروع أو غير مشروع فقد نص في المادة (35) من قانون الأحوال الشخصية على "لا يقع طلاق الأشخاص الآتي بيانهم : 1- السكران والمجنون .....".

الرأي الراجح:

الذي يبدو أن الراجح هو ما ذهب إليه الكرخي والطحاوي من الحنفية بعدم وقوع الطلاق و الـلـه أعلم.

الفرع الثاني: طلاق المكره:

الإكراه: لغة حمل الإنسان على أمر يكرهه[3]. وهو من كرهت الشيءَ كراهة وكراهية فهو مكروه إذا لم ترده ولم ترضه[4].

وشرعا عند الحنفية هو: حمل الغير على فعل بما يعدم رضاه دون اختياره لكنه قد يفسده وقد لا يفسده. وعند الشافعية هو حمل الشخص على مقابل مراده[5]. فالإكراه هو حمل الإنسان غيره على ما يريده جبرا عليه بحيث يفقده الاختيار والرضا.

وأما شرائط الإكراه فنوعان: نوع يرجع إلى المكره ونوع يرجع إلى المكره، فأما الذي يرجع إلى المكره فهو أن يكون قادرا على تحقيق ما أوعد لأن الضرورة لا تتحقق إلا عند القدرة. وأما

---

(1) علاء الدين السمرقندي، تحفة الفقهاء، ج2، ص195. سليمـان البجيرمي، حاشيـة البجيرمي على الخطيب، ج4، ص3.
(2) الإمام الكاساني، بدائع الصنائع، ج3، ص99.
(3) قاسم بن عبد الـلـه بن أمير علي القونوي، أنيس الفقهـاء في تعريفـات الألفـاظ المتداولـة بين الفقهـاء، تحقيـق: د. أحمد بن عبد الرزاق الكبيسي، ج1، ط1، دار الوفاء - جدة، سنة الطبع 1406هـ ص264.
(4) أبو الفتح ناصر الدين بن عبد السيدبن علي بن المطرز، المغرب في ترتيب المعرب، تحقيق: محمود فاخوري وعبدالحميد مختار، ج2، ط1، مكتبة أسامة بن زيد - حلب، سنة الطبع 1979م، ص217.
(5) الشيخ عبد الغني الغنيمي، اللباب في شرح الكتاب، ج4، ص16. السبكي، الإبهاج في شرح المنهـاج ج1،ص380.

النوع الذي يرجع إلى المكره فهو أن يقع في غالب رأيه وأكثر ظنه أنه لو لم يجب إلى ما دعي إليه تحقق ما أوعد به[1].

والإكراه هذا اختلف الحنفية والشافعية في تأثيره على طلاق المطلق لو وقع عليه، هل يكون مؤثرا على طلاقه فلا يقع أم أن طلاقه واقع وإن تحقق الإكراه؟

مذهب الحنفية:

طلاق المكره واقع سواء كان المكره سلطانا أو غيره أكرهه بوعيد متلف أو غير متلف، وهو قول إبراهيم النخعي ورواية عن الشعبي وسعيد بن المسيب وأبي قلابة وابن سيرين[2]. واستدل الحنفية لمذهبهم بما يأتي:

أولا: الكتاب:

1- قولــه تعــالى: ﴿ وَأَوْفُواْ بِعَهْدِ ٱللَّهِ إِذَا عَـٰهَدتُّمْ وَلَا تَنقُضُواْ ٱلْأَيْمَـٰنَ بَعْدَ تَوْكِيدِهَا ﴾[3].

وجه الدلالة من الآية أنها لم تفرق بين عهد المكره وغيره[4].

2- قوله تعالى: ﴿ فَإِن طَلَّقَهَا فَلَا تَحِلُّ لَهُۥ مِنۢ بَعْدُ حَتَّىٰ تَنكِحَ زَوْجًا غَيْرَهُۥ ﴾[5].

وجه الدلالة في الآية أنها لم تفرق بين طلاق المكره والطائع[6]. فالمكره مكلف مالك للطلاق فيقع طلاقه كالمختار[7].

ولكن يرد على هذا بأنه عَزَّ وَجَلَّ قال فإن طلقها والمكره غير مطلق ولو كان داخلا في النص فإنه سيكون مخصوصا بغير المكره للأدلة الآتية.

ثانيا: السنة:

1- عن حذيفة بن اليمان قال :ما منعني أن أشهد بدرا إلا أني خرجت أنا وأبي حسيل قال فأخذنا كفار قريش قالوا إنكم تريدون محمدا ؟ فقلنا ما نريده ما نريد إلا المدينة فأخذوا منا عهد اللـه

---

(1) الإمام الكاساني، بدائع الصنائع، ج6، ص184.

(2) السرخسي، المبسوط،ج24، ص40. علاء الدين السمرقندي، تحفة الفقهاء، ج2، ص195. فتـاوى السغدي ج1، ص347. أبو بكر بن أبي شيبة، المصنف، ج4، ص83.

(3) سورة النحل، الآية رقم (91).

(4) أبو بكر الجصاص، أحكام القرآن، ج 3، ص284.

(5) سورة البقرة، الآية رقم (230).

(6) أبو بكر الجصاص، أحكام القرآن، ج 3، ص284.

(7) أبو الحسن علي بن محمد بن حبيب الماوردي البصري، الحاوي الكبير ، تحقيق الشيخ علي محمد معوض والشيخ عادل أحمد عبد الموجود، ج10، ط1، دار الكتب العلمية، بيروت - لبنـان، سنـة الطبع 1994م، ص228.

وميثاقه لننصرفن إلى المدينة ولا نقاتل معه فأتينا رسول الـلـه ﷺ فأخبرناه الخبر فقال ((انصرفا نفي بعهدهم ونستعين الـلـه عليهم)) [1].

وجه الدلالة في هذا الحديث أن رسول الـلـه ﷺ منعهما من حضور بدر لاستحلاف المشركين القاهرين لهم، فثبت بذلك أن الحلف على الطواعية والإكراه سواء كذلك الطلاق والعتاق[2].

2- عن صفوان بن غزوان الطائي أن رجلا كان نائما فقامت امرأته فأخذت سكينا فجلست على صدره فوضعت السكين على حلقه فقالت لتطلقني ثلاثا أو لأذبحنك فناشدها الـلـه فأبت فطلقها ثلاثا ثم أتى النبي ﷺ فذكر له ذلك فقال لا قيلولة في الطلاق[3].

ولكن رد على هذا من وجهين:

الأول: إن الرجل أقر بالطلاق وادعى الإكراه فيلزم بإقراره.

الثاني: يجوز أنه لما رأى من جلده وضعف زوجته ما لا يكون به مكرها ألزمه الطلاق[4].

3- روى عن أبي هريرة رضي الله عنه أن النبي ﷺ: (ثلاث جدهن جد وهزلهن جد النكاح والطلاق والرجعة)[5].

وجه الدلالة من الحديث، أنه أوقع طلاق الجاد والهازل. "والمكره لا يخلو أن يكون جادا أو هازلا فوجب أن يقع طلاقه"[6].

ولكن رد على هذا بأن المكره ليس بجاد ولا هازل فخرج كالمجنون، لأن الجاد قاصد اللفظ مريد للفرقة والهازل قاصد اللفظ غير مريد للفرقة والمكره غير قاصد للفظ ولا مريد للفرقة[7].

ثالثا: المعقول:

1- قياسا على صحة الطلاق مع الهزل، فلما كان الطلاق صحيحا مع الهزل بالاتفاق لما روي عن أبي هريرة رضي الله عنه أن النبي ﷺ: (ثلاث جدهن جد وهزلهن جد النكاح والطلاق والرجعة).

---

(1) الإمام مسلم، صحيح مسلم، ج3، ص1414، حديث1787.

(2) الطحاوي، شرح معاني الآثار، ج3 ص98.

(3) الحديث فيه الغازي بن جبلة وهو لا يعرف إلا به، ولا يدري ممن الجناية فيه، أمنه أم من صفوان الأصم؟ حكى ذلك بن أبي حاتم عن أبيه وقال: هو منكر الحديث يعني الغازي بن جبلة، وقال البخاري: هو منكر الحديث في طلاق المكره. نصب الراية، ج3، ص222. قلت وصفوان بن عمران هذا ذكره ابن الجوزي في الضعفاء والمتروكين قال" روى حديثا منكرا في طلاق المكره" . ينظر عبد الرحمن بن علي بن محمد بن الجوزي أبو الفرج، الضعفاء والمتروكين، تحقيق عبد الـلـه القاضي، ج2، ط1، دار الكتب العلمية - بيروت، سنة الطبع 1406هـ ص56.

(4) الماوردي، الحاوي الكبير ، ج10، ص228..

(5) الترمذي، سنن الترمذي، ج3، 490،حديث 1184. 98.

(6) أبو بكر الجصاص، أحكام القرآن، ج2، ص99. الماوردي، الحاوي الكبير ، ج10، ص288.

(7) الماوردي، الحاوي الكبير ، ج10، ص228.

وجه الدلالة: إن النبي ﷺ سوى بين الجاد والهازل، والفرق بين الجد والهزل أن الجاد قاصد إلى اللفظ وإلى إيقاع حكمه، والهازل قاصد إلى اللفظ غير مريد لإيقاع حكمه، علمنا انه لاحظ للإرادة في إيقاع نفي الطلاق، فكذلك المكره قاصد للقول غير مريد لإيقاع حكمه فهو كالهازل سواء[1].

ولكن رد على هذا بأنه قياس في مقابله النص وهذا لا يحوز.

ويرد على هذا أيضا بأن قياس المكره على الهازل غير صحيح من وجهين:

أحدهما: إن المقيس عليه محل خلاف فلا يصح القياس عليه.

الثاني: إنه قياس مع الفارق لأن الهازل يتكلم بإرادته وحرية إختياره وأما المكره فلا إختيار له[2].

2- إن المكره على الفعل إما أن يكون في حكم من لم يفعله فلا يجب عليه شيء، أو يكون في حكم من فعله فيجب عليه ما يجب عليه ما لو فعله غير مكره. ولا خلاف في أن المرأة الصائمة أو الحاجة لو اكرهها زوجها على الجماع فان ذلك يبطل صومها وحجها، ولم يؤثر الإكراه على عدم الإبطال. ولم يجعل المرأة في حكم من لم يفعل، فكذلك الطلاق، ولا يمكن أن يقاس على الإكراه في البيع لان كل ما ينقص بالخيار ينقض بالإكراه، وما لا فلا كالطلاق[3].

مذهب الشافعية:

الإكراه إما أن يكون بحق أم لا، فإن كان بحق وقع الطلاق، وأما إن كان الإكراه بغير حق ولم ينو الطلاق لم يقع. وحد الإكراه أن يخوفه بعقوبة تنال من بدنه عاجلا لا طاقة له بها، مثل أن يقول إفعل كذا وإلا قتلتك، أو لأقطعن عضوا منك أو لأدخلنك السجن وكان القائل ممن يمكنه تحقيق ذلك، وهذا قول جمهور الفقهاء من الشافعية والحنابلة والمالكية، وبه قال بن عمر وبن الزبير والشعبي والحسن[4]. واستدل الشافعية لمذهبهم بما يأتي:

أولا: الكتاب:

قوله تعالى: ﴿ مَن كَفَرَ بِٱللَّهِ مِنۢ بَعۡدِ إِيمَٰنِهِۦٓ إِلَّا مَنۡ أُكۡرِهَ وَقَلۡبُهُۥ مُطۡمَئِنُّۢ بِٱلۡإِيمَٰنِ وَلَٰكِن مَّن شَرَحَ بِٱلۡكُفۡرِ صَدۡرٗا فَعَلَيۡهِمۡ غَضَبٞ مِّنَ ٱللَّهِ وَلَهُمۡ عَذَابٌ عَظِيمٞ ١٠٦ ﴾[5].

(1) أبو بكر الجصاص، أحكام القرآن، ج3 ص284. منلا خسرو، درر الحكام شرح غرر الاحكام، ج2،ص273.

(2) الدكتور مصطفى الزلمي، مدى سلطان الإرادرة في الطلاق في شريعة السماء وقانون الأرض خلال أربعة آلاف سنة، ط1، مطبعة العاني - بغداد، سنة الطبع 1984، ج2، ص9.

(3) الطحاوي، شرح معاني الآثار، ج3 ص98.

(4) الإمام الشافعي، الأم، ج3، ص270. ابن حجر العسقلاني، فتح الباري، ج12، ص314. وأما شرط الإكراه فهو المقدرة من المكره على تحقيق ما هدد به بنفسه أو بولاية. وعجز المكره عن الدفع بفرار أو غيره. وظنه أنه إن امتنع حققه. ينظر الشيخ محمد بن أحمد الأسيوطي، جواهر العقود ومعين القضاة والموقعين والشهود، ضبط ودراسة الشيخ محي الدين العتيبي، دار اليوسف - بيروت، ص407.

(5) سورة النحل، الآية رقم (106).

وجه الدلالة من الآية كما قال الإمام الشافعي: لما وضع الـله عنه (أي المكره الكفر) سقطت عنه أحكام الإكراه على القول كله لأن الأعظم إذا سقط عن الناس سقط ما هو أصغر منه وما يكون حكمه بثبوته[1]. فإذا كان "الشرك أعظم من الطلاق" كما قال عطاء بن أبي رباح[2] وقد رفعه الـله عن المكره فلأن يرفع الطلاق عنه من باب أولى.فالقاعدة عند الشافعية: إن كل مكره ومغلوب على عقله لا يلحقه الطلاق خلا السكران.

ولكن رد الحنفية على هذا فقالوا: إنما ذلك في الشرك خاصة لأن القوم كانوا حديثي عهد بكفر في دار كانت دار كفر، فكان المشركون إذا قدروا عليهم إستكرهوهم على الإقرار بالكفر فيقرون بذلك بألسنتهم، فنزلت فيهم "إلا من أكره وقلبه مطمئن بالإيمان" وربما سهوا فتكلموا بما جرت عليه عادتهم قبل الإسلام، وربما أخطأوا فتكلموا بذلك أيضا، فتجاوز الـله عز وجل لهم عن ذلك، لأنهم غير مختارين لذلك ولا قاصدين[3].

ثانيا: السنة:

1- عن ابن عباس رضي الله عنه قال: قال رسول الـله صلى الله عليه وسلم (وضع عن أمتي الخطاء والنسيان وما استكرهوا عليه)[4].

وجه الدلالة من الحديث أن الـله عز وجل قد رفع للنبي صلى الله عليه وسلم حكم أي فعل لم يكن عن قصد وإرادة من الفاعل. والمكره على الطلاق لا يصدر منه فعله عن قصد واختيار فهو مرفوع بنص الحديث[5].

2- روي عن عمر بن الخطاب رضي الله عنه أن النبي صلى الله عليه وسلم قال: (إنما الأعمال بالنيات وإنما لكل أمري ما نوى فمن كانت هجرته إلى الـله ورسوله فهجرته إلى الـله ورسوله ومن كانت هجرته لدنيا يصيبها أو امرأة ينكحها فهجرته إلى ما هاجر إليه)[6].

وجه الدلالة من الحديث: انه قد ثبت به انه لا ينفد عمل من طلاق أو عتاق أو غيره إلا إذا كانت معه النية[7].

---

(1) الإمام الشافعي، الأم، ج3، ص270.

(2) محمد بن إسماعيل الصنعاني، سبل السلام، ج1، ص160.

(3) الطحاوي، شرح معاني الآثار، ج3، ص95.

(4) ابن ماجه، سنن ابن ماجه، ج1، ص659، رقم 2045. صحيح ابن حبان ج 16 ص202 رقم 7219.

(5) الإمام الغزالي، المستصفى، 189. محمود بن أحمد الزنجاني أبـو المناقـب، تخريج الفـروع على الأصـول، تحقيـق د. محمد أديب صالح، ط2، مؤسسة الرسالة – بيروت، سنة الطبع 1398، ص285.

(6) متفق عليه، الإمام البخاري، صحيح البخاري،ج1، ص1. الإمام مسلم،صحيح مسلم، ج3، ص1515، حديث 1907.

(7) الطحاوي، شرح معاني الآثار ج 3 ص98.

3- عن صفية بنت شيبة قالت حدثتني عائشة أن رسول الله ﷺ قال لا طلاق ولا عتاق في إغلاق [1]. قال ابن قتيبة الإغلاق الإكراه على الطلاق والعتاق، وهو من أغلقت الباب، كأن المكره أغلق عليه حتى يفعل [2].

ثالثا: الإجماع:

نقل الإجماع فيه عن الصحابة ابن بطال [3]. وتوضيح ذلك أنه روي عدم وقوع الطلاق من المكره عن عمر بن الخطاب وعلي بن أبي طالب وابن عباس وابن عمر وابن الزبير ولم يعرف لهم مخالف، فكان اجماعا من الصحابة علىعدم وقوع طلاق المكره [4].

رابعا: المعقول:

1- قياسا على بطلان الزواج بالاكراه فلما لم يكن الزواج صحيحا اذا وقع فيه الاكراه لانعدام الاختيار والرضا لحديث الخنساء كذا لا يكون الطلاق بالإكراه واقعا لنفس العلة.

2- قياسا على عدم صحة إسلام المكره، فلما لم يصح منه الإسلام (وهو التلفظ بالشهادة) حال الإكراه كذلك لا يصح منه طلاقه (وهو تلفظه بالطلاق) [5].

3- إنه قول عليه بغير حق فلم يصح، كما لو أكره على الإقرار بالطلاق [6].

موقف المشرع العراقي:

مما هو جدير بالإشارة إليه أن المشرع العراقي قد أخذ برأي الشافعية فيما يتعلق بطلاق الغضبان والمجنون والمكره والمخطئ فلم يوقع طلاق هؤلاء حيث عد في المادة (35) من قانون الأحوال الشخصية العراقي الأشخاص الذين لا يقع طلاقهم وهم " 1- السكران والمجنون والمعتوه ومن كان فاقد التمييز من غضب أو مصيبة مفاجئة أو كبر أو مرض. 2- المريض في مرض الموت أو في حالة يغلب في مثلها الهلاك إذا مات في ذلك المرض أو تلك الحالة وترثه زوجته".

ومما مر ذكره قد تبين لنا بأن الشافعية أيضا لا يوقعون طلاق المكره والمجنون والغضبان الذي أخرجه الغضب من حالة الإدراك.

---

[1] ابن ماجه، سنن ابن ماجه، ج1، ص660.
[2] ابن الجوزي، التحقيق في أحاديث الخلاف، ج2، ص293. العمراني، البيان ، ج10، ص62. محمد بن علي بن محمد الشوكاني، السيل الجرار المتدفق على حدائق الأزهار، تحقيق محمود إبراهيم زايد، ج2، دار الكتب العلمية – بيروت، سنة الطبع 1405 هـ ص342.
[3] ابن حجر العسقلاني، فتح الباري، ج12، ص314.
[4] أبو بكر بن أبي شيبة، المصنف، ج4، ص82.
[5] الشيخ محمد الشربيني الخطيب، مغني المحتاج، ج3، ص287.
[6] العمراني، البيان في فقه الإمام الشافعي، ج10، ص62.

وأما فيما يتعلق بطلاق المريض في مرض الموت فلم يأخذ المشرع برأي الحنفية والشافعية حيث يوقعون الطلاق وإنما الخلاف في ميراثها منه. بينما هنا نرى بأن المشرع العراقي لم يوقع طلاقه وهو خطأ لما فيه من الضرر الواضح على المرأة لو بقيت في عصمة هكذا رجل. ولم يقل به أحد من فقهاء المسلمين[1].

الرأي الراجح:

الذي يبدو أن ما ذهب إليه الشافعية هو الراجح لقوة أدلتهم و الـلـه اعلم.

الفرع الثالث: طلاق الغضبان:

الغضب صفة نفسية قائمة بنفس الإنسان، تترتب عليها آثارها الخارجية، وهي في ذاتها ليست محرمة، بل هي لازمة للإنسان[2].

فطلاق الغضبان هو الطلاق الذي يوقعه الزوج وهو في تلك الحالة النفسية غير الطبيعية الملازمة له والتي يكون سببها الغضب باختلاف درجاته لأمر عارض طرأ عليه.

الذي يبدو أنه قد حصل اضطراب لدى الكثيرين أثناء نقل حكم طلاق الغضبان عند الحنفية والشافعية، فقالوا بعدم وقوع طلاق الغضبان عند الحنفية، ووقوعه عند الشافعية مطلقا[3].

قلت الذي اوقع الباحثين في اللبس في حكم طلاق الغضبان عند الشافعية هو الأخذ بكلام الإمام الشافعي على إطلاقه وهو قوله في الأم " فمن خاطب امرأته فأفرد لها اسما من هذه الأسماء فقال : أنت طالق أو قد طلقتك أو فارقتك أو سرحتك لزمه الطلاق، ولم ينو في الحكم، ونويناه فيما بينه وبين الـلـه تعالى، ويسعه إن لم يرد بشيء منه طلاقا أن يمسكها، ولا يسعها أن تقيم معه، لأنها لا تعرف من صدقه ما يعرف من صدق نفسه، وسواء فيما يلزم من الطلاق ولا يلزم، تكلم به الزوج عند غضب أو مسألة طلاق أو رضى، وغير مسألة طلاق، ولا تصنع الأسباب شيئا إنما تصنعه الألفاظ، لأن السبب قد يكون ويحدث الكلام على غير السبب"[4]. لذا قالوا بأن المذهب عند الشافعية هو وقوع طلاق الغضبان، لأن الإمام الشافعي قد قال "تكلم به الزوج عند غضب أو مسألة طلاق...".

---

(1) جمعة سعدون الربيعي، المرشد إلى إقامة الدعاوى الشرعية وتطبيقاتها العملية، ط1، مطبعة الجاحظ- بغداد، سنة الطبع1994، ص133.

(2) عبد الرحمن الجزيري، الفقه على المذاهب الأربعة، ج4، ص224.

(3) يذكر الدكتور مصطفى الزلمي في كتاب القيم (الطلاق) " والتحقيق عندهم (عند الأحناف) أن الغضبان إذا أخرجه غضبه من طبيعته الإعتيادية بحيث يغلب الهذيان على أقواله وأفعاله فلا يقع طلاقه".ج1، ص26. وهذا الذي ذكره الدكتور صحيح وهو ما قرر ابن عابدين في حاشيته ج4، ص438. ولكن هل هذا الذي ذكره استاذنا الدكتور الزلمي يتعارض مع ما عليه الشافعية كما ذكر ذلك حينما نقل مذهب الشافعية في طلاق الغضبان.ينظر ج2، ص27. وينظر د. محمد ابراهيم الحفناوي، الطلاق، ص38.

(4) الإمام الشافعي، الأم، ج5، ص373.

لكن الذي يبدو أن الحكم هكذا ليس على إطلاقه، لأن حكم طلاق الغضبان الذي يخرجه غضبه عن وعيه وإدراكه، بحيث لا يعي ما يقول ولا يكون مريدا للطلاق، عند الشافعية لا يختلف عنه عند الحنفية.

يقول الرملي "الشافعي الصغير" فيمن طلق زوجته في حال الغضب ولم يعقل ما قاله "إن الزوجية باقية بينهما"(1). وسئل ايضا عن الطلاق في حال الغضب الشديد فاجاب "إن كان زائل العقل عذر"(2).

عليه فان الذي ذكره صاحب تحفة المحتاج من أن وقوع طلاق الغضبان "أفتى به جمع من الصحابة ولا مخالف لهم منه"(3). يحمل على الطلاق في حالة الغضب الطبيعية التي يبقى الإنسان فيها مدركا لما يقوله ومريدا للطلاق.

عليه فإن وقع الإجماع على وقوع هكذا نوع من الطلاق سيكون طبيعيا جدا، لأن الإنسان لا يطلق زوجته إلا في حالة الغضب. فإن قلنا بعدم وقوع الطلاق بسبب الغضب استطاع كل واحد من المطلقين أن يتحجج بهذه الحجة، ولأدى ذلك إلى وقوع الفوضى في العلاقة الزوجية. يقول ابن حجر في فتح الباري "ولو جاز عدم وقوع طلاق الغضبان لكان لكل أحد أن يقول فيما جناه كنت غضبانا"(4).

وهذا الحكم مطابق لما عليه الحنفية من وقوع الطلاق في حالة الغضب الطبيعية، بل إن الحنفية جعلوا الغضب قرينة صارفة إلى وقوع الطلاق في حالات معينة دون الحاجة إلى النية، كما لو طلق زوجته بلفظ من ألفاظ الكنايات التسعة عندهم وهي"أنت بائن أو أنت علي حرام أو خلية أو بريئة أو بتة أو أمرك بيدك أو اختاري أو اعتدي أو استبري رحمك"(5).

عليه فالذي يبدو أن الحكم واحد عند الحنفية والشافعية، وهو وقوع الطلاق في حالات الغضب الطبيعية، وعدم وقوعه في حالة الغضب الذي يخرج الإنسان عن وعيه، فحكمه هنا حكم المجنون والسكران. فهو مكلف في حال غضبه بما يصدر منه من كفر وقتل نفس وأخذ مال بغير حق وطلاق(6) و الـلـه أعلم.

(1) الرملي، فتاوى الرملي، ج3، ص259.
(2) المصدر نفسه، ج3، ص273.
(3) ابن حجر الهيتمي، تحفة المحتاج، ج8، ص33.
(4) ابن حجر العسقلاني، فتح الباري، ج9، ص389 .
(5) المرغيناني، الهداية، ج1، ص233. علاء الدين السمرقندي، تحفة الفقهاء، ج2، ص182- 183. السرخسي، المبسوط، ج5، ص15.
(6) ابن عابدين، حاشية ابن عابدين، ج4، ص438. الرملي، فتاوى الرملي، ج3، ص273. الشيخ محمد الشربيني الخطيب، الإقناع، ج4، ص3.

والذي يبدو لي أن تقسيم الإمام ابن القيم الجوزية في كتابه القيم "إغاثة اللهفان في حكم طلاق الغضبان" حالات الطلاق عند الغضب الى ثلاث حالات، والذي لا يخلو كتاب يتحدث عن الطلاق من الإشارة إليه، واعتباره التقسيم الأولى بالقبول، فيما يتعلق بوقوع الطلاق، هو نفسه الموجود عند الحنفية والشافعية، إذ هم أيضا يعدون الطلاق في حالات الغضب الشديدة المذهبة للإدراك والوعي غير واقع، وأما حالة الغضب الطبيعية فإن الطلاق واقع بالإجماع، إذ لا طلاق الا في حالة الغضب، وأما حالة الغضب الوسطية والمترددة بين الحالتين، فإن الحكم يكون متروكا للقاضي، لبيان درجة الغضب، ومن ثم إلحاقه إما بالحالة الأولى، فلا يكون واقعا، وإما إلحاقه بالحالة الثانية، فيكون الطلاق واقعا، مستعينا في تقدير تلك الحالة بجميع ظروف ملابسات الواقعة التي تم فيها الطلاق و الـلـه أعلم.

الفرع الرابع: طلاق المخطئ:

المخطئ في الطلاق هو من صدر منه لفظ الطلاق سهوا غير قاصد الطلاق، كأن يقول بدلا من أنت بالغة أو طاهرة فيقول أنت طالقة.

حكم طلاق المخطئ عند جمهور الفقهاء هو وقوع الطلاق قضاء، لا ديانة، أي أن الطلاق يقع في الظاهر عند القضاء لأن الطلاق لا يحتاج فيه إلى النية، ويسع الزوج المقام مع الزوجة وللزوجة أن تمكن الرجل من نفسها إن وقفت على صدقه، والا فلا، والحكم هذا هو محل اتفاق بين الحنفية والشافعية، وأما القول بأن الحنفية يقولون بوقوع الطلاق مخالفين الجمهور كما ذكره صاحب المفصل في أحكام المرأة فليس بصحيح[1]. حيث الحكم واحد عند الحنفية وجمهور الفقهاء.

والذي يبدو أن الذي أوقع الباحثين في اللبس والوهم في حكم طلاق المخطئ عند الحنفية هو ما جاء في الفتاوى الهندية " لو أراد أن يتكلم بكلام فسبق لسانه بالطلاق واقع كذا في المحيط"[2]. وهو نفسه ما جاء في البدائع حيث يقول صاحب البدائع: " كونه عامدا ليس بشرط حتى يقع طلاق الخاطئ، وهو الذي يريد أن يتكلم بغير الطلاق فسبق لسانه بالطلاق، لأن الفائت بالخطأ ليس إلا القصد، وأنه ليس بشرط لوقوع الطلاق، كالهازل واللاعب بالطلاق"[3]. الا أنه من خلال النظر في شروحات هذه المتون وتعليقات فقهاء الحنفية عليها، يبدو واضحا أن طلاق المخطئ واقع قضاء لا ديانة.

يقول الإمام كمال الدين ابن الهمام في شرح فتح القدير: "والذي يظهر من الشرع أن لا يقع بلا قصد لفظ الطلاق عند الـلـه تعالى، وقوله فيمن سبق لسانه واقع أي في القضاء"[4]. وجاء في

(1) الدكتور عبد الكريم زيدان، ج7، ص386.
(2) الفتاوى الهندية، الفتاوى الهندية، جمع من أفاضل الهند رئيسهم الشيخ نظام الدين، ج1، ص.
(3) الإمام الكاساني، بدائع الصنائع، ج3، ص158.
(4) الإمام كمال الدين ابن الهمام، شرح الفتح القدير، ج4، ص5.

البحر الرائق شرح كنز الدقائق "إن طلاق الهازل واللاعب والمخطئ واقع لكنه في القضاء وأما فيما بينه وبين اللـه تعالى فلا يقع على المخطئ"[1]. ولذا كان جواب ابن عابدين صريحا في عدم وقوع الطلاق ديانة حينما سئل في شخص أراد أن يقول لزوجته أنت خارجة عن طاعتي فسبق لسانه وقال خارجة عن عصمتي ، قال ابن عابدين " لا يقع عليه الطلاق ديانة ويقع قضاء"[2].

وأما مذهب الشافعية فواضح في وقوع طلاق المخطئ قضاء لا ديانة، جاء في مغني المحتاج" لو سبق لسانه بطلاق بلا قصد لحروف الطلاق لمعناه لغا ما سبق لسانه إليه، ولكنه لا يصدق ظاهرا في دعواه سبق لسانه بالطلاق، لتعلق حق الغير به، ولأن الظاهر الغالب أن البالغ العاقل لا يتكلم بكلام إلا ويقصده إلا بقرينة، كأن دعاها بعد طهرها من الحيض إلى فراشه وأراد أن يقول أنت الآن طاهرة فسبق لسانه فقال أنت اليوم طالقة"[3].

عليه لا يمكن القول بوجود خلاف للأحناف مع جمهور الفقهاء في حكم طلاق المخطئ و اللـه أعلم.

المطلب الثالث
الخلاف فيمن يعتبر الطلاق بحاله

مما لا خلاف فيه بين الحنفية والشافعية أن العدة معتبرة بحال المرأة إذ هي التي تعتد، ألا ترى أنها تختلف بصغرها وكبرها وكونها حاملا أو حائلا فكذلك برقها وحريتها[4]. ولكن الخلاف حصل في عدد الطلقات التي يوقعها الزوج أهو معتبر بحال الرجل أم المرأة؟

مذهب الحنفية:

إن المعتبر في عدد الطلقات هي المرأة لا الرجل، فطلاق الحرة ثلاث طلقات حرا كان زوجها أو عبدا، وبه قال الثوري وهو قول علي وابن مسعود رضي الله عنهم[5]. واستدلوا بما يأتي:

أولا: السنة:

عن عائشة: أن رسول اللـه صلى الله عليه وسلم قال: ((طلاق الأمة تطليقتان وعدتها حيضتان)) وروي أيضا عن عبد اللـه بن عمر. قال أبو عيسى: حديث عائشة حديث غريب لا نعرفه مرفوعا إلا من حديث مظاهر بن أسلم، ومظاهر لا نعرف له في العلم غير هذا الحديث[6].

---

(1) زين الدين بن ابراهيم (ابن نجيم)، البحر الرائق، ج3، ص278.
(2) ابن عابدين، الفتاوى الحامدية، ج1، ص43.
(3) الشيخ محمد الشربيني الخطيب، مغني المحتاج، ج3، ص287.
(4) السرخسي، المبسوط،ج6، ص39.
(5) الإمام كمال الدين ابن الهمام، شرح الفتح القدير، ج3، ص492 - 493.
(6) الترمذي، سنن الترمذي، ج3، ص488.

ولكن رد على هذا بأن الحديث ضعيف جدا لا يصلح للاحتجاج به فهو من روايه مظاهر، "ومظاهر هذا ضعيف بالكلية"[1] قال أبو داود "هو حديث مجهول"[2]. فالحديث ضعيف جدا إلى درجة أنه قيل في حديث مظاهر هذا " ليس بالبصرة حديث أنكر من حديث مظاهر هذا"[3] ولكن أجيب على هذا من أوجه:

أولا: تضعيف بعضهم للحديث ليس كعدمه بالكلية كما هو في الحديث الذي احتج به المخالف.

ثانيا: إن ذلك التضعيف ضعيف، فإن ابن عدي أخرج له حديثا آخر عن المقبري عن أبي هريرة عنه ﷺ ((أنه كان يقرأ عشر آيات في كل ليلة من آخر آل عمران)) وكذا رواه الطبراني، ثم منهم من ضعفه عن أبي عاصم النبيل فقط ومنهم من نقل عن ابن معين وابن أبي حاتم والبخاري تضعيفه ولكن وثقه ابن حبان[4]. قال الحاكم: "مظاهر بن أسلم شيخ من أهل البصرة لم يذكره أحد من متقدمي مشائخنا بجرح فإذا الحديث صحيح و لم يخرجاه"[5].

ثالثا: إن مما يصحح الحديث أيضا عمل العلماء على وفقه، فقد قال الترمذي عقيب روايته: "حديث غريب والعمل عليه عند أهل العلم من أصحاب رسول الـلـه ﷺ"[6].

ثانيا: المعقول:

1- إن الحر لو أراد أن يطلق زوجته الأمة للسنة يتعذر عليه ذلك بناء على رأي الشافعية، فإن الحر يملك ثلاث طلقات وعدة الأمة حيضتان فيتعذر في حقه إيقاع الطلاق للسنة. وبهذا أفحم عيسى بن إبان الشافعي رضي الله عنه فقال: أيها الفقيه إذا ملك الحر على امرأته الأمة ثلاث تطليقات كيف يطلقها في أوقات السنة؟ فقال: يوقع عليها واحدة فإذا حاضت وطهرت أوقع عليها أخرى فلما أن أراد أن يقول فإذا حاضت وطهرت قال: حسبك فإن عدتها قد انقضت فلما تحير رجع فقال ليس في الجمع بدعة ولا في التفريق سنة[7].

2- إن الحل نعمة وكرامة، فيكون في حق الحر أزيد منه في حق العبد، إذ من المعلوم أن للرق أثر في تنصيف النعم، ألا ترى أن حل رسول الـلـه ﷺ كان يتسع لتسع نسوة كرامة له بسبب النبوة[8].

---

(1) ابن كثير، تفسير القرآن العظيم، ج1، ص363.
(2) أبو داود، سنن أبي داود، ج1، ص664.
(3) الدار قطني، سنن الدارقطني، ج4، ص39.
(4) الإمام كمال الدين ابن الهمام، شرح الفتح القدير، ج3، ص492 - 493.
(5) محمد بن عبدالـلـه أبو عبدالـلـه الحاكم ، المستدرك على الصحيحين، ج2، ص223.
(6) الإمام كمال الدين ابن الهمام، شرح الفتح القدير، ج3، ص492 - 493.
(7) السرخسي، المبسوط،ج6، ص40.
(8) المرغيناني، الهداية، ج1، ص230. السرخسي، المبسوط، ج6، ص40.

مذهب الشافعية:

عدد الطلاق معتبر بالرجال والعدة بالنساء، فإن كان الزوج عبدا وهي حرة حرمت علية بتطليقتين، وإن كان حرا وهي أمة لا تحرم عليه إلا بثلاث وبقول الشافعي قال مالك وأحمد وهو قول عمر وعثمان وزيد بن ثابت رضي الله عنهم[1]. بدليل.

أولا: السنة:

1- روي عنه ﷺ ((الطلاق بالرجال والعدة بالنساء))[2]. والمعنى فيه أن الزوج هو المالك للطلاق المتصرف فيه وثبوت الملك باعتبار حال المالك كملك اليمين[3].

ولكن رد على هذا بأن كبار الصحابة قد اختلفوا في هذا وأعرضوا عن الاحتجاج بهذا الحديث أصلا فعرف أنه غير ثابت أو مؤول وتأويله أن إيقاع الطلاق إلى الرجال[4].

2- روي أن نافع كان مكاتبا لأم سلمة زوج النبي ﷺ أو عبدا لها كان تحته امرأة حرة فطلقها اثنتين ثم أراد أن يراجعها فأمره أزواج النبي ﷺ أن يأتي عثمان فيسأله عن ذلك فلقيه عند الدرج آخذا بيد زيد بن ثابت فسألهما فابتدراه جميعا فقالا حرمت عليك حرمت عليك[5].

ثانيا: المعقول:

1- إن ما يمنع إيقاع الطلاق هو الصغر والجنون والمعتبر هنا حال الرجل دون المرأة فكذلك ما يمنع ملك الطلاق.

2- إن من يملك على امرأته ثلاث تطليقات يملك عليها ثلاث عقد ومن يملك عليها تطليقتين يملك عليها عقدتين، والمعتبر حال الزوج في ملك العقد بدليل أن الحر يتزوج أربع نسوة والعبد لا يتزوج إلا اثنتين[6].

موقف المشرع العراقي:

يبدو أن المشرع العراقي قد أخذ برأي الشافعية لأنه أتى بلفظ عام يفيد أن الطلاق إنما هو معتبر بحال الرجال لا بحال المرأة فقد أعطى للرجل الحق في ثلاث تطليقات من غير فرق بين حالته فقد نص في الفقرة (1) المادة (37) على "يملك الزوج على زوجته ثلاث طلقات".

---

[1] الشيخ محمد الشربيني الخطيب، مغني المحتاج، ج3، ص292 . الشيخ محمد الشربيني الخطيب، الإقناع، ج2،ص443.
[2] موقوف على علي وابن عباس وابن عمر، سنن البيهقي الكبرى، جزء 7، ص،370.
[3] الإمام الغزالي، الوسيط، ج5، ص400. السرخسي، المبسوط،ج6، ص39.
[4] السرخسي، أصول السرخسي، ج1، ص369.
[5] علي بن حسام الدين المتقي الهندي، كنز العمال في سنن الأقوال والأفعال، ج9، مؤسسة الرسالة - بيروت 1989. ص1188.
[6] السرخسي، المبسوط، ج6، ص39.

الرأي الراجح:

الذي يبدو أن ما ذهب إليه الحنفية هو الراجح لقوة أدلتهم، فالحديث وإن لم يكن صحيحا فإن ما ذكره الحنفية من رد على ذلك يجعل هذا الحديث في أقل درجاته حسنا كما يقول الامام كمال الدين ابن الهمام صاحب فتح القدير و الـلـه أعلم.

المطلب الرابع
طلاق غير الزوج (الخلاف في التفويض في الطلاق)

المقصود بالتفويض هنا أن يفوض الزوج زوجته أمر الطلاق. فمما لا خلاف فيه أن الطلاق بيد الرجل ولكن قد يحدث أن يفوض الزوج زوجته الطلاق فتكون هي بالخيار بعد ذلك إن شاءت اختارت نفسها أو زوجها.

إن مما لا خلاف بين جمهور الفقهاء منهم الحنفية والشافعية أن الرجل لو فوض الزوجة الطلاق واختارت المرأة زوجها فلا يعد هذا طلاقا .

ومما لا خلاف فيه بين الحنفية والشافعية أن الرجل لو فوض زوجته أمر الطلاق كان هذا من التمليكات. أي أن الرجل يكون بذلك قد ملك المرأة أمرها[1].

ومما لا خلاف بينهما في وقوع الطلاق بين الرجل وزوجته لو اختارت المرأة نفسها[2]. ولكن حصل خلاف بين الحنفية والشافعية فيما لو اختارت نفسها بعد أن فوض إليها الرجل الطلاق، أيعد هذا طلاقا رجعيا أم بائنا؟

فمما لا خلاف فيه أيضا بين الحنفية والشافعية في أن الرجل لو قال لزوجته طلقي نفسك فطلقت نفسها يكون طلاقا رجعيا لأنه من الألفاظ الصريحة (وإن طلقت نفسها ثلاثا) جملة أو متفرقا (وقد أراد الزوج ذلك وقعن عليها) لأن الأمر يحتمل العدد وإن لم يقتضيه فإذا نواه صحت نيته[3].

ولكن حصل خلاف بين الحنفية والشافعية في مسائل أخرى في التفويض في الطلاق نذكرها في الفروع الأربعة الآتية:

الفرع الأول: الخلاف في صفة وقوع الطلاق بلفظ اختاري وأمرك بيدك:

حصل بين الحنفية والشافعية خلاف في لفظ اختاري ولفظ الأمر بيدك، هل يكون الطلاق بهما رجعيا أم بائنا؟

---

(1) ابن حجر العسقلاني، فتح الباري، ج9، ص368.
(2) الشيخ عبد الغني الغنيمي، اللباب في شرح الكتاب، ج3، ص8. الشيرازي، المهذب، ج3، ص9.
(3) المصدر نفسه، ج3، ص8.

مذهب الحنفية:

إن قال لها اختاري أو أمرك بيدك وهو ينوي الطلاق فالواقع واحدة بائنة لا يملك الرجل الرجعة الا بعد عقد ومهر جديدين، واستدلوا بما يأتي:

إنها تكون بائنة لأن التفويض في البائن ضرورة أن تملك أمرها[1]. وبالبائن تكون الزوجة قد اختارت نفسها[2].

مذهب الشافعية:

إذا قال الرجل لامرأته اختاري أو أمرك بيدك فقالت اخترت وقع الطلاق رجعيا إذا نويا ذلك لأنه كناية، فلا يكون طلاقا عند الشافعية إلا إذا أقر بأنه يريد بتمليكها وتخييرها طلاقا وهو قول زيد بن ثابت وعبد الـلـه بن مسعود رضي الله عنهم[3]. فإن نويا الطلاق وقع الطلاق وإن نوى أحدهما دون الآخر لم يقع الطلاق واستدلوا بما يأتي:

إن قوله اختاري يحتمل الطلاق وغيره ، وكذلك قولها اخترت نفسي يحتمل الطلاق وغيره. وما كان هذا سبيله فلابد فيه من النية كسائر الكنايات، لان الزوج إذا لم ينو لم يقع الطلاق لأنه لم يجعل إليها الطلاق. وإن نوى الزوج ولم تنو الزوجة لم يقع ، لأنها لم توقع الطلاق. فالألفاظ هذه تحتمل أن يكون معناها اخترت نفسي للنكاح، و يحتمل أن يكون معناه اخترت نفسي للطلاق، وإذا كان اللفظ محتملا للاثنين كان من ألفاظ الكناية فلابد فيها من النية، ولهذا لو صرحت به جاز فلم يقع به الطلاق من غير نية[4]. وإذا ثبت هذا فإن الطلاق الواقع بألفاظ الكناية يكون رجعيا إلا إذا كانت هي الطلقة الثالثة.

عليه فإن قال لها اختاري وقالت المرأة اخترت واتفقا على عدد ونوياه وقع ما نوياه، وإن اختلفا فنوى أحدهما طلقة ونوى الآخر ما زاد لم يقع ما زاد على طلقة، لأن الطلاق يفتقر إلى تمليك الزوج وإيقاع المرأة. ولأنه لم يوجد الإذن والإيقاع إلا في طلقة فلم يقع ما زاد[5].

الفرع الثاني: نية الثلاث في لفظ اختاري أو أمرك بيدك:

إذا قال الرجل لزوجته أمرك بيدك أو اختاري وهو ينوي الثلاث فما هو الطلاق الواقع به؟

---

(1) المرغيناني، الهداية، ج1، ص228 .
(2) الإمام محمد بن الحسن الشيباني، الجامع الصغير، ج1، ص203.
(3) الإمام الشافعي، الأم، ج5، ص375 . الشيرازي، المهذب، ج3، ص9. المباركفوري أبو العلا، تحفة الأحوذي بشرح جامع الترمذي، ج4، ص291 - 292.
(4) الإمام الشافعي، الأم، ج5، ص375. المجموع - محيى الدين النووي ج 71 ص109.
(5) الشيرازي، المهذب، ج3، ص14.

مذهب الحنفية:

لو قال لها الأمر بيدك أو اختاري وهو ينوي ثلاثا ففي قوله اختاري لا يقع الثلاث بل واحدة بائنة وفي الأمر باليد بقع الثلاث بحجة ما يأتي:

يقع الطلاق ثلاثا لو قال الرجل لامرأته" أمرك بيدك " وهو ينوي ثلاثا، لأن الاختيار يصلح جوابا للأمر باليد لكونه تمليكا كالتخيير والواحدة صفة للاختيارة فصار كأنها قالت اخترت نفسي بمرة واحدة وبذلك يقع الثلاث[1].

ولا يقع ثلاثا إن قال لها اختاري وإن نوى الزوج ذلك، لأن الاختيار لا يتنوع لأنه ينبئ عن الخلوص وهو غير متنوع إلى الغلظة والخفة بخلاف البينونة[2].

ويوضح صاحب فتح القدير الإمام كمال الدين ابن الهمام الفرق في التفويض بين الأمر باليد وبين لفظ الاختيار بقوله " إن الأمر (أمرك بيدك) شامل بعمومه لمعنى الشأن للطلاق فكان (الثلاث) من أفراده لفظا والمصدر يحتمل نية العموم"[3]. بخلاف الاختيار.

مذهب الشافعية:

إن قال لها اختاري وقالت المرأة على الفور "اخترت" فإن اتفقا على عدد ونوياه وقع ما نوياه وإن اختلفا فنوى أحدهما طلقة ونوى الآخر ما زاد لم يقع ما زاد على طلقة[4]. واستدلوا بما يأتي:

إن الطلاق يفتقر إلى تمليك الزوج وإيقاع المرأة[5].لأن صريح الطلاق كناية في العدد وقد انتفت نيته منهما أو من أحدهما[6].

الفرع الثالث: الخلاف في الفور في الاختيار (الرد):

وأما فيما يتعلق بالفور في الرد، فمما لا خلاف فيه بين الحنفية والشافعية عدم اشتراط الفور في الرد إذا قرن الرجل بالتفويض عبارة متى شئت، كأن يقول لها: طلقي نفسك متى ما شئت. فيجوز لها " قطعا " أن تطلق نفسها في المجلس وبعده لأن كلمة متى عامة في الأوقات كلها[7]. الا

[1] المرغيناني، الهداية، ج1، ص245.
[2] المرغيناني، الهداية، ج1، ص336 . الشيخ عبد الغني الغنيمي، اللباب في شرح الكتاب، ج3، ص8.
[3] الإمام كمال الدين ابن الهمام، شرح الفتح القدير، ج4، ص80.
[4] الإمام محمد بن الحسن الشيباني، الجامع الصغير، ج2، ص203.
[5] الشيرازي، المهذب، ج3، ص14.
[6] زكريا الأنصاري، فتح الوهاب، ج2، ص130.
[7] المرغيناني، الهداية، ج1، ص240 . الشيخ محمد الشربيني الخطيب، مغني المحتاج، ج3، ص285. الإمام النووي، روضة الطالبين، ج8، ص46.

أنهم اختلفوا فيما إذا كان التفويض مطلقا، كان يقول لها طلقي نفسك أو اختاري دون عبارة متى شئت.

مذهب الحنفية:

الذي عليه الحنفية أنه لا يشترط فيه الفور في الاختيار وفي وجه للشافعية لا يضر التأخير ما داما في المجلس وبه جزم بن القاص وهو الذي رجحه المالكية وهو قول الثوري والليث والأوزاعي[1]. وهو قول الحسن والزهري وبه قال أبو عبيدة ومحمد بن نصر من الشافعية والطحاوي من الحنفية واستدلوا بما يأتي:

أولا: السنة:

قوله ﷺ لعائشة رضي الـلـه عنها ((إني ذاكر لك أمرا فلا تعجلي حتى تستأمري أبويك)).

وجه الدلالة من الحديث، أنه ظاهر في أنه فسح لها إذ أخبرها أن لا تختار شيئا حتى تستأذن أبويها ثم تفعل ما يشيران به عليها وذلك يقتضي عدم اشتراط الفور في جواب التخيير[2].

ثانيا: الإجماع:

إن المخيرة لها المجلس بإجماع الصحابة، فإنه روي عن جماعة من الصحابة مثل عمر وعثمان وعلي وعبد الـلـه بن مسعود وعبد الـلـه بن عمر وجابر وعائشة رضي الـلـه عنهم "أن المخيرة إذا اختارت نفسها في مجلسها وقع الطلاق"[3]. ولم يعرف لهم مخالف فكان إجماعا، وإن وجدت روايات للمخالفين ففيها ضعف.

ثالثا: المعقول:

إن التفويض تمليك والتمليكات تقتضي جوابا في المجلس كما في البيع لأن ساعات المجلس اعتبرت ساعة [4].

قلت ما أسنده ابن حجر إلى الحنفية من الاستدلال بحديث التخيير ليس صحيحا[5]. فالحنفية لا يستدلون به أصلا لتقرير مذهبهم في الفور في الرد يقول الإمام كمال الدين ابن الهمام "إن التمسك بقوله ﷺ لعائشة لا تعجلي الخ فضعيف، لأنه ﷺ لم يكن تخييره ذلك هذا التخيير المتكلم فيه وهي أن توقع بنفسهـا (أي توقع الطلاق) بل على أنها إن اختارت نفسها طلقها الرسول ﷺ ألا ترى إلى قوله تعالى في الآيه التي هي سبب التخيير منه ﷺ ﴿ يَٰٓأَيُّهَا ٱلنَّبِيُّ قُل

---

[1] الشيخ عبد الغني الغنيمي، اللباب في شرح الكتاب، ج3،ص8. ابن حجر العسقلاني، فتح البـاري، ج9،ص369.
[2] الإمام النووي، روضة الطالبين، ج8، ص46. ابن حجر العسقلاني، فتح الباري، ج9، ص368.
[3] الإمام الكاساني، بدائع الصنائع، ج3، ص187.
[4] الشيخ عبد الغني الغنيمي، اللباب في شرح الكتاب، ج3، ص8
[5] ابن حجر العسقلاني، فتح الباري، ج9، ص368.

لِّأَزْوَٰجِكَ إِن كُنتُنَّ تُرِدْنَ ٱلْحَيَوٰةَ ٱلدُّنْيَا وَزِينَتَهَا فَتَعَالَيْنَ أُمَتِّعْكُنَّ وَأُسَرِّحْكُنَّ سَرَاحًا جَمِيلًا ﴿٢٨﴾[1].

مذهب الشافعية:

إن الفور في الجواب من المرأة شرط لأن تمتلك المرأة الطلاق إذ يجب عليها أن تختار على الفور. وبه قال الأكثرون وهو الصحيح في المذهب[2]. واستدلوا بما يأتي:

إن التطليق هنا جواب للتمليك فكان كقبوله وقبوله يجب أن يكون على الفور فإن أخرت بقدر ما ينقطع به القبول عن الإيجاب أو تخلل كلام أجنبي كثير بين تفويضه وتطليقها ثم طلقت نفسها لم تطلق[3].

وأما إذا قال لها طلقي نفسك متى شئت فالذي يبدو أنه لا خلاف بين الحنفية والشافعية في عدم وجوب الفور في الرد، فيجوز لها " قطعا " أن تطلق نفسها في المجلس وبعده لأن كلمة متى عامة في الأوقات كلها[4].

والتفويض هذا عند الحنفية والشافعية من التمليكات كما ذكرنا الا أنه عند الحنفية لا يملك الزوج الرجوع عن التفويض إذا صدر منه الا إذا بطل التفويض كما إذا اختلف مجلس الإيجاب والقبول، أو انتهى الوقت الذي تم تقييد التفويض به.واحتجوابما يأتي

إن الزوج بالتفويض يكون قد ملكها الطلاق، ومن ملك غيره شيئا فقد زالت ولايته من الملك، فلا يملك إبطاله بالرجوع، بخلاف البيع فإن الإيجاب من البائع ليس بتمليك بل هو أحد ركني البيع فاحتمل الرجوع عنه [5].

إن هذا النوع من التمليك فيه معنى التعليق فلا يحتمل الرجوع عنه والفسخ كسائر التعليقات المطلقة بخلاف البيع فإنه ليس فيه معنى التعليق[6].

وأما عند الشافعية وإن كان هذا من التمليكات الا أن للزوج حق الرجوع عن التفويض ما لم تقبل المرأة ، لأن التمليك والوكالة عند الشافعية يجوز الرجوع فيهما قبل القبول[7].

---

[1] الإمام كمال الدين ابن الهمام، شرح الفتح القدير، ج4، ص77. الأحزاب الآية رقم (28).
[2] الشيخ سليمان البجيرمي، حاشية البجيرمي على الخطيب، ج4، ص13. ابن حجر العسقلاني، فتح الباري، ج9، ص368.
[3] الشيخ محمد الشربيني الخطيب، مغني المحتاج، ج3، ص285 – 286. الامام تقي الدين الحسيني الحصني، كفاية الأخيار، ج1، ص523.
[4] المرغيناني، الهداية، ج1، ص240. الشيخ محمد الشربيني الخطيب، مغني المحتاج، ج3، ص285. الإمام النووي، روضة الطالبين، ج8، ص46.
[5] الإمام الكاساني، بدائع الصنائع، ج3، ص180.
[6] المصدر نفسه، ج3، ص180.
[7] الشيخ محمد الشربيني الخطيب، مغني المحتاج، ج5، ص16-17.

الفرع الرابع: الخلاف في التفويض المضاف إلى زمن:

إن التفويض إما أن يكون منجزا أو معلقا أو مضافا إلى زمن وهو إما أن يكون للزوجة أو لغيرها، وهو جائز باتفاق الحنفية والشافعية إذا كان للزوجة، وأما إن كان التفويض لغير الزوجة فقد أجازه الحنفية ومنعه الشافعية.

والتفويض المنجز جائز باتفاق الحنفية والشافعية وأما إذا كان التفويض مضافا إلى زمن أو معلقا على شرط فقد اختلفوا في جوازه.

مذهب الحنفية:

يجوز تعليق التفويض على شرط أو إضافته إلى زمن كأن يقول لها إن قدم فلان البلد فأمرك بيدك أو أن يقول لها إذا جاء رأس الشهر فأمرك بيدك، واحتجوا بما يأتي:

إن المعلق بشرط كالمنجز عند الشرط فيصير قائلا عند القدوم أمرك بيدك فإذا علمت بالقدوم كان لها الخيار في مجلس علمها[1].

مذهب الشافعية:

لا يجوز تعليق التفويض على شرط أو إضافته إلى زمن[2]. واستدلوا بما يأتي:

إن التفويض تمليك والتمليك لا يقبل التعليق على شرط ولا الإضافة إلى زمن[3].

---

[1] الشيخ محمد الشربيني الخطيب، مغني المحتاج، ج3، ص285.
[2] الشيخ محمد الشربيني الخطيب، المصدر نفسه، ج3، ص285. الإمام النووي، روضة الطالبين، ج8، ص46.
[3] الشيخ محمد الشربيني الخطيب، المصدر نفسه، ج3، ص285.

المبحث الثانـي
الخلاف في صيغة الطلاق

لأن الطلاق إنما يكون باللفظ الذي يدل على معناه. واللفظ هذا قد يكون صريحا أو كناية وهناك عبارات معينة حصل الخلاف في وقوع الطلاق بها. وإن وقع فما هو نوع الطلاق هل هو رجعي أم بائن. وهل للصيغة التي يقع بها الطلاق وقت معين ينفذ فيه عملها في إيقاع الطلاق أم لا؟ عليه فإن هذا المبحث سيتطرق إلى هذه المسائل الخلافية في مطالب ثلاثة وهي:

المطلب الأول
الخلاف في صريح الطلاق وكناياته

مما لا خلاف فيه بين الفقهاء أن الألفاظ التي يقع بها الطلاق إما أن تكون صريحة أو كناية، ولا خلاف بينهم في أن الطلاق يقع إذا صدر من صاحبه بلفظ يدل عليه صراحة أو بلفظ كناية إذا نوى بذلك الطلاق[1].

ولا خلاف بين الحنفية والشافعية في أن الكتابة والإشارة الواضحتين في الدلالة على الطلاق تقومان مقام النطق فهما كناية في إيقاع الطلاق، ولابد فيهما من النية . أي الكتابة من الغائب عند الشافعية وكذا الحاضر عند الحنفية بالاتفاق ووجه عند الشافعية، لأن الكتابة المستبينة تقوم مقام اللفظ. وكذا الإشارة من الأخرس تقوم مقام اللفظ إذا لم يكن قادرا على الكتابة[2].

وكذلك لا خلاف بين الحنفية والشافعية في أن لفظ الطلاق وما هو مشتق منه من الألفاظ الصريحة التي يقع بها الطلاق، نوى من صدر منه أم لم ينو إن كان مدركا لمعناه " فلا يفتقر صريح الطلاق إلى النية" . ولا خلاف بينهما في أن ما عدا لفظي الفراق والسراح هي من ألفاظ الكناية[3].

ولا خلاف بينهم في أن حكم اللفظ الصريح هو وقوع الطلاق، إن كان الناطق باللفظ يدرك مدلوله، وإن ادعى عدم قصد الطلاق، وأما إذا لم يكن مدركا لمعناه لم يقع الطلاق بالاتفاق[4] .

ولكن حصل بينهم خلاف في لفظ الفراق والسراح، هل هما من الالفاظ الصريحة أم من ألفاظ الكناية؟

---

[1] الإمام الكاساني، بدائع الصنائع، ج3، ص167. الشبرازي، المهذب، ج3، ص9.

[2] الإمام الكاساني، بدائع الصنائع، ج3، ص158. الشيرازي، المهذب، ج3، ص9. الشيخ محمد الشربيني الخطيـب، مغني المحتاج، ج5، ص14-15. المجمـوع، ج 17، ص119. ابن عابدين، حاشيـة ابن عابديـن، ج4، 442.

[3] الإمام الكاساني، بدائع الصنائع، ج3، ص167. الشيرازي، المهذب، ج3، ص9. ابن حجر العسقلاني، فتح الباري، ج9، ص369. الامام تقي الدين الحسيني الحصني، كفاية الأخيار، ج1، ص517.

[4] الإمام الشافعي، الأم، ج5، ص375 . الإمام كمال الدين ابن الهمام، شرح الفتح القدير، ج4، ص5.

مذهب الحنفية:

إن لفظ الفراق والسراح وعبارة أنت واحدة من ألفاظ الكناية، ولا يقع الطلاق بها إلا بالنية أو دلالة الحال. وهو قول الشافعي في القديم ورجحه جماعة كالطبري في العدة والمحاملي وغيرهما، واختاره القاضي عبد الوهاب من المالكية[1]. واستدل الحنفية لمذهبهم بما يأتي:

المعقول:

1- إن قول الرجل لامرأته: أنت واحدة يحتمل أن تكون الواحدة صفة الطلقة، أي طالق طلقة واحدة. و يحتمل التوحيد في الشرف، أي أنت واحدة في الشرف.وقوله: سرحتك يعني: خليتك، يقال سرحت إبلي و خليتها بمعنى واحد ويحتمل أيضا التسريح من الزواج.وقوله: فارقتك يحتمل المفارقة عن النكاح. و يحتمل المفارقة عن المكان والمضجع وعن الصداقة. عليه إذا احتملت هذه الألفاظ الطلاق وغيره فقد استتر المراد منها عند السامع، فافتقرت إلى النية لتعيين المراد. فهذه كلمات معلومة المعاني غير مستترة، لكن الابهام فيما يتصل بها، لذلك شابهت الكنايات فسميت بذلك مجازا، ولهذا الابهام احتيج إلى النية فإذا وجدت النية وجب العمل بموجباتها والا فلا[2].

ولكن من الممكن أن يرد على هذا بأن الطلاق أيضا يحتمل معنى الطلاق من وثاق وهو معناه في اللغة ويحتمل طلاق المرأة ومع ذلك كان لفظ الطلاق من الصريح لدلالته الواضحة على ذلك.

2- إن الصريح ما كان مختصا بالإضافة إلى النساء، فلا يستعمل في غير الطلاق، وهذا لا يوجد في هذين اللفظين، فإن الرجل يقول سرحت إبلي وفارقت غريمي أو صديقي فهما كسائر الألفاظ المبهمة فلا يقع بهما الطلاق إلا بالنية[3].

ومما ينبغي الإشارة إليه أن الكنايات عند الحنفية على ضربين: منها ثلاثة ألفاظ يقع بها الطلاق الرجعي ولا يقع بها إلا واحدة وهي قوله : اعتدى واستبرئي رحمك وأنت واحدة. وبقية الكنايات إذا نوى بها الطلاق كانت واحدة بائنة، وإن نوى بها ثلاثا كانت ثلاثا، وإن نوى اثنتين كانت واحدة[4].

---

(1) الإمام الكاساني، بدائع الصنائع، ج3، ص167. الشيخ عبد الغني الغنيمي، اللباب في شرح الكتاب، ج3، ص8. ابن حجر العسقلاني، فتح الباري، ج9، ص369.

(2) الإمام الكاساني، بدائع الصنائع، ج3، ص167. البزدوي، أصول البزدوي، ج1، ص116.

(3) السرخسي، المبسوط،ج5، ص15.

(4) الشيخ عبد الغني الغنيمي، اللباب في شرح الكتاب، ج3، ص8.

مذهب الشافعية:

الذي عليه الشافعية أن للطلاق ألفاظا ثلاثة صريحة فقط وهي: الطلاق والفراق والسراح. وقد نسب صاحب البدائع إلى الشافعية القول بأن عبارة " أنت واحدة ليست من صريح الطلاق ولا كناياته"[1]. وهو خطأ، إذ عبارة أنت واحدة من كنايات الطلاق الخفية عند الشافعية بالاتفاق وهو ما يوافق مذهب الحنفية[2]. واستدل الشافعية لمذهبهم بما يأتي:

أولا: الكتاب:

قوله تعالى: ﴿ ٱلطَّلَٰقُ مَرَّتَانِۖ فَإِمۡسَاكُۢ بِمَعۡرُوفٍ أَوۡ تَسۡرِيحُۢ ﴾ البقرة229. وقولـه تعالى: ﴿ فَإِذَا بَلَغۡنَ أَجَلَهُنَّ فَأَمۡسِكُوهُنَّ بِمَعۡرُوفٍ أَوۡ فَارِقُوهُنَّ ﴾ الطلاق2. ﴿ وَإِذَا طَلَّقۡتُمُ ٱلنِّسَآءَ فَبَلَغۡنَ أَجَلَهُنَّ فَأَمۡسِكُوهُنَّ بِمَعۡرُوفٍ أَوۡ سَرِّحُوهُنَّ ﴾ البقرة231. ﴿ يَٰٓأَيُّهَا ٱلنَّبِيُّ قُل لِّأَزۡوَٰجِكَ إِن كُنتُنَّ تُرِدۡنَ ٱلۡحَيَوٰةَ ٱلدُّنۡيَا وَزِينَتَهَا فَتَعَالَيۡنَ أُمَتِّعۡكُنَّ وَأُسَرِّحۡكُنَّ سَرَاحٗا جَمِيلٗا ٢٨ ﴾ الأحزاب (28).

وجه الدلالة من هذه الآيات: إنه قد ثبت في الشرع بنص القرآن استعمال هذه الألفاظ الثلاثة في الطلاق، حيث جاءت مقابل الإمساك بالمعروف في الآيات[3]. وإذا ورد القران بها وقصد الفرقة بين الأزواج كان صريحا فيها كالطلاق[4].

وقد يقال إن الطلاق إنما كان صريحا لأنه لا يستعمل في غير الفرقة، وأما الفراق والسراح فيستعمل في الطلاق وغيره فلم يكن صريحا بل كناية[5]. ولكن يجاب بأن الطلاق ايضا يستعمل في الفرقة وغيرها، فيقال قد طلق الدنيا، إذا زهد فيها وطلقت فلانا من وثاقه وقد داعب الشافعي بعض إخوانه فقال:

إذهـب حصين فـإن ودك طالــق   مني وليـس طـلاق ذات البــين[6].

ورد الحنفية على استدلال الشافعية في الآيتين بقولهم: إنه لا حجة لهم في الآيات لأنا نقول بموجبها أن السراح و الفراق طلاق، لكن بطريق الكناية لا صريحا، لانعدام معنى الصريح[7].

---

[1] الإمام الكاساني، بدائع الصنائع، ج3، ص167.
[2] الشيرازي، المهذب، ج3، ص9. الإمام البغوي، التهذيب، ج 6، ص30. ابن حجر العسقلاني، فتح الباري، ج9، ص369.
[3] الشيرازي، المهذب، ج3، ص9. ابن حجر العسقلاني، فتح الباري، ج9، ص369. الشيخ شمس الدين محمد بن محمد الخطيب، الإقناع في حل ألفاظ أبي شجاع،تحقيق أبو عبد اللـه أيمن محمد عرفة، ج2، المكتبة التوفيقية، القاهرة - مصر، د س ط، ص234.
[4] الماوردي، الحاوي الكبير، ج10، ص151.
[5] السرخسي، المبسوط، ج5، ص15. الماوردي، الحاوي الكبير، ج10، ص151.
[6] الماوردي، الحاوي الكبير، ج10، ص151.
[7] الإمام الكاساني، بدائع الصنائع، ج3، ص167.

ولكن أجيب بأنه قد "ألحقنا الفراق والسراح بصريح الطلاق لتكررها شرعا" فاصبحت كالصريح[1].

ثانيا: السنة:

عن أنس بن مالك قال قال رجل للنبي ﷺ إني أسمع الـلـه تعالى يقول: الطلاق مرتان فأين الثالثة قال ((إمساك بمعروف أو تسريح بإحسان)) هي الثالثة[2]. قال البيهقي الرواية عن أنس رضي الله عنه ليس بشيء والصواب عن إسماعيل عن أبي رزين عن النبي ﷺ مرسلا وكذا رواه جماعة من الثقات[3]. وهو في المراسيل لأبي داود وقال عبد الحق المرسل أصح وقال بن القطان المسند أيضا صحيح ولا مانع أن يكون له في الحديث شيخان[4].

ثانيا: المعقول:

كل لفظ لا يفتقر في الطلاق عند الغضب إلى نية الطلاق كان صريحا فيه كالطلاق[5].

الذي يبدو أن سبب الخلاف بينهما في الألفاظ الصريحة والكناية يكمن في المعيار الذي يعد به اللفظ صريحا أو كناية، فالحنفية اعتبروا المعيار في ذلك غلبة الاستعمال سواء كان هذا الاستعمال حقيقيا أو مجازيا لغويا أم عرفيا ورد به نص أم لا، ولذلك قالوا بوقوع الطلاق إذا قال الرجل لامرأته "الحرام يلزمني" وإن لم ينو الطلاق لدلالة العرف عليه،وعليه الفتوى[6]. وأما المعيار عند الشافعية فهو ورد نص من الشارع يدل على أن اللفظ مراد به الطلاق، ولذا نرى بأنهم قد اعتبروا الطلاق والسراح والفراق من الألفاظ الصريحة في الطلاق[7].

الرأي الراجح:

الذي يبدو أن الراجح هو ما ذهب إليه الحنفية من اعتبار لفظ الطلاق من الألفاظ الصريحة، وما عداه من الألفاظ هي من ألفاظ الكناية، لأن الكناية إذا كانت تعني احتمال اللفظ لأكثر من

---

(1) الزركشي، المنثور في القواعد، ج2، ص306.

(2) الصواب عن إسماعيل بن سميع عن أبي رزين وهو مرسل. الدار قطني، سنن الدارقطني، ج4، ص4. سنن سعيد بن منصور، ج1، ص340. الامام تقي الدين الحسيني الحصني، كفاية الأخيار، ج1، ص517.

(3) البيهقي، سنن البيهقي الكبرى، ج7، ص340.

(4) ابن حجر، تلخيصالحبير، ج3، ص207.

(5) الماوردي، الحاوي الكبير، ج10، ص151.

(6) الشيخ عبد الغني الغنيمي، اللباب في شرح الكتاب، ج3، ص8. الدر المختار، ج3، ص252. قلت هذا إن تعارف عليه أهل بلد، عليه فإن مثل هذا للفظ لا ينصرف الى الطلاق عندنا في العرف فلا يكون من الألفاظ الصريحة و الـلـه اعلم.

(7) وأما القول بأن الشافعية قد توسعوا فاعتبروا الخلع والمفاداة من ألفاظ الطلاق، كما ذكره الدكتور مصطفى الزلمي في كتابه الطلاق ج1، ص223، فالذي يبدو أنه محل خلاف بين الشافعية أنفسهم والذي اختاره الامام الشافعي في الأم هو اعتبار ذلك من الفاظ الكناية و الـلـه أعلم . ينظر المجموع ج17، ص16. العمراني، البيان، ج10، ص12.

معنى فإن الفراق والسراح تعني أكثر من معنى، ولكي يكون فيه شيئا من الرفق على الزوج الذي لا يريد من ألفاظه هذه الطلاق وإنما يريد منها التهديد الذي ينذر بوقوع الطلاق إن لم تكف المرأة عن نشوزها وعصيانها و الله أعلم.

المطلب الثاني
الخلاف في نوع الفرقة في صريح الطلاق وكناياته

صيغة الطلاق قد تكون من الصريح أو الكنائي ونوع الطلاق بأحدهما يختلف عن الآخر وهناك صيغ معينة وقع فيها بين الحنفية والشافعية خلاف في نوع الفرقة بها سنتطرق إليها في الفرعين الآتيين:

الفرع الأول: الخلاف في نوع الفرقة:

حصل خلاف بين الحنفية والشافعية في نوع الفرقة باللفظ الصريح والكنائي.

مذهب الحنفية:

الصريح نوعان: أحدهما أنت طالق ومطلقة وطلقتك. والثاني: أنت الطلاق وأنت طالق الطلاق وأنت طالق طلاقا.

أما النوع الأول فتقع به واحدة رجعية، ولا تصح فيه نية الثنتين والثلاث، وأما الثاني تقع به واحدة رجعية وتصح فيه نية الثلاث دون الثنتين [1].

وأما الكنايات فلا يقع بها الطلاق إلا بنية أو دلالة حال وهي أيضا على ضربين: منها ثلاثة ألفاظ يقع بها الطلاق الرجعي ولا يقع بها إلا واحدة وهي قوله : اعتدى واستبرئي رحمك وأنت واحدة.

وبقية الكنايات إذا نوى بها الطلاق كانت واحدة بائنة، وإن نوى بها ثلاثا كانت ثلاثا، وإن نوى اثنتين كانت واحدة، وهذا مثل قوله : أنت بائن وبتة وبتلة وحرام وحبلك على غاربك والحقي بأهلك وخلية وبرية ووهبتك لأهلك وسرحتك وفارقتك وأنت حرة وتقنعي وتخمري واستتري واعزبي واغربي وابتغي الأزواج. فإن لم يكن له نية لم يقع بهذه الألفاظ طلاق، إلا أن يكونا في مذاكرة الطلاق، فيقع بها الطلاق في القضاء، ولا يقع فيما بينه وبين الله تعالى إلا أن ينويه، وإن لم يكونا في مذاكرة الطلاق، وكانا في غضب أو خصومة وقع الطلاق بكل لفظ لا يقصد به السب والشتيمة، ولم يقع بما يقصد به السب والشتيمة إلا أن ينويه [2].

[1] عبد الله بن محمود بن مودود الموصلي، الإختيار لتعليل المختار، ج2، ص149.
[2] الشيخ عبد الغني الغنيمي، اللباب في شرح الكتاب، ج3، ص8.

وحجة الحنفية في وقوع الطلاق رجعيا في النوع الأول من الطلاق الصريح والكنائي، ووقوعه بائنا ما نوى إن واحدة فواحدة وإن ثلاثا فثلاث ولا تقع الثنتين

إن المصدر يحتمل العموم والكثرة، لأنه اسم جنس فيعتبر بسائر أسماء الأجناس، فيتناول الأدنى مع احتمال الكل، ولا تصح نية الثنتين فيها خلافا لزفر رحمه الـلـه هو يقول إن الثنتين بعض الثلاث فلما صحت نية الثلاث صحت نية بعضها ضرورة ولكن رد بأن نية الثلاث إنما صحت لكونها جنسا، حتى لو كانت المرأة أمة تصح نية الثنتين باعتبار معنى الجنسية أما الثنتان في حق الحرة فعدد واللفظ لا يحتمله.

ولو قال أنت طالق الطلاق وقال أردت بقولي طالق واحدة وبقولي الطلاق أخرى يصدق لأن كل واحد منهما صالح للايقاع فكأنه قال أنت طالق وطالق فتقع رجعيتان إذا كانت مدخولا بها[1].

مذهب الشافعية:

إن كل لفظ دل على المباعدة هو من ألفاظ الكناية، يقع معه الطلاق بالنية، ويقع به الطلاق رجعيا إن نوى ذلك وبائنا إن أراد ذلك. ففي الكنايات الظاهرة يكون الطلاق معها رجعيا إن أراد به واحدة أو اثنتين ولا تقع إن لم تكن له نية.واستدل الشافعية لمذهبهم بما يأتي:

أولا: السنة:

عن نافع بن عجير بن عبد يزيد بن ركانة: أن ركانة بن عبد يزيد طلق امرأته سهيمة البتة فأخبر النبي ﷺ بذلك وقال و الـلـه ما أردت إلا واحدة فقال رسول الـلـه ﷺ " و الـلـه ما أردت إلا واحدة؟ " فقال ركانة و الـلـه ما أردت إلا واحدة فردها إليه رسول الـلـه ﷺ فطلقها الثانية في زمان عمر والثالثة في زمان عثمان[2].

وجه الدلالة من الحديث أن الرسول ﷺ عد طلاق ركانة واحدا على ما نوى وأحلفه على ذلك، عليه يقع الطلاق على حسب نية المطلق، إن كان اللفظ من كنايات الطلاق، فلو أراد واحدة كانت واحدة وإن أراد اثنتين كانت اثنتين، وإن أراد ثلاثا كانت ثلاثا.

ثانيا: المعقول:

1- قياسا على صريح الطلاق، فكل عدد ملك إيقاعه بالصريح ملك إيقاعه بالكنايات كالثلاث، بجامع أنه صدر من أهله في محله، فكان كالصريح.

---

[1] المرغيناني، الهداية، ج1، ص231. عبد الـلـه بن محمود بن مودود الموصلي، الإختيار لتعليل المختـار، ج2، ص149 و56-157.
[2] أبو داود، سنن أبي داود، ج1، ص671.

2- إن وقوع الثلاث أغلظ من وقوع الثنتين لأن الثالثة لا تقع إلا بعد الثانية فإذا وقعت الثنتان مع الثالثة فأولى أن تقع الثنتان دون الثالثة.

3- إن القول بأن لفظ البائن لا يتضمن العدد لأنه لا يحسن أن يقال أنت بائنتان. فإنه مردود بوقوع الثلاث بإتفاق الحنفية. ولا يمتنع أن يقـال أنت بائن ثنتين كمـا لا يمتنع أن يقال أنت بائن ثلاث[1].

الرأي الراجح:

الذي يبدو أن الراجح هو ما ذهب اليه الشافعية من وقوع الطلاق على حسب نية المطلق، وأن الواقع من الطلاق بلفظ الكناية يكون رجعيا إن أراد واحدة أو اثنتين، وبائنا إن أراد ثلاثا و اللـه أعلم.

الفرع الثاني: الخلاف في صيغة أنت طالق من وثاق:

لوقال الزوج لزوجته أنت طالق ثم قال من وثاق وهو من ألفاظ المباعدة، فالحكم واحد عند الحنفية والشافعية وهو وقوع الطلاق في الظاهر ويدين فيما بينه وبين اللـه تعالى. وليس الحكم عند الحنفية أنه لا يدين فيما بينه وبين اللـه كما ذكره الماوردي في الحاوي[2]. عليه يكون الطلاق واقعا في الظاهر ولا يقع فيما بينه وبين اللـه[3].

الفرع الثالث: الخلاف في عبارة أنا منك طالق:

مذهب الحنفية:

من قال لامرأته: أنا منك طالق فليس بشيء وإن نوى طلاقا ولو قال أنا منك بائن أو أنا عليك حرام ينوي الطلاق فهي طالق، وبه قال الحنابلة وهو قول ابن عباس والثوري وابن المنذر وروي ذلك عن عثمان بن عفان رضي الله عنه[4].

واستدل الحنفية لمذهبهم بما يأتي:

أولا: الكتاب:

قوله عز وجل: ﴿ يَٰٓأَيُّهَا ٱلنَّبِيُّ إِذَا طَلَّقۡتُمُ ٱلنِّسَآءَ فَطَلِّقُوهُنَّ ﴾[5].

---

(1) الماوردي، الحاوي الكبير ، ج10، ص163.

(2) المصدر نفسه، ج10، ص154.

(3) الإمام كمال الدين ابن الهمام، شرح الفتح القدير، ج4، ص6.

(4) المرغيناني، الهداية، ج1، ص230 . السرخسي، المبسوط، ج5، ص15. الكافي في فقه ابن حنبل ج3، ص167. الإنصاف للمرداوي ج8،ص485. ابن قدامة، المغني، ج8، ص278.

(5) سورة الطلاق، الآية رقم (1).

وجه الدلالة في الآية أن اللـه سبحانه وتعالى أمر بتطليقهن، والأمر بالفعل نهي عن تركه، وتطليق نفسه ترك لتطليق امراته حقيقة، لأنه أضاف الطلاق إلى نفسه لا إلى امرأته حقيقة، فيكون منهيا، والمنهي غير مشروع[1].

ثانيا: السنة:

روي عن النبي ﷺ أنه قال: ((تزوجوا ولا تطلقوا فإن الطلاق يهتز له عرش الرحمن))[2].

وجه الدلالة أن في الحديث النهي عن التطليق مطلقا، سواء كان مضافا إلى الزوج أو إلى الزوجة. و أكد النهي بقوله: فإن الطلاق يهتز له عرش الرحمن. فظاهر الحديث يقتضي أن يكون التطليق منهيا سواء أضيف إلى الزوج أو إليها، ثم جاءت الرخصة في التطليق المضاف إلى الزوجة في نصوص الكتاب من قوله تعالى {فطلقوهن لعدتهن} وقوله تعالى {فإن طلقها} وقوله تعالى {لا جناح عليكم إن طلقتم النساء} ونحو ذلك، فبقي التطليق المضاف إلى الزوج على أصل النهي، والمنهي غير مشروع، والتصرف الشرعي إذا خرج من أن يكون مشروعا لا وجود له شرعا، فلا يصح ضرورة[3].

ولكن رد على هذا بأن الحديث موضوع لا يصلح للاحتجاج به[4].

ثالثا: الآثار:

روي أن امرأة قالت لزوجها لو كان إلي ما إليك لرأيت ماذا أصنع فقال جعلت إليك ما إلي فقالت : طلقتك فرفع ذلك إلى عبدالله بن عباس رضي اللـه تعالى عنه فقال فض اللـه فاها هلا قالت طلقت نفسي منك[5].

رابعا: المعقول:

1- إن الطلاق لإزالة القيد وهو فيها دون الزوج، ألا ترى أنها هي الممنوعة من الخروج والتزوج بزوج، فهي مملوكة والزوج مالك، ولهذا سميت منكوحة بخلاف الإبانة، لأنها لإزالة الوصلة، وهي مشتركة بينهما، بحلاف التحريم لأنه لإزالة الحل وهو مشترك بينهما، فصحت إضافتهما إليهما ولا تصح إضافة الطلاق إلا إليها[6].

---

(1) الإمام الكاساني، بدائع الصنائع، ج3، ص218.

(2) المتقي الهندي، كنز العمال، ج9، ص1161.

(3) الإمام الكاساني، بدائع الصنائع، ج3، ص218.

(4) الشوكاني، الفوائد المجموعة في الأحاديث الموضوعة، تحقيق عبد الرحمن يحيى المعلمي، ج1، ط3، المكتب الإسلامي - بيروت، سنة الطبع 1407هـ ص139.

(5) السرخسي، المبسوط، ج5، ص15. الطبراني، المعجم الكبير، ج9، ص332. وعند البيهقي جاء بلفظ " أن امرأة قالت لزوجها لو أن بيدي من أمر الطلاق ما بيدك لفعلت فقال لها هو بيدك أو قد جعلته بيدك فقالت له فأنت طالق ثلاثا فقال بن عباس خطأ اللـه نوءها الا طلقت نفسها" سنن البيهقي الكبرى، ج7، ص350.

(6) المرغيناني، الهداية، ج1، ص230.

2- إن الزوج لا يكون طالقا من امرأته، والطلاق هو الإطلاق والإرسال، وقيد الملك في جانبها لا في جانبه، ألا ترى أنها لا تتزوج بغيره والزوج يتزوج بغيرها، فلا يتحقق الإرسال في جانبه، ولهذا يكون الوقوع عليها لا عليه، فإنما هو مطلق لها كما يكون المولى معتقا لعبده[1].

ولكن يرد على هذا بأن الزوج أيضا لا يستطيع أن يتزوج من أختها وعمتها وخالتها إن كانت هي في عصمته أو في العدة من طلاقه لها.

مذهب الشافعية:

يقع الطلاق في كلتا الحالتين إذا نوى الطلاق، فسواء إذا قال أنا منك طالق أو منك بائن[2]. واستدلوا بما يأتي:

1- إن ملك النكاح مشترك بين الزوجين حتى ملكت هي المطالبة بالوطء كما يملك هو المطالبة بالتمكين، وكذا الحل مشترك بينهما والطلاق وضع لإزالتهما أي إزالة ملكيهما للنكاح، فيصح مضافا إليه كما صح مضافا إليها كما في الإبانة والتحريم[3]

2- إن الطلاق يقع لا من حيث إن الرجل محل الطلاق، لكن من حيث أنه (أي الزوج) قيد عليها، والحل تارة يضاف إلى القيد وتارة إلى المقيد، لأن عليه حجرا من جهتها حيث لا ينكح معها أختها ولا أربعا سواها ويلزمه صونها ومؤنتها، فيصح إضافة الطلاق إليه لحل السبب المقتضي لهذا الحجر، فالمرأة مقيدة والزوج كالقيد عليها، والحل يضاف إلى القيد كما يضاف إلى المقيد، فيقال حل فلان المقيد وحل القيد عنه[4].

3- إذا كان الطلاق يقع بإتفاق الحنفية لو قال أنا منك بائن أو أنا عليك حرام ونوى به وقوع الطلاق، فلأن يقع بلفظ أنا منك طالق أولى، لأن الأول من ألفاظ الكناية والثاني من ألفاظ الصريح ووقوعه بلفظ الصريح أقوى من لفظ الكناية[5].

الفرع الرابع: الخلاف في إضافة الطلاق إلى جزء من البدن:

لا خلاف بين الحنفية والشافعية في وقوع الطلاق إذا أضاف الطلاق إلى جزء من بدنها يعبر به عن الكل كالرأس والوجه والفرج. ولا خلاف أيضا في وقوع الطلاق إذا أضاف الطلاق إلى جزء شائع منها، بأن قال نصفك طالق أو ثلثك طالق أو ربعك طالق أو جزء منك، لأن الجزء الشائع محل للنكاح، حتى تصح إضافة النكاح إليه فيكون محلا للطلاق، و لأن الإضافة إلى الجزء

---

[1] السرخسي، المبسوط، ج5، ص15.
[2] الشيخ محمد الشربيني الخطيب، مغني المحتاج، ج3، ص287.
[3] الإمام كمال الدين ابن الهمام، شرح الفتح القدير، ج4، ص35.
[4] الإمام الغزالي، الوسيط، ج5، ص394 . الشيخ محمد الشربيني الخطيب، مغني المحتاج، ج3، ص287.
[5] السرخسي، المبسوط، ج5، ص15.

الشائع يقتضي ثبوت حكم الطلاق فيه. ولكن وقع الخلاف بينهما فيما لو أضاف الزوج الطلاق إلى جزء لا يعبر به عن الكل كاليد والرجل وكل ما لا يعبر الا عن جزئه.

مذهب الحنفية:

الذي علي الحنفية أنه لا يقع الطلاق الا الإمام زفر فإنه قال بوقوع الطلاق[1]. واستدل الحنفية لمذهبهم بما يأتي:

أولا: الكتاب:

قوله تعالى: ﴿ يَـٰٓأَيُّهَا ٱلنَّبِيُّ إِذَا طَلَّقْتُمُ ٱلنِّسَآءَ فَطَلِّقُوهُنَّ لِعِدَّتِهِنَّ ﴾[2].

وجه الدلالة في الآية أن الـلـه تعالى أمر بتطليق النساء، والنساء جمع المرأة، والمرأة اسم لجميع أجزائها، والأمر بتطليق الجملة يكون نهيا عن تطليق جزء منها لا يعبر به عن جميع البدن، لأنه ترك لتطليق جملة البدن والأمر بالفعل نهي عن تركه والمنهي لا يكون مشروعا فلا يصح شرعا[3].

قال الجصاص رحمه الـلـه الأمر بالشيء يوجب النهي عن ضده سواء كان له ضد واحد أو أضداد

وقال بعضهم يوجب كراهة ضده والمختار عندنا أنه يقتضي كراهة ضده ولا نقول إنه يوجبه أو يدل عليه مطلقا

ثانيا: المعقول:

إن قوله: يدك طالق إضافة للطلاق إلى غير محله فيلغو، كما إذا أضافه إلى ريقها أو إلى ظفرها أو خمارها[4]. ويدها ليست بمحل للطلاق لوجهين:

أحدهما: أنها ليست بمحل للنكاح.

الثاني: أن محل الطلاق محل حكم في عرف الفقهاء. وحكم الطلاق زوال قيد النكاح. وقيد النكاح ثبت في جملة البدن لا في اليد وحدها. لأن النكاح أضيف إلى جملة البدن ولا يتصور القيد الثابت في جملة البدن في اليد وحدها فكانت الإضافة إلى اليد وحدها إضافة إلى ما ليس بمحل للطلاق فلا يصح[5].

---

(1) المرغيناني، الهداية، ج1، ص225. الإمام الكاساني، بدائع الصنائع، ج3، ص218.
(2) سورة الطلاق، الآية رقم (1).
(3) الإمام الكاساني، بدائع الصنائع، ج3، ص218.
(4) الغنيمي، اللباب في شرح الكتاب، ج3، ص8.
(5) المرغيناني، الهداية، ج1، ص225 . الإمام الكاساني، بدائع الصنائع، ج3، ص218.

مذهب الشافعية:

يقع الطلاق لو قال الرجل لامرأته: بدنك أو رأسك أو فرجك أو رجلك أو يدك أو سمى عضوا من جسدها أو إصبعها أو طرفا ما منها[1]. فالطلاق لا يتبعض واستدلوا بما يأتي:

أولا: الإجماع:

احتج الشافعية بالإجماع على وقوع الطلاق فيما لو طلق الرجل جزءا أو بعضا منها[2].

ثانيا: المعقول:

1- إن اليد جزء من البدن فيصح إضافة الطلاق إليها كما لو أضاف إلى الجزء الشائع منها. والدليل على أن اليد جزء من البدن ان البدن عبارة عن جملة أجزاء مركبة منها اليد فكانت اليد بعض الجملة المركبة والإضافة إلى بعض البدن إضافة إلى الكل كما في الجزء الشائع

2- عملا بقاعدة "ذكر بعض ما لا يتجزأ كذكر الكل"[3]. فلو طلق بعضا منها أو جزءا منها كان ذكرا للطلاق الذي لا يتجزأ فيكون كما لو طلق كلها. وتبعيضه متعذر لأن المرأة لا تتبعض في حكم النكاح فوجب تعميمه.

3- إن الطلاق لا يتبعض فكانت إضافته إلى جزء منها أو إلى عضو منها كإضافته إلى جميعها، كالعفو عن القصاص، ولأنه أشار بالطلاق إلى ما يتصل ببدنها إتصال خلقة، فكان كالإشارة إلى جملتها[4].

4- إنه طلاق صدر من أهله مضافا إلى محله فلا ينبغي أن يلغى[5].

5- قياسا على عتق بعض العبد بجامع أن كلا منهما إزالة للملك والإزالة تحصل بالصريح والكناية[6].

المطلب الثالث
الخلاف في الطلاق قبل النكاح

إن الإجماع قد وقع على أن الطلاق الناجز لا يقع على الأجنبية[7].

وإنما حصل الخلاف بين الحنفية والجمهور في تعليق الطلاق على النكاح كأن يقول إن تزوجتك فأنت طالق، أو كل امرأة أتزوجها فهي طالق.

---

[1] الإمام الشافعي، الأم، ج5، ص275 . الإمام النووي، روضة الطالبين، ج8، ص65.

[2] الشيخ محمد الشربيني الخطيب، مغني المحتاج، ج3، ص287.

[3] الزنجاني، تخريج الفروع على الأصول، ج1، ص243.

[4] الإمام النووي، المجموع ، ج17، ص89.

[5] الشيخ محمد الشربيني الخطيب، مغني المحتاج، ج3، ص287.

[6] المصدر نفسه، ج3، ص287.

[7] محمد شمس الحق العظيم آبادي أبو الطيب، عون المعبود شرح سنن أبي داود، ج6، ط2، دار الكتب العلمية – بيروت، سنة الطبع 1415هـ، ص185.

مذهب الحنفية:

إذا أضاف الطلاق إلى النكاح وقع الطلاق عقيب النكاح وذلك مثل أن يقول لأجنبية: (إن تزوجتك فأنت طالق أوكل امرأة أتزوجها فهي طالق فإذا تزوجها طلقت ووجب لها نصف المهر فإن دخل بها وجب لها مهر مثلها ولا يجب الحد لوجود الشبهة)[1]. واستدل الحنفية بما يأتي:

أولا: الآثار:

عن أبي سلمة بن عبد الرحمن أن رجلا أتى عمر بن الخطاب فقال: كل امرأة أتزوجها فهي طالق ثلاثا فقال له عمر: فهو كما قلت[2].

ثانيا: المعقول:

1- إن التعليق بالشرط يمين، فلا تتوقف صحته على ملك المحل، كاليمين بالله تعالى[3].

2- إن قوله أنت طالق ليس تطليقا للحال، بل هو تطليق عند الشرط، على معنى أنه علم على الانطلاق عند الشرط، فيستدعي قيام الملك، والملك موجود عند وجود الشرط، لأن الطلاق يقع بعد وجود الشرط[4].

مذهب الشافعية:

إن غير الزوج لا يصح طلاقه فإن قال رجل لأجنبية عنه: إذا تزوجتك فأنت طالق، أو كل امرأة أتزوجها فهي طالق، لم يقع طلاقه[5]. وهو مذهب جمهور الصحابة والتابعين ومن بعدهم[6]. واستدل الشافعية لمذهبهم بما يأتي:

أولا: الكتاب:

قوله تعالى: ﴿ يَٰٓأَيُّهَا ٱلَّذِينَ ءَامَنُوٓاْ إِذَا نَكَحۡتُمُ ٱلۡمُؤۡمِنَٰتِ ثُمَّ طَلَّقۡتُمُوهُنَّ مِن قَبۡلِ أَن تَمَسُّوهُنَّ فَمَا لَكُمۡ عَلَيۡهِنَّ مِنۡ عِدَّةٖ تَعۡتَدُّونَهَاۖ فَمَتِّعُوهُنَّ وَسَرِّحُوهُنَّ سَرَاحٗا جَمِيلٗا ﴿٤٩﴾ ﴾[7].

وجه الدلالة من الآية أوضحها ابن عباس رضي الله عنهما حينما سئل عمن يقول لامرأة إن تزوجتك فأنت طالق فتلى عليه قوله تعالى:﴿ إِذَا نَكَحۡتُمُ ٱلۡمُؤۡمِنَٰتِ ثُمَّ طَلَّقۡتُمُوهُنَّ ﴾ الأحزاب(49). وقال: شرع الله تعالى الطلاق بعد النكاح فلا طلاق قبله[8]. فلا يمكن إيقاع الطلاق إلا بعد النكاح

---

(1) الشيخ عبد الغني الغنيمي، اللباب في شرح الكتاب، ج3، ص8.
(2) أبو بكر عبد الرزاق بن همام الصنعاني، مصنف عبد الرزاق، ج6، ص421.
(3) السرخسي، المبسوط، ج5، ص21.
(4) الإمام الكاساني، بدائع الصنائع، ج3، ص208.
(5) الشيرازي، المهذب، ج3، ص3.
(6) العظيم آبادي، عون المعبود شرح سنن أبي داود، ج6، ص185.
(7) سورة الأحزاب، الآية رقم (49).
(8) السرخسي، المبسوط،ج5، ص21.

كما هو المفهوم من الآية. يقول القرطبي[1] وبمهلة ثم (في قوله تعالى ثم طلقتموهن دلالة) على أن الطلاق لا يكون إلا بعد نكاح[2].

ثانيا: السنة:

1- عن عمرو بن شعيب عن أبيه عن جده قال : قال رسول الـلـه ﷺ: (لا نذر لابن آدم فيما لا يملك ولا عتق له فيما لا يملك ولا طلاق له فيما لا يملك) وروي أيضا عن علي ومعاذ بن جبل وجابر وابن عباس وعائشة.

قال أبو عيسى حديث عبد الـلـه بن عمرو حديث حسن صحيح وهو أحسن شيء روي في هذا الباب، وهو قول أكثر أهل العلم من أصحاب النبي ﷺ وغيرهم[3].

2- روى المسور بن مخرمة أن النبي ﷺ قال: ((لا طلاق قبل نكاح و لا عتق قبل ملك))[4].

3- وروي أن عبدالله بن عمرو بن العاص رضي الله عنه خطب امرأة فأبي أولياؤها أن يزوجوها منه فقال: إن نكحتها فهي طالق ثلاثا فسئل رسول الـلـه ﷺ عن ذلك فقال: (لا طلاق قبل النكاح)[5].

ولكن رد على استدلال الشافعية هذا من وجهين:

الأول: إن الحديث محمول على نفي التنجيز، (أي التنجيز في الطلاق) والحمل مأثور عن السلف كالشعبي والزهري وغيرهم[6].

الثاني: إننا نقول بموجب الحديث لأنه يقول (لا طلاق قبل النكاح) وهذا طلاق بغير النكاح، لأن المتصرف جعله طلاقا بعد النكاح على معنى أنه جعله علما على الانطلاق بعد النكاح لا أن يجعل منشئا للطلاق[7].

---

(1) هو محمد بن أحمد بن أبي بكر بن فرح، أبو عبدالـلـه الأنصاري الأندلسي القرطبي المالكي (ت671) إمام متفنن متبحر في العلم له تصانيف مفيدة تدل على إمامته وكثرة اطلاعه ووفور فضله. له تفسير سماه (الجامع لأحكام القرآن) وقد سارت بتفسيره الركبان وهو تفسير عظيم في بابه وله كتاب الأسنى في أسماء الـلـه الحسنى وكتاب التذكرة وأشياء تدل على أمامته وكثرة أطلاعه. توفي بمنية بني خصيب من الصعيد الأدنى سنة إحدى وسبعين وستمائة. ينظر طبقات المفسرين للأدنروي، ج1، ص263. الوافي في الوفيات للصفدي، ج1، ص201.

(2) القرطبي، الجامع لأحكام القرآن، تحقيق أحمد عبد العليم البردوني، ج14، دار الشعب-القاهرة، سنة الطبع1372هـ ص203.

(3) الترمذي، سنن الترمذي، ج3، ص486. ابن كثير، تفسير القرآن العظيم، ج3، ص657.

(4) الإمام الشافعي، الأم، ج7، ص207. الشيرازي، المهذب، ج3، ص3.

(5) السرخسي، المبسوط، ج5، ص21 . ينظر ابن ماجه، سنن ابن ماجه، ج1، ص660.

(6) المرغيناني، الهداية، ج1، ص243 .

(7) الإمام الكاساني، بدائع الصنائع، ج3، ص208.

ثالثا: الآثار:

1- يقول القرطبي "قال بهذا نيف على ثلاثين من صاحب وتابع وإمام"[1]. والذين ذكرهم البخاري فقط قد بلغوا أكثر من عشرين منهم علي ابن أبي طالب وسعيد بن المسيب وعروة بن الزبير وأبي بكر ابن عبد الرحمن وعبيد الـلـه بن عبد الـلـه بن عتبة وأبان بن عثمان وعلي ابن حسين وشريح وسعد بن جبير والقاسم وسالم وطاوس والحسن وعكرمة وعطاء وعامر بن سعد وجابر بن زيد ونافع بن جبير ومحمد بن كعب وسليمان بن يسار ومجاهد والقاسم بن عبد الرحمن وعمرو بن هرم والشعبي[2].

2- قال حبيب بن أبي ثابت: سئل علي بن الحسين رضي الله عنهما عن رجل قال لامرأة: إن تزوجتك فأنت طالق؟ فقال: ليس بشيء، ذكر الـلـه عز وجل النكاح قبل الطلاق[3].

3- عن عبد الملك بن أبي سليمان قال سألت سعيد بن جبير عن الرجل يقول كل امرأة أتزوجها فهي طالق. قال: كيف تطلق ما لا تملك إنما الطلاق بعد النكاح[4].

رابعا: المعقول:

إن من شرط إيقاع الطلاق أن يكون المطلق مالكا لأمر الطلاق. ومعلوم أن الرجل لا ملك له على أجنبية حتى يوقع عليها الطلاق.

إن القول بإيقاع الطلاق على هذا النحو فيه نكران لنعمة الزواج، وكأنه بقوله هذا "يسد باب نعمة النكاح على نفسه"[5]. وهذا غير جائز بالاتفاق.

الرأي الراجح:

الذي يبدو أن ما ذهب إليه الشافعية هو الراجح لقوة أدلتهم فالحديث نص في الباب وما قيل في تأويله بعيد و الـلـه أعلم.

---

(1) القرطبي، الجامع لأحكام القرآن، ج14، ص203.
(2) الإمام البخاري، صحيح البخاري، ج5، ص2017.
(3) القرطبي، الجامع لأحكام القرآن، ج14، ص179. سنن سعيد بن منصور، ج1، ص257.
(4) أبو بكر بن أبي شيبة، المصنف، ج4، ص66.
(5) السرخسي، المبسوط،ج5، ص21.

المبحث الثالث
الخلاف في سنية الطلاق وبدعته

الطلاق لأنه كان مشروعا ولأسباب عديدة ولما له من أثر على الحياة الزوجيه فقد بين الشارع الحكيم الطريقة المثلى لإيقاع الطلاق وهو المراد من قوله تعالى: ﴿ فَإِذَا بَلَغْنَ أَجَلَهُنَّ فَأَمْسِكُوهُنَّ بِمَعْرُوفٍ أَوْ فَارِقُوهُنَّ بِمَعْرُوفٍ ﴾[1]. لذا فقد كان الطلاق منه ما هو سني ومنه ما هو بدعي. والأصل أن يوقع الزوج الطلاق سنيا، ولكن ما الحكم إن أوقعه بدعيا؟ هل تجب المراجعة عليه أم لا؟ وللحديث في الخلاف بين الحنفية والشافعية في سنية الطلاق وبدعيته والأثر المترتب عليه نقسم هذا المبحث إلى المطالب الخمسة الآتية:

المطلب الأول
الخلاف في تقسيم الطلاق إلى بدعي وسني

لا خلاف بين العلماء في أن الطلاق من حيث موافقته للسنة وعدم وموافقته ينقسم إلى طلاق سني وطلاق بدعي. فالذي أجمع عليه العلماء أن طلاق السنة إنما هو في المدخول بها، وأما غير المدخول بها فليس في طلاقها سنة ولا بدعة[2]. والذي عليه عامة العلماء أيضا أن طلاق السنة (وهو الحسن عند الحنفية) أن يطلق الرجل امراته طلقة واحدة في طهر لم يجامعها فيه، فإذا حاضت وطهرت طلقها طلقة ثانية حتى إذا حاضت وطهرت طلقها أخرى وهي الثالثة[3]. إلا أنه قد حصل بين الحنفية والشافعية خلاف في تقسيم الطلاق من حيث وصفه بالسنة أو البدعة.

مذهب الحنفية:

إن الطلاق سني وبدعي من حيث العدد والوقت، فالسني حسن وأحسن، فالأحسن أن يطلق الرجل امرأته تطليقة واحدة في طهر لم يجامعها فيه، ويتركها حتى تنقضي عدتها. وأما الحسن فهو أن يطلق المدخول بها ثلاثا في ثلاثة أطهار. وأما البدعي فهو ما خالف قسمي السنة، وذلك بأن يطلقها ثلاثا بكلمة واحدة، أو مفرقة في طهر واحدا أو ثنتين كذلك، أو واحدة في الحيض أو في طهر قد جامعها فيه، فإذا فعل ذلك وقع الطلاق وكان عاصيا[4]. واستدل الحنفية بما يأتي لمذهبهم القائل بأن الطلاق السني منه ما هو حسن ومنه أحسن بما يأتي:

---

(1) سورة الطلاق، الآية رقم (2).

(2) ابن عبد البر، التمهيد، ج15، ص72.

(3) الإمام الكاساني، بدائع الصنائع، ج3، ص140. الامام تقي الدين الحسيني الحصني، كفاية الأخيار، ج1، ص521. الزيلعي، تبيين الحقائق، ج2، ص194.

(4) ينظر السرخسي، المبسوط، ج5، ص3. الإمام كمال الدين ابن الهمام، شرح الفتح القدير، ج3، ص466 - 468.

اولا: الآثار:

روي عن إبراهيم النخعي رحمه الـلـه أنه قال: كان أصحاب رسول الـلـه ﷺ يستحسنون أن لا يطلقوا للسنة إلا واحدة ثم لا يطلقوا غير ذلك حتى تنقضي العدة.وفي رواية أخرى قال في الحكاية عنهم وكان ذلك عندهم أحسن من أن يطلق الرجل ثلاثة في ثلاثة أطهار وهذا نص في الباب ومثله لا يكذب[1].

ثانيا: المعقول:

إنه أبعد على الندامة حيث أبقى لنفسه مكنة للتدارك، حيث يمكنه التزوج بها في العدة أو بعدها دون تخلل زوج آخر، وأقل ضررا بالمرأة حيث لم تبطل حليتها بالنسبة إليه فإن سعة حلها نعمة عليها فلا يتكامل ضرر الإيحاش[2].

مذهب الشافعية:

النساء في الطلاق على ضربين: الضرب الأول: ضرب في طلاقهن سنة وبدعة، وهن ذوات الحيض، والسنة في طلاقهن أن يوقع الرجل الطلاق في طهر لا جماع فيه. والبدعة أن يوقع الطلاق في الحيض أو في طهر جامعها فيه. فالبدعي إذا هو طلاق المدخول بها في حيض أو نفاس أو طهر جامعها فيه ولم يتبين حملها.وادعى الإمام الإجماع عليه.

والضرب الثاني: ليس في طلاقهن سنة ولا بدعة، وهن أربع: الصغيرة والآيسة والحامل وغير المدخول بها[3].

قلت إن الطلاق السني الذي جعله الحنفية حسنا وأحسن قد لا يختلف عما ذكره الإمام الشافعي رحمه الـلـه حينما يقول "وسواء طلق واحدة أو اثنتين أو ثلاثا يقعن معا، لأنه ليس في عدد الطلاق سنة إلا أني أحب له أن لا يطلق إلا واحدة[4]. فهذا الذي ذكره الإمام الشافعي يؤكد على أنه وإن لم يكن حراما عليه إن طلق زوجته ثلاثا، إلا أن الأفضل والأولى له أن يطلق زوجته طلقة واحدة.

---

(1) الإمام الكاساني، بدائع الصنائع، ج3، ص140.

(2) الإمام كمال الدين ابن الهمام، شرح الفتح القدير، ج3، ص466 – 468. والذي يبدو أن الأحناف يرون أن الطلاق السني من حيث العدد هو الذي ينقسم إلى ثلاثة أوجه وهي حسن وأحسن وبدعي. وأما الطلاق من حيث الوقت فهو إما طلاق سني أو طلاق بدعي. ينظر السرخسي، المبسوط،ج5، ص3-4. قلت أما حكم الطلاق البدعي من حيث الحل والحرمة فنقول ' إذا تحقق الإضرار بالمرأة في الطلاق البدعي فلا يكون إلا حراما وبالتالي نكون أمام الرأي القائل بأن طلاق البدعة مع أنه مخالف للسنة فإن فيه الحرمة حيث يقول الرسول ﷺ (لا ضرر ولا ضرار وإذا كان في الطلاق أيام الحيض تطويلا للعدة إضرارا بها فإن الـلـه عز وجل يقول "ولا تمسكوهن ضرار لتعتدوا" فإذا حصل الضرر والتعدي فلا نجد بدا إلا القول بالحرمة و الـلـه أعلم).

(3) الامام تقي الدين الحسيني الحصني، كفاية الأخيار، ج1، ص521.

(4) الإمام الشافعي، الأم، ج5، ص269.

عليه يمكن القول بأنه لا يوجد خلاف بين الحنفية والشافعية في اعتبار الطلاق السني حسنا وأحسن. لأن الحنفية إذا كانوا قد قسموا الطلاق إلى ثلاثة أوجه هي: الحسن والأحسن والبدعي وهذه الأقسام الثلاثة إما أن تكون من حيث الوقت أو من حيث العدد. فإن الطلاق لا يكون سنيا إلا إذا اجتمعت فيه سنية الطلاق من حيث الوقت والعدد، فإذا ما طلق الرجل زوجته طلقة واحدة في الحيض وتركها حتى انقضت عدتها، فهو وإن كان طلاق سنة من حيث العدد إلا أنه يبقى من حيث الوقت بدعيا، وكذا لو طلق زوجته ثلاثا في طهر لم يمسها فيه، فهو وإن كان طلاق سنة من حيث الوقت إلا أنه يبقى بدعيا من حيث العدد، ويكون الطلاق في كلتا الحالتين طلاقا بدعيا. عليه فالذي يبدو أنه لا حاجة إلى هكذا تقسيم، لأن كلا من العدد والوقت لا ينفك أحدهما عن الآخر لإضفاء صفة السنية إلى الطلاق.

عليه فلا يكون موضع الخلاف بين الحنفية والشافعية إلا في مسائل معدودة فقط سنتطرق إليها، وخاصة إذا علمنا بأن هكذا خلاف بين الحنفية والشافعية لا قيمة له أو هو شكلي من حيث وقوع الطلاق، لأن الطلاق عندهما واقع بشقيه السني والبدعي، غير أن المطلق للبدعة آثم وعاص.

المطلب الثاني
الخلاف في حالات الطلاق السني والبدعي

المسائل التي ينحصر الخلاف فيها بين الحنفية والشافعية هي في اعتبار بعض من الحالات ضمن طلاق السنة أو ضمن طلاق البدعة والمسائل الخلافية نناقشها في الفرعين الآتيين:

الفرع الأول: الخلاف في طلاق الصغيرة والآيسة التي لا تحيض، وكذا طلاق الحامل:

مذهب الحنفية:

الذي عليه الحنفية أن طلاق الصغيرة التي لا تحيض والآيسة من الحيض وكذا الحامل يدخل ضمن طلاق السنة، إن طلق الرجل المراة للسنة. فالسنة في طلاق التي لا تحيض تكون طلقة واحدة فقط، ثم ينتظر حتى يمضي شهر واحد فيطلق الطلقة الثانية وبعدها ينتظر شهرا ثم يطلقها وهي الثالثة والأخيرة. لأن الشهر هو في مقابل القرء. وفي طلاق الحامل يطلقها متى شاء وإن كان عقيب الجماع.

مذهب الشافعية:

أما الشافعية فإنهم يعدون هكذا نوع من الطلاق لا من طلاق السنة ولا من طلاق البدعة. بحجة أنه يستدل لطلاق السنة بحديث ابن عمر، وأما طلاق البدعة فهو ما يخالف طلاق السنة، فالطلاق في طهر جامعها فيه، أو في فترة الحيض يخالف أمر الرسول ﷺ لابن عمر، ولما فيه من

الضرر. فأما الصغيرة التي لا تحيض والآيسة من الحيض فلا ضرر في طلاقهن في أي وقت كان إذ لا يرجى منه الحمل فلا يتصور تطويل العدة، لذا كان جائزا الطلاق في أي وقت.

ثم أليس المعيار في سنية الطلاق هو الجواز وعدمه؟ فإذا لم يكن الطلاق جائزا كان بدعيا وإن كان واقعا، وإن كان جائزا لم يكن بدعيا، عليه فإن الحنفية حينما يجيزون الطلاق في هذه الحالات في أي وقت حتى قالوا "بجواز الطلاق عقيب الجماع"[1]. فينبغي أن لا تكون فيه سنة ولا بدعة كما عليه الشافعية.

الفرع الثاني: الخلاف في السنة والبدعة في عدد الطلقات:

إذا طلق الرجل زوجته ثلاثا أو اثنتين في طهر لم يمسها فيه، فهل يكون هذا الطلاق طلاقا بدعيا أم لا؟

بدءا لابد من القول بأن الطلاق واقع ثلاثا باتفاق الحنفية والشافعية. إلا أن الخلاف بينهما يكمن في هل أنه طلاق بدعي أم سني؟

مذهب الحنفية:

إن الطلاق بأكثر من طلقة واحدة بدعي مخالف للسنة، وهو غير جائز والمطلق آثم وعاص[2]. واستدل الحنفية لمذهبهم بما يأتي:

أولا: الكتاب:

1- قوله تعالى:﴿ يَٰٓأَيُّهَا ٱلنَّبِيُّ إِذَا طَلَّقۡتُمُ ٱلنِّسَآءَ فَطَلِّقُوهُنَّ لِعِدَّتِهِنَّ وَأَحۡصُواْ ٱلۡعِدَّةَ ﴾[3].

وجه الدلالة في الآية من قوله {فطلقوهن لعدتهن} أي فرقوا الطلقات على عدد أقراء العدة ألا ترى أنه خاطب الزوج بالأمر بإحصاء العدة وفائدته التفريق، فإنه قال لا تدري لعل الله يحدث بعد ذلك أمرا أي يبدو له صلاحها فيراجعها وذلك يكون عند التفريق لا عند الجمع[4].

2- قوله تعالى: ﴿ ٱلطَّلَٰقُ مَرَّتَانِۖ فَإِمۡسَاكُۢ بِمَعۡرُوفٍ أَوۡ تَسۡرِيحُۢ ﴾[5].

معناه دفعتان كقوله أعطيته مرتين وضربته مرتين والألف واللام للجنس فيقتضي أن يكون كل الطلاق المباح في دفعتين ودفعة ثالثة في قوله تعالى {فإن طلقها}[6]. فالطلاق مرتان أي مرة بعد

---

(1) منلا خسرو، درر الحكام شرح غرر الاحكام، ج1، 360.
(2) الإمام الكاساني، بدائع الصنائع، ج3، ص88. الإمام كمال الدين ابن الهمام، شرح الفتح القدير،ج3، ص446.
(3) سورة الطلاق، الآية رقم (1).
(4) السرخسي، المبسوط،ج5، ص3.
(5) سورة البقرة، الآية رقم (229).
(6) السرخسي، المبسوط،ج5، ص3. الماوردي، الحاوي الكبير ،ج10، ص118-119.

مرة ولكل مرة له الحق في المراجعة فأما إن كان الطلاق ثلاثا دفعة واحدة فلن يستطيع إمساك المرأة بعد ذلك.

ثانيا: السنة:

1- عن نافع عن ابن عمر أنه طلق امرأته وهي حائض في عهد رسول الله ﷺ فسأل عمر بن الخطاب رسول الله ﷺ عن ذلك؟ فقال له رسول الله ﷺ: مره فليراجعها ثم ليتركها حتى تطهر ثم تحيض ثم تطهر ثم إن شاء أمسك بعد وإن شاء طلق قبل أن يمس فتلك العدة التي أمر الله عز وجل أن يطلق لها النساء[1].

وجه الدلالة من الحديث أن الذي يطلق زوجته ثلاثا فقد خالف المأمور به في الحديث وهو تفريق الطلاق على أطهار متفرقة.

2- عن إبراهيم بن عبيد الله بن عبادة بن الصامت عن أبيه عن جده قال طلق بعض آبائي امرأته ألفا، فانطلق بنوه إلى رسول الله ﷺ فقالوا : يا رسول الله إن أبانا طلق أمنا ألفا فهل له من مخرج؟ فقال: (إن أباكم لم يتق الله فيجعل له من أمره مخرجا، بانت منه بثلاث على غير السنة، وتسعمائة وسبعة وتسعون إثم في عنقه). قال الدار قطني "رواته مجهولون وضعفاء إلا شيخنا وابن عبد الباقي"[2].

3- عن محمود بن لبيد قال: أخبر رسول الله ﷺ عن رجل طلق امرأته ثلاث تطليقات جميعا فقام غضبانا، ثم قال: أيلعب بكتاب الله وأنا بين أظهركم. حتى قام رجل وقال: يا رسول الله ألا أقتله[3].

وجه الدلالة فيه أن اللعب بكتاب الله ترك للعمل به، فدل أن موقع الثلاث جملة مخالف للعمل بما في الكتاب.

رابعا: الإجماع:

يقول السرخسي" ولنا اجماع الصحابة - رضي الله تعالى عنهم - فقد روي عن علي وعمر وابن مسعود وابن عباس وابن عمر وأبي هريرة وعمران بن حصين - رضي الله تعالى عنهم - كراهة إيقاع الطلاق الثلاث بألفاظ مختلفة[4]. وروي عن مالك بن الحويرث عن بن عباس قال: سأله رجل فقال إن عمي طلق امرأته ثلاثا: قال إن عمك عصى الله فأندمه وأطاع الشيطان فلم

---

[1] الإمام البخاري، صحيح البخاري، ج5، ص2011. صحيح مسلم،ج 2، ص1093.
[2] الدار قطني، سنن الدارقطني، ج4، ص20.
[3] أبو عبد الرحمن النسائي، المجتبى من السنن المسمى "سنن النسائي"، ج6، ص142.
[4] السرخسي، المبسوط،ج5، ص3.

يجعل له مخرجا. قال: كيف ترى في رجل يحلها له؟ قال: من يخادع الـله يخدعه[1]. فهؤلاء هم الصحابة الذين قالوا بحرمة الطلاق الثلاث ولم ينكر عليهم أحد فكان إجماعا.

ولذا قال الكرخي: لا أعرف بين أهل العلم خلافا أن إيقاع الثلاث جملة مكروه إلا قول ابن سيرين وإن قوله ليس بحجة[2].

ثالثا: الآثار:

إن ابن عمر كان إذا سئل عن الرجل يطلق امرأته ثلاثا يقول: أما أنت طلقتها ثلاثا فقد عصيت ربك فيما أمرك به من طلاق امرأتك وبانت منك[3]. فابن عمر كان يرى هذا معصية فيها مخالفة للسنة.

خامسا: المعقول:

إن الـله عز وجل قد شرع العدة لحكم كثيرة منها إمكانية التدارك، أي تدارك العلاقة الزوجية التي من الممكن أن تنتهي بالطلاق الثلاث، فإيقاع الطلاق ثلاثا يكون مخالفا لما شرعه الـله عز وجل، وتفويتا لإمكانية إعادة العلاقة الزوجية التي قد يرغب الطرفان بإعادتها، يقول أبو قتادة الأنصاري رضي الله عنه: لو أن الناس طلقوا نساءهم كما أمروا لما فارق الرجل امرأته وله إليها حاجة"[4].

مذهب الشافعية:

الأولى والمستحب عند الشافعية أن يفرق الطلاق في ثلاثة أطهار، فيطلق في كل طهر واحدة، ولا يجمعهن في طهر ليخرج بذلك من الخلاف. فإن طلقها ثلاثا في وقت واحد وقعت الثلاث ولم تكن محرمة ولا بدعة، فالبدعة والسنة في زمان الطلاق لا في عدده[5].واستدل الشافعية لمذهبهم بما يأتي:

أولا: الكتاب:

قوله تعالى: ﴿لَّا جُنَاحَ عَلَيْكُمْ إِن طَلَّقْتُمُ ٱلنِّسَآءَ مَا لَمْ تَمَسُّوهُنَّ أَوْ تَفْرِضُوا۟ لَهُنَّ فَرِيضَةً ۚ وَمَتِّعُوهُنَّ عَلَى ٱلْمُوسِعِ قَدَرُهُۥ وَعَلَى ٱلْمُقْتِرِ قَدَرُهُۥ﴾[6].

وجه الدلالة من الآية أن الـله عز وجل قد رفع الجناح عن المطلق من غير تمييز لعدد، فكان دليلا على الإباحة، وما أبيح فليس بمحظور على أهله[7].

---

[1] عبد الرزاق بن همام الصنعاني، مصنف عبد الرزاق، ج6، ص266. البيهقي، سنن البيهقـي الكبرى،ج7،ص337.
[2] السرخسي، المبسوط،ج5، ص3.
[3] الإمام مسلم، صحيح مسلم، ج2، ص1093. مسند أحمد بن حنبل، ج2، ص6.
[4] السرخسي، المبسوط،ج5، ص3.
[5] الإمام الشافعي، الأم، ج5، ص269. الماوردي، الحاوي الكبير ، ج10، ص117- 118. البيهقي، سنن البيهقي الكبرى،ج7، ص327.
[6] سورة البقرة، الآية رقم (236).
[7] الإمام الشافعي، الأم، ج5، ص266. البيهقي، سنن البيهقي الكبرى،ج7، ص327.

ثانيا: السنة:

1- روى سهل بن سعد الساعدي: أن النبي ﷺ لما لاعن بين عويمر العجلاني وامرأته قال سهل: "فتلاعنا وأنا مع الناس عند رسول الـلـه ﷺ فلما فرغا قال عويمر كذبت عليها يا رسول الـلـه إن أمسكتها، فطلقها ثلاث قبل أن يأمره رسول الـلـه ﷺ[1].

2- روي أن ركانة بن عبد يزيد لما طلق امرأته سهيمة البتة أخبر النبي ﷺ بذلك، وقال: و الـلـه ما أردت إلا واحدة. فقال رسول الـلـه ﷺ: و الـلـه ما أردت إلا واحدة؟ " فقال ركانة و الـلـه ما أردت إلا واحدة .فردها إليه رسول الـلـه ﷺ فطلقها الثانية في زمان عمر والثالثة في زمان عثمان[2].قال أبو داود أوله لفظ إبراهيم وآخره لفظ ابن السرح.

3- عن أبي سلمة قال حدثتني فاطمة بنت قيس: أن أبا عمرو بن حفص المخزومي طلقها ثلاثا، فانطلق خالد بن الوليد في نفر من بني مخزوم إلى رسول الـلـه ﷺ فقال يا رسول الـلـه إن أبا عمرو بن حفص طلق فاطمة ثلاثا فهل لها نفقة؟ فقال: ليس لها نفقة ولا سكنى[3]. قال الشيخ الألباني: صحيح.

وجه الدلالة من الأحاديث أن الطلاق الثلاث لو كان محرما لبينه الرسول ﷺ لمن طلق ثلاثا، ولأنكر عليه. فلما لم لم ينكر الرسول ﷺ ذلك دل على أنه مباح ولا حرمة فيه[4].

ثالثا: الآثار:

عن أبي سلمة بن عبد الرحمن عن أبيه : أن عبد الرحمن بن عوف طلق امرأته تماضر بنت الأصبغ الكلبية، وهي أم أبي سلمة، ثلاث تطليقات في كلمة واحدة، فلم يبلغ أن أحدا من أصحابه عاب ذلك[5]. فهذا عبد الرحمن بن عوف طلق زوجته ثلاثا ولم ينكر عليه أحد ولو كان حراما لصدر منهم الإنكار على ذلك.

ثالثا: المعقول:

1- إنه طلاق وقع في طهر لم يجامعها فيه فوجب أن يكون مباحا كالطلقة الأولى.

2- إن كل طلاق جاز تفريقه جاز جمعه، كطلاق الزوجات إذ يجوز له أن يجمعهن في الطلاق وأن يفرقهن[6].

---

(1) الإمام البخاري، صحيح البخاري،ج5، ص2014.

(2) أبو داود، سنن أبي داود، ج1، ص671.

(3) أبو عبد الرحمن النسائي، سنن النسائي، ج6، ص144.

(4) الشيرازي، المهذب، ج3، ص3.

(5) الدار قطني، سنن الدارقطني، ج4، ص12.

(6) الماوردي، الحاوي الكبير ، ج10، ص120-121.

3- قياسا على جواز الطلقة الواحدة بعد الثنتين والخلع، فلما كان هذا الطلاق جائزا وإن كان قاطعا للنكاح، كان الطلاق الثلاث أيضا جائزا بجامع أنه أيضا قاطع للنكاح[1].

الرأي الراجح:

الذي يبدو أن الراجح هو ما إليه ذهب الحنفية لقوة أدلتهم، ولأن الحكمة من العدة لا تتحقق إلا في الطلاق الواحد الذي تتبعه الرجعة، ثم حديث ابن عمر نص في الباب لأن الرسول ﷺ لما أرشده إلى الطلاق السني بين له أنه إن أراد أن يطلق فيجب أن يطلق في كل طهر طلقة إذ هو الموافق للسنة لا الجمع و الله أعلم.

المطلب الثالث
الخلاف في المراجعة

لا خلاف بين الفقهاء أن للزوج أن يراجع زوجته التي طلقها طلاقا رجعيا. سواء أكان الطلاق سنيا أم بدعيا، لقوله تعالى: ﴿ وَبُعُولَتُهُنَّ أَحَقُّ بِرَدِّهِنَّ فِي ذَٰلِكَ إِنْ أَرَادُوٓاْ إِصۡلَٰحٗا ﴾[2]. ولكن حصل بينهما خلاف في بعض مسائل الرجعة وسنتطرق إليها في الفروع الخمسة الآتية:

الفرع الأول: الخلاف في وجوب المراجعة في الطلاق البدعي:

حصل بين الحنفية والشافعية خلاف في وجوب مراجعة الزوج زوجته لو كان قد طلقها طلاقا بدعيا.

مذهب الحنفية:

إذا طلق الرجل زوجته طلاقا بدعيا فيجب عليه مراجعتها على الأصح في المذهب وبه قال الإمام مالك[3].

واستدل الحنفية لمذهبهم بما يأتي:

أولا: السنة:

عن نافع عن ابن عمر أنه طلق امرأته وهي حائض في عهد رسول الله ﷺ فسأل عمر بن الخطاب رسول الله ﷺ عن ذلك؟ فقال له رسول الله ﷺ: مره فليراجعها ثم ليتركها حتى تطهر

---

(1) المصدر نفسه، ج10، ص121.

(2) سورة البقرة، الآية رقم (228).

(3) المرغيناني، الهداية، ج1، ص221. حاشية ابن عابدين، ج4، ص424. الغنيمي، اللباب في شرح الكتاب، ج3، ص8.

ثم تحيض ثم تطهر ثم إن شاء أمسك بعد وإن شاء طلق قبل أن يمس فتلك العدة التي أمر الله عز وجل أن يطلق لها النساء[1].

وجه الدلالة في الحديث هو في قوله ﷺ مره فليراجعها، فالرسول ﷺ أمر عمرا بأن يأمر ابنه بمراجعة زوجته التي طلقها طلاقا بدعيا. والأمر للوجوب حقيقة[2].

ولكن رد على هذا بأن المراد فليراجعها لأجل أمرك فيكون الوجوب لأجل الوالد[3]. ولكن أجيب بأن هذا نظير قوله تعالى: ﴿ قُل لِّعِبَادِيَ ٱلَّذِينَ ءَامَنُواْ يُقِيمُواْ ٱلصَّلَوٰةَ ﴾ فإنه ﷺ مأمور بأن يأمرنا بإقامة الصلاة فنحن مأمورون من الله تعالى[4].

ثانيا: المعقول:

إن في وجوب المراجعة رفعا للفعل الحرام برفع أثره[5] فإن القول بعدم وجوب المراجعة من شأنه أن يبقي للحرام أثره، وهذا ما لا يجوز بالاتفاق لأن الضرر مرفوع في الشريعة.

ومما ينبغي ذكره أن الرجعة وإن كانت واجبة عليه إلا أنه لا يجبر على مراجعتها وهذا محل اتفاق بين الحنفية والشافعية[6].

مذهب الشافعية:

ذهب الشافعية إلى أن الرجعة في الطلاق البدعي مستحبة وهو المشهور من قول الحنابلة أيضا وهو قول جمع من الحنفية[7]. واستدل الشافعية لمذهبهم بما يأتي:

أولا: السنة:

حديث ابن عمر السابق ووجه الدلالة فيه أن الرسول ﷺ قد أمر ابن عمر بالمراجعة وهو أمر استحباب لا أمر وجوب[8]. والذي يدل على أنه للاستحباب " أن النبي ﷺ لم يأمره وإنما أمر أباه أن يأمره والأمر بالأمر بالشيء ليس أمرا بذلك الشيء لقوله ﷺ مروهم بالصلاة لسبع سنين"[9].

---

(1) الإمام البخاري، صحيح البخاري، ج5، ص2011. الإمام مسلم، صحيح مسلم، ج 2، ص1093.
(2) الإمام سراج الدين عمر بن إبراهيم ابن نجيم الحنفي، النهر الفائق شرح كنز الدقائق، ج2، ص314.
(3) الشيخ محمد الشربيني الخطيب، مغني المحتاج، ج3، ص307.
(4) محمد بن إسماعيل الصنعاني، سبل السلام، ج1، ص160.
(5) عبد الله بن محمود بن مودود الموصلي، الإختيار لتعليل المختار، ج2، 146.
(6) ابن عبد البر، التمهيد، ج15، ص67.
(7) الشيرازي، المهذب، ج3، ص3. الشيخ محمد الشربيني الخطيب، مغني المحتاج، ج3، ص307. المرغيناني، الهداية، ج1، ص221. الشيخ عبد الغني الغنيمي، اللباب في شرح الكتاب، ج3، ص8.
(8) العظيم آبادي، عون المعبود شرح سنن أبي داود، ج6، ص161.
(9) الشيخ محمد الشربيني الخطيب، مغني المحتاج، ج3، ص307. الغزالي، المستصفى، ج1، ص216.

ثانيا: المعقول:

قياسا على ابتداء النكاح فلما لم يكن النكاح ابتداء واجبا فاستدامته كذلك لا يكون واجبا بالرجعة[1]. يقول الشيرازي إن الرجعة إما أن تكون كابتداء النكاح أو كبقاء على النكاح و لا يجب واحد منهما[2]. عليه فلا تجب المراجعة من باب أولى. ويمكن أن يقال بأن هذا القياس أيضا صارف للأمر في حديث ابن عمر من الوجوب إلى الندب.

ولكن رد على هذا بأن الطلاق لما كان محرما في الحيض كانت استدامة النكاح فيه واجبة[3].

الرأي الراجح:

الذي يبدو أن الراجح هو ما ذهب الحنفية لقوة أدلتهم ولكون الأمر في حديث ابن عمر نصا في الباب و الله أعلم.

الفرع الثاني: الرجعة بغير القول:

لا خلاف بين الفقهاء في أن الرجعة تصح من الزوج لمطلقته طلاقا رجعيا، ومما لا خلاف فيه في هذا الشأن أن الرجعة تصح بالقول كأن يقول لمطلقته راجعتك أو راجعت امرأتي فلانة[4]. ولكن الذي حصل فيه الخلاف بين الفقهاء هو مدى صحة الرجعة بالوطء ومقدماته، كالتقبيل واللمس والنظر بشهوة إلى الفرج؟

مذهب الحنفية:

تصح الرجعة بالوطء ومقدماته، فلو أن المطلق جامع مطلقته أو قبلها بشهوة وغيرها من مقدمات الوطء كان بذلك مراجعا لزوجته المطلقة طلاقا رجعيا، ولكن المستحب أن يقول لها راجعتك أمام الشهود[5]. واستدل الحنفية لمذهبهم بما يأتي:

أولا: الكتاب:

﴿ وَبُعُولَتُهُنَّ أَحَقُّ بِرَدِّهِنَّ فِي ذَٰلِكَ إِنْ أَرَادُوٓاْ إِصۡلَٰحًا ﴾[6].

وجه الدلالة من الآية أن الله قد أعطى الأحقية للزوج برد زوجته والرد هذا مطلق يشمل الرد بالكلام وغيره.

---

[1] ابن حجر العسقلاني، فتح الباري، ج9، ص349.
[2] الشيرازي، المهذب، ج3، ص3.
[3] محمد بن إسماعيل الصنعاني، سبل السلام،ج1، ص160.
[4] المرغيناني، الهداية، ج1، ص254. الشيخ محمد الشربيني الخطيب، مغني المحتاج، ج3، ص335. البغوي، التهذيب في فقه الإمام الشافعي، ج6، ص114.
[5] ابن نجيم، البحر الرائق، ج 4، ص61. عبد الرحمن بن محمد شيخي زاده (داماد)، مجمع الانهر، ج1، ص438.
[6] سورة البقرة، الآية رقم (228).

ثانيا: المعقول:

1- إن الرجعة استدامة للنكاح لا نكاح جديد، والفعل يقع دلالة على الاستدامة، فالوطء واللمس والتقبيل وكذا النظر بشهوة إلى الفرج أفعال تدل دلالة واضحة على قصد الرجعة، فتصح بها الرجعة[1]. أي دون الحاجة إلى القول.

2- إن الطلاق مزيل للملك، ولكن المزيل متى ظهر وأعقب خيار الاستبقاء في مدة معلومة يكون مستبقيا للملك بالوطء، كمن باع أمته على أنه بالخيار ثلاثة أيام ثم وطئها صار بالوطء مستبقيا للملك بل أولى[2].

3- قياسا على الفيء في الإيلاء، فإنه منع للمزيل من أن يعمل بعد انقضاء العدة وذلك يحصل بالجماع[3].

مذهب الشافعية:

تصح الرجعة بالقول فقط، فلا رجعة من دون أن يقول الزوج لزوجته التي طلقها طلاقا رجعيا راجعتك، فالوطء ومقدماته لا تصح به الرجعة[4]. واستدل الشافعية لمذهبهم بما يأتي:

أولا: الكتاب:

قوله تعالى: ﴿ وَإِذَا طَلَّقْتُمُ ٱلنِّسَآءَ فَبَلَغْنَ أَجَلَهُنَّ فَأَمْسِكُوهُنَّ بِمَعْرُوفٍ أَوْ سَرِّحُوهُنَّ ﴾[5].

وجه الدلالة من الآية أنها دليل على أن الرجعة لا تكون إلا بالقول من وجهين:

الأول: إن قوله (فأمسكوهن) دليل على أن إباحة الامتلاك لا يكون إلا بعد الإمساك

الثاني: إن قوله تعالى (وأشهدوا) فالشهادة على الرجعة إما واجب أو مندوب، فدل على أن الرجعة مما تجوز فيها الشهادة، والشهادة لا تكون على الوطء وإنما على القول[6].

ثانيا: المعقول:

1- قياسا على أصل النكاح، فكما لا يثبت أصل النكاح بالفعل فكذلك لا تثبت الرجعة. بجامع أن كلا من النكاح والرجعة استباحة للوطء، فلا تكون إلا بالقول[7].

(1) المرغيناني، الهداية، ج1، ص254.
(2) السرخسي، المبسوط،ج5،ص5. الزيلعي، تبيين الحقائق، ج2، ص252. عبدالله بن يوسف الزيلعي، نصب الراية، ج3، ص478.
(3) السرخسي، المبسوط،ج5،ص5.
(4) الإمام الشافعي، الأم، ج5، ص352. الوسيط ج5، ص460. الإمام النووي، روضة الطالبين، ج8، ص217.
(5) سورة البقرة، الآية رقم (231).
(6) ينظر الماوردي، الحاوي الكبير، ج10، ص310 -311.
(7) الإمام الشافعي، الأم، ج5، ص352. السرخسي، المبسوط، ج5، ص5.

2- إن الوطء ومقدماته فعل مع القدرة على القول، فلم تصح به الرجعة كالقبلة لغير شهوة[1].

3- إن ما يوجب الشيء لا يقطعه ألا ترى أن الوطء يستباح بالعقد، فاستحال أن يقطع العقد، فالعدة تجب عن الوطء فيستحيل ان تنقطع بالوطء [2].

4- إن الرجعة وإن كانت استدامة لنكاح قديم، إلا أن الرجعة سبب لإستباحة الوطء، فكان لابد فيها مما يدل عليها بوضوح تام، وأما الوطء ومقدماته فلا دلالة فيها على الرجعة[3].

الرأي الراجح:

الذي يبدو أن ما ذهب إليه الحنفية هو الراجح لعموم الأدلة، إلا أن الوجاهة في الأدلة التي استند إليها الشافعية قد تدفعنا إلى القول بكراهة الرجعة دون أن يصدر من المطلق كلام يدل على قصد الرجعة و اللـه أعلم.

الفرع الثالث: الوطء في العدة:

إن مما ينبغي الإشارة إليه هنا هو أن الخلاف بين الحنفية والشافعية حول مدى صحة الرجعة بالقول، هو نفسه يجري بينهم في مدى صحة الوطء في العدة.

مذهب الحنفية:

فالحنفية الذين أجازوا الرجعة بالوطء قالوا بجواز وطء الزوج زوجته أثناء فترة العدة من طلاق رجعي مع الكراهة[4]. واستدل الحنفية لمذهبهم هذا إضافة إلى أدلتهم على صحة الرجعة بالوطء بما يأتي:

أولا: الكتاب:

﴿ وَبُعُولَتُهُنَّ أَحَقُّ بِرَدِّهِنَّ فِي ذَٰلِكَ إِنْ أَرَادُوٓاْ إِصۡلَٰحٗا ﴾[5].

وجه الدلالة في الآية قوله تعالى{وبعولتهن} أي أزواجهن، وقوله تعالى (هن) كناية عن المطلقات، فالله تعالى سمى المطلق زوجها بعد الطلاق، ولا يكون زوجا إلا بعد قيام الزوجية، فدل على أن الزوجية قائمة بعد الطلاق، و اللـه سبحانه وتعالى أحل للرجل وطء زوجته بقوله ﷻ: ﴿ وَٱلَّذِينَ هُمۡ لِفُرُوجِهِمۡ حَٰفِظُونَ ۝٥ إِلَّا عَلَىٰٓ أَزۡوَٰجِهِمۡ أَوۡ مَا مَلَكَتۡ أَيۡمَٰنُهُمۡ فَإِنَّهُمۡ غَيۡرُ مَلُومِينَ ۝٦ ﴾ ونحو ذلك من النصوص[6].

---

(1) الماوردي، الحاوي الكبير ، ج10، ص310 -311.
(2) الشيخ محمد الشربيني الخطيب، مغني المحتاج، ج3، ص335. زكريا الأنصاري، فتح الوهاب ، ج2، ص152.
(3) الشيخ محمد الشربيني الخطيب، الإقناع، ج2، ص449.
(4) ابن عابدين، حاشية ابن عابدين، ج3، ص409.
(5) سورة البقرة، الآية رقم (228).
(6) الإمام الكاساني، بدائع الصنائع، ج3، ص283.

ولكن يرد على هذا بأن تسمية الزوج بعلا لا تستلزم حل الاستمتاع، لأن المظاهر وزوج الحائض يسميان بعلا ولا يحل له الوطء[1]. فلا ملازمة بين تسمية المطلق بعلا وبين حل الاستمتاع.

ثانيا: المعقول:

1- إن الطلاق الرجعي لا يزيل الملك ولا يرفع العقد، بدليل أن له مراجعتها من غير رضاها، ويلحقها الظهار والإيلاء واللعان، ولهذا لو قال نسائي طوالق دخلت في جملتهن وإن لم ينو[2].

2- إن ملكية الزوج للزواج قائمة من كل وجه لا من وجه دون وجه، عليه فالرجعة ليست إنشاء لنكاح جديد، لأنه لو كان إنشاء ولو من وجه لم يستبد به الزوج، بل احتاج إلى رضا المرأة وإذنها والشهود والولي عند من يوجبه احتياطا[3].

مذهب الشافعية:

وأما الشافعية فقد ذهبوا إلى القول بحرمة الاستمتاع في العدة وإن كانت من طلاق رجعي، ولا تصح به الرجعة، وإن وطئها فهو من الكبائر، ولا حد عليهما، لأنه جماع شبهة، إلا إذا اعتقدا تحريمه وكانا عالمين بالتحريم فيعزران، لإقدامهما على معصية، ولها عليه صداق مثلها، والولد لاحق، وعليها العدة، وبحرمة الوطء قال عطاء ومالك وأكثر الفقهاء[4]. استدل الشافعية لمذهبهم بما يأتي:

أولا: الكتاب:

قوله تعالى: ﴿ وَبُعُولَتُهُنَّ أَحَقُّ بِرَدِّهِنَّ فِي ذَٰلِكَ إِنْ أَرَادُوٓاْ إِصۡلَٰحٗا ﴾[5].

وجه الدلالة من الآية أن الله تعالى سمى الرجعة ردا، والرد في اللغة عبارة عن إعادة الغائب فيدل على زوال الملك من وجه، ومما يؤكد زوال الملك هذا من وجه أنه قد ظهر أثر الزوال في الأحكام فلا يحل له المسافرة بها والخلوة ويزول قسمها والأقراء قبل الرجعة محسوبة من العدة، وهذا كله دليل على زوال الملك[6]. وإنما احتسبنا الأقراء من العدة لانعقاد الطلاق سببا لزوال الملك والحل على وجه يتم عليه عند انقضاء العدة.

---

(1) الشيخ محمد الشربيني الخطيب، مغني المحتاج، ج3، ص335. نهاية المحتاج، ج7، ص64.
(2) الشيخ عبد الغني الغنيمي، اللباب في شرح الكتاب، ج3، ص10. أبوبكر بن محمد بن علي الحدادي العبادي، الجوهرة النيرة، ج2، ص54.
(3) الإمام كمال الدين ابن الهمام، شرح الفتح القدير،ج4، ص176. الإمام الكاساني، بدائع الصنائع، ج3،ص283.
(4) الإمام الشافعي، الأم، ج5، ص352. الشيخ محمد الشربيني الخطيب، مغني المحتاج، ج3، ص335. ابن حجر الهيتمي، تحفة المحتاج، ج8، ص153. العمراني، البيان في فقه الامام الشافعي،ج10، ص227.
(5) سورة البقرة، الآية رقم (228).
(6) الماوردي، الحاوي الكبير ، ج10، ص309. الإمام الكاساني، بدائع الصنائع، ج3، ص283.

ثانيا: الآثار:

إن ابن عمر طلق امرأته وكان طريقه إلى المسجد على مسكنها، فكان يسلك طريقا أخرى حتى راجعها[1].

ثالثا: المعقول:

1- إن حكم الطلاق مضاد لحكم النكاح، فلما كان كل نكاح أوجب الإباحة وجب أن يكون كل طلاق إذا وقع أوجب التحريم[2].

2- إن الرجعية كالبائن في تحريم الوطء[3] أي أن الرجعي يرفع الحل كما يرفع البائن الحل.

ولكن أجيب بأنا نقول بأنه يرفع الحل ولكن ليس في الحال وإنما بعد انقضاء فترة العدة، لأن الإجماع قائم على أن الرجعة تثبت بلا رضاها، فيفيد أن عمله (أي عمل الطلاق) وهو - القطع - مؤخر[4].

3- قياسا على الفسخ والخلع والطلاق قبل الدخول، بجامع أن كلا من هذه سبب وقعت به الفرقة[5]. حيث تحرم على الزوج وإن كانت في العدة.

ولكن رد صاحب بدائع الصنائع على استدلال الشافعية بما يأتي:

1- إن قول الشافعية بأن الطلاق واقع في الحال فمسلم، لكن التصرف الشرعي قد يظهر أثره للحال وقد يتراخى عنه، كالبيع بشرط الخيار وكالتصرف الحسي وهو الرمي وغير ذلك، فجاز أن يظهر أثر هذا الطلاق بعد انقضاء العدة وهو زوال الملك وحرمة الوطء.

2- وأما قول الشافعية بحرمة المسافرة بها فإنما نقول لا تحل ولكن لا لزوال الملك، بل لكونها معتدة وقد قال الله تعالى في المعتدات:﴿ لَا تُخْرِجُوهُنَّ مِنْ بُيُوتِهِنَّ وَلَا يَخْرُجْنَ إِلَّآ أَن يَأْتِينَ بِفَٰحِشَةٍ مُّبَيِّنَةٍ ﴾[6]. فالله تعالى نهى الرجال عن الإخراج والنساء عن الخروج. وبالرجعة تزول الحرمة ثم يسافر. وأما الخلوة فإن كان بقصد الرجعة لا يكره وإن لم يكن بقصد المراجعة يكره، لكن لا لزوال النكاح وارتفاع الحل بل للأضرار بها، لأنه إذا لم يكن قصده الرجعة وخلا بها يقع بينهما المساس عن شهوة، فيصير مراجعا لها، ثم يطلقها ثانيا فيؤدي إلى تطويل العدة عليها، فتتضرر بذلك وهو معنى قوله تعالى: ﴿ وَلَا تُمْسِكُوهُنَّ ضِرَارًا لِّتَعْتَدُوا ﴾ البقرة (231)[7].

---

(1) العمراني، البيان في فقه الامام الشافعي،ج10، ص227.

(2) الشيخ محمد الشربيني الخطيب، مغني المحتاج، ج3، ص335.

(3) الإمام النووي، روضة الطالبين، ج8، ص378. حاشية الجمل، ج4، ص391.

(4) الإمام كمال الدين ابن الهمام، شرح الفتح القدير، ج4، ص176.

(5) العمراني، البيان في فقه الامام الشافعي،ج10، ص227.

(6) سورة الطلاق، الآية رقم (6).

(7) الإمام الكاساني، بدائع الصنائع، ج3، ص283.

الفرع الرابع: الإشهاد على الرجعة:

نسب صاحب الهداية القول إلى الإمام الشافعي بوجوب الاشهاد على الرجعة حيث قال "وقال الشافعي رحمه الله في أحد قوليه لا تصح وهو قول مالك رحمه الله لقوله تعالى: ﴿ وَأَشْهِدُوا۟ ذَوَىْ عَدْلٍ مِّنكُمْ ﴾[1].

قلت الذي عليه الإمام الشافعي والشافعية باتفاق المذهب أن الإشهاد على الرجعة مستحب وليس بواجب ولا مباح يقول الإمام الشافعي رحمه الله: ينبغي لمن راجع أن يشهد شاهدين عدلين على الرجعة لما أمر الله تعالى به من الشهادة لئلا يموت قبل أن يقر بذلك أو يموت قبل أن تعلم الرجعة بعد انقضاء عدتها فلا يتوارثان إن لم تعلم الرجعة في العدة و لئلا يتجاحدا أو يصيبها فتنزل منه إصابة غير زوجة و لو تصادقا أنه راجعها ولم يشهد فالرجعة ثابتة عليها لأن الرجعة إليه دونها[2].

وقد يفهم من كلام الشافعي " وينبغي لمن راجع...الخ أن الإشهاد على الرجعة واجب ولكن الذي يزيل هذا الألباس والغموض عبارته في نهاية الفقرة وهي " ولو تصادقا أنه راجعها ولم يشهد بالرجعة فالرجعة ثابتة عليها لأن الرجعة إليه دونها" ومما يوضح هذا أكثر ما قاله الشافعي رحمه الله "ولو ارتجع بغير بينة وأقرت بذلك فهي رجعة وكان ينبغي أن يشهد"[3]. ففي هذا دليل واضح أن الرجعة صحيحة وإن لم يشهد الشهود على المراجعة فهو خلاف الأولى و الله أعلم ولذا نرى بأن فقهاء المذهب قد نصوا على أن الإشهاد على الرجعة مستحب لا واجب. يقول صاحب اسنى المطالب " ولا يشترط الإشهاد على الرجعة لأنها في حكم استدامة النكاح وأما الأمر به فمحمول على الندب"[4].

الفرع الخامس: عدد الطلقات التي يملكها الزوج في الزواج الثاني (هدم الزواج الثاني عدد الطلقات):

لا خلاف بين الحنفية والشافعية في أن من طلق زوجته ثلاثا ثم تزوجها بعد زواجها من شخص آخر وطلاقها منه بعد الدخول أن الرجل يملك عليها ثلاث طلقات. ولكن حصل بينهما خلاف فيما لو طلق زوجته واحدة أو اثنتين وانقضت عدتها ولم يراجعها وتزوجت بآخر ثم طلقها وانقضت عدتها فتزوجها الزوج الأول بعقد ومهر جديدين، فهل يملك الزوج هنا على زوجته ما بقي له من عدد الطلقات؟ أم أنه يستأنف نكاحا جديدا فيملك ثلاث طلقات؟

---

(1) سورة الطلاق، الآية رقم (2). وينظر المرغيناني، الهداية، ج2، ص7.
(2) الإمام الشافعي، الأم، ج5، ص354.
(3) الإمام أبو إبراهيم اسماعيل بن يحيى بن اسماعيل المزني، مختصر المزني، 209.
(4) الشيخ زكريا الأنصاري، أسنى المطالب، ج3، 342. نهاية المحتاج، ج7، ص59.

مذهب الحنفية:

مذهب أبي حنيفة وأبي يوسف إذا طلق الزوج زوجته طلقة واحدة أو اثنتين ثم عادت إليه بعد زوج ثان فإنها تعود على ثلاث. ويهدم الزوج الثاني ما دون الثلاث كما يهدم الثلاث، وبه قال شريح وعطاء وإبراهيم وميمون بن مهران، وهو قول عبد الله بن عباس وعبد الله بن عمر[1]. واستدل الحنفية لمذهبهم بما يأتي:

أولا: السنة:

قوله ﷺ (لعن الله المحلل والمحلل له)[2].

وجه الدلالة في الحديث أنه يدل بطريق الدلالة على أن الزواج الثاني يهدم الطلقات في الزواج الأول إذ الزوج الثاني لما كان محللا في الغليظة فلأن يحلل في الخفيفة أولى، أي لما كان الزوج الثاني سببا لأن تحل الزوجة المطلقة ثلاثا لزوجها الأول وتعود عليه بثلاث طلقات، فلأن تعود عليه المطلقة رجعيا بثلاث طلقات من باب أولى[3].

ثانيا: الآثار:

روي عن ابن عباس وابن مسعود وابن عمر وسعيد بن جبير أن من طلق زوجته الطلقة الأولى أو الثانية ثم تزوجها بعد زواجها وطلاقها من آخر أنها تكون (عنده على طلاق جديد)[4]. ورويت عنهم عبارة (نكاح جديد طلاق جديد) يريدون بذلك أن النكاح جديد لابد وأن يعقبه طلاق جديد فيملك ثلاث طلقات. لذا كان عطاء يقول: " محا نكاح الذي نكحها الطلاق فالنكاح جديد والطلاق جديد[5].

ثالثا: المعقول:

قياسا على أعادة الزوجة بعد زواج التحليل إلى زوجها بثلاث طلقات بجامع أن كلا منهما زواج فكما تعود الزوجة لزوجها الأول بعد زواجها من الثاني وطلاقها منه فلأن تعود المطلقة بعد الطلقة الأولى والثانية إلى الزوج بثلاث طلقات بل أولى، فلماذا يحل زواج المحلل الزوجة المطلقة ثلاثا لزوجها الأول وبثلاث طلقات ولا يهدم الزواج الثاني الطلقة الواحدة أو الطلقتين فيحلها للزوج بثلاث طلقات[6].

---

[1] المرغيناني، الهداية، ج1، ص257. الشيخ عبد الغني الغنيمي، اللباب في شرح الكتاب، ج3، ص10. الاستذكـار، ج6، ص199.
[2] أبو داود، سنن أبي داود، ج1، ص633. البيهقي، سنن البيهقي الكبرى،ج7، ص208.
[3] منلا خسرو، درر الحكام شرح غرر الاحكام، ج1، ص387. زين الدين بن ابراهيم (ابن نجيم)، البحر الرائق، ج4، ص64.
[4] أبو بكر بن أبي شيبة، المصنف، ج4، ص113. سنن سعيد بن منصور، ج1، ص355.
[5] عبد الرزاق بن همام الصنعاني، مصنف عبد الرزاق، ج6، ص354.
[6] زين الدين بن ابراهيم (ابن نجيم)، البحر الرائق، ج4، ص64.

مذهب الشافعية:

الذي عليه الشافعية والمالكية وابن أبي ليلى والإمام محمد بن الحسن والإمام زفر من الحنفية وأحمد وإسحاق وأبو ثور وأبو عبيد أن الزوج لو تزوجها بعد زواجها الثاني فإنها تعود على ما بقي عنده من عدد الطلقات[1]. وبه قال كبار التابعين أيضا كعبيدة السلماني وسعيد بن المسيب والحسن البصري. واستدلوا بما يأتي:

أولا: الإجماع:

عن أبي هريرة قال: سألت عمر بن الخطاب عن رجل من أهل البحرين طلق امرأته تطليقة أو تطليقتين ثم انقضت عدتها فتزوجها رجل غيره ثم طلقها ومات عنها ثم تزوجها زوجها الأول قال هي عنده على ما بقي[2]. فهذا عمر رضي الله تعالى عنه أفتى بذلك ووافقه عليه جماعة من الصحابة ولم يظهر لهم مخالف، فهو إجماع سكوتي[3].

ولكن من الممكن أن يرد على هكذا إجماع بأنه غير سليم لما روي خلاف ذلك عن ابن عمر وابن مسعود .

ثانيا: الآثار:

1- رويت آثار عن عدد من الصحابة والتابعين منهم عمر وعلي وأبي بن كعب وزيد بن ثابت وجابر بن عبد الله وعمران بن حصين في "أن من تزوج مطلقته بعد زواجها وطلاقها وانقضاء عدتها من شخص آخر أنها ترجع إليه على ما بقي عنده من عدد الطلقات"[4].

2- أخرج أبوبكر في مصنفه عن داود عن الشعبي أن زيادا سأل عمران بن حصين وشريحا عن الرجل يطلق امرأته تطليقة أو تطليقتين فتبين فيتزوجها رجل فيطلقها أو يموت عنها فيتزوجها الأول على كم تكون عنده؟ فقال عمران: على ما بقي من الطلاق[5].

---

[1] الشيرازي، المهذب، ج2، ص105. العمراني، البيان في فقه الامام الشافعي، ج10، ص246. إبن عبد البر، الاستذكار ، تحقيق سالم محمد عطا ، محمد علي معوض، ج6، ط1، دار الكتب العلمية - بيروت، سنة الطبع 1421 - 2000، ص199. الامام تقي الدين الحسيني الحصني، كفاية الأخيار، ج1، ص540. الإمام أنس بن مالك، الموطأ - رواية يحيى الليثي، ج2، ص586.

[2] البيهقي، سنن البيهقي الكبرى،ج7، ص364. الإمام الشافعي، مسند الشافعي، ج1، ص294. قال ابن حجر في تلخيصالحبير اسناده صحيح ينظر ج3، ص217.

[3] الشيخ سليمان البجيرمي، حاشية البجيرمي على الخطيب، ج4، ص13. ج4، ص334 الشيخ محمد الشربيني الخطيب، الإقناع، ج2، ص450.

[4] سنن سعيد بن منصور، ج1، ص354. عبد الرزاق بن همام الصنعاني، مصنف عبد الرزاق، ج6، ص352. المتقي الهندي، كنز العمال، ج9، ص1188، رقم الحديث 27929.

[5] أبو بكر بن أبي شيبة، المصنف، ج4، ص112. عبد الرزاق بن همام الصنعاني، مصنف عبد الرزاق، ج6، ص353.

ثالثا: المعقول:

إن إصابة الزوج ليس شرطا في الإباحة للأول فلم تؤثر في الطلاق[1]. وكأن الزوج راجع زوجته بعد إنقضاء عدتها دون زواج، لأن الزواج إذا لم يكن سببا لإباحة الزوجة لزوجها الأول فينبغي أن لا يكون له أثر على ما بقي من عدد طلقات الزوج الأول.

الرأي الراجح:

الذي يبدو أن ما ذهب إليه الشافعية هو الراجح لقوة أدلتهم، ولأنه يمكن القول بأن الله عز وجل حينما قال: ﴿ ٱلطَّلَٰقُ مَرَّتَانِ فَإِمۡسَاكُۢ بِمَعۡرُوفٍ أَوۡ تَسۡرِيحُۢ بِإِحۡسَٰنٍ ﴾[2]. ﴿ فَإِن طَلَّقَهَا فَلَا تَحِلُّ لَهُۥ مِنۢ بَعۡدُ حَتَّىٰ تَنكِحَ زَوۡجًا ﴾[3]. فهذا يعني أن الرجل الذي طلق زوجته طلقة واحدة فقد بقيت له عليها طلقتان، وإن لم يراجعها إلا بعد ان طلقت من زوج ثان فإن الطلقتين هذه لم تتأثر فإن تزوجها فقد بقيت له عليها طلقتان بنص الآية، لأن الآية تقول (فإن طلقها) أي طلق الذي سبق أن طلقها، من غير أن يكون الطلاق محددا بزواج سابق أم لاحق و الله أعلم.

المطلب الرابع
الطلاق المضاف إلى الزمن

لا خلاف بين الحنفية والشافعية في جواز أن يضاف الطلاق إلى زمن المستقبل ووقوع الطلاق عند مجيء ذلك الوقت. وكذا لا خلاف بينهما في وقوع الطلاق المعلق على شرط عند تحقق الشرط. وعلى الرغم من عدم الخلاف بينهما في وقوع الطلاق المضاف إلى زمن المستقبل فقد حصل خلاف في الطلاق المضاف إلى الزمن الماضي وله حالتان : الأولى: أن يكون قد أضاف الطلاق إلى زمن لم يكن قد تزوجها كما لو قال لها أنت طالق أمس أو في الشهر الذي خرج وقد تزوجها اليوم، لم يقع شيء بإجماع الفقهاء، لأنه أسند الطلاق إلى حالة معهودة منافية لمالكية الطلاق، فكان حاصله إنكارا للطلاق فيلغو[4]. الحالة الثانية: إذا أضافه إلى زمن كان قد تزوجها، فقد حصل خلاف بين الحنفية والشافعية في وقوع طلاقه.

مذهب الحنفية:

الذي عليه الحنفية أن الطلاق المضاف إلى زمن لا يخلو إما أن يكون المطلق فيه مالكا لأمر المرأة أم لا، عليه لا يخلو الأمر من حالتين:

---

[1] العمراني، البيان في فقه الإمام الشافعي، ج10، ص246.
[2] سورة البقرة، الآية رقم (229).
[3] سورة البقرة، الآية رقم (230).
[4] الإمام كمال الدين ابن الهمام، شرح الفتح القدير، ج4، ص29.

الحالة الأولى: إذا أضاف الطلاق إلى وقت لم يكن المطلق مالكا للطلاق، ففي هذه الحالة لا يقع، كما لو قال لها أنت طالق الشهر الماضي أو أمس ولم يكن قد تزوجها إلا اليوم.

الحالة الثانية: إذا أضاف الطلاق إلى وقت كان المطلق مالكا للطلاق، ففي هذه الحالة يقع الطلاق، كما لو قال لها أنت طالق الشهر الماضي أو أمس وكان قد تزوجها قبل شهر أو أكثر[1].

واستدل الحنفية لمذهبهم هذا بأن من شروط إيقاع الطلاق أن يكون المطلق مالكا للطلاق، والزوج إذا أضاف الطلاق إلى زمن لم يكن فيه مالكا لأمر المرأة التي أراد إيقاع الطلاق عليها فقد أضاف إلى زمن لا يمكنه إيقاع الطلاق عليها فلا يقع. يقول صاحب الهداية" لأنه أسنده إلى حالة معقودة منافية لمالكية الطلاق فيلغو"[2].

وأما إذا أضاف الطلاق إلى زمن كان فيه مالكا للطلاق فيقع، لأنه حينئذ تعذر تصحيحه بطريق الإخبار لانعدام المخبر به، فيكون كذبا، فيصحح بطريق الإنشاء، ثم تعذر تصحيحه إنشاء الإضافة، لأن إسناد الطلاق الموجود للحال إلى الزمان الماضي محال[3].

مذهب الشافعية:

الذي عليه الشافعية إلا في قول مرجوح للشافعي أن الرجل لو أضاف الطلاق إلى زمن الماضي يقع طلاقه في الحال، إلا إذا كان يريد من الإضافة تلك الإخبار عن طلاق سابق، سواء في عقد سابق معه أو في عقد آخر مع شخص آخر، فحينئذ لا يقع طلاقه إذا أتى ببينة تثبت ذلك، ويحلف أنه أراد الإخبار بذلك.

وأما إذا كان يريد بذلك الإخبار عن أنها طالق من الشهر الماضي أو من أمس فيقع من ذلك الزمن إذا صدقته المرأة وإلا فيقع في الحال[4]. وفي كلتا الحالتين لا فرق بين أن تكون المرأة في الوقت الذي أضيف إليه الطلاق في ملك الرجل أم لا، واستدلوا بما يأتي:

1- إن الطلاق يقع في الحال ويلغو قصد الاستناد إلى أمس لاستحالته[5]. على اعتبار أن الطلاق لا يحتاج إلى النية فإذا ذكر الطلاق فقد وقع.

---

[1] الإمام محمد بن الحسن الشيباني، الجامع الصغير، ج1، ص193. الإمام الكاساني، بدائع الصنائع، ج3، ص208. فتاوى السغدي ج1، ص346.

[2] المرغيناني، الهداية، ج1، ص228 .

[3] الإمام الكاساني، بدائع الصنائع، ج3، ص208.

[4] الإمام الشافعي، الأم، ج5، ص184- 185. الإقناع للماوردي ج1،ص151. الإمام الغزالي، الوسيط، ج5، ص430. الشيخ سليمان البجيرمي، حاشية البجيرمي على الخطيب، ج4، ص361.

[5] الشيخ محمد الشربيني الخطيب، معني المحتاج، ج3، ص313. الشيخ زكريا الأنصاري، فتح الوهاب، ج2، ص141.

2- إن هذا قد يكون هذا من قبيل الهزل، فإذا كان طلاق الهازل واقعا مع أنه يريد اللفظ ولا يريد حكم اللفظ، فكذا من أضاف الطلاق إلى الماضي فإذا ألغينا الهزل في الطلاق وحكمنا بموجب اللفظ فكذلك نلغي ما هو مستحيل وقوعه وهو إضافة الطلاق إلى الماضي ونحكم بموجب الطلاق في الحال.

3- إن هذا من قبيل الإقرار بوقوع الطلاق[1]. وبما أن الرجل هو المالك للطلاق فيجوز أن يقر على نفسه بما يملك.

الرأي الراجح:

الذي يبدو أن الراجح هو ما ذهب إليه الحنفية لقوة أدلتهم، ولأن من شروط الطلاق كون المحل أهلا لإيقاع الطلاق عليها، فإذا لم تكن المرأة في ملك الرجل فلا يقع طلاقه عقلا و اللـه أعلم.

المطلب الخامس
الطلاق في العدة من طلاق بائن

لا خلاف بين الحنفية والشافعية في أن الطلاق يلحق المطلقة طلاقا رجعيا. ولكن هل يجوز أن يلحق المبانة طلاق كما لو كانت مختلعة أو ما شابهها؟

مذهب الحنفية:

الذي عليه الحنفية هو وقوع الطلاق على المطلقة طلاقا بائنا شرط أن يكون من الطلاق الصريح أو من ألفاظ الكناية التي حكمها حكم الرجعي، كأن يقول لها اعتدي أو استبرئي رحمك أو أنت واحدة، كما لو كان الطلاق على مال أو بناء على تفريق قضائي[2]. واستدل الحنفية لمذهبهم بما يأتي:

أولا: السنة:

روي عن النبي ﷺ أنه قال: (المختلعة يلحقها صريح الطلاق ما دامت في العدة) رواه أبو سعيد الخدري رضي الله عنه وغيره[3].

وجه الدلالة من الحديث أنه نص في جواز أن يلحق المختلعة الطلاق، ولا شك بأن المختلعة مبانة فيجوز أن يلحق الطلاق كل مطلقة مبانة.

ولكن رد على هذا بأنه حديث موضوع لا أ صل له[4].

---

(1) الإمام الغزالي، الوسيط، ج5، ص430.
(2) ابن الجوزي، التحقيق في أحاديث الخلاف، ج2، ص295.
(3) السرخسي، المبسوط،ج5،ص15. الإمام الكاساني، بدائع الصنائع، ج3، ص208.
(4) الشيخ محمد الشربيني الخطيب، مغني المحتاج، ج3، 292.

ثانيا: المعقول:

أولا: إن المطلقة بالخلع والإبانة لا تخرج من كونها محلا للطلاق، من وجهين:

الأول: إن حكم الطلاق إن كان ما ينبىء عنه اللفظ لغة وهو الانطلاق والتخلي وزوال القيد فهي محل لذلك، لأنها مقيدة في حال العدة، إذ هي ممنوعة عن الخروج والبروز والتزوج بزوج آخر، والقيد هو المنع.

الثاني: أما إن كان ما لا ينبىء عنه اللفظ لغة، وهو زوال حل المحلية شرعا، فحل المحلية قائم، لأنه لا يزول إلا بالطلقات الثلاث، ولم توجد فكانت المبانة و المختلعة محلين للطلاق.

ثانيا: أما وجه وقوع الطلاق بألفاظ الكناية فهو أن هذه الكناية رجعي، فكان في معنى الصريح فيلحق الخلع والإبانة في العدة كالصريح.

مذهب الشافعية:

لا يلحق الطلاق المطلقة طلاقا بائنا كالمختلعة[1]. واستدلوا بما يأتي:

أولا: الكتاب والسنة:

عموم الآيات والأحاديث التي تدل على مشروعية الطلاق.

وجه الدلالة منها أن الطلاق إنما يكون من الزوج على الزوجة والمبانة ليست بزوجة بدليل أنه ليس له الحق في مراجعتها إلا برضاها وبشرط المهر والعقد الجديدبن. ولو كانت زوجة ما احتاج في مراجعتها إلى عقد جديد. فإذا لم تكن زوجة فلا يلحقها الطلاق

ثانيا: الآثار:

روي عن ابن عباس وابن الزبير رضي اللـه عنهم أنهما قالا: في المختلعة إذا طلقها زوجها: "لا يلزمها طلاق، لأنه طلق ما لا يملك" وبمعناه رواه سفيان الثوري عن بن جريج. وهو قول الحسن البصري[2].

ثالثا: المعقول:

قياسا على عدم صحة ظهارها والإيلاء منها وعدم التوارث بينهما. فلو لم تجز هذه لكونها ليست بزوجة فلا يقع الطلاق عليها أيضا[3].

الرأي الراجح:

الذي يبدو أن الراجح هو ما ذهب إليه الشافعية لقوة أدلتهم وعدم صحة الحديث الذي استدل به الحنفية و اللـه أعلم.

---

(1) ابن الجوزي، التحقيق في أحاديث الخلاف، ج2، ص295.
(2) البيهقي، سنن البيهقي الكبرى، ج7، ص317. الإمام الشافعي، مسند الشافعي، دار الكتب العلميـة – بيروت، ص152.
(3) الامام تقي الدين الحسيني الحصني، كفاية الأخيار، ج1، ص547. محمد بن أحمد الرملي، غاية البيان شرح زبد ابن رسلان، ص263.

الفصل الثاني
الخلاف في التفريق القضائي بين الزوجين

التفريق القضائي بين الزوجين هو ذلك التفريق الذي يكون بين الزوجين عن طريق القضاء وأكثر ما يكون في حالات يكون فيها الضرر أكبر بكثير من الضرر الموجود في الطلاق الذي يقع بين الزوجين فقط. فالآثار المترتبة على هذا التفريق قد تثقل كاهل الزوج مما تضطره إلى اللجوء إلى القضاء بغية تخفيف تلك الآثار من مهر مؤخر وما إلى ذلك. وقد تلجأ المرأة إلى القضاء مطالبة التفريق لرفع الضرر الواقع عليها من زوجها الذي يمتنع عن طلاقها وإنما يريد إمساكها للإضرار بها. لذا وجد التفريق القضائي ويكون بتدخل القضاء بين الزوجين ورفع الظلم الواقع على أحدهما من الآخر. ومما لا شك فيه أن الأسباب التي تدفع بالزوجين إلى المطالبة بالتفريق قضاء كثيرة جدا. البعض منها متفق بين الفقهاء على كونها أسباب مبررة للتفريق بين الزوجين. والبعض الآخر مختلف فيها. وسنخصص هذا الفصل لدراسة تلك الأسباب والخلاف الفقهي بين الحنفية والشافعية فيها في المباحث الأربعة الآتية:

المبحث الأول: الخلاف في التفريق للضرر والعيوب وعدم الإنفاق.

المطلب الأول: التفريق للضرر.

المطلب الثاني: الخلاف في التفريق بسبب العيوب.

المطلب الثالث: الخلاف في التفريق بسبب عدم الإنفاق.

المبحث الثاني: الخلاف في الخلع (التفريق الاختياري).

المطلب الأول: الخلاف في ماهية الخلع وألفاظه.

المطلب الثاني: العوض في الخلع.

المطلب الثالث: الخلاف في آثار الخلع.

المبحث الثالث: الخلاف في الإيـــلاء.

المطلب الأول: الخلاف في مدة الإيلاء.

المطلب الثاني: الخلاف في صحة إيلاء غير القادر على الوطء.

المطلب الثالث: الخلاف في الفيء بالقول.

المطلب الرابع: الخلاف في وقف المولي بعد انقضاء فترة الإيلاء.

المبحث الرابع: الخلاف في اللعان.

المطلب الأول: الخلاف في التكييف الشرعي للعان وحكمه.

المطلب الثاني: الخلاف في شروط اللعان.

المطلب الثالث: الخلاف في آثار اللعان.

المبحث الأول
الخلاف في التفريق للضرر والعيوب وعدم الإنفاق

نظرا لأن هناك أسباب عديدة قد ينتج عنها ضرر مباشر لأحد طرفي عقد الزواج فإن الشارع الحكيم قد أعطى حق التفريق للطرف المتضرر إن طلب ذلك والأسباب تلك سنناقشها في المطالب الثلاثة الآتية:

المطلب الأول
التفريق للضرر

بما أن مفهوم الضرر واسع جدا ويمكن أن تندرج تحته مسائل عديدة وقد يكون هو السبب لأن يلجأ أحد الطرفين إلى المطالبة بالتفريق قضاء لذا فإني قد اخترته كعنوان للمطلب. لذا فإن هذا المطلب يتضمن الفروع الأربعة الآتية:

الفرع الأول: الخلاف في التفريق بسبب الشقاق (صفة الحكمين):

الذي يبدو أنه لا خلاف بين الحنفية والشافعية في التفريق بين الزوجين بسبب الشقاق والضرر. فالمسائل الرئيسية هي محل اتفاق بينهما، وما يبنى عليها من فروع هي أيضا كذلك.

عليه فإن اشتد الشقاق والضرر بين الزوجين، واشتبهت على الحاكم حال زوجين، في الإضرار اختار حكما من أهله وحكما من أهلها، وكان بعث الحكمين إليهما واجبا عملا بظاهر الآية ﴿ وَإِنْ خِفْتُمْ شِقَاقَ بَيْنِهِمَا فَٱبْعَثُوا۟ حَكَمًا مِّنْ أَهْلِهِۦ وَحَكَمًا مِّنْ أَهْلِهَآ إِن يُرِيدَآ إِصْلَٰحًا يُوَفِّقِ ٱللَّهُ بَيْنَهُمَآ ۗ إِنَّ ٱللَّهَ كَانَ عَلِيمًا خَبِيرًا ﴿٣٥﴾ ﴾[1].

فإن اتفق الحكمان على أمر وكان فيه صلاح أمر الزوجين كان نافذا على الزوجين بالاتفاق[2].

وإن رأيا أن الشقاق كبير والضرر عظيم، فليس لهما أن يفرقا بين الزوجين، إلا إذا كانا موكلين من قبل الزوجين في التفريق، لأنهما وكيلان لا حاكمان عند الحنفية وعلى الأظهر في الفقه الشافعي[3]. فللزوج أن يوكل حكمه بطلاق أو خلع، وتوكل الزوجة حكمها ببذل عوض وقبول طلاق به، ويفرقان بينهما إن رأياه صوابا[4].

---

[1] سورة النساء الآية رقم (35).

[2] ينظر الإقناع للماوردي ج1، ص146.

[3] الشيرازي، المهذب، ج2، ص486. الشيخ محمد الشربيني الخطيب، مغني المحتاج، ج3، ص259.

[4] الإمام الشافعي، أحكام القرآن، ج1، ص212. أبو بكر الجصاص، أحكام القرآن، ج3، ص151.

ولا خلاف في أن الحكمين يشترط فيهما الإسلام والحرية والعدالة والاهتداء إلى المقصود من بعثهما له، والذكورة على الرأي الراجح خروجا من الخلاف. والأولى أن يكون الحكمان من أهليهما كما ذكر الـلـه تعالى، لأنهما أخبر بباطن أمرهما وأشفق عليهما[1].

وعلى القول المرجح عند الشافعية فإنهما (الحكمان) موليان من الحاكم، فهما حاكمان ولهما أن يفعلا ما يريان من الجمع والتفريق بعوض وغير عوض[2]. ويستدل لهذا القول بما يأتي:

أولا: الكتاب:

قوله عزّ وجلّ: ﴿ وَإِنْ خِفْتُمْ شِقَاقَ بَيْنِهِمَا فَٱبْعَثُواْ حَكَمًا مِّنْ أَهْلِهِۦ وَحَكَمًا مِّنْ أَهْلِهَآ إِن يُرِيدَآ إِصْلَٰحًا يُوَفِّقِ ٱللَّهُ بَيْنَهُمَآ ۗ إِنَّ ٱللَّهَ كَانَ عَلِيمًا خَبِيرًا ﴿٣٥﴾ ﴾[3].

وجه الدلالة من الآية أن الـلـه عزّ وجلّ قد سماهما حكمين ولم يعتبر رضا الزوجين[4]. ولوكانا وكيلين لاعتبر رضاهما.

ثانيا: الآثار:

روى عبيدة أن عليا رضي الله عنه بعث رجلين فقال لهما أتريان ما عليكما عليكما إن رأيتما أن تجمعا جمعتما وإن رأيتما أن تفرقا فرقتما فقال الرجل أما هذا فلا فقال كذبت، لا و الـلـه ولا تبرح حتى ترضى بكتاب الـلـه عزّ وجلّ لك وعليك فقالت المرأة رضيت بكتاب الـلـه لي وعلي[5].

وجه الدلالة من هذا الأثر أن عليا رضي الله عنه قد ألزم الرجل بقبول حكم الـلـه عزّ وجلّ وهو الجمع والتفريق من الحكمين، فدل على أنهما حكمان لا وكيلان.

ثالثا: المعقول:

1- قياسا على القذف الموجب للعان، فكما اشتبه الظالم من المظلوم هناك، فوجب التفريق بينهما من غير رضاهما. فكذلك هنا، لانه لما وقع الشقاق واشتبه الظالم منهما جاز التفريق بينهما من غير رضاهما[6].

2- إن تسميتهما حكمين يدل على أنهما حاكمين، لأنه إذا كان مسخرا لا ينفذ حكمه فكيف يسمى حكما[7].

---

[1] أبوبكر الدمياطي، إعانة الطالبين، ج3، ص378. الإمام كمال الدين ابن الهمام، شرح الفتح القدير، ج4، ص244 الإمام البغوي، تفسير البغوي، ج1، ص208.
[2] الإمام النووي، منهاج الطالبين وعمدة المفتين، ط1، دار الفكر، بيروت – لبنان، سنة الطبع 2005، ص104.
[3] سورة النساء، الآية رقم (35).
[4] الشيرازي، المهذب، ج2، ص486.
[5] الإمام الغزالي، الوسيط، ج5، ص307.
[6] الشيرازي، المهذب، ج2، ص486.
[7] الإمام الغزالي، الوسيط، ج5، ص307. الشيخ محمد الشربيني الخطيب، مغني المحتاج، ج3، ص259.

أدلة القول الراجح والأظهر في الفقه الشافعي:

أولا: الكتاب

قوله ﷻ: ﴿ وَإِنْ خِفْتُمْ شِقَاقَ بَيْنِهِمَا فَابْعَثُوا حَكَمًا مِّنْ أَهْلِهِ وَحَكَمًا مِّنْ أَهْلِهَا إِن يُرِيدَا إِصْلَاحًا يُوَفِّقِ اللَّهُ بَيْنَهُمَا إِنَّ اللَّهَ كَانَ عَلِيمًا خَبِيرًا ﴿٣٥﴾ ﴾[1].

وجه الدلالة من الآية أن الله ﷻ قد بين أن مهمة الحكمين إنما هي الإصلاح بقوله ﴿ إِن يُرِيدَا إِصْلَاحًا يُوَفِّقِ اللَّهُ بَيْنَهُمَا ﴾ وليس في الآية ما يدل على أن لهما التفريق بين الزوجين[2].

ثانيا: المعقول:

إن الطلاق إلى الزوج، لقوله تعالى: ﴿ لَّا جُنَاحَ عَلَيْكُمْ إِن طَلَّقْتُمُ ﴾[3]. وبذل المال إلى الزوجة، لقوله تعالى: ﴿ فَإِنْ خِفْتُمْ أَلَّا يُقِيمَا حُدُودَ اللَّهِ فَلَا جُنَاحَ عَلَيْهِمَا فِيمَا افْتَدَتْ بِهِ ﴾[4]. فلا يجوز للحكمين أن يتصرفا في حق الغير إلا بإذنه، وصاحب الحق هنا الزوجان، فلا يجوز إلا بإذنهما[5].

وفي هذا يقول الجصاص " فهما في حال شاهدان، وفي حال مصلحان، وفي حال آمران بمعروف وناهيان عن منكر، ووكيلان في حال إذا فوض إليهما الجمع والتفريق، وأما قول من قال إنهما يفرقان ويخلعان من غير توكيل من الزوجين، فهو تعسف خارج عن حكم الكتاب والسنة و الله أعلم بالصواب"[6].

موقف قانون الأحوال الشخصية العراقي:

وأما المشرع العراقي فقد أخذ بالقول الراجح من قولي الشافعي، وجعل الضرر والشقاق سببا للتفريق بين الزوجين في المادة (41) من قانون الأحوال الشخصية العراقي. حيث حصر مهمة الحكمين في الإصلاح فإن تعذر الإصلاح وتعين التفريق فإن المحكمة هي التي تفرق فقد نصت الفقرة الرابعة (أ) من المادة (41) على "إذا ثبت للمحمكمة استمرار الخلاف بين الزوجين وعجزت عن الإصلاح بينهما وامتنع الزوج عن التطليق فرقت المحكمة بينهما".

الرأي الراجح:

الذي يبدو لي أن الراجح هو القول الثاني القائل بأن الحكمين هما موليان من الحاكم ولهما أن يفرقا إن وجدا ما يدعو إلى التفريق، وهو مذهب المالكية، قياسا على اللعان والظهار.

---

(1) سورة النساء، الآية رقم (35).
(2) الإمام الشافعي، الأم، ج5، ص286. ابن كثير، تفسير القرآن العظيم، ج1، ص655.
(3) سورة البقرة، الآية رقم (236).
(4) سورة البقرة، الآية رقم (229).
(5) ينظر الشيرازي، المهذب، ج2، ص486. ينظر الشيخ محمد الشربيني الخطيب، مغني المحتاج، ج3، ص259.
(6) أبو بكر الجصاص، أحكام القرآن، ج3، ص155.

الفرع الثاني: التفريق للغرر:

الغرر لغة: من غَره غَرا وغرورا وغرة بالكسر فهو مَغرور: خَدَعَه وأطمَعَه بالباطل، فاغتَر[1]. فالتغرير في الزواج أن يخدع أحد الطرفين الآخر بإظهار صفة هو دونها حقيقة. كأن يدعي بأنه حر فإذا هو عبد، أو تدعي بأنها بكر فإذا هي ثيب[2].

قلت بناء على الأصل في العيوب المثبتة للتفريق، فقد قال الحنفية بعدم جواز التفريق بين الطرفين إن حصل تغرير في عقد الزواج، سواء غرت المرأة أم الرجل، ونصوص الحنفية تدل دلالة واضحة على عدم ثبوت حق التفريق، فقد قال صاحب المبسوط "إن اشترط أحدهما على صاحبه السلامة من العمى والشلل والزمانة فوجد بخلاف ذلك لا يثبت له الخيار"[3]. وقال صاحب الفتح القدير "لو شرط وصفا مرغوبا فيه كالعذرة والجمال والرشاقة وصغر السن فظهرت ثيبا عجوزا شوهاء ذات شق مائل ولعاب سائل وأنف هائل وعقل زائل لا خيار له في فسخ النكاح"[4].

ولكن رأيت في كتاب بدائع الصنائع ما يخالف ما ورد عند ابن الهمام والسرخسي فقد جاء فيه "وإن كان أدون منه بأن أظهر أنه قرشي ثم ظهر أنه عربي فلها الخيار،وإن كان كفئا لها بأن كانت المرأة عربية، لأنها إنما رضيت بشرط الزيادة، وهي زيادة مرغوب فيها، ولم تحصل فلا تكون راضية بدونها فكان لها الخيار"[5].

وأما الشافعية ولأنهم قالوا بأن العيوب المثبتة لحق فسخ النكاح للطرفين محصورة في سبعة عيوب، وهي الجب والعنة والرتق والقرن والجنون والجذام والبرص. فقد أثبتوا للطرفين حقا آخر في فسخ العقد لو وجد غرر في العقد فإن كان الغرر من الرجل كان حق الفسخ ثابتا للمرأة، وإن كان من المرأة كان الحق ثابتا للرجل. ولكن بشرط أن يكون ما حصل فيه الغرر مشروطا في العقد السلامة منه، وأما إن ظن أحد الطرفين أو غلب على ظنه وجود الطرف الآخر على هذه الصفة، ثم ظهر على ما دون الوصف فلا فسخ[6]."لأنه منكوح بعينه وغرر بشيء وجد دونه"[7]. وعلى ما يبدو أن هذا هو الصواب.

---

[1] الفيروز آبادي، القاموس المحيط، ج1، ص577.
[2] زكريا الأنصاري، فتح الوهاب ، ج2، ص58.
[3] السرخسي، المبسوط،ج5، ص97.
[4] الإمام كمال الدين ابن الهمام، شرح الفتح القدير، ج4، ص305.
[5] الإمام الكاساني، بدائع الصنائع، ج2، ص629.
[6] زكريا الأنصاري، فتح الوهاب، ج2، ص58. الشيخ سليمـان البجيرمي، حاشية البجيرمي على الخطيب، ج3، ص392. زكريا الأنصاري، فتح الوهاب، ج1، ص83.
[7] الإمام اسماعيل بن يحيى المزني، مختصر المزني، ط1، دار الكتب العلمية، بيروت - لبنان، سنة الطبـع 1998م، ص177. وينظر الشيخ سليمان البجيرمي، حاشية البجيرمي على الخطيب، ج3، ص392.

الفرع الثالث: الخلاف في التفريق بسبب الفقد أو الغيبة:

مما لا خلاف فيه بين الحنفية والشافعية أن فقد الزوج أو غيبته أيا كان نوع الفقد أو الغيبة ليس حقا يثبت به حق التفريق للمرأة، فلا يفرق بينه وبين زوجته وإن طلبت هي ذلك، إذ الأصل بقاء حياته، وأنه حي استصحابا للأصل، ولأن المرأة لا تبين من زوجها إلا بطلاق أو موت، ولا شيء من هذا محقق في المفقود. فإن ثبت موته[1]. فلها بعد ذلك أن تعتد عدة الوفاة ثم تحل بعد انتهاء العدة للأزواج[2]. ولما روي عن المغيرة بن شعبة رضي الله عنه قال قال رسول الله ﷺ: أمرأة المفقود امرأته حتى يأتيها البيان وكذلك رواه زكريا بن يحيى الواسطي عن سوار بن مصعب إلا أن سوارا هذا ضعيف[3]. ورواه الدارقطني بلفظ "حتى يأتيها الخبر"[4].

فالحديث واضح في أن امرأة المفقود تنتظر ولا تتزوج حتى تعلم بموت زوجها[5].

الفرع الرابع: الخلاف في الفسخ بخيار البلوغ:

لا خلاف في جواز أن يزوج الأولياء من تحت ولايتهم من الصغار، ولكن ما الحكم فيما إذا بلغ الصبي؟ فهل يعطى له حق الفسخ أم لا؟

مذهب الحنفية:

المذهب عند الحنفية أن الولي إما أن يكون هو الأب أو الجد وإما أن يكون من غيرهما من العصبات. فإن كان الولي هو الأب أو الجد وزوجا من تحت ولايتهما فالزواج صحيح نافذ ولازم ولا خيار لهما بعد البلوغ، وأما إن كان الولي من غير الأب أو الجد فلهما خيار البلوغ وإن كانا معروفين بحسن التصرف، حتى وإن كان المزوج هو القاضي في ظاهر الرواية. ولابد في خيار البلوغ هذا من قضاء القاضي بذلك، هذا عند أبي حنيفة ومحمد رحمهما لله تعالى وهو قول بن عمر وأبي هريرة رضي الله عنهم، وعند أبي يوسف لا يثبت لهما الخيار[6].

---

[1] وقال أبو حنيفة والشافعي رحمهما الله تعالى تنتظر حتى يتيقن موته أو يبلغ تسعين سنة أو مائة وعشرون سنة أو حتى يموت أقرانه. الشيخ عبد الغني الغنيمي، اللباب في شرح الكتاب، ج2، ص61. الإمام البخاري، صحيح البخاري، ج5، ص2026.

[2] المرغيناني، الهداية، ج2، ص181 . الإمام كمال الدين ابن الهمام، شرح الفتح القدير، ج6، ص146. الزيلعي، تبيين الحقائق، ج3، ص311. الإمام الشافعي، الأم، ج5، ص354. محمد الشيخ محمد الشربيني الخطيب، مغني المحتاج، ج3، ص393.

[3] البيهقي، سنن البيهقي الكبرى،ج7، ص445. البيهقي، السنن الصغرى، ج6، ص484.

[4] الدار قطني، سنن الدارقطني، ج3، ص312.

[5] السرخسي ، المبسوط، ج7، ص269. محمد الشيخ محمد الشربيني الخطيب، مغني المحتاج، ج3، ص393.

[6] المرغيناني، الهداية، ج1، ص198 . السرخسي، المبسوط،ج4، ص215. إبراهيم بن أبي اليمن، لسان الحكام، ج1، ط2، مطبعة البابي الحلبي، القاهرة، سنة الطبع 1973، ص318.

مذهب الشافعية:

المذهب عند الشافعية أن تزويج البكر الصغيرة بل وحتى الكبيرة دون إذنها لا يكون إلا من الولي الذي هو الأب أو الجد، وأما غيرهما فليس لهما ولاية الإجبار فلا يصح منه الزواج أصلا.

مما سبق ذكره في بيان مذهب الحنفية والشافعية يتبين أن الولي الأب أو الجد لو زوج من تحت ولايته من الصغار ومن في حكمهم فالزواج نافذ لازم صحيح، وهذا القدر هو متفق عليه بين الحنفية والشافعية، فالحنفية لا يثبتون حق الفسخ بخيار البلوغ للزوجين إذا زوجهما الأب أو الجد بمهر المثل أو بكفء. والشافعية لا يجيزون تزويج الصغيرة بل وحتى الكبيرة إلا بكفء وبمهر المثل. فتزويج الأب أو الجد من تحت ولايته من عديمي أو ناقصي الأهلية نافذ عليهم ولا خيار لهم بعد البلوغ. يقول الإمام الشافعي بعد أن بين أن الصغار والمجانين لا يزوجهما غير الآباء والأجداد أن المجنونة لو زوجها وليها فـ(إن أفاقت فلا خيار لها ولا يجوز أن يزوجها إلا كفؤا)[1].

ولكن مما ينبغي الإشارة إليه أن الشافعية قد ذكروا خيار البلوغ في حالة واحدة وهي حالة ما إذا زوج الولي من تحت ولايته من غير كفء. ولكن الصحيح في المذهب بطلان هكذا نكاح. وقيل النكاح صحيح ولكن هل يثبت للزوجين حق الفسخ بالبلوغ أم لا؟ قولان الأول: له الخيار. والثاني: ليس له ذلك. ويبدو لي أن الأظهر من هذين القولين هو حق الفسخ، لأن الشافعية إذا حكموا ببطلان هكذا نكاح فمن باب أولى أن يعطى لهما حق الفسخ[2].

وبنا على هذا يمكن القول بأن هناك خلافا بين الحنفية والشافعية في الفسخ بخيار البلوغ، فالحنفية لا يثبتون حق الفسخ بخيار البلوغ. وأما الشافعية فيثبتون ذلك.

عليه يبقى الخلاف بينهما في مدى صحة تزويج غير الأب والجد من تحت ولايتهما من الصغار ومن في حكمهما وقد بحثنا المسألة في ولاية الإجبار في باب الزواج.

إذا فالخلاف هو بين الحنفية أنفسهم فأبو حنيفة ومحمد رحمهما الـلـه تعالى، يثبتون للزوجين حق الفسخ بخيار البلوغ إذا كان الولي من غير الأب والجد، وأما أبو يوسف فيجعل حكم تزويج غير الأب والجد من الأولياء حكمهما في عدم إعطاء الزوجين حق الفسخ بخيار البلوغ. واستدلوا بما يأتي:

الحجة لأبي حنيفة ومحمد رحمهما الـلـه تعالى.

أولا: السنة:

1- عن نافع عن بن عمر قال : توفي عثمان بن مظعون وترك بنتا له من خولة بنت حكيم بن أمية فأوصى إلى أخيه قدامة بن مظعون وهما خالاي فخطبت إلى قدامة بنت عثمان فزوجنيها

(1) الإمام الشافعي، الأم، ج5، ص33.

(2) العمراني، البيان، ج9، ص187- 188. ينظر حاشيتا قليوبي وعميرة، ج3، ص238.

فدخل المغيرة إلى أمها فأرغبها في المال فحطت إليه وحطت الجارية إلى هوى أمها حتى ارتفع أمرهم إلى النبي ﷺ فقال قدامة يا رسول الله ابنة أخي وأوصى بها إلي فزوجتها بن عم ولم أقصر بالصلاح والكفاءة ولكنها امرأة وأنها حطت إلى هوى أمها فقال رسول الله ﷺ هي يتيمة ولا تنكح إلا بإذنها فانتزعت مني و الله بعد أن ملكتها فزوجوها المغيرة بن شعبة[1].

وجه الدلالة من الحديث أن الرسول ﷺ قد خير بنت عثمان بن مظعون لما زوجها عمها بن عمر، فدل على ثبوت الخيار لها، فالحديث نص في الباب[2].

2- زوج رسول الله ﷺ أمامة بنت عمه حمزة وهي صغيرة وقال: لها الخيار إذا بلغت[3].

لم أجد هذا الحديث فيما بين يدي من مراجع.

وجه الدلالة أن الرسول ﷺ قد أعطاها الخيار بالبلوغ وهو أيضا نص في الباب.

ثانيا: المعقول:

إن أصل القرابة إن كان يدل على أصل النظر، لكونه دليلا على أصل الشفقة، فقصورها يدل على قصور النظر، لقصور الشفقة بسبب بعد القرابة، فيجب اعتبار أصل القرابة، بإثبات أصل الولاية، واعتبار القصور إنما يكون بإثبات الخيار، تكميلا للنظر، وتوفيرا في حق الصغير بتلافي التقصير لو وقع[4].

الحجة لأبي يوسف رحمه الله تعالى:

1- إن هذا النكاح صدر من ولي فيلزم قياسا على صدوره عن الأب والجد[5].

2- إن ولاية الإنكاح ولاية نظر في حق المولى عليه فيدل ثبوتها على حصول النظر، وهذا يمنع ثبوت الخيار، لأن الخيار لو ثبت إنما يثبت لنفي الضرر، ولا ضرر، فلا يثبت الخيار، ولهذا لم يثبت في نكاح الأب والجد كذا هذا[6].

الرأي الراجح:

الذي يبدو لي أن الراجح هو ما ذهب إليه لإمام أبو حنيفة رحمه الله تعالى للحديث الذي هو نص في الباب.

---

(1) الدار قطني، سنن الدارقطني، ج3، ص230.
(2) السرخسي، المبسوط،ج4، ص215.
(3) الإمام كمال الدين ابن الهمام، شرح الفتح القدير، ج3، ص277.
(4) الإمام الكاساني، بدائع الصنائع، ج3، ص315.
(5) المرغيناني، الهداية، ج1، ص198. إبراهيم بن أبي اليمن، لسان الحكام، ج1، ص318.
(6) الإمام الكاساني، بدائع الصنائع، ج3، ص315.

المطلب الثاني
الخلاف في التفريق بسبب العيوب

لا خلاف بين الحنفية والشافعية في جواز التفريق بين الرجل والمرأة بسبب عيب العنة والجب والخصاء، فللمرأة أن تطلب التفريق من القاضي، لكون هذه العيوب تخل بمقاصد عقد الزواج[1].

ولكن الخلاف بين الحنفية والشافعية في التفريق للعلل يكمن فيمن له حق التفريق، وكذا في العيوب التي تكون سببا للتفريق، وفي نوع الفرقة الحاصلة بالتفريق للعلل وسيتم توضيح ذلك في الفروع الأربعة الآتية:

الفرع الأول: الخلاف فيمن له حق التفريق:

مذهب الحنفية:

إن حق التفريق بين الرجل والمرأة بسبب العيوب هو حق ثابت للمرأة فقط، وأما الرجل فلا يملك هذا الحق وإنما له استعمال حقه في التفريق بالطلاق[2].فخلو جانب المرأة عن العيب ليس بشرط للزوم النكاح بلا خلاف بين الحنفية، فلا يفسخ النكاح بشيء من العيوب الموجودة فيها[3]. واستدلوا بما يأتي:

أولا: الآثار:

1- روي عن ابن مسعود رضي الله عنه أنه قال "لا ترد الحرة عن عيب"[4].

2- عن علي قال: "إذا وجد بامرأته شيئا من هذه العيوب، فالنكاح لازم له، إن شاء طلق وإن شاء أمسك"[5].

وجه الدلالة أن عليا رضي الله عنه قد بين ما للرجل من حق إن وجد بامرأته عيبا فهو بين خيارين إما أن يطلق وإما أن يمسك.

---

(1) الدر المختار ج3:ص494. الإمام أبو إبراهيم اسماعيل بن يحيى بن اسماعيل المزني، مختصر المزني،ج1،ص191.
(2) السرخسي، المبسوط، ج4، ص69.
(3) الإمام الكاساني، بدائع الصنائع، ج2، ص639.
(4) السرخسي، المبسوط، ج4، ص69. هو موقوف على ابراهيم النخعي في سنن سعيد بن منصور وفي مصنف عبد الرزاق، إلا أن أبابكر في مصنفه قد وقفه على ابن مسعود. مصنف ابن أبي شيبة ج3،ص487. ينظر عبد الرزاق بن همام الصنعاني، أبو بكر بن أبي شيبة، المصنف، ج6، ص246. ينظر سنن سعيد بن منصور، ج1، ص214.
(5) الإمام كمال الدين ابن الهمام، شرح الفتح القدير، ج3، ص251.

ثانيا: المعقول:

إن الزوج وإن كان يتضرر بها، لكن يمكنه دفع الضرر عن نفسه بالطلاق، فإن الطلاق بيده، والمرأة لا يمكنها ذلك، لأنها لا تملك الطلاق، فتعين الفسخ طريقا لدفع الضرر[1].

مذهب الشافعية:

الذي عليه الشافعية والمالكية والحنابلة أنه إذا وجد الرجل امرأته مجنونة أو مجذومة أو برصاء أو رتقاء وهي التي انسد فرجها أو قرناء وهي التي في فرجها لحم يمنع الجماع ثبت له الخيار وإن وجدت المرأة زوجها مجنونا أو مجذوما أو أبرص أو مجبوبا أو عنينا ثبت لها الخيار[2]. واستدل الشافعية لمذهبهم بما يأتي:

أولا: السنة:

1- ثبت في الصحيح قوله ﷺ "فر من المجذوم فرارك من الأسد"[3].

وجه الدلالة من الحديث أن فيه النص على جواز الفرار من الجذام حتى وإن كان المجذوم امرأته للعموم. والفرار للرجل إنما هو بالفسخ. ولو لزم النكاح لما أمر بالفرار[4].

ولكن رد الحنفية على هذا بقولهم "بأننا نقول بموجبه، فيجب الاجتناب عنه، والفرار يمكن بالطلاق لا بالفسخ، وليس فيه تعيين طريق الاجتناب والفرار"[5].

2- روي أنه عليه الصلاة والسلام تزوج امرأة من غفار فلما دخلت عليه رأى بكشحها بياضا فقال: ((البسي ثيابك والحقي بأهلك)) وقال لأهلها: ((دلستم علي)). رواه البيهقي في السنن الكبير من رواية ابن عمر رضي الله عنهما قال: والكشح الجنب فثبت في البرص النص وقيس الباقي عليه لأنه في معناه في المنع من كمال الاستمتاع وأولى[6]. قلت ويمكن القول بأن الجذام أيضا ثابت بالنص للحديث السابق.

ولكن يرد على هذا بأن الحديث ضعيف جدا لا يصلح للاحتجاج به، لأن في سنده جميل بن زيد عن ابن عمر فقد قال البخاري (لم يصح حديثه)، وقال فيه ابن معين ليس بثقة، وقال ابن

---

1 الإمام الكاساني، بدائع الصنائع، ج2، ص639.

2 الشيرازي، المهذب، ج2، ص449. الإقناع للماوردي ج1، ص138. الشيخ محمد الشربيني الخطيب، مغني المحتاج، ج3، ص202.

3 البيهقي، السنن الصغرى، ج6، ص203. الشيخ محمد الشربيني الخطيب، مغني المحتاج، ج3، ص202.

4 الشيخ محمد الشربيني الخطيب، مغني المحتاج، ج3، ص202. الشربيني الحطيب، الإقناع في حل ألفاظ أبي شجـاع، ج2، ص421. الإمام الكاساني، بدائع الصنائع، ج2، ص639.

5 الإمام الكاساني، بدائع الصنائع، ج2، ص639.

6 الشيرازي، المهذب، ج2، ص449. الامام تقي الدين الحسيني الحصني، كفاية الأخيار، ج1، ص473. سنن سعيد بن منصور، ج1، ص214. البيهقي، سنن البيهقي الكبرى،ج7، ص213. نور الدين علي بن أبي بكر الهيثمي، مجمع الزوائد، ج4، ص552.

الجوزى كان يقول ما سمعت ابن عمر شيئا، وقال ابن حبان دخل المدينة فجمع أحاديث ابن عمر بعد موته ثم رجع إلى البصرة فرواها[1].

وعلى فرض صحة الحديث فيحمل على أنه ﷺ قد ردها بالطلاق لا بالفسخ، ألا ترى أنه قال الحقي بأهلك، وهذا من كنايات الطلاق[2].

ثانيا: الآثار:

1- وروى ابن عمر رضي الله عنهما قال: (أيما رجل تزوج امرأة بها جنون أو جذام أو برص فمسها فلها صداقها وذلك لوليها)[3].

لم أجد هذا الأثر موقوفا على ابن عمر والصحيح أنه موقوف على أبيه عمر بن الخطاب، وهو الأثر التالي.

2- عن سعيد بن المسيب عن عمر بن الخطاب قال: (أيما امرأة غربها رجل بها جنون أو جذام أو برص فلها مهرها بما أصاب منها وصداق الرجل على وليها الذي غره)[4].

ورد على هذا بأن عمر رضي الله عنه أثبت الخيار له بالطلاق[5].

ويجاب عن هذا بأنه لا يوجد في الأثر ما يدل على أنه رده أو خيره بالطلاق، وهو تاويل فيه تكلف، لذا قال صاحب شرح فتح القدير "وحمله على خيار الطلاق بعيد"[6].

3- عن عمرو بن دينار عن أبي الشعثاء قال: "أربع لا يجزن في بيع ولا نكاح إلا أن يسمى فإن سمي جاز: الجنون والجذام والبرص والقرن"[7]. وأخرجه البيهقي عن جابر عن ابن عباس، وروي أيضا عن علي بن أبي طالب[8].

ثانيا: المعقول:

1- إذا لم نثبت الخيار للزوج، لأدى إلى دوام الضرر، ولا ضرر في الإسلام[9]. عملا بقاعدة الضرر يزال.

---

[1] العلامة علاء الدين المارديني الشهير بابن التركماني، الجوهر النقي، ج7، ص214.
[2] السرخسي، المبسوط، ج4، ص69.
[3] الامام تقي الدين الحسيني الحصني، كفاية الأخيار، ج1، ص473.
[4] الإمام الشافعي، الأم، ج5، ص122. الدار قطني، سنن الدارقطني، ج3، ص266. البيهقي، سنن البيهقي الكبرى،ج7، ص214.
[5] السرخسي، المبسوط، ج4، ص69.
[6] الإمام كمال الدين ابن الهمام، شرح الفتح القدير، ج3، ص251.
[7] الإمام الشافعي، الأم، ج5، ص122. روي هذا الأثر عبد الرزاق في مصنفه بلفظ " أربع لا يجزن في نكاح ولا بيع إلا أن يسمين، المجنونة والمجذومة والبرصاء والعفلاء" . مصنف عبد الرزاق، ج6، ص243.
[8] البيهقي، سنن البيهقي الكبرى،ج7، ص215.
[9] الامام تقي الدين الحسيني الحصني، كفاية الأخيار، ج1، ص473.

2- إن النكاح عقد معاوضة قابل للرفع فجاز رفعه بسبب العيوب المؤثرة في المقصود منه كالبيع[1].

3- قياسا على حق المرأة في التفريق، بجامع أنهما في حكم عقد الزواج سواء. فإذا كان العيب المخل بالعقد يثبت لها الخيار فيجب أن يثبت الخيار للزوج أيضا، فالزوج وإن كان متمكنا من الطلاق، لكنه محتاج إلى إثبات الخيار له، ليسقط به المهر عن نفسه.

4- قياسا على حق الصغير في الطلاق إذا بلغ وقد زوجه عمه، فكما يثبت له الخيار وإن كان متمكنا من الطلاق، فكذا يثبت للزوج حق التفريق وإن كان متمكنا من الطلاق[2].

موقف المشرع العراقي:

يبدو واضحا أن المشرع العراقي قد أخذ برأي الحنفية حيث لم يعط حق التفريق إلا للزوجة فقط عند وجود عيب من هذه العيوب. فقد نص في المادة (43) من قانون الأحوال الشخصية على " أولا- للزوجة طلب التفريق عند توفر أحد الأسباب الآتية:4- إذا وجدت زوجها عنينا أو مبتلى بما لا يستطيع القيام بالواجبات الزوجية.... الخ".

الرأي الراجح:

الذي يبدو أن الراجح هو ما ذهب إليه الشافعية لقوة أدلتهم، فقضاء عمر ﷺ في الرد بالعيب، ولم يوجد له مخالف فهو بمثابة إجماع سكوتي، ولا يمكن حمله على الطلاق كما يقول الحنفية، فهو تأويل بعيد لا دليل له، بل إن إعطاء الرجل الحق في التفريق هو مما يتوافق مع القاعدة الشرعية " الضرر يزال" التي هي من القواعد الخمس التي ترجع إليها جميع مسائل الفقه كما ذكر ذلك جلال الدين السيوطي[3] في الأشباه[4] لذا كان ينبغي على المشرع العراقي أن يأخذ بهذا الرأي و الله أعلم.

---

[1] المصدر نفسه، ج1، ص473.

[2] السرخسي، المبسوط، ج4، ص69.

[3] هو جلال الدين ابو الفضل عبد الرحمن بن ابي بكر بن محمد بن سابق الدين الخضيري السيوطي (849 - 911 هـ) أصله من أسيوط ، نشأ يتيما. كان عالما شافعيا مؤرخا أديبا وكان أعلم أهل زمانه بعلم الحديث وفنونه والفقه واللغة. ولما بلغ العقد الرابع تجرد للعبادة، وترك الافتاء والتدريس كان كثير التأليف. فأكثر منه حتى بلغت مؤلفاته خمسمائه مؤلف منها الاشباة والنظائر في فروع الشافعية والأشباه والنظائر والاتقان في علوم القرآن. ينظر الأعلام للزركلي، ج4، ص71. تاريخ دمشق لابن عساكر، ج1، ص35. أبجد العلوم لصديق بن حسن القنوجي، ج2، ص5

[4] وأما القواعد الأربعة الأخرى فهي: اليقين لا يزول بالشك، المشقة تجلب التيسير، العادة محكمة، الأمور بمقاصده. ينظر الأشباه والنظائر، ص7-8.

الفرع الثاني: الخلاف في العيوب الموجبة للتفريق:

مذهب الحنفية:

إذا كان المذهب عند الحنفية أن حق التفريق للعيب إنما هو للمرأة فقط وليس للزوج، فإن هذا الحق إنما يثبت فقط في عيب الجب والعنة والخصاء، شرط أن تكون هذه العيوب موجودة أثناء العقد أو بعده قبل الدخول، وما عدا هذه العيوب كالجنون والجذام والبرص فلا يحق للزوجة طلب التفريق بسببها، سواء كان جنونا أو جذاما أو برصا[1]. واستدلوا بما يأتي:

إن الأصل عدم الخيار، لما فيه من إبطال حق الزوج، وإنما يثبت في الجب والعنة، لأنهما يخلان بالمقصود المشروع له النكاح، وهذه العيوب غير مخلة به[2].

إن الجنون والجذام والبرص العيوب لا ينسد عليها باب استيفاء المقصود، وإنما تقل رغبتها فيه، أو تتأذى الصحبة والعشرة معه، وذلك غير مثبت لها الخيار، كما لو وجدته سيء الخلق أو مقطوع اليدين أو الرجلين. بخلاف الجب والعنة لأن الزوج هناك ظالم في إمساكها من غير حاجة إليها، وللقاضي ولاية إزالة الظلم بالطلاق. وهنا الزوج غير ظالم في إمساكها، مع صدق حاجته إليها، وذلك لا يثبت لها الخيار[3].

إن هذه العيوب وإن كانت مضرة ولكن لا تمنع الاستمتاع، أما الجنون والجذام والبرص فلا يشكل، بل وحتى الرتق والقرن، لأن اللحم يقطع والقرن يكسر، فيمكن الاستمتاع، لهذا السبب لا يثبت لها حق المطالبة بالتفريق[4].

مذهب الشافعية:

العيوب التي يثبت الخيار بها لكل من الزوجين سبعة: ثلاثة يشترك فيها الزوجان، وهي الجنون والجذام والبرص. واثنان يختصان بالزوج، وهما الجب والعنة. واثنان يختصان بالمرأة، وهما الرتق والقرن[5]. بشرط أن تكون هذه العيوب قد استحكمت في الشخص كما صرح به الجويني[6]

---

(1) علاء الدين السمرقندي، تحفة الفقهاء، ج2، ص225. إبراهيم بن أبي اليمن، لسان الحكام، ج1، ص331. المرغيناني، الهداية، ج1، ص273.يشترط في الخصي الذي يثبت به للمرأة حق التفريق، أن لا ينتشر ذكره فإن انتشر لم تخير . الدر المختار ج3، ص496.

(2) المرغيناني، الهداية، ج1، ص273.

(3) السرخسي، المبسوط، ج4، ص69.

(4) ينظر الإمام الكاساني، بدائع الصنائع، ج2، ص639.

(5) الإمام النووي، روضة الطالبين، ج7، ص176. الماوردي، الإقناع، ج1، ص138. الامام تقي الدين الحسيني الحصني، كفاية الأخيار، ج1، ص473.

(6) عبد الله بن يوسف بن عبد الله بن يوسف بن محمد بن حيويه (ت437هـ) الملقب بركن الإسلام والد إمام الحرمين. كان يقعد للتدريس والفتوى وكان إماما في التفسير والفقه والأدب مجتهدا في العبادة ورعا مهيبا صاحب جد ووقار قال شيخ الإسلام أبو عثمان الصابوني: لو كان الشيخ أبو محمد في بني إسرائيل لنقلت إلينا أوصافه وافتخروا به. وقال أبو سعيد عبد الواحد بن أبي القاسم القشيري صاحب الرسالة: إن المحققين من أصحابنا يعتقدون فيه من الكمال أنه لو جاز ان يبعث الله تعالى نبيا في آلاف لما كان إلا هو. توفي بنيسابور في ذي القعدة سنة ثمان وثلاثين. ينظر أبوبكر بن أحمد بن محمد بن قاضي شهبة، طبقات الشافعية، تحقيق عبد الحليم خان، ج2، ط1، عالم الكتب، بيروت - لبنان، سنة الطبع 1407هـ ص211.

وإلا فلا تكون مثبتة للخيار. وأما الخصاء فللشافعية فيه قولان، الأظهر أنه لا يثبت به الخيار[1]. فجملة هذه العيوب سبعة، وما سواها من العيوب لا خيار فيه على الصحيح الذي قطع به الجمهور. عليه فإن تزوج امرأة فوجد بها أحد خمسة عيوب جنونا أو جذاما أو برصا أو رتقا أو قرنا فله الخيار إذا علم به لوقته في فسخ نكاحها أو تركه فإن فسخ قبل الدخول فلا صداق لها وإن فسخ بعده فلها مهر مثلها وإن ترك الفسخ فلا خيار له من بعد وإن زاد العيب وإذا وجدت المرأة بالزوج جنونا أو جذاما أو برصا أو جبا أو خصاء كان لها الخيار والصداق على ما مضى[2]. واستدل الشافعية لمذهبهم بما يأتي:

أولا: السنة:

1- ثبت في الصحيح عن أبي هريرة أن رسول اللـه ﷺ قال ((لا عدوى ولا طيرة ولا هامة ولا صفر وفر من المجذوم كما تفر من الأسد))[3].

وجه الدلالة من الحديث أن فيه النص على الفرار من المجذوم، والفسخ طريق الفرار ولو لزم النكاح لما أمر بالفرار[4].

ولكن رد الحنفية على هذا بقولهم "بأننا نقول بموجبه، فيجب الاجتناب عنه، والفرار يمكن بالطلاق لا بالفسخ، وليس فيه تعيين طريق الاجتناب والفرار"[5].

2- روي أنه عليه الصلاة والسلام تزوج امرأة من غفار فلما دخلت عليه رأى بكشحها بياضا فقال: ((البسي ثيابك والحقي بأهلك)) وقال لأهلها: ((دلستم علي)).

وجه الدلالة من الحديث أن فيه النص على أن البرص عيب يثبت به حق التفريق، وحيث ثبت في البرص النص، دل على أن العيوب ليست مقصورة على العنة والجب[6].

ولكن سبق وأن رد على الحديث بأنه لا يصلح للاحتجاج به.

---

(1) الشيرازي، المهذب، ج2، ص48. الإمام النووي، روضة الطالبين، ج7، ص195. قلت نصالشافعي في الأم على أنه " لو زوج رجل غير كفء لم يجز، لأن في ذلك عليها نقصا. ولو زوجها كفؤا أجذم أو أبرصأو مجنونا أو خصيا مجبوبا أو غير مجبوب لم يجز عليها، لأنها لو كانت بالغا كان لها الخيار إذا علمت هي بداء من هـذه الأدواء". ج5، ص30.

(2) الإقناع للماوردي ج1، ص138.

(3) الإمام البخاري، صحيح البخاري، ج5، ص2158. الشيخ محمد الشربيني الخطيب، مغني المحتـاج، ج3، ص202.

(4) الشيخ محمد الشربيني الخطيب، مغني المحتاج، ج3، ص202. الشيخ محمد الشربيني الخطيـب، الإقناع، ج2، ص443.الإمام الكاساني، بدائع الصنائع، ج2، ص639.

(5) الإمام الكاساني، بدائع الصنائع، ج2، ص639.

(6) ينظر الشيرازي، المهذب، ج2، ص449. الامام تقي الدين الحسيني الحصني، كفاية الأخيار، ج1، ص473.

ثانيا: الآثار:

1- روي عن ابن عمر رضي الله عنهما أنه قال: (أيما رجل تزوج امرأة بها جنون أو جذام أو برص فمسها فلها صداقها وذلك لوليها)[1].

لم أجد هذا الأثر موقوفا على ابن عمر والصحيح أنه موقوف على أبيه عمر بن الخطاب، وهوالأثر التالي.

2- عن سعيد بن المسيب عن عمر بن الخطاب قال: (أيما امرأة غربها رجل بها جنون أو جذام أو برص فلها مهرها بما أصاب منها وصداق الرجل على وليها الذي غره)[2].

وجه الدلالة في الأثر أن المروي عن عمر من وجهين:

أحدهما: إنه بمثابة إجماع سكوتي، على جواز التفريق بين الزوجين بسبب الجنون والجذام والبرص.

الثاني: إن مثل هذا الأثر لا يكون إلا عن توقيف، فهو الموافق لما ثبت في الصحيح كقوله ☒ ((فر من المجذوم فرارك من الأسد))[3].

3- عن عمرو بن دينار عن أبي الشعثاء قال: "أربع لا يجزن في بيع ولا نكاح إلا أن يسمى فإن سمي جاز : الجنون والجذام والبرص والقرن"[4]. وأخرجه البيهقي عن جابر عن ابن عباس، وروي أيضا عن علي بن أبي طالب[5].

ثالثا: المعقول:

1- قياسا على البرص، لأن العيوب الأخرى في معناه في منع الاستمتاع[6]. بل الأولى أن يقال بجامع الضرر الناتج عنها.

2- إن للنكاح مصالح ومقاصد وهي لا تقوم مع هذه العيوب، بل تختل بها، لأن بعضها مما ينفر عنها الطباع السليمة، وهو الجذام والجنون والبرص، فلا تقوم المصالح بل تختل لعدم الموافقة. وبعضها مما يمنع من الوطء، وهو الرتق والقرن، وعامة مصالح النكاح يقف حصولها على

---

[1] الامام تقي الدين الحسيني الحصني، كفاية الأخيار، ج1، ص473.

[2] الإمام الشافعي، الأم، ج5، ص122. سنن الدارقطني، ج3، ص266. البيهقي، سنن البيهقي الكبرى، ج7، ص214.

[3] الشيخ محمد الشربيني الخطيب، مغني المحتاج، ج3، ص202. الشيخ محمد الشربيني الخطيب، الإقناع، ج2، ص421.

[4] الإمام الشافعي، الأم، ج5، ص122. روى هذا الأثر عبد الرزاق في مصنفه بلفظ " أربع لا يجزن في نكاح ولا بيع إلا أن يسمين، المجنونة والمجذومة والبرصاء والعفلاء" . مصنف عبد الرزاق، ج6، ص243.

[5] البيهقي، سنن البيهقي الكبرى، ج7، ص215.

[6] الشيرازي، المهذب، ج2، ص449.

الوطء، فإن العفة عن الزنا والسكن والولد لا يحصل إلا بالوطء، عليه إذا منع العيب الجماع أو شوش على النفس ثبت لهما خيار الفسخ[1].

3- قياسا على الجب والعنة، بجامع تعذر الوصول إلى الحق، أي الاستمتاع[2]. وإن وصل إليه فهو استمتاع ناقص.

4- إن في إعطاء حق التفريق للزوجين عملا بقاعدة لا ضرر ولا ضرار، وقاعدة الضرر يزال، فلو لم يعط الحق لهما بالتفريق لأدى ذلك إلى إلحاق الأذى والضرر بهما، وهو مرفوض شرعا، ويجب أن يرفع.

موقف المشرع العراقي:

إن المشرع العراقي قد أخذ في هذه المسألة برأي الشافعية فلم يحصر العيوب فقط في العيوب التي تخل بالقدرة على المعاشرة الجنسية. بل عد الجنون والجذام والبرص من العيوب التي تعطي الحق للزوجة بالمطالبة بالتفريق. بل إن المشرع العراقي لم يقف عند هذه العيوب السبعة التي ذكرها الشافعية وإنما حدد للعيب معيارا يثبت به حق التفريق للمرأة عند وجود العيب وهو ما نص عليه المشرع العراقي في الفقرة (6) من البند الأول من المادة (43) "إذا وجدت بعد العقد أن زوجها مبتلى بعلة لا يمكن معها معاشرته بلا ضرر" ولكن بشرط أن لا يكون من العيوب التي يرجى شفاؤها وإلا فلا يحق لها التفريق ولها أن لا تمكن زوجها من نفسه ما دامت العلة موجودة.

الرأي الراجح:

الذي يبدو أن الراجح هو ما ذهب إليه الشافعية لقوة أدلتهم و اللـه أعلم.

الفرع الثالث: الخلاف في صفة التفريق بالعيب:

مذهب الحنفية:

إذا ثبت كون الرجل عنينا أو مجبوبا أو خصيا، وطلبت المرأة التفريق لأنه حقها،وجب عليه الطلاق، وإن لم يطلق طلقها القاضي عنه، وتكون الفرقة طلاقا بائنا[3].وهو قول مالك والثوري[4]. واستدل الحنفية لمذهبهم بما يأتي:

---

(1) ينظر. الامام تقي الدين الحسيني الحصني، كفاية الأخيار، ج1، ص473. ينظر الإمام الكاساني، بدائع الصنائع، ج2ص639.
(2) السرخسي، المبسوط، ج4، ص69. الإمام الكاساني، بدائع الصنائع، ج2، ص639.
(3) علاء الدين السمرقندي، تحفة الفقهاء،ج2، ص227. الشيخ عبد الغني الغنيمي، اللباب في شـرح الكتاب، ج3، ص3.
(4) الإمام كمال الدين ابن الهمام، شرح الفتح القدير، ج4، ص300.

أولا: السنة:

عن جميل بن زيد عن زيد بن كعب قال كعب: تزوج رسول الـلـه ﷺ امرأة من بني غفار فأهديت إليه فرأى بكشحها وضحا من بياض قال ضمي إليك ثيابك والحقي بأهلك وألحق لها مهرها[1].

وجه الدلالة من الحديث أن قوله ﷺ (ألحقي بأهلك) من كنايات الطلاق، بدليل ما جاء في حديث عائشة رضي الـلـه عنها أنها قالت" إن ابنة الجون لما دخلت على رسول الـلـه ﷺ فدنا منها، قالت: أعوذ بالله منك. فقال رسول ﷺ: عذت بعظيم، الحقي بأهلك[2]. إلا أن في رواية بن أبي ذئب عن الزهري قال الحقي بأهلك وجعلها تطليقة[3].

ولكن يرد على هذا بأن الحديث قد سبق بأنه غير صالح للاحتجاج به. وقد سبقت الإشارة إليه.

ثانيا: الآثار:

روي عن عمر رضي الله عنه أنه جعلها (الفرقة للعيب) تطليقة بائنة[4]. وقد رواه محمد بن الحسن في "كتاب الآثار" قال أخبرنا أبو حنيفة ثنا إسماعيل بن مسلم المكي عن الحسن عن عمر بن الخطاب أن امرأة أتته فأخبرته أن زوجها لا يصل إليها فأجله حولا فلما انقضى حول ولم يصل إليها خيرها فاختارت نفسها ففرق بينهما عمر وجعلها تطليقة بائنة[5].

قلت أخرجه أبوبكر في مصنفه، ولكن بلفظ "ففرق بينهما" ولم يذكر أنه جعلها تطليقة بائنة. وهو في أمر خصي رفع إليه[6]. وهو مروي أيضا عن عبد الـلـه بن مسعود قال: يؤجل العنين سنة فإن وصل إليها وإلا فرق بينهما ولها الصداق. قال الهيثمي "ورجاله رجال الصحيح خلا حصين بن قبيصة وهو ثقة"[7].

ثالثا: المعقول:

1- إن الفرقة بسبب العيوب فرقة من جهته، لأنه وجب عليه التسريح بالإحسان حين عجز عن الإمساك بالمعروف، لقوله تعالى (فإمساك بمعروف). فإذا امتنع كان ظالما، فناب القاضي عنه فيه، فيضاف فعله إليه[8].

---

(1) البيهقي، سنن البيهقي الكبرى،ج7، ص256.
(2) رواه البخاري في الصحيح عن الحميدي عن الوليد بن مسلم
(3) البيهقي، سنن البيهقي الكبرى، ج7، ص342.
(4) الإمام كمال الدين ابن الهمام، شرح الفتح القدير، ج4، ص300. السرخسي، المبسوط،ج5، ص102.
(5) عبدالـلـه بن يوسف أبو محمد الزيلعي، نصب الراية، ج3، ص255. المتقي الهندي، كنز العمال،ج16،ص803.
(6) أبو بكر بن أبي شيبة، المصنف، ج4، ص47.
(7) نور الدين علي بن أبي بكر الهيثمي، مجمع الزوائد، ج4، ص553.
(8) ينظر المرغيناني، الهداية، ج1، ص273. السرخسي، المبسوط،ج5، ص102.

2- إن النكاح الصحيح التام النافذ اللازم لا يقبل الفسخ، بخلاف النكاح الفاسد والموقوف وكذا الفسخ بعدم الكفاءة، وخيار العتق والبلوغ، فهذا فسخ قبل التمام فكان في معنى الإمتناع عن الإتمام، بخلاف التفريق بسبب العيوب لأنه فرقة بعد التمام، فلا يقبلها كما لا يقبل الفسخ بالإقالة[1]. ولا يمكن أن يقاس على الجب لأن الفرقة بسببه أيضا طلاق[2].

3- إن الواجب هو الإمساك بالمعروف، فإذا فات وجب التسريح بالإحسان فإن قبل وإلا ناب القاضي منابه، فكان الفعل منسوبا إليه، فكان الطلاق بائنا ليتخلص من الضرر[3]. فلو لم يكن بائنا لجاز للزوج مراجعتها، فينتفي الحكمة من مشروعية التفريق.

ولكن يرد على هذا بأن الخلاف في كونه هل هو طلاق أم فسخ.

مذهب الشافعية:

الذي عليه الشافعية أن التفريق للعيب إنما هو فرقة فسخ لا طلاق[4].ويترتب على هذا الخلاف أن عدد الطلقات لا ينقص بالفسخ، ولا مهر للمرأة قبل الدخول. واستدل الشافعية بما يأتي:

المعقول:

1- إنها فرقة لا تقف على إيقاع الزوج، ولا من ينوب عنه، فكانت فسخا، كفرقة الرضاع[5].

2- إن عقد الزواج من عقود المعاوضات، والعيب في عقود المعاوضات يثبت حق الخيار للطرفين، والخيار في عقد المعاوضة إنما هو فسخ، عليه فإذا اختار أحد الطرفين الفرقة كان فسخا لا طلاقا كالبيع.

3- إذا لم تكن الفرقة فسخا لأدى إلى دوام الضرر ولا ضرر في الإسلام. فالضرر ثابت إن كان الخيار فرقة بطلاق، لما يترتب على هذا الطلاق من مهر[6].

4- قياسا على الأمة إذا أعتقت تحت عبد، فكما يكون خيارها الفرقة فسخا، كذلك يكون خيار من تضرر من العيوب الفرقة فسخا، بجامع الضرر[7].

---

(1) الإمام كمال الدين ابن الهمام، شرح الفتح القدير، ج4، ص300.
(2) المصدر نفسه، ج4، ص300.
(3) الزيلعي، تبيين الحقائق، ج3، ص23.
(4) الإمام الغزالي، الوسيط، ج5، ص161. أبوبكر الدمياطي، إعانة الطالبين، ج3، ص334- 335.
(5) الإمام الشافعي، الأم، ج5، ص64. الشيرازي، المهذب، ج2، ص449.
(6) الامام تقي الدين الحسيني الحصني، كفاية الأخيار، ج1، ص473.
(7) ينظر، العمراني، البيان في فقه الإمام الشافعي، ج9، 276.

وتبرز ثمرة الخلاف في الأثر المترتب على اعتبار التفريق طلاقا أم فسخا. فعلى رأي الحنفية فإن الفرقة بعد العقد ولأنه طلاق بائن توجب للمرأة نصف المهر إن كان قبل الدخول، والمهر كاملا بعد الدخول. وتجب لها النفقة والسكنى [1].

وأما على رأي الشافعية لو اعتبرنا الفرقة فسخا فلا شيء للمرأة من المهر أو المتعة لو حصل الفسخ بعد العقد قبل الدخول، وإن حصل دخول فلها مهر المثل إن كان العيب قديما، والمسمى إن كان حادثا بعد العقد لأن حقها في المسمى قد تقرر بالعقد. ولا نفقة لها بعد الفسخ [2].

ويشترط لثبوت هذا الحق (حق الفرقة عند الحنفية وحق الفسخ عند الشافعية) للمرأة عند (الحنفية) وللطرفين عند (الشافعية) شروط وهي:

1- عدم العلم بالعيب أثناء العقد

2- عدم الرضا بالعيب بعد العقد عند العلم به.

3- عدم الوصول إلى المرأة في العيوب الخاصة به (الجب والعنة) ولو مرة واحدة [3].

موقف المشرع العراقي:

إن المشرع العراقي قد أخذ برأي الحنفية حيث عد التفريق بسبب العيوب بين الزوجين طلاقا بائنا وهذا ما نص عليه في المادة (45) من قانون الأحوال الشخصية العراقي. والذي يبدو أنه لم يكن بيد المشرع العراقي بد إلا أن يجعله طلاقا بائنا لأنه أصلا لم يعط هذا الحق إلا للزوجة. ولو كان قد عده فسخا لكان فيه ضرر على المرأة.

الرأي الراجح:

الذي يبدو أن الراجح هو ما ذهب إليه الشافعية، لقوة أدلتهم، لأن التفريق أنما شرع للمصلحة، وفي اعتبار الفرقة طلاقا ضرر بالرجل، عليه فالراجح هو اعتبار الفرقة هنا فسخا لا طلاقا و الله أعلم.

قلت وما المانع من أن تعد الفرقة في هذه الحالة فسخا إن كان بسبب من جهة المرأة وطلاقا إن كان بسبب من جهة الزوج جمعا بين المذهبين ودفعا للضرر عنهما قدر الإمكان.

[1] زين الدين بن ابراهيم (ابن نجيم)، البحر الرائق، ج4، ص135. الدر المختار ج3، ص495
[2] الإمام النووي، روضة الطالبين، ج7، ص177- 182. الشيخ محمد الشربيني الخطيب، مغني المحتاج، ج3، ص205. زكريا الأنصاري، فتح الوهاب، ج2، ص84.
[3] الإمام الكاساني، بدائع الصنائع، ج2، ص325. الإمام النووي، روضة الطالبين، ج7، ص177- 182. الشيخ محمد الشربيني الخطيب، مغني المحتاج، ج3، ص205.

الفرع الرابع: الخلاف في التفريق بسبب العيب الحادث بعد العقد:

لا خلاف بين الحنفية والشافعية في أن العيب القديم الذي كان موجودا ، يثبت به حق التفريق حسب الخلاف الذي ذكرناه، وأما العيب الحادث بعد العقد فقد حصل فيه الخلاف بين الحنفية والشافعية.

مذهب الحنفية:

الذي عليه الحنفية أن العيب الذي يثبت به حق التفريق للزوجة هو العيب الموجود قبل العقد أو أثناءه، وأما العيب الحادث بعد العقد فلا يثبت به حق التفريق للمرأة، إذا كان قد وصل إلى امرأته ولو مرة واحدة[1].

واستدلوا بما يأتي:

المعقول:

إن ثبوت حق التفريق للمرأة بسبب العيب إنما يثبت لفوات حقها المستحق لها بالنكاح وهو الوطء، ولم يكن ثم تفويت لحقها، لأنه"وصل إليها حقها بالوطء مرة واحدة والخيار لتفويت الحق المستحق ولم يوجد" [2]. عليه فلا يثبت هذا الحق لها حتى وإن كان العيب الحادث هو الجب.

مذهب الشافعية:

العيب الحادث بعد العقد بالزوجة اتفاقا أو بالزوج على الأصح في المذهب كالعيب الحادث قبله أو المقارن له، ويثبت به الخيار (حق الفسخ) للطرف الآخر، إلا في عيب العنة[3] لو كان قد وصل إلى امرأته ولو مرة واحدة[4].

واستدل الشافعية لمذهبهم بما يأتي:

المعقول:

قياسا على الإعسار بالنفقة أو المهر، لأن ما ثبت به الخيار إذا كان موجودا حال العقد ثبت به الخيار إذا حدث بعد العقد كالإعسار بالمهر والنفقة، بجامع الضرر[5].

---

1 زين الدين بن ابراهيم (ابن نجيم)، البحر الرائق، ج4، ص135. الدر المختار ج3، ص495

2 الإمام الكاساني، بدائع الصنائع، ج2، ص325. وينظر الزيلعي، تبيين الحقائق، ج3، ص23.

3 يستثنى عيب العنة من ثبوت حق الفسخ به للزوجة لأنها "وصلت إلى مطلوبها، وعرفت بذلك قدرته على الجماع، مع توقع حصول الشفاء بزوالها، وعود الداعية للاستمتاع" أبوبكر الدمياطي، إعانة الطالبين،ج3، ص335.

4 الإمام الغزالي، الوسيط، ج5، ص161. الإمام النووي، روضة الطالبين، ج7، ص179. زكريا الأنصاري، فتح الوهاب، ج2، ص84. الشيخ محمد الشربيني الخطيب، الإقناع، ج2، ص421. أبوبكر الدمياطي، إعانة الطالبين، ج3، ص335.

5 ينظر، الشيرازي، المهذب، ج2، ص48.

رأي المشرع العراقي:

إن المشرع العراقي هنا قد أخذ برأي الشافعية حيث عد العيب الحادث بعد العقد كالعيب الحادث قبله فيثبت بــه حق التفريق للزوجة وهذا مــا نص عليــه في الفقــرة (4و 5و 6) من المادة (43) من قانون الأحوال الشخصية العراقي.

الرأي الراجح:

الذي يبدو أن الراجح هو ما ذهب إليه الحنفية لقوة أدلتهم، فهو المتوافق مع قواعد الشريعة التي تدعو إلى تماسك الأسر، فلو قلنا بحق التفريق لمجرد وجود عيب وخاصة إن كان هذا العيب هو عيب حادث بعد العقد، فإنه يؤدي إلى تقويض الأسر، وهذا ما تأباه قواعد ومبادئ الشريعة الإسلامية و الـلـه أعلم.

المطلب الثالث
الخلاف في التفريق بسبب عدم الإنفاق

حصل خلاف بين الحنفية والشافعية في مسائل عديدة من التفريق بسبب عدم النفاق سنتطرق إليها في الفروع الثلاثة الآتية:

الفرع الأول: الخلاف في التفريق بسبب عدم الإنفاق:

لا خلاف بين الحنفية والشافعية في أن عدم الإنفاق على المرأة من قبل الزوج لا يكون سببا يثبت به حق طلب التفريق إذا كان سبب عدم الإنفاق هو فقدان الزوج أو غيبته، وذلك لعدم ثبوت اعساره بالنفقة، فالتفريق يثبت حقا للزوجة لعدم الإنفاق إذا ثبت إعساره، وحيث كان غائبا فلا يمكن إثبات الإعسار[1].

وكذا لا خلاف بين الحنفية والشافعية في أن عدم الإنفاق لا يكون سببا لثبوت حق الفرقة للزوجة إذا امتنع الزوج عن الإنفاق تعنتا إن كان حاضرا موسرا، لأن أخذ النفقة منه ممكن في هذه الحالة عن طريق القضاء[2]. ولكن ما الحكم فيما لو لم ينفق الزوج على زوجته للإعسار وهو حاضر؟

---

[1] الإمام الكاساني، بدائع الصنائع، ج5، ص287. الإمام النووي، منهاج الطالبين، ص120. فتــاوى الرملي، ج3، ص377.
[2] الإمــام الكاساني، بدائــع الصنائــع، ج5، ص287. السرخسي ، المبسوط، ج7، ص269. مغني المحتــاج، ج3، ص393.

مذهب الحنفية:

الذي عليه الحنفية أن الإعسار بالنفقة لا يكون سببا يثبت به حق الفرقة للزوجة سواء كان الزوج موسرا أم معسرا، حاضرا أم غائبا[1]. واستدل الحنفية لمذهبهم بما يأتي:

أولا: الكتاب:

1- قوله تعالى: ﴿ وَإِن كَانَ ذُو عُسْرَةٍ فَنَظِرَةٌ إِلَىٰ مَيْسَرَةٍ ﴾[2].

وجه الدلالة من الآية أن فيها " النص على أن المعسر منظر، فالمستحق بالنص التأخير فلا يلحق به ما يكون إبطالا للعقد، لأن ذلك فوق المنصوص"[3]. ويمكن القول بأن في ذلك الزيادة على النص والزيادة على النص نسخ وهذا لا يجوز. حيث لم يثبت أن النبي ﷺ قد فرق بين زوجين لعدم الإنفاق.

2- قوله تعالى: ﴿ لِيُنفِقْ ذُو سَعَةٍ مِّن سَعَتِهِۦ ۖ وَمَن قُدِرَ عَلَيْهِ رِزْقُهُۥ فَلْيُنفِقْ مِمَّآ ءَاتَىٰهُ ٱللَّهُ ۚ لَا يُكَلِّفُ ٱللَّهُ نَفْسًا إِلَّا مَآ ءَاتَىٰهَا ۚ سَيَجْعَلُ ٱللَّهُ بَعْدَ عُسْرٍ يُسْرًا ۝٧ ﴾[4].

وجه الدلالة في الآية من وجهين:

أحدهما: أن فيها "بيان أن الـله لا يكلف أحدا مالا يطيق" والزوج العاجز عن النفقة ليس مكلفا بالإنفاق على الزوجة بنص الآية. لذا قال الزهري لما سأله معمر عن الرجل لا يجد ما ينفق على امرأته يفرق بينهما قال: يستأنى له ولا يفرق بينهما" وتلا ﴿ لَا يُكَلِّفُ ٱللَّهُ نَفْسًا إِلَّا مَآ ءَاتَىٰهَا ۚ سَيَجْعَلُ ٱللَّهُ بَعْدَ عُسْرٍ يُسْرًا ۝٧ ﴾ قال معمر وبلغني عن عمر بن عبد العزيز مثل قول الزهري[5].

الثاني: إن في الآية " الإخبار بأنه إذا لم يقدر على النفقة لم يكلفه الـله الإنفاق في هذه الحال، وإذا لم يكلف الإنفاق لم يجز التفريق بينه وبين امرأته، لعجزه عن نفقتها"[6]. وفي التفريق إيجاب على الزوج بشيء لم يجب. يؤكد ذلك قوله تعالى: ﴿ سَيَجْعَلُ ٱللَّهُ بَعْدَ عُسْرٍ يُسْرًا ۝٧ ﴾ ففيه الدليل على أنه لا يفرق بينهما، من أجل عجزه عن النفقة، لأن العسر يرجى له اليسر[7].

3- قوله تعالى: ﴿ وَمَتِّعُوهُنَّ عَلَى ٱلْمُوسِعِ قَدَرُهُۥ وَعَلَى ٱلْمُقْتِرِ قَدَرُهُۥ ﴾[8].

---

[1] الإمام الكاساني، بدائع الصنائع، ج5، ص287. السرخسي ، المبسوط، ج7، ص269. الحجة ج3، ص451.
[2] سورة البقرة، الآية رقم (280).
[3] السرخسي ، المبسوط، ج5، ص190-191.
[4] سورة الطلاق، الآية رقم (7).
[5] عبد الرزاق بن همام الصنعاني، مصنف عبد الرزاق،ج7، ص95.
[6] أبو بكر الجصاص، أحكام القرآن، ج5، ص361.
[7] المصدر نفسه، ج5، ص361.
[8] سورة البقرة، الآية رقم (236).

وجه الدلالة من الآية أن فيها النص على أن على الموسع ما يقدر عليه وأن على المقتر أيضا ما يقدر عليه، فقدر الموسر هو الإنفاق على الزوجة، وأما قدر المقتر فهو الالتزام بالمال أو النفقة في الذمة، عليه يجب المصير إليه (إلى إلزام المعسر المال في الذمة) للنص[1]. وبهذا يتبين أنه غير عاجز عن معروف يليق بحاله، وهو الالتزام في الذمة[2].

ثالثا: المعقول:

إن في إلزام الزوج فسخ العقد إبطال لحقه بالكلية، وفي إلزام الزوجة الإنظار والاستدانة عليه تأخير حقها دينا عليه، وإذا دار الأمر بينهما كان التأخير أولى. وبه فارق الجب والعنة لأن حق الجماع لا يصير دينا على الزوج[3].

مذهب الشافعية:

الذي عليه الشافعية أن الزوج إذا أعسر بالنفقة، ولم يستطع الإنفاق على زوجته، فلها حق الفرقة، فإن اختارت فراقه فهي فرقة بلا طلاق، لأنها ليست شيئا أوقعه الزوج ولا جعل إلى أحد إيقاعه وبه قال جمهور الفقهاء[4]. واستدلوا بما يأتي:

أولا: الكتاب:

قوله تعالى: ﴿ ٱلطَّلَٰقُ مَرَّتَانِۖ فَإِمۡسَاكُۢ بِمَعۡرُوفٍ أَوۡ تَسۡرِيحُۢ ﴾[5].

وجه الدلالة من الآية أن الله قد فرض على الأزواج إمساك الزوجة بالمعروف أو تسريحها بإحسان، فهو مخير بين أمرين بنص الآية إما الإمساك بالمعروف، وذلك بالإنفاق عليها وعدم إلحاق الضرر بها، وإما تطليقها بالإحسان عند العجز عن الإنفاق. فالثابت بالنص أن على الرجل أن يعول امرأته، فيكون لكل من الزوجين ما على الآخر، فليس له أن يمنعها غيره تستغني به، وهو لا يجد ما يعولها به، فاحتمل إذا لم يجد ما ينفق عليها أن تخير المراة بين المقام معه وبين فراقه[6].

ثانيا: السنة:

1- عن أبي هريرة عن النبي ﷺ أنه قال في الرجل لا يجد ما ينفقه على امرأته: يفرق بينهما[7].

وجه الدلالة من الحديث أنه نص على أن المعسر بالنفقة يفرق بينه وبين زوجته إن طلبت ذلك[8]. قلت نعم هو نص في الباب إن صح الحديث ولكن فيه مقال كثير. فالحديث ضعيف لا

---

[1] الزيلعي، تبيين الحقائق، ج3، ص55.
[2] السرخسي ، المبسوط، ج5، ص191.
[3] الإمام كمال الدين ابن الهمام، شرح الفتح القدير، ج4، ص391.
[4] الإمام الشافعي، الأم، 5، ص132. الشيرازي، المهذب، ج2، ص163.
[5] سورة البقرة، الآية رقم (229).
[6] الإمام الشافعي، الأم، 5، ص132.
[7] الدار قطني، سنن الدارقطني، ج3، ص297. ابن الجوزي، التحقيق في أحاديث الخلاف، ج2، ص306.
[8] ينظر أبوبكر الدمياطي، إعانة الطالبين، ج4، ص93.

يصلح للاحتجاج به، فقد أعله أبو حاتم وابن القطان[1]. ولا يعرف هذا الحديث مرفوعا في شئ من كتب الحديث[2]. وإنما هو من كلام سعيد بن المسيب[3].

وأجيب بأن الحديث وإن كان به علة، لكن يعضده عمل عمر وعلي وأبي هريرة رضي الـلـه عنهم[4].

2- عن حماد بن سلمة عن عاصم عن أبي صالح عن أبي هريرة أن النبي ﷺ قال المرأة تقول لزوجها أطعمني أو طلقني ويقول عبده أطعمني واستعملني ويقول ولده إلى من تكلنا[5].

قلت الصحيح هو عن أبي هريرة عن النبي ﷺ قال : خير الصدقة ما كان عن ظهر غنى واليد العليا خير من اليد السفلى وابدأ بمن تعول. قال سئل أبو هريرة ما معنى تعول؟ قال امرأتك تقول أطعمني أو انفق علي شك أبو عامر أو طلقني وخادمك يقول أطعمني واستعملني وابنتك تقول إلى من تذرني[6].

إذا فقــول المرأة (انفق علي أو طلقني) ليس من كلام رسول ﷺ بل هو من كلام أبي هريرة رضي الله عنه. فلا يبقى في الحديث ما يمكن الاستدلال به و الـلـه أعلم.

3- عن أبي الزناد قال: سألت سعيد بن المسيب عن الرجل لا يجد ما ينفق على امرأته أيفرق بينهما؟ قال: نعم قلت : سنة ؟ قال سنة[7].

وجه الدلالة من الحديث كما قال الشافعي رحمه الـلـه تعالى: إن قول سعيد بن المسيب هو سنة أي أنه سنة رسول الـلـه ﷺ[8]. فدل على أن سنة رسول الـلـه ﷺ هي التفريق بين الزوج المعسر وزوجته إن طلبت ذلك.

ثالثا: الآثار:

عن نافع عن بن عمر أن عمر بن الخطاب رضي الله عنه كتب إلى أمراء الأجناد في رجال غابوا عن نسائهم، فأمرهم أن يأخذوهم بأن ينفقوا أو يطلقوا، فإن طلقوا بعثوا بنفقة ما حبسوا[9].

---

[1] ابن حجر العسقلاني، تلخيصالحبير، ج4، ص8.
[2] العلامة علاء الدين الماريديني الشهير بابن التركماني، الجوهر النقي، ج7، ص471.
[3] البيهقي، سنن البيهقي الكبرى، ج7، ص469. الدار قطني، سنن الدارقطني، ج3، ص297. مسند الشافعي ج1ص266
[4] أبوبكر الدمياطي، إعانة الطالبين، ج4، ص93.
[5] الدار قطني، سنن الدارقطني، ج3، ص297 رقم 191.
[6] الإمام أحمد بن حنبل، مسند أحمد بن حنبل، ج2، ص524.
[7] سعيد بن منصور، سنن سعيد بن منصور، ج2، ص55.
[8] الإمام الشافعي، مسند الشافعي، ج1، ص266
[9] الإمام الشافعي، الأم، ج5، ص132. البيهقي، السنن الكبرى، ج7، ص469.

ثانيا: المعقول:

قياسا على ثبوت حق التفريق بالجب والعنة، فكما يثبت لها حق التفريق إذا وجدت زوجها عنينا أو مجبوبا بالاتفاق، فكذا يثبت لها حق التفريق إن وجدت زوجها معسرا غير قادر على الإنفاق، بجامع الضرر، بل الضرر هنا أشد فمن باب أولى أن يثبت لها حق التفريق، لأن البدن لا يقوم بدون النفقة، بخلاف الوطء[1].

رأي المشرع العراقي:

يبدو واضحا أن المشرع العراقي قد نهج نهج الشافعية في اعتبار عدم الانفاق سببا يثبت به للمرأة حق التفريق. ولكن المشرع العراقي عد امتناع الزوج سببا يثبت به حق التفريق لا الإعسار بالنفقة. عليه لو كان الزوج موسرا وامتنع عن الإنفاق فإن الامتناع هذا بحد ذاته كاف لأن يكون سببا للتفريق بين الزوجين إن طلبت الزوجة ذلك. بينما الشافعية الذين أعطوا للمرأة حق التفريق بسبب عدم الإنفاق إنما قالوا ذلك إذا كان معسرا. وأما إذا كان موسرا فلا يحق لها ذلك لأن الحصول على النفقة ممكن عن طريق القضاء والأخذ منه جبرا. وكان على المشرع العراقي أن يأخذ بهذا الرأي حفاظا على الأسر من التفكك.

الرأي الراجح:

الذي يبدو أن الراجح هو ما ذهب إليه الشافعية والجمهور من ثبوت حق الفسخ للمرأة بسبب الإعسار عن النفقة، لعموم الأدلة التي تقضي بالإمساك بالمعروف أو التسريح بالإحسان، وعدم الإنفاق إمساك فيه ضرر وهو منهي عنه لقوله تعالى: ﴿ وَلَا تُمْسِكُوهُنَّ ضِرَارًا لِّتَعْتَدُوا ﴾[2]. مما يدل على أن لزوجة المعسر عن الإنفاق الحق في طلب الفرقة و الله أعلم.

الفرع الثاني: الخلاف في حق المرأة في الفسخ بسبب الإعسار بالمهر:

لا خلاف بين الحنفية والشافعية في أن الإعسار بالمهر لا يكون سببا يثبت به حق التفريق بين الزوجين، إذا كان هذا الإعسار بعد الدخول لتلف المعوض وصيرورة العوض دينا في الذمة، وكذا لو رضيت بإعساره بالمهر فلا فسخ لها بذلك بعد الرضى لأن الضرر لا يتجدد[3]. ولكن حصل خلاف بينهما في مدى حق المرأة في التفريق بسبب الإعسار بالمهر قبل الدخول.

مذهب الحنفية:

اتضح لنا أن لأحناف لا يجيزون الفسخ لعدم الإنفاق، لأي سبب كان فلأن لا يجيزوا فسخ النكاح بسبب الإعسار بالمهر من باب أولى، وإنما يثبت للمرأة بسبب الإعسار بالمهر حق منع الرجل

---

(1) الشيخ زكريا الأنصاري، أسنى المطالب، ج3، ص439. الشيخ محمد الشربيني الخطيب، مغني المحتاج، ج3، ص442.
(2) سورة البقرة، الآية رقم (231).
(3) الشربيني الخطيب، مغني المحتاج، ج3، ص445.

من التمكين، وإن امتنعت من تسليم نفسها حتى يعطيها مهرها فلها النفقة[1]. واستدلوا لثبوت النفقة مع منعها إياه من التمكين بما يأتي:

إن منع الزوجة الرجل من التمكين إنما هو منع بحق، فكان فوت الاحتباس بمعنى من قبله فيجعل كالفائت[2].

مذهب الشافعية:

إذا أعسر الرجل بالمهر فلم يستطع أن يعطيها مهرها كاملا أو بعضا منه، وأرادت الفسخ فلها ذلك على الأظهر، ولكن بشرط أن يكون إعساره قبل الدخول لا بعده، وأن يثبت ذلك عند الحاكم، وأن لا تكون قد رضيت بالمقام معه بعد علمها بالإعسار، فيقضي بينهما بالتفريق، ولكن بعد إمهال الرجل ثلاثة أيام بلياليها[3].

ولكن رأيت في الوسيط للإمام الغزالي بأن الإعسار بالمهر لا يثبت به حق الفسخ، يقول الغزالي رحمه الله تعالى: " والإعسار بالمهر لا يوجب الفسخ" وقد يقال قد يكون أراد بذلك منع الفسخ قبل الدخول قلت ما يأتي هذه العبارة واضح في أن المنع من الفسخ مطلق قبل الدخول أو بعده حيث يقول "لكن لها منع نفسها إن لم تمكن مرة فإن مكنت سقط حق حبسها"[4]. أي فالذي يثبت للمرأة هو منعه من الدخول لا أكثر، إن لم تكن قد مكنته مرة، أما وقد حصل الدخول فقد سقط حقها بالكلية. وقد يكون هذا هو المفهوم من كلام الشافعي نفسه حينما قال: "وإذا نكحها فأعسر بالصداق فلها أن لا تدخل عليه حتى يعطيها الصداق"[5]. واستدل الشافعية لمذهبهم بما يأتي:

قياسا على العجز عن تسليم العوض في عقد البيع، فالزوج إن أعسر بالمهر قبل الدخول فقد عجز عن تسليم العوض (المهر) مع بقاء المعوض (البضع) فأشبه ما إذا لم يقبض البائع الثمن، حتى حجر على المشتري بالفلس والمبيع باق بعينه[6]. أو أفلس المشتري بالثمن والمبيع باق بحاله[7].

والذي يبدو أن سبب الخلاف في ثبوت حق الفسخ بسب الإعسار بالمهر حتى بين الشافعية أنفسهم هو الاختلاف فيما يقابله المهر أي هل أن " المهر في مقابل الوطأة الأولى أوفي مقابل الوطآت[8]. فهو يقابل الوطء اتفاقا عند الشافعية لذا قالوا بالفسخ فبل الدخول، ولكن هل هو

---

[1] إبراهيم بن أبي اليمن، لسان الحكام، ج1، ص335.
[2] المرغيناني، الهداية، ج2، ص40.
[3] الإمام النووي، روضة الطالبين، ج9، ص78. الشربيني الخطيب، الإقناع، ج2، ص488.
[4] الإمام الغزالي، الوسيط، ج6، ص223.
[5] الإمام الشافعي، الأم، ج5، ص91.
[6] الشيخ محمد الشربيني الخطيب، مغني المحتاج، ج3، ص442. الشيخ محمد الشربيني الخطيب، الإقناع، ج2،ص488.
[7] العمراني، البيان، ج9، ص414.
[8] محمد بن بهادر الزركشي، خبايا الزوايا، تحقيق عبد القادر عبد الله العاني، ط1، وزارة الأوقاف والشؤون الإسلامية، الكويت، سنة الطبع 1402هـ ص361.

مقابل جميع الوطآت أم مقابل الوطئة الأولى، فمن قال من الشافعية هو مقابل الوطئة الأولى لم يفسخ العقد بعد الدخول وإن أعسر بالصداق لأن المهر يستقر بالوطأة الأولى وباقي الوطآت تبع لها[1]. ومن قال مقابل جميع الوطآت قال بالفسخ حين الإعسار وإن كان بعد الدخول[2]. لتلف المعوض وصيرورة العوض دينا في الذمة[3].

الذي يبدو أن الراجح هو ما ذهب إليه الإمام الغزالي وهو ما يوافق مذهب الحنفية من عدم جواز الفسخ بالإعسار بالمهر، لأن الضرر ليس خطيرا ولا يصل إلى درجة يثبت به الفسخ، وخاصة إن وجد سبيل لأخذ المهر منه وذلك عن طريق منعه من التمكين، فلابد وأن يعطى له فترة يتمكن خلالها من تدبر المهر كله أو بعضا منه، ولا يمكن قياس الإعسار بالمهر على الإعسار بالنفقة أو عيب الجب والعنة، لما بينهما من فرق شاسع من حيث الأهمية، فالزواج بدون الصداق ممكن وبدون النفقة والمعاشرة مستحيل لما فيه من تناقض مع مقصود عقد الزواج و الله أعلم.

الفرع الثالث: الخلاف في التفريق بسبب الغبن في المهر:

حصل خلاف بين الحنفية والشافعية في التفريق بسبب الغبن في المهر فيما لو زوج الولي من تحت ولايته من ناقصي الأهلية أو عادميها.

مذهب الحنفية:

ولو زوج الأب ابنته الصغيرة بأقل من مهر المثل أو زوجها ممن لا يكافئها أو زوج ابنه الصغير امرأة بأكثر من مهر المثل أو بمن ليست بكفء له جاز ذلك، ولا يجوز ذلك لغير الأب والجد وهذا عند أبي حنيفة رحمه الله وسواء كان بغبن فاحش أو قليل، إذا كان الأب معروفا بحسن التصرف وأما المعروف بسوء التصرف من مجانة وفسق كان العقد باطلا[4]. واستدلوا بما يأتي:

أولا: السنة:

روي أن رسول الله تزوج عائشة رضي الله عنها على صداق خمسمائة درهم زوجها منه أبو بكر رضي الله عنه[5]. وزوج فاطمة رضي الله عنها من علي رضي الله عنه على صداق أربعمائة درهم.

وجه الدلالة من هذين الحديثين أن ذلك لم يكن صداق مثلهما، لأنه إن كان صداق مثلهما هذا المقدار مع أنهما مجمع الفضائل فلا صداق في الدنيا يزيد على هذا المقدار[6]. ولا قائل بهذا

---

(1) العمراني، البيان، ج9، ص414.
(2) الزركشي، خبايا الزوايا، ص361.
(3) الشيخ محمد الشربيني الخطيب، مغني المحتاج، ج3، ص442.
(4) المرغيناني، الهداية، ج1، ص202. الإمام كمال الدين ابن الهمام، شرح الفتح القدير، ج3، ص303. السرخسي، المبسوط،ج4، ص224.
(5) الإمام مسلم، صحيح مسلم، ج2، ص1042.
(6) السرخسي، المبسوط،ج4، ص224.

للنص في قوله تعالى: ﴿ وَإِنْ أَرَدتُّمُ ٱسْتِبْدَالَ زَوْجٍ مَّكَانَ زَوْجٍ وَءَاتَيْتُمْ إِحْدَىٰهُنَّ قِنطَارًا فَلَا تَأْخُذُوا۟ مِنْهُ شَيْـًٔا ۚ أَتَأْخُذُونَهُۥ بُهْتَـٰنًا وَإِثْمًا مُّبِينًا ﴿٢٠﴾ ﴾[1].

ثانيا: المعقول:

إن النظر وعدمه في هذا العقد ليس من جهة كثرة المال وقلته، بل باعتبار أمر باطن، فالضرر كل الضرر بسوء العشرة، وإدخال كل منهما المكروه على الآخر. والنظر كل النظر في ضده في هذا العقد. وأمر المال سهل غير مقصود فيه، بل المقصود فيه ما ذكر. ففي النكاح مقاصد تربو على المهر[2].

مذهب الشافعية:

لا يجوز للأب أو الجد تزويج من تحت ولايتهم إلا بشروط[3]. منها: أن لا يكون هناك غبن في المهر، وأن يكون التزويج من كفء لها، موسر، وبقول الشافعية قال صاحبا أبي حنيفة الإمام محمد وأبو يوسف في تزويج الأب البكر الصغيرة[4]. واستدلوا بما يأتي:

1- إن ولاية الأب مقيدة بشرط النظر في مصلحة من تحت ولايته، وقد أعطي هذه الولاية لكمال الشفقة وانتفاء الضرر منه، أما وقد حصل منه الضرر الظاهر في هذا العقد، وانتفت العلة الموجبة للولاية، فلا ولاية له في ذلك لانعدام العلة[5]. عليه فلا يكون تصرفه نافذا .

2- قياسا على البيع والشراء في ملكه بالغبن الفاحش، فكما لا يملك الأب أو الجد البيع والشراء في ماله بالغبن الفاحش، كذا لا يملك تزويجه هكذا، بجامع الضرر. يؤيد ذلك أنه لو زوج أمتها بمثل هذا الصداق لا يجوز فإذا زوجها أولى وولايته عليها دون ولاية المرأة على نفسها ولو زوجت هي نفسها من غير كفء أو بدون صداق مثلها يثبت حق الاعتراض للأولياء فهذا أولى[6].

3- قد أشرنا في موضوع الولاية (ولاية الإجبار) بان الشافعية لا يجيزون تزويج الولي (الأب أو الجد) من تحت ولايتهما إذا كان ثم غبن فاحش في المهر، فمن الشروط التي ينبغي توفرها

---

(1) سورة النساء، الآية رقم (20).
(2) المرغيناني، الهداية، ج1، ص202. الإمام كمال الدين ابن الهمام، شرح الفتح القدير، ج3، ص304.
(3) لتزويج الأب أو الجد البكر بغير إذنها شروط الأول: أن لا يكون بينها وبينه (الولي أو الزوج) عداوة ظاهرة بل حتى وإن لم تكن ظاهرة. الثاني: أن يزوجها من كفء. الثالث: أن يزوجها بمهر مثلها. الرابع: أن يكون من نقد البلد. الخامس: أن لا يكون الزوج معسرا بالمهر. السادس: أن لا يزوجها بمن تتضرر بمعاشرته كأعمى أو شيخ هرم. السابع: أن لا يكون قد وجب عليها نسك فإن الزوج يمنعها لكون النسك على التراخي. ينظر الشيخ محمد الشربيني الخطيب، الإقناع، ج2، ص415. زكريا الأنصاري، فتح الوهاب، ج2، ص61. سليمان البجيرمي، حاشية البجيرمي على الخطيب، ج3، ص339.
(4) الشيخ زكريا الأنصاري، فتح الوهاب بشرح منهج الطلاب،ج1، ص80. الشيخ الشيخ زكريا الأنصاري، أسنى المطالب، ج3، ص127.
(5) ينظر الشيخ زكريا الأنصاري، فتح الوهاب، ج2، ص61.بشيء من التصرف.
(6) السرخسي، المبسوط،ج4، ص224.

لصحة زواجهم: أن لا يزوج الولي بنته بأقل من مهر المثل، ولا يزوج ابنه من امرأة بأكثر من مهر المثل[1].

الرأي الراجح:

الذي يبدو أن الراجح هو ما ذهب إليه الإمام أبي حنيفة رحمه الله لقوة أدلته وذلك لأن الولي قد يقف على مصلحة لا يقف غيره عليها، وخاصة أن بعضا من المصالح قد تفوت بفوات الزوج. فالمصلحة التي يبغيها الولي في الزواج قد تكون أكبر من المهر وقد يريد الولي حماية مصلحة قادمة لمن تحت ولايته بهذا الزواج و الله أعلم.

---

[1] ينظر ص85 و 301 من هذه الأطروحة.

المبحث الثـاني
الخلاف في الخلع (التفريق الاختياري)

حصل خلاف بين الحنفية والشافعية في الخلع من حيث تعريف وتكييفه الشرعي ومن حيث العوض الذي يقع عليه الخلع ومن حيث الآثار المترتبة عليه وسيتم تخصيص المطالب الثلاثة الآتية لبيان ذلك بإذن اللـه تعالى:

المطلب الأول
الخلاف في ماهية الخلع وألفاظه

حصل خلاف بين الحنفية والشافعية في ماهية الخلع من حيث تعريفه وألفاظه وحكمه والتكييف الشرعي له وتوضيح ذلك في الفروع الثلاثة الآتية:

الفرع الأول: تعريف الخلع:

الخلع لغة: النزع والإزالة تقول خلعت الثوب إذا نزعته عنك يقال خلع امرأته خلعا وخالعها مخالعة واختلعت هي منه فهي مخالع. فهو النزع من خلع ثوبه ونعله ومنه خالعت المرأة زوجها إذا افتدت منه بمال وخالعها وتخالعا صيغ منها المفاعلة ملاحظة لملابسة كل الآخر كالثوب قال تعالى: ﴿ هُنَّ لِبَاسٌ لَّكُمْ وَأَنتُمْ لِبَاسٌ لَّهُنَّ ﴾[(1)].

الخلع اصطلاحا:

عرف الحنفية الخلع شرعا بأنه "أخذ الزوج المال بإزاء ملك النكاح وقال بعضهم هو إزالة ملك النكاح بلفظ الخلع[(2)].

وأما الشافعية فقد عرفوا الخلع بأنه " فرقة " بين الزوجين " بعوض " مقصود راجع لجهة الزوج " بلفظ طلاق أو خلع " كقوله طلقتك أو خالعتك على كذا فتقبل[(3)].

إذا فالخلع عند الحنفية والشافعية إزالة لملك النكاح مقابل عوض تدفعه الزوجة للزوج برضاهما.

إن مما لا خلاف فيه بين الحنفية والشافعية أن الخلع طلاق لا فسخ وهو الأظهر من قولي الشافعي رحمه اللـه تعالى[(4)].

---

(1) الجوهري، مختار الصحاح، ج1، ص196.
(2) الإمام كمال الدين ابن الهمام، شرح الفتح القدير، ج4، ص210.
(3) الشيخ محمد الشربيني الخطيب، مغني المحتاج، ج3، ص262. محمد بن أحمد الرملي، غاية البيان شرح زبد ابن رسلان، ص260.
(4) ابن حجر العسقلاني، فتح الباري، ج9، ص396. الإمام الكاساني، بدائع الصنائع، ج2، ص231. السرخسي، المبسوط، ج5، ص32. زين الدين بن عبد العزيز المليباري، فتح المعين، ج3، ص390. الامام تقي الدين الحسيني الحصني، كفاية الأخيار، ج1، ص512.

ومما ينبغي الإشارة إليه أن الخلع قد يكون باللفظ الصريح كالخلع اتفاقا والمفاداة أيضا بناء على رأي الشافعية. وقد يقع باللفظ الكنائي كلفظ المبارأة والتحريم وغيرها من كنايات الطلاق اتفاقا على رأي الحنفية وفي قول على مذهب الشافعية[1].

الفرع الثاني: الخلاف في حكم الخلع:

لا خلاف بين الحنفية والشافعية في جواز الخلع وأنه مستحب إذا كان بين الزوجين خلاف وكانت الزوجة هي السبب لقوله تعالى: ﴿وَلَا يَحِلُّ لَكُمْ أَن تَأْخُذُوا۟ مِمَّآ ءَاتَيْتُمُوهُنَّ شَيْـًٔا إِلَّآ أَن يَخَافَآ أَلَّا يُقِيمَا حُدُودَ ٱللَّهِ ۖ فَإِنْ خِفْتُمْ أَلَّا يُقِيمَا حُدُودَ ٱللَّهِ فَلَا جُنَاحَ عَلَيْهِمَا فِيمَا ٱفْتَدَتْ﴾[2].

وكذا لا خلاف بينهما في حرمة الخلع وحرمة أخذ الزوج شيئا من المرأة إذا كان سبب الخلاف هو الزوج لقوله تعالى: ﴿وَلَا تَعْضُلُوهُنَّ لِتَذْهَبُوا۟ بِبَعْضِ مَآ ءَاتَيْتُمُوهُنَّ إِلَّآ أَن يَأْتِينَ بِفَـٰحِشَةٍ مُّبَيِّنَةٍ﴾[3].

وأما حكم الخلع في الحالة الاعتيادية (أي الحالة التي لا نشوز فيها بين الرجل والمرأة) فالذي يبدو أنه قد حصل اضطراب لدى الكثير من الباحثين للوقوف على حكم الخلع عند الحنفية والشافعية بين الإباحة والكراهة[4].

قلت الذي عليه الحنفية والشافعية أن حكم الخلع في الحالة الاعتيادية هو الكراهة، وهذا ما نص عليه معظم فقهاء الحنفية والشافعية، فقد جاء في حاشية البجيرمي على الخطيب[5] بأن "أصل وضعه الكراهة"[6]. وجاء في مغني المحتاج "ولكنه مكروه لما فيه من قطع النكاح الذي هو مطلوب الشرع"[7].

---

(1) الدر المختار ج3:ص443 ج5، ص32. المليباري، فتح المعين، ج3، ص390. الامام تقي الدين الحسيني الحصني، كفاية الأخيار، ج1، ص512.

(2) سورة البقرة، الآية رقم (229).

(3) سورة النساء، الآية رقم (19).

(4) يقول الدكتور عبد الكريم زيدان بعدم كراهة الخلع عند الشافعية في الحالة الاعتيادية . ينظر المفصل في أحكام المراة والبيت المسلم، د. عبد الكريم زيدان، ج 7، ص121. ويقول الدكتور محمد الحفناوي بأن الخلع غير مكروه عند الأحناف والشافعية في الحالة الاعتيادية. ينظر الطلاق، ص292. والصواب ما ذكرناه و اللـه أعلم.

(5) هو سليمان بن محمد بن عمر البيجرمي (1131 – 1221 هـ) فقيه شافعي من بجيرم ، قرية في مصر . قدم القاهرة صغيرا ، فتعلم في الازهر ، وكان انسانا حميد الاخلاق منجمعا على مخالطة الناس مقبلا على شأنه وقد انتفع به أناس كثيرون وكف بصره سنينا في أواخر عمره. وقبل وفاته توجه إلى مصطبة بالقرب من بجيرم فتوفي بها ودفن هناك. من مصنفاته تحفة الحبيب وهو حاشية علي شرح الخطيب المسمي بالاقناع في حل الفاظ ابي شجاع والتجريد لنفع العبيد حاشية على شرح المنهج للقاضي زكريا الأنصاري. ينظر معجم المطبوعات، ج1، ص529. هدية العارفين، ج1، ص213.

(6) ج3، ص443. المليباري، فتح المعين، ج3، ص379

(7) الشيخ محمد الشربيني الخطيب، مغني المحتاج، ج،3، ص262.

وكذا الحكم عند الحنفية فهو مكروه عندهم في حالته الاعتيادية حيث جاء عندهم "وإذا تشاق الزوجان وخافا أن لا يقيما حدود الله فلا بأس بأن تفتدي نفسها منه بمال يخلعها به لقوله تعالى:﴿ وَلَا يَحِلُّ لَكُمْ أَن تَأْخُذُوا۟ مِمَّآ ءَاتَيْتُمُوهُنَّ شَيْـًٔا إِلَّآ أَن يَخَافَآ أَلَّا يُقِيمَا حُدُودَ ٱللَّهِ ۖ فَإِنْ خِفْتُمْ أَلَّا يُقِيمَا حُدُودَ ٱللَّهِ فَلَا جُنَاحَ عَلَيْهِمَا فِيمَا ٱفْتَدَتْ بِهِۦ ﴾"[1]. قلت وفي هذا دلالة على أن الحكم في الحالة الاعتيادية عند الحنفية هو الكراهة أيضا لأنه إذا كان لا بأس به عند الشقاق فيجب أن يكره في الحالة الاعتيادية.

الفرع الثالث: الخلاف في تكييف الخلع:

حصل خلاف بين الحنفية والشافعية في التكييف الشرعي للخلع هل هو يمين أم معاوضة:

مذهب الحنفية:

إن التكييف الشرعي للخلع عند الحنفية أنه يمين في جانب الزوج، فتراعى أحكام اليمين من جانبه، لأنه تعليق للطلاق بقبول المال، فلا يصح رجوعه عنه قبل قبولها، ولا يصح شرط الخيار له، ولا يقتصر على المجلس أي مجلسه، ويقتصر قبولها على مجلس علمها. وفي جانبها معاوضة بمال، فصح رجوعها قبل قبولهن وصح شرط الخيار لها ولو أكثر من ثلاثة أيام[2].

مذهب الشافعية:

الذي عليه الشافعية أن الخلع قد يكون من جانب الزوج تعليقا فيكون هو من حيث الحكم كاليمين كما هو الحكم عند الحنفية وذلك إذا بدأ الزوج بالخلع " بصيغة التعليق كمتى أو متى ما أو إن أو إذا أعطيتني (فالخلع هنا) تعليق لا رجوع له، ولا يشترط القبول لفظا ولا الإعطاء في المجلس" (والخلع في غير هذه الحالة إذا بدأ به الزوج) معاوضة فيها شوب تعليق، وله الرجوع قبل قبولها ويشترط قبولها بلفظ غير منفصل[3]. ولا يعني ذلك أن الحكم الواحد يتركب من أصلين، فإن ذلك متناقض، بل تجري بعض الأحكام على قاعدة التعليق وبعضه على قانون المعاوضة[4]. والقول بأن فيه شوب تعليق لأن وقوع الطلاق فيه متوقف على قبول المال[5].

وأما التكييف الشرعي للخلع بالنسبة للزوجة فهو معاوضة من جهتها.

وثمرة الخلاف بين الحنفية والشافعية في التكييف الشرعي للخلع يكمن في الآثار المترتبة على ذلك، فالقول بأنه يمين كما هو مذهب الحنفية يترتب عليه ما يأتي:

---

(1) المرغيناني، الهداية، ج1، ص261. إبراهيم بن أبي اليمن، لسان الحكام، ج1، ص329. البقرة (229).
(2) الدر المختار ج3، ص442. وينظر الجامع الصغير ج1، ص216. الإمام كمال الدين ابن الهمام، شرح الفتح القدير، ج4، ص211.
(3) الإمام النووي، منهاج الطالبين، ج1، 105.
(4) الإمام الغزالي، الوسيط، ج5، ص317.
(5) الشيخ محمد الشربيني الخطيب، مغني المحتاج، ج3، ص262.

لا يصح رجوعه عنه فلا يحتمل خيار الشرط[1]. ولا يقتصر قبول الزوج على المجلس أي مجلسه ويقتصر قبولها على مجلس علمها[2].

وأما القول بأنه معاوضة كما هو مذهب الشافعية فيترتب عليه ما يأتي:

له الرجوع قبل القبول "لأن هذا شأن المعاوضات" و يشترط قبولها "أي المختلعة الناطقة" بلفظ غير منفصل "بكلام أجنبي أو زمن طويل" كما في سائر العقود فتقول قبلت أو اختلعت أو نحوه. ولا يصح القبول بالفعل بأن تعطيه العوض، أما الخرساء فتكفي إشارتها المفهمة.

ويشترط كون القبول على وفق الإيجاب "فلو اختلف إيجاب وقبول كطلقتك بألف فقبلت بألفين وعكسه" كطلقتك بألفين فقبلت بألف "أو طلقتك ثلاثا بألف فقبلت واحدة بثلث ألف فلغو"[3].

الرأي الراجح:

الذي يبدو أن الراجح هو ما ذهب إليه الشافعية من أن الخلع هو معاوضة في جانب كلا الزوجين فهو عقد بدليل أن الخلع لا يتم إلا بالقبول من الطرف الثاني فهو عقد معاوضة وذلك لأخذ الزوج المال من الزوجة مقابل البضع الذي كان يستحقه وبمقابله تملك المرأة نفسها مقابل ما تدفعه للزوج.

المطلب الثاني
العوض في الخلع

الخلع قائم على دفع عوض معين للزوج من الزوجة افتداء لنفسها منه، وهذا العوض محل خلاف بين الحنفية والشافعية في صفته.

الأصل عند الحنفية في عوض الخلع: أنه "ما جاز أن يكون مهرا جاز أن يكون بدلا في الخلع"[4]. لا العكس "فليس كل ما يصلح عوضا في الخلع يصلح عوضا في النكاح، لأن باب الخلع أوسع إذ هو يتحمل جهالة لا يتحملها النكاح"[5].

---

[1] الإمام محمد بن الحسن الشيباني، الجامع الصغير، ج1، ص216.
[2] الدر المختار ج3، ص442.
[3] الشيخ محمد الشربيني الخطيب، مغني المحتاج، ج3، ص262.
[4] المرغيناني، الهداية، ج1، ص261.
[5] الإمام الكاساني، بدائع الصنائع، ج3، ص231.

وبناء على ما ذكرناه من أن الأصل في عوض الخلع عند الحنفية والشافعية أنه كالمهر، فالخلاف الذي يجري بينهما في المهر هو نفسه الخلاف هنا، ومن مواطن الخلاف بينهما في هذا المجال التقوم في العوض وجهالته ومقداره وتوضيح ذلك في الفروع الأربعة الآتية:

الفرع الأول: الخلاف في الخلع بلا عوض:

المذهب عند الحنفية هو صحة الخلع بلا عوض وهذا ما هو منصوص عليه في كتب الحنفية يقول الدكتور عبد الكريم زيدان وينسب إلى الشافعية القول بعدم صحة الخلع إذا لم يذكر العوض فيه[1]. لما جاء مغني المحتاج "لو جرى بغير ذكر ماله " مع زوجته بنية التماس قبولها ولم ينف العوض كأن قال خالعتك أو فاديتك ونوى التماس قبولها فقبلت بانت ووجب مهر مثل في الأصح لاطراد العرف بجريان ذلك بعوض فيرجع عند الإطلاق إلى مهر المثل لأنه المراد كالخلع بمجهول[2]. قلت وأما القول بأن الشافعية لا يجيزون الخلع دون ذكر العوض فغير صحيح لأن الشافعية حينما يوجبون مهر المثل في مثل هذه الحالة فهذا يدل على أنهم يجيزون الخلع دون ذكر العوض وخاصة إذا جرى الخلع بلفظ صريح، لأن الخلع ليس إلا فرقة بائنة مقابل مال تدفعه الزوجة للزوج فإذا وجب مهر المثل للزوج وبانت فقد وقع الخلع فعلا.فلا مجال للقول بعد ذلك بأن الخلع لم يقع، عليه فلا خلاف بين الحنفية والشافعية في وقوع الخلع في حالة عدم ذكر العوض في الخلع إلا أن الخلاف بينهما يكمن فقط في أن الحنفية يجعلون هذا الخلع مسقطا للحقوق الزوجية بينهما وهو الواجب يقول ابن عابدين "لو قال الزوج خالعتك فقبلت المرأة ولم يذكرا مالا طلقت لوجود الإيجاب والقبول وبريء عن المهر المؤجل لو كان عليه وإن لم يكن عليه من المؤجل شيء ردت عليه ما ساق إليها من المهر المعجل لما مر أنه معاوضة فتعتبر بقدر الإمكان[3]. وأما الشافعية فإنهم يوجبون مهر المثل كما لو فسد المهر، فدل ذلك على عدم وجود خلاف بينهم و الـلـه أعلم.

الفرع الثاني: الخلاف في قيمية العوض:

مما لا خلاف فيه بين الحنفية والشافعية أنه لو تم الخلع على عوض معلوم متقوم مقدور على تسليمه وقع الخلع ولزم المرأة ما تم التراضي عليه، وكذا لا خلاف بينهما في أنه لو وقع الخلع على عوض فاسد بأن لم يذكرا العوض أو كان المسمى غير مال أو غير متقوم أو كان فيه غررا فإن الطلاق واقع، ولكن الذي حصل الخلاف بينهما فيما هو الواجب في هذه الحالة؟

---

(1) د. عبد الكريم زيدان، المفصل، ج8، ص173.
(2) الشيخ محمد الشربيني الخطيب، مغني المحتاج، ج3، ص262.
(3) الدر المختار ج3،ص459

مذهب الحنفية:

الذي عليه الحنفية أنه إذا بطل العوض في الخلع أو الطلاق على مال كأن يخالع أو يطلق المسلم على خمر أو خنزير أو ميتة فلا شيء للزوج، إلا أن الفرقة في الخلع بائنة وفي الطلاق رجعي، واستدل الحنفية لمذهبهم بما يأتي:

1- إن المرأة حينما سمت الخنزير وما شابهه عوضا للخلع، فإنها تكون قد سمت ما لا يتقوم، فلا تصير بذلك غارة لزوجها، فالمسمى هنا ليس بمال متقوم في حق المسلمين، فلا يتمكن الغرور منها بهذه التسمية، فصارت هذه التسمية وجودها كعدمها، وبهذا فارق الصداق، فإن تسمية الخمر هناك وجودها كعدمها، ولكن بدون التسمية يجب مهر المثل هناك ولا يجب هنا شيء، ولأنه لا وجه إلى إيجاب المسمى للإسلام، ولا إلى إيجاب غيره لعدم الالتزام، لذا فلو تم التخالع على خل بعينه فظهر أنه خمر وجب مهر المثل، لأنها سمت مالا فصار مغرورا[1].

2- إذا ذكر ما لا يصلح عوضا أصلا أو ما لا يصلح عوضا في حق المسلمين فقد رضي بالإسقاط والفرقة بغير عوض (فالخلع إما إسقاط للملك أو فرقة) فلا يستحق عليها شيئا.

3- إن منافع البضع عند الخروج عن ملك الزوج غير متقومة، لأن المنافع في الأصل ليست بأموال متقومة، إلا أنها جعلت متقومة عند المقابلة بالمال المتقوم (أي عند مقابلة منافع البضع بالمتقوم من المال وقت الزواج) فعند المقابلة (مقابلة منافع البضع التي هي ليست بأموال أصلا) بما ليس بمال متقوم (وهو الخنزير) يبقى على الأصل. ولأنها إنما أخذت حكم التقوم في باب النكاح عند الدخول في ملك الزوج احتراما لها وتعظيما للآدمي لكونها سببا لحصوله فجعلت متقومة شرعا صيانة لها عن الابتذال[2]. عليه لا يمكن قياس عوض الخلع على المهر لما في الخلع من التوسعة.

مذهب الشافعية:

الأصل عند الشافعية في عوض الخلع أنه يشترط فيه ما يشترط في الثمن من كونه "متمولا معلوما مقدورا على تسليمه، فعلى هذا لو خلع بمجهول كأحد العبدين أو خمر معلومة أو نحوها مما لا يتملك بانت بمهر مثل"[3]. فما يشترط في المهر يشترط في عوض الخلع. إلا إذا خالع على دم فيقع الطلاق رجعيا لأن ذلك لا يقصد بحال واستدلوا بما يأتي:

1- يستدل في هذا الموضع بما استدل به في موضوع المهر من حيث كونه مالا متقوما معلوما مقدورا على تسليمه، إذ التفصيل في هذا كالتفصيل في الصداق[4].

---

[1] ينظر المرغيناني، الهداية، ج1، ص261. السرخسي، المبسوط، ج5، ص32.
[2] الإمام الكاساني، بدائع الصنائع، ج2، ص231.
[3] الإمام النووي، منهاج الطالبين، ص105. الشيخ محمد الشربيني الخطيب، مغني المحتاج، ج3، ص262.
[4] الإمام الغزالي، الوسيط، ج5، ص326. ينظر ص(167) من هذه الأطروحة.

2- إن مهر المثل هو المقصود عند فساد عوض الخلع [1] فكأن كل واحد منهما راض بمهر المثل عند الفساد.

3- قياسا على البيع والنكاح، بجامع أن كلا منهما عقد معاوضة، فإن طلقها على شيء من ذلك وقع الطلاق، لأن الطلاق يصح مع عدم العوض فصح مع فساده كالنكاح، ويرجع عليها بمهر المثل، لأنه تعذر رد البضع فوجب رد بدله كما هو الحكم فيمن تزوج على خمر أو خنزير [2].

قلت وما ينطبق على قيمية العوض في الخلع من خلاف بين الحنفية والشافعية ينطبق أيضا على جهالة العوض [3].

الفرع الثالث: الخلاف في مقدار العوض:

مما لا خلاف فيه بين الفقهاء أنه يكره للرجل أن يأخذ من زوجته شيئا مقابل الطلاق إذا كان الحال بينهما اعتياديا، لما في الأخذ زيادة في إيحاش الزوجة، ومما لا خلاف فيه أيضا بينهما أنه لا يجوز له أن يظلم الزوجة ليأخذ منها مالا مقابل الطلاق، لقوله تعالى (لتذهبوا ببعض) ولكن ما الحكم في مقدار العوض الذي يجوز الخلع عليه؟

للأحناف تفصيل في مقدار العوض في الخلع، فليس الحكم عندهم واحدا في جميع الحالات، فالأصل في الخلع أن النشوز إذا كان من قبله يكره له أن يأخذ منها عوضا، وإن كان النشوز منها فيكره له أن يأخذ منها أكثر مما أعطاها، وفي رواية الجامع الصغير: طاب الفضل أيضا [4].

قلت يتفق الشافعية مع الحنفية في الشق الأول من عدم جواز أن يأخذ الزوج شيئا من الزوجة مقابل الطلاق إذا كان النشوز من الرجل والتقصير منه. لأن الخلع في هذه الحالة عند الشافعية إما أن يكون مكروها (كما لو ضيق على الزوجة الغنية كي تخالع) أو باطلا (كما لو ضرب الزوجة وألحق بها الأذى كي تخالع)، وفي كلتا الحالتين لا يجوز له أخذ شيء من الزوجة مقابل الطلاق. وهذا نفس ما نص عليه الحنفية بقولهم "وإن كان النشوز من قبله يكره له أن يأخذ منها عوضا لقوله تعالى وإن أردتم استبدال زوج مكان زوج إلى أن قال فلا تأخذوا منه شيئا ولأنه أوحشها بالاستبدال فلا يزيد في وحشتها بأخذ المال" [5].

إذا فموطن الخلاف بينهما يكون فيما لو كان النشوز والتقصير من جانبها، فهل يجوز له أن يأخذ من الزوجة أكثر مما أعطاها أم لابد من عدم الزيادة على ذلك؟

(1) ينظر الشيرازي، المهذب، ج2، ص489. الشيخ محمد الشربيني الخطيب، مغني المحتاج، ج3، ص262.
(2) الشيرازي، المهذب، ج2، ص489.
(3) ينظر المرغيناني، الهداية، ج2، ص14. ينظر الإقناع للماوردي، ج10، ص152. وينظر ص(307) من هذه الأطروحة.
(4) المرغيناني، الهداية، ج1، ص261. السرخسي، المبسوط، ج6، ص183.
(5) المرغيناني، الهداية، ج2، ص14.

مذهب الحنفية:

إن كان النشوز من جهتها يجوز له أن يأخذ منها جميع ما استحقت عليه بالعقد ولا تحل له الزيادة على ذلك في ظاهر الرواية، وفي رواية يحل له أخذ الزيادة وهذا في حق الديانة والتنزه فأما في الحكم فإذا تخالعا على الزيادة من المهر فإنه يلزم وتؤمر بالأداء إليه[1]. واستدلوا بما يأتي:

أولا: السنة:

1- روي أن جميلة بنت سلول - رحمها الله تعالى - كانت تحت ثابت بن قيس - رحمه الله تعالى - فجاءت إلى رسول الله ﷺ فقالت لا أعيب على ثابت بن قيس في دين ولا خلق ولكني أخشى الكفر في الإسلام لشدة بغضي إياه فقال ﷺ: (أتردين عليه حديقته) فقالت نعم وزيادة فقال ﷺ أما الزيادة فلا.

وجه الدلالة من الحديث أن الرسول ☒ قد نهى عن أخذ الزيادة، والنهي يقتضي في أقل درجاته الكراهة. وفي رواية أنه قال لثابت أخلعها بالحديقة ولا تزدد[2].

2- عن عطاء أن امرأة أتت النبي ﷺ تشكو زوجها فقال: أتردين عليه حديقته قالت: نعم وزيادة قال: أما الزيادة فلا[3]. الحديث مرسل ولكن وصله الوليد بن مسلم عن بن جريج بذكر بن عباس فيه ولكنه غير محفوظ فالصواب إرساله[4].

ولكن يرد على هذا بأنه ليس في الحديث دلالة على شرط عدم الزيادة، فقد يكون ذلك قد وقع على سبيل الإشارة رفقا بها[5].

ثانيا: المعقول:

إن الخلع رفع للعقد من قبل المراة وليس في الخلع تمليك شيء للمراة، فيحل له أن يأخذ منها قدر ما ساق إليها بالعقد ولا يحل له الزيادة على ذلك[6].

مذهب الشافعية:

يجوز الخلع بالقليل والكثير والدين والعين والمال، فإن خالعها على أن تكفل ولده عشر سنين وبين مدة الرضاع وقدر النفقة وصفتها فالمنصوص أنه يصح[7]. فيجوز أخذ أكثر مما أعطاها وهو رواية عن أبي حنيفة. واستدلوا بما يأتي :

---

(1) الإمام محمد بن الحسن الشيباني، الجامع الصغير، ج1، ص214. علاء الدين السمرقندي، تحفة الفقهاء، ج2، ص200.
(2) البيهقي، سنن البيهقي الكبرى،ج7، ص313.
(3) المصدر نفسه، ج7، ص314.
(4) الدار قطني، سنن الدارقطني، ج3، ص321. ابن حجر العسقلاني، فتح الباري، ج9، ص402.
(5) ابن حجر العسقلاني، فتح الباري، ج9، ص402.
(6) السرخسي، المبسوط،ج5، ص32.
(7) الشيرازي، المهذب، ج2، ص489. الإمام النووي، منهاج الطالبين، ص226.

أولا: الكتاب:

قولـه تعـالى: ﴿ فَإِنْ خِفْتُمْ أَلَّا يُقِيمَا حُدُودَ ٱللَّهِ فَلَا جُنَاحَ عَلَيْهِمَا فِيمَا ٱفْتَدَتْ بِهِۦ ﴾[1].

وجه الدلالة من الآية أنها عامة لم تحدد مقدار العوض، فليس في الآية ما يدل على عدم جواز أن يأخذ الزوج أكثر مما أعطاها[2]. وهذا هو الظاهر من الآية، فلا يجوز إحالة ظاهر عام إلى باطن خاص إلا بحجة يجب التسليم لها، ولا حجة في ذلك فالآية تؤخذ على ظاهرها وعمومها إلا بعد مخصص من أصل أو قياس[3]. فيكون معنى الآية (فيمَا افتَدَت به) ما تعطيه من مال تفتدي نفسها ليطلقها، فالمخالع له أن يأخذ كل ما تملكه المرأة، حتى ما دون عقاص رأسها، إذا افتدت منه بذلك[4].

ثانيا: السنة:

عن أبي سعيد الخدري قال: أرادت أختي أن تختلع من زوجها، فأتت النبي ﷺ مع زوجها فذكرت له ذلك فقال لها رسول الـلـه ﷺ تردين عليه حديقته ويطلقك قالت نعم وأزيده فقال لها الثانية تردين عليه حديقته ويطلقك قالت نعم وأزيده فقال لها الثالثة قالت نعم وأزيده فخلعها فردت عليه حديقته وزادته. وكذلك رواه الحسن بن عمارة عن عطية والحديث المرسل أصح[5].

ثالثا: الآثار:

1- أجاز عثمان رضي الله عنه الخلع دون عقاص رأسها[6]. أي يجوز للرجل أن يأخذ من الزوجة كل شيء سوى عقاص رأسها. فدون بمعنى "سوى أي أجاز للرجل أن يأخذ من المرأة في الخلع ما سوى عقاص رأسها"[7].

وذكر ابن حجر أثر عثمان بلفظ آخر وهو "عن الربيع بنت معوذ قالت كان بيني وبين بن عمي كلام وكان زوجها قالت فقلت له لك كل شيء وفارقني قال قد فعلت فأخذ و الـلـه كل شيء

---

(1) سورة البقرة، الآية رقم (229).

(2) المجموع بشرح المهذب، ج20، ص150.

(3) محمد بن جرير بن يزيد بن خالد الطبري أبو جعفر، جامع البيان عن تأويل آي القرآن المسمى تفسير الطبري، ج2، دار الفكر - بيروت، سنة الطبع 1405هـ ص471.

(4) الإمام البخاري، صحيح البخاري، ج5، ص2020.

(5) البيهقي، سنن البيهقي الكبرى،ج7، ص314.

(6) الإمام البخاري، صحيح البخاري، ج5، ص2021

(7) ابن حجر العسقلاني، فتح الباري، ج9، ص397.

حتى فراشي فجئت عثمان وهو محصور فقال الشرط أملك خذ كل شيء حتى عقاص رأسها"[1]. ومثل هذا يشتهر فيكون إجماعا[2].

2- روي عن كثير مولى سمرة: أن امرأة نشزت من زوجها في إمارة عمر بن الخطاب رضي الله عنه فأمر بها إلى بيت كثير الزبل، فمكثت فيه ثلاثة أيام ثم أخرجها فقال لها: كيف رأيت؟ قالت: ما وجدت الراحة إلا في هذه الأيام. فقال: عمر رضي الله عنه أخلعها ولو من قرطها[3].

3- عن عبد الرزاق قال أخبرنا بن جريج عن موسى بن عقبة عن نافع أن بن عمر جاءته مولاة لامرأته اختلعت من كل شيء لها وكل ثوب عليها حتى نفسها فلم ينكر ذلك عبد الله[4].

4- عن بن عباس رضي الله عنه قال: لو اختلعت بكل شيء لأجزت ذلك[5].

ثالثا: المعقول:

1- إن عوض الخلع عوض مستفاد بعقد فلم يتقدر كالمهر والثمن[6].

2- إن جواز أخذ المال هنا كان بطريق الزجر لها عن النشوز. فجاز بالقليل والكثير حتى يكون أبلغ. ولهذا لا يحل أخذ شيء منها إذا كان النشوز من الزوج[7].

موقف المشرع العراقي:

من خلال النظر إلى المواد القانونية التي تتحدث عن الخلع في القانون يبدو أن المشرع العراقي قد أخذ برأي الشافعية في جواز أخذ الزوج أكثر من المهر الذي أعطاها إياها مقابل الخلع حيث نص في الفقرة (3) من المادة (46) من قانون الأحوال الشخصية العراقي على "للزوج أن يخالع زوجته على أكثر أو أقل من مهرها" وهذا النص مطلق لم يفرق بين ما إذا كان هناك نشوزا من الزوجة أم لا؟ ولكن مما ينبغي الإشارة إليه أن المشرع العراقي قد عالج حالة النشوز من الزوجة في المواد الخاصة بالنشوز.

---

[1] العقاصمن عَقَصشَعَرَه يَعقصه: ضَفَرَه وفَتَلَه. والعقصَة بالكسر والعَقيصَة: الضفيرَة ج: عَقصوعقاصوعَقائص الفيروز آبادي، القاموس المحيط، ج1، ص804. وينظر ابن حجر العسقلاني، فتح الباري، ج9، ص397.

[2] إبراهيم بن محمد بن سالم بن ضويان، منار السبيل، تحقيق عصام القلعجي، ج2، ط2، مكتبة المعارف، الرياض، سنة الطبع 1405هـ ص204.

[3] البيهقي، سنن البيهقي الكبرى،ج7، ص315.

[4] عبد الرزاق بن همام الصنعاني، مصنف عبد الرزاق، ج6، ص505.

[5] السرخسي، المبسوط، ج6، ص183.

[6] المجموع بشرح المهذب، ج20، ص150.

[7] السرخسي، المبسوط، ج6، ص183.

الرأي الراجح:

الذي يبدو أن الراجح هو ما ذهب إليه الشافعية، لعموم الأدلة وتوافر الآثار في ذلك عن الصحابة بما يشبه الإجماع، ثم إن ما ذهب إليه الشافعية هو ما عليه الإمام أبو حنيفة كما روي عنه في الجامع الصغير، والذي يبدو أن هذا الرأي هو الأوجه والأكثر قبولا عند شراح فقه الإمام أبي حنيفة، وهذا ما قرر الإمام ابن همام الحنفي حينما قال بعد أن استنبط الحكم من قوله تعالى: ﴿ فَإِنْ خِفْتُمْ أَلَّا يُقِيمَا حُدُودَ ٱللَّهِ فَلَا جُنَاحَ عَلَيْهِمَا فِيمَا ﴾[1]. وعدم تخصيص الآية بعدم جواز أخذ الزيادة على ما أعطاها: " وعلى هذا فيظهر كون رواية الجامع أوجه، نعم يكون أخذ الزيادة خلاف الأولى ويكون محمل منعه ﷺ على ما هو الأولى و الله أعلم"[2].

الفرع الرابع: الخلاف في الخلع على عوض مجهول:

الأصل في عوض الخلع أن يكون معلوما، ولكن ما الحكم فيما لو كان هذا العوض مجهولا؟

قلت الذي يجري على مقدار العوض يجري هنا على جهالة العوض في الخلع.

المطلب الثالث
الخلاف في آثار الخلع

لا خلاف بين الحنفية والشافعية في أن الخلع طلاق. وهذا ما نص عليه الحنفية قولا واحدا،وهو الأصح في مذهب الإمام الشافعي[3]. وبهذا أخذ المشرع العراقي في الفقرة (2) من المادة (46) من قانون الأحوال الشخصية العراقي حيث نص على " ويقع بالخلع طلاق بائن".

ولكن حصل الخلاف بين الحنفية والشافعية في أثر الخلع على أسقاط الحقوق الزوجية بين الزوجين عدا ما تم الاتفاق عليه، أي هل أن الخلع يسقط الحقوق الزوجية لكل واحد منهما قبل الآخر أم أن الخلع يقتصر فقط على ما يتفق عليه؟

مذهب الحنفية:

الذي عليه الإمام أبو حنيفة أن الخلع والمبارأة يسقطان كل حق لكل واحد من الزوجين على الآخر، مما يتعلق بالنكاح كالمهر مقبوضا أو غير مقبوض قبل الدخول وبعده والنفقة الماضية،

---

(1) سورة البقرة، الآية رقم (229).
(2) الإمام كمال الدين ابن الهمام، شرح الفتح القدير، ج4، ص218.
(3) السمرقندي، خزانة الفقه، ص122. الإمام الكاساني، بدائع الصنائع، ج2، ص227. الإمـام السرخسي، المبسوط، ج6، ص171. الشيخ محمد الشربيني الخطيب، مغني المحتاج، ج3، ص262. الامام تقي الدين الحسيني الحصني، كفاية الأخيار، ج1، ص512.

وأما نفقة العدة والسكنى فلا تسقطان، وبقول أبي حنيفة قال أبو يوسف في المبارأة وهو الصحيح في المذهب ومشى عليه المحبوبي والنسفي وصدر الشريعة [1]. واستدلوا بما يأتي:

1- إن المقصود بهذا العقد لا يتم إلا بإسقاط الحقوق الواجبة بالنكاح، فلإتمام هذا المقصود يتعدى حكم هذا العقد إلى الحقوق الواجبة بالنكاح لكل واحد منهما.

2- إن الخلع إنما يكون عند النشوز. وتمام انقطاع المنازعة والنشوز إنما يكون بإسقاط ما وجب، ثم إن في لفظ (الخلع والمبارأة) ما يدل عليه فإن المبارأة مشتقة من البراءة والخلع من الخلع وهو الإنتزاع، يقول الرجل خلعت الخف من الرجل إذا قطعت ما بينهما من الوصل من كل وجه[2].

مذهب الشافعية:

الذي عليه الجمهور منهم الشافعية والإمام محمد من الحنفية أنه لا أثر للخلع إلا فيما يتم الاتفاق عليه أثناء الخلع، فهو الواجب بالخلع وما سوى ذلك من الحقوق الزوجية لا تسقط بالخلع إلا إذا تم الاتفاق عليه[3]. واستدلوا بما يأتي:

أولا: الكتاب:

قوله تعالى: ﴿ فَإِنْ خِفْتُمْ أَلَّا يُقِيمَا حُدُودَ ٱللَّهِ فَلَا جُنَاحَ عَلَيْهِمَا فِيمَا ٱفْتَدَتْ بِهِۦ ﴾[4].

وجه الدلالة من الآية أنها تتحدث عن الخلع الذي تفتدي به المرأة نفسها بمالها، وما تعطيه من مال كما قال البخاري رحمه الله[5]. وأما الحقوق وإسقاطها ما بين الزوجين فلا تدخل في الاية بشكل و الله أعلم.

ثانيا: المعقول:

1- إن الخلع الطلاق بعوض، فيجب به العوض المسمى، ولا يسقط شيء من الحقوق الواجبة كما لو كان بلفظ الطلاق.

2- إن الخلع معاوضة، ولا تأثير لعقد المعاوضة إلا في استحقاق العوض المسمى، بدليل أنه لو كان لأحدهما على الآخر دين واجب بسبب آخر أو عين في يده لا يسقط شيء من ذلك بالخلع والمبارأة فكذلك الحقوق الواجبة عليه بالنكاح.

---

[1] الشيخ عبد الغني الغنيمي، اللباب في شرح الكتاب، ج3، ص14. الإمام كمال الدين ابن الهمام، شرح الفتح القدير، ج4، ص233.
[2] السرخسي، المبسوط، ج5، ص32.
[3] الإقناع للماوردي ج1:ص152. الشيخ محمد الشربيني الخطيب، مغني المحتاج، ج3، ص271.
[4] سورة البقرة، الآية رقم (229).
[5] الإمام البخاري، صحيح البخاري،ج5، ص2020.

3- قياسا على عدم سقوط نفقة العدة والسكنى، فكما لا تسقطان بالخلع فكذلك لا تسقط بقية الحقوق من مهر وغيره، بجامع أن كل واحد منهما من الحقوق الزوجية التي ترتبت على عقد الزواج [1].

الرأي الراجح:

الذي يبدو أن الراجح هو ما ذهب إليه الشافعية لأن الخلع عقد معاوضة وفيه يتم الاتفاق على عوض معين وهو محل العقد وأما غيره فلا أثر للعقد عليه إلا إذا نص عليه فيدخل و الله أعلم.

---

[1] السرخسي، المبسوط، ج5، ص32.

المبحث الثالث
الخلاف في الإيــــلاء

تعريف الإيلاء:

الإيلاء لغة: الحلف، من آلى الرجل إيلاء إذا حلف، فهو مؤل أو مول، جمعه ألايا مثل عطية وعطايا، ومنه قول الشاعر (قَليل الألايَا حافظ ليمينه ... فإن سبقت منه الأَلية بَرت)[1].

الإيلاء اصطلاحا:

عرف الحنفية الإيلاء اصطلاحا بأنه: عبارة عن يمين يمنع جماع المنكوحة[2]. والذي عليه الحنفية كالجمهور أن مطلق الحلف على ترك الجماع لا يكون إيلاء إلا إذا نوى بهذا الإطلاق ترك الوطء مدة أربعة أشهر فصاعدا، لذا عرفه السمرقندي بأنه: عبارة عن اليمين على ترك الوطء في الزوجة مدة مخصوصة[3].

وأما الإيلاء عند الشافعية فهو حلف زوج يصح طلاقه على امتناعه من وطء زوجته مطلقا أو فوق أربعة أشهر[4].

وبناء على اختلافهم في التعريف نرى بأن هناك خلافا في مسائل عديدة بين الحنفية والشافعية في الإيلاء نتطرق إليها في المطالب الأربعة الآتية:

المطلب الأول
الخلاف في مدة الإيلاء

الذي عليه أكثر أهل العلم منهم الحنفية والشافعية أن من حلف على ترك وطء الزوجة مدة أقل من أربعة أشهر لا يكون موليا[5]. ولا خلاف بين الحنفية والشافعية في أن من حلف على أن لا يطأ زوجته أكثر من أربعة أشهر فهو مول. ولكن حصل بينهما خلاف فيمن حلف على أن لا يطأ زوجته مدة أربعة أشهر فقط، فهل سيكون موليا أم لا؟ وهذا ما يبدو من تعريفهم للإيلاء. وهذه المسألة من المسائل المختلف فيها بين الصحابة رضوان اللـه عليهم؟

---

[1] الفيروز آبادي، القاموس المحيط، ج1، ص1627. المصباح المنير، ج1، ص20.

[2] الإمام الكاساني، بدائع الصنائع، ج2، ص352. السرخسي، المبسوط، ج6، ص19.

[3] علاء الدين السمرقندي، تحفة الفقهاء، ج2، ص203.

[4] الشيرازي، المهذب، ج2، ص106. الشيخ محمد الشربيني الخطيب، الإقناع، ج2، ص451. الشيخ سليمان البجيرمي، حاشية البجيرمي على الخطيب، ج4، ص46.

[5] أبو عمر يوسف بن عبد اللـه بن عبد البر النمري، الاستذكار، تحقيق سالم محمد عطا ، محمد علي معوض، ج6، ط1، دار الكتب العلمية - بيروت، سنة الطبع 1421 - 2000، ص45.

مذهب الحنفية:

يكون الزوج موليا ويصح الإيلاء لو حلف الزوج على أن لا يطأ زوجته مدة أربعة أشهر فصاعدا[1]. واستدل الحنفية لمذهبهم بما يأتي:

أولا: الكتاب:

قوله تعالى: ﴿ لِّلَّذِينَ يُؤْلُونَ مِن نِّسَآئِهِمْ تَرَبُّصُ أَرْبَعَةِ أَشْهُرٍ فَإِن فَآءُو فَإِنَّ ٱللَّهَ غَفُورٌ رَّحِيمٌ ﴿٢٢٦﴾ ﴾[2].

وجه الدلالة في الآية من وجهين:

1- إن الـلـه تعالى جعل مدة التربص أربعة أشهر، والوقف يوجب الزيادة على المدة المنصوص عليها، وهي مدة اختيار الفيء أو الطلاق من يوم أو ساعة الإيلاء، ولا تجوز الزيادة إلا بدليل.

2- إن مما يؤيد أن الـلـه عز وجل أراد بالتربص هنا أربعة أشهر لا أكثر قراءة عبد الـلـه بن مسعود وأبي بن كعب رضي الله عنهما إذ قرءا (فإن فاؤا فيهن) أي رجعوا عن حلفهم في مدة الإيلاء[3].

ثانيا: المعقول:

قياسا على فترة العدة المحددة بثلاثة قروء في قوله: ﴿ وَٱلْمُطَلَّقَٰتُ يَتَرَبَّصْنَ بِأَنفُسِهِنَّ ثَلَٰثَةَ قُرُوٓءٍ ﴾ [4]. فالزوج له الحق في أن يراجع زوجته في فترة العدة، لا بعدها لقولـه تعـالى: ﴿ فَإِذَا بَلَغْنَ أَجَلَهُنَّ فَأَمْسِكُوهُنَّ بِمَعْرُوفٍ أَوْ فَارِقُوهُنَّ بِمَعْرُوفٍ ﴾[5]. فإذا انقضت العدة ولم يراجعها بانت منه، فالمدة التي للزوج هي ثلاثة قروء لا أكثر، فكذا فالمولي ليس له إلا أربعة أشهر وهي المدة التي حددها القران[6].

مذهب الشافعية:

لا يكون الزوج موليا إلا إذا حلف على ترك وطء زوجته مدة تزيد على أربعة أشهر أو حلف مطلقا وهو يريد عدم القربان المدة المذكورة[7]. واستدل الشافعية بما يأتي:

قوله تعالى: ﴿ لِّلَّذِينَ يُؤْلُونَ مِن نِّسَآئِهِمْ تَرَبُّصُ أَرْبَعَةِ أَشْهُرٍ فَإِن فَآءُو فَإِنَّ ٱللَّهَ غَفُورٌ رَّحِيمٌ ﴿٢٢٦﴾ ﴾[8].

---

[1] المرغيناني، الهداية، ج2، ص11. الفقهاء ج2،ص204.

[2] سورة البقرة، الآية رقم (226).

[3] الإمام الكاساني، بدائع الصنائع، ج2، ص352. السرخسي، المبسوط، ج7، ص19.

[4] سورة البقرة، الآية رقم (228).

[5] سورة الطلاق، الآية رقم (2).

[6] الإمام الكاساني، بدائع الصنائع، ج2، ص352.

[7] الشيرازي، المهذب، ج3، ص52. الامام تقي الدين الحسيني الحصني، كفاية الأخيار، ج1، ص544. ذكر ابن حجر في فتح الباري أن " من أحكام الإيلاء أيضا عند الجمهور (منهم الشافعية) أن يحلف على أربعة أشهر فصاعدا فإن حلف على انقصمنها لم يكن موليا" قلت الذي عليه الشافعية أنه لا إيلاء في أربعة أشهر فأقل. ابن حجر العسقلاني، فتح الباري، ج9، ص427.

[8] سورة البقرة، الآية رقم (226).

دلالة الآية من أوجه هي:

1- إن قوله تعالى {تَرَبص} دليل على أن المراد مدة أزيد من أربعة أشهر لأن التربص هو "التوقف وانتظار أربعة أشهر"[1]. فالمولي ينتظر أربعة أشهر وهي مدته فلا يطالب بالرجوع في هذه المدة وإنما يطالب به بعد انقضائها، وإنما تكون المدة مدته إذا كان الأمر موسعا عليه والتضييق بعده، فأما إذا كان مطالبا بالجماع في المدة فلا تكون المدة له[2].

2- إن مما يؤيد أن مدة الإيلاء هي أربعة أشهر ما قاله المفسرون في تفسير قوله تعالى: ﴿ فَإِن فَآءُو فَإِنَّ ٱللَّهَ غَفُورٌ رَّحِيمٌ ﴿٢٢٦﴾ ﴾ أي بعد وقف الإمام إياهم من بعد انقضاء الأشهر الأربعة، فرجعوا إلى أداء حق الـلـه عليهم لنسائهم اللائي آلوا منهن فإن الـلـه لهم غفور رحيم وقد روي هذا التفسير عن عمر بن الخطاب وعثمان بن عفان وعلي ابن أبي طالب رضي الـلـه عنهم[3].

3- إن الـلـه تعالى ذكر مدة التربص في الإيلاء ثم عقب مدة التربص بذكر الفيئة بالفاء والفاء للتعقيب فعلم أن المطالبة بالفيئة بعد مدة التربص[4].

ولكن رد على هذا بأن الـلـه تعالى ذكر الفيء بعد الأربعة أشهر فنعم لكن هذا لا يوجب أن يكون الفيء بعد مضيها ألا ترى إلى قوله تعالى: ﴿ فَإِذَا بَلَغْنَ أَجَلَهُنَّ فَأَمْسِكُوهُنَّ بِمَعْرُوفٍ أَوْ فَارِقُوهُنَّ بِمَعْرُوفٍ﴾[5]. فقد ذكر تعالى الإمساك بمعروف بعد بلوغ الأجل، ومما لاخلاف فيه أنه لا يوجب الإمساك بعد مضي الأجل، وهو العدة، بل يوجب الإمساك وهو الرجعة في العدة[6].

ثانيا: الآثار:

رويت آثار كثيرة عن كبار الصحابة أن مدة الإيلاء هي أكثر من أربعة أشهر منهم عمر بن الخطاب وعثمان بن عفان وعلي رضي الـلـه عنهم[7].

الرأي الراجح:

الذي يبدو أن الراجح هو ما ذهب إليه الشافعية لقوة أدلتهم، وخاصة إذا عرفنا بأن المقصود من الإيلاء هو تأديب الزوجة، فإذا كان لها المطالبة بالجماع قبل هذه الفترة، فإن ذلك قد يؤثر على الرجل فيفيء، وبالتالي لا يتحقق الغرض من إيلائه، ولذلك لابد من التوسعة عليه لا التضييق ليتحقق المقصود و الـلـه أعلم.

---

(1) البغوي، تفسير البغوي، ج1، ص264.
(2) الماوردي، الحاوي الكبير، ج10، ص340.
(3) الطبري، تفسير الطبري، ج2، ص440.
(4) ابن أبي الخير العمراني، البيان في فقه الإمام الشافعي، ج10، ص274- 275.
(5) سورة الطلاق، الآية رقم 2.
(6) الإمام الكاساني، بدائع الصنائع، ج2، ص176.
(7) الطبري، تفسير الطبري، ج2، ص440.

المطلب الثاني
الخلاف في صحة إيلاء غير القادر على الوطء

حصل خلاف بين الحنفية والشافعية في مدى كون الزوج المولي قادرا على الوطء، فهل يصح إيلائه أم لا؟

مذهب الحنفية:

لا يصح الإيلاء إلا من زوج قادر على الوطء[1]. واستدلوا بما يأتي:

أولا: الكتاب:

قوله تعالى: ﴿ لِّلَّذِينَ يُؤْلُونَ مِن نِّسَآئِهِمْ تَرَبُّصُ أَرْبَعَةِ أَشْهُرٍ فَإِن فَآءُو فَإِنَّ ٱللَّهَ غَفُورٌ رَّحِيمٌ ﴿٢٢٦﴾ ﴾[2].

وجه الدلالة من الآية أن الله تعالى قد قال (للذين يؤلون من نسائهم) فهذا يدل على أن الإيلاء إنما يكون للزوج الذي يكون قادرا على الإيلاء، إذ الحكم يدور مع العلة، فحيثما وجدت العلة وجد الحكم، وعلة حكم الإيلاء هو تأديب الزوجة بترك وطئها، فإذا لم يكن الزوج قادرا على الجماع فلا فائدة في إيلائه.

مذهب الشافعية:

يصح الإيلاء من كل زوج يصح طلاقه، فيصح من الحر والعبد السكران المتعدي بسكره وكذا من الخصي ومن كان عاجزا عن الوطء[3]. واستدلوا بما يأتي:

قوله تعالى: ﴿ لِّلَّذِينَ يُؤْلُونَ مِن نِّسَآئِهِمْ تَرَبُّصُ أَرْبَعَةِ أَشْهُرٍ فَإِن فَآءُو فَإِنَّ ٱللَّهَ غَفُورٌ رَّحِيمٌ ﴿٢٢٦﴾ ﴾[4].

وجه الدلالة من الآية أنها عامة في كل زوج، فيشمل الإيلاء كل زوج قادر على الجماع وكذا غير القادر. ولا يوجد ما يخص هذا العموم.

ثانيا: المعقول:

إن الإيلاء طلاق ولكنه معلق على عدم قربان الزوجة بالجماع، ومضاف إلى ما بعد انتهاء فترة الإيلاء، فإذا كان الإيلاء طلاقا "فيصح من كل زوج يصح طلاقه"[5]. وبذلك يخرج إيلاء الصبي والمجنون وكذا السكران الذي لم يتعمد السكر.

---

(1) الدر المختار ج3:ص423.
(2) سورة البقرة، الآية رقم (226).
(3) الشيرازي، المهذب، ج3، ص52.
(4) سورة البقرة، الآية رقم (226).
(5) الشيخ محمد الشربيني الخطيب، مغني المحتاج، ج3، ص343.

المطلب الثالث
الخلاف في الفيء بالقول

حكم الفيء بالقول واحد عند الحنفية والشافعية، إذ الأصل أن الفيء لا يكون إلا بالجماع في حق القادر عليه، وعند العجز عن الجماع يكون الفيء بالقول[1]. وأما القول بأن الشافعية لا يرون الفيء إلا بالجماع سواء كان قادرا عليه أم لا كما ذكره فقهاء الحنفية[2]. فغير صحيح يقول الإمام الشافعي رحمه الـلـه تعالى "فإن كان يقدر على الجماع بحال فلا فيء له إلا فيء الجماع وإن كان لا يقدر عليه فاء بلسانه"[3]. عليه فالحكم واحد ولا خلاف بينهما و الـلـه أعلم.

المطلب الرابع
الخلاف في وقف المولي بعد انقضاء فترة الإيلاء

لا خلاف في أن الزوج لو وطئها في الأربعة الأشهر يكون قد حنث في يمينه ولزمته الكفارة، لأن الكفارة توجب الحنث، وسقط الإيلاء.وأما إذا لم يقربها في تلك المدة (مدة الإيلاء) حتى مضت أربعة أشهر، فقد اختلف الفقهاء في كيفية وقوع الطلاق، أيقع بمجرد أن تنقضي الفترة؟ أم لابد من وقف الولي ومطالبته بالفيء أو الطلاق فإن امتنع طلق عليه القاضي؟

مذهب الحنفية:

إذا مضت أربعة أشهر وهي مدة الإيلاء عند الحنفية ولم يوطأ زوجته بانت منه دون أن يقف على طلاق الزوج إياها أو طلاق الحاكم الزوجة عن الزوج عند امتناعه، فلا يوقف المولي بعد مضي المدة[4]. واستدلوا بما يأتي:

أولا: الكتاب:

قوله تعالى: ﴿ لِّلَّذِينَ يُؤْلُونَ مِن نِّسَآئِهِمْ تَرَبُّصُ أَرْبَعَةِ أَشْهُرٍ ۖ فَإِن فَآءُو فَإِنَّ ٱللَّهَ غَفُورٌ رَّحِيمٌ ﴿٢٢٦﴾ ﴾[5].

1- استدل الحنفية بنفس الأدلة التي استدلوا بها على أن الفيء إنما يكون خلال الأشهر الأربعة.

---

(1) المرغيناني، الهداية، ج1، ص259. الإمام الشافعي، الأم، ج5، ص393.
(2) المرغيناني، الهداية، ج1، ص259. الإمام الكاساني، بدائع الصنائع، ج3، ص273. الإمام كمال الدين ابن الهمام، شرح الفتح القدير، ج4، ص206.
(3) الإمام الشافعي، الأم، ج5، ص393.
(4) المرغيناني، الهداية، ج1، ص259. د. أسعد محمد سعيد الصاغرجي، التيسير في الفقه الحنفي من شرح تنوير الأبصار ورد المحتار على الدر المختار، دار الكلم الطيب، دمشق، ط1، سنة الطبع 2006، ص193.
(5) سورة البقرة، الآية رقم (226).

ولكن رد على ذلك بأن الاستدلال بتلك الأدلة ضعيف، وكذا فإن قراءة ابن مسعود (فإن فاؤا فيهن) قراءة غير متواترة، ولم ينقل عن غير ابن مسعود من ثقات الصحابة، فشذت والشاذ متروك، ولو ثبتت وجرت مجرى الخبر الواحد لحملت على جواز الفيئة في مدة التربص[1].

2- ومما استدلوا به من الآية أن الـلـه تعالى ذكر عزيمة الطلاق بعد ذكر المدة وهو إشارة إلى أن ترك الفيء في المدة عزيمة الطلاق عند مضيها، كما أن الآية أضافت الإيلاء إلى الزوج، فدل على أن الطلاق يتم به من غير حاجة إلى قضاء القاضي[2].

3- ومما استدلوا به في الآية قوله تعالى ((وإن عزموا الطلاق فإن الـلـه سميع عليم)) فذكر عزيمة الطلاق بعد ذكر المدة، فهو إشارة إلى أن ترك الفيء في المدة عزيمة للطلاق عند مضي المدة[3]. فسماه عزيمة الطلاق وهو فعل الزوج فيصير الزوج بالإصرار على موجب هذا اليمين معلقا طلاقا بائنا بترك الوطء أربعة أشهر بعد اليمين، كأنه قال أنت طالق بائن عند مضي أربعة أشهر[4].

ثانيا: السنة:

روي عن رسول الـلـه ﷺ أنه قال (عزيمة الطلاق مضي أربعة أشهر) [5].

قلت ليس هذا حديثا مرويا عن رسول الـلـه ﷺ بل هو موقوف على ابن عباس رضي الله عنه بلفظ "عزم الطلاق انقضاء الأربعة الأشهر"[6].

ثالثا: الآثار:

1- عن عبد الرزاق عن معمر عن عطاء الخرساني قال سمعني أبو سلمة بن عبد الرحمن أسأل بن المسيب عن الإيلاء، فمررت به فقال ماقال لك فحدثته به قال أفلا أخبرك ما كان عثمان بن عفان وزيد بن ثابت يقولان قلت بلى قال كانا يقولان إذا مضت أربعة أشهر فهي واحدة وهي أحق بنفسها تعتد عدة المطلقة[7]. وهو مأثور عن علي والعبادلة الثلاثة رضوان الـلـه عليهم أجمعين وكفى بهم قدوة[8].

---

[1] الماوردي، الحاوي الكبير، ج10، ص342.

[2] الإمام نور الدين أبو الحسن علي بن سلطان بن محمد الهروي القارئ، فتح باب العناية بشرح النقاية، إعتناء محمد نزار تميم وهيثم نزار تميم، دار الأرقم بن أبي الأرقم، ج2، بيروت – لبنان، دون عدد وسنة الطبع، ص139.

[3] السرخسي، المبسوط، ج7، ص20.

[4] علاء الدين السمرقندي، تحفة الفقهاء، ج2، ص205.

[5] فتح باب العناية بشرح النقاية، ج2، ص139.

[6] البيهقي، سنن البيهقي الكبرى،ج7، ص379.

[7] عبد الرزاق بن همام الصنعاني، مصنف عبد الرزاق،ج6، ص453.

[8] المرغيناني، الهداية، ج1، ص259. العبادلة الثلاثة هم عبد الـلـه بن مسعود وعبد الـلـه بن عمر وعبد الـلـه بن عباس رضي الـلـه عنهم. الزيلعي، نصب الراية، ج3، ص121.

2- رويت آثار عن ابن عباس في تفسير آية ﴿ لِّلَّذِينَ يُؤْلُونَ مِن نِّسَآئِهِمْ تَرَبُّصُ أَرْبَعَةِ أَشْهُرٍ فَإِن فَآءُو فَإِنَّ ٱللَّهَ غَفُورٌ رَّحِيمٌ ﴿٢٢٦﴾ ﴾ قال:" الفيء الجماع في الأربعة الأشهر، وعزيمة الطلاق انقضاء الأربعة، فإذا مضت بانت بتطليقة ولا يوقف بعدها"[1].

ولكن يرد على هذا بأنه قد روي عن ابن عباس ما يعارض روايته هذه حيث روي عنه أنه قال :"وإن مضت أربعة أشهر قبل أن ينكحها خيره السلطان أما أن يفيء فيراجع وأما أن يعزم فيطلق"[2].

رابعا: المعقول:

1- إن الله تعالى جعل مدة التربص أربعة أشهر والوقف يوجب الزيادة على المدة المنصوص عليها وهي مدة اختيار الفيء أو الطلاق، فلا تجوز الزيادة إلا بدليل[3].

2- إن الإيلاء كان طلاقا معجلا في الجاهلية فجعله الشرع طلاقا مؤجلا، والطلاق المؤجل يقع بنفس انقضاء الأجل من غير إيقاع أحد بعده كما إذا قال لها أنت طالق رأس الشهر.

3- إن المولي يكون قد ظلم المرأة بالايلاء، وذلك بمنع حقها، فجازاه الشرع بزوال نعمة النكاح عند مضي هذه المدة[4].

مذهب الشافعية:

إذا مضت مدة الإيلاء ولم يفيء الرجل إلى زوجته لم تطلق منه زوجته إلا بعد أن يوقف الزوج ويخير بين أمرين، فإما أن يفيء إلى زوجته وإما أن يطلق فإن لم يطلق طلق القاضي عليه[5]. وهو مذهب المالكية والحنابلة واستدلوا بما يأتي:

أولا: الكتاب:

قوله تعالى: ﴿ لِّلَّذِينَ يُؤْلُونَ مِن نِّسَآئِهِمْ تَرَبُّصُ أَرْبَعَةِ أَشْهُرٍ فَإِن فَآءُو فَإِنَّ ٱللَّهَ غَفُورٌ رَّحِيمٌ ﴿٢٢٦﴾ وَإِنْ عَزَمُواْ ٱلطَّلَٰقَ فَإِنَّ ٱللَّهَ سَمِيعٌ عَلِيمٌ ﴿٢٢٧﴾ ﴾[6].

---

[1] المباركفوري أبو العلا، تحفة الأحوذي بشرح جامع الترمذي، ج4، ص324.
[2] البيهقي، سنن البيهقي الكبرى،ج7، ص380.
[3] الإمام الكاساني، بدائع الصنائع، ج3، ص277.
[4] الشيخ عبد الغني الغنيمي، اللباب في شرح الكتاب، ج3، ص12. الإمام الكاساني، بدائع الصنائع، ج3، ص208.
[5] العمراني، البيان في فقه الامام الشافعي، ج10، 282. التهذيب في فقه الامام الشافعي، ج6، ص142. الشيخ محمد بن أحمد الأسيوطي، جواهر العقود ص407.
[6] سورة البقرة، الآية رقم (226-227).

وجه الدلالة في الآية من أوجه:

أحدهما: إن الآية أضافت الطلاق إلى الأزواج، وجعله فعلا لهم، فدل على أنه لا يقع بانقضاء المدة، لأن الله تعالى وصف نفسه عند عزيمة الطلاق بأنه (سميع عليم) فاقتضى عزم الطلاق أن يكون الطلاق مسموعا، والمسموع هو القول فدل على أنه لا يقع بانقضاء المدة[1]

الثاني: إن في سياق الآية ما يدل على أن الطلاق لا يقع إلا بعد مضي المدة وبعد أن يخير الرجل بين الفيئة أو الطلاق بعد مطالبة المرأة بهما، لأن الله ﷻ لما ذكر أن للمولي أربعةَ أشهر قال بعد ذلك ﴿ فَإِن فَآءُو فَإِنَّ ٱللَّهَ غَفُورٌ رَّحِيمٌ ﴿٢٢٦﴾ وَإِنْ عَزَمُوا۟ ٱلطَّلَٰقَ فَإِنَّ ٱللَّهَ سَمِيعٌ عَلِيمٌ ﴿٢٢٧﴾ ﴾ فذكر الحكمين معا بلا فصل بينهما دليل على "أنهما (الفيئة أو الطلاق) إنما يقعان بعد الأربعة الأشهر لأنه إنما جَعَل عليه الفيئة أو الطلاق، وجعل له الخيار فيهما في وقت واحد، فلا يتقدم واحد منهما صاحبه، وقد ذكرا في وقت واحد، كما يقال له في الرهن افده أو نبيعَه عليك بلا فصل"[2].

ثانيا: الآثار:

1- روي عن ابن عمر رضي الله عنهما أنه كان يقول في الإيلاء الذي سمى الله: لا يحل لأحد بعد الأجل إلا أن يمسك بالمعروف أو يعزم الطلاق كما أمر الله ﷻ[3].

2- وروي عن نافع عن ابن عمر أيضا أنه قال: "إذا مضت أربعة أشهر يوقف حتى يطلق ولا يقع عليه الطلاق حتى يطلق" ويذكر ذلك عن عثمان وعلي وأبي الدرداء وعائشة واثني عشر رجلا من أصحاب النبي ﷺ[4].

3- عن يحيى بن سعيد عن سليمان بن يسار قال: كان تسعة عشر رجلا من أصحاب محمد ﷺ يوقفون في الإيلاء[5].

الرأي الراجح:

الذي يبدو أن الراجح هو ما ذهب إليه الشافعية لقوة أدلتهم فهو الموافق لرأي كبار الصحابة رضوان الله عليهم، لأن في الإيلاء شيء من الضرر على الزوجة وإن وجد الضرر فلابد من التفريق بين الزوجين من القاضي و الله أعلم.

---

[1] العمراني، البيان في فقه الامام الشافعي، ج10، 282. وينظر الطبري، تفسير الطبري، ج2، ص440.
[2] ينظر الإمام الشافعي، الرسالة، ج1، ص580.
[3] الإمام البخاري، صحيح البخاري،ج5، ص2026.
[4] المصدر نفسه، ج5، ص2026.
[5] سنن سعيد بن منصور، ج2، ص33.

المبحث الرابع
الخلاف في اللعان

حصل بين الحنفية والشافعية خلاف كبير في مسائل اللعان، من حيث التكييف الشرعي له، ومن حيث الشروط التي ينبغي توفرها لصحة اللعان، ومن حيث الآثار المترتبة على اللعان بين الزوجين، وكذلك في نوع الفرقة الحاصلة باللعان وتوضيح ذلك الخلاف وبيان الراجح منه سنفصله في المطالب الثلاثة الآتية:

المطلب الأول
الخلاف في التكييف الشرعي للعان وحكمه

للوقوف على الخلاف بين الحنفية والشافعية في التكييف الشرعي للعان وحكمه نخصص لهما الفرعين الآتيين:

الفرع الأول: تعريف اللعان:

اللعن لغة مصدر لاعن والاسم منه لعنة ولعان، والجمع لعان ولعنات، وهو الإبعاد والطرد من الخير، وقيل الطرد والإبعاد من الـلـه، ومن الخَلق السب والدعاء، فلَعَنه يَلعَنه لَعنا طَرَدَه وأَبعده، فهو لَعين ومَلعون[1].

وأما تعريف اللعان شرعا فالخلاف بين الحنفية والشافعية جوهري في تعريف اللعان، وسبب الخلاف بينهما يكمن الصفة الشرعية للعان، فالحنفية يرون بأن اللعان شهادة والشافعية يرون بأن اللعان يمين، وترتب على هذا الخلاف الكثير من الآثار، فالذين قالوا بأن اللعان شهادة اشترطوا في اللعان ما يشترط في الشهادة، فلا يصح اللعان إلا من زوجين مسلمين حرين غير محدودين في قذف. والذين قالوا بأن اللعان يمين قالوا يصح اللعان من كل من يصح منه اليمين، "أي يصح اللعان من كل من يصح منه الطلاق". وتوضيح الخلاف في الآتي:

مذهب الحنفية:

اللعان شهادات مؤكدات بالأيمان، موثقة باللعن والغضب من الـلـه تعالى، قائمة مقام حد القذف في حق الزوج، ومقام حد الزنا في حق الزوجة[2]. وإذا كان اللعان شهادة مؤكدة باليمين فيراعى فيه معنى الشهادة واليمين، وذلك باشتراط لفظة الشهادة، والتسوية بين الرجل والمرأة في العدد عملا بالشبهين جميعا[3]. واستدل الحنفية لمذهبهم بما يأتي:

---

(1) ابن منظور، لسان العرب، ج13، ص387. الفيروز آبادي، القاموس المحيط، ج1، ص1588.

(2) عبد الـلـه بن محمود بن مودود الموصلي، الاختيار لتعليل المختار، ج2، 199. السرخسي، المبسوط، ج5،ص51.

(3) الإمام الكاساني، بدائع الصنائع، ج3، ص382.

أولا: الكتاب:

قوله تعالى: ﴿ وَالَّذِينَ يَرْمُونَ أَزْوَاجَهُمْ وَلَمْ يَكُن لَّهُمْ شُهَدَاءُ إِلَّا أَنفُسُهُمْ فَشَهَادَةُ أَحَدِهِمْ أَرْبَعُ شَهَادَاتٍ بِاللَّهِ إِنَّهُ لَمِنَ الصَّادِقِينَ ﴾[1].

وجه الدلالة في الآية من وجهين:

أحدهما: إن الآية استثنت نفس الزوج عن الشهداء، فثبت أن الزوج شاهد لأن المستثنى هو من جنس المستثنى منه[2].

الثاني: إن فيها النص على أن اللعان إنما هو شهادة، أي شهادة احد الزوجين وهي(اللعن) بمثابة أربع شهادات[3].

ولكن من الممكن أن يرد على هذا بأن القول بأن الله عز وجل قد ذكر اللعان بلفظ الشهادة فهو دليل على أن اللعان شهادة غير مقبول، لأن الله عز وجل قد ذكر الأيمان بلفظ الشهادة في قوله تعالى: ﴿ إِذَا جَاءَكَ الْمُنَافِقُونَ قَالُوا نَشْهَدُ إِنَّكَ لَرَسُولُ اللَّهِ ﴾[4]. أي نحلف فليس في مجيء اللعان بلفظ الشهادة ما يدل على أنه شهادة و الله أعلم.

ثانيا: السنة:

1- عن عمرو بن شعيب عن أبيه عن جده أن النبي ﷺ قال: أربع من النساء لا ملاعنة بينهن، النصرانية تحت المسلم واليهودية تحت المسلم والحرة تحت المملوك والمملوكة تحت الحر[5].

2- قوله ﷺ (لا لعان بين أهل الكفر وأهل الإسلام)[6].

وجه الدلالة من الحديثين أن فيهما النص على اشتراط شروط الشهود في المتلاعنين، وإنما يدل هذا على أن اللعان شهادة وإلا لما اشترط في اللعان ما اشترط في الشهادة[7].

---

(1) سورة النــور، الآية رقم (6).

(2) الإمام أبو الحسن الهروي القاري، فتح باب العناية بشرح النقاية، ج2، ص155.

(3) شيخ الإسلام برهان الدين المرغيناني، الهداية شرح بداية المبتدي، ج1، ص270.

(4) سورة المنافقون، الآية رقم (1).

(5) في إسناده عثمان بن عطاء متفق على تضعيفه، ينظر سنن ابن ماجه،ج1، ص670. و سنن الدارقطني، ج3،ص163.

(6) لم أجد الحديث بهذا اللفظ وإنما وجدته عن عمرو بن شعيب عن أبيه عن جده قال قال رسول الله ﷺ: (لا لعان إلا بين زوجين مسلمين). سليمان بن أحمد بن أيوب أبو القاسم الطبراني، مسند الشاميين، تحقيق حمدي بن عبد المجيد السلفي، ج3، ط1، مؤسسة الرسالة - بيروت، سنة الطبع 1405 - 1984، ص338.

(7) ينظر عبد الله بن محمود بن مودود الموصلي، الإختيار لتعليل المختار، ج2، 199. السرخسي، المبسوط، ج5، ص51 الإمام الكاساني، بدائع الصنائع، ج3، ص242.

ولكن يرد على هذا بأن الحديث الأول ضعيف لا يصلح للاحتجاج به، قال البيهقي إن هذا الحديث "لا يثبت عن عمرو، ولا عن عبد اللـه بن عمرو، ولا يبلغ به النبي ﷺ إلا رجل غلط[1]. وقد رأيت هذا في مصنف عبد الرزاق موقوفا على عبد اللـه بن عمرو بن العاص بلفظ آخر[2].

وأما الحديث الثاني فلم أجده في ما تحت يدي من كتب الحديث.

مذهب الشافعية:

اللعان عند الشافعية كَلِمَات مَعلومَة جعلَت حجة للمضطَر إِلَى قَذف مَن لَطخَ فرَاشَه وَأَلحَقَ العَارَ به أَو إِلَى نَفي وَلَد[3]. فاللعان عند الشافعية والجمهور يمين مقرونة باللعن والغضب، عليه فمن صح يمينه صح لعانه ومن لا فلا واستدلوا بما يأتي:

أولا: الكتاب:

قوله تعالى: ﴿ وَٱلَّذِينَ يَرۡمُونَ أَزۡوَٰجَهُمۡ وَلَمۡ يَكُن لَّهُمۡ شُهَدَآءُ إِلَّآ أَنفُسُهُمۡ فَشَهَٰدَةُ أَحَدِهِمۡ أَرۡبَعُ شَهَٰدَٰتِۭ بِٱللَّهِ إِنَّهُۥ لَمِنَ ٱلصَّٰدِقِينَ ٦ ﴾[4].

وجه الدلالة من الآية في قوله تعالى: ﴿ فَشَهَٰدَةُ أَحَدِهِمۡ أَرۡبَعُ شَهَٰدَٰتِۭ بِٱللَّهِ ﴾ فقوله {بالله} محكم في اليمين إضافة إلى ذلك فإن الشهادة تحتمل اليمين، ألا ترى أنه لو قال أشهد ينوى اليمين كان يمينا، فيحمل المحتمل على المحكم، لأن حمله على حقيقته متعذر، لأن المفهوم في الشرع عدم قبول شهادة الإنسان لنفسه بخلاف اليمين[5].

ثانيا: السنة:

قوله ﷺ بعدما لاعن هلال بن أمية زوجته بشريك بن السحماء ((إن جاءت به أصيهب أريصح أثيبج حمش الساقين فهو لهلال، وإن جاءت به أورق جعدا جماليا خدلج الساقين سابغ الإليتين فهو للذي رميت به. فجاءت به أورق جعدا جماليا خدلج الساقين سابغ الإليتين فقال رسول اللـه ﷺ: ((لولا الأيمان لكان لي ولها شأن)). قال عكرمة فكان بعد ذلك أميرا على مصر وما يدعى لأب[6]. يدل على ذلك قوله ﷺ لهلال بن أمية في بعض طرق حديث بن عباس" فقال له احلف بالله الذي لا إله إلا هو إني لصادق" أخرجه البيهقي[7]. والحاكم وقال: "صحيح عل شرط البخاري"[8].

---

[1] البيهقي، سنن البيهقي الكبرى، ج7، ص395.

[2] روي عنه ﷺ أنه قال: أربع لا لعان بينهن وبين أزواجهن، اليهودية والنصرانية تحت المسلم والحرة عند العبد والأمة عند الحر والأمة عند العبد والنصرانية عند النصراني. عبد الرزاق بن همام الصنعاني، مصنف عبد الرزاق، ج7، ص129.

[3] الشيخ زكريا الأنصاري، أسنى المطالب، ج3، ص371. الشيخ محمد الشربيني الخطيب، مغني المحتاج، ج3، ص367. الامام تقي الدين الحسيني الحصني، كفاية الأخيار، ج1، ص554.

[4] سورة النـور، الآية رقم (6).

[5] الإمام كمال الدين ابن الهمام، شرح الفتح القدير، ج4، ص278.

[6] أبو داود، سنن أبي داود، ج2، ص277.

[7] البيهقي، سنن البيهقي الكبرى،ج7، ص395.

[8] الحاكم، المستدرك على الصحيحين، ج2، ص220.

وجه الدلالة من الحديث أن الرسول ﷺ سمى ما جرى بين هلال وزوجته من اللعان بالأيمان، وهذا نص على أن اللعان إنما هو يمين.

ثالثا: المعقول:

إن اليمين ما دل على حث أو منع أو تحقيق خبر وهو هنا كذلك[1].

ولكن من الممكن أن يرد على أدلة الشافعية بأن اللعان لو كان يمينا لما تكررت[2].

ولكن أجيب بأنها خرجت عن القياس تغليظا لحرمة الفروج، كما خرجت القسامة لحرمة الأنفس[3].

لو كان اللعان شهادة لما سوى الشارع بين الرجل والمرأة فيه، ولكان قد اشترط فيه من الشهادة على المرأة ضعف ما على الرجل[4].

الرأي الراجح:

الذي يبدو أن الراجح هو ما ذهب إليه الشافعية لقوة أدلتهم وضعف الأحاديث التي استدل بها الحنفية، لذا نرى بأن البخاري قد عنون لباب اللعان بـ(إحلاف الملاعن)، مما يدل على أن اللعان يمين وليست شهادة و اللـه أعلم.

قلت وعلى هذا الخلاف تخرجت الكثير من المسائل الخلافية بين الحنفية والشافعية، فبناء على الأصل الذي قرره الحنفية قالوا يصح لعان كل من تصح شهادته ويمينه، ومن لا فلا، وعليه فلم يجيزوا لعان الصبي والمجنون والمملوك والكافر والأخرس والمحدود في قذف[5].

وهناك أصل آخر عند الحنفية يمكن تخريج مسائل اللعان عليه وهو "أن كل قذف لا يوجب الحد لو كان القاذف أجنبيا لا يوجب اللعان إذا كان القاذف زوجا" فقذف كل واحد من هولاء لا يوجب الحد عند الحنفية لو كان القاذف أجنبيا، فلا يكون قذف هولاء موجب اللعان لو كان القاذف زوجا.

وأما الشافعية فالأصل عندهم في اللعان أنه يمين فكل من صح منه اليمين والطلاق صح منه اللعان وبناء على هذا الأصل تخرجت مسائل منها صحة لعان كل زوج صح طلاقه فيسوى بين المسلم والكافر والحر والعبد والمحدود في قذف وبين من لم يحد وقالوا بصحة لعان الأخرس لأن كل هولاء يصح منهم اليمين فيصح منهم اللعان كالظهار[6].

---

[1] ابن حجر العسقلاني، فتح الباري، ج9، ص445.
[2] المصدر نفسه، ج9، ص445.
[3] المصدر نفسه، ج9، ص445.
[4] الماوردي، الحاوي الكبير، ج11، ص13.
[5] الإمام الكاساني، بدائع الصنائع، ج3، ص242.
[6] الماوردي، الحاوي الكبير، ج11، ص13.

فعلى هذا الأصل تخرجت المسائل التي ذكرناها من عدم اعتبار لعان الصبي والمجنون والمملوك والكافر والأخرس والمحدود في قذف. فأما الصبي و المجنون فليسا من أهل الشهادة واليمين فلا يكونان من أهل اللعان بالإجماع وأما الحرية فالمملوك ليس من أهل الشهادة فلا يكون من أهل اللعان بالإجماع. وأما الإسلام فالكافر ليس من أهل الشهادة على المسلم وإن كان المسلم من أهل الشهادة على الكافر وإذا كانا كافرين فالكافر وإن كان من أهل الشهادة على الكافر فليس من أهل اليمين بالله تعالى لأنه ليس من أهل حكمها وهو الكفارة ولهذا لم يصح ظهار الذمي. وأما اعتبار النطق فلأن الأخرس لا شهادة له لأنه لا يتأتى منه لفظة الشهادة، ولأن القذف منه لا يكون إلا بالإشارة، والقذف بالإشارة يكون في معنى القذف بالكتابة وإنه لا يوجب اللعان كما لا يوجب الحد. وأما المحدود في القذف فلا شهادة له، لأن الله تعالى رد شهادته على التأبيد ولا يلزم على هذا الأصل قذف الفاسق والأعمى فإنه يوجب اللعان ولا شهادة لهما لأن الفاسق له شهادة في الجملة و لهما جميعا أهلية الشهادة.

وعند الشافعية يجري اللعان بين المملوكين والأخرسين والمحدودين في القذف لأن هؤلاء من أهل اليمين فكانوا من أهل اللعان وكذا بين الكافرين لأن يمين الكافر صحيحة عنده لأنه من أهل الإعتاق والكسوة والإطعام ولهذا قال : يجوز ظهار الذمي[1].

الفرع الثاني: الخلاف في حكم اللعان من حيث الوجوب:

الذي لا خلاف فيه بن الحنفية والشافعية أن اللعان جائز بين الزوجين إذا استيقن الزوج أنها زنت أو غلبت على ظنه ذلك سواء كان هذا العلم منه بالمعاينة أو بالاستفاضة بين الناس أو بإخبار عدل حكى مشاهدته الزنا منها. والأولى أن لا يكون هناك قذف ولا لعان بين الزوجين، فالرجل يستطيع أن يطلق دون الحاجة إلى أن يكشف أمرها أو يهتكها أمام الناس[2]. فإن قذف زوجته فلا لعان على الرجل إلا بعد أن تطلب الزوجة اللعان[3].

ولكن الذي حصل فيه الخلاف بين الحنفية والشافعية يكمن في شرط وجوب اللعان على الزوجين.

---

(1) الإمام الكاساني، بدائع الصنائع، ج3، ص242. الماوردي، الحاوي الكبير، ج11، ص13.

(2) عبد الرحمن بن محمد شيخي زاده (داماد)، مجمع الانهر، ج1، ص457. الإمام الغزالي، الوسيط، ج6، ص82. الشيخ محمد الشربيني الخطيب، مغني المحتاج، ج3، ص373.

(3) الإمام الشافعي، الأم، ج5، ص410. الإمام أبو الحسن الهروي القاري، فتح باب العناية بشرح النقاية، ج2، ص464-465.

مذهب الحنفية:

اللعان لا يكون واجبا على الزوجين إلا بعد المطالبة به من قبل من له الحق وهما الزوجان (الزوجة إن اتهمها زوجها بالزنا والزوج إذا كان القذف بنفي الولد)[1] فإذا قذف الزوج زوجته وطالبت الزوجة باللعان وجب اللعان بينهما[2]. واستدلوا بما يأتي:

إن لعان الزوج وجب حقا لها، لأن الزوج ألحق بها العار بالقذف، فهي بمطالبتها إياه باللعان تدفع العار عن نفسها، ودفع العار عن نفسها حقها، وصاحب الحق إذا طالب من عليه الحق بإيفاء حقه لا يجوز له التأخير، كمن عليه دين[3].

مذهب الشافعية:

المذهب عند الشافعية والجمهور أن اللعان جائز إلا في حالة واحدة وهي إذا أتت المرأة بولد يمكن أن يلحقه، وهو يعلم يقينا أن هذا الولد ليس منه، كما لو لم يطأها، أو جاءت بولد لأقل من ستة أشهر من الزواج[4]. واستدلوا بما يأتي:

أولا: السنة:

عن أبي هريرة رضي الله عنه أنه سمع رسول الله صلى الله عليه وسلم يقول حين نزلت آية المتلاعنين: ((أيما امرأة أدخلت على قوم من ليس منهم فليست من الله في شئ ولن يدخلها الله جنته وأيما رجل جحد ولده وهو ينظر إليه احتجب الله منه وفضحه على رءوس الأولين والآخرين))[5].

وجه الدلالة من الحديث أن الرسول صلى الله عليه وسلم لما حرم المرأة من أن تدخل على قوم من ليس منهم، دل على أن الرجل مثلها[6]. وإذا كان الأمر كذلك وثبت تحريم السكوت لم يكن اللعان إلا واجبا، لبيان أن الولد ليس منه.

ثانيا: المعقول:

1- إن الحاجة إلى قطع النسب ضرورية جدا، وخاصة إذا ظن وغلب على ظنه أن هذا الولد ليس منه، والوسيلة في ذلك هي اللعان[7].

---

[1] الإمام كمال الدين ابن الهمام، شرح الفتح القدير، ج4، ص281. حاشية ابن عابدين، ج3، ص485.
[2] شيخ الإسلام برهان الدين المرغيناني، الهداية، ج1، ص270. الإمام أبو الحسن الهروي القاري، فتح باب العناية بشرح النقاية، ج2، ص464-465. الإمام سراج الدين عمر بن إبراهيم ابن نجيم الحنفي، النهر الفائق شرح كنز الدقائق، ج2، ص464.
[3] الإمام الكاساني، بدائع الصنائع، ج3، ص376. الإمام كمال الدين ابن الهمام، شرح الفتح القدير، ج4، ص281. فتاوى السغدي ج1، ص323.
[4] الشيخ محمد الشربيني الخطيب، مغني المحتاج، ج3، ص373.
[5] أبو داود، سنن أبي داود، ج1، ص688.
[6] الشيرازي، المهذب، ج3، ص78.
[7] الشيرازي، المهذب، ج3، ص78. الماوردي، الحاوي الكبير، ج11، ص35.

2- إن الزوج إذا لم ينف الولد عن نفسه جعل الأجنبي مناسبا له ومحرما له ولأولاده، ومزاحما لهم في حقوقهم، وهذا لا يجوز، فترك النفي يتضمن استلحاقه، واستلحاق من ليس منه حرام، كما يحرم نفي من هو منه[1].

الرأي الراجح:

الذي يبدو أن الراجح هو ما ذهب إليه الشافعية لقوة أدلتهم، فالحديث الذين ينهى عن السكوت عن إدخال نسب إلى قوم هو ليس منهم نص في وجوب اللعان في هذه الحالة، وأما القول بأن هذا من حق الزوجين فغير مقبول لتعلق حق غيرهما به و اللـه أعلم.

المطلب الثانـي
الخلاف في شروط اللعان

حصل خلاف بين الحنفية والشافعية في بعض تفاصيل شروط اللعان سنوضحها في الفروع الثلاثة الآتية:

الفرع الأول: الخلاف في شرط قيام الزوجية:

مما لا خلاف فيه بين الحنفية والشافعية أن اللعان باتهام الزوجة بالزنا إنما يكون في حال قيام الزوجية للآية ﴿ وَٱلَّذِينَ يَرۡمُونَ أَزۡوَٰجَهُمۡ ﴾[2]. لأن الزوجة إذا كانت مبانة أو كان النكاح غير صحيح بأن كان فاسدا أو باطلا فالمرأة هذه تكون أجنبية عن الملاعن، وهذا لا يجوز وإنما يكون قذفا. وأما اللعان بنفي الولد عن نفسه فيصح أيضا في حال قيام الزوجية باتفاق الحنفية والشافعية، ولكن هل يجوز أن يكون اللعان بنفي الولد مع النكاح غير الصحيح أو الفاسد، أو نفيه عن نفسه بعدما أبانها الزوج؟ فهذا الذي حصل فيه الخلاف بين الحنفية والشافعية.

مذهب الحنفية:

لا يجوز اللعان بنفي الولد في النكاح الفاسد وكذا مع الزوجة المبانة، فقيام الزوجية الصحيحة شرط لصحة اللعان، وأي لعان خارج الزواج لا يصح[3]. واستدل الحنفية لمذهبهم بما يأتي:

---

[1] الشيرازي، المهذب، ج3، ص78. الشيخ محمد الشربيني الخطيب، مغني المحتاج، ج3، ص373.
[2] سورة النــور، الآية رقم (6).
[3] الزيلعي، تبيين الحقائق، ج3، 14. أبوبكر محمد بن علي الحدادي العبادي، الجوهرة النيرة، ج2، ص70. رد المحتار على الدر المختار، ج3، ص483.

أولا: الكتاب:

قوله تعالى: ﴿ وَٱلَّذِينَ يَرۡمُونَ أَزۡوَٰجَهُمۡ وَلَمۡ يَكُن لَّهُمۡ شُهَدَآءُ إِلَّآ أَنفُسُهُمۡ فَشَهَٰدَةُ أَحَدِهِمۡ أَرۡبَعُ شَهَٰدَٰتِۭ بِٱللَّهِ إِنَّهُۥ لَمِنَ ٱلصَّٰدِقِينَ ﴿٦﴾ ﴾[1].

وجه الدلالة من الآية أن الـلـه تبارك وتعالى خص اللعان بالأزواج، وأما المرأة في نكاح فاسد فليست بزوجة حقيقة، فلا زوجية في النكاح الفاسد ولا بعد البينونة[2].

ثانيا: المعقول:

1- إن اللعان حكم ثبت تعبدا وهو غير معقول المعنى، فيقتصر على مورده وإنما ورد التعبد به في الأزواج فيقتصر عليهم[3]. ومن لم يكن زوجا فلا لعان منه.

2- إن اللعان لو جرى بينهما فإنما يجري لنفي الولد، وقد حكم الشرع بثبوت نسب الولد منه حين أوجب المهر والعدة بالنكاح الفاسد، وبعد الحكم بثبوت النسب لا يتصور نفيه[4].

مذهب الشافعية:

إن أبان الزوج زوجته ثم قذفها بزنا أضافه إلى حال النكاح فإن لم يكن نسب لم يلاعن لدرء الحد، لأنه قذف غير محتاج إليه. وإن كان هناك نسب فإن كان ولدا منفصلا فله أن يلاعن، وأما في حالة الحمل فقد حصل اضطراب لدى فقهاء المذهب الشافعي، فمنهم من قال يجوز اللعان ومنهم من قال لا يلاعن حتى ينفصل[5]. ولكن الصحيح في المذهب أن الزوج لا يلاعن في حالة الحمل[6]. قلت النتيجة واحدة لأن الذين منعوا اللعان بنفي الحمل في مثل هذه الحالة فقد أجازوا اللعان بعد وضع الحمل، ولا ضرر في أن ينتظر الزوج إلى أن تضع المرأة حملها ثم يلاعن، واستدل الشافعية بما يأتي:

أولا: السنة:

عن أبي هريرة ﵁ أنه سمع رسول الـلـه ﷺ يقول حين نزلت آية المتلاعنين: ((أيما امرأة أدخلت على قوم من ليس منهم فليست من الـلـه في شيء ولن يدخلها الـلـه جنته وأيما رجل جحد ولده وهو ينظر إليه احتجب الـلـه منه وفضحه على رءوس الأولين والآخرين))[7].

---

(1) سورة النــور، الآية رقم (6).
(2) السرخسي، المبسوط، ج5، ص51. الزيلعي، تبيين الحقائق، ج3، 14.
(3) الإمام الكاساني، بدائع الصنائع، ج3، ص382.
(4) السرخسي، المبسوط، ج5، ص51.
(5) الشيرازي، المهذب، ج3، ص78. الإمام النووي، روضة الطالبين، ج8، ص328.
(6) الشيخ محمد الشربيني الخطيب، مغني المحتاج، ج3، ص382.
(7) أبو داود، سنن أبي داود، ج1، ص688.

وجه الدلالة من الحديث أن الرسول ﷺ لما حرم المرأة من أن تدخل على قوم شخصا هو ليس منهم، دل على أن الرجل مثلها[1]. لذا فإن علم بأن الولد ليس منه فعليه أن يلتعن لنص الحديث.

ثانيا: المعقول:

1- قياسا على نفي الولد حال قيام الزوجية، فإذا جاز نفي الولد والزوجية قائمة، كان الولد بعد ما تبين أولى أن ينفى[2]. حيث الشبهة قائمة أكثر والحاجة اللعان قائمة.

2- إن الحاجة إلى قطع النسب ضرورية جدا، وخاصة إذا ظن وغلب على ظنه أن هذا الولد ليس منه، والوسيلة في ذلك هي اللعان، لأن القذف بنفي الولد يثبت للحاجة إلى قطع النسب، والنسب يثبت بالنكاح الفاسد كما يثبت بالنكاح الصحيح، فيشرع اللعان لقطع النسب[3].

3- إن المقصود الأصلي من اللعان في هذه الحالة هو نفي الزوج النسب عن نفسه، ولو من وطء شبهة أو نكاح فاسد (وإن عفت الزوجة عن الحد أو أقام بينة بزناها) وإن زال النكاح بطلاق أو غيره، لأن نفي النسب آكد من درء الحد[4]. ويمكن أن يدخل هذا تحت قاعدة الأخذ بأخف الضررين.

ولكن رد على هذا بأن قطع النسب يكون بعد الفراغ من اللعان، ولا لعان إلا بعد وجوبه ولا وجوب لعدم شرطه وهو الزوجية[5].

4- إن الزوج إذا لم ينف الولد عن نفسه جعل الأجنبي مناسبا له ومحرما له ولأولاده، ومزاحما لهم في حقوقهم، وهذا لا يجوز[6]. إذ فيه ضرر على الغير ورفع الضرر واجب.

وجه الدلالة من الحديث أن الرسول ﷺ لما حرم المرأة من أن تدخل على قوم شخصا هو ليس منهم، دل على أن الرجل مثلها[7]. لذا فإن علم بأن الولد ليس منه فعليه أن يلتعن لنص حديث.

[1] الشيرازي، المهذب، ج3، ص78.
[2] الإمام الشافعي، الأم، ج5، ص410.
[3] الشيرازي، المهذب، ج3، ص78. الماوردي، الحاوي الكبير، ج11، ص35.
[4] الشيخ محمد الشربيني الخطيب، مغني المحتاج، ج3، ص382.
[5] الإمام الكاساني، بدائع الصنائع، ج3، ص382.
[6] الشيرازي، المهذب، ج3، ص78.
[7] المصدر نفسه، ج3، ص78.

الرأي الراجح:

الذي يبدو لنا أن الراجح هو ما ذهب إليه الشافعية لقوة أدلتهم، التي تقضي بوجوب اللعان على الرجل إذا تيقن أن الولد ليس له، كي لا يدخل على قوم هو ليس منهم. ولا يزاحم النسب الحقيقي في الحقوق دفعا للأحقاد والكراهية و الـلـه أعلم.

الفرع الثاني: الخلاف في قذف الزوجة بزنا قبل الزواج:

حصل خلاف بين الحنفية والشافعية في لعان الرجل زوجته واتهامه إياها بزنا قبل زواجهما، فهل يكون هذا لعانا أم أنه قذف ويحد الزوج حد القذف؟

مذهب الحنفية:

إذا قذف الرجل زوجته بالزنا وأضاف هذا الزنا إلى ما قبل الزواج فعليه اللعان[1]. واستدلوا بما يلي:

أولا: الكتاب:

قوله تعالى: ﴿ وَٱلَّذِينَ يَرۡمُونَ أَزۡوَٰجَهُمۡ وَلَمۡ يَكُن لَّهُمۡ شُهَدَآءُ إِلَّآ أَنفُسُهُمۡ فَشَهَٰدَةُ أَحَدِهِمۡ أَرۡبَعُ شَهَٰدَٰتِۭ بِٱللَّهِ إِنَّهُۥ لَمِنَ ٱلصَّٰدِقِينَ ۝٦ ﴾[2].

وجه الدلالة من الآية أن الـلـه عَزَّ وَجَلَّ قد خص اللعان بالأزواج، والرجل وإن كان قد أضاف الزنا إلى ما قبل الزواج، إلا أن صفة الزوجية قائمة فيه، فيدخل في عموم النص. ثم إن الآية لم تفرق بين ما إذا كان القذف بزنا بعد الزوجية أو قبلها"[3].

ثانيا: المعقول:

1- إن القذف الذي يوجب اللعان هو نسبة الزنا إلى الزوجة، وقد تحقق ذلك في الحال، بدليل أنه قذف زوجته، إلا أنه قذفها بزنا متقدم، وبهذا لا تخرج من أن تكون زوجته في الحال، كما إذا قذف أجنبية بزنا متقدم، كذا ههنا[4].

2- قياسا على قذف الرجل بزنا مضاف إلى الزمن الماضي، فمن قال لرجل زنيت منذ خمسين سنة كان قاذفا له، ووجب عليه الحد، وإن كان سن القائل عشرين سنة، لأنه يصير قاذفا في الحال، فكذلك من قذف زوجته بزنا مضاف إلى ما قبل النكاح فإنه يكون قاذفا لزوجته في الحال، فيتعين عليه اللعان[5].

---

(1) الإمام الكاساني، بدائع الصنائع، ج3، ص382. الزيلعي، تبيين الحقائق، ج3، ص16.
(2) سورة النـور، الآية رقم (6).
(3) ينظر السرخسي، المبسوط، ج5، ص51.
(4) الإمام الكاساني،بدائع الصنائع، ج3، ص382.
(5) أبوبكر محمد بن علي الحدادي العبادي، الجوهرة النيرة، ج2، ص73.

إن مما ينبغي الإشارة إليه بأن الحنفية يرون بأن شرط اللعان بين الزوجين هو قيام الزوجية وقت القذف، فإن قذف زوجته وهما في حال قيام الزوجية الصحيحة وجب عليه اللعان، وأما إن كان خارج هذا الوقت فلا لعان، ويكون الواجب حينئذ حد القذف على الزوج. وعلى هذا المعيار قالوا بعدم وجوب اللعان "لو قذف الرجل زوجته بعد موتها لانعدام الزوجية بينهما"[1]. وإن كان اتهامه لها بزنا مضاف إلى وقت الزوجية.

مذهب الشافعية:

لو قذف الزوج زوجته بالزنا حال قيام الزوجية وأضاف هذا الزنا إلى ما قبل الزواج فلا لعان إن لم يكن ولد يلحقه نسبه، وكذا إن كان ولد على الأصح في المذهب[2]. واستدل الشافعية لمذهبهم بما يلي:

أولا: الكتاب:

قوله تعالى:﴿ وَٱلَّذِينَ يَرۡمُونَ ٱلۡمُحۡصَنَٰتِ ثُمَّ لَمۡ يَأۡتُواْ بِأَرۡبَعَةِ شُهَدَآءَ فَٱجۡلِدُوهُمۡ ثَمَٰنِينَ جَلۡدَةً وَلَا تَقۡبَلُواْ لَهُمۡ شَهَٰدَةً أَبَدًاۚ وَأُوْلَٰٓئِكَ هُمُ ٱلۡفَٰسِقُونَ ٤ ﴾[3].

وجه الدلالة من الآية أنها أوجبت القذف على من يرمي المحصنات إذا لم يأت بأربعة شهداء، والزوج حينما يرمي زوجته بالزنا ويضيف هذا الزنا إلى ما قبل النكاح، فيكون قد قذفها في حال كانت هي من المحصنات اللواتي يدخلن في نص هذه الآية، فيكون قد أوقع القذف على امرأة ليست زوجة له[4].

ثانيا: المعقول:

1- إن اللعان شرع للحاجة والضرورة، ولا ضرورة في أن يقذف الرجل امرأته بزنا كان قبل نكاحهما، فالحكمة التي من أجلها شرع اللعان تنتفي هنا فلا حاجة للعان[5].

2- إن قذف الرجل زوجته بزنا مضاف إلى ما قبل النكاح يشبه قذفه إياها وهي بائن، وهو أيضا أشبه بما لو قذفها قبل أن يتزوجها[6].

---

(1) الإمام الكاساني، بدائع الصنائع، ج3، ص382.
(2) الإمام الشافعي، الأم، ج5، ص419. الشيخ زكريا الأنصاري، أسنى المطالب، ج3، ص371.
(3) سورة النـور، الآية رقم (4).
(4) الإمام الشافعي، الأم، ج5، ص419.
(5) ابن حجر الهيتمي، تحفة المحتاج، ج8، ص228. حاشيتا قليوبي وعميرة، ج4، ص41.
(6) الشرح الكبير، ج9، ص18. البهوتي، كشاف القناع عن متن الإقناع، ج5، 369.

الرأي الراجح:

الذي يبدو أن الراجح هو ما ذهب إليه الشافعية لقوة أدلتهم، فالزوج حينما يقذف زوجته بزنا مضاف إلى ما قبل النكاح، فإنه يكون بذلك أضاف الزنا إليها في وقت كانت أجنبية عنه، فلا يجب إلا حد القذف إن طالبت هي به و الله اعلم.

الفرع الثالث: الخلاف في اللعان بنفي الحمل:

لا خلاف بين الحنفية والشافعية في أن اللعان كما يكون بقذف الزوجة بالزنا فإنه يكون أيضا بنفي الولد عن نفسه، والشروط التي ينبغي توفرها في نفي الولد في معظمها متفق عليها بين الحنفية والشافعية، إلا في شرط حياة الولد وقت اللعان والتفريق.

فالحنفية اشترطوا لصحة نفي الولد أن يكون الولد حيا وقت التفريق وأما إن كان ميتا فلا يصح اللعان، لأن النسب يتقرر بالموت فلا ينقطع بعد ذلك وأما الشافعية فإن حياة الولد ليس شرطا عندهم لصحة اللعان، فيصح اللعان وإن كان بعد موت الوليد، بحجة أن النسب لا ينقطع بالموت، لذا يقال مات ابن فلان[1].

وأما اللعان بنفي الحمل فقد حصل فيه الخلاف بين الحنفية والشافعية، بمعنى هل يجوز أن يكون قذف الرجل زوجته بنفي الحمل عن نفسه سببا لوجوب اللعان بينهما أم لا؟

مذهب الحنفية:

إذا قذف الرجل زوجته بنفي الحمل عن نفسه فقال لها: ليس حملك مني، أو الحمل الذي عندك من الزنا وغير ذلك من الألفاظ الصريحة فلا لعان بينهما، وهذا قول أبي حنيفة وزفر رحمهما الله. وقال أبو يوسف و محمد رحمهما الله: اللعان يجب بنفي الحمل إذا جاءت به لأقل من ستة أشهر[2]. واستدل الحنفية لمذهبهم بما يأتي:

المعقول:

1- إن اللعان في قذف الزوج زوجته بمنزلة الحد في قذف الأجنبية، فلا يجوز إقامته مع الشبهة، والشبهة قائمة في احتمال عدم الحمل فلعله أن يكون ريحا أو ما شابه ذلك[3].

2- إن اللعان يجب أن يكون على موجود حقيقة وهو قذفه إياها بالزنا، أو نفي الولد، واللعان على نفي الحمل ليس بلعان على موجود حقيقة، لأنه لايتيقن قيام الحمل فلم يصر قاذفا. لذا فقد قال الإمام محمد وأبو يوسف إذا جاءت بالولد لأقل من ستة أشهر يجب اللعان، لأنا تيقنا

---

[1] المرغيناني، الهداية شرح بداية المبتدي، ج1، ص270.
[2] المصدر نفسه، ج1، ص270.
[3] السرخسي، المبسوط، ج5، ص51.

الحمل عنده فيتحقق القذف[1]. ولكن يرد عليهما "إنه إذا لم يكن قاذفا في الحال يصير كالمعلق، والقذف لا يصح تعليقه بالشرط"[2]. وكأنه قال له إن كان بك حمل فليس مني.

مذهب الشافعية:

إذا قذف الرجل زوجته ونفى أن يكون الحمل الذي عندها منه، فله أن يلاعن وينفي الحمل، وله أن يؤخره إلى أن تضع، لأنه يجوز أن يكون ريحا أو غلطا، فيؤخر ليلاعن على يقين[3]. وإليه ذهب بن أبي ليلى[4] ومالك وأبو عبيد[5]. واستدلوا بما يلي:

أولا: السنة:

ثبت في الصحيحين أن هلال بن أمية لما لاعن، لاعن عن الحمل[6].

وجه الدلالة من الحديث أنه نص على جواز نفي الحمل واللعان عليه[7].

ولكن رد على هذا بأن الحديث محمول على أنه ﷺ عرف قيام الحبل بطريق الوحي[8].

ثانيا: المعقول:

إن كل نسب جاز اللعان لأجله بعد انفصال الولد جاز اللعان لأجله قبل انفصال الولد كزوال الفراش[9].

الرأي الراجح:

الذي يبدو أن الراجح هو ما ذهب إليه الشافعية لقوة أدلتهم.

قلت بناء على ما مر إن الحنفية حينما منعوا اللعان على الحمل عللوا ذلك بقولهم "لا يتيقن بقيام الحمل فلم يصر قاذفا"[10]. عليه إن ثبت بأن حمل المرأة حقيقي كأن يثبت بالأجهزة الدقيقة، فإن اللعان سيكون جائزا كما هو الحكم عند الشافعية.

---

(1) المرغيناني، الهداية شرح بداية المبتدي، ج1، ص270.

(2) الشيخ عبد الغني الغنيمي، اللباب في شرح الكتاب، ج3، ص18.

(3) الإمام النووي، منهاج الطالبين، ص114. الشيخ محمد الشربيني الخطيب، الإقناع، ج2، ص463.

(4) أبوعبد الرحمن محمد بن عبد الرحمن بن أبي ليلى الأنصاري الكوفي (76-148) قاضي الكوفة وفقيهها وعالمها ومقرئها في زمانه ولي القضاء بالكوفة لبني أمية مدة (33) سنة، وكان أفقه أهل الدنيا، وكان صاحب قرآن وسنة، صدوقا جائز الحديث. روى عن الشعبي وعطاء ابن أبي رباح. مات وهو على القضاء. ينظر الأعلام للزركلي ح6، ص189. الوافي في الوفيات للصفدي، ج1، ص387.

(5) العظيم آبادي، عون المعبود شرح سنن أبي داود، ج6، ص242.

(6) الإمام البخاري، صحيح البخاري، ج4، ص1772. الإمام مسلم، صحيح مسلم، ج2، ص1134.

(7) الشيرازي، المهذب، ج3، ص78. الشيخ محمد الشربيني الخطيب، مغني المحتاج، ج5، ص162.

(8) المرغيناني، الهداية شرح بداية المبتدي، ج1، ص270.

(9) المجموع بشرح المهذب، ج19، ص142. العمراني، البيان في فقه الإمام الشافعي، ج10، ص389.

(10) الشيخ عبد الغني الغنيمي، اللباب في شرح الكتاب، ج3، ص18.

وأما الذي يفهم من كتب الشافعية فالأولى عدم اللعان على الحمل، لأنه إذا ثبت بعد الوضع أنه ليس حملا يفسد لعانه ويحد حد القذف[1]. ومن وجه آخر أن الحمل قد يموت فلا يبقى كثير أهمية للعان[2].

المطلب الثالث
الخلاف في آثار اللعان

لوقوع اللعان بين الزوجين آثار عديدة منها وقوع الفرقة بين الزوجين، ولكن حصل بين الحنفية والشافعية خلاف في تفاصيل تلك الآثار من حيث وقت الفرقة ونوع الفرقة والحكم فيما لو امتنع أحد الزوجين عن اللعان بعد القذف وسنتطرق إلى هذا الخلاف في الفروع الثلاثة التالية:

الفرع الأول: الخلاف في وقت وقوع الفرقة باللعان:

حصل خلاف بين الحنفية والشافعية في وقت حصول التفريق في اللعان، فهل يقع التفريق بين الزوجين بانتهاء الزوج من اللعان؟ أم أن التفريق لا يكون إلا بعد أن ينتهي الزوجان من اللعان، أم لابد من تفريق القاضي بينهما بعد انتهاء الزوجين من اللعان؟

مذهب الحنفية:

إذا التعن الزوجان فرق الحاكم بينهما ولا تقع الفرقة إلا بأمر قضائي يقضي بالفرقة على الزوج وأما قبل تفريق الحاكم فالزوجية بينهما قائمة يقع طلاق الزوج عليها وظهاره وإيلاؤه زيجري التوارث بينهما إذا مات أحدهما[3] واستدل الحنفية لمذهبهم بما يلي:

أولا: السنة:

1- عن نافع عن ابن عمر ﵄: أن رجلا لاعن امرأته في زمن النبي ﷺ وانتفى من ولدها ففرق النبي ﷺ بينهما وألحق الولد بالمرأة[4].

2- عن ابن عباس ﵄: أن النبي ﷺ لما لاعن بين عاصم بن عدي و بين امرأته فرق بينهما).

قلت قد ذكر صاحب البدائع هذا الحديث محتجا به على صحة مذهبه، ولكن الذي تبين أنه ليس في السنة أن الرسول ﷺ قد فرق بين عاصم بن عدي وبين امرأته، لأن عاصم بن عدي العجلاني هذا كان ابن عم عويمر العجلاني الذي لاعن هو وزوجته وفرق بينهمـا الرسول ﷺ

(1) الشيخ سليمان البجيرمي، حاشية البجيرمي على الخطيب، ج4، ص75.
(2) الشيخ محمد الشربيني الخطيب، الإقناع، ج2، ص463.
(3) المرغيناني، الهداية، ج1، ص270. أبوبكر محمد بن علي الحدادي العبادي، الجوهرة النيرة، ج2، ص72. الدر المختار ج3،ص488.
(4) الإمام البخاري، صحيح البخاري،ج6، ص2480.

وأما بين عاصم وبين زوجته فلم يحدث بينهما لعان[1]. فالملاعن هو عويمر وأما زوجته فهي خولة بنت عاصم بن عدي العجلاني قاله ابن منده في كتاب الصحابة[2].

وجه الدلالة من الحديثين أن فيهما الدلالة على أن الفرقة لا تقع بلعان الزوج ولا بلعانها، بل بتفريق الحاكم بينهما، بدليل أن ابن عباس وابن عمر ذكرا بأن الرسول ﷺ هو الذي فرق بينهما، ولو كان التفريق واقعا باللعان لما احتمل التفريق من رسول الـلـه ﷺ فالنكاح كان ثابتا قبل اللعان ولكن فرق بينهما الرسول[3].

3- عن ابن شهاب أن سهل بن سعد الساعدي أخبره: أن عويمر العجلاني جاء إلى عاصم بن عدي الأنصاري فقال له: يا عاصم أرأيت رجلا وجد مع امرأته رجلا أيقتله فتقتلونه؟ أم كيف يفعل؟ سل لي يا عاصم عن ذلك رسول الـلـه ﷺ فسأل عاصم عن ذلك رسول الـلـه ﷺ فكره رسول الـلـه ﷺ المسائل وعابها حتى كبر على عاصم ما سمع من رسول الـلـه ﷺ فلما رجع عاصم إلى أهله جاء عويمر فقال: يا عاصم ماذا قال لك رسول الـلـه ﷺ؟ فقال عاصم لم تأتني بخير، قد كره رسول الـلـه ﷺ المسألة التي سألته عنها، قال عويمر: و الـلـه لا أنتهي حتى أسأله عنها، فأقبل عويمر حتى أتى رسول الـلـه ﷺ وسط الناس فقال: يا رسول الـلـه أرأيت رجلا وجد مع امرأته رجلا أيقتله فتقتلونه أم كيف يفعل؟ فقال رسول الـلـه ﷺ (قد أنزل الـلـه فيك وفي صاحبتك فاذهب فأت بها). قال سهل: فتلاعنا وأنا مع الناس عند رسول الـلـه ﷺ فلما فرغا قال عويمر: كذبت عليها يا رسول الـلـه إن أمسكتها، فطلقها ثلاثا قبل أن يأمره رسول الـلـه ﷺ. قال ابن شهاب: فكانت تلك سنة المتلاعنين[4].

وجه الدلالة في الحديث من وجهين:

أحدهما: أن فيه دَلَالَة عَلَى أَن اللعَانَ لَم يوجب الفرقَةَ لقَوله: (كَذَبت عَلَيهَا إن أَمسَكتهَا) إذ فيه الإخبار منه بأنه ممسك لها بعد اللعان على ما كان عليه من النكاح إذ لو كانت الفرقة قد وقعت قبل ذلك لاستحال قوله كذبت عليها إن أمسكتها وهو غير ممسك لها فلما أخبر بعد اللعان بحضرة النبي ﷺ إنه ممسك لها ولم ينكره دل ذلك على أن الفرقة لم تقع بنفس اللعان إذ غير جائز أن يقر النبي ﷺ أحدا على الكذب ولا على استباحة نكاح قد بطل فثبت أن الفرقة لم تقع بنفس اللعان[5].

---

(1) ورد في الصحاح بأن عويمر كان قد سأل عاصم بن عدي أن يسأل له رسول الـلـه ﷺ عن حكم من يقتل رجلا يجده مع زوجته يزني كما في صحيح البخاري، ج5، ص2014. وينظر المعجم الكبير، ففيه بيان أن عاصما هذا كان ابن عم عويمر العجلاني، ج6، ص115. الطحاوي، شرح معاني الآثار، ج3، ص102.

(2) الشوكاني، نيل الأوطار، ج7، ص35.

(3) الإمام الكاساني، بدائع الصنائع، ج3، ص388.

(4) الإمام البخاري، صحيح البخاري،ج5، ص2014.

(5) أبو بكر الجصاص، أحكام القرآن، ج5، ص151.

الثاني: في الحديث دلالة على أن الملاعن فارق زوجته قبل أن يأمره الرسول ﷺ بفراقها، فأمضى عليه ذلك، ولو لم يقع لأوضح له الرسول ﷺ ذلك وبين له بطلان اعتقاده[1].

ثانيا: المعقول:

الأصل أن الملك متى ثبت لإنسان لا يزول إلا بإزالته أو بخروجه من أن يكون منتفعا به في حقه، لعجزه عن الانتفاع به ولم توجد الإزالة من الزوج، لأن اللعان لا ينبىء عن زوال الملك، لأنه شهادة مؤكدة باليمين، أو يمين، وكل واحد منهما لا ينبىء عن زوال الملك، ولهذا لا يزول بسائر الشهادات والأيمان[2].

إن القول بالتفريق بينهما بلعان الزوج يقتضي القول بوجوب الحد عليها بلعانه، والحد غير واجب بلعان الزوج وحده، لأنه شهادة، وشهادة المرء لنفسه لا تكون حجة في استحقاق ما يثبت مع الشبهات على الغير، فكيف تكون حجة في استحقاق ما يندرئ بالشبهات[3].

مذهب الشافعية:

الذي عليه الشافعية أنه يتعلق بلعان الزوج وحده أمور خمسة وهي: فرقة، وحرمة مؤبدة وإن أكذب نفسه، وسقوط الحد عنه، ووجوب حد زناها، وانتفاء نسب نفاه بلعانه[4]. واستدلوا بما يلي:

المعقول:

قياسا على الطلاق أو أي تفريق آخر، فاللعان فرقة بين الزوجين وهو فرقة بالقول، فتحصل هذه الفرقة بوجوب السبب من أحد الجانبين[5].

وقد رأيت في كتب الشافعية أنهم يذكرون ما يترتب على لعان الزوج وحده من آثار، ويذكرون بعد ذلك دليلا وهو حديث (المتلاعنان لا يجتمعان)[6]. ولكني لم أر لهم توضيحا لوجه الدلالة في هذا الحديث، ولكن يمكن أن يقال بأن وجه الدلالة في هذا الحديث، أن الزوج لو انتهى من اللعان فإنهما لا يجتمعان بعد ذلك، لأن النتيجة واحدة عند الشافعية، التعنت الزوجة بعد ذلك أو لم تلتعن، لأن الزوجة إن التعنت فإنهما لا يجتمعان بالاتفاق، وإن لم تلتعن فالواجب عليها حد الزنا وهو الرجم، فلا اجتماع بينهما في كلتا الحالتين.

[1] عبد الله بن محمود بن مودود الموصلي، الإختيار لتعليل المختار، ج2، ص199.
[2] الإمام الكاساني، بدائع الصنائع، ج3، ص388.
[3] السرخسي، المبسوط، ج5، ص51.
[4] الإمام النووي، منهاج الطالبين، ص114، الشيخ زكريا الأنصاري، فتح الوهاب بشرح منهج الطلاب، ج1، ص101.
[5] الشيخ زكريا الأنصاري، أسنى المطالب، ج3، ص368.
[6] الإمام الشافعي، الأم، ج5، ص310، الشيخ محمد الشربيني الخطيب، مغني المحتاج، ج3، ص374. الشيخ محمد بن أحمد الرملي، غاية البيان شرح زبد ابن رسلان، ص272.

الرأي الراجح:

الذي يبدو أن الراجح هو ما ذهب إليه الحنفية لقوة أدلتهم وضعف ما استدل به الشافعية، لأن اللعان إنما يكون بين الزوجين، فإن قلنا بأن بالفرقة تكون بين الزوجين بانتهاء الزوج من اللعان، فإن المرأة حينما تلتعن بعد لعان الزوج امتثالا لقوله تعالى: ﴿ وَيَدْرَؤُا عَنْهَا الْعَذَابَ أَن تَشْهَدَ أَرْبَعَ شَهَادَاتٍ بِاللَّهِ إِنَّهُ لَمِنَ الْكَاذِبِينَ ﴿٨﴾ ﴾[1]. فإن لعانها هذا لا يقع على الزوج لأنه بعد الفرقة يكون أجنبيا عنها، وهذا لا يجوز لأنه مخالف للنص و الله أعلم.

الفرع الثاني: الخلاف في صفة الفرقة باللعان:

مذهب الحنفية:

التفريق باللعان عند الإمام أبي حنيفة والإمام محمد رحمهما الله تعالى تطليقة بائنة، فيزول ملك النكاح وتثبت حرمة الاجتماع ويثبت نسب ولدها إلى سنتين إن كانت معتدة وإن لم تكن معتدة فإلى ستة أشهر[2] ولكنها لا تعود إلى الزوج بعد لعانهما إلا بعد شروط معينة[3]. واستدلا بما يأتي:

المعقول:

1- قياسا على التفريق بسبب العنة، فالفرقة التي تحصل باللعان إنما هو بتفريق من القاضي كما في العنين. فكل تفريق بين الزوجين يقوم به القاضي فهو فسخ لا طلاق. لذا فإنها تستحق النفقة والسكنى في عدتها ويثبت نسب ولدها[4].

2- إن فعلَ القَاضي انتَسَبَ إلَيه لنيَابَته عَنه كَمَا في العنين[5]. فيكون تطليقة بائنة.

3- إن الملاعن إذا أكذب نفسه، أو انعدمت عنده أهلية الشهادة فقد رجع، لأن الإكذاب رجوع، والشهادة بعد الرجوع لا حكم لها، وأما أنهما لا يجتمعان كما هو نص الحديث فنعم ولكن لا يجتمعان ما داما متلاعنين، إلا أنه لم يبق التلاعن، ولا حكمه بعد الإكذاب، فيجتمعان[6]. لزوال سبب التحريم.

---

(1) سورة النــور، الآية رقم (7-8).

(2) علاء الدين السمرقندي، تحفة الفقهاء، ج2، ص222. المرغيناني، الهداية شرح بداية المبتدي، ج2، ص24.

(3) عند الامام أبي حنيفة والإمام محمد لا يجوز اجتماعهما بعد الزواج للنص (المتلاعنان لا يجتمعان) وهذه الحرمة دائمية إلا إن وجد ما يرفع أحد الزوجين عن كونه ملاعنا، لأن الحرمة بينهما ملازمة لكونهما متلاعنين فإن زال وصف اللعان عن أحدهما زالت الحرمة الدائمة، وجاز الزواج بينهما من جديد، ومما يرفع صفة اللعان عن أحدهما: تكذيب الزوج نفسه، أو خروج أحد الزوجين عن أهلية الشهادة، فهو ملاعن ما دام متمتعا بأهلية الشهادة، فإن انعدمت أهليته للشهادة لم يعد ملاعنا. ينظر الشيخ عبد الغني الغنيمي، اللباب في شرح الكتاب، ج3، ص18. السرخسي، المبسوط، ج7، ص44.

(4) الشيخ عبد الغني الغنيمي، اللباب في شرح الكتاب، ج3، ص18.

(5) البابرتي، العناية شرح الهداية، ج4، ص287- 288.

(6) مجمع ، ج1، 459. المرغيناني، الهداية شرح بداية المبتدي، ج2، ص24.

مذهب الشافعية:

الذي عليه الشافعية والإمام أبي يوسف من الحنفية أن التفريق باللعان فسخ لا طلاق، وتتأبد به الحرمة[1].

واستدلوا بما يلي:

أولا: السنة:

يستدل للشافعية والإمام أبي يوسف من الحنفية على حرمة النكاح بينهما بعد اللعان وإن أكذب نفسه أو زال عنه أهليته للشهادة، بقول الرسول ﷺ ((المتلاعنان لا يجتمعان أبدا))[2].

وجه الدلالة من الحديث أن الرسول ﷺ قد نص على أن المتلاعنين لا يجتمعان، فظاهر الحديث يدل على أن المتلاعنين يحرم أحدهما على الآخر عموما. ولا يوجد ما يدل على أن هذه الحرمة غير دائمة، ولو قلنا بجواز اجتماعهما لم يكن لقول الرسول ﷺ أي فائدة، وهذا محال. بل هناك روايات تؤكد على أن الحرمة دائمة فقد روي عن ابن شهاب عن سهل بن سعد أنه قال: "حضرت هذا (اللعان) عند رسول الله ﷺ، فمضت السنة بعد في المتلاعنين أن يفرق بينهما ثم لا يجتمعان أبدا"[3] كذا روي عن ابن عمر عن الرسول ﷺ[4].

ولكن يرد على قول الشافعية بأنه فسخ "لأنه من جهتها". بأن هذه فرقة من جهته لا من جهتها، لأنه وجب عليه التسريح بالإحسان حين عجز عن الإمساك بالمعروف، فإذا امتنع كان ظالما، فناب القاضي عنه، فيه فيضاف فعله إليه. والقياس على الجب ممنوع لأن الفرقة بسبب عندنا أيضا طلاق[5].

ثانيا: الآثار:

روي عن جماعة من الصحابة رضي الله عنهم مثل عمر وعلي وعبد الله بن مسعود وغيرهم رضي الله عنه أنهم قالوا المتلاعنان لا يجتمعان أبدا[6].

ثالثا: المعقول:

1- قياسا على التفريق بين الزوجين بسبب الرضاع، لحصوله بغير لفظ[7].

---

(1) الإمام النووي، روضة الطالبين، ج8، ص356. الشيخ محمد الشربيني الخطيب، الإقناع، ج2، ص463.

(2) لم أجد الحديث بهذا اللفظ فيما بين يدي من كتب وإنما وجدته بلفظ ((المتلاعنان إذا تفرقا لا يجتمعان أبدا)) ينظر الدار قطني، سنن الدارقطني، ج3، ص276. البيهقي، سنن البيهقي الكبرى،ج7، ص409.

(3) أبو داود، سنن أبي داود، ج1، ص683. الدار قطني، سنن الدارقطني، ج3، ص275.

(4) الدار قطني، سنن الدارقطني، ج3، ص276.

(5) الإمام كمال الدين ابن الهمام، شرح الفتح القدير، ج4، ص300.

(6) الإمام الكاساني، بدائع الصنائع، ج3، ص254. سعيد بن منصور، سنن سعيد بن منصور، ج1، ص360.

(7) الشيخ محمد الشربيني الخطيب، مغني المحتاج، ج3، ص374. الشيخ زكريا الأنصاري، أسنى المطالب، ج3،ص386.

2- إن سبب هذه الفرقة يشترك فيه الزوجان، والطلاق يختص به الزوج، فما يشترك الزوجان فيه لا يكون طلاقا، ومثل هذا السبب متى كان موجبا للحرمة كانت مؤبدة كالحرمة بالرضاع[1].

الرأي الراجح:

الذي يبدو أن الراجح هو ما ذهب إليه الشافعية من أن اللعان فرقة فسخ، وأن الحرمة المترتبة عليه حرمة مؤبدة لا تزول، وإن أكذب الملاعن نفسه، أو انتفت عنه أهلية الشهادة. فالحديث نص في الباب، ثم لو كان التحريم مؤقتا لبينه الشارع كما بين في التفريق بالطلاق الثلاث، ثم إن سبب التفريق هو اللعان وقد وجد، وتكذيبه نفسه لا ينفي وجوده فيبقى حكمه، ولأنه لو كان صادقا في اتهامه لها، فلا ينبغي له أن يرجع إلى معاشرة زوج بغي، وإن كان كاذبا فقد أساء إليها إساءة بالغة، فلا يمكن من معاشرتها بعد ذلك و الـلـه أعلم.

ويبنى على هذا الخلاف والخلاف في وقت وقوع الفرقة تخريج الكثير من المسائل الخلافية بين الحنفية والشافعية.

فبناء على هذا الأصل قرر الحنفية أن للزوج بعد أن ينتهي من لعانه وقبل أن تبد الزوجة باللعان، أن يطلق وأن يظاهر منها، وتجب عليه نفقتها وكل الحقوق الزوجية فيتوارثان إن مات أحدهما في هذه الفترة، وكذلك يسقط اللعان ولا يجب عليه اللعان لو أن زوجها طلقها بائنا في هذه الفترة، أو بموت أحدهما، أو بفسخ العقد، ويسقط اللعان أيضا لو أن أحد الزوجين طرأ عليه صفة تعدمه أهلية الشهادة، لأن من شرط اللعان كون الزوجين أهلا للشهادة[2].

وأما الشافعية وبناء على هذا الأصل قالوا: تبين الزوجة بانتهاء الزوج من اللعان، فلا يصح منه الطلاق بعد ذلك ولا الظهار ولا الخلع ولا الايلاء، وتسقط جميع الحقوق المترتبة على عقد الزواج، فلا توارث بينهما، وعلى المرأة اللعان أو حد الزنا. ولا يسقط اللعان إلا إذا أكذب الزوج نفسه، أو صدقته المرأة[3].

الفرع الثالث: امتناع أحد الزوجين عن اللعان بعد القذف:

مما لا خلاف فيه بين الحنفية والشافعية أن الزوج إذا أكذب نفسه بعد القذف فإنه يحد[4]. لأنه "إذا أكذب نفسه فقد وافق المرأة في أنها لم تزن"[5]. فيكون قاذفا ومقرا على نفسه بالقذف.

---

(1) السرخسي، المبسوط، ج7، ص44.
(2) الزيلعي، تبيين الحقائق، ج3، ص20. عبد الرحمن بن محمد شيخي زاده (داماد)، مجمع الانهر، ج1، ص456. البابرتي، العناية شرح الهداية، ج4، 286.
(3) الإمام الشافعي، الأم، ج5، ص417. الشيخ محمد الشربيني الخطيب، مغني المحتاج، ج3، ص374.
(4) الإمام كمال الدين ابن الهمام، شرح الفتح القدير، ج4، ص281. الدر المختار ج3،ص485. الشيخ عبد الغني الغنيمي، اللباب في شرح الكتاب، ج3، ص18. الإمام الشافعي، الأم، ج5، ص417.
(5) البابرتي، العناية شرح الهداية، ج4، ص281. الإمام أبو الحسن الهروي القاري، فتح بــاب العناية بشرح النقاية، ج2 158-159.

ولكن حصل خلاف بين الحنفية والشافعية فيما لو امتنع أحد الزوجين عن اللعان بعد القذف، فهل يجب على الممتنع الحد أم يحبس حتى يلاعن أو يكذب نفسه؟

مذهب الحنفية:

إذا قذف الزوج زوجته ثم امتنع عن اللعان فلا يحد وإنما يحبس حتى يلاعن أو يكذب نفسه، فقذف الزوج امرأته موجب اللعان لا الحد[1]. واستدلوا بما يأتي:

أولا: الكتاب:

قوله تعالى:﴿ وَٱلَّذِينَ يَرۡمُونَ ٱلۡمُحۡصَنَٰتِ ثُمَّ لَمۡ يَأۡتُواْ بِأَرۡبَعَةِ شُهَدَآءَ فَٱجۡلِدُوهُمۡ ثَمَٰنِينَ جَلۡدَةً وَلَا تَقۡبَلُواْ لَهُمۡ شَهَٰدَةً أَبَدًاۚ وَأُوْلَٰٓئِكَ هُمُ ٱلۡفَٰسِقُونَ ۝٤ ﴾[2].

ثانيا: السنة:

1- قوله ﷺ لهلال ابن أمية رضي الله عنه حين قذف امرأته بشريك بن سمحاء (إيت بأربعة يشهدون على صدق مقالتك وإلا فحد على ظهرك) الحديث بهذا اللفظ غريب[3].

2- عن عبدالله قال كنا ليلة الجمعة في المسجد إذ جاء رجل من الأنصار فقال: لو أن رجلا وجد مع امرأته رجلا فتكلم جلدتموه، أو قتل قتلتموه، وإن سكت سكت على غيظ، و الـلـه لأسألن عنه رسول الـلـه ﷺ فلما كان من الغد أتى رسول الـلـه ﷺ فسأله فقال: لو أن رجلا وجد مع امرأته رجلا فتكلم جلدتموه، أو قتل قتلتموه، أو سكت سكت على غيظ، فقال: اللهم افتح. وجعل يدعو فنزلت آية اللعان ﴿ وَٱلَّذِينَ يَرۡمُونَ أَزۡوَٰجَهُمۡ وَلَمۡ يَكُن لَّهُمۡ شُهَدَآءُ إِلَّآ أَنفُسُهُمۡ فَشَهَٰدَةُ أَحَدِهِمۡ أَرۡبَعُ شَهَٰدَٰتِۭ بِٱللَّهِ إِنَّهُۥ لَمِنَ ٱلصَّٰدِقِينَ ۝٦ ﴾[4].

وجه الدلالة من الآية والسنة أن فيها النص على أن موجب قذف الزوج زوجته كان هو الحد، ثم انتسخ ذلك باللعان في حق الزوجين، واستقر الأمر على أن موجب قذف الزوج الزوجة اللعان، عليه فمن أوجب الحد فقد خالف النص[5].

وفي الحديث وجه آخر للدلالة في قوله ((وإن تكلم به جلدتموه)) إذ يدل على أن موجب قذف الزوجة كان الحد قبل نزول آية اللعان ثم نسخ في الزوجات بآية اللعان فينسخ الخاص المتأخر العام المتقدم بقدره[6].

---

(1) الإمام محمد بن الحسن الشيباني، الجامع الصغير، ج1، ص290. عبد الرحمن بن محمد شيخي زاده (داماد)، مجمع الانهر، ج1، 457.
(2) سورة النــور، الآية رقم (4).
(3) عبدالـلـه بن يوسف أبو محمد الزيلعي، نصب الراية، ج3، ص306.
(4) سورة النــور، الآية رقم (6). ينظر الإمام مسلم، صحيح مسلم، ج2، ص1133.
(5) السرخسي، المبسوط، ج5، ص51.
(6) الإمام الكاساني، بدائع الصنائع، ج3، ص377.

ثالثا: المعقول:

1- إن الحد إنما يجب لظهور كذبه في القذف، وبالامتناع من اللعان لا يظهر كذبه، إذ ليس كل من امتنع من الشهادة أو اليمين يظهر كذبه فيه، بل يحتمل أنه امتنع منه صونا لنفسه عن اللعن والغضب، والحد لا يجب مع الشبهة فكيف يجب مع الاحتمال[1].

2- إن اللعان حق مستحق على القاذف إذ هو موجب القذف، فإن امتنع من إيفاء هذا الحق يحبس حتى يأتي به[2]. فهو كالممتنع من قضاء الدين[3]. فكما يحبس حتى يؤدي الدين الذي عليه كذا يحبس هنا.

3- إن حد الزنا لا يجب على المرأة، لأن تصديق المرأة إياه لا يكون أبلغ من إقرارها بالزنا بمرة واحدة حيث لا تحد، فههنا أولى، حتى وإن كان التصديق عند الحاكم أربع مرات، لعدم التصريح، والحد لا يجب إلا مع التصريح[4].

مذهب الشافعية:

الذي عليه الشافعية أن الزوج لو قذف زوجته أو لاعن ثم امتنع عن اللعان أو أكذب نفسه فعليه حد القذف ثمانون جلدة[5]. وبه قال النخعي والحسن البصري[6] واستدلوا بما يلي:

أولا: الكتاب:

قوله تعالى:﴿ وَٱلَّذِينَ يَرْمُونَ ٱلْمُحْصَنَٰتِ ثُمَّ لَمْ يَأْتُوا۟ بِأَرْبَعَةِ شُهَدَآءَ فَٱجْلِدُوهُمْ ثَمَٰنِينَ جَلْدَةً وَلَا تَقْبَلُوا۟ لَهُمْ شَهَٰدَةً أَبَدًا ۚ وَأُو۟لَٰٓئِكَ هُمُ ٱلْفَٰسِقُونَ ﴿٤﴾ ﴾[7].

وجه الدلالة من الآية أن الحكم فيها عام في كل قاذف سواء كان أجنبيا أو زوجا، إلا أن قوله تعالى: ﴿ وَٱلَّذِينَ يَرْمُونَ أَزْوَٰجَهُمْ وَلَمْ يَكُن لَّهُمْ شُهَدَآءُ إِلَّآ أَنفُسُهُمْ فَشَهَٰدَةُ أَحَدِهِمْ أَرْبَعُ شَهَٰدَٰتٍۭ بِٱللَّهِ ۙ إِنَّهُۥ لَمِنَ ٱلصَّٰدِقِينَ ﴿٦﴾ ﴾[8]. قد جعل اللعان من الزوج مقابل أربعة شهود فإن نكل الزوج وامتنع عن اللعان فكأنما قذف الزوجة دون شهود ولعان، فيكون الحكم وجوب الحد عملا بنص آية القذف[9].

---

(1) الإمام الكاساني، بدائع الصنائع، ج3، ص377.
(2) ينظر السرخسي، المبسوط، ج7، ص40.
(3) الإمام الكاساني، بدائع الصنائع،ج3،ص377. زين الدين بن ابراهيم (ابن نجيم)، البحر الرائق،ج4،ص125.
(4) أبوبكر محمد بن علي الحدادي العبادي، الجوهرة النيرة، ج2، ص71.
(5) الإمام الشافعي، الأم، ج5، ص417. الشيرازي،المهذب، ج3، ص86. الشيخ سليمان البجيرمي، حاشية البجيرمي على الخطيب، ج4، ص74.
(6) أبو بكر بن أبي شيبة، المصنف، ج5، ص508.
(7) سورة النـور، الآية رقم (4).
(8) سورة النـور، الآية رقم (6).
(9) الإمام الشافعي، الأم، ج5، ص258.

ثانيا: السنة:

من الممكن أن يستدل بقوله ﷺ للمتلاعنين (يا هلال اتق الله فإن عذاب الدنيا أهون من عذاب الآخرة وإن هذه الموجبة التي توجب عليك العذاب فقال و الله لا يعذبني الله عليها كما لم يجلدني (أي لم يصبرني عليها) عليها فشهد الخامسة أن لعنة الله عليه إن كان من الكاذبين ثم قيل لها اشهدي. فشهدت أربع شهادات بالله إنه لمن الكاذبين فلما كانت الخامسة قيل لها إتقي الله فإن عذاب الدنيا أهون من عذاب الآخرة وإن هذه الموجبة التي توجب عليك العذاب فتلكأت ساعة ثم قالت و الله لا أفضح قومي فشهدت الخامسة أن غضب الله عليها إن كان من الصادقين)[1].

وجه الدلالة من الحديث أن الرسول ﷺ قد حث الكاذب منهما على عدم اللعان والقبول بعذاب الدنيا وهو حد القذف ثمانون جلدة، فدل ذلك على أن موجب القذف هو الحد. وأنه إن لم يلتعن كان مستحقا لحد القذف (العذاب).

ثالثا: المعقول:

إن اللعان أقيم مقام البينة في حق الزوج فإذا امتنع عن اللعان بعد القذف تبين بأن قذفه كذب وزيادة في هتكها فلا أقل من أن يجب الحد الذي كان واجبا بالقذف المجرد للحرة البالغة[2].

الرأي الراجح:

الذي يبدو أن الراجح هو ما ذهب إليه الشافعية، لأن اللعان يقوم مقام الشهود وهو إشارة إلى صدق الزوج، لذا درئ عنه الحد، وأما إذا امتنع الزوج عن اللعان أو أكذب نفسه، فقد انتفت الحكمة من اللعان ويجب على الزوج الحد لأنه أصبح قاذفا كغيره ودونما حاجة و الله أعلم.

---

[1] أبو داود، سنن أبي داود، ج1، ص685.
[2] النووي، المجموع بشرح المهذب، ج19، ص200.

الفصل الثالث

الخلاف في الظهار

قد خصصت فصلا كاملا للظهار نظرا لكونه ليس من الطلاق ولكن لأن الفقهاء أدرجوه ضمن باب الطلاق فجريا على ما ساروا عليه أدرجناه في باب الطلاق. لأنه من الممكن القول بأن الظهار كما له تعلق بالطلاق كذلك له تعلق بالنكاح، فهو يتعلق بالتحريم بين الزوجين (أي تحريم المعاشرة الزوجية مؤقتا إلى أن يكفر عن ظهاره) عليه أفردنا له فصلا مستقلا تكلمنا فيه عن أهم مسائل الخلاف بين الحنفية والشافعية في المبحثين الآتيين:

المبحث الأول: الخلاف في ماهية وشروط الظهار.

المطلب الأول: الخلاف في ماهية الظهار.

المطلب الثاني: الخلاف في شروط المظاهر.

المبحث الثاني: الخلاف في كفارة الظهار.

المطلب الأول: الخلاف في العتق.

المطلب الثاني: الخلاف في صوم كفارة الظهار.

المطلب الثالث: الخلاف في الإطعام.

المبحث الأول
الخلاف في ماهية وشروط الظهار

حصل خلاف بين الحنفية والشافعية في مسائل من حيث ماهية الظهار وشروطه وسوف نتطرق إليه في المطلبين الآتيين:

المطلب الأول
الخلاف في ماهية الظهار

للوقوف على الخلاف في ماهية الظهار بين الحنفية والشافعية وأركانه والصيغة التي يتحقق بها الظهار نقسم هذا المطلب إلى الفروع الآتية:

الفرع الأول: تعريف الظهار:

الظهار لغة:

الظهار بالكسر: مأخوذ من الظهر، وهو قول الرجل لامرأته أنت علي كظهر أمي.وخص الظهر لأنَّه موضع الركوب والمرأة مركوبة إذا غشيَت، فكأنه إذا قال أنت علي كظَهر أمي، أراد ركوبك للنكاح علي حرام كركوب أمي للنكاح، فأقام الظهر مقامَ الركوب لأنه مركوب وأقام الركوبَ مقام النكاح لأن الناكح راكب[1]. ولا يوجد ثم فرق بين التعريف اللغوي والشرعي للظهار.

الظهار اصطلاحا:

عرف الحنفية الظهار بأنه "تشبيه المسلم لا الذمي زوجته ولو كتابية أو صغيرة أو مجنونة أو تشبيه ما يعبر عنها من أعضائها أو تشبيه جزء شائع منها بمحرم عليه تأبيدا بوصف لا يمكن زواله"[2]. وعرفوه أيضا بأنه: تشبيه المسلم زوجته أو ما يعبر به عنها أو جزءا شائعا منها بمحرمة عليه تأبيدا[3].

وأما الشافعية فعرفوه بأنه " تشبيه الزوجة غير البائن بأنثى لم تكن حلا له[4].

الفرع الثاني: الخلاف في عدد أركان الظهار:

إن القول بأن هناك خلافا بين الحنفية والشافعية في عدد الأركان كما ذهب إلى ذلك الكثير من الباحثين فغير سليم و الـلـه أعلم. وذلك لأن الخلاف في عدد الأركان هو خلاف لفظي قد لا

---

(1) ابن منظور، لسان العرب، ج4، ص520.
(2) الدر المختار ج3، ص466.
(3) الشيخ عبد الغني الغنيمي، اللباب في شرح الكتاب، ج3، ص16.
(4) الشيخ محمد الشربيني الخطيب، مغني المحتاج، ج3، ص352.الشيخ زكريا الأنصـاري، فتح الوهاب، ج2، ص161.

يكون له أهمية كبيرة، ثم إن المتتبع لكتب الحنفية يدرك بأن الحنفية يرون بأن للظهار أركان أربعة كالشافعية. يقول صاحب البحر الرائق شرح كنز الدقائق عن أركان الظهار " وَالحَاصل أن هنَا أَربَعَة أَركَان: المشَبه وَالمشَبه وَالمشَبه به وَأَدَاة التشبيه. أَما الأَول: وَهوَ المشَبه وَهوَ بكَسر البَاء فَهوَ الزوج البَالغ العَاقل المسلم وَزَادَ في التتَارخَانية العَام. وَأَما الثاني: وَهوَ المشَبه بفَتح البَاء المَنكوحَة أَو عضو منهَا يعَبر به عَن كلهَا أَو جزء شَائع منها. وَأَما الثالث: وَهوَ المشَبه به عضو وَلَا يَحل النظَر إلَيه من محَرمَة عَلَيه تَأبيدا , وَأَما الرابع وَهوَ الدال عَلَيه وَهوَ ركنه وَهوَ صَريح وَكنَايَة"[1]. وهذه الأركان هي نفسها التي نص عليها الشافعية يقول صاحب مغني المحتاج وهو يذكر أركان الظهار "وَلَه أَركَان أَربَعَة: مظَاهر, وَمظَاهَر منهَا, وَصيغَة, وَمشَبه به"[2]. عليه إن وجد ثم خلاف فإنما هو في تفصيلات الأركان لا في العدد وسنشير إليه لاحقا.

الفرع الثالث: الخلاف في شروط صيغة الظهار:

مما لا شك فيه أن الصيغة التي يتحقق بها الظهار هي إما بألفاظ صريحة أو بألفاظ كناية كالطلاق وتوضيح ذلك كالآتي:

اللفظ الصريح:

وهو اللفظ الذي لا يدل إلا على الظهار ولا يوجد فيه احتمال صرف هذا اللفظ إلى غير معنى الظهار. فمما لا خلاف فيه بين الحنفية والشافعية أن لفظ الظهار من الألفاظ الصريحة في الظهار ويكون الزوج مظاهرا وإن لم ينو الظهار أو ادعى أنه يريد بذلك الطلاق، لأنه منسوخ فلا يتمكن من الإتيان به[3].

وكذا يكون من الصريح ما لو شبه زوجته من امرأة محرمة عليه حرمة مؤبدة، كأن يقول لها أنت علي كبطن أمي أو فخذها أو فرجها، فالحنفية قالوا لأن الظهار ليس إلا تشبيه المحللة بالمحرمة والشافعية قالوا لأن مثل هذا اللفظ لا يحتمل غير الظهار، فلا يحتمل الكرامة وما شابه ذلك. وكذا من الصريح أن يشبه رأس زوجته أو رقبتها أو وجهها أو نصفها أو ثلثها بظهر أمه لأن هذه مما يعبر به عن الكل[4].

اللفظ الكنائي:

هو اللفظ الذي يحتمل الظهار وغيره، فمما لا خلاف فيه بين الحنفية والشافعية أن الزوج لو قال لزوجته أنت علي حرام كأمي، أو أنت علي حرام مثل أمي فهو من الكنايات أنه لا يكون ظهارا إلا إذا نوى الظهار. وكذا لو قال الزوج لزوجته أنت علي حرام كظهر أمي فهو ظهار عند

---

(1) زين الدين بن ابراهيم (ابن نجيم)، البحر الرائق، ج4 ص104.

(2) الشربيني الخطيب، مغني المحتاج، ج3، ص352.

(3) المرغيناني، الهداية، ج2، ص18. العمراني، البيان في فقه الإمام الشافعي، ج10، ص302.

(4) المرغيناني، الهداية، ج2، ص18. الماوردي، الحاوي الكبير،ج10، ص346.

الإمام أبي حنيفة وكذا عند الإمام أبي يوسف والإمام محمد رحمهما الـلـه تعالى والشافعية إن لم ينو شيئا أو نوى الظهار بدليل أنه إما صريح في الظهار أو يمكن رد قصد الزوج إلى الظهار[1].

ولكن الذي حصل فيه الخلاف بينهما يكمن في عبارة الزوج لو قال لزوجته أنت على حرام كظهر أمي ونوى به الطلاق.

مذهب الحنفية:

الذي عليه الإمام أبي حنيفة أن الزوج لو قال لزوجته أنت علي حرام وادعى أنه يريد الطلاق فإنه لا يكون طلاقا بل ظهار[2]. بحجة:

1- إن لفظ كظهر أمي صريح في الظهار محكم فيه ولفظ حرام محتمل فيرد إليه إذا قرن معه[3].

2- إن ذلك اللفظ إنما كان ظهارا باعتبار التشبيه في الحرمة فالتصريح بما هو مقتضي كلامه يؤكد حكم الكلام ولا يغيره وهذا اللفظ صريح في الظهار فلا تعمل فيه النية شيئا آخر كاللفظ الذي هو صريح في الطلاق لا تعمل فيه نية شيء آخر[4].

3- إن الزوج لما قال بعد قوله حرام كظهر أمي فقد فسر التحريم بتحريم الظهار، فزال الاحتمال، فكان صريحا في الظهار، فلا تعمل فيه النية[5].

مذهب الشافعية:

لو قال الزوج لزوجته أنت علي حرام كظهر أمي ونوى بذلك الطلاق فهو طلاق وهو المنصوص عليه في المذهب وبه قال الإمام أبي يوسف ومحمد رحمهما الـلـه تعالى من الحنفية[6]. واستدلوا بما يأتي:

1- إن لفظ التحريم كناية يحتمل الطلاق والظهار فإذا نوى الطلاق فقد أبعد الظهار، ثم إن لفظ التحريم إذا كان من كنايات الطلاق بالاتفاق فهنا " نية الطلاق قارنت التحريم وهو سابق بصريح لفظ الظهار فكان الحكم فيه كقوله أنت طالق كظهر أمي"[7].

2- إن التحريم يحتمل كل ذلك فإن نوى الطلاق أو الإيلاء يكون قوله بعده كظهر أمي تأكيدا له لا مغيرا، غير أن عند محمد إذا نوى الطلاق لا يكون ظهارا معه، لأنه يقع بائنا بأنت حرام ولا يمكن إثبات الظهار بعده بكظهر أمي وعند أبي يوسف يكونان[8].

---

(1) الإمام الكاساني، بدائع الصنائع، ج3، ص367. التهذيب في فقه الإمام الشافعي، ج6، ص156.
(2) المرغيناني، الهداية، ج2، ص18. البغوي، التهذيب في فقه الإمام الشافعي، ج6، ص156.
(3) الإمام كمال الدين ابن الهمام، شرح الفتح القدير، ج4، ص255.
(4) السرخسي، المبسوط، ج6، ص229.
(5) الإمام الكاساني، بدائع الصنائع، ج3، ص323.
(6) الماوردي، الحاوي الكبير ، ج10، ص347. الامام تقي الدين الحسيني الحصني، كفاية الأخيار، ج1، ص547.
(7) العمراني، البيان في فقه الإمام الشافعي، ج10، ص308.
(8) الإمام كمال الدين ابن الهمام، شرح الفتح القدير، ج4، ص254.

3- إن قوله أنت علي حرام يحتمل الطلاق كما يحتمل الظهار فإذا نوى به الطلاق فقد نوى ما يحتمله لفظه فصحت نيته[1].

المطلب الثاني
الخلاف في شروط المظاهر

البعض من شروط الظهار ترجع إلى المظاهر والبعض منها إلى وقت الظهار والبعض منها إلى المشبه بها. وللحديث عن الخلاف بين الحنفية والشافعية في هذه الشروط نخصص له الفروع الثلاثة الآتية:

الفرع الأول: إسلام المظاهر:

حصل خلاف بين الحنفية والشافعية في الشروط التي ينبغي توفرها في المظاهر كي يصح منه الظهار، ومن تلك الشروط إسلام المظاهر، فهل يشترط فيه الإسلام أم لا؟

مذهب الحنفية:

لا يصح الظهار إلا من زوج مسلم، فلا ظهار عند الحنفية لذمي وكذا غير المسلم[2]. واستدلوا بما يأتي:

أولا: الكتاب:

قوله تعالى: ﴿ٱلَّذِينَ يُظَٰهِرُونَ مِنكُم مِّن نِّسَآئِهِم مَّا هُنَّ أُمَّهَٰتِهِمْۖ إِنْ أُمَّهَٰتُهُمْ إِلَّا ٱلَّٰٓـِٔي وَلَدْنَهُمْۚ وَإِنَّهُمْ لَيَقُولُونَ مُنكَرًا مِّنَ ٱلْقَوْلِ وَزُورًاۚ وَإِنَّ ٱللَّهَ لَعَفُوٌّ غَفُورٌ ۝٢﴾[3].

وجه الدلالة من الآية أن الله عز وجل جعل الظهار خاصا بالمسلمين بدليل:

1- إن أول الآية خاص في حق المسلمين وهو قوله عز وجل (الذين يظاهرون منكم) فقوله تعالى (منكم) كناية عن المسلمين ألا ترى إلى قوله سبحانه وتعالى (وإن الله لعفو غفور) والكافر غير حائز المغفرة.

ولكن رد على هذا بأن المقصود من العفو هنا "العفو عن الكفارة إن أديت، أو العفو عنه إن أسلم"[4].

---

[1] الإمام الكاساني، بدائع الصنائع، ج3، ص323.
[2] علاء الدين السمرقندي، تحفة الفقهاء، ج2، ص212. الإمام الكاساني، بدائع الصنائع، ج3، ص230.
[3] سورة المجادلة، الآية رقم (2).
[4] الماوردي، الحاوي الكبير،ج10، ص414.

2- إن الآية قد نزلت في حق خولة بنت ثعلبة وزوجها، فلا شك أنها نزلت في المسلمين فتكون خاصا بهم، والذي يؤكد هذه الخصوصية قوله تعالى (منكم).

3- إن في الآية أمرا بتحرير الرقبة يخلفه الصيام إذا لم يجد الرقبة، والصيام يخلفه الطعام إذا لم يستطع، وكل ذلك لا يتصور إلا في حق المسلم.

عليه فمن ادعى دخول غير المسلم في الآية لابد له من دليل.

ثانيا: المعقول:

إن حكم الظهار هو الحرمة المؤقتة بالكفارة أو بتحرير رقبة يخلفه الصوم، والكافر ليس من أهل هذا الحكم، إذ الكفارة عبادة والكافر ليس أهلا لها لافتقارها إلى النية، عليه فلا يكون من أهل الظهار[1].

ولكن رد على هذا بان الكفارة عبادة هنا في حق المسلم ولكنه في حق الكافر عقوبة، كما قال الرسول ﷺ (الحدود كفارات لأهلها)[2]. فالكفارة فيها شائبة الغرامة، ويتصور منه الإعتاق عن الكفارة[3].

مذهب الشافعية:

الذي عليه الشافعية أن القاعدة في شرط المظاهر أن كل من صح طلاقه صح ظهاره، وكفارته تكون إما بالعتق أو الإطعام وأما الصوم فيختص بالمسلم[4]. واستدلوا لمذهبهم بما يأتي:

أولا: الكتاب:

عموم قوله عز وجل: ﴿ وَٱلَّذِينَ يُظَٰهِرُونَ مِن نِّسَآئِهِمْ ثُمَّ يَعُودُونَ لِمَا قَالُواْ فَتَحْرِيرُ رَقَبَةٍ مِّن قَبْلِ أَن يَتَمَآسَّا ذَٰلِكُمْ تُوعَظُونَ بِهِۦ وَٱللَّهُ بِمَا تَعْمَلُونَ خَبِيرٌ ۝٣ ﴾[5].

وجه الدلالة من الآية أنها لم تفرق بين المسلم والكافر. فالآية دليل على وقوع الظهار من كل زوج وإن لم يكن مسلما[6].

ثانيا: المعقول:

1- قياسا على الطلاق بجامع أن كلا منهما يختص به النكاح، عليه فيصح من كل زوج يصح طلاقه، فما صح من المسلم في زوجته صح من الكافر في زوجته[7].

---

(1) علاء الدين السمرقندي، تحفة الفقهاء، ج2، ص212. الإمام الكاساني، بدائع الصنائع، ج3، ص230.
(2) الماوردي، الحاوي الكبير، ج10، ص414.
(3) الشيخ محمد الشربيني الخطيب، مغني المحتاج، ج3، ص352.
(4) الإمام الشافعي، الأم، ج5، ص277. الإمام النووي، روضة الطالبين، ج8، ص261. التنبيه ج1، ص185.
(5) سورة المجادلة، الآية رقم (3).
(6) الشيرازي، المهذب، ج2، ص111.
(7) المصدر نفسه. الماوردي، الحاوي الكبير ، ج10، ص414.

2- إن الكافر من أهل الظهار، لأن حكمه الحرمة، والكفار مخاطبون بشرائع هي حرمات، ولهذا كان أهلا للطلاق فكذا الظهار [1].

الرأي الراجح:

الذي يبدو أن الراجح هو ما ذهب إليه الشافعية لعموم الأدلة، ولأن الكفارة وإن كانت عبادة ولكنها في حق الكافر عقوبة وزجر له، وكفارته تكون بالعتق أو بالإطعام لا الصوم و الله أعلم.

الفرع الثاني: الظهار قبل الزواج:

الذي لا خلاف فيه أن الظهار كالطلاق إما أن يكون منجزا وإما أن يكون معلقا، وكل منهما صحيح نافذ، إلا الظهار المعلق على شرط الزواج، أي ظهار الرجل من امرأة قبل الزواج منها، فقد حصل بين الحنفية والشافعية خلاف فيما لو قال الرجل لامرأة إن تزوجتك فأنت علي كظهر أمي.

فالذي يبدو من خلال النظر إلى كتب الحنفية والشافعية أن الخلاف الذي يجري بينهما في الطلاق قبل النكاح هو نفسه الذي يجري في ظهار الرجل من امرأة على شرط التزوج منها، فالذي عليه الحنفية وكذا جمهور الفقهاء أنه يصح ظهار الرجل من امرأة على شرط الزواج منها، فإن تزوجها فلا يحل له أن يقربها إلا بعد أن يكفر كفارة الظهار، لأنه شرط والمؤمنون عند شروطهم إلا شرطا حرم حلالا أو حلل حراما. وعند الشافعية لا يصح إلا من الزوج لعموم الأدلة يقول الله تعالى: ﴿ لِّلَّذِينَ يُؤْلُونَ مِن نِّسَآئِهِمْ ﴾ [2]. فلا يقع الظهار إلا على الزوجة التي هي في عصمة زوجها، والمرأة قبل الزواج ليست في عصمة هذا الرجل فلا يقع ظهاره عليها، وإنما يكون لغوا لو صدر منه. فالخلاف الذي يجري في الطلاق قبل النكاح هو نفسه الذي يجري هنا، وقد رجحنا مذهب الشافعية بعدم وقوع الطلاق قبل النكاح كذا هنا نرجح مذهب الشافعية بعدم صحة الظهار من امرأة قبل التزوج منها و الله أعلم [3].

الفرع الثالث: الخلاف في شرط المشبه بها:

الخلاف بين الحنفية والشافعية في شرط المشبه بها في مسائل منها:

المسألة الأولى: التشبيه بجزء غير محرم:

لا خلاف بين الحنفية والشافعية أن المرأة المشبه بها في الظهار يجب أن تكون محرمة على المظاهر على وجه التأبيد، وأنه لابد من أن تكون من جنس النساء، ولا خلاف بينهم في صحة

---

[1] ينظر التهذيب في فقه الامام الشافعي، ج6، ص151.وينظر الإمام الكاساني، بدائع الصنائع، ج3، ص230.
[2] سورة البقرة، الآية رقم (226).
[3] الدر المختار ج3:ص466.

الظهار لو شبه الزوج زوجته بمن تحرم عليه أو شبهها بجزء منها مما يحرم عليه النظر إليه، كما لو قال لها أنت علي كظهر أمي أو بطنها أو فخذها أو فرجها وغير ذلك مما يحرم عليه النظر إليه. ولكن حصل بينهما خلاف فيما لو شبهها بجزء لا يحرم عليه النظر إليه كما لو قال لها أنت علي كيد أمي أو شعر أمي.

مذهب الحنفية:

لو شبه الزوج زوجته أو أي عضو منها لا يعبر به عنها كرأس أمه أو وجهها أو يدها وغير ذلك مما يحل له النظر إليه لا يكون الزوج بذلك مظاهرا[1]. واستدل الحنفية لمذهبهم بما يأتي:

1- إذا شبه زوجته برأس أمه أو وجهها أو يدها أو رجلها لا يحتمل قصد الظهار، لأن هذه الأعضاء من أمه يحل له النظر إليها[2]. لذا فلو شبهها بها لا يكون مظاهرا لعدم القصد ظاهرا. أي عدم قصد التحريم.

2- إنه إذا كان لا يحرم عليه النظر إلى يدها ورجلها لا يتحقق بهذا اللفظ تشبيه المحللة بالمحرمة[3].

مذهب الشافعية:

يصح الظهار لو شبه الزوج زوجته أو أي عضو ظاهر منها كيدها أو رأسها بمن تحرم عليه تأبيدا أو بأي عضو ظاهر منها كاليد والبطن والصدر وغيره مما لا يذكر للكرامة، ويكون الزوج بذلك مظاهرا وهو الصحيح في المذهب، وإن كان العضو مما يذكر للكرامة كالوجه فصحة الظهار تتوقف على نية المظاهر[4]. واستدلوا بما يأتي:

1- إن غير الظهر كالظهر في التحريم[5]. على اعتبار أنه يريد من الظهار التحريم وغير الظهر من الأم كالظهر في التحريم.

2- إن غير الظهر من يد وغيره عضو يَحرم التلَذذ به فَكَانَ كَالظهر[6]. وهذا هو المقصود من الظهار.

3- إن تشبيه الزوجة بأعضاء الأم ظهار اتباعا للمعنى، لأنه كلمة زور تشعر بالتحريم كالظهر وكذا لو أضاف إلى بعض الزوجة فقال يدك أو رجلك علي كظهر أمي[7].

---

(1) الإمام الكاساني، الإمام الكاساني، بدائع الصنائع، ج3، ص233.
(2) الإمام الكاساني، بدائع الصنائع، ج3، ص233.
(3) السرخسي، المبسوط، ج6، ص228.
(4) نهاية المحتاج، ج7، ص83. أبوبكر الدمياطي، إعانة الطالبين، ج4، ص35 . الشيخ سليمان البجيرمي، حاشية البجيرمي على الخطيب، ج4، ص54.
(5) الشيرازي، المهذب، ج3، ص64. العمراني، البيان في فقه الإمام الشافعي، ج10، ص310.
(6) الماوردي، الماوردي، الحاوي الكبير ، ج10، 428.
(7) الإمام الغزالي، الوسيط، ج6، ص30.

المسألة الثانية: صفة الحرمة في المشبه بها:

لا خلاف بين الحنفية والشافعية في أن المرأة المشبه بها لابد أن تكون محرمة على الرجل المظاهر تحريما مؤبدا، ولكنهم اختلفوا في صفة الحرمة هذه، فهل يشترط أن تكون هذه الحرمة حرمة مؤبدة أصلا أم لا؟

مذهب الحنفية:

الذي عليه الحنفية أن الأساس في صحة الظهار أن تكون المرأة المشبه بها محرمة على الرجل تحريما مؤبدا وقت الظهار، أما هل كانت حلا له قبل هذا الوقت ولكن حرمت تحريما مؤبدا لعارض فلا اعتبار له [1]. ويمكن الاستدلال لهم بما يأتي:

إن العبرة في الظهار هي أن يشبه الزوج زوجته وقت الظهار بمن تحرم عليه تأبيدا كالأم كما ورد النص بذلك وغير الأم قياسا عليها، وأما إخراج بعض من تحرم عليه تأبيدا بحجة أنها حرمة مؤبدة لعارض فلا حجة فيه، ومجرد الاحتمال لا يكفي لإخراج بعض ما يشمله النص.

مذهب الشافعية:

مذهب الشافعية أن المرأة المشبه بها لابد وأن تكون محرمة على المظاهر تحريما مؤبدا أصلا، فلا يصح الظهار من امرأة وإن كانت محرمة عليه حرمة مؤبدة إذا كانت هذه الحرمة وجدت لعارض كالأم المرضعة أو زوجة الابن [2]. ويمكن الاستدلال لهم بما يأتي:

إن المظاهر حينما يشبه زوجته بامرأة لابد وأن لا تكون في هذه الحرمة ما يمكن به أن يؤول كلامه، والحرمة المؤبدة لعارض فيها احتمال أن المظاهر يريد أن يشبه زوجته بتلك المرأة وقت كانت حلا له، فلا يكون هذا ظهارا.

الرأي الراجح:

الذي يبدو أن الراجح هو ما ذهب إليه الحنفية لعموم الأدلة التي تشترط لصحة الظهار أن يشبه الزوج زوجته بمن هي محرمة عليه تأبيدا من غير فرق بين من هي محرمة حرمة مؤبدة أصلا أم لعارض وإخراج ما يشمله النص بلا دليل بمجرد الإحتمال غير مقبول و الله أعلم.

---

[1] السرخسي، المبسوط، ج6، ص228.
[2] الإمام الغزالي، الوسيط، ج6، ص30.

المبحث الثاني
الخلاف في كفارة الظهار

مما لا خلاف فيه بين أهل العلم أن كفارة الظهار إما عتق رقبة أو صيام شهرين متتابعين أو إطعام ستين مسكينا. وهو الترتيب المذكور في القرآن الكريم لقوله تعالى: ﴿ وَٱلَّذِينَ يُظَٰهِرُونَ مِن نِّسَآئِهِمْ ثُمَّ يَعُودُونَ لِمَا قَالُوا۟ فَتَحْرِيرُ رَقَبَةٍ مِّن قَبْلِ أَن يَتَمَآسَّا ۚ ذَٰلِكُمْ تُوعَظُونَ بِهِۦ ۚ وَٱللَّهُ بِمَا تَعْمَلُونَ خَبِيرٌ ﴿٣﴾ فَمَن لَّمْ يَجِدْ فَصِيَامُ شَهْرَيْنِ مُتَتَابِعَيْنِ مِن قَبْلِ أَن يَتَمَآسَّا ۖ فَمَن لَّمْ يَسْتَطِعْ فَإِطْعَامُ سِتِّينَ مِسْكِينًا ۚ ذَٰلِكَ لِتُؤْمِنُوا۟ بِٱللَّهِ وَرَسُولِهِۦ ۚ وَتِلْكَ حُدُودُ ٱللَّهِ ۗ وَلِلْكَٰفِرِينَ عَذَابٌ أَلِيمٌ ﴿٤﴾ ﴾[1].

إلا أن الخلاف بين الحنفية والشافعية قائم في تفاصيل هذه الكفارة سنوضحه على الترتيب الآتي في مطالب ثلاثة:

المطلب الأول
الخلاف في العتق

كما هو معلوم أن الواجب الأول في كفارة الظهار هو عتق الرقبة، ولكن حصل بين الحنفية والشافعية خلاف في بعض تفاصيل الرقبة المجزئة في الكفارة نتحدث عنها في الفرعين الآتيين:

الفرع الأول: شرط الإيمان:

اختلف الحنفية والشافعية في شرط الإيمان في عتق الرقبة المجزئة في كفارة الظهار، بمعنى هل يشترط لصحة العتق (تحرير الرقبة) المأمور بها في القران الكريم ككفارة للظهار أن تكون مؤمنة أم لا؟

مذهب الحنفية:

الذي عليه الحنفية هو جواز أن تكون الرقبة كافرة في جميع الكفارات إلا في كفارة القتل، فعند الحنفية يصح في كفارة الظهار مطلق الرقبة مؤمنة كانت الرقبة أو كافرة[2]. واستدل الحنفية لمذهبهم بما يأتي:

---

[1] سورة المجادلة، الآية رقم (3و4).

[2] عبد الـله بن محمود بن مودود الموصلي، الإختيار لتعليل المختار، ج2، ص192. ابن عابدين، حاشية ابن عابدين، ج5 ص136.

أولا: الكتاب:

قوله تعالى: ﴿ وَٱلَّذِينَ يُظَٰهِرُونَ مِن نِّسَآئِهِمۡ ثُمَّ يَعُودُونَ لِمَا قَالُواْ فَتَحۡرِيرُ رَقَبَةٖ مِّن قَبۡلِ أَن يَتَمَآسَّاۚ ذَٰلِكُمۡ تُوعَظُونَ بِهِۦۚ وَٱللَّهُ بِمَا تَعۡمَلُونَ خَبِيرٞ ٣ ﴾[1].

وجه الدلالة من الآية أنها نصت على الرقبة وهي مطلق الرقبة، فتشمل كل رقبة بغض النظر عن كونها موصوفة بالإيمان أم لا، ولا يوجد في النص ما يبين عن صفة الإيمان والكفر. فالرقبة لفظ مطلق والمطلق يجري على إطلاقه إلا إذا وجد دليل التقييد ولا دليل هنا يقيد الرقبة بالإيمان[2].

ولكن رد على هذا بأن قوله تعالى ((فتحرير رقبة)) ليس هو نصا في إجزاء الكافرة، بل هو عام يعتقد ظهوره، مع تجويز قيام الدليل على خصوصه، أما أن يعتقد عمومه قطعا فهذا خطأ في اللغة[3].

ثانيا: السنة:

عن عطاء بن يسار: أن أوس بن الصامت ظاهر من امرأته خولة بنت ثعلبة فجاءت إلى رسول الـلـه ﷺ فأخبرته وكان أوس به لمم فنزل القرآن ﴿ وَٱلَّذِينَ يُظَٰهِرُونَ مِن نِّسَآئِهِمۡ ثُمَّ يَعُودُونَ لِمَا قَالُواْ فَتَحۡرِيرُ رَقَبَةٖ مِّن قَبۡلِ أَن يَتَمَآسَّا ﴾ فقال لامرأته: مريه فليعتق[4].

وجه الدلالة من الحديث أن الرسول ﷺ ألزم الزوج بمطلق الكفارة، ولم يحدد له الرقبة المؤمنة ولو كانت هي الواجبة لبين الرسول ﷺ له ذلك لعدم جواز تأخير البيان في مثل هذا الموضع.

ثالثا: المعقول:

1- إن تقييد الرقبة بالإيمان زيادة على النص والزيادة على النص نسخ ونسخ القران لا يكون بخبر الواحد أو القياس[5].

---

(1) سورة المجادلة، الآية رقم 3.

(2) المرغيناني، الهداية، ج2، ص18. عبد الـلـه بن محمود بن مودود الموصلي، الإختيار لتعليل المختار،ج2،ص192.

(3) الإمام الغزالي، المستصفى، ج1، ص262.

(4) الحديث كاملا عن عطاء بن يسار: أن أوس بن الصامت ظاهر من امرأته خولة بنت ثعلبة فجاءت إلى رسول الـلـه ﷺ فأخبرته وكان أوس به لمم فنزل القرآن {الذين يظاهرون من نسائهم ثم يعودون لما قالوا فتحرير رقبة من قبل أن يتماسا} فقال لامرأته: مريه فليعتق رقبة فقالت: يا رسول الـلـه! والذي أعطاك ما أعطاك ما جئت إلا رحمة له فنزل القرآن وهي عنده في البيت فقال: مريه فليصم شهرين متتابعين فقالت: والذي أعطاك ما أعطاك ما يقدر عليه قال: مريه فليتصدق على ستين مسكينا قالت: يا رسول الـلـه! ما عنده ما يتصدق فقال: فاذهبي إلى فلان الأنصاري فإن عنده شطر وسق تمر أخبرني أنه يريد أن يتصدق به فليأخذ به فليتصدق به على ستين مسكينا.سنن سعيد بن منصور، ج2، ص15.

(5) فتح باب العناية بشرح النقاية، ج2، 150.

2- إن اللـه عَزَّ وَجَلَّ حينما ذكر في كفارة القتل الرقبة فقد قيدها بصفة الإيمان، وأما في كفارة الظهار فقد ألزم المظاهر بالكفارة ولم يقيدها بالإيمان، فقد يكون لسبب أن المظاهر لا يجوز أن يكون حكمه كالقاتل، لاختلافهما عن بعضهما، فيكون حكمهما مختلفا.

مذهب الشافعية:

لا يصح في كفارة الظهار ولا في أي كفارة من الكفارات إلا إذا كانت الرقبة مؤمنة، فالإيمان شرط في الرقبة المعتقة، ولو كان بإسلام أحد الأبوين[1]. واستدلوا بما يأتي:

أولا: الكتاب:

1- قولـه تعـالى: ﴿ وَمَن قَتَلَ مُؤْمِنًا خَطَـًٔا فَتَحْرِيرُ رَقَبَةٍ مُّؤْمِنَةٍ وَدِيَةٌ مُّسَلَّمَةٌ إِلَىٰٓ أَهْلِهِۦٓ إِلَّآ أَن يَصَّدَّقُواْ ﴾[2]. وقوله تعالى: ﴿ وَٱلَّذِينَ يُظَٰهِرُونَ مِن نِّسَآئِهِمْ ثُمَّ يَعُودُونَ لِمَا قَالُواْ فَتَحْرِيرُ رَقَبَةٍ مِّن قَبْلِ أَن يَتَمَآسَّا ذَٰلِكُمْ تُوعَظُونَ بِهِۦ وَٱللَّهُ بِمَا تَعْمَلُونَ خَبِيرٌ ﴿٣﴾ ﴾[3].

فالآية الثانية مطلقة وليس فيها وصف للرقبة هل هي مؤمنة أم لا؟ ولكن قيد هذه الرقبة بالإيمان في كفارة القتل بقوله تعالى (رقبة مؤمنة) فيحمل المطلق الذي هو الرقبة في آية الظهار على المقيد الذي هـو الرقبـة المؤمنـة في آية القـتل، كحمـل مطلـق الشهـود في آيـة الدين ﴿ وَٱسْتَشْهِدُواْ شَهِيدَيْنِ مِن رِّجَالِكُمْ فَإِن لَّمْ يَكُونَا رَجُلَيْنِ فَرَجُلٌ وَٱمْرَأَتَانِ مِمَّن تَرْضَوْنَ مِنَ ٱلشُّهَدَآءِ ﴾[4]. على الشهود العدول في آية الطلاق (وأشهدوا ذوي عدل)[5].

2- قوله تعالى: ﴿ وَلَا تَيَمَّمُواْ ٱلْخَبِيثَ مِنْهُ تُنفِقُونَ وَلَسْتُم بِـَٔاخِذِيهِ إِلَّآ أَن تُغْمِضُواْ فِيهِ وَٱعْلَمُوٓاْ أَنَّ ٱللَّهَ غَنِىٌّ حَمِيدٌ ﴿٢٦٧﴾ ﴾[6].

وجه الدلالة من الآية أن فيها النهي عن انتقاء الخبيث ليكفر به "ولا خبث أشد من الكفر"[7].

ولكن رد على هذا بأن تقييد الرقبة بالإيمان زيادة على النص، والزيادة على النص نسخ، والنسخ لا يجوز بالخبر الواحد ولا بالقياس[8].

---

(1) الشيخ محمد الشربيني الخطيب، الإقناع، ج2، ص259. التهذيب، ج6، ص164.
(2) سورة النساء، الآية رقم (92).
(3) سورة المجادلة، الآية رقم (3).
(4) سورة البقرة، الآية رقم (282).
(5) البغوي،التهذيب في فقه الإمام الشافعي، ج6، ص164. الامام تقي الدين الحسيني الحصني، كفاية الأخيار، ج1 ص622. والذي عليه الشافعية أن حمل الرقبة المطلقة على المقيدة هو من باب القياس. أبو إسحاق إبراهيم بن علي الشيرازي، اللمع في أصول الفقه، ط1، دار الكتب العلمية – بيروت، سنة الطبع 1405هـ- 1985م، ص23.
(6) سورة البقرة، الآية رقم (267).
(7) السرخسي، المبسوط، ج7، ص2.
(8) ينظر السرخسي، أصول السرخسي، ج2، ص82.

ثانيا: السنة:

1- عن أبي هريرة أن عمرو بن الشريد جاء بخادم أسود إلى رسول اللـه ﷺ فقال: يا رسول اللـه إن أمي جعلت عليها رقبة مؤمنة، فهل يجزي أن أعتق هذه ؟ فقال النبي ﷺ للخادم: أين ربك؟ فرفعت رأسها فقالت: في السماء فقال: من أنا؟ قالت: رسول اللـه قال: أعتقها فإنها مؤمنة[1]. كذا روي عن ابن عباس عن النبي ﷺ[2].

2- عن بن عمر أن رجلا جاء إلى النبي ﷺ فقال: يا رسول اللـه إني علي نسمة أن اعتقها، وإن هذه الجارية أعجمية، فيجوز لي أن أعتقها؟ قال لها: أين ربك. قالت: في السماء. قال: من أنا. قالت: أنت رسول اللـه. فقال رسول اللـه ﷺ: أعتقها فإنها مؤمنة[3].

3- عن أبي هريرة : أن رجلا أتى النبي ﷺ بجارية سوداء، فقال يا رسول اللـه إن علي عتق رقبة مؤمنة، فقـال لها: أيـن اللـه. فأشارت إلى السماء بإصبعها. فقال لها: فمـن أنا. فأشارت إلى النبي ﷺ وإلى السماء، تعني أنت رسول اللـه. فقال رسول اللـه ﷺ: أعتقها فإنها مؤمنة[4].

وجه الدلالة في الأحاديث من وجهين:

أحدهما: اعتبر الحديث الإيمان كشرط لصحة الرقبة المعتقة في الكفارة "ولو لم يكن شرطا لما اعتبره"[5].

الثاني: إن النبي ﷺ لم يفرق، وهذا يقتضي أن كل رقبة واجبة لا يجزئ فيها إلا مؤمنة[6].

قلت: الأحاديث فيها أن السائل قد حدد الرقبة الواجبة عليه، وهي وصفها بكونها مؤمنة، ثم فسؤال الرسول الجارية عن الإيمان لا يكون دليلا على شرط الإيمان في الرقبة و اللـه أعلم.

---

[1] المتقي الهندي، كنز العمال، ج1، ص610. والمصدر نفسه ج10، ص586.

[2] رواه بن منده وابن السكن والباوردي من طريق محمد بن يحيى القطيعي عن زياد بن الربيع عنه هكذا وأخرجه بن شاهين في كتاب الجنائز عن بن صاعد عن القطيعي لكنه قال في روايته جاء محمد بن الشريد أو الشريد بجارية كذا عنده على الشك وأخرجه أبو نعيم من رواية إبراهيم بن حرب العسكري عن القطيعي مثله إلا أنه قال إن عمرو بن الشريد جاء إلى النبي ﷺ وصوب هذا الطريق وكل ذلك غير محفوظ والمحفوظ ما أخرجه أبو داود والنسائي وصححه بن حبان من طريق حماد بن سلمة عن محمد بن عمرو فقال عن أبي سلمة عن الشريدين أوس أن أمه أوصته أن يعتق عنها رقبة قال بن السكن محمد بن الشريد ليس بمعروف في الصحابة ولم أر له ذكرا إلا في هذه الرواية. ينظر أحمد بن علي بن حجر أبو الفضل العسقلاني الشافعي، الإصابة في تمييز الصحابة، تحقيق : علي محمد البجاوي، ج6، ط1، دار الجيل - بيروت، سنة الطبع 1412هـ ص340.

[3] الحارث بن أبي أسامة ، الحافظ نور الدين الهيثمي، بغية الباحث عن زوائد مسند الحارث، تحقيق: د. حسين أحمد صالح الباكري، ج1، ط1، مركز خدمة السنة والسيرة النبوية-المدينة المنورة، سنة الطبع 1413 - 1992، ص161.

[4] البيهقي، سنن البيهقي الكبرى،ج7، ص388. ورواه احمد والبزار والطبراني في الأوسط إلا أنه قال لها: من ربك؟ فأشارت برأسها إلى السماء فقالت: اللـه. رجاله موثقون. الهيثمي، مجمع الزوائد، ج4، ص553. مجمع الزوائد، ج،1، ص170.

[5] الماوردي، الحاوي الكبير،ج10، ص463-464.

[6] العمراني، البيان في فقه الإمام الشافعي، ج10، ص330.

ثالثا: المعقول:

إن الله عز وجل قد ألزم المظاهر بعتق رقبة وهي مطلق الرقبة، وبالاتفاق فإن هذه الرقبة تحمل على غير الناقصة، فلا يجوز بالاتفاق عتق رقبة مقطوعة الأيدي أو الأرجل، إذا ثبت هذا فإن الرقبة غير المؤمنة (الكافرة) "منقوصة بالكفر لم تجز في كفارة القتل فلم تجز في كفارة الظهار"[1].

الرأي الراجح:

الذي يبدو أن الراجح هو ما ذهب إليه الحنفية لقوة أدلتهم، إذ الإطلاق في الأدلة تقتضي جواز الرقبة الكافرة في كفارة الظهار، وما وجد من أدلة لا تنهض دليلا لتقييد مطلقها أو تخصيص عمومها إن كان هناك عموم، وأما الحديث الذي استدل به الشافعية فليس فيه دليل على اشتراط الإيمان في الرقبة، لأن السائل كان قد حدد الرقبة الواجبة مسبقا، وأما الرسول فقد اختبر المرأة ليعرف إيمانها، كي تكون الرقبة هذه مجزئة كما حددها السائل و الله أعلم.

الفرع الثاني: السلامة من العيوب:

أما شرط السلامة من العيوب فالذي يبدو أنه لا يوجد بين الحنفية والشافعية خلاف في أن الرقبة المجزئة في كفارة الظهار يجب أن تكون سالمة من العيوب، فلا يجوز في الرقبة أن تكون مقطوعة الأيدي أو الأرجل، وكما يبدو فإن المعيار في ذلك هو وجود عيب يضر بالعمل ضررا بينا[2].

ولكن حصل بينهما خلاف في اجزاء الرقبة ذات اليد الواحدة أو الرجل الواحدة.

قلت إن وجد خلاف بين الحنفية والشافعية فهو في بعض تفصيلات العيوب، كأن تكون الرقبة مقطوعة اليد الواحدة أو الرجل الواحدة أو مقطوعة اليد والرجل من خلاف، فالحنفية أجازوا في الرقبة أن تكون مقطوع اليد الواحدة أو الرجل الواحدة، بحجة أن هذا العيب لا يفقدها جنس المنفعة، وأما النقص فيها فلا بأس بذلك، فالنص وارد في معظم الحالات[3].

وأما الشافعية فقد منعوا في الرقبة من أن تكون معيبة بنقص عضو، فاليد الواحدة مانعة من أن تكون مجزئة في الكفارة، وحجة الشافعية "إن المقصود من العتق تكميل حاله فإذا كان به نقص لا يمكن به القيام بكفايته معه فلا يحصل المقصود"[4].

قلت إن المعيار عند الحنفية والشافعية واحد، فالشافعية عللوا ذلك المنع بأن في العتق على هكذا صورة ضرر على المعتق نفسه" إذ المقصود تكميل حاله ليتفرغ لوظائف الأحرار، وإنما يحصل

---

(1) الماوردي، الحاوي الكبير،ج10، ص463-464.
(2) العمراني، البيان في فقه الإمام الشافعي، ج10، ص332. المحيط البرهاني، ج3، ص615.
(3) عبد الله بن محمود بن مودود الموصلي، الإختيار لتعليل المختار، ج2، 193. فتح باب العناية بشرح النقاية، ج2 ص150-151.
(4) البغوي، التهذيب في فقه الإمام الشافعي، ج6، ص168.

ذلك إذا استقل بكفاية نفسه[1]. والحنفية أيضا قالوا بأن اليد الواحدة لا تمنعه من العمل واكتساب قوته، وأما إن وصل به الحال إلى درجة أنه لا يستطيع كسب القوت فلا يكون عتقه جائزا في الكفارة "لأنه هالك معنى"[2]. عليه فالذي يبدو أن الراجح في مثل هذه المسألة أن يكون الأمر متروكا لتقدير القضاء، فإن وجد بأن المعتق قادر على الكسب وأنه لن يكون عالة على غيره بعد العتق فإن عتق رقبته مجزئة في كفارة الظهار وإن كان مقطوع الرجلين، وأما إن وجد بأنه غير قادر على الكسب وأن عتقه سيكون شرا عليه لا خيرا، فلا تكون رقبته مجزئة في كفارة الظهار وإن كان مقطوع الرجل الواحدة، فالاختلاف سببه العرف والزمان لا الحجة والبرهان و الـلـه أعلم.

الفرع الثالث: الخلاف في وقت وجوب كفارة الظهار:

الظهار كما هو معروف كان طلاقا في الجاهلية، إلا أن الإسلام أبطل هذا الحكم، وجعل حكمه الحرمة المؤقتة إلى أن يكفر عن الظهار، فمما لا خلاف فيه أن الظهار تجب فيه الكفارة بالعود، أي بالعودة إلى ذلك الشيء الذي حرمه على نفسه بالظهار، لقوله تعالى: ﴿ ثُمَّ يَعُودُونَ لِمَا قَالُواْ ﴾ فلا يحل له أن يمس زوجته إلا بعد أن يكفر عن الظهار، ولكن الذي حصل فيه الخلاف بين الحنفية والشافعية يكمن في وقت وجوب الكفارة، أي متى تجب الكفارة هل تجب بمجرد الظهار ؟ أم أنها تجب بالإمساك، أي إمساك الزوجة وعدم تطليقها بعد الظهار، أم أنها لا تجب إلا بعد أن يعزم على وطء زوجته بعدما حرمها على نفسه بالظهار، والذي يبدو أن سبب الخلاف بين الفقهاء يكمن في لفظ يعودون في قوله تعالى: ﴿ وَٱلَّذِينَ يُظَٰهِرُونَ مِن نِّسَآئِهِمۡ ثُمَّ يَعُودُونَ لِمَا قَالُواْ ﴾[3].

مذهب الحنفية:

العود هو العزم المؤكد على وطء الزوجة بعد الظهار، فلو عزم على الوطء ثم بدا له أن لا يطأها فلا كفارة عليه، لا لأن الكفارة قد وجبت بنفس العزم ثم سقطت، بل لأن الكفارة بعد سقوطها لا تعود إلا بسبب جديد[4]، فليس صحيحا القول بأن مذهب الحنفية في العود الذي تجب به الكفارة هو:"أن يعود إلى الظهار" كما ذكر ذلك ابن كثير[5]، كما أنه ليس صحيحا القول بأن مذهب الحنفية في العود هو "العزم على الإمساك" كما ذكر ذلك الغزالي في الوسيط[6]، والصحيح هو ما ذكرناه واستدل الحنفية لمذهبهم بما يأتي:

---

[1] الشيخ سليمان البجيرمي، حاشية البجيرمي على الخطيب، ج4، ص362.
[2] فتح باب العناية بشرح النقاية، ج2، ص150-151.
[3] سورة المجادلة، الآية رقم (3).
[4] علاء الدين السمرقندي، تحفة الفقهـاء، ج2، ص214. الشيخ عبد الغني الغنيمي، اللباب في شرح الكتاب، ج3 ص16. الإمام الكاساني، بدائع الصنائع، ج3، ص237.
[5] ابن كثير، تفسير القرآن العظيم، ج4، 408.
[6] ج4، 39.

أولا: الكتاب:

قوله تعالى: ﴿ وَٱلَّذِينَ يُظَٰهِرُونَ مِن نِّسَآئِهِمۡ ثُمَّ يَعُودُونَ لِمَا قَالُواْ فَتَحۡرِيرُ رَقَبَةٖ مِّن قَبۡلِ أَن يَتَمَآسَّاۚ ذَٰلِكُمۡ تُوعَظُونَ بِهِۦۚ وَٱللَّهُ بِمَا تَعۡمَلُونَ خَبِيرٞ ﴾[1].

وجه الدلالة من الآية أن فيها بيان أن الكفارة لا تجب إلا بعد أن يأتي بضد موجب كلامه، وموجب كلامه التحريم لا إزالة الملك، فاستدامة الملك لا تكون ضده، بل ضده العزم على الجماع الذي هو استحلال، وبمجرد العزم لا تتقرر الكفارة أيضا، حتى لو أبانها بعد هذا أو ماتت لم تلزمه الكفارة[2].

ثانيا: السنة:

عن عروة بن الزبير قال: قالت عائشة تبارك الذي وسع سمعه كل شيء. إني لأسمع كلام خولة بنت ثعلبة ويخفي علي بعضه وهي تشتكي زوجها إلى رسول الله ﷺ وهي تقول يا رسول الله أكل شبابي . ونثرت له بطني . حتى إذا كبرت سني وانقطع ولدي ظاهر مني. اللهم إني أشكو إليك. فما برحت حتى نزل جبريل بهذه الآيات ((قد سمع الله قول التي تجادلك في زوجها وتشتكي إلى الله))[3].

وجه الدلالة من الحديث أن أوس بن الصامت لما عزم على الجماع ألزمه رسول الله ☒ الكفارة[4].

ولكن من الممكن أن يرد على هذا بأنه لا يوجد في الحديث ما يدل على أن أوسا زوج خولة كان قد عزم على الوطء، وإنما يدل الحديث على وقوع الظهار من زوجها لا غير.

ثالثا: الآثار:

روي عن أبي قتادة ﷺ أنه كان يقول في قوله تعالى: ﴿ ثُمَّ يَعُودُونَ لِمَا قَالُواْ ﴾ يعود لمسها. وروي ذلك عن طاووس أيضا[5].

رابعا: المعقول:

1- إن قول القائل قال فلان كذا ثم عاد لما قال فإنه في اللغة يحتمل أن يكون معناه عاد إلى ما قال أو عاد فيما قال أي كرره، ويحتمل أن يكون معناه عاد لنقض ما قال، فإنه حكى أن أعرابيا تكلم

---

(1) سورة المجادلة، الآية رقم (3).
(2) السرخسي، المبسوط، ج6، ص225.
(3) ابن ماجه، سنن ابن ماجه،ج1، ص666.
(4) السرخسي، المبسوط، ج6، ص224.
(5) جلال الدين السيوطي، الدر المنثور، ج8، ص75. عبد الرزاق بن همام الصنعاني، تفسير القرآن، تحقيق د. مصطفى مسلم محمدج3، ط1، مكتبة الرشد - الرياض، سنة الطبع 1410هـ ص278.

بين يدي الأصمعي بأنه كان يبني بناء ثم يعود له فقال له الأصمعي ما أردت بقولك أعود له فقال أنقضه، ولا يمكن حمله على الأول وهو التكرار، لأن القول لا يحتمل التكرار، لأن التكرار إعادة عين الأول، ولا يتصور ذلك في الأعراض، لكونها مستحيلة البقاء، فلا يتصور إعادتها. وكذا فإن النبي ﷺ لما أمر أويسا بالكفارة لم يسأله هل كرر الظهار أم لا؟ ولو كان ذلك شرطا لسأله، إذ الموضع موضع الإشكال. وكذا الظهار الذي كان متعارفا بين أهل الجاهلية لم يكن فيه تكرار القول، وإذا تعذر حمله على الوجه الأول[1] يحمل على الثاني وهو: العود لنقض ما قالوا وفسخه، فكان معناه ثم يرجعون عما قالوا، وذلك بالعزم على الوطء، لأن ما قاله المظاهر هو تحريم الوطء فكان العود لنقضه وفسخه بإباحة الوطء[2].

2- إن الله تعالى قال: ﴿ ثُمَّ يَعُودُونَ لِمَا قَالُواْ ﴾[3]. وثم للتراخي، فمن جعل العود عبارة عن استبقاء النكاح وإمساك المرأة عليه فقد جعله عائدا عقيب القول بلا تراخي، وهذا خلاف النص[4].

3- إن الزوج بلفظ الظهار يكون قد حرم وطأ الزوجة على نفسه، فمتى عزم على وطئها فقد قصد الرجوع عن الأول(الظهار أو تحريم الوطء) فإن رجع فقد عاد، والعود هو الرجوع فيسمى عودا[5].

4- إن إمساك الزوج عن طلاق الزوجة بعد الظهار قد يكون لسعيه في أمر الكفارة وتحصيلها، أو للتروي في طلاقها، فلا يكون الإمساك المجرد بعد الظهار جناية، فلا ينهض سببا للكفارة[6].

5- إن الكفارة فيها معنى العبادة والعقوبة، والمحظور المحض لا يكون سببا للكفارة، وإنما سببها ما تردد بين الحظر والإباحة، وذلك إنما يتحقق بالعزم على الجماع الذي هو إمساك بالمعروف حتى يصير السبب به مترددا[7].

مذهب الشافعية:

الذي عليه الشافعية أن العود في قوله تعالى: ﴿ وَٱلَّذِينَ يُظَٰهِرُونَ مِن نِّسَآئِهِمۡ ثُمَّ يَعُودُونَ لِمَا قَالُواْ ﴾ هو أن يمسك الزوجة بعد الظهار زمانا يمكنه أن يطلقها فلم يفعل، عليه فإن ماتت المرأة عقيب الظهار أو طلقها عقيب الظهار لم تجب الكفارة[8]. قال الشافعي ولا أعلم له

---

(1) وهذا ما يقول به الشافعية أيضا. ينظر ابن كثير، ج4، ص8.
(2) الإمام الكاساني، بدائع الصنائع، ج3، ص327.
(3) سورة المجادلة، الآية رقم (3).
(4) الإمام الكاساني، بدائع الصنائع، ج3، ص327.
(5) علاء الدين السمرقندي، تحفة الفقهاء، ج2، ص214.
(6) الإمام كمال الدين ابن الهمام، شرح الفتح القدير، ج4، ص246.
(7) المصدر نفسه، ج4، ص246.
(8) الشيخ محمد الشربيني الخطيب، الإقناع، ج2، ص456.

معنى أولى به[1]. فالشافعية يشترطون لوجوب الكفارة مرور فترة زمنية بعد الظهار يكون فيها الزوج ممسكا للزوجة واستدلوا بما يأتي:

1- إن تشبيه الزوجة بالأم يقتضي ألا يمسكها، فإذا أمسكها فقد عاد فيما قال، فإذا ماتت أو طلقها عقيب الظهار لم يوجد العود فيما قال لأن العود للقول مخالفته، يقال قال فلان قولا ثم عاد له وعاد فيه أي خالفه ونقضه، وهو قريب من قولهم عاد في هبته[2]. فالإمساك دليل على العود من المظاهر.

2- قياسا على ما لو أمسك ما حرم على نفسه من الحلال فإنه إن أمسك بعد تحريمه على نفسه يكون عندئذ عائدا، كذا هنا فإنه لما حرم على نفسه زوجته وأمسكها بعد الظهار فقد عاد. لذا قال الشافعي: ولا أعلم له معنى أولى به من هذا[3].

ولكن من الممكن أن يرد على هذا بأن الكفارة قد شرعت لرفع الحرمة والجناية، والظهار لم يوجب تحريم العقد ليكون الإمساك عن طلاقها جناية[4].

الرأي الراجح:

كما ذكرنا فالذي يبدو أن سبب الخلاف هو قوله تعالى: ﴿ وَٱلَّذِينَ يُظَٰهِرُونَ مِن نِّسَآئِهِمْ ثُمَّ يَعُودُونَ لِمَا قَالُواْ فَتَحْرِيرُ رَقَبَةٍ مِّن قَبْلِ أَن يَتَمَآسَّا ذَٰلِكُمْ تُوعَظُونَ بِهِۦ وَٱللَّهُ بِمَا تَعْمَلُونَ خَبِيرٌ ٣ ﴾[5]. فثم التي هي للتراخي تدل على أن العائد بعوده هذا يكون قد قصد العودة إلى شيء معين، وينبغي أن يكون ذلك الشيء هو الذي حرمه على نفسه، والذي حرمه على نفسه هو الوطء، وهو إنما يريد العودة إلى حل ما حرمه على نفسه أي إلى سابق عهده، فإن عزم عليه بعد تحريمه إياه على نفسه، فقد وجبت عليه الكفارة، لأنه لا يستطيع أن يمسها إلا بعد الكفارة، عليه فالذي يبدو أن الراجح هو ما ذهب إليه الحنفية، ثم لابد من الإشارة إلى أن لا يوجد ثم خلاف كبير بين الحنفية والشافعية من حيث الآثار بسبب اختلافهم هذا، لأن الشافعية الذين يرون أن مجرد الإمساك كاف لوجوب الكفارة على المظاهر. فإن الحنفية أيضا يرون أن المظاهر لو لم يطلق وأمسكها دونما مبرر فإن القاضي يجبره على التكفير يقول أبوبكر الحدادي صاحب الجوهرة النيرة[6] " إن الكفارة إنما تجب عليه إذا قصد وطأها بعد الظهار فإذا رضي أن تكون محرمة عليه ولم يعزم على وطئها لا يجب عليه الكفارة ويجبر على التكفير دفعا للضرر عنها"[7] و اللـه أعلم.

---

[1] الإمام الشافعي، الأم، ج5، ص279.
[2] الشيرازي، المهذب، ج2، ص112. الشيخ محمد الشربيني الخطيب، الإقناع، ج2، ص456.
[3] الإمام الشافعي، الأم، ج5، ص279.
[4] الإمام كمال الدين ابن الهمام، شرح الفتح القدير، ج4، ص246.
[5] سورة المجادلة، الآية رقم (3).
[6] هو أبو بكر بن علي بن محمد الحداد العبادي اليمني الفقيه الحنفي توفي سنة (800هـ) بمدينة زبيد. من تصانيفه الجوهرة النيرة وهو شرح على مختصر القدوري يقول فيه "هذا شرح جمعته بألفاظ مختصرة يشتمل على كثير من المعاني أوضحته لذوي الافهام القاصرة" وهو بحق مصنف في الفقه الحنفي يوضح اللبس والغموض ويرشد الباحث للوقوف على أدلة الحنفية في مسائل الفقه بوضوح ويسر. وله أيضا السراج الوهاج الموضح لكل طالب محتاج في شرح مختصر القدوري . ينظر هدية العارفين، ج1،ص126. معجم المطبوعات، ج1، ص746.
[7] أبو بكر محمد بن علي الحدادي العبادي، الجوهرة النيرة، ج2، ص64.

المطلب الثاني
الخلاف في صوم كفارة الظهار

لا خلاف بين الحنفية والشافعية في أن المظاهر إذا لم يجد رقبة يعتقها انتقل إلى الصيام، فعليه صوم شهرين متتابعين وهذا القدر هو المتفق عليه بين عامة أهل العلم، لقوله تعالى: ﴿ فَمَن لَّمْ يَجِدْ فَصِيَامُ شَهْرَيْنِ مُتَتَابِعَيْنِ مِن قَبْلِ أَن يَتَمَاسَّا فَمَن لَّمْ يَسْتَطِعْ فَإِطْعَامُ سِتِّينَ مِسْكِينًا ذَٰلِكَ لِتُؤْمِنُوا بِاللَّهِ وَرَسُولِهِ وَتِلْكَ حُدُودُ اللَّهِ وَلِلْكَافِرِينَ عَذَابٌ أَلِيمٌ ۝٤ ﴾[1] وأما ما حصل بينهما من خلاف في تفاصيل هذا الصوم فسنذكره في الفرعين الآتيين:

الفرع الأول: شرط الانتقال إلى الصوم:

مما لا خلاف فيه بين الحنفية والشافعية أن المظاهر ينتقل إلى الصوم شهرين متتابعين إذا لم يجد المظاهر رقبة يعتقها، أو وجد الرقبة ولكنه عاجز عن شرائها، أو أنه سيغبن في شراء الرقبة كأن يشترى بأكثر من ثمن المثل[2]. ولكن الذي حصل فيه الخلاف بين الحنفية والشافعية يكمن في مدى صحة الانتقال إلى الصوم إذا وجد المظاهر الرقبة ولكنها لا تفضل عن حاجته، بمعنى أن المظاهر محتاج إلى خدمة الرقبة، فإن اشتراها وأعتقها فإنه سيلحق به ضرر من وراء ذلك.

مذهب الحنفية:

إن الشرط في انتقال المظاهر من العتق إلى الصيام هو العجز عن العتق، كما إذا لم يكن مالكا للرقبة، أو لم يجد الثمن الذي يشتر به الرقبة ليعتقها، فإن وجد الرقبة فعليه العتق إذا كان قادرا على ذلك، سواء كان المظاهر محتاجا إليها أم لا؟ فلا اعتبار لأن تكون هذه الرقبة فاضلة عن حاجته[3]. واستدل الحنفية لمذهبهم بما يأتي:

أولا: الكتاب:

قوله تعالى: ﴿ فَمَن لَّمْ يَجِدْ فَصِيَامُ شَهْرَيْنِ مُتَتَابِعَيْنِ مِن قَبْلِ أَن يَتَمَاسَّا ﴾[4].

وجه الدلالة من الآية أنها اشترطت للانتقال من العتق إلى الصوم العجز عن العتق بقوله (فمن لم يجد)، وأما من وجد الرقبة وكان قادرا على العتق إلا أنها لا تفضل عن حاجته فهو واجد للرقبة حقيقة، فيتعين عليه العتق، تقيدا بالنص[5].

---

(1) سورة المجادلة، الآية رقم (4).
(2) العمراني، البيان في فقه الإمام الشافعي، ج10، ص349.
(3) المرغيناني، الهداية، ج1، ص266. عبد الله بن محمود بن مودود الموصلي، الإختيار لتعليل المختار، ج2، ص194 فتح باب العناية بشرح النقاية، ج2، ص153.
(4) سورة المجادلة، الآية رقم (4).
(5) عبد الله بن محمود بن مودود الموصلي، الإختيار لتعليل المختار، ج2، ص194.

ثانيا: السنة:

عن عطاء بن يسار : أن أوس بن الصامت ظاهر من امرأته خولة بنت ثعلبة فجاءت إلى رسول الله ﷺ فأخبرته وكان أوس به لمم فنزل القرآن ﴿ وَٱلَّذِينَ يُظَٰهِرُونَ مِن نِّسَآئِهِمۡ ثُمَّ يَعُودُونَ لِمَا قَالُواْ فَتَحۡرِيرُ رَقَبَةٖ مِّن قَبۡلِ أَن يَتَمَآسَّا ﴾ فقال لامرأته: مريه فليعتق رقبة فقالت: يا رسول الله! والذي أعطاك ما أعطاك ما جئت إلا رحمة له فنزل القرآن وهي عنده في البيت فقال: مريه فليصم شهرين متتابعين فقالت: والذي أعطاك ما أعطاك ما يقدر عليه قال: مريه فليتصدق على ستين مسكينا قالت: يا رسول الله! ما عنده ما يتصدق فقال: فاذهبي إلى فلان الأنصاري فإن عنده شطر وسق تمر أخبرني أنه يريد أن يتصدق به فليأخذ به فليتصدق به على ستين مسكينا[1].

وجه الدلالة من الحديث أن الرسول ☒ قد قال للمظاهر فصم شهرين، مع أن الرقاب كانت موجودة ليعتقها، ولكن المظاهر هذا لم يكن يملكها ولم يكن يملك الثمن الذي يشتري به الرقبة، فلما قال له ﷺ فصم شهرين، دل ذلك على أن من كان عاجزا عن العتق بعدم ملك الرقبة أو عدم ملك الثمن فله أن يصوم، وأما غيره ممن يجد الرقبة أو يستطيع شرائها فعليه عتق الرقبة وإن كان محتاجا إليها.

مذهب الشافعية:

الشرط عند الشافعية للانتقال من العتق إلى الصوم هو وجود الرقبة مع القدرة على عتقها، شرط أن تكون هذه الرقبة فاضلة عن حاجته بحيث لا يحتاج إلى خدمتها على الدوام، عليه فمن وجد رقبة وكان قادرا على العتق وكانت فاضلة عن حاجته تعين عليه العتق وإلا فله أن يصوم، فليس المعتبر هو العجز المحقق، بل يكفي أن يعسر عليه العتق لغرض معتبر معتد به[2]. واستدل الشافعية لمذهبهم بما يأتي:

أولا: الكتاب:

قوله تعالى: ﴿ فَمَن لَّمۡ يَجِدۡ فَصِيَامُ شَهۡرَيۡنِ مُتَتَابِعَيۡنِ مِن قَبۡلِ أَن يَتَمَآسَّا ﴾[3].

وجه الدلالة من الآية أنها اشترطت العجز عن العتق للإنتقال إلى الصوم، والذي يجد الرقبة ولكنه بحاجة ماسة إليها فهو غير واجد الرقبة للعتق وإن كان واجدا الرقبة بالنسبة لنفسه، فهذا لا يجب عليه العتق وإنما يجب عليه الصوم إن كان قادرا على الصوم[4].

---

(1) سنن سعيد بن منصور، ج2، ص15.
(2) الإمام الغزالي، الوسيط، ج3، ص342. التهذيب، ج6، ص176.
(3) سورة المجادلة، الآية رقم (4).
(4) ينظر التهذيب، ج6، ص176.

ولكن من الممكن أن يرد على هذا بأن كل عتق أو بذل للثمن من أجل العتق لا يخلو من حاجة المعتق إليه، فالتمسك بهكذا قول غير مقبول، فمجرد الحاجة لا تكون ذريعة لإسقاط الكفارة.

ثانيا: السنة:

1- عن سلمة بن صخر الأنصاري قال: كنت رجلا قد أوتيت من جماع النساء مالم يؤت غيري، فلما دخل رمضان تظاهرت من امرأتي حتى ينسلخ رمضان فرقا من أن أصيب منها في ليلتي فأتتابع في ذلك إلى أن يدركني النهار وأنا لا أقدر أن أنزع، فبينما هي تخدمني ذات ليلة إذ تكشف لي منها شيء فوثبت عليها، فلما أصبحت غدوت على قومي فأخبرتهم خبري، فقلت: انطلقوا معي إلى رسول الـلـه ﷺ فأخبره بأمري. فقالوا: لا و الـلـه لا نفعل ،نتخوف أن ينزل فينا قرآن، أو يقول فينا رسول الـلـه ﷺ مقالة يبقى علينا عارها، ولكن اذهب أنت فاصنع ما بدا لك، قال فخرجت فأتيت رسول الـلـه ﷺ فأخبرته خبري، فقال: أنت بذاك؟ قلت: أنا بذاك. قال: أنت بذاك؟ قلت: أنا بذاك قال أنت بذاك؟ قلت أنا بذاك؟ وها أنذا فامض في حكم الـلـه، فإني صابر لذلك، قال: أعتق رقبة. قال فضربت صفحة عنقي بيدي فقلت لا والذي بعثك بالحق لا أملك غيرها، قال: صم شهرين. قلت: يا رسول الـلـه وهل أصابني ما أصابني إلا في الصيام. قال: فأطعم ستين مسكينا. قلت: والذي بعثك بالحق لقد بتنا ليلتنا هذه وحشا مالنا عشاء. قال: اذهب إلى صاحب صدقة بني زريق، فقل له فليدفعها إليك، فأطعم عنك منها وسقا ستين مسكينا، ثم استعن بسائره عليك وعلى عيالك. قال فرجعت إلى قومي فقلت: وجدت عندكم الضيق وسوء الرأي ووجدت عند رسول الـلـه ﷺ السعة والبركة أمر لي بصدقتكم فادفعوها إلي، فدفعوها إلي[1].

وجه الدلالة من الحديث أن النبي ﷺ ملكه التمر وأمره أن يتصدق به عن كفارته، ثم أخبره الرجل أنه محتاج إليه، فأباح له أكله ولم يلزمه إخراجه مع وجوده، فدل على: أن ما تستغرقه حاجته لا يلزمه إخراجه، لأن أوسا قد وجد ما تستغرقه حاجته، فلم يكلف بإخراجه، فكان كالعادم له في جواز الانتقال إلى بدله، كما لو وجد ماء وهو محتاج إليه لعطشه[2].

2- عن أبي هريرة رضي الله عنه: عن النبي ﷺ قال: (خير الصدقة ما كان عن ظهر غني وابدأ بمن تعول).متفق عليه[3].

وجه الدلالة من الحديث أنه جعل ما يتعلق بنفسه وعياله مقدما على غيره فدل على أن صرفه في الكفاية أولى من صرفه في الكفارة[4].

---

(1) الترمذي، سنن الترمذي، ج5، ص405. قال أبو عيسى هذا حديث حسن، قال الشيخ الألباني: صحيح

(2) العمراني، البيان في فقه الإمام الشافعي، ج10، ص326.

(3) الإمام البخاري، صحيح البخاري،ج2، ص518. الإمام مسلم، صحيح مسلم، ج2، ص717.

(4) الماوردي، الحاوي الكبير،ج10، ص497.

ثالثا: المعقول:

قياسا على الماء المعد للعطش، فلو دخل وقت الصلاة وليس عنده إلا الماء المعد للشرب ولو توضأ نفذ ما عنده من الماء، فإنه لا يتوضأ بل يتيمم، لحاجته الماسة إلى الماء، فكذلك الصوم في كفارة الظهار فإنه متعين عليه مع وجود الرقبة عند الحاجة إليها، بجامع أن كلا من الماء والرقبة يكون صاحبه بحاجة إليه[1].

الرأي الراجح:

الذي يبدو أن الراجح هو ما ذهب إليه الشافعية لقوة أدلتهم، فالحاجة إلى الرقبة قد تكون مستغرقة لما يملكه فيكون في حكم المعدوم، فيجوز له الانتقال إلى الصوم، لعجزه عن العتق بصورة طبيعية دون أن يلحق به ضرر كبير و الـله أعلم.

الفرع الثاني: الخلاف في انقطاع التتابع في صوم الكفارة:

لا خلاف بين الحنفية والشافعية في أن من أفطر خلال الشهرين عامدا، أو أفطر لعذر المرض أو سفر فإن صومه ينقطع وعليه أن يستأنف صوما جديدا بشهرين جديدين متتابعين،لأن الشرط في صوم الظهار التتابع شهرين كاملين، والمقصود بالتتابع هو أن يوالي بالصوم أيامهما ولا يفطر فيهما لغير عذر وإن أفطر يوما صار كأن لم يصم[2].

الجماع ليلا في الشهرين:

لا خلاف بين الحنفية والشافعية في أن شرط التتابع ينقطع إذا جامع الرجل زوجته نهارا أثناء الصوم، لأنه جماع يفسد به الصوم فينقطع به التتابع، ولكن الخلاف بينهما قائم فيمن جامع زوجته ليلا أو نهارا ناسيا، فهل بهذا ينقطع تتابعه ويستأنف صوما جديدا أم لا ينقطع وإنما يتابع صومه؟

مذهب الحنفية:

إذا جامع المظاهر زوجته التي ظاهر منها في خلال الشهرين ليلا عامدا أو نهارا ناسيا استأنف الصوم عند ابي حنيفة و محمد رحمهما الـله تعالى[3]. واستدلوا بما يأتي:

أولا: الكتاب:

قوله تعالى: ﴿ فَمَن لَّمْ يَجِدْ فَصِيَامُ شَهْرَيْنِ مُتَتَابِعَيْنِ مِن قَبْلِ أَن يَتَمَآسَّا ﴾[4].

---

(1) الإمام كمال الدين ابن الهمام، شرح الفتح القدير، ج4، ص228.

(2) المصدر نفسه، ج4، ص228. التهذيب، ج6، 178.

(3) المرغيناني، الهداية، ج1، ص266.

(4) سورة المجادلة، الآية رقم (4).

وجه الدلالة من الآية أنها اشترطت في الصوم أن يكون قبل المسيس، وأن يكون خاليا عنه ضرورة، وبالجماع على أية حال ينعدم هذا الشرط، فيستأنف صوما جديدا، لفوات التتابع وهو قادر عليه عادة[1].

ثانيا: المعقول:

إن المنع من الوطء في كفارة الظهار لمعنى يختص بالكفارة لا بالصوم، فالشرط هو انقضاء الكفارة قبل المسيس، على عكس كفارة القتل فإن المنع فيه لمعنى يختص بالصوم[2]. إذ المنع من الوطء عام فيستوي فيه الليل والنهار.

مذهب الشافعية:

الذي عليه الشافعية أن التتابع بالجماع ليلا عمدا أو سهوا لا ينقطع ولا يستأنف صوما جديدا، وهو قول الإمام أحمد وبه قال أبو يوسف رحمه الـلـه[3]. واستدلوا بما يأتي:

أولا: الكتاب:

قوله تعالى: ﴿ فَمَن لَّمْ يَجِدْ فَصِيَامُ شَهْرَيْنِ مُتَتَابِعَيْنِ مِن قَبْلِ أَن يَتَمَآسَّا ﴾[4].

وجه الدلالة من الآية أنها اشترطت التتابع في الصوم كي يكون مجزئا، والوطء ليلا لا يفسد به الصوم فلا يتقطع التتابع فما لا يفسد الصوم لا يمنع التتابع[5].

ثانيا: المعقول:

إن كان الشرط هو تقديم الصوم على الوطء لصحة كفارة الظهار، فقد حصل وهو تقديم بعض الصوم، وهو كاف للقول بأن الوطء قد حصل بعد الصوم[6].

الرأي الراجح:

الذي يبدو أن الراجح هو ما ذهب إليه الحنفية لعموم الأدلة التي تقتضي صوم شهرين متتابعين قبل الوطء، إلا أن قول الحنفية "بأن العمد في الوطء كالخطأ" وخاصة ليلا، فغير مقبول للنص على رفع الجناح عمن نسي أو أخطأ قياسا على الأكل والشرب ناسيا، عليه يمكن القول بأن الوطء ليلا عمدا يقطع التتابع، وأما سهوا فلا و الـلـه أعلم.

---

[1] الإمام كمال الدين ابن الهمام، شرح الفتح القدير، ج4، ص238. التهذيب، ج6، 178.
[2] المصدر نفسه، ج4، ص238. الإمام سراج الدين عمر بن إبراهيم ابن نجيم الحنفي، النهر الفائق شرح كنز الدقائق، ج2، ص451.
[3] المرغيناني، الهداية، ج1، ص266. الإمام النووي، روضة الطالبين، ج8، ص302. الشيخ سليمان البجيرمي، حاشية البجيرمي على الخطيب، ج4، ص368.
[4] سورة المجادلة، الآية رقم (4).
[5] المرغيناني، الهداية، ج1، ص266. العمراني، البيان في فقه الإمام الشافعي، ج10، ص350- 351.
[6] ينظر الإمام كمال الدين ابن الهمام، شرح الفتح القدير، ج4، ص238. الإمام الغزالي، الوسيط،ج3،ص344.

المطلب الثالث
الخلاف في الإطعام

لا خلاف بين الحنفية والشافعية في أن الإطعام هو الواجب في كفارة الظهار عند العجز عن العتق والصيام، ولكن حصل بينهما خلاف في بعض مسائل الإطعام نذكرها في الفروع الأربعة الآتية:

الفرع الأول: مقدار الطعام:

حصل بين الحنفية والشافعية خلاف في مقدار الطعام الذي يجزئ في كفارة الظهار.

مذهب الحنفية:

الذي عليه الحنفية أن كفارة الظهار بالإطعام إنما يكون لكل مسكين نصف صاع من بر (وهو مدان) أو صاع من تمر أو شعير (وهو أربعة أمداد) أو قيمة ذلك[1]. واستدل الحنفية لمذهبهم بما يأتي:

أولا: السنة:

1- قوله ﷺ في حديث أوس بن الصامت وسلمة بن صخر البياضي: ((لكل مسكين نصف صاع من بر))[2].

وجه الدلالة من الحديث أنه ﷺ قد حدد لكل مسكين نصف صاع والصاع مدان من بر فثبت أن الواجب ثلاثون صاعا من بر.

2- عند الطبراني في حديث أوس قال: فأطعم ستين مسكينا ثلاثين صاعا قال لا أملك ذلك إلا أن تعينني فأعانه النبي ﷺ بخمسة عشر صاعا وأعانه الناس حتى بلغ انتهى ومقتضاه أنه كان برا لأن التمر والشعير يجزى منه صاع[3].

3- قوله ﷺ في حديث أوس ابن الصامت: فإني سأعينه بعرق من تمر. قالت امرأته: يا رسول الله وأنا أعينه بعرق آخر قال أحسنت[4].

وجه الدلالة من الحديث أن الرسول ﷺ قد أعانه بخمسة عشر صاعا وأن امرأته قد أعانته بخمسة عشر صاعا. ويؤكد أن هذا العرق كان خمسة عشر صاعا ما أخرجه أبو داود عن أبي سلمة ابن عبد الرحمن قال: العرق زنبيل يأخذ خمسة عشر صاعا[5].

---

[1] الشيخ عبد الغني الغنيمي، اللباب في شرح الكتاب، ج3، ص16.
[2] المرغيناني، الهداية، ج1، ص266. السرخسي، المبسوط، ج5، ص47.
[3] الطبراني، المعجم الكبير، ج24، ص247. الإمام كمال الدين ابن الهمام، شرح الفتح القدير، ج4، ص269.
[4] ابن حبان، صحيح ابن حبان، ج10، ص108. الإمام أحمد بن حنبل، مسند أحمد بن حنبل، ج6، ص410.
[5] الإمام كمال الدين ابن الهمام، شرح الفتح القدير، ج4، ص269. أبو داود، سنن أبي داود، ج1، ص675.

4- عن أنس بن مالك قال: إن أوس بن الصامت ظاهر من امرأته خويلة بنت ثعلبة، فشكت ذلك إلى النبي ﷺ فقالت: ظاهرني حين كبرت سني ورق عظمي. فأنزل الـلـه آية الظهار فقال رسول الـلـه ﷺ لأوس أعتق رقبة. قال: مالي بذلك يدان. قال: فصم شهرين متتابعين. قال: أما إني إذا أخطأني أن آكل في اليوم مرتين يكل بصري. قال: فأطعم ستين مسكينا. قال: لا أجد إلا أن تعينني منك بعون وصلة. قال: فأعانه رسول الـلـه ﷺ بخمسة عشر صاعا، حتى جمع الـلـه له، و الـلـه رحيم. قال: وكانوا يرون أن عنده مثلها وذلك لستين مسكين[1].

ثانيا: الآثار:

روي عن علي وعائشة رضي الله عنهما أنهما قالا: لكل مسكين مدان من بر.

وعن عمر وابن عباس رضي الله عنهما لكل مسكين نصف صاع من حنطة[2].

ثالثا: المعقول:

1- قياسا على صدقة الفطر لأن المعتبر في الكفارة بالإطعام دفع حاجة اليوم لكل مسكين، فيعتبر بصدقة الفطر[3].

2- إن المعتبر حاجة اليوم لكل مسكين فيكون نظير صدقة الفطر ولا يتأدى ذلك بالمد بل بما ذكر فكذلك هذا[4].

مذهب الشافعية:

إن لم يقدر على الصوم لكبر لا يطيق معه الصوم أو لمرض لا يرجى برؤه منه لزمه أن يطعم ستين مسكينا، لكل مسكين مد من الطعام[5]. واستدلوا بما يأتي:

أولا: الكتاب:

قوله تعالى: ﴿ فَمَن لَّمْ يَجِدْ فَصِيَامُ شَهْرَيْنِ مُتَتَابِعَيْنِ مِن قَبْلِ أَن يَتَمَاسَّا ۖ فَمَن لَّمْ يَسْتَطِعْ فَإِطْعَامُ سِتِّينَ مِسْكِينًا ۚ ذَٰلِكَ لِتُؤْمِنُوا بِاللَّهِ وَرَسُولِهِ ۚ وَتِلْكَ حُدُودُ اللَّهِ ۗ وَلِلْكَافِرِينَ عَذَابٌ أَلِيمٌ ﴿٤﴾ ﴾[6].

---

[1] الدار قطني، سنن الدارقطني، ج3، ص316.
[2] السرخسي، المبسوط، ج5، ص47.
[3] المرغيناني، الهداية، ج1، ص266.
[4] السرخسي، المبسوط، ج5، ص47.
[5] الشيرازي، المهذب، ج3، ص68.
[6] سورة المجادلة، الآية رقم (4).

وجه الدلالة في الآية من وجهين:

أحدهما: ظاهرها وهو الإطعام حيث يقتضي الظاهر ما "يطلق عليه اسم الإطعام من قليل أو كثير إلا ما خصه الإجماع، وهو ما نقص عن المد[1].

الثاني: إن قوله تعالى (فإطعام) أمر بفعل الإطعام المتعدي إلى المطعوم، وقرنه بتعدد فلم يجز الإقتصار على بعض العدد كما لم يجز الاقتصار على بعض الطعام، ولو أراد بذلك تقدير الطعام دون المطعوم لقال وطعام ستين مسكينا[2].

ثانيا: السنة:

1- عن أبي سلمة و محمد بن عبد الرحمن بن ثوبان: أن سلمان بن صخر الأنصاري أحد بني بياضة جعل امرأته عليه كظهر أمه حتى يمضي رمضان فلما مضى نصف من رمضان وقع عليها ليلا فأتى رسول الله ﷺ فذكر ذلك له فقال له رسول الله ﷺ أعتق رقبه قال لا أجدها قال فصم شهرين متتابعين قال لا أستطيع قال أطعم ستين مسكينا قال لا أجد فقال رسول الله ﷺ لفروة بن عمرو أعطه ذلك العرق (وهو متكل يأخذ خمسة عشر صاعا أو ستة عشر صاعا) إطعام ستين مسكين.

قال أبو عيسى هذا حديث حسن يقال سلمان بن صخر ويقال سلمة بن صخر البياضي والعمل على هذا الحديث عند أهل العلم في كفارة الظهار[3].

2- عن عكرمة عن بن عباس رضي الله عنهما: أنه ذكر قصة ظهار أوس إلى أن قال: فتحرير رقبة. قالت خويلة: قلت وأي الرقبة لنا و الله ما يخدمه غيري. قال فمن لم يجد فصيام شهرين متتابعين قالت و الله لولا أنه يذهب يشرب في اليوم ثلاث مرات لذهب بصره قال فمن لم يستطع فإطعام ستين مسكينا قالت فمن أين هي الآكلة إلى مثلها فدعا النبي ﷺ بشطر وسق ثلاثين صاعا والوسق ستون صاعا قال ليطعم ستين مسكينا وليرجعك كذا رواه أبو حمزة الثمالي وهو ضعيف ورواه الحكم بن أبان عن عكرمة دون ذكر بن عباس فيه وقال في آخره فقال له النبي ﷺ فأطعم ستين مسكينا فقال لا أجد قال فأتى النبي ﷺ بشيء من تمر يقال خمسة عشر صاعا ويقال عشرون صاعا فقال له النبي ﷺ خذ هذا فأقسمه فقال الرجل ما بين لابتيها أفقر مني فقال النبي ﷺ كله أنت وأهلك[4].

---

[1] الماوردي، الحاوي الكبير، ج10، 515.

[2] المصدر نفسه، ج10، ص515.

[3] الترمذي، سنن الترمذي، ج3، ص503. الطبراني، المعجم الكبير، جزء 7 - صفحة 43.

[4] البيهقي، سنن البيهقي الكبرى،ج7، ص392.

وجه الدلالة من الحديثين أن فيهما دليل على أن لكل مسكين مد واحد لأن الخمسة عشر صاعا ستون مدا،ودل على أن البر والشعير سواء، لأن الأقل من مد البر لا يجزئ. ومما يؤكد ذلك قوله "أطعمه ستين مسكينا" أي يطعم الستين مسكينا من هذه الخمسة عشر صاعا.

والعرق عند الفقهاء ما يسع خمسة عشر صاعا وهي ستون مدا لستين مسكينا لكل مسكين مد[1].

ثالثا: الإجماع:

روي عن ابن عباس رضي الله عنه أنه قال: لكل مسكين مد من حنطة بغير إدامه، ووافقه عدد من الصحابة، فكان ذلك إجماعا[2].

رابعا: المعقول:

1- قياسا على كفارة الوطء في نهار رمضان عمدا، لأنه إذا ثبت في كفارة الجماع عمدا في نهار رمضان أنه خمسة عشر صاعا، وهو ستون مد، قيست سائر الكفارات عليها[3]. وتحريره:

روي عن أبي هريرة رضي الله عنه قال: أتى النبي صلى الله عليه وسلم رجل فقال هلكت قال (وم). قال وقعت على أهلي في رمضان قال (فأعتق رقبة). قال ليس عندي قال (فصم شهرين متتابعين). قال لا أستطيع قال (فأطعم ستين مسكينا). قال لا أجد فأتى النبي صلى الله عليه وسلم بعرق فيه تمر فقال (أين السائل) . قال ها أنا ذا قال (تصدق بهذا) . قال على أحوج منا يا رسول الـلـه فوالذي بعثك بالحق ما بين لا بتيها أهل بيت أحوج منا فضحك النبي صلى الله عليه وسلم حتى بدت أنيابه قال (فأنتم إذا)[4].

وأما العرق الذي أتي به فكان خمسة عشر صاعا بدليل مـا روي عـن أبـي هريرة: أن رجلا جـاء إلى رسـول الـلـه صلى الله عليه وسلم فقال: يا رسول الـلـه هلكت. قال: ويحك وماذا؟ قال: وقعت على أهلي في يوم من رمضان. قال فقال: فاعتق رقبة. قال: ما أجد. قال: فصم شهرين متتابعين. قال: ما أستطيع. قال: فأطعم ستين مسكينا. قال: ما أجد. قال: فأتى النبي صلى الله عليه وسلم بعرق تمر فيه (خمسة عشر صاعا). قال: خذه فتصدق به. قال: على أفقر من أهلي، فوالله ما بين لابتي المدينة أحوج من أهلي. فضحك رسول الـلـه صلى الله عليه وسلم حتى بدت أنيابه ثم قال: خذه واستغفر الـلـه وأطعمه أهلك. قال الدارقطني هذا إسناد صحيح[5].

2- إن الـلـه تعالى جعل إطعام ستين مسكينا بدلا من صيام ستين يوما، فجعل ما يخرجه من الإطعام في مقابلة ما كان يعانيه وينزفه في الصيام، والذي كان يعانيه هو جوعه في صيامه في نهاره فلزم أن يسد جوعة المسكين بمثله، والغذاء الذي يسد الجوعة في الأغلب مد، فاقتضى أن يكون هذا هو القدر الذي يدفع للمسكين.

---

(1) الإمام النووي، شرح النووي على مسلم، ج7، ص226.
(2) الماوردي، الحاوي الكبير،ج10، ص510. ابن عمر وزيد بن ثابت وأبو هريرة. العمراني، البيان في فقه الإمام الشافعي، ج10، ص354.
(3) العمراني، البيان في فقه الإمام الشافعي، ج10، ص355.
(4) الإمام البخاري، صحيح البخاري،ج5، ص2053.
(5) الدار قطني، سنن الدارقطني، ج2، ص190.

الرأي الراجح:

الذي يبدو أن الراجح هو ما ذهب إليه الشافعية، لأنه إذا ثبت أن كفارة الوطء في نهار رمضان هي خمسة عشر صاعا فغيرها من الكفارات تقاس عليها، وأما الذي في حديث أوس بن الصامت وحديث سلمة بن الصخر فيحمل على الجواز والتطوع و الـلـه أعلم.

الفرع الثاني: الخلاف في العدد:

لا خلاف بين الحنفية والشافعية في أن المظاهر لو أطعم ستين مسكينا دفعة واحدة أجزأه ذلك على خلاف بينهم في قدر الطعام المدفوع لكل واحد منهم حسب ما ذكرناه، وكذا لا خلاف بينهم في عدم جواز أن يدفع المظاهر طعام ستين مسكين لمسكين واحد دفعة واحدة، ولكن حصل بينهم خلاف في مدى صحة أن يدفع المظاهر كفارة الظهار (الطعام) لمسكين واحد، وذلك بأن يدفع له كل يوم ما يجب عليه دفعه لمسكين واحد[1].

مذهب الحنفية:

الذي عليه الحنفية أن المظاهر لو أعطى مسكينا واحدا ستين يوما أجزأه[2]. واستدلوا بما يأتي:

إن المقصود سد خلة المحتاج، والحاجة تتجدد في كل يوم، فالدفع إليه في اليوم الثاني كالدفع إلى غيره[3]. فهذا اعتبار بالمعنى لأنه صار في كل يوم مصرفا فصح ما صرف إليه عن كفارته كما لو صرف إلى شخص آخر عن الكفارة لأن صيرورته مصرفا باعتبار حاجته والحوائج تتعد بتعدد الأيام[4].

مذهب الشافعية:

الذي عليه الشافعية أن على المظاهر أن يطعم ستين مسكينا، ولا يجزئه أن يدفع الطعام لأقل من العدد الذي نص عليه الكتاب[5]. واستدلوا بما يأتي:

أولا: الكتاب:

قوله تعالى: ﴿ فَمَن لَّمۡ يَسۡتَطِعۡ فَإِطۡعَامُ سِتِّينَ مِسۡكِينٗا ﴾[6].

---

[1] الشيخ عبد الغني الغنيمي، اللباب في شرح الكتاب، ج3، ص16.
[2] السرخسي، المبسوط، ج5، ص47.
[3] المرغيناني، الهداية، ج1، ص266. الإمام عمر بن إبراهيم المشهور بابن نجيم الحنفي،ج2، 460.
[4] إبراهيم بن أبي اليمن، لسان الحكام، ج1، ص346.
[5] الإمام الشافعي، الأم، ج5، ص408. الإمام البغوي، التهذيب، ج6، 184. العمراني، البيان في فقه الإمام الشافعي، ج10، ص354.
[6] سورة المجادلة، الآية رقم (4).

وجه الدلالة من الآية في قوله تعالى (فإطعام) فهو "أمر بفعل الإطعام المتعدي إلى المطعوم، وقرنه بتعدد فلم يجز الإقتصار على بعض العدد كما لم يجز الاقتصار على بعض الطعام، ولو أراد بذلك تقدير الطعام دون المطعوم لقال وطعام ستين مسكينا"[1]. فقوله (فإطعام) مصدر يتقدر بأن والفعل (أي أن يطعم) وهذا يمنع الإقتصار على دون الستين[2].

ثانيا: السنة:

قوله ﷺ (فأطعم ستين مسكينا).

وجه الدلالة من الحديث أن فيه النص على أن المظاهر مأمور بأن يطعم ستين مسكينا.

ثالثا: المعقول:

1- قياسا على الشهادة في الطلاق في قوله تعالى (وأشهدوا) فإنه عز وجل قد أراد الشهادة وعدد الشهود، فلما لم يجز أن يشهد شاهد واحد مرتين لحق واحد، لم يجز أن يأخذ مسكين واحد أكثر من مرة، لأن كل واحد من المساكين الستين غير الآخر و الله عز وجل إنما أوجبه لستين متفرقين[3].

2- قياسا على الوصية لعشرة مساكين، فلو أوصى بمال لعشرة مساكين لم يجز الاقتصار على واحد، فكذلك لما نص على الستين مسكينا لم يجز أن يدفع لمسكين واحد[4].

3- إن المسكين الذي أطعم مرة فقد " استوفى قوت يوم من كفارة فإذا دفع إليه (المظاهر) غيره من الكفارة لم يجزه كما لو دفع إليه في يوم واحد صاعين"[5]. وهذا لا يجوز بالاتفاق.

الرأي الراجح:

الذي يبدو أن الراجح هو ما ذهب إليه الشافعية لعموم الأدلة وما هو مقتضى ظاهر النص القرآني، والذي يبدو أن هذا ما يميل إليه صاحب شرح الفتح القدير حينما قال بعد أن ذكر مذهب الشافعية وبين أن هذا هو مذهب أكثر أهل العلم" وأصحابنا أشد موافقة لهذا الأصل، ولذا قالوا في المسألة الآتية عن قريب وهي ما إذا ملك مسكينا واحدا وظيفة ستين بدفعة واحدة لا يجوز لأن التفريق واجب بالنص"[6].

---

(1) الإمام الغزالي، الوسيط،ج3، 345. الماوردي، الحاوي الكبير،ج10، ص513.
(2) العمراني، البيان في فقه الإمام الشافعي، ج10، ص354.
(3) الإمام الشافعي، الأم، ج5، ص408.
(4) الماوردي، الحاوي الكبير،ج10، ص515.
(5) العمراني، البيان في فقه الإمام الشافعي، ج10، ص354.
(6) الإمام كمال الدين ابن الهمام، شرح الفتح القدير، ج4، ص271.

الفرع الثالث: الخلاف في تقديم الطعام للمساكين:

لا خلاف بين الحنفية والشافعية في أن تمليك الطعام للمساكين مجز في كفارة الظهار وذلك بأن يملك المظاهر كل مسكين مدا من الطعام على رأي الشافعية ومدين على رأي الحنفية. ولكن حصل بينهما خلاف في مدى جواز أن يقدم الطعام إلى المساكين في كفارة الظهار واعتباره كفارة؟

مذهب الحنفية:

إن مكن المظاهر المساكين من الطعام، فغداهم وعشاهم أو غداهم وأعطاهم قيمة العشاء أو عكسه أو أطعمهم غداءين عشاءين أو عشاء وسحورا وأشبعهم جاز. فالإطعام في الكفارات يجوز أن يتأدى بالتمكين[1]. واستدلوا بما يأتي:

أولا: الكتاب:

قوله تعالى: ﴿ فَمَن لَّمْ يَجِدْ فَصِيَامُ شَهْرَيْنِ مُتَتَابِعَيْنِ مِن قَبْلِ أَن يَتَمَاسَّا ۖ فَمَن لَّمْ يَسْتَطِعْ فَإِطْعَامُ سِتِّينَ مِسْكِينًا ۚ ذَٰلِكَ لِتُؤْمِنُوا بِاللَّهِ وَرَسُولِهِ ۚ وَتِلْكَ حُدُودُ اللَّهِ ۗ وَلِلْكَافِرِينَ عَذَابٌ أَلِيمٌ ﴿٤﴾ ﴾[2].

وجه الدلالة من الآية في قوله (فإطعام) إذ المنصوص عليه هو الإطعام وحقيقة ذلك في التمكين، والمقصود به سد الخلة، وفي التمليك تمام ذلك، فيتأدى الواجب بكل واحد منهما، إما بالتمليك فلأن الأكل الذي هو المنصوص جزء مما هو المقصود بالتمليك، لأنه إذا ملك فإما أن يأكل أو يصرف إلى حاجة أخرى فيقام هذا التمليك مقام ما هو المنصوص عليه. ويتأدى الإطعام أيضا بالتمكين مراعاة لعين النص، والدليل عليه أنه يشبهه بطعام الأهل، فقال: ﴿ لَا يُؤَاخِذُكُمُ اللَّهُ بِاللَّغْوِ فِي أَيْمَانِكُمْ وَلَٰكِن يُؤَاخِذُكُم بِمَا عَقَّدتُّمُ الْأَيْمَانَ ۖ فَكَفَّارَتُهُ إِطْعَامُ عَشَرَةِ مَسَاكِينَ مِنْ أَوْسَطِ مَا تُطْعِمُونَ أَهْلِيكُمْ أَوْ كِسْوَتُهُمْ أَوْ تَحْرِيرُ رَقَبَةٍ ﴾[3].

و(إطعام الأهل) يتأدى بالتمليك تارة وبالتمكين أخرى فكذا هذا لأن حكم المشبه حكم المشبه به[4]. بل إن أحمد بن سهل رضي الله تعالى عنه كان يقول لا يتأدى(الإطعام) بالتمليك وإنما يتأدى بالتمكين فقط لظاهر قوله تعالى: ((فإطعام ستين مسكينا)) والإطعام فعل متعد ولازمه طعم يطعم وذلك الأكل دون الملك ففي التمليك لا يوجد الإطعام وإنما يوجد ذلك في التمكين لأنه لا يتم ذلك إلا بأن يطعم المسكين والكلام محمول على حقيقته[5].

---

[1] الدر المختار ج3، ص479 السرخسي، المبسوط، ج5، ص47.
[2] سورة المجادلة، الآية رقم (4).
[3] سورة المائدة، الآية رقم (89).
[4] السرخسي، المبسوط، ج5، ص47.
[5] المصدر نفسه، ج5، ص47.

ثانيا: المعقول:

1- إن الإطعام حَقيقَة فِي التمكين، لأنه عبَارَة عَن جَعل الغَير طَاعما, وَذَلِكَ يكون بالإبَاحَة, وَإِنمَا جَازَ التمليك بدَلَالَة النص, إلا أن َالعَمَل بهَا لَا يَمنَع العَمَلَ بالحَقيقَة، أَلَا تَرَى أَن ضَربَ الوَالدَين وَشَتمَهمَا يَحرم بدَلَالَة النص فِي قوله تعالى {وَلَا تَقل لَهمَا أف} مَعَ بَقَاء الأَصل مرَادا, وَهوَ التأفيف. بخلَاف المستَشهَد به، لأَن المَنصوصَ عَلَيه فيهَا الإيتَاء وَالأَدَاء وَالكسوَة وَهيَ تَقتَضي التمليكَ[1].

2- إن المعتبر فِي الإطعام هو الإشباع، أي إشباع ستين مسكينا، فهذا هو المنصوص عليه، عليه لا يضر بعد ذلك قدر الذي أكلوا، قَليلا كان أو كَثيرا، فالمعتَبَرَ هوَ الشبَع لَا المقدَار لذا فَإِن كَانَ أَحَدهم شَبعَانَ، فالراجح عدم الجواز، لأَن المَأخوذَ عَلَيه إشبَاع الستينَ وَهوَ مَا أَشبَعَهم[2].

مذهب الشافعية:

إن المظاهر إذا جمع ستين مسكينا وغداهم وعشاهم بما عليه من الطعام (كفارة الظهار) لم يجزه، بل الواجب في الإطعام أن يملك ستين مسكينا طعامهم، أي يملك كل واحد منهم مدا، فالتمكين وحده لا يجزيء[3]. واستدل الشافعية لمذهبهم بما يأتي:

أولا: الكتاب:

قوله تعالى: ﴿ فَمَن لَّمۡ يَجِدۡ فَصِيَامُ شَهۡرَيۡنِ مُتَتَابِعَيۡنِ مِن قَبۡلِ أَن يَتَمَآسَّاۖ فَمَن لَّمۡ يَسۡتَطِعۡ فَإِطۡعَامُ سِتِّينَ مِسۡكِينٗا ﴾ سورة المجادلة الآية رقم (4).

وجه الدلالة من الآية أن قوله فإطعام يدل على وجوب الكفارة على المظاهر للفقراء، وما وجب للفقراء بالشرع، وجب فيه التمليك، كالزكاة [4].

ثانيا: المعقول:

1- إن أخذ المساكين للطعام يختلف باختلافهم، فلعل أن يأخذ أحدهم أقل من مد أو يأخذ الآخر أكثر، والواجب بالنص مد، وعلى رأي الحنفية مدان، فإن أعطى المظاهر أقل مما هو واجب عليه للمسكين الواحد، لم يجزه، لأنه لم يبريء ذمته من الواجب عليه[5]. إذ يشك المظاهر هنا في إسقاط الفرض عن ذمته، والأصل بقاؤه[6]. إلا إذا قال لهم ملكتكم هذا بالسوية وكان المدفوع ستين مدا، وستين فقيرا.

---

[1] الزيلعي، تبيين الحقائق،ج3، ص13.
[2] البابرتي، العناية شرح الهداية، ج4، ص271. أبوبكر محمد بن علي الحدادي العبادي، الجوهرة النيرة، ج2،69.
[3] أبوبكر الدمياطي، إعانة الطالبين، ج2، ص240 . الشيخ زكريا الأنصاري، فتح الوهاب، ج2، ص168.
[4] الشيرازي، المهذب، ج3، ص68.
[5] الإمام الشافعي، الأم، ج5، ص408.
[6] المجموع، ج17، 379.

2- إن ما وجب للفقراء بالشرع وجب فيه التمليك كالزكاة وصدقة الفطر[1].

3- إن الواجب في الكفارة أن يوصل إلى كل واحد منهم مدا وهذا لم يفعل[2].

الرأي الراجح:

الذي يبدو أن الراجح هو ما ذهب إليه الحنفية، من أن تمكين المساكين من الطعام يجزيء، ولكن بالشرط الذي ذكره الشافعية، وذلك بأن يقول لهم ملكتكم هذا الطعام بالسوية، وأن يكون العدد ستين مسكينا، كي يتيقن من عدم انشغال ذمته بشيء من الكفارة و الـلـه أعلم.

الفرع الرابع: الخلاف في القيمة مقابل الطعام:

لا خلاف في أن المجزئ في كفارة الظهار هو الطعام على خلاف بين الحنفية والشافعية في مقداره. ولكن هل يجوز أن يدفع في كفارة الظهار قيمة الطعام الواجب عليه وهي طعام ستين مسكينا، فالجواب أن الخلاف الذي يجري بين الحنفية والشافعية في الزكاة وزكاة الفطر ومدى جواز أن يدفع القيمة مقابل المنصوص عليه هو نفسه الذي يجر هنا.

مذهب الحنفية:

كفارة الظهار إما نصف صَاع من بر أو صَاع من تَمر أو شَعير، أو قيمته والذي عليه الفتوى أن إخرَاج القيمَة أَفضَل[3]. واستدل الحنفية لمذهبهم بما يأتي:

أولا: الكتاب:

ولنا قوله تعالى: ﴿ خُذْ مِنْ أَمْوَالِهِمْ صَدَقَةً تُطَهِّرُهُمْ وَتُزَكِّيهِم ﴾[4].

وجه الدلالة من الآية أنها نص على أن المأخوذ مال، ومما لاشك فيه أن قيمة الطعام إنما هو مال فيدخل في عموم النص.

ثانيا: السنة:

1- قوله ﷺ (في خمس من الإبل شاة)[5].

وجه الدلالة من الحديث أن "كلمة في حقيقة للظرف، وعين الشاة لا توجد في الإبل، فعرفنا أن المراد قدرها من المال"[6].

---

[1] الشيرازي، المهذب، ج3، ص68.
[2] العمراني، البيان في فقه الإمام الشافعي، ج10، 357-358.
[3] الإمام الكاساني، بدائع الصنائع، ج2، ص203.
[4] سورة التوبة، الآية رقم (103).
[5] الترمذي، سنن الترمذي، ج3، ص17.
[6] السرخسي، المبسوط، ج2، ص156.

2- قوله ﷺ لما رأى في إبل الصدقة ناقة كوماء فغضب على المصدق وقال: ألم أنهكم عن أخذ كرائم أموال الناس. فقال الساعي: أخذتها ببعيرين من إبل الصدقة" وفي رواية " قال ارتجعتها ببعيرين فسكت رسول الـلـه ﷺ".

وجه الدلالة من الحديث أن أخذ البعير ببعيرين إنما يكون باعتبار القيمة.

ثالثا: الآثار:

قال معاذ رضي الله عنه في خطبته باليمن: ائتوني بخميس آخذه منكم مكان الصدقة، أو قال مكان الذرة والشعير. وذلك لا يكون إلا باعتبار القيمة. والمعنى فيه أنه ملك الفقير مالا متقوما بنية الزكاة فيجوز كما لو أدى بعيرا عن خمس من الإبل[1].

رابعا: المعقول:

إن المقصود إغناء الفقير كما "قال النبي ﷺ: اغنوهم عن المسألة في مثل هذا اليوم" والإغناء يحصل بأداء القيمة كما يحصل بأداء الشاة وربما يكون سد الخلة بأداء القيمة أظهر[2].

إن الأولى اختيار الأصلح عند عدم الحصر وفي دفع القيمة دفع لحاجة الفقير أكثر فالقيمة أولى[3].

مذهب الشافعية:

لا يجوز أخذ القيمة في كفارة الظهار فالواجب هو أحد الأمور الثلاثة المنصوصة عليها في القرآن[4].

أولا: السنة:

قوله ((في الخمس من الإبل السائمة شاة)) وقوله ﷺ ((في أربعين شاة شاة))[5].

وجه الدلالة من الحديثين أن كلا منهما بيان لمجمل كتاب الـلـه تعالى: {و آتوا الزكاة} إذ ليس فيه بيان الزكاة، فبينه النبي ﷺ والتحق البيان بمجمل الكتاب، فصار كأن الـلـه تعالى قال: وآتوا الزكاة من كل أربعين شاة شاة وفي خمس من الإبل شاة، فصارت واجبة للآداء بالنص، و لا يجوز الاشتغال بالتعليل لأنه يبطل حكم النص[6].

---

(1) السرخسي، المبسوط، ج2، ص156.
(2) أبوبكر محمد بن علي الحدادي العبادي، الجوهرة النيرة، ج1، ص135. السرخسي، المبسوط، ج2، ص156.
(3) ينظر أبوبكر محمد بن علي الحدادي العبادي، الجوهرة النيرة، ج1، ص135.
(4) الشيرازي، المهذب، ج1، ص274.
(5) الإمام البخاري، صحيح البخاري،ج2، ص527. أبو داود، سنن أبي داود، ج1، ص490. واللفظ لأبي داود.
(6) الشيرازي، المهذب، ج1، ص274. الإمام الكاساني، بدائع الصنائع، ج2، ص115.

ثانيا: المعقول:

1- قياسا على عدم جواز السجود على الخد والذقن مقام السجود على الجبهة والأنف، وقياسا على عدم جواز النقل من الأنعام إلى غيرها في الأضحية[1].

2- إن هذا الحق لله تعالى وقد علقه على ما نص عليه فلا يجوز نقل ذلك إلى غيره[2].

إن الكفارة وإن كانت عقوبة ولكنها قربة وما كان كذلك فسبيلها التقيد بالنص ولا يجوز العول عنه إلى غيره بدليل.

الرأي الراجح:

الذي يبدو أن الراجح هو ما ذهب إليه الحنفية لقوة أدلتهم فهو الموافق لما عليه أصول الشريعة، من التيسير لقوله تعالى: ﴿يُرِيدُ ٱللَّهُ بِكُمُ ٱلۡيُسۡرَ وَلَا يُرِيدُ بِكُمُ ٱلۡعُسۡرَ﴾[3]. هذا من ناحية. ومن ناحية أخرى فإن دفع القيمة (قيمة الطعام) إلى المساكين قد يكون أنفع لهم فهم أعرف من غيرهم بما ينقصهم ويسد حاجتهم و الـلـه أعلم.

---

[1] الشيرازي، المهذب ، ج1، ص274. الإمام الكاساني، بدائع الصنائع، ج2، ص115.
[2] المصدر نفسه، ج1، ص274.
[3] سورة البقرة، الآية رقم (185).

الفصل الرابع
الخلاف في العدة وأحكامها

العدة أثر من آثار الطلاق. بل ويمكن القول بأنه هو الأثر الرئيسي للطلاق والخلع واللعان والإيلاء إن لم يفئ الزوج في المدة. وللعدة الكثير من الأحكام لابد من التطرق إليها ومعرفتها ومعرفة الخلاف فيها بين الفقهاء. عليه سنخصص هذا الفصل لدراسة العدة وأحكامها والخلاف فيها بين الحنفية والشافعية في المباحث الستة الآتية:

المبحث الأول: الخلاف في ماهية العدة.

المطلب الأول: الخلاف في التعريف.

المطلب الثاني: الخلاف في أسباب وجوب العدة.

المبحث الثاني: الخلاف في حقيقة القرء.

المطلب الأول: الخلاف في حقيقة القرء.

المطلب الثاني: الخلاف في أقل مدة تنقضي بها العدة.

المبحث الثالث: الخلاف في عدة المرأة من حيث كونها ذات قرء أم لا وانتقالها.

المطلب الأول: عدة المرأة حسب حالتها.

المطلب الثاني: الخلاف في انتقال العدة (عدة المطلقة في مرض الموت لو توفي زوجها).

المبحث الرابع: الخلاف في عدة الحامل.

المطلب الأول: شرط وضع الحمل.

المطلب الثاني: شرط إمكانية نسبة الحمل إلى الزوج.

المطلب الثالث: عدة الحامل المتوفى عنها زوجها الصبي الذي لا يتصور منه الإحبال.

المبحث الخامس: الخلاف في آثار العدة.

المطلب الأول: الخلاف في نفقة المطلقة البائن.

المطلب الثاني: الخلاف في خروج المعتدة من البيت.

المطلب الثالث: الخلاف في أحكام الإحداد.

المبحث السادس: الخلاف في الحضانة.

المطلب الأول: الخلاف في ترتيب الحاضنين.

المطلب الثاني: الخلاف في شرط الحاضن.

المطلب الثالث: الخلاف في أجرة الحاضن.

المطلب الرابع: الخلاف في انتهاء الحضانة وتخيير المحضون.

المبحث الأول
الخلاف في ماهية العدة

حصل خلاف بين الحنفية والشافعية في ماهية العدة وكان هذا الخلاف سببا للخلاف بينهما في تداخل العدتين. وكذا حصل بينهما خلاف في بعض أسباب وجوبها وهذا المبحث نخصصه لدراسة هذا الخلاف في مطلبين اثنين:

المطلب الأول
الخلاف في التعريف

سوف نتحدث في هذا المبحث في فرعين اثنين عن الخلاف بين الحنفية والشافعية في تعريف العدة وأثره على تداخل العدتين:

الفرع الأول: تعريف العدة:

العدة لغة: مأخوذ من العد وهو الحساب والإحصاء، عد الشيء أي أحصاه، ومنه قوله تعالى " وَأَحصَى كل شَيء عَدَدا " أي إحصاء ، والجمع منه (عدد) مثل سدرة وسدر، وقد يطلق على المعدود فيقال: عدة المرأة أي أيام أقرائها[1].

وأما العدة اصطلاحا فهي عند الحنفية "تربص يلزم المرأة عند زوال النكاح (وإن كان فاسدا) المتأكد بالدخول أو ما يقوم مقامه من الخلوة والموت"[2]. فهو إذا اسم لأجل ضرب لانقضاء ما بقي من آثار النكاح[3].

وعند الشافعية "اسم لمدة تتربص فيها المرأة لمعرفة براءة رحمها (إن كانت ممن تحبل) أو للتعبد (بالنسبة للآيسة والصغيرة) أو لتفجعها على زوجها (بالنسبة للمتوفى عنها زوجها)"[4]. فالعدة إذا اسم لفعل التربص أي انتظارها وتمهلها وقت العدة لا الوقت نفسه[5].

الفرع الثاني: تداخل العدتين:

يبنى على الخلاف في التعريف بين الحنفية والشافعية خلافهم في تداخل العدتين، فالحنفية قالوا بتداخل العدتين سواء أكانت من جنس واحد أو من جنسين مختلفين ولو من رجلين[6]. وأما

---

(1) المصباح المنير ، ج2، ص396. مختار الصحاح، ج1، ص467. تاج العروس، ج1، ص2107.
(2) الشيخ عبد الغني الغنيمي، اللباب في شرح الكتاب،ج3، ص20. الإمام كمال الدين ابن الهمام، شرح الفتح القدير، ج4، ص307. الدر المختار، ج3، ص503.
(3) الإمام الكاساني، بدائع الصنائع، ج3، ص300.
(4) الشيخ محمد الشربيني الخطيب، مغني المحتاج، ج5، ص167. محمد بن عمر أبو عبد المعطي، نهاية الزين، ج1 ص328.
(5) الشيخ زكريا الأنصاري، فتح الوهاب، ج2، ص179. أبوبكر الدمياطي، إعانة الطالبين، ج4، ص37.
(6) علاء الدين السمرقندي، تحفة الفقهاء، ج2، ص247.

الشافعية وبناء على تعريفهم هذا قالو بعدم تداخل العدتين إن كانتا من شخصين مختلفين فإذا انتهت من عدة الأول استأنفت عدة جديدة للثاني[1].

والمقصود هنا بتداخل العدتين، أن المرأة الواحدة قد تجب عليها عدتان لسببين مختلفتين. فتستأنف المرأة العدة من وجود السبب الثاني وتدخل ما بقي من عدتها في العدة الثانية. وتوضيح ذلك في صورة الجنس الواحد: المطلقة إذا تزوجت في عدتها فوطئها الزوج ثم تتاركا فتجب عليها عدة أخرى. وصورة الجنسين المختلفين المتوفى عنها زوجها إذا وطئت بشبهة[2].

ومن صور ذلك أيضا ما لو طلق الزوج زوجته طلاقا بائنا ثم وطئها وهي في العدة فهنا تجب عليها عدتان. عدة الطلاق وهو السبب الأول. وعدة الوطء وهو السبب الثاني. فهنا تبدأ المرأة بعدة جديدة من وقت الوطء وأما ما بقي من عدة طلاقها البائن فتدخل في عدة الوطء وبانتهاء العدة من الوطء تنقضي العدة[3].

أدلة الحنفية:

أولا: الكتاب:

قوله تعالى: ﴿ وَلَا تَعۡزِمُواْ عُقۡدَةَ ٱلنِّكَاحِ حَتَّىٰ يَبۡلُغَ ٱلۡكِتَٰبُ ﴾[4].

وجه الدلالة من الآية أن الـلـه عَزَّ وَجَلَّ سمى العدة أجلا، والأجل اسم لزمان مقدر مضروب لانقضاء أمر، كآجال الديون وغيرها. فسميت العدة أجلا لكونه وقتا مضروبا لانقضاء ما بقي من آثار النكاح. والآجال إذا اجتمعت تنقضي بمدة واحدة كالآجال في باب الديون. والدليل على أنها اسم للأجل لا للفعل أنها تنقضي من غير فعل التربص بأن لم تجتنب عن محظورات العدة حتى انقضت المدة[5].

ثانيا: المعقول:

إن المقصود من العدة هو التعرف على براءة الرحم، وقد حصل بالواحدة فتتداخلان، ومعنى العبادة تابع ألا ترى أنها تنقضي بدون علمها[6].

---

(1) الإمام الغزالي، الوسيط، ج3، ص375. الإمام النووي، روضة الطالبين، ج8، ص384.
(2) الإمام الكاساني، بدائع الصنائع، ج3، ص300.
(3) المصدر نفسه، ج3، ص191.
(4) سورة البقرة، الآية رقم (235).
(5) الإمام الكاساني، بدائع الصنائع، ج3، ص191.ب المرغيناني، الهداية شرح البداية، ج1، ص274.
(6) المرغيناني، الهداية شرح البداية، ج1، ص274.

أدلة الشافعية:

أولا: الكتاب:

قوله تعالى: ﴿ وَٱلْمُطَلَّقَٰتُ يَتَرَبَّصْنَ بِأَنفُسِهِنَّ ثَلَٰثَةَ قُرُوٓءٍ ۚ وَلَا يَحِلُّ لَهُنَّ أَن يَكْتُمْنَ مَا خَلَقَ ٱللَّهُ فِىٓ أَرْحَامِهِنَّ إِن كُنَّ يُؤْمِنَّ بِٱللَّهِ وَٱلْيَوْمِ ٱلْءَاخِرِ ۚ وَبُعُولَتُهُنَّ أَحَقُّ بِرَدِّهِنَّ فِى ذَٰلِكَ إِنْ أَرَادُوٓا۟ إِصْلَٰحًا ۚ وَلَهُنَّ مِثْلُ ٱلَّذِى عَلَيْهِنَّ بِٱلْمَعْرُوفِ ۚ وَلِلرِّجَالِ عَلَيْهِنَّ دَرَجَةٌ ۗ وَٱللَّهُ عَزِيزٌ حَكِيمٌ ﴿٢٢٨﴾ ﴾[1]. وقوله تعالى: ﴿ وَٱلَّذِينَ يُتَوَفَّوْنَ مِنكُمْ وَيَذَرُونَ أَزْوَٰجًا يَتَرَبَّصْنَ بِأَنفُسِهِنَّ أَرْبَعَةَ أَشْهُرٍ ﴾[2].

وجه الدلالة من الآية أن الـلـه ﷻ ألزمها التربص، وأعطى للزوج الحق في مراجعتها وقت العدة أي وقت التربص، فسمى الـلـه تعالى العدة تربصا، وهو اسم الفعل، وهو الكف، والفعلان وإن كانا من جنس واحد لا يتأديان بأحدهما كالكف في باب الصوم[3].

ثانيا: الإجماع:

روي ذلك عن علي وعمر رضي الله عنهما ولم يعرف لهما مخالف فكان بمثابة إجماع سكوتي. وما نقل عن ابن مسعود رضي الله عنه مما يخالف ذلك فلا يثبت[4].

قلت وتحرير هذا الإجماع ما رواه سعيد بن المسيب وسليمان بن يسار: أن طليحة كانت تحت رشيد الثقفي فطلقها البتة، فنكحت في عدتها، فضربها عمر بن الخطاب رضي الله عنه وضرب زوجها بالمخفقة ضربات وفرق بينهما. ثم قال عمر بن الخطاب رضي الله عنه:" أيما امرأة نكحت في عدتها فإن كان زوجها الذي تزوجها لم يدخل بها فرق بينهما ثم اعتدت بقية عدتها من زوجها الأول وكان خاطبا من الخطاب. فإن كان دخل بها فرق بينهما ثم اعتدت بقية عدتها من زوجها الأول ثم اعتدت من الآخر ثم لم ينكحها أبدا" قال سعيد ولها مهرها بما استحل منها[5].

إن المقصود من العدة هو التعبد في حق الزوج، فإنه عبادة كف عن التزوج والخروج فلا تتداخلان كالصومين في يوم واحد ، فتتعدد العدة بتعدد صاحب العدة وهو الزوج الأول والثاني. كما لو تعدد المستحق للدين أو الدية، لأن العدتين حقان مقصودان لآدميين فلا يتداخلان كالدينين[6].

---

(1) سورة البقرة، الآية رقم (228).
(2) سورة البقرة، الآية رقم (234).
(3) الإمام الكاساني، المصدر السابق، ج3، ص190.
(4) ينظر الإمام الشافعي، الأم، ج4، ص152. وابن حجر الهيتمي، تحفة المحتاج، ج8، ص246.
(5) البيهقي، سنن البيهقي الكبرى، ج7، ص441. سنن سعيد بن منصور، ج1، ص189.
(6) ينظر الإمام الغزالي، الوسيط، ج3، ص375. الشيرازي، المهذب، ج3، ص132. والمرغيناني، الهداية، ج1، ص274.

المطلب الثاني
الخلاف في أسباب وجوب العدة

سوف نخصص هذا المطلب لدراسة الخلاف بين الحنفية والشافعية في أسباب وجوب العدة في الفرعين الآتيين:

الفرع الأول: الخلاف في وجوب العدة بالخلوة الصحيحة:

لا خلاف بين الحنفية والشافعية في أن العدة تجب على الزوجة لزوجها المسلم "حتى وإن كانت كتابية"[1]. بأحد أمرين:

أحدهما: الفرقة بين الزوجين بعد الدخول وإن كان بنكاح فاسد، لأن براءة الرحم لا تكون إلا بعد الانتهاء من العدة.

الثاني: وفاة الزوج في النكاح الصحيح وإن كان قبل الدخول.

وأما الذي حصل فيه الخلاف بين الحنفية والشافعية فهو في الخلوة الصحيحة بالزوجة بعد النكاح الصحيح فهل توجب العدة على الزوجة لو طلقها زوجها بعد الخلوة قبل الدخول أم لا؟

مذهب الحنفية:

الذي عليه الحنفية والجمهور هو وجوب العدة على الزوجة لو طلقها زوجها بعد الخلوة قبل الدخول، واستدلوا بما يأتي:

أولا: الآثار:

عن زرارة بن أوفى قال قضى الخلفاء الراشدون المهديون أنه "من أغلق بابا وأرخى سترا فقد وجب المهر ووجبت العدة".

وجه الدلالة من هذا الأثر أن زرارة أخبر أنه قضاء الخلفاء الراشدين، وقد روي عن النبي ﷺ أنه قال "عليكم بسنتي وسنة الخلفاء الراشدين من بعدي وعضوا عليها بالنواجذ"[2]. فيكون واجبا على المطلقة بعد الخلوة أن تعتد عدة المدخول بها.

---

[1] الإمام الكاساني، بدائع الصنائع، ج3، ص302. الشيخ محمد الشربيني الخطيب، الإقناع، ج4، ص108. وأما وجوب العدة على الذمية من زوجها غير المسلم فقد حصل فيه خلاف بين الأحناف والشافعية. فالذي عليه الإمام أبي حنيفة هو عدم وجوب العدة عليها إن كان هذا معتقد دينها بحجة أنه لو وجبت عليها العدة إما أن تجب بحق اللـه تعالى أو بحق الزوج و لا سبيل إلى إيجابها بحق الزوج، لأن الزوج لا يعتقد حقا لنفسه ولا وجه الى ايجابها بحق اللـه تعالى لأن العدة فيها معنى القربة وهي غير المخاطبة بالقربات. وأما عند الشافعية والإمام محمد وأبي يوسف رحمهما اللـه فتجب عليها العدة. لعموم الأدلة التي توجب العدة على الزوجة إن كانت في عصمة مسلم من غير فرق بين المسلمة وغيرها. المرغيناني، الهداية، ج1، ص274.

[2] أبو بكر الجصاص، أحكام القرآن، ج 2، ص149.

ولكن أجيب بأن هذا منقطع، لأن زرارة لم يدرك الخلفاء رضي الله تعالى عنهم[1].

قلت وإن كان هذا منقطعا ومن مراسيل زرارة كما قال البيهقي[2]. إلا أنه روي عن عمر وعلي موصولا، رواه عنهما الأحنف بن قيس أن عمر وعليا رضي الله عنهما قالا "إذا أغلق بابا وأرخى سترا فلها الصداق كاملا وعليها العدة[3]".

ثانيا: المعقول:

قياسا على وجوب المهر الكامل بالخلوة الصحيحة، فكما كانت الخلوة في حكم الدخول بالنسبة إلى المهر كذلك يكون في حكم الدخول الحقيقي في وجوب العدة، بل أولى احتياطا[4].

مذهب الشافعية:

مذهب الشافعي في الجديد والمعمول به أن العدة لا تجب على المطلقة إلا بعد الدخول الحقيقي، فلا عدة على الزوجة بمجرد الخلوة[5]. واستدلوا بما يأتي:

أولا: الكتاب:

قوله تعالى: ﴿ يَـٰٓأَيُّهَا ٱلَّذِينَ ءَامَنُوٓاْ إِذَا نَكَحْتُمُ ٱلْمُؤْمِنَـٰتِ ثُمَّ طَلَّقْتُمُوهُنَّ مِن قَبْلِ أَن تَمَسُّوهُنَّ فَمَا لَكُمْ عَلَيْهِنَّ مِنْ عِدَّةٍ تَعْتَدُّونَهَا ۖ فَمَتِّعُوهُنَّ وَسَرِّحُوهُنَّ سَرَاحًا جَمِيلًا ﴿٤٩﴾ ﴾[6].

وجه الدلالة من الآية أن النص فيها صريح على عدم وجوب العدة على الزوجة لو طلقها زوجها قبل أن يمسها، والزوجة المختلى بها فقط لا تدخل ضمن المدخولات بها، فلا يشملها النص.

ثانيا: المعقول:

إن العدة تجب على الزوجة للتعرف على براءة رحمها، وبعدم الدخول يتيقن براءة رحمها[7].

الرأي الراجح:

إن هذا الخلاف هو نفسه الذي يجري بينهما في وجوب المهر كاملا بالخلوة الصحيحة، فما ذكر من أدلة هناك يستدل بها هنا أيضا، وما رجحناه هناك نرجحه هنا. وقد رجحنا مذهب الشافعية

---

[1] الشيخ محمد الشربيني الخطيب، مغني المحتاج، ج3، ص220.
[2] البيهقي، سنن البيهقي الكبرى، ج7، ص255.
[3] المصدر نفسه، ج7، ص255. قال ابن الملقن صاحب خلاصة البدر المنير "أثر عن عمر وعلي أنهما قالا "إذا أغلق بابا وأرخى سترا فلها الصداق كاملا وعليها العدة" رواه البيهقي أيضا وقال منقطع، ينظر الخلاصة ج2، ص206. قلت قد نص البيهقي على وصله.
[4] علاء الدين السمرقندي، تحفة الفقهاء، ج2، ص244.
[5] الشيخ محمد الشربيني الخطيب، مغني المحتاج، ج5، ص167. الماوردي، الحاوي الكبير ، ج11، ص217.
[6] سورة الأحزاب، الآية رقم (49).
[7] ينظر، الشيرازي، المهذب، ج3، ص142.

بعدم وجوب المهر كاملا بالخلوة فقط دون الدخول، كذلك نرجح هنا مذهب الشافعية في عدم وجوب العدة على المطلقة بعد الخلوة قبل الدخول و الـلـه أعلم.

الفرع الثاني: الخلاف في وجوب العدة بالوطء في الدبر:

حصل بين الحنفية والشافعية خلاف في مدى وجوب العدة على الزوجة بالوطء في الدبر؟

مذهب الحنفية:

الذي عليه الحنفية أن الوطء في الدبر إما أن يكون بخلوة أو دونها، فإن كان بخلوة فالعدة واجبة على الزوج، وأما إن كان الوطء بغير خلوة فلا عدة على الزوجة لو طلقها زوجها قبل الدخول بها[1]. واستدلوا بما يأتي:

أولا: الكتاب:

قولـه تعـالى: ﴿ يَـٰٓأَيُّهَا ٱلَّذِينَ ءَامَنُوٓاْ إِذَا نَكَحْتُمُ ٱلْمُؤْمِنَـٰتِ ثُمَّ طَلَّقْتُمُوهُنَّ مِن قَبْلِ أَن تَمَسُّوهُنَّ فَمَا لَكُمْ عَلَيْهِنَّ مِنْ عِدَّةٍ تَعْتَدُّونَهَا فَمَتِّعُوهُنَّ وَسَرِّحُوهُنَّ سَرَاحًا جَمِيلًا ﴿٤٩﴾ ﴾[2].

وجه الدلالة من الآية أن النص واضح في عدم وجوب العدة على من طلقت من النساء قبل الدخول، والموطوءة في الدبر ليس مدخولا بها فلا عدة عليها بنص القرآن[3].

ثانيا: المعقول:

إن الحكمة من العدة هي الوقوف على براءة الرحم، ولذا لم تجب العدة على غير المدخول بها، ومن وطئت في دبرها لا في قبلها لا حاجة لها إلى العدة للتيقن من براءة رحمها، "لأنه سفح للماء في غير محل الحرث فلا يكون مظنة العلوق"[4].

مذهب الشافعية:

تجب على الزوجة العدة بالوطء ولو في الدبر وهو الأصح في المذهب، فالوطء في الدبر كالوطء في القبل في وجوب العدة وثبوت الرجعة والمصاهرة[5]. واستدلوا بما يأتي:

أولا: الكتاب:

قولـه تعـالى: ﴿ يَـٰٓأَيُّهَا ٱلَّذِينَ ءَامَنُوٓاْ إِذَا نَكَحْتُمُ ٱلْمُؤْمِنَـٰتِ ثُمَّ طَلَّقْتُمُوهُنَّ مِن قَبْلِ أَن تَمَسُّوهُنَّ فَمَا لَكُمْ عَلَيْهِنَّ مِنْ عِدَّةٍ تَعْتَدُّونَهَا فَمَتِّعُوهُنَّ وَسَرِّحُوهُنَّ سَرَاحًا جَمِيلًا ﴿٤٩﴾ ﴾[6].

---

[1] الدر المختار ج3، ص528. قلت لا يتصور وطء الزوجة في الدبر في غير خلوة في حكم الشرع اتفاقا.
[2] سورة الأحزاب، الآية رقم (49).
[3] ينظر، زين الدين بن ابراهيم (ابن نجيم)، البحر الرائق، ج4، ص140.
[4] ابن عادبدين، حاشية ابن عابدين، ج5، ص216.
[5] الشيخ زكريا الأنصاري، أسنى المطالب، ج3، ص186. الشيخ محمد الشربيني الخطيب، الإقناع، ج2،ص442.
[6] سورة الأحزاب، الآية رقم (49).

وجه الدلالة من الآية أن اللـه عَزَّ وَجَلَّ لم يوجب على المطلقة التي لم يمسها زوجها العدة، فدل على أن التي مسها زوجها وطلقها أن عليها العدة، والموطوءة في الدبر هي ممن مسها زوجها بدليل أنه يطلق على فعل الزوج هذا بأنه وطء في الدبر، والوطء مس للزوجة، فتجب عليها العدة[1].

ثانيا: المعقول:

1- إن الحكمة من العدة هي التعرف على براءة الرحم، ومن الممكن أن يدخل ماء الرجل فرج المرأة أثناء الوطء في الدبر أو بعده، ومما لا خلاف فيه أن دخول المني في فرج المرأة يوجب العدة، حتى وإن كان بفعل منها دون الوطء، عليه فتجب العدة لاحتمال دخول المني فرج المرأة احتياطا[2].

2- قياسا على وجوب العدة بالخلوة الصحيحة، فالحنفية حينما أوجبوا العدة على المطلقة المختلى بها خلوة صحيحة قالوا إنما ذلك للاحتياط، عليه فالقول بوجوب العدة على الموطوءة في الدبر احتياطا أولى لاحتمال حدوث الحمل.

الرأي الراجح:

الذي يبدو أن الراجح هو ما ذهب إليه الشافعية لقوة أدلتهم، ولأن القصد من العدة هو التعرف على براءة الرحم، وبالوطء في الدبر قد يحدث حمل بدخول المني فرج المرأة فتجب العدة لأنه مظنة وجود الحمل و اللـه أعلم.

---

(1) ينظر الشيخ محمد الشربيني الخطيب، مغني المحتاج، ج5، ص167.
(2) ينظر المصدر نفسه، ج5، ص167.

المبحث الثانـي
الخلاف في حقيقة القرء

للخلاف في حقيقة القرء في قوله تعالى: ﴿ وَٱلْمُطَلَّقَٰتُ يَتَرَبَّصْنَ بِأَنفُسِهِنَّ ثَلَٰثَةَ قُرُوٓءٍ ﴾[1].
أثر في الخلاف في المدة التي بها تنقضي العدة وسوف نخصص المطلبين الآتيين لدراسة هذا الخلاف:

المطلب الأول
الخلاف في حقيقة القرء

لا خلاف بين أهل اللغة في أن القرء من الأسماء المشتركة يؤنث ويراد به الحيض ويذكر ويراد به الطهر على طريق الاشتراك، فيكون حقيقة لكل واحد منهما كما في سائر الأسماء المشتركة[2]. فالقرء اسم مشترك يطلق على الطهر والحيض جميعا[3]. فقد استعمل في الحيض ومنه قوله ﷺ ((المستحاضة تدع الصلاة أيام أقرائها))[4]. ومنه أيضا قول

يا رب ذي ضغـن علـي فـارض   لـه قـروء كقـروء الحائـض[5].

وأما استعماله في الطهر فلما روي أن رسول الله قال لعبد الله بن عمر ﷺ إن من السنة أن تستقبل الطهر استقبالا فتطلقها لكل قرء تطليقة أي طهر[6]. ومنه أيضا قول الشاعر

أفي كل عام أنت جاشـم غـزوة   تشـد لأقصاهـا غريـم عزائكـا
مورثـة مـالا وفي الحـي رفعـة   لما ضـاع فيها من قروء نسائكـا[7].

يريد بذلك الشاعر أن أطهار نسائه قد ضاعت دون جماع.

وهذا هو محل اتفاق بين الحنفية والشافعية ولكن الخلاف بينهما قائم في لفظ القروء الوارد في قوله تعالى: ﴿ وَٱلْمُطَلَّقَٰتُ يَتَرَبَّصْنَ بِأَنفُسِهِنَّ ثَلَٰثَةَ قُرُوٓءٍ ﴾[8]. هل يقصد به الطهر أم الحيض.

---

(1) سورة البقرة، الآية رقم (228).
(2) الإمام الكاساني، بدائع الصنائع، ج3، ص191.
(3) الإمام البغوي، التهذيب، ج6، ص233.
(4) الترمذي، سنن الترمذي، ج1، ص220 . ابن ماجه، سنن ابن ماجه،ج1، ص204.
(5) السرخسي، المبسوط، ج6، ص14. لم أقف على صاحب البيت.
(6) الإمام الكاساني، بدائع الصنائع، ج3، ص194.
(7) الماوردي، الحاوي الكبير، ج11، 164. والبيتان للأعشى ينظر المغرب في ترتيب المعرب، أبو الفتح ناصر الدين بن عبد السيدبن علي بن المطرز، تحقيق محمود فاخوري و عبدالحميد مختار، ج2، ط1، مكتبة أسامة بن زيد - حلب، سنة الطبع 1979م، ض165.
(8) سورة البقرة، الآية رقم (228).

مذهب الحنفية:

الذي عليه الحنفية أن لفظ القرء في القرآن الكريم يراد به الحيض، فالمطلقة عليها أن تتربص ثلاث حيض كي تنقضي عدتها، وهو قول الخلفاء الأربعة وابن عباس وابن مسعود وبه قال الأوزاعي والثوري[1]. واستدلوا بما يأتي:

أولا: الكتاب:

1- قوله تعالى: ﴿ وَٱلْمُطَلَّقَٰتُ يَتَرَبَّصْنَ بِأَنفُسِهِنَّ ثَلَٰثَةَ قُرُوٓءٍ ﴾[2].

وجه الدلالة من الآية أن الله عز وجل قد أمر بالاعتداد بثلاثة قروء، ولو حمل القرء على الطهر لكان الاعتداد بطهرين وبعض الثالث، لأن بقية الطهر الذي صادفه الطلاق محسوب من الأقراء، والثلاثة اسم لعدد مخصوص، والاسم الموضوع لعدد لا يقع على ما دونه، فيكون الحمل على الطهر تركا للعمل بالكتاب. ولو حملناه على الحيض يكون الاعتداد بثلاث حيض كوامل، لأن ما بقي من الطهر غير محسوب من العدة، فيكون عملا بالكتاب، فكان الحمل على الحيض أولى[3].

2- قوله تعالى: ﴿ وَٱلَّٰٓـِٔي يَئِسْنَ مِنَ ٱلْمَحِيضِ مِن نِّسَآئِكُمْ إِنِ ٱرْتَبْتُمْ فَعِدَّتُهُنَّ ثَلَٰثَةُ أَشْهُرٍ وَٱلَّٰٓـِٔي ﴾[4].

وجه الدلالة من الآية أن الله عز وجل قد نقل العدة إلى الأشهر عند عدم الحيض، والنقل إلى البدل (الأشهر) إنما يكون عند عدم الأصل (الحيض) فهو تنصيص على أن المراد بالقرء الحيض لا الطهر[5]. كما في قوله تعالى: ﴿ فَلَمْ تَجِدُوا۟ مَآءً فَتَيَمَّمُوا۟ صَعِيدًا طَيِّبًا ﴾[6]. لما شرط عدم الماء (وهو الأصل) عند ذكر البدل وهو التيمم، دل أن التيمم بدل عن الماء، فكان المراد منه الغسل المذكور في آية الوضوء وهو الغسل بالماء[7].

ثانيا: السنة:

1- عن عائشة أن رسول الله ﷺ قال طلاق الأمة تطليقتان وعدتها حيضتان[8]. كذا روي عن ابن عمر عن النبي ﷺ[9].

---

(1) المرغيناني، الهداية، ج2، ص28. السرخسي، المبسوط، ج6، ص13. التهذيب، ج6، ص233.
(2) سورة البقرة، الآية رقم (228).
(3) الإمام الكاساني، بدائع الصنائع، ج3، ص194. الزيلعي، تبيين الحقائق، ج3، ص26. الدر المختار ج3،ص505.
(4) سورة الطلاق، الآية رقم (4).
(5) ينطر السرخسي، المبسوط، ج6، ص14.
(6) سورة المائدة، الآية رقم (6).
(7) الإمام الكاساني، بدائع الصنائع، ج3، ص194.
(8) أبو داود، سنن أبي داود، ج2، ص257. محمد بن يزيد أبو عبدالله ابن ماجه القزويني، سنن ابن ماجه، ج1، ص672. الترمذي، سنن الترمذي، ج3، ص488. واللفظ للترمذي.
(9) الدار قطني، سنن الدارقطني، ج4، ص38.

وجه الدلالة من الحديث أن الرسول ﷺ قد جعل انقضاء عدة الأمة بالحيض، ومعلوم أنه لا تفاوت بين الحرة والأمة في العدة فيما يقع به الانقضاء، إذ الرق أثره في تنقيص العدة التي تكون في حق الحرة لا في تغيير أصل العدة بالإجماع، فدل على أن أصل ما تنقضي به العدة هو الحيض[1].

ولكن يرد على هذا بأن الحديث ضعيف لا يصلح للاحتجاج به. فأما حديث عائشة فقد قال أبو داود "هو حديث مجهول"[2]. وقال أبو عيسى حديث عائشة حديث غريب لا نعرفه مرفوعا إلا من حديث مظاهر بن أسلم، ومظاهر لا نعرف له في العلم غير هذا الحديث[3].

وأما حديث ابن عمر فقد تفرد به عمر بن شبيب مرفوعا وكان ضعيفا، والصحيح عن بن عمر ما رواه سالم ونافع عنه من قوله[4]. لذا قال الخطابي الحديث حجة لأهل العراق إن ثبت ولكن أهل الحديث ضعفوه [5].

2- قوله ﷺ لفاطمة بنت قيس ((إذا أتاك قرؤك فدعي الصلاة)).

3- قوله ﷺ ((المستحاضة تدع الصلاة أيام اقرائها)).

وجه الدلالة في الحديثين الثاني والثالث من وجهين:

أحدهما: أن الرسول ﷺ قد فسر القرء بالحيض فمعنى الحديث الثاني إذا أتاك حيضك فدعي الصلاة، لأن المرأة إنما يحرم عليها الصلاة أيام حيضها ونفاسها. وأما الحديث الثالث فقد بين الرسول ﷺ فيه أن المستحاضة تدع الصلاة أيام إقرائها.(أي أيام حيضها)[6].

الثاني: إنه عند اختلاف أهل اللغة يجب المصير إلى لغة رسول الـلـه ﷺ فإن الصحابة رضوان الـلـه عليهم لما اختلفوا في التابوت والتابوه رجحوا لغة رسول الـلـه ﷺ وقالوا اكتبوا بالتاء. والقرء في لغة رسول الـلـه ﷺ الحيض كما مر، فيجب المصير إليه[7].

4- روي عن عائشة رضي الـلـه عنها أنها قالت "أمرت بريرة أن تعتد بثلاث حيض" وفي الزوائد إسناده صحيح ورجاله موثقون. قال الشيخ الألباني : صحيح[8]. والحديث هذا على شرط الشيخين، هو في أعلى درجات الصحة[9]. فالحديث إذا نص في الباب

---

[1] ينظر علاء الدين السمرقندي، تحفة الفقهاء، ج2، ص245. الإمام كمال الدين ابن الهمام، شرح الفتح القدير، ج4، ص311.
[2] أبو داود، سنن أبي داود، ج2، ص257.
[3] الترمذي، سنن الترمذي، ج3، ص488 .
[4] الدار قطني، سنن الدارقطني، ج4، ص38. البيهقي، سنن البيهقي الكبرى، ج7، ص369.
[5] عبدالـلـه بن يوسف أبو محمد الزيلعي، نصب الراية، ج3، ص226.
[6] أبوبكر محمد بن علي الحدادي العبادي، الجوهرة النيرة، ج2، ص74.
[7] السرخسي، المبسوط، ج6، ص14. ينظر المرغيناني، الهداية، ج2، ص28. أبوبكر محمد بن علي الحدادي العبادي، الجوهرة النيرة، ج2، ص74.
[8] ابن ماجه، سنن ابن ماجه، ج1، ص671.
[9] عبدالـلـه بن يوسف أبو محمد الزيلعي، نصب الراية، ج3، ص198. فتح باب العناية، ج2، ص167.

ثالثا: المعقول:

وأما المعقول فهو أن هذه العدة وجبت للتعرف على براءة الرحم، والعلم ببراءة الرحم يحصل بالحيض لا بالطهر، فكان الاعتداد بالحيض لا بالطهر[1].

مذهب الشافعية:

القرء بفتح القاف هو الطهر، فعدة المطلقة المدخول بها ثلاثة أطهار، فإذا طعنت في الحيضة الثالثة فقد انقضت عدتها، ولا سيل للزوج عليها بعد ذلك[2]. وبه قال ابن عمر وزيد بن ثابت وعائشة من الصحابة ومن التابعين فقهاء المدينة السبعة والزهري وربيعة ومالك[3]. رضي اللـه عنهم واستدلوا بما يأتي:

أولا: الكتاب:

1- قوله تعالى:﴿ يَـٰٓأَيُّهَا ٱلنَّبِيُّ إِذَا طَلَّقۡتُمُ ٱلنِّسَآءَ فَطَلِّقُوهُنَّ لِعِدَّتِهِنَّ ﴾[4].

وجه الدلالة من الآية أن اللـه عَزَّ وَجَلَّ قد أمر الأزواج بأنهم إذا طلقوا فعليهم أن يطلقوا في وقت العدة، أي في وقت تستقبل فيه المرأة العدة، وإنما يكون ذلك في وقت الطهر لأنها لو طلقت حائضا لم تكن مستقبلة عدتها إلا بعد الحيض[5]. فيكون معنى قوله تعالى (لعدتهن) أي في زمن العدة، كما في قوله تعالى: ﴿ وَنَضَعُ ٱلۡمَوَٰزِينَ ٱلۡقِسۡطَ لِيَوۡمِ ٱلۡقِيَٰمَةِ ﴾(47) سورة الأنبياء. والمراد به في يوم القيامة. فزمن العدة هو الطهر لأن الطلاق في الحيض محرم بالاتفاق[6]. بدليل أن ابن عمر لما طلق امرأته وهي حائض في عهد النبي ﷺ فسأل عمر رسول اللـه ﷺ عن ذلك فقال رسول اللـه ﷺ: مره فليراجعها ثم ليمسكها حتى تطهر ثم تحيض ثم تطهر ثم إن شاء أمسك بعد وإن شاء طلق قبل أن يمس، فتلك العدة التي أمر اللـه عَزَّ وَجَلَّ أن تطلق لها النساء. عليه فـ"لو كان القرء هو الحيض لكنا مأمورين بالحرام[7]. وهو ممتنع بالاتفاق.

ولكن يرد على هذا بأن الآية ليست نصا في الدلالة على أن القرء إنما هو الطهر، وإنما يجوز أن يكون المراد به أي طلقوهن في الوقت الذي يشرعن فيه في العدة، وهذا أيضا يصدق على الطلاق وقت الحيض، إذ تشرع في العدة بعد الطلاق سواء كان في وقت الطهر أم الحيض، لذا نرى بأن

---

(1) ينظر علاء الدين السمرقندي، تحفة الفقهاء، ج2، ص245. الإمام كمال الدين ابن الهمام، شرح الفتح القدير، ج4، ص311. البابرتي، العناية شرح الهداية، ج4، ص309.

(2) الإمام الشافعي، الأم، ج5، ص302. أبو الفضل ولي الدين البصير الشافعي، النهاية، ص276.

(3) العمراني، البيان في فقه الامام الشافعي، ج11، ص10. الشيخ محمد الشربيني الخطيب، الإقناع، ج2، ص467الشيخ سليمان البجيرمي، حاشية البجيرمي على الخطيب، ج4، ص49.

(4) سورة الطلاق، الآية رقم (1).

(5) الإمام الشافعي، الأم، ج5، ص302.

(6) الشيخ زكريا الأنصاري، أسنى المطالب، ج3، ص389.

(7) التجريد لنفع العبيد، ج4، ص79.

البجيرمي من الشافعية حينما يستدل بهذه الآية للدلالة على أن القرء هو الحيض يقول" وفي الاستدلال به شيء، لأنها ليست نصا في أن المراد بالأقراء الأطهار"[1].

2- قوله تعالى: ﴿ وَٱلْمُطَلَّقَٰتُ يَتَرَبَّصْنَ بِأَنفُسِهِنَّ ثَلَٰثَةَ قُرُوٓءٍ ﴾[2].

وجه الدلالة في الآية أن الـلـه ﷻ قد أثبت الهاء في الثلاثة وإثباتها يكون في معدود مذكر، فإن أريد مؤنثا حذفت كما يقال: ثلاثة رجال، وثلاث نسوة، والطهر مذكر والحيض مؤنث، فوجب أن يكون جمع المذكر متناولا للطهر المذكر دون الحيض المؤنث[3].

ولكن رد على هذا بأن إدخال الهاء في الثلاثة لا يدل على أن المراد من القرء هو الطهر، لأن اللغة لا تمنع من تسمية شيء واحد باسم التذكير والتأنيث، كالبر والحنطة، فيقال هذا البر وهذه الحنطة، وإن كانت البر والحنطة شيئا واحدا، فكذا القرء والحيض أسماء للدم المعتاد وأحد الاسمين مذكر وهو القرء فيقال ثلاثة قروء والآخر مؤنث وهو الحيض فيقال ثلاث حيض[4].

ثانيا: الآثار:

رويت آثار عن عدد من الصحابة رضي الـلـه عنهم منهم عائشة وعروة بن الزبير وزيد بن ثابت وعبد الـلـه بن عمر أنهم قالوا: إذا طعنت المطلقة في الدم من الحيضة الثالثة فقد برئت منه[5]. وعند عائشة زيادة وهي " والنساء أعلم بهذا"[6]. وليست هذه الزيادة من تعقيبات الشافعي ﵁ على أثر عائشة، كما ذكره الدكتور عبد الكريم زيدان[7]. بل هو من كلام عائشة رضي الـلـه عنها.

روي عن عائشة رضي الـلـه عنها أنها قالت "هل تدرون ما الأقراء ؟ الأقراء الأطهار"[8].

وجه الدلالة من هذه الآثار أن المطلقة لا تنقضي عدتها بالطعن في الحيضة الثالثة إلا إذا كان الطلاق في وقت الطهر واعتبار الطهر الذي طلق فيه زوجته من العدة. فنكون أمام طهرين وبعض من الطهر، وبالطعن في الحيضة الثالثة تكون قد انقضت عدتها، ولا يتحقق ذلك إلا إذا اعتبرنا الثلاثة قروء بأنها ثلاثة أطهار.

ثالثا: المعقول:

إن الطلاق إنما أبيح في الطهر وحظر في الحيض ليكون تسريحا بإحسان، يتعجل به انقضاء العدة وتخفف به أحكام الفرقة، وانقضاء العدة بالطهر أعجل من انقضائها بالحيض ابتداء وانتهاء،

---

(1) الشيخ سليمان البجيرمي، حاشية البجيرمي على الخطيب، ج4، ص49.
(2) سورة البقرة، الآية رقم (228).
(3) الماوردي، الحاوي الكبير ، ج11، ص167. وينظر العمراني، البيان في فقه الامام الشافعي، ج11، ص10
(4) الإمام الكاساني، بدائع الصنائع، ج3، ص305.
(5) الإمام الشافعي، أحكام القرآن، ج1، ص243.
(6) الإمام أبو إبراهيم اسماعيل بن يحيى بن اسماعيل المزني، مختصر المزني، ص287.
(7) عبد الكريم زيدان، المفصل في أحكام المرأة والبيت المسلم، ج9، ص144.
(8) الدار قطني، سنن الدارقطني، ج1، ص214. سنن سعيد بن منصور، ج1، ص294.

ففي الابتداء فإنها تعتد عندنا بالطهر الذي طلقت فيه ولا تعتد عندهم بالحيض الذي طلقت فيه. وأما في الانتهاء فلأن العدة عندنا تنقضي بالدخول في الحيضة الأخيرة وتنقضي عندهم باستكمال الحيضة الأخيرة، فما وافق مقصود الإباحة كان أولى بالمراد مما وافق مقصود الحظر(1).

رابعا: اللغة:

إن القرء اسم وضع لمعنى، فلما كان الحيض دما يرخيه الرحم فيخرج. والطهر دم يحتبس فلا يخرج. كان معروفا من لسان العرب أن القرء الحبس، لقول العرب هو يقري الماء في حوضه وفي سقائه. وتقول العرب: هو يقري الطعام في شدقه يعني يحبس الطعام في شدقه، وما وافق الاشتقاق كان اعتباره أولى من مخالفته(2).

موقف المشرع العراقي:

لم يحدد المشرع العراقي في قانون الأحوال الشخصية العراقي المقصود من القروء وإنما أتى بنص حدد فيه أن عدة المدخول بها ذات الحيض هي ثلاثة قروء كما هو منصوص عليه في الفقرة (1) من المادة (48). عليه يكون الحكم هنا متروكا للعمل بالفقه الإسلامي. والقضاء في العراق سار على مذهب الحنفية فاعتبر القرء حيضا.

الرأي الراجح:

قلت فائدة الخلاف بين الحنفية والشافعية تبرز في طول العدة. فعند الحنفية لا تنقضي العدة إلا بعد أن تنتهي المطلقة من الحيضة الثالثة، وبذلك تكون قد اعتدت بثلاث حيض كوامل.وعند الشافعية تنقضي عدتها بالطعن في الحيضة الثالثة، أي بطهرين كاملين وبعض الطهر، قلت وهذا بحد ذاته دليل على أن القرء هو الحيض لا الطهر.

وأما الراجح فالذي يبدو أن الراجح هو ما ذهب إليه الحنفية لقوة أدلتهم، من كتاب وسنة وآثار ومعقول، فهو الرأي الموافق لما تدل عليه تلك النصوص و الـلـه أعلم.

المطلب الثانـي
الخلاف في أقل مدة تنقضي بها العدة

إن هذا الخلاف مبني على الخلاف الذي قبله فيما هو القرء هل هو الحيض أم الطهر، مع الأخذ بنظر الاعتبار أقل الحيض والطهر؟

(1) الماوردي، الحاوي الكبير ، ج11، ص170.
(2) الإمام الشافعي، الأم، ج5، ص302. الشيخ محمد الشربيني الخطيب، مغني المحتاج، ج5، ص167.

فعند أبي حنيفة أن أقل مدة للحيض هي خمسة أيام، وعند صاحبيه إن أقل الحض هو ثلاثة أيام[1].

وأما عند الشافعية فإن أقل الحيض يوم وليلة[2].

وأما أقل الطهر فهو خمسة عشر يوما عند الجميع بلا خلاف.

عليه فإن أقل مدة تنقضي به العدة عند الحنفية تسعة وثلاثون يوما، وذلك كما إذا طلقها في آخر الطهر فإنها تستقبل الحيض ثلاثة أيام والطهر الذي بعده خمسة عشر يوما، ثم الحيض ثلاثة أيام والطهر الذي بعده خمسة عشر يوما، ثم الحيض ثلاثة أيام وبانقضاء الثلاثة والدخول في الطهر بلحظة تنقضي عدتها فهذه. والذي يبدو أن هذا هو المذهب عند الحنفية وأما اعتبار الحيض خمسة أيام، ومن ثم اعتبار أقل مدة تنقضي بها العدة ستون يوما فرواية عن أبي حنيفة[3]. ولكن المذهب ما ذكرناه و اللـه أعلم[4].

وأما أقل مدة تنقضي بها العدة عند الشافعية في اثنان وثلاثون يوما ولحظتان، وذلك إذا طلقها في آخر لحظة من الطهر فإنها تستقبل الحيض يوما واحدا، ثم الطهر خمسة عشر يوما، ثم الحيض يوما واحدا والطهر خمسة عشر يوما، فإذا طعنت في الحيض ولو لحظة فقد انقضت عدتها، فهذه اثنان وثلاثون يوما ولحظتان[5].

عليه فإننا حينما رجحنا مذهب الحنفية في اعتبار القرء حيضا فإن الراجح هنا أيضا مذهب الحنفية فإن أقل مدة تنقضي بها العدة هي تسع وثلاثون يوما و اللـه أعلم.

---

(1) قدرالأحناف أقل الحيض بثلاثة أيام للنصوهو ما روى أبو أمامة الباهلي رضي الله عنه أن النبي ﷺ قال "أقل الحيض ثلاثة أيام وأكثره عشرة أيام " وهو مروي عن عمر وعلي وابن مسعود وابن عباس وعثمان بن أبي العاصالثقفي وأنس بن مالك رضي اللـه عنهـم. ثم المقادير لا تعرف قياسا فما نقل عنهم كالمروي عن رسول اللـه ﷺ. ينظر السرخسي، المبسوط، ج3، ص146.

(2) الإمام النووي، المجموع، ج2، ص381.

(3) الإمام الكاساني، بدائع الصنائع، ج3، ص198.

(4) ينظر المرغيناني، الهداية، ج2، ص30. علاء الدين السمرقندي، تحفة الفقهاء، ج1، ص33. فتـاوى السغدي ج1، ص133.

(5) أبوبكر الدمياطي، إعانة الطالبين، ج4، ص49.

المبحث الثالث
الخلاف في عدة المرأة
من حيث كونها ذات قرء أم لا وانتقالها

للمرأة حالات فقد تكون ذات قرء أو ممتدة الطهر أو يائسة أو مستحاضة ولكل حالة من هذه الحالات عدتها الخاصة وقد تنتقل عدتها من كونها ذات قرء إلى عدة الآيسات وكذا العكس. وسوف يتم تخصيص المطلبين الآتيين لدراسة هذه المسائل:

المطلب الأول
عدة المرأة حسب حالتها

المرأة من حيث كونها ذات قرء أم لا قد تعتريها حالات عدة ولكل حالة حكم خاص فيما يتعلق بالعدة وتلك الحالات هي:

أولا: المرأة ذات القرء:

لا خلاف ين الحنفية والشافعية في أن عدة المرأة المطلقة ذات القروء إنما عدتها ثلاثة قروء لقوله تعالى (والمطلقات) على خلاف بينهم فيما هو القرء؟ هل هو الحيض أم الطهر؟

ثانيا: المرأة الممتدة الطهر:

والمقصود بذلك هي المرأة التي حاضت حيضة أو اثنتين ثم ارتفع حيضها ولم يعرف سبب ارتفاعها، فلا خلاف بين الحنفية والشافعية أيضا بأن عدتها أن تنتظر إلى أن يأتيها الحيض مرة أخرى فإن استمر انقطاعه فإنها تنتظر إلى أن تبلغ سن اليأس (على خلاف بين الحنفية[1]. والشافعية[2]. في

---

(1) سن اليأس عند الأحناف مختلف فيه فمنهم من قال بأنه ستون ومنهم من قال بأنه سبعون والذي عليه أكثر المشايخ أنه خمس وخمسون ينظر حسن بن عمار الوفائي الشرنبلالي، مراقي الفلاح شرح نور الإيضاح، دون عدد ومكان وسنة الطبع، ص84. وينظر أبوبكر محمد الحدادي العبادي، الجوهرة النيرة، ج2، ص77. والذي يبدو عند الأحناف أن الإياس لا يحدد بمدة بل هو أن تبلغ من السن ما لا تحيض مثلها فيه. الدر المختار ج1، ص303.

(2) الأشهر عند الشافعية أنه اثنتان وستون سنة وقيل ستون وقيل خمسون وقيل تسعون قال السرخسي: ورأينا امرأة حاضت لتسعين وبم يعتبر اياسها؟ قيل باياس أقاربها من الأبوين لتقاربهن في الطبع ونصعليه الشافعي ورجحه الرافعي في المحرر. ينظر العلامة تقي الدين الحصني الدمشقي، الامام تقي الدين الحسيني الحصني، كفاية الأخيار، ج1، ص558. قلت وبهذا يتبين أن المعيار في تحديد سن اليأس عند الأحناف والشافعية واحد. وأما الرافعي فهو عبد الكريم بن محمد بن عبد الكريم بن الفضل الإمام أبو القاسم إمام الدين الرافعي القزويني الشافعي(557 - 623 هـ) نسبة إلى (رافع بن خديج) الصحابي. قال أبو عبد اللـه محمد بن محمد الإسفرايني: كان الرافعي أوحد عصره في العلوم الدينية أصولا وفروعا ومجتهد زمانه في المذهب وفريد وقته في التفسير كان له مجلس بقزوين للتفسير ولتسميع الحديث. صنف شرحا لمسند الشافعي و شرحا للوجيز وآخر أوجز منه وكان زاهدا ورعا متواضعا ينظر طبقات المفسرين للسيوطي، ج1، ص60. الرسالة المستطرفة لمحمد بن جعفر الكتاني، ج1، ص129.

سن اليأس). ثم تعتد بثلاثة أشهر وبانتهاء الشهر الثالث تنقضي عدتها[1]. ولكن مما ينبغي الإشارة إليه أن المالكية قد جعلوا العدة على ممتدة الطهر سنة كاملةمن يوم ارتفاع حيضها إذا لم تكن قد بلغت سن اليأس، يقول صاحب الشرح الكبير "إذا تأخر حيض المطلقة بلا سبب أصلا أو بسبب أنها مرضت قبل الطلاق أو بعده فانقطع حيضها تربصت تسعة من الأشهر استبراء لزوال الريبة لأنها مدة الحمل غالبا ثم اعتدت بثلاثة وحلت بعد السنة حرة أو أمة[2].

قلت وهذا هو الراجح لاشتمال السنة على القروء الثلاثة والتحقق من عدم وجود الحمل و الـلـه أعلم.

ثالثا: المرأة التي لا حيض لها:

المرأة التي لا حيض لها إما أن تكون لم تحض أصلا وإن كانت بالغة فعدتها إن طلقت ثلاثة أشهر وكذلك إن كانت ذات حيض ولكن انقطع حيضها لكبر بأن تكون قد بلغت سن اليأس فعدتها ثلاثة أشهر لقوله تعالى (واللائي) [3].

وهذا ما نص عليه المشرع العراقي في الفقرة (2) من المادة (48) من قانون الأحوال الشخصية.

رابعا: المرأة المستحاضة:

وهي التي يستمر عندها خروج الدم في أيام الحيض وبعدها. وهي إما أن تكون تعرف أيام حيضها وتستطيع أن تفرق بين الحيض وغيره فعدتها ثلاث حيض عند الحنفية وثلاث طهر عند الشافعية.

وأما إن كانت ممن لا تعريف أيام حيضها كأن تكون نسيتها ولا تسطيع أن تفرق بين دم الحيض ودم الاستحاضة فقد حصل خلاف بين الحنفية والشافعية في عدتها

مذهب الحنفية:

الذي عليه الحنفية كما ذكره صاحب الدر المختار أن المستحاضة التي نسيت أيام عادتها إنما تعتد بسبعة أشهر " وعلى هذا الأساس ذهب الكثير من الباحثين إلى أن عدة المستحاضة التي نسيت أيام حيضها سبعة أشهر عند الحنفية"[4]. بحجة أن ستة أشهر إنما هي للأطهار وشهرا عن ثلاث حيض فمجوعها سبعة أشهر[5].

---

(1) الإمام كمال الدين ابن الهمام، شرح الفتح القدير، ج2، ص368. الامام تقي الدين الحسيني الحصني، كفاية الأخيار، ج1، ص558.
(2) أبو البركات سيدي أحمد الدردير، الشرح الكبير، ج2، ص470.
(3) الشيخ عبد الغني الغنيمي، اللباب في شرح الكتاب، ج3، ص20. الشيرازي، المهذب، ج3، ص118.
(4) منهم الدكتور عبد الكريم زيدان، المفصل في أحكام المرأة والبيت المسلم، ج9، ص155.
(5) علاء الدين الحصكفي، الدر المختار، ج3، 509.

والذي يبدو أن هذا أحد القولين في المذهب، وأما القول الآخر فهو العدة بالأشهر أي بثلاثة أشهر[1]. ومن الممكن أن يكون هذا هو الراجح يقول صاحب شرح فتح القدير "المستحاضة التي نسيت عادتها، وهو مما يلغز فيه فيقال: مطلقة شابة ترى ما يصلح حيضا في كل شهر فعدتها بالحيض، لكن لما نسيت عادتها جاز كونها (العادة) أول كل شهر أو آخره. فإذا قدرت بثلاثة أشهر علم أنها حاضت ثلاث حيض بيقين، بخلاف التي لم تنس فإنها ترد إلى أيام عادتها وأعلم إن إطلاقهم في الإنقضاء بثلاثة أشهر في المستحاضة الناسية لعادتها لا يصح إلا فيما إذا طلقها أول الشهر أما لو طلقها بعد ما مضى من الشهر قدر ما يصح حيضة ينبغي أن يعتبر ثلاثة أشهر غير باقي هذا الشهر"[2].

عليه فالراجح عند الحنفية أن عدتها إنما هي بالأشهر كما هو الحكم عند الشافعية و اللـه أعلم.

مذهب الشافعية:

المستحاضة التي لا تعرف أيام حيضها وطهرها إنما تعتد بثلاثة أشهر[3]. واستدلوا بما يأتي:

أولا: الكتاب:

قوله تعالى: ﴿ وَٱلْمُطَلَّقَٰتُ يَتَرَبَّصْنَ بِأَنفُسِهِنَّ ثَلَٰثَةَ قُرُوٓءٍ ﴾[4].

إن الشهر الواحد غالبا يشتمل على حيض واحد وطهر واحد فبانقضاء ثلاثة أشهر تكون قد مرت عليها ثلاثة قروء وهي عدة المطلقة بنص القرآن[5].

ثانيا: المعقول:

إن إلزام المستحاضة المتحيرة بالانتظار أكثر من ثلاثة أشهر فيه مشقة كبيرة على المعتدة، ومعلوم أن من قواعد الشريعة التيسير ورفع الخرج، وخاصة إذا علم أن بتربصها ثلاثة أشهر تكون قد اعتدت ثلاثة قروء[6]. فلا حاجة لإلزامها بأكثر من المدة المحددة لها شرعا.

الرأي الراجح:

الذي يبدو أن الراجح هو ما ذهب إليه الشافعية لقوة أدلتهم، فهو الموافق لما يدل عليه الكتاب، إذ تكون المرأة قد اعتدت بثلاثة قروء لو تربصت ثلاثة أشهر وهو الواجب على المرأة المطلقة بنص القرآن و اللـه أعلم.

---

(1) ابن عابدين، حاشية ابن عابدين، ج5، ص189.
(2) الإمام كمال الدين ابن الهمام، شرح الفتح القدير، ج4، ص312. بشئ من الإختصار.
(3) الشيخ محمد الشربيني الخطيب، مغني المحتاج، ج5، ص167.
(4) سورة البقرة، الآية رقم (228).
(5) أبوبكر الدمياطي، إعانة الطالبين،ج4، ص40.
(6) الإمام النووي، روضة الطالبين، ج8، ص369. الشيخ محمد الشربيني الخطيب، مغني المحتاج، ج5، ص167.

المطلب الثاني
الخلاف في انتقال العدة
(عدة المطلقة في مرض الموت لو توفي زوجها)

لا خلاف بين الحنفية والشافعية في أن المطلقة التي لم تحض سواء كانت صغير أو كبيرة، أو كانت قد حاضت حيضة أو حيضتين أثناء العدة ثم انقطع حيضها لبلوغها سن اليأس، أنها تنتقل إلى العدة بالأشهر لقوله تعالى: ﴿ وَٱلَّٰٓـِٔي يَئِسۡنَ مِنَ ٱلۡمَحِيضِ مِن نِّسَآئِكُمۡ إِنِ ٱرۡتَبۡتُمۡ فَعِدَّتُهُنَّ ثَلَٰثَةُ أَشۡهُرٖ وَٱلَّٰٓـِٔي لَمۡ يَحِضۡنَ ﴾[1].

كما أنه لا خلاف بينهما في أن المطلقة التي لم تحض أصلا أو انقطع حيضها لبلوغها سن اليأس تنتقل عدتها من الأشهر إلى القروء لو أنها حاضت ولو بلحظة قبل انتهاء عدتها بالأشهر، لقوله تعالى: ﴿ وَٱلۡمُطَلَّقَٰتُ يَتَرَبَّصۡنَ بِأَنفُسِهِنَّ ثَلَٰثَةَ قُرُوٓءٖ ﴾[2]. لأنها عندئذ تكون قادرة على الاعتداد بالقروء فلا تنتقل إلى البدل (الأشهر) لوجود الأصل (القرء) كالذي يجد الماء فإنه لا يتيمم للصلاة بل يتوضأ لأنه الأصل[3].

كما أنه لا خلاف بين الحنفية والشافعية في أن المطلقة طلاقا رجعيا لو توفي زوجها وهي في العدة فإنها تعتد بعدة الوفاة من تأريخ وفاة زوجها، لقوله تعالى {وَالذينَ يتَوَفونَ منكم وَيَذَرونَ أَزوَاجا يَتَربصنَ بأَنفسهن أَربَعَةَ أَشهر وَعَشرا} (234) سورة البقرة. ولكن حصل بين الحنفية والشافعية خلاف فيما لو طلقها زوجها المريض مرض الموت طلاقا بائنا، ثم توفي وهي في العدة، فهل تبقى على عدتها عدة المطلقة أم أنها تعتد بأبعد الأجلين من أربعة أشهر وعشرة أيام أو ثلاث حيض؟

مذهب الحنفية:

الذي عليه الحنفية أن المطلقة طلاقا بائنا إذا ورثت من زوجها الذي طلقها فرارا من إرثها كأن يموت وهي في العدة، فعدتها أبعد الأجلين، من عدة الوفاة والعدة بأن تتربص أربعة أشهر وعشرا من وقت الموت، فإن لم تر فيها حيضا تعتد بعدها بثلاث حيض، حتى لو امتد طهرها تبقى عدتها حتى تبلغ الإياس[4]. واستدلوا بما يأتي:

---

(1) الإمام الكاساني، بدائع الصنائع، ج3، ص200. الإمام الشافعي، الأم، ج5،ص302. سورة الطلاق الآية رقم(4).
(2) سورة البقرة، الآية رقم (228).
(3) الزيلعي، تبيين الحقائق، ج3، ص30. ابن عابدين، حاشية ابن عابدين، ج5، ص190-191. الشيخ زكريا الأنصاري، أسنى المطالب، ج3، ص392. العمراني، البيان في فقه الإمام الشافعي، ج11، ص23.
(4) الشيخ عبد الغني الغنيمي، اللباب في شرح الكتاب، ج3، ص20.

إن العدة إنما تجب على الزوجة للزوج لكونها من آثار بقاء النكاح، ولما أجمع الصحابة على بقاء النكاح قائما في حق الإرث بالنسبة للمطلقة طلاقا بائنا في مرض الموت[1]. فيجعل باقيا في حق العدة احتياطا فيجمع بينهما[2]. فلتوريث المطلقة لابد من اعتبار قيام النكاح عند الموت، فإن توريثها يستلزم ذلك، ولازمه لزوم عدة الوفاة، ولازم اللازم لازم، فيلزم توريثها الإعتداد بعدة الوفاة، فتجب عدة الوفاة[3].

إن الأساس في العدة الإحتياط، فلابد من الاحتياط في العدة، وفي اعتبار العدة أبعد الأجلين أخذ بالاحتياط وهو المطلوب[4].

مذهب الشافعية:

المطلقة طلاقا بائنا في مرض الموت لا ترث زوجها وعليها عدة الطلاق من ثلاثة قروء إن كانت من ذوات الحيض أو ثلاثة أشهر إن كانت ممن لا تحيض وبه قال أبو يوسف من الحنفية[5]. واستدلوا بما يأتي:

أولا: الكتاب:

قوله تعالى: ﴿ وَٱلْمُطَلَّقَٰتُ يَتَرَبَّصْنَ بِأَنفُسِهِنَّ ثَلَٰثَةَ قُرُوٓءٍ ﴾[6].

وجه الدلالة من الآية أنها أوجبت على المطلقة عدة هي ثلاثة قروء لا غير، ولا يمكن الاستدلال بقوله تعالى: ﴿ وَٱلَّذِينَ يُتَوَفَّوْنَ مِنكُمْ وَيَذَرُونَ أَزْوَٰجًا يَتَرَبَّصْنَ بِأَنفُسِهِنَّ أَرْبَعَةَ أَشْهُرٍ وَعَشْرًا ﴾[7]. لأنها إنما أوجبت العدة أربعة أشهر على من توفي عنها زوجها، والمطلقة طلاقا بائنا لا يمكن أن تدخل في عموم هذا النص لأن الذي توفي هو مطلقها طلاقا بائنا لا زوجها، فهو أجنبي عنها، فلا تجب عليها عدة الوفاة.

ثانيا: المعقول:

1- إن من شرط أن تعتد المرأة عدة الوفاة إذا توفي عنها زوجها أن يكون النكاح بينهما قائم حقيقة أو حكما، ومن طلقت بائنا فقد انقطعت آثار الزواج بينهما، فلا تعتد عدة الوفاة بوفاته لانعدام الزوجية وقت الموت[8].

---

(1) الإمام الكاساني، بدائع الصنائع ج3، ص218. الزيلعي، تبيين الحقائق، ج3، ص29.
(2) المرغيناني، الهداية شرح البداية، ج1، ص274.
(3) الإمام كمال الدين ابن الهمام، شرح الفتح القدير، ج4، ص315.
(4) ينظر عبد الرحمن بن محمد شيخي زاده (داماد)، مجمع الانهر، ج1، ص468. الشيخ عبد الغني الغنيمي، اللباب في شرح الكتاب، ج3، ص20.
(5) الماوردي، الحاوي الكبير، ج11، ص312-313. المرغيناني، الهداية، ج1، ص274.
(6) سورة البقرة، الآية رقم (228).
(7) سورة البقرة، الآية رقم (234).
(8) ينظر الشيخ محمد الشربيني الخطيب، مغني المحتاج، ج5، ص29. المرغيناني، الهداية، ج1، ص274.

2- وأما الحجة لأبي يوسف فهي "إن بقاء النكاح قائما في حق الإرث كان لإجماع الصحابة وهذا لا يستلزم الحكم ببقائه في حق العدة فلا تتغير به العدة بخلاف الرجعي"[1]. فإرث زوجة الفار كان على خلاف القياس، ولا يمكن إلحاق العدة به لعدم الشبه.

الرأي الراجح:

الذي يبدو أن الراجح هو ما ذهب إليه الشافعية لقوة أدلتهم، فشرط وجوب عدة الوفاة إجماعا على الزوجة هو قيام النكاح إما حقيقة أو حكما، والمطلقة بائنا لا زوجية بينها وبين زوجها وقت الوفاة، فلا تجب عليها عدة الوفاة. وأما القول بأن ذلك للاحتياط فلا حاجة إليه، لأن المبانة هنا تعتد عدة المطلقة، وهي ثلاثة قروء، فإن ظهر بها حمل وأمكن نسبته إلى الزوج فإنها عندئذ تعتد بوضع الحمل و الله أعلم.

[1] الإمام كمال الدين ابن الهمام، شرح الفتح القدير، ج4، ص315.

المبحث الرابع

الخلاف في عدة الحامل

لا خلاف بين الحنفية والشافعية في أن عدة الحامل مطلقة كانت أو متوفى عنها زوجها، هي وضع الحمل لقوله تعالى: ﴿ وَأُوْلَٰتُ ٱلْأَحْمَالِ أَجَلُهُنَّ أَن يَضَعْنَ حَمْلَهُنَّ ﴾[1]. شرط أن يكون قد استبان شيء من خلقه[2].

مما هو جدير بالإشارة إليه أن المشرع العراقي قد أخذ برأي الشيعة الإمامية في عدة الحامل المتوفى عنها زوجها حيث اعتبر عدتها أبعد الأجلين من وضع الحمل أو أربعة أشهر وعشرة أيام[3].

ومما لا خلاف فيه أيضا أن انقضاء العدة بوضع الحمل لابد له من شرطين أساسين هما:

الأول: وضع الحمل:

الثاني: إمكانية نسبة الحمل إلى الزوج[4].

فالشرطان هذان وإن كانا محل اتفاق بين الحنفية والشافعية إلا أن الخلاف بينهما قائم في بعض تفاصيل هذين الشرطين. كذا يوجد بينهما خلاف فيما لو توفي من لا يتصور منه الإحبال عن امرأة حامل. عليه سنخصص المطالب الثلاثة الآتية لدراسة هذا الخلاف.

المطلب الأول

شرط وضع الحمل

لا خلاف كما قلنا بأن عدة الحامل هي وضع الحمل، ولكن حصل بينهما خلاف في صفة الوضع هذا فهل تنقضي العدة بوضع جميعه؟ أم أن العدة تنقضي بوضع أكثر الحمل؟

مذهب الحنفية:

الذي عليه الحنفية أن العدة تنقضي بوضع جميع الحمل وكذلك تنقضي بوضع أكثره، فإذا خرج من الولد نصف بدنه انقضت العدة[5] العدة واستدلوا بما يأتي:

إن للأكثر حكم الكل فإذا خرج نصفه أو أكثر فهو في حكم الكل فتنقضي به العدة[6].

---

(1) سورة الطلاق، الآية رقم (4).
(2) الإقناع، الماوردي، ج1، ص154. البابرتي، العناية شرح الهداية، ج1، ص187.
(3) نصعلى ذلك في الفقرة (3) من المادة (48).
(4) السرخسي، المبسوط، ج5، ص3. الإمام الكاساني، بدائع الصنائع، ج3، ص491. الشيخ محمد الشربيني الخطيب، مغني المحتاج، ج5، ص173.
(5) الإمام كمال الدين ابن الهمام، شرح الفتح القدير، ج4، ص313.
(6) زين الدين بن ابراهيم (ابن نجيم)، البحر الرائق، ج4، ص148. البابرتي، العناية شرح الهداية، ج1، ص187.

مذهب الشافعية:

لا تنقضي عدة الحامل إلا بوضع جميع الحمل، فلا عبرة بخروج نصف الحمل ولا أكثره، وإن كان الحمل ولدا واحدا لم تنقض العدة حتى ينفصل جميعه، وإن كان ولدين أو أكثر لم تنقض حتى ينفصل الجميع[1]. واستدلوا بما يأتي:

أولا: الكتاب:

قوله تعالى: ﴿ وَأُولَٰتُ ٱلْأَحْمَالِ أَجَلُهُنَّ أَن يَضَعْنَ حَمْلَهُنَّ ﴾[2].

وجه الدلالة من الآية أن فيها النص على أن عدة الحامل لا تنقضي إلا بوضع الحمل، وبقاء شيء من الحمل في البطن لا يكون وضعا للحمل، فلا تدخل في النص لظاهر الآية، بل لابد من تمام الانفصال كي تكون المرأة بذلك قد وضعت حملها[3]. إذ الحمل اسم لجميع ما في البطن[4].

ثانيا: المعقول:

إن القصد من العدة براءة الرحم وهي حاصلة بوضع الجميع، لا بجزء منه[5].

الرأي الراجح:

الذي يبدو أن الراجح هو ما ذهب إليه الشافعية لقوة أدلتهم إذ هو الظاهر من الآية، ثم إن الحنفية أنفسهم يرون بأن الحمل أسم لجميع ما في البطن، يقول صاحب البدائع: "إن الحمل اسم لجميع ما في الرحم قال الـلـه تعالى: ﴿ وَأُولَٰتُ ٱلْأَحْمَالِ أَجَلُهُنَّ أَن يَضَعْنَ حَمْلَهُنَّ ﴾[6]. والمراد منه جميع ما في البطن، حتى لا تنقضي العدة إلا بوضع جميع ما في الرحم"[7]. فلابد إذا من وضع الجميع كي تنقضي به العدة للنص، عليه الراجح هو ما ذهب إليه الشافعية و الـلـه أعلم.

المطلب الثاني
شرط إمكانية نسبة الحمل إلى الزوج

وهذا الشرط أيضا محل اتفاق بين الحنفية والشافعية، فلو لم يكن بالإمكان نسبة الحمل إلى الزوج فلا تنقضي به العدة. عليه فإن الحمل الذي تنقضي به العدة لابد وأن يكون مما يمكن نسبته إلى الزوج، كأن تأتي به لأكثر من ستة أشهر من تأريخ العقد إلى سنتين بلا خلاف بين الحنفية

---

[1] الإمام النووي، روضة الطالبين، ج8، ص218. الشيرازي، المهذب، ج3، ص118.
[2] سورة الطلاق، الآية رقم (4).
[3] ينظر الشيخ محمد الشربيني الخطيب، مغني المحتاج، ج5، ص172.
[4] الشيرازي، المهذب، ج3، ص118.
[5] المصدر نفسه، ج3، ص118.
[6] سورة الطلاق، الآية رقم (4).
[7] الإمام الكاساني، بدائع الصنائع، ج3، ص491.

والشافعية، وأما إن وضعت حملها لدون ستة أشهر فلا يمكن نسبته إلى الزوج لتيقن أن الحمل ليس منه اتفاقا.

وأما موطن الخلاف بين الحنفية والشافعية فيكمن فيما إذا وضعت حملها لأكثر من سنتين.

مذهب الحنفية:

الذي عليه الحنفية أن أكثر مدة الحمل هي سنتان فقط لا أكثر فإن جاءت بولد لأكثر من سنتين من تأريخ الفرقة، فلا ينسب هذا الولد إلى الزوج ولا تنقضي العدة بوضعه[1]. واستدلوا بما يأتي:

أولا: السنة:

وروي عن النبي ﷺ أنه قال: ((الولد لا يبقى في بطن أمه أكثر من سنتين)).

قلت استدل به صاحب شرح الفتح القدير[2]. ولكن لم أجده مرفوعا إلى النبي ﷺ فيما بين يدي من كتب الحديث، بل هو أثر مروي عن عائشة رضي الـلـه عنها.

ثانيا: الآثار:

روي عن عائشة رضي الـلـه عنها أنها قالت (الولد لا يبقى في البطن أكثر من سنتين ولو بظل مغزل)[3].

وجه الدلالة من هذا الأثر أن الظاهر أنها قالت ذلك سماعا من رسول الـلـه ﷺ، لأن هذا باب لا يدرك بالرأي والاجتهاد، ولا يظن بها أنها قالت ذلك جزافا وتخمينا فتعين السماع[4].

ثالثا: الاستقراء:

يمكن أن يستدل للأحناف بأنه لم يثبت أن مكث حمل في بطن أمه أكثر من سنتين، وإن وجدت فهي حالات نادرة لا يعتد بها.

مذهب الشافعية:

مذهب الشافعية أن أكثر مدة الحمل أربع سنين فإن أتت المرأة بولد إلى أربع سنين فإن إمكان نسبه إلى الزوج ممكن، وبوضعه تنقضي العدة[5]. واستدلوا بما يأتي:

أولا: الآثار:

روي أن رجلا جاء إلى عمر بن الخطاب رضي الله عنه فقال يا أمير المؤمنين إني غبت عن امرأتي سنتين فجئت وهي حبلى فشاور عمر رضي الله عنه ناسا في رجمها فقال معاذ بن جبل رضي الله عنه يا أمير المؤمنين

(1) المرغيناني، الهداية شرح بداية المبتدي، ج1، ص280.
(2) الإمام كمال الدين ابن الهمام، شرح الفتح القدير، ج3، ص443.
(3) الدار قطني، سنن الدارقطني، ج3، ص322.
(4) الإمام الكاساني، بدائع الصنائع، ج3، ص331.
(5) المصدر نفسه، ج3، ص331.

إن كان لك عليها سبيل فليس لك على ما في بطنها سبيل فاتركها حتى تضع فتركها فولدت غلاما قد خرجت ثناياه فعرف الرجل الشبه فيه فقال ابني ورب الكعبة فقال عمر رضي الله عنه عجزت النساء أن يلدن مثل معاذ لولا معاذ لهلك عمر[1].

وجه الدلالة من هذا الأثر والذي هو قضاء من عمر رضي الله عنه أن فيه دلالة على أن الحمل يبقى أكثر من سنتين[2]. وقد يقال بأنه لم ينكر عليه هذا القضاء أحد فكان بمثابة إجماع سكوتي. ومما يؤيد ذلك أن عمر رضي الله عنه قد قال في امرأة المفقود "تربص أربع سنين" فإنه يشبه أن يكون قد قال ذلك لبقاء الحمل أربع سنين و الـلـه أعلم[3].

ثانيا: الاستقراء:

عن مجاهد قال جاء رجل إلى مالك بن دينار فقال: أبا يحيى ادع لامرأة حبلى منذ أربع سنين في كرب شديد. فدعا لها: فجاء رجل إلى الرجل فقال: ادرك امرأتك فذهب. الرجل، ثم جاء وعلى رقبته غلام ابن أربع سنين قد استوت أسنانه[4].

عن الوليد بن مسلم يقول: قلت لمالك بن أنس إني حدثت عن عائشة رضي الـلـه عنها أنها قالت:"لا تزيد المرأة في حملها على سنتين قدر ظل المغزل" فقال: سبحان الـلـه من يقول هذا؟ هذه جارتنا امرأة محمد بن عجلان امرأة صدق وزوجها رجل صدق حملت ثلاثة أبطن في اثنتي عشرة سنة تحمل كل بطن أربع سنين[5].

وقيل إن الضحاك ولدته أمه لأربع سنين وولدته بعد ما نبتت ثنيتاه وهو يضحك فسمي ضحاكا. وعبد العزيز الماجشوني رضي الله عنه ولدته أمه لأربع سنين، وهذه عادة معروفة في نساء ماجشون رضي الـلـه عنهم أنهن يلدن لأربع سنين[6].

وجه الدلالة من هذه الأخبار أن هناك حالات وجد فيها مكث الحمل في البطن مدة أربع سنين، عليه فإن الاستقراء يثبت وجود هكذا حالات، فيكون الحكم ثبوت النسب وبقاء العدة إلى أربع سنين[7].

---

(1) الدار قطني، سنن الدارقطني، ج3، ص322.
(2) البيهقي، سنن البيهقي الكبرى، ج7، ص443.
(3) المصدر نفسه، ج7، ص443.
(4) الامام تقي الدين الحسيني الحصني، كفاية الأخيار، ج1، ص115.
(5) البيهقي، سنن البيهقي الكبرى، ج7، ص443.
(6) السرخسي، المبسوط، ج6، ص46.
(7) أبوبكر الدمياطي، إعانة الطالبين، ج4، ص49. الامام تقي الدين الحسيني الحصـني، كفايـة الأخيـار، ج1، ص115.

الرأي الراجح:

الذي يبدو أن الراجح هو ما ذهب إليه الحنفية لقوة أدلتهم، فقول عائشة بمثابة سماع من رسول ﷺ لأنها لا تخبر بهكذا شيء إلا إذا كانت قد سمعت بذلك شيئا عن رسول ﷺ. ثم إن الحالات التي ذكرها فقهاء الشافعية والتي مكث فيها الحمل في البطن مدة أربع سنين، فهي حالات فردية نادرة، ولا يمكن بناء أحكام عامة عليها، لأن الأحكام لا تبنى على النوادر والشواذ بل على الشائع، على أنه لم يبق لمثل هذا الخلاف أثر كبير في مثل هذا الوقت، لتوفر أجهزة طبية دقيقة يمكن بها التأكد من وجود الحمل من عدمه، وخاصة إذا كان الحمل قد جاوز الشهر السابع و الـلـه أعلم.

المطلب الثالث
عدة الحامل المتوفى عنها زوجها الصبي
الذي لا يتصور منه الإحبال

بقيت في عدة الحامل سواء كانت مطلقة أم متوفى عنها زوجها مسألة صبي لا يتصور منه الاحبال توفي عن امرأة حامل.

فمما لا خلاف فيه بين الحنفية والشافعية أن الحمل لو ظهر بعد وفاة الصبي فإن المرأة تعتد بالشهور الأربعة شهرا وعشرة أيام.

وأما إذا كان الحمل ظاهرا قبل وفاة الصبي فقد حصل بين الحنفية والشافعية خلاف في العدة الواجبة على المرأة وهل تنقضي عدتها بوضع الحمل أم أن عدتها بالأشهر فقط.

مذهب الحنفية:

الذي عليه الإمام أبو حنيفة والإمام محمد أن العدة لا تنقضي إلا بوضع الحمل[1]. واستدلوا بما يأتي:

أولا: الكتاب والسنة:

1- قوله تعالى:﴿ وَأُوْلَٰتُ ٱلۡأَحۡمَالِ أَجَلُهُنَّ أَن يَضَعۡنَ حَمۡلَهُنَّۚ وَمَن يَتَّقِ ٱللَّهَ يَجۡعَل لَّهُۥ مِنۡ أَمۡرِهِۦ يُسۡرٗا ٤ ﴾[2].

2- عن عبد الكريم بن أبي المخارق عن أبي بن كعب قال: سألت رسول الـلـه ﷺ عن هذه الآية فقال: ((أجل كل حامل أن تضع ما في بطنها))[3].

(1) السرخسي، المبسوط، ج5، ص7.
(2) سورة الطلاق، الآية رقم (4).
(3) سنن سعيد بن منصور، ج1، ص352. إرواء الغليل،ج7، ص197.

وجه الدلالة من الآية والسنة أن ظاهرهما يقتضي أن من توفي عنها زوجها وهي حامل فعدتها بوضع الحمل[1]. فالآية مطلقة في حق كل امرأة حامل من غير فرق بين أن يكون زوجها الذي توفي عنها صغيرا أم كبيرا[2]. قادرا على الإنجاب أم لا. وسواء كان الحمل ظاهرا قبل الموت أم ظهر بعده.

ولكن يرد على هذا بأن الآية وردت في الحامل المطلقة وأما عدة الوفاة فمنصوص فيها على الشهور[3]. وأما الحديث فغير صالح للاحتجاج، لأن عبد الكريم مع ضعفه لم يدرك أبيا[4]. قلت الصواب هو أثر مروي عن ابن مسعود رضي الله عنه[5].

ثانيا: المعقول:

1- قياس زوجة الصغير الحامل وقت موته بغير ثابت النسب على زوجة الكبير الحامل وقت موته بثابت النسب في حكم هو الإعتداد بوضع الحمل، بجامع أنه لقضاء حق النكاح، إظهارا لخطره، متعرضا فيه لإلغاء الفارق، وهو وصف ثبوت نسب الحمل وعدمه، ودليل الإلغاء شرع الأشهر مع تحقق الإقراء[6]. فكل من اعتدت زوجته بالأشهر جاز أن تعتد بالحمل كالبالغ[7].

قلت وهذا دليل قوي جدا، فالمتوفى عنها زوجها إن كان زوجها كبيرا عاجزا عن الإنجاب وتم التحقق من عدم قدرته على الإنجاب، فتوفي وهو كذلك، فإن العدة الواجبة على المرأة لو كانت حاملا وضع الحمل بالاتفاق، عليه فالصبي الذي لا يتصور منه الإحبال حكمه لو توفي عن زوجة حامل حكم من كان عاجزا عن الانجاب من حيث وجوب العدة بوضع الحمل.

2- إن العدة في الأصل شرعت للتعرف على براءة الرحم، وحقيقة ذلك وضع الحمل، وذلك موجود في جانبها هنا[8].

3- الاستحسان لأن الأصل هو القياس لأن الحمل ليس منه ولكن وجبت عليها العدة بوضع الحمل استحسانا لقوله تعالى: ﴿ وَأُوْلَٰتُ ٱلۡأَحۡمَالِ أَجَلُهُنَّ أَن يَضَعۡنَ حَمۡلَهُنَّ ﴾[9].

---

(1) علاء الدين السمرقندي، تحفة الفقهاء، ج2، ص246.
(2) المرغيناني، الهداية شرح البداية، ج1، ص274. الزيلعي، تبيين الحقائق، ج3، ص31.
(3) الماوردي، الحاوي الكبير، ج11، ص189.
(4) عبدالـله بن يوسف أبو محمد الزيلعي، نصب الراية، ج3، ص257.
(5) سنن البيهقي الكبرى ج7، ص422
(6) الإمام كمال الدين ابن الهمام، شرح الفتح القدير، ج4، ص324.
(7) الماوردي، الحاوي الكبير، ج11، ص189.
(8) السرخسي، المبسوط، ج5، ص7.
(9) المصدر نفسه، ج5، ص7.

مذهب الشافعية:

الذي عليه الشافعية والإمام أبو يوسف من الحنفية أن عدة المرأة المتوفى عنها زوجها الصبي الذي لا يتصور منه (الإحبال والإنزال) أربعة أشهر وعشرة أيام وإن كانت حاملا[1]. واستدلوا بما يأتي:

أولا: الكتاب:

قوله تعالى: ﴿ وَٱلَّذِينَ يُتَوَفَّوْنَ مِنكُمْ وَيَذَرُونَ أَزْوَٰجًا يَتَرَبَّصْنَ بِأَنفُسِهِنَّ أَرْبَعَةَ أَشْهُرٍ وَعَشْرًا ﴾[2].

وجه الدلالة من الآية في عمومها إذ توجب العدة بالأشهر على كل من توفي عنها زوجها، وهذه متوفى عنها زوجها فتدخل في عموم الآية[3].

ثانيا: المعقول:

1- قياسا على ما لو ظهر الحمل منها بعد موته، بجامع تيقن أن الحمل ليس منه[4]. فالحمل إذا لم يكن ثابت النسب يستوي الموجود عند الموت والحادث بعده[5].

2- إن هذا الحمل ليس منه بيقين، بدليل أنه لا يثبت نسبه منه فكان من الزنا، فلا تنقضي به العدة كالحمل من الزنا[6].

الرأي الراجح:

الذي يبدو أن الراجح هو ما ذهب إليه الشافعية لقوة أدلتهم، فالمرأة الحامل المتوفى عنها زوجها الصغير لا الذي يتصور منه الإحبال، يتيقن أن الحمل ليس منه، والمرأة الحامل المتوفى عنها زوجها إنما تعتد بوضع الحمل إذا كان هذا الحمل منسوبا إلى الزوج أو كان بالإمكان نسبته إلى الزوج، وأما الحالة هذه فلا يمكن نسبة الحمل إليه، فتبقى العدة بالأشهر واجبة على الزوجة حقا للزوج الذي فارقها وليس لها منه حمل بنص الآية و الـلـه أعلم.

---

(1) الإمام الشافعي، الأم، ج5، ص219. البابرتي، العناية شرح الهداية، ج4، ص324.
(2) سورة البقرة، الآية رقم (234).
(3) الماوردي، الحاوي الكبير، ج11، ص190.
(4) ينظر الإمام الشافعي، الأم، ج5، ص219. البيان في فقه الإمام الشافعي، ج11، ص31.
(5) زين الدين بن ابراهيم (ابن نجيم)، البحر الرائق، ج4، ص152.
(6) الإمام الكاساني، بدائع الصنائع، ج3، ص197.

المبحث الخامس
الخلاف في آثار العدة

إذا كانت العدة أثرا من آثار التفريق بين الزوجين فإن لوجوب العدة أيضا آثار وأحكام وفيها خلاف بين الحنفية والشافعية سنتحدث عنها في هذا المبحث في مطالب أربعة:

المطلب الأول
الخلاف في نفقة المطلقة البائن

كنا قد ذكرنا في موضوع النفقة مشروعية وجوب النفقة على الزوج للزوجة، وذكرنا سبب وجوبها ومقدارها ومن من الزوجين تعتبر النفقة بحاله.

وأما نفقة المطلقة فمما لا خلاف فيه بين الحنفية والشافعية أن النفقة واجبة على الزوج للزوجة المطلقة طلاقا رجعيا، وذلك لبقاء النكاح حال الطلاق الرجعي، فتجب النفقة لقوله تعالى: ﴿ وَعَلَى ٱلْمَوْلُودِ لَهُۥ رِزْقُهُنَّ وَكِسْوَتُهُنَّ بِٱلْمَعْرُوفِ ﴾[1]. لكون الزوجة محبوسة لحق الزوج.

وكذا لا خلاف بين الحنفية والشافعية أن النفقة واجبة للزوجة الحامل وإن كانت مطلقة طلاقا بائنا. ولا خلاف أيضا في وجوب السكنى للزوجة المبانة لقوله تعالى: ﴿ أَسْكِنُوهُنَّ مِنْ حَيْثُ سَكَنتُم مِّن وُجْدِكُمْ ﴾[2].

ولكن حصل بين الحنفية والشافعية خلاف في وجوب النفقة على الزوج للمطلقة بائنا إن لم تكن حاملا.

مذهب الحنفية:

الذي عليه الحنفية أن النفقة واجبة للزوجة المطلقة على الزوج سواء كانت مطلقة طلاقا بائنا أم رجعيا[3].

واستدلوا بما يأتي:

أولا: الكتاب:

1- قوله تعالى: ﴿ أَسْكِنُوهُنَّ مِنْ حَيْثُ سَكَنتُم مِّن وُجْدِكُمْ وَلَا تُضَآرُّوهُنَّ لِتُضَيِّقُوا۟ عَلَيْهِنَّ ۚ وَإِن كُنَّ أُو۟لَٰتِ حَمْلٍ فَأَنفِقُوا۟ عَلَيْهِنَّ حَتَّىٰ يَضَعْنَ حَمْلَهُنَّ ۚ فَإِنْ أَرْضَعْنَ لَكُمْ فَـَٔاتُوهُنَّ أُجُورَهُنَّ ۖ وَأْتَمِرُوا۟ بَيْنَكُم بِمَعْرُوفٍ ۖ وَإِن تَعَاسَرْتُمْ فَسَتُرْضِعُ لَهُۥٓ أُخْرَىٰ ﴿٦﴾ ﴾[4].

---

(1) سورة البقرة، الآية رقم (233).
(2) سورة الطلاق، الآية رقم (6).
(3) الإمام كمال الدين ابن الهمام، شرح الفتح القدير، ج4، ص407.
(4) سورة الطلاق، الآية رقم (6).

وجه الدلالة من الآية أنها دلت على أن االمقصود هو (وانفقوا عليهن من وجدكم) بدليل أن (وأنفقوا عليهن من وجدكم) قراءة ابن مسعود المروية عن رسول الـلـه ﷺ وهي مفسرة له. وهذه الآية إنما هي في البوائن بدليل المعطوف وهو قوله تعالى عقيبه ((ولا تضاروهن لتضيقوا عليهن وإن كن أولات حمل فأنفقوا عليهن حتى يضعن حملهن)) ولو كانت الآية في غير المطلقات أو في الرجعيات كان التقدير اسكنوا الزوجات والرجعيات من حيث سكنتم وانفقوا عليهن من وجدكم وان كن أولات حمل فأنفقوا عليهن حتى يضعن حملهن. ومعلوم انه لا معنى حينئذ لجعل غاية إيجاب الإنفاق عليها الوضع، فإن النفقة واجبة لها مطلقا حاملا كانت أم لا وضعت حملها أم لا[1].

2- قوله تعالى: ﴿ لِيُنفِقْ ذُو سَعَةٍ مِّن سَعَتِهِۦ ﴾[2].

وجه الدلالة من الآية أن الـلـه ﷻ أمر بالإنفاق من غير فصل بين ما قبل الطلاق وبعده في العدة[3].

ثانيا: السنة:

عن جابر عن أن النبي ﷺ قال: المطلقة ثلاثا لها النفقة والسكنى[4].

ثالثا: الآثار:

روي عن عدد من الصحابة منهم عمر بن الخطاب وجابر بن عبدالله أن "المطلقة ثلاثا لها النفقة والسكنى"[5].

وروي عن عمر رضي الله عنه أنه قال سمعت رسول الـلـه ﷺ يقول المطلقة ثلاثا لها النفقة والسكنى[6].

رابعا: المعقول:

1- إن النفقة جزاء احتباس المرأة لحق الزوج، والاحتباس قائم في حق حكم مقصود بالنكاح وهو الولد، إذ العدة واجبة لصيانة الولد فتجب النفقة، ولهذا كان لها السكنى بالإجماع وصار كما إذا كانت حاملا[7].

(1) البابرتي، العناية، ج4، ص404. السرخسي، المبسوط، ج4، ص97.
(2) سورة الطلاق، الآية رقم (7).
(3) الإمام الكاساني، بدائع الصنائع، ج3، ص331.
(4) الدار قطني، سنن الدارقطني، ج4، ص21.
(5) أبو بكر بن أبي شيبة، المصنف، ج4، ص136.
(6) الترمذي، سنن الترمذي، ج3، ص484. البابرتي، العناية شرح الهداية، ج4، ص404.
(7) المرغيناني، الهداية شرح البداية، ج1، ص290. الزيلعي، تبيين الحقائق، ج3، 61. السرخسي، المبسوط، ج4، ص97.

2- إن القول بعدم وجوب النفقة لها مع حبسها في البيت ومنعها من الخروج فيه ضرر كبير ومشقة عظيمة على المرأة، إذ لا تقدر على اكتساب النفقة فلو لم تكن نفقتها على الزوج واجبة ولا مال لها لهلكت أو ضاق الأمر عليها وهذا لا يجوز[1].

3- إن النفقة إنما وجبت قبل الطلاق، لكونها محبوسة عن الخروج والبروز لحق الزوج وقد بقي ذلك الاحتباس بعد الطلاق في العدة. وتأبد بانضمام حق الشرع إليه، لأن الحبس قبل الطلاق كان حقا للزوج على الخلوص، وبعد الطلاق تعلق به حق الشرع لذا لا يباح لها الخروج وإن أذن الزوج لها بالخروج فلما وجبت به النفقة قبل التأكد فلأن تجب بعد التأكد أولى[2].

مذهب الشافعية:

الذي عليه الشافعية أن المطلقة طلاقا بائنا لا يجب لها النفقة[3]. واستدلوا بما يأتي:

أولا: الكتاب:

قوله تعالى: ﴿ أَسْكِنُوهُنَّ مِنْ حَيْثُ سَكَنتُم مِّن وُجْدِكُمْ ﴾[4].

وجه الدلالة من الآية في مفهومها لأنها لما خصت المرأة الحامل بالنفقة دل المفهوم على أن غير الحامل لا تستحق النفقة، ولو قلنا بوجوب النفقة للمطلقة بائنا لم يبق لتخصيص الحامل بالنفقة أهمية وهذا محال في كتاب الله[5]. فالآية أوجبت السكنى للمطلقة بكل حال وأوجب لهن النفقة بشرط إن كن أولات حمل فدل على أنهن إذا لم يكن أولات حمل فلا نفقة لهن[6].

ثانيا: السنة:

1- عن أبي سلمة أنه قال سألت فاطمة بنت قيس فأخبرتني أن زوجها المخزومي طلقها فأبى أن ينفق عليها فجاءت إلى رسول الله ﷺ فأخبرته فقال رسول الله ﷺ: لا نفقة لك فانتقلي فاذهبي إلى ابن أم مكتوم فكوني عنده فإنه رجل أعمى تضعين ثيابك عنده[7].

وجه الدلالة من الحديث أنه نص في موضع الخلاف فالرسول ﷺ قد قال لها وهي مبانة عن زوجها لا نفقة لك. عليه فلا نفقة لكونها مبانة عن الزوج[8].

ولكن رد على هذا الحديث من وجهين أحدهما : إن عمر رضي الله عنه قد رده فإنه روي عنه أنه قال: لا ندع كتاب ربنا و لا سنة نبينا بقول امرأة لا ندري أصدقت أم كذبت. وفي بعض الروايات

---

(1) الإمام الكاساني، بدائع الصنائع، ج3، ص331.
(2) المصدر نفسه، ج3، ص331.
(3) الإمام الشافعي، الأم، ج5، ص312. الامام تقي الدين الحسيني الحصني، كفاية الأخيار، ج1، ص565.
(4) سورة الطلاق، الآية رقم (6).
(5) ينظر الإمام النووي، صحيح مسلم بشرح النووي، ج10، ص95. بشيء من التصرف.
(6) العمراني، البيان في فقه الإمام الشافعي، ج11، ص198.
(7) الإمام مسلم، صحيح مسلم، ج2، ص1114.
(8) الإمام الشافعي، الأم، ج5، ص199.

قـال: لا ندع كتاب ربنا و لا سنة نبينا و نأخذ بقول امرأة لعلها نسيت أو شبه لها سمعت رسول الـلـه ﷺ يقول "لها السكنى و النفقة"[1]. ورده أيضا زيد بن ثابت رضي الله عنه وأسامة بن زيد وجابر وعائشة رضي الـلـه عنهم[2]. وعن عائشة رضي الـلـه تعالى عنها قالت: تلك المرأة فتنت العالم أي بروايتها هذا الحديث[3]. وأقل أحوال إنكار الصحابة على راوي الحديث أن يوجب طعنا فيه[4]. الثاني: للإضطراب الذي فيه فقد جاء طلقها البتة، وجاء طلقها ثلاثا، وجاء أرسل إليها بتطليقة كانت قد بقيت من طلاقها، وهو غائب، وجاء مات عنها، وجاء حين قتل زوجها، عليه فلما اضطرب سقط الاحتجاج به[5].

الرأي الراجح:

الذي يبدو أن الراجح هو ما ذهب إليه الحنفية لقوة أدلتهم، فقراءة ابن مسعود بمثابة تفسير لقوله: ﴿ أَسْكِنُوهُنَّ مِنْ حَيْثُ سَكَنتُم مِّن وُجْدِكُمْ ﴾[6] فهولاء هم الصحابة وهم أعرف بمعاني القرآن، ثم إن السكنى بحد ذاتها نفقة فإذا وجبت السكنى وجبت النفقة. لذا فالراجح ما ذهب إليه الحنفية و الـلـه أعلم.

المطلب الثانـي
الخلاف فـي وجوب المتعـة للمطلقة

لا خلاف بين الحنفية والشافعية في وجوب المتعة للمطلقة قبل الدخول إذا لم يسم لها مهر، أو كانت التسمية فاسدة[7]، وقد مر بأن الخلاف بينهما وقع في المفوضة التي سمي لها المهر بعد العقد، فالحنفية أوجبوا المتعة فيما ذهب الشافعية إلى القول بوجوب نصف المهر المسمى لعموم الأدلة وفيما يتعلق بالمتعة فالخلاف بينهما يكمن في مدى وجوب المتعة[8]. للمطلقة بعد الدخول.

---

1) الصحيح من قول عمر هو ما رواه الأعمش عن إبراهيم عن الأسود لا ندع كتاب ربنا لقول امرأة. وأما زيادة وسنة نبينا فهي عن أشعث عن الحكم وحماد عن إبراهيم عن الأسود عن عمر قال لا ندع كتاب الـلـه وسنة نبينا لقول امرأة. والأعمش أثبت من أشعث وأحفظ منه. الدار قطني، سنن الدارقطـني، ج4، ص27. سنن البيهقـي الكبرى ج7 ص475.

2) المرغيناني، الهداية شرح البداية، ج1، ص290. الدينوري عبدالـلـه بن مسلم بن قتيبة أبو محمد، تأويل مختلف الحديث، تحقيق محمد زهري النجار، دار الجيل - بيروت ، 1393 - 1972، ص10.

3) السرخسي، المبسوط، ج4، ص97.

4) الإمام الكاساني، بدائع الصنائع، ج3، ص331.

5) الزيلعي، تبيين الحقائق، ج3، ص62.

(6) سورة الطلاق، الآية رقم (6).

(7) فليس صحيحا ما نسب صاحب المبسوط إلى الشافعية القول بان المتعة لا تكون واجبة الا بعد المسيس. ينظر الإمام السرخسي، المبسوط، ج 6 ص63.

(8) المتعة عند أبي حنيفة ثلاث أثواب درع وخمار وملحفة شرط أن لا تزيد قيمة ذلك عن نصف المهر. وعند الشافعية في أصح القولين إنه مفوض إلى أجتهاد الحاكم يقدرها بنظره. وفي قول أنها مقدرة بما يقع عليه الإسم كالصداق فيصح بما قل وجل والمستحب أن لا تنقصعن ثلاثين درهما. ينظر الشسخ محمد بن أحمد الأسيوطـي، جواهـر العقـود، ص352.

مذهب الحنفية:

لا تجب المتعة للمطلقات بعد الدخول، وهي مستحبة لكل المطلقات ولا تجب إلا لمطلقة واحدة فقط، وهي التي طلقت قبل الدخول ولم يكن قد سمي لها مهر أو كانت تسمية المهر تسمية فاسدة. وهو قول سفيان الثوري[1] والحسن بن صالح[2] والأوزاعي[3]. واستدلوا لمذهبهم بما يأتي:

أولا: الآثـار:

روي ذلك عن ابن عباس وعلي[4].

ثانيا: المعقول:

1- قياسا على المتوفى عنها زوجها، فالمرأة المتوفى عنها زوجها تكون قد استحقت جميع المهر فلا تستحق المتعة، فكذا المطلقة بعد الدخول تكون قد استحقت جميع مهرها فلا تستحق المتعة[5].

ولكن رد على هذا بأنه قياس مع الفارق، وذلك لأن سبب وجوب المتعة هو ايحاش الزوجة وهذا متحقق في المطلقة لا المتوفى عنها زوجها[6].

2- إن المتعة وجبت بالنكاح بدلا عن البضع، إما بدلا عن نصف المهر أو ابتداء، فإذا استحقت المسمى أو مهر المثل بعد الدخول فوجبت المتعة. لأدى إلى أن يكون لملك واحد بدلان وإلى الجمع بين البدل والأصل في حالة واحدة وهذا ممتنع[7].

---

(1) هو سفيان بن سعيد بن مسروق الثوري من ولد ثور بن عبد مناة بن أد بن طابخة بن الياس بن مضر بن نزار بن معد. مات سفيان الثوري بالبصرة مستترا من السلطان ودفن عشاء وذلك في سنة إحدى وستين ومائة وهو بن أربع وستين سنة . وأوصى الى عمار بن سيف في كتبه فمحاها وأحرقها. كان له ابن مات قبله فجعل كل شيء له لاخته وولدها. وله من الكتب كتاب الجامع الكبير والجامع الصغير. ينظر الفهرست لابن النديم، ج1، ص314.

(2) هو الحسن بن صالح بن حي الهمداني الثوري(100- 167 أو 168هـ) الامام القدوة من أهل الكوفة مولده سنة مائة وكان فقيها ورعا من المتقشفة الخشن وممن تجرد للعبادة ورفض الرئاسة على تشيع فيه ومات سنة سبع وستين ومائة وهو مختف من القوم. قال أبو نعيم "ما رأيت أحدا إلا وقد غلط في شيء غير الحسن بن صالح" ينظر الطبقات الكبرى لابن سعد، ج6، ص488. الثقات للعجلي، ج2، ص83. ينظر مشاهير علماء الأمصار لابن حبان، ج1، ص180. الثقات لابن حبان، ج6، ص165.

(3) الإمام الكاساني، بدائع الصنائع، ج 2 ص305. زين الدين بن ابراهيم (ابن نجيم)، البحر الرائق شرح كنز الدقائق، ج 3 ص158. الجصاص، احكام القران، ج1، ص585. ابن عبد البر،الاستذكار الجامع لمذاهب فقهاء الامصار وعلماء الاقطار،ج 6، ص119. وأما الأوزاعي فهو أبو عمرو الأوزاعي واسمه عبد الرحمن بن عمرو (ت157هـ) والأوزاع بطن من همدان وهو من أنفسهم ولد سنة ثمان وثمانين وكان ثقة مأمونا صدوقا فاضلا خيرا كثير الحديث والعلم والفقه حجة وكان مكتبه باليمامة فلذلك سمع من يحيى بن أبي كثير وغيره من مشايخ أهل اليمامة وكان يسكن بيروت وبها مات سنة سبع وخمسين ومائة في آخر خلافة أبي جعفر وهو بن سبعين سنة, حيث كان قد دخل الحمام فزلقت رجله وسقط فغشي عليه ولم يعلم به حتى مات فيه وقبره ببيروت مشهور يزار. ينظر الطبقات الكبرى لابن سعد، ج6، ص488. مشاهير علماء الأمصـار لابن حبان، ج1، ص180.

(4) الطحاوي، مشكل الآثار، ج3، ص57.

(5) الإمام السرخسي، المبسوط، ج 6 ص63.

(6) ابن حجر الهيتمي، تحفة المحتاج، ج 7 ص46.

3- قياسا على المطلقة قبل الدخول المسمى لها تسمية صحيحة، إذ لا تجب لها المتعة بالإجماع، بل الواجب هو نصف المهر. فعدم وجوب المتعة للمطلقة بعد الدخول أولى، لأن الأولى تستحق بعض المهر والثانية تستحق الكل فاستحقاق بعض المهر لما منع عن استحقاق المتعة فاستحقاق الكل أولى. ولكن يرد على هذا بنفس الرد على القياس الأول[1].

مذهب الشافعية:

القاعدة أن المتعة مال يجب لكل من فارقت زوجها إلا بالموت أو بالطلاق قبل الدخول عدا المفوضة. فتجب لكل مطلقة بعد الدخول ولكل فرقة منه أو من أجنبي لا بفرقة منها كالفسخ بسببها كردتها وتمجسها[2]. واستدل الشافعية لمذهبهم بما يأتي:

أولا: الكتاب:

1- قوله تعالى: ﴿ وَلِلْمُطَلَّقَاتِ مَتَاعٌ بِالْمَعْرُوفِ حَقًّا عَلَى الْمُتَّقِينَ ﴿٢٤١﴾ ﴾[3].

وجه الدلالة منها أن لفظ المطلقات عام تشمل كل مطلقة سواء كان قبل الدخول أو بعده. فتكون المتعة واجبة للمطلقات عموما ولم تخرج إلا التي لم يسم لها مهر وطلقت قبل الدخول بدليل قوله تعالى: ﴿ وَمَتِّعُوهُنَّ عَلَى الْمُوسِعِ قَدَرُهُ وَعَلَى الْمُقْتِرِ قَدَرُهُ مَتَاعًا بِالْمَعْرُوفِ حَقًّا عَلَى الْمُحْسِنِينَ ﴿٢٣٦﴾ ﴾[4].

2- قوله تعالى: ﴿ فَتَعَالَيْنَ أُمَتِّعْكُنَّ وَأُسَرِّحْكُنَّ سَرَاحًا جَمِيلًا ﴿٢٨﴾ ﴾[5].

فالله ﷻ قد اوجب بهذه الآية المتعة على الرسول ﷺ لو طلق الرسول نساءه، ومعلوم أن الرسول ﷺ كان قد دخل بنسائه[6].

1- قوله تعالى: ﴿ وَمَتِّعُوهُنَّ عَلَى الْمُوسِعِ قَدَرُهُ وَعَلَى الْمُقْتِرِ قَدَرُهُ مَتَاعًا بِالْمَعْرُوفِ حَقًّا عَلَى الْمُحْسِنِينَ ﴿٢٣٦﴾ ﴾[7].

وجه الدلالة منها أن الـله إذا أوجب على المتقين والمحسنين وجب على العباد المسيئين فليس في ترك تحديدها ما يسقط وجوبها كنفقات البنين والزوجات[8]. ثم إن عموم قوله تعالى:

---

(7) الإمام الكاساني، بدائع الصنائع، ج 2 ص305.
(1) الإمام الكاساني، بدائع الصنائع، ج 2 ص307.
(2) الشيخ زكريا الأنصاري، اسنى المطالب شرح روض الطالب، ج3، ص320. الملي، نهاية المحتاج، ج6، ص365.
(3) سورة البقرة، الآية رقم (241).
(4) ينظر الرملي، نهاية المحتاج،ج 6 ص365. الإمام الشافعي، الام،ج 7 ص271. سورة البقرة الآية رقم(236).
(5) سورة الأحزاب، الآية رقم (28).
(6) الشيخ محمد الشربيني الخطيب، مغني المحتاج، ج 4 ص399.
(7) سورة البقرة، الآية رقم (236).
(8) ابن عبد البر، الاستذكار ج 6 ص122.

﴿ وَلِلْمُطَلَّقَٰتِ مَتَٰعُۢ بِٱلْمَعْرُوفِۖ حَقًّا عَلَى ٱلْمُتَّقِينَ ﴿٢٤١﴾ ﴾[1]. يوجب المتعة لكل مطلقة سواء كان مدخولا بها أم لا، وإخراج المطلقة قبل الدخول من العموم لا دليل عليه، وأما القول بأن الـلـه فرض لها النصف وهو حقها فصحيح ولكن ليس فيه دليل على عدم وجوب المتعة[2].

ثانيا: الآثـار:

وروي عن علي وابن عمر (لكل مطلقة متعة)[3]. وهو قول الحسن البصري وابن المسيب وسعيد بن جبير. وبه قال قتادة بن دعامة السدوسي[4] وأبو العالية[5] وأبو قلابة وابن شهاب الزهري[6].

ثالثا: المعقول:

1- إن سبب وجوب المتعة هو ايحاش الزوجة وهذا متحقق في المطلقة المدخول بها بخلاف المتوفى عنها زوجها وكذا من طلقت قبل الدخول وقد وجب لها نصف المهر[7].

2- إن تطليق الزوجة المدخول بها يؤذن بخلل فتقل فيها الرغبات فيجبر ذلك بالمتعة[8].

الرأي الراجح:

الذي يبدو أن ما ذهب اليه الشافعية هو الراجع لقوة أدلتهم فالمطلقات عام يشمل كل مطلقة. ثم إن الحكمة من المتعة هي ايحاش الزوجة وزوجها، وهو متحقق في المدخول بها اكثر و الـلـه اعلم.

المطلب الثالث

الخلاف في خروج المعتدة من البيت

---

(1) سورة البقرة، الآية رقم (241).

(2) محمد بن جرير الطبري أبو جعفر، جامع البيان عن تأويل آي القرآن المسمى تفسير الطبري، ج 2 ص543 .

(3) الاثر صحيح كما قاله الالباني، إرواء الغليل في تخريج أحاديث منار السبيل، محمد ناصر الدين الألباني، ج 6 ط2، المكتب الإسلامي – بيروت، سنة الطبع 1405 – 1985، ص361

(4) قتادة بن دعامة السدوسي (ت118هـ) وكان يكنى بأبي الخطاب. التابعي الضرير. حافظ عصره ثقة مأمون مشهور حجة في الحديث. ولكن وصفه النسائي بالتدليس. وكان يكثر من الإرسال عن مثل النعمان بن مقرن وسفينة ونحوهما. وكان يقول بشيء من القدر. ينظر الطبقات الكبرى لابن سعد، ج7، ص229. طبقات المدلسين للعسقلاني، ج1، ص43. الثقات للعجلي، ج2، ص215. جامع التحصيل لأبي سعيد العلائي، ج1ص254.

(5) هو أبو العالية رفيع بن مهران الرياحي، المفسر المتوفى : سنة 90 ، تسعين. ينظر كشف الظنون، ج1، ص427.

(6) أبوبكر بن ابي شيبة، المصنف في الأحاديث والآثار، ج 4 ص113. الجصاص، احكام القران، ج1، ص584 وينظر الاستذكار . ابن عبد البر، عمد القاري ج 5 ص11.

(7) ابن حجر الهيتمي، تحفة المحتاج، د7 ص401. الشيخ سليمان البجيرمي، البجيرمي على المنهج، ج3، ص108.

(8) الشيخ زكريا الأنصاري، اسنى المطالب شرح روض الطالب، ج 3 ص220.

لا خلاف بين الحنفية والشافعية في أن المعتدة سواء من طلاق رجعي أو بائن أو من وفاة لا يجوز لها أن تخرج من بيتها وإن أذن لها الزوج بالخروج فليس لها ذلك لتعلق حق اللـه به لقوله تعالى: ﴿ لَا تُخْرِجُوهُنَّ مِنۢ بُيُوتِهِنَّ وَلَا يَخْرُجْنَ إِلَّآ أَن يَأْتِينَ بِفَـٰحِشَةٍ مُّبَيِّنَةٍ ﴾[1].

ولا خلاف أيضا في جواز أن تخرج من البيت لعذر مشروع كالعمل أو المرض وما شابه ذلك.

ولكن حصل بينهما خلاف فيما لو وجبت عليها العدة وهي خارج البيت في سفر مع زوجها أو مع محرم بأن تكون قد خرجت من العمران مسيرة ثلاثة أيام .

مذهب الحنفية:

لو خرجت مع زوجها إلى بلد فطلقها ثلاثا أو مات عنها فإن كان بينها وبين مصرها أقل من ثلاثة أيام رجعت إلى مصرها. وان كانت ثلاثة أيام إن شاءت رجعت وإن شاءت مضت كان معها ولي أو لم يكن. إلا أن يكون طلقها أو مات عنها في مصر فإنها لا تخرج عنه حتى تعتد وتخرج إن كان معها محرم[2]. وإن كانت المسافة التي قطعتها أكثر من ثلاثة أيام والمسافة الباقية إلى الجهة المقصودة أقل من ثلاثة أيام فإنها تمضي إلى وجهتها[3]. واستدلوا بما يأتي:

أما ما يتعلق بالمسافة التي دون ثلاثة أيام أنها لو مضت لاحتاجت إلى إنشاء سفر وهي معتدة ولو رجعت ما احتاجت إلى ذلك، فكان الرجوع أولى، كما إذا طلقت في المصر خارج بيتها أنها تعود إلى بيتها كذا هذا[4].

وأما الحجة في مضيها إلى جهتها لو كانت المسافة الباقية أقل من ثلاثة أيام، أنه ليس في المضي إنشاء سفر وفي الرجوع إنشاء سفر والمعتدة ممنوعة من السفر وسواء كان الطلاق في موضع لا يصلح للإقامة كالمفازة ونحوها أو في موضع يصلح لها كالمصر ونحوها [5].

وإن كان بينها وبين مصرها ثلاثة أيام وبينها وبين مقصدها ثلاثة أيام فصاعدا فإن كان الطلاق في المفازة أو في موضع لا يصلح للإقامة، بأن خافت على نفسها أو متاعها فهي بالخيار إن شاءت مضت وإن شاءت رجعت، لأنه ليس أحدهما بأولى من الآخر سواء كان معها محرم أو لم يكن[6].

مذهب الشافعية:

---

(1) الإمام كمال الدين ابن الهمام، شرح الفتح القدير، ج4، ص343. الشيخ محمد الشربيني الخطيب، مغني المحتاج، ج5، ص196. سورة الطلاق الآية رقم (1).

(2) الإمام محمد بن الحسن الشيباني، الجامع الصغير، ج1، ص232. المرغيناني، الهداية، ج2، ص33.

(3) الإمام الكاساني، بدائع الصنائع، ج3، ص322.

(4) ينظر علاء الدين السمرقندي، تحفة الفقهاء، ج2، ص250-251.

(5) الإمام الكاساني، بدائع الصنائع، ج3، ص322.

(6) ينظر علاء الدين السمرقندي، تحفة الفقهاء، ج2، ص250-251.

إن وجبت العدة على المرأة وقد فارقت البنيان، فإن كانت في سفر حاجة فلها أن تمضي في سفرها ولها أن تعود والأولى العودة [1]. واستدلوا بما يأتي:

إن في قطعها عن السفر مشقة، لاسيما إذا بعدت عن البلد وخافت الانقطاع عن الرفقة[2].

الرأي الراجح:

الذي يبدو أن الراجح هو ما ذهب إليه الشافعية، فهو الموافق لما هو مقرر من قواعد الشريعة التي تقضي برفع الحرج والمشقة، وفي إلزامها بالعودة إلى منزل العدة ضرر ومشقة وخاصة إذا كان سفرها لضرورة كعلاج أو تعليم أو حج و الـلـه أعلم.

المطلب الرابع
الخلاف في أحكام الإحداد

الإحداد أثر من آثار وجوب العدة والخلاف فيه بين الحنفية والشافعية قائم في مسائل منها وجوب الحداد على البائن ومن يجب عليها الحداد من الزوجات. وسنوضح ذلك في الفرعين الآتيين:

الفرع الأول: (إحداد المطلقة طلاقا بائنا):

والحَاد والمحد من حَدت وأَحَدت ويقال محدة بالهاء أَيضاً. تَارِكَة الزينَة والطيب وقال ابن دريد: هي المرأة التي تَترك الزينةَ والطيبَ بعد زَوجها للعدة[3].والحداد ثياب المآتم السود[4].

وأما الاحداد شرعا هو ترك الزينة ونحوها لمعتدة بائن أو موت. فهو ترك الزينة والطيب[5].

مما لا خلاف فيه أن الإحداد من أحكام العدة ومن الآثار المترتبة على وجوب العدة، ولا خلاف في أن الاحداد مشروع، ولا خلاف أيضا في وجوب الحداد على المرأة المتوفى عنها زوجها. لما روي من أن زينب بنت أبي سلمة دخلت على أم حبيبة زوج النبي ﷺ حين توفى أبوها أبو سفيان فدعت أم حبيبة بطيب فيه صفرة خلوق أو غيره فدهنت منه جارية ثم مست بعارضيها ثم قالت و الـلـه ما لي بالطيب من حاجة غير أنى سمعت رسول الـلـه ﷺ يقول على المنبر لا يحل لامرأة تؤمن بالله واليوم الآخر تحد على ميت فوق ثلاث إلا على زوج أربعة أشهر وعشرا[6].

---

(1) الإمام الشافعي، الأم، ج5، ص230. الشيرازي، المهذب، ج3، ص152.
(2) الشيخ محمد الشربيني الخطيب، مغني المحتاج، ج5، ص196.
(3) السيد مرتضي الحسيني اليماني الزبيدى الحنفي، تاج العروس، ج1، ص1950.
(4) ابن منظور،لسان العرب، ج3، ص140.
(5) طلبة الطلبة، ص57. الزيلعي، تبيين الحقائق، ج3، ص35. الامام تقي الدين الحسيني الحصني، كفاية الأخيار، ج1، ص565.
(6) الإمام مسلم، صحيح مسلم، ج2، ص1123.

كما أنه لا خلاف في عدم وجوب الحداد على المطلقة طلاقا رجعيا، وكذا لا خلاف في عدم وجوب الحداد على المرأة بالفرقة في النكاح الفاسد. ولكن حصل خلاف بين الحنفية والشافعية في وجوب الحداد على المطلقة طلاقا بائنا.

مذهب الحنفية:

المعتدة من طلاق بائن يجب عليها الحداد من ترك الزينة وبه قال الشافعي في مذهبه القديم[1]. واستدلوا بما يأتي:

أولا: السنة:

عن أم سلمة رضي الـلـه عنها أن النبي ﷺ نهى المعتدة أن تختضب بالحناء[2].

وجه الدلالة من الحديث أن النبي ﷺ قد نهى المعتدة عن الاختضاب بالحناء وقال الحناء طيب، ولم يفرق رسول الـلـه ﷺ بين المعتدة المتوفى عنها زوجها وبين المبانة. فيكون الحكم شاملا للمطلقة ثلاثا والمبانة[3].

قلت هذا الحديث لا يصلح للاحتجاج به في هذا الموضع، فإنه مع ضعفه[4]. فإن الحديث وارد في المتوفى عنها زوجها، وليس فيه أنه نهى المعتدة أن تختضب[5]. عليه فلا يصلح للاحتجاج به الـلـه أعلم

ثانيا: الآثار:

عن حماد عن إبراهيم قال: المطلقة ثلاثا والمختلعة والمتوفي عنها زوجها والملاعنة لا تختضبن ولا تتطين ولا يلبسن ثوبا مصبوغا ولا يخرجن من بيوتهن[6].

وجه الدلالة من هذا الأثر كما يقول صاحب العناية "إن إبراهيم أدرك عصر الصحابة وزاحمهم في الفتوى فيجوز تقليده"[7]. فهو نص في الباب

ثانيا: المعقول:

إن الحداد إنما وجب على المتوفى عنها زوجها لفوات النكاح الذي هو نعمة في الدين خاصة في حقها لما فيه من قضاء شهوتها وعفتها عن الحرام وصيانة نفسها عن الهلاك بدرور النفقة وقد انقطع ذلك كله بالموت. فلزمها الإحداد إظهارا للمصيبة والحزن وقد وجد هذا المعنى في المطلقة الثلاث والمبانة فيلزمها الإحداد [8].

---

(1) الإمام كمال الدين ابن الهمام، شرح الفتح القدير، ج4، ص337. أبوبكر محمد بن علي الحدادي العبادي، الجوهرة النيرة، ج2، ص79. الماوردي، الحاوي الكبير، ج11، ص275.

(2) السرخسي، المبسوط، ج4، ص52.

(3) البابرتي، العناية شرح الهداية، ج4، ص339.

(4) عبدالـلـه بن يوسف أبو محمد الحنفي الزيلعي، نصب الراية، ج3، ص260.

(5) أبو داود، سنن أبي داود، ج1، ص703. أبو عبد الرحمن النسائي، سنن النسائي، ج6، ص204.

(6) الطحاوي، شرح معاني الآثار، ج3، ص81.

(7) البابرتي، العناية شرح الهداية، ج4، ص339.

(8) الإمام الكاساني، بدائع الصنائع، ج3، ص330.

إن المبتوتة معتدة من نكاح صحيح، فهي كالمتوفى عنها زوجها، وتوضيحه أن الحداد إنما هو إظهار للتأسف على فوت نعمة النكاح والوطء الحلال وذلك موجود في المبتوتة كوجوده في المتوفى عنها زوجها. وعين الزوج ما كان مقصودا لها حتى يكون التحزن بفواته بل كان مقصودها النعمة وذلك يفوتها في الطلاق والوفاة بصفة واحدة بخلاف العدة من نكاح فاسد والوطء بشبهة لأنه ما فاتها نعمة بل تخلصت من الحرام بالتفريق بينهما[1].

ولكن رد على هذا بأنها فورقت بطلاق فهي مجفوة به أي مهجورة متروكة بسبب الطلاق ونفسها قائمة منه، فلا تحزن عليه. بخلاف الموت فإنها تأسف وتحزن على موته[2].

مذهب الشافعية:

مذهب الشافعي في الجديد أنه لا يجب الإحداد إلا على المعتدة من وفاة، فلا يجب الإحداد على المطلقة ثلاثا والمبانة، وإنما لها عدتها إما بالقروء أو الأشهر أو وضع الحمل ولكن يستحب الإحداد لبائن بخلع أو استيفاء عدد الطلاق لئلا تفضى زينتها لفسادها. وبه قال عطاء وربيعة ومالك والإمام أحمد في رواية عنه واستدلوا[3]. بما يأتي:

أولا: السنة:

من الممكن أن يستدل لمذهب الشافعية بما رواه حميد بن نافع قال سمعت زينب بنت أم سلمة قالت توفي حميم لأم حبيبة فدعت بصفرة فمسحته بذراعيها وقالت إنما أصنع هذا لأني سمعت رسول الله ﷺ يقول: لا يحل لامرأة تؤمن بالله واليوم الآخر أن تحد فوق ثلاث إلا على زوج أربعة أشهر وعشرا [4].

وجه الدلالة من الحديث أنه نص في عدم جواز أن تحد امرأة فوق ثلاث إلا على ميت، والمطلقة ثلاثا لم يتوفى عنها زوجها حتى تدخل في عموم النص. فالحديث وارد في المتوفى عنها زوجها، وهو خاص به ومما يدل على ذلك أن الحديث ينفي جواز الاحداد فوق ثلاث لغير المتوفى عنها زوجها. فما ورد من النهي عن التطيب والتزين إنما هو خاص بالمتوفى عنها زوجها يؤكد ذلك ما جاء في صحيح البخاري عن أم عطية قالت: كنا ننهى أن نحد على ميت فوق ثلاث إلا على زوج أربعة أشهر وعشرا ولا نكتحل ولا نتطيب ولا نلبس مصبوغا إلا ثوب عصب[5].

(1) السرخسي، المبسوط، ج4، ص52.
(2) أبوبكر الدمياطي، إعانة الطالبين، ج4، ص45.
(3) المصدر نفسه، ج4، ص45. نهاية الزين ج1،ص330. . العمراني، البيان، ج11، ص66.
(4) الإمام البخاري، صحيح البخاري، ج1، 430.ا لإمام مسلم، صحيح مسلم، ج2، ص1124. واللفظ لمسلم.
(5) المصدر نفسه، ج1، ص119.

ثانيا: المعقول:

قياسا على المطلقة رجعيا بجامع أن كلا منهما اعتداد بزوال النكاح بالطلاق. فكما لا يجب الإحداد على المطلقة طلاقا رجعيا بالاتفاق فكذلك لا يجب على المطلقة طلاقا بائنا[1].

وقد يرد على هذا بأن الحزن على فوات نعمة النكاح أكبر من الحزن على وفاة عين الزوج[2]. فالجواب إن الأمل قائم واليأس في الرجعة لا يقع بالكلية في الطلاق البائن بزواجها من زوج ثان وحصول الدخول ومن ثم طلاقها منه وانتهاء العدة، لذا فلا حداد عليها كالرجعي[3].

الرأي الراجح:

والذي يبدو أن الخلاف يكمن سببه في سبب العدة من الوفاة، هل هو زوال عين الزوج أم زوال نعمة النكاح. فالحنفية قالوا لزوال نعمة النكاح فأوجبوا الحداد على المبانة والمطلقة ثلاثا.

وأما الشافعية فقد قالوا السبب هو زوال عين الزوج، وهو ما يؤكده النص من السنة. فقالوا بعدم وجوب الحداد. فالذي يبدو أن الراجح هو ما ذهب إليه الشافعية لقوة أدلتهم، فليس هناك نص يوجب الحداد على المطلقة، ولا يمكن قياسها على المتوفى عنها زوجها للفرق بينهما و اللـه أعلم.

الفرع الثاني: الخلاف في شروط المتوفى عنها زوجها:

حصل بين الحنفية والشافعية خلاف فيمن يجب عليها الحداد من الزوجات، فهل يجب الحداد على كل زوجة أم لابد من شروط لوجوب الحداد عليها؟

مذهب الحنفية:

الأصل عند الحنفية أن شرط وجوب الاحداد على المعتدة من طلاق أن تكون بالغة عاقلة مسلمة من نكاح صحيح ودخل بها[4]. سواء كانت متوفى عنها زوجها أو مطلقة ثلاثا أو بائنا فلا يجب على الصغيرة والمجنونة الكبيرة والكتابية والمعتدة من نكاح فاسد والمطلقة طلاقا رجعيا[5]. واستدلوا بما يأتي:

إن الحداد عبادة بدنية فلا تجب على الصغيرة والكافرة كسائر العبادات البدنية من الصوم والصلاة وغيرهما. فالصغيرة موضوع عنها الخطاب وأما الكافــرة فغير مخاطبة أصلا بالاحداد لقوله ﷺ (لا يحل لامرأة تؤمن بالله واليوم الآخر أن تحد فوق ثلاث إلا على زوج أربعة أشهر

---

(1) الشيرازي، المهذب، ج3، ص149. أبوبكر الدمياطي، إعانة الطالبين، ج4، ص45.

(2) الإمام الكاساني، بدائع الصنائع، ج3، ص330.

(3) ينظر الإمام الغزالي، الوسيط، ج3، ص380. والإمام البغوي، التهذيب، ج6، 263. ابن حجر العسقلاني، فتح الباري، ج9، ص487.

(4) قيد الدخول هنا خاصبالمطلقة، وأما المتوفى عنها زوجها فتجب عليها العدة سواء دخل بها زوجه أم لم يدخل. ابن عابدين، حاشية ابن عابدين، ج5، ص221.

(5) الزيلعي، تبيين الحقائق، ج3، ص36. الدر المختار ج3،ص530

وعشرا) فلا تدخل في الخطاب فلا احداد عليها[1]. بخلاف العدة فإنها اسم لمضي زمان ولذا لا يختلف بالإسلام والكفر والصغر والكبر على أنه قيل: لا تجب عليهما العدة وإنما يجب علينا أن لا نتزوجهما[2].

مذهب الشافعية:

الأصل عند الجمهور ومنهم الشافعية أن الاحداد يجب على كل من توفى عنها زوجها سواء كانت صغيرة أم كبيرة عاقلة أو مجنونة، مسلمة أم ذمية حرة أم أمة فكلهن في الإحداد سواء لا يختلفن[3]. واستدلوا بما يأتي

أولا: الكتاب:

قوله تعالى: ﴿ وَأَنِ ٱحْكُم بَيْنَهُم بِمَآ أَنزَلَ ٱللَّهُ وَلَا تَتَّبِعْ أَهْوَآءَهُمْ وَٱحْذَرْهُمْ أَن يَفْتِنُوكَ عَنۢ بَعْضِ مَآ أَنزَلَ ٱللَّهُ ﴾[4].

وجه الدلالة من الآية أن الـلـه عز وجل قد أوجب على العباد الحكم بما أنزل الـلـه ومما أنزله وشرعه لعباده الاحداد على وفاة الزوج فغير المسلمة يحكم عليها بالاحداد لتعلق حق الشرع والزوج، بل وحتى الصغيرة فإن على أوليائها أن يجتنبوها في عدتها ما يجتنب الحاد[5].

ثانيا: السنة:

1- قوله ﷺ: لا يحل لامرأة تؤمن بالله واليوم الآخر أن تحد فوق ثلاث إلا على زوج أربعة أشهر وعشرا[6].

وجه الدلالة من الحديث أنه أوجب الإحداد على كل امرأة توفي عنها زوجها من غير فرق بين أن تكون مسلمة أو كافرة صغيرة أو كبيرة، وأما تقييد الحديث المرأة بأن تكون مؤمنة بالله واليوم الآخر فقد خرج مخرج الغالب[7].

2- روي أن امرأة جاءت إلى رسول الـلـه ﷺ فقالت يا رسول الـلـه إن ابنتي توفي عنها زوجها وقد اشتكت عينيها أفتكحلهما فقال رسول الـلـه ﷺ لا مرتين أو ثلاثا كل ذلك يقول لا ثم قال إنما هي {أربعة أشهر وعشرا} وقد كانت إحداكن في الجاهلية ترمي بالبعرة على رأس الحول[8].

---

(1) البابرتي، العناية شرح الهداية، ج4، ص341.
(2) الإمام الكاساني، بدائع الصنائع، ج3، ص330.
(3) الإمام الشافعي، الأم، ج5، ص332.
(4) سورة المائدة، الآية رقم (49).
(5) ينظر الإمام الشافعي، الأم، ج5، ص332. الشيخ سليمان البجيرمي، حاشية البجيرمي على الخطيب، ج4، ص87. الفواكه الدواني ج2، ص61.
(6) الإمام مسلم، صحيح مسلم، ج2، ص1124.
(7) ابن حجر العسقلاني، فتح الباري، ج9، ص486.
(8) مالك بن أنس أبو عبدالـلـه الأصبحي، موطأ الإمام مالك، تحقيق : محمد فؤاد عبد الباقي، ج2، دار إحياء التراث العربي – مصر، ص597.

وجه الدلالة من الحديث أنه ﷺ لم يسأل عن سنها، مما يدل على أن الصغيرة والكبيرة سواء في الاحداد[1].

بل هناك رواية تؤيد أن المتوفى عنها كانت صغيرة فقد جاءت برواية (أفنكحلهما)[2]. مما يدل على صغرها لأن الأم هي استأذنت أن تكحل عيني بنتها، وإنما تقوم هي بذلك لصغر بنتها و الله أعلم.

ثانيا: المعقول:

قياسا على وجوب العدة على الصغيرة[3]. ولكن أجيب بأن الإحداد عبادة بدنية كالصلاة والصوم فلا يلزمها بخلاف العدة فإنها ليست بعبادة لأنها مضي الزمان[4].

الرأي الراجح:

الذي يبدو أن الراجح هو ما ذهب إليه الشافعية لقوة أدلتهم، فالمعتدة الصغيرة ممنوعة من الزواج والخطبة وإن كان الخطاب موضوعا عنها، فكذلك يجب عليها الحداد حقا للشرع والزوج و الله اعلم.

مسألة: الزينة في فترة الحداد:

وأما ما يجب على المرأة الحادة فمما لا خلاف فيه بين الحنفية والشافعية أن على المعتدة التي يجب عليها الحداد (على خلاف بينهم فيمن يجب عليها الحداد) أن تترك الطيب والزينة وكل ما يتحقق به الخروج من الحداد وظهور المرأة في حالة من الزينة وعدم التأسف على فوات النكاح إما بالوفاة اتفاقا، أو بالطلاق على رأي الحنفية. عليه فإن وجد خلاف بين الحنفية والشافعية فيما لا يجوز للمرأة الاقدام عليه مما يتعلق بالاحداد (الزينة) فليس خلاف حجة وبرهان وقد يكون خلاف عرف وزمان، لأن الأصل (المعيار) المتفق عليه بين الحنفية والشافعية فيما يجب على المرأة وقت الحداد هو أن لا تظهر بصورة ينتفي عنها الحزن والأسف على وفاة الزوج. لذا نرى بأن الحنفية والشافعية حينما عرفوا الاحداد قالوا إنما هو "ترك الزينة"[5]. وترك الزينة يكون بترك كل ما تتزين به المرأة من حلي أو كحل. ويكون بترك لبس الثوب المصبوغ المزعفر والمعصفر. ويكون أيضا بترك الطيب والدهن والكحل إلا من عذر. وهذه الأمور الأساسية التي تمنع منها المعتدة هي محل اتفاق بين الحنفية والشافعية[6]. و الله أعلم.

[1] المنتقى شرح الموطأ،ج4، ص149.

[2] ابن عبد البر، الاستذكار، ج6، ص237.

[3] المنتقى شرح الموطأ، ج4، ص149.

[4] أبوبكر محمد بن علي الحدادي العبادي، الجوهرة النيرة، ج، 2، ص80.

[5] الإمام محمد بن الحسن الشيباني، الجامع الصغير، ج1، ص232، الدر المختار ج3، ص530. الشيرازي، المهذب، ج3، ص149.

[6] شيخي زاده (داماد)، مجمع الانهر، ج1، ص472، الشيخ زكريا الأنصاري، أسنى المطالب، ج3، ص402.

المبحث السادس
الخلاف في الحضانة

الحضانة لغة من الحضن بالكسر: وهو ما دونَ الإبط إلى الكَشح. أو الصدر والعَضدان وما بَينَهما. وجانب الشيء وناحيَته والجمع: أحضان. وحَضَنَ الصبي حَضنا وحضانَة جَعَلَه في حضنه أو رَباه. ورجل (حَاضن) وامرأة (حَاضنَة) لأنه وصف مشترك. واحتضن الطائر بَيضَه: رَخمَ عليه للتفريخ[1].

الحضانة شرعا:

عرف الحنفية الحضانة بأنها: تربية الأم. أو غيرها الصغير أو الصغيرة[2].

وأما الشافعية فقد عرفوا الحضانة بأنها: القيام بحفظ من لا يميز ولا يستقل بأمره وتربيته بما يصلحه ووقايته عما يؤذيه[3].

والذي يبدو من تتبع كتب الحنفية والشافعية أنه لا يوجد بينهما خلاف كبير في الحضانة. فمعظم المسائل متفق عليها من حيث حق الحضانة وشروط استحقاقها وأجرة الحضانة وسقوط حق الحضانة عن الحاضن وانتهاء الحضانة. ولكن مع ذلك يوجد بينهما خلاف في بعض المسائل سنتطرق إليها في المطالب الأربعة الآتية:

المطلب الأول
الخلاف في ترتيب الحاضنين

لا خلاف بين الحنفية والشافعية في أن الأم هي أحق بالحضانة من الأب ولا خلاف في أن ترتيب الحاضين هي كالآتي: الأم ثم أم الأم فأم الأب ثم الأخت الشقيقة ثم الأخت للأم ثم الأخت للأب (وعند الشافعية قول آخر أن الأخت لأب تقدم على الأخت للأم لتقدمها في الميراث ويبدو أنه هو المذهب) ثم الخالة ثم بنات الأخت ثم بنات الأخ ثم العمات ثم العصبات[4]. ولكن الذي حصل فيه خلاف بين الحنفية والشافعية فيما لو وجد حاضنان غير الأم وكانا في درجة واحدة فأيهما يقدم؟

---

(1) الفيروز آبادي، القاموس المحيط، ج1، ص1536- 1537. أحمد بن محمد بن علي المقري الفيومي، المصباح المنير في غريب الشرح الكبير للرافعي، المكتبة العلمية - بيروت، ج1، ص140.

(2) عبد الرحمن بن محمد شيخي زاده (داماد)، مجمع الانهر، ج1، ص481. حاشية ابن عابدين، ج3، ص556.

(3) الامام تقي الدين الحسيني الحصني، كفاية الأخيار، ج1، ص585. وينظر الشيخ محمد الشربيني الخطيب، مغني المحتاج، ج3، ص452.

(4) امام الشافعي، الأم، ج5، ص92. الإمام البغوي، التهذيب، ج6، ص397.

مذهب الحنفية:

إذا تنازع في الحضانة اثنان وكانا في درجة واحدة كانت الحضانة لأصلحهم ثم لأورعهم ثم لأكبرهم[1]. واستدلوا بما يأتي:

إن الحضانة إنما شرعت لتربية الولد والحفاظ عليه وحمايته مما يؤذيه وكلما وجد حاضن يرجى منه هذا فيقدم على من دونه[2].

مذهب الشافعية:

الأصل في الحضانة أن الأقرب هو الذي يقدم فإن اجتمع اثنان في الحضانة وكانا في درجة واحدة كالأخوين أو الأختين أو العمين يقرع بنيهما[3]. واستدلوا بما يأتي:

بما أنه لا يمكن اجتماعهما على الحضانة ولا مزية لأحدهما على الآخر تعين اللجوء إلى القرعة بينهما[4].

الرأي الراجح:

الذي يبدو أن الراجح هو ما ذهب إليه الحنفية إذ المقصود جعل المحضون عند الأفضل كي يقوم برعايته على أحسن وجه و اللـه أعلم.

المطلب الثاني
الخلاف في شرط الحاضن

مما لا خلاف فيه بين الحنفية والشافعية أن من شروط الحاضنة أن تكون بالغة عاقلة أمينة على الحاضن قادرة على الحضانة غير متزوجة بأجنبي عن الحاضن. ولكن حصل بينهما خلاف في إسلام الحاضن. فمما لا خلاف فيه أيضا أن الحاضن لو كان رجلا فيشترط فيه الإسلام بالاتفاق. وأما إن كان الحاضن امرأة فقد حصل بينهما خلاف في ذلك.

مذهب الحنفية:

المذهب عند الحنفية أن الذمية أحق بولدها المسلم سواء كان ذكرا أو أنثى شرط أن لا يكون قد عقل الولد الأديان وأن لا يخاف عليه أن يألف الكفر[5]. واستدلوا بما يأتي:

---

(1) الشيخ عبد الغني الغنيمي، اللباب في شرح الكتاب، ج3، ص24.
(2) المصدر نفسه، ج3، ص24.
(3) أبوبكر الدمياطي، إعانة الطالبين، ج4، ص102.
(4) المصدر نفسه، ج4، ص102.
(5) المرغيناني، الهداية، ج1، ص383. زين الدين بن ابراهيم (ابن نجيم)، البحر الرائق، ج4، ص185.

أولا: السنة:

عن عبد الحميد بن سلمة الأنصاري عن أبيه عن جده أنه أسلم وأبت امرأته أن تسلم فجاء بن لهما صغير لم يبلغ الحلم فأجلس النبي ﷺ الأب ههنا والأم ههنا، ثم خيره فقال: اللهم اهده. فذهب إلى أبيه[1].

وجه الدلالة من الحديث أن الرسول ﷺ قد خير الغلام بين أمه وأبيه، مما يدل على جواز أن تحتضن الأم غير المسلمة ابنها المسلم ولو كان غير جائز لمنعها الرسول من ذلك ولبينه.

ورد على هذا بأن الحديث لا يصلح للاحتجاج به من أوجه منها: الأول: إن الحديث وإن رواه الإمام أحمد والنسائي وأبو داود وابن ماجة والحاكم والدارقطني من حديث رافع بن سنان إلا أن في سنده اختلاف كثير وألفاظه مختلفة. وقال بن المنذر لا يثبته أهل النقل وفي إسناده مقال. الثاني: إن الحديث منسوخ. الثالث: هو محمول على أنه ﷺ عرف أنه يستجاب دعاؤه وأنه يختار الأب المسلم. وإنما قصده بتخييره استمالة قلب أمه[2]. ولعل أن يكون النسخ قد وقع بقوله تعالى: ﴿ وَلَن يَجْعَلَ ٱللَّهُ لِلْكَٰفِرِينَ عَلَى ٱلْمُؤْمِنِينَ سَبِيلًا ﴿١٤١﴾ ﴾[3].

قلت أخرج أبو داود والإمام أحمد والدار قطني الحديث بإسناد آخر وفيه: ثنا عبد الحميد بن جعفر قال أخبرني أبي: عن جدي رافع بن سنان أنه أسلم وأبت امرأته أن تسلم فأتت النبي ﷺ فقالت ابنتي وهي فطيم أو شبهه وقال رافع ابنتي فقال له النبي ﷺ " اقعد ناحية " وقال لها " اقعدي ناحية " قال وأقعد الصبية بينهما ثم قال " ادعواها " فمالت الصبية إلى أمها فقال النبي ﷺ " اللهم اهدها " فمالت الصبية إلى أبيها فأخذها[4]. قال الحاكم هذا حديث صحيح الإسناد و لم يخرجاه[5]. فالحديث بهذا الإسناد صالح للاحتجاج به.

ثانيا: المعقول:

1- إن هذا الحق إنما يثبت للنظر في أمر الصغير فلا يختلف بالإسلام والكفر. أما إذا كبر الطفل وخيف عليه من تعود أخلاق الكفار يسقط حقها في الحضانة لأن فيها احتمال ضرر عليه. ففي صغره يثبت هذا الحق لها لمصلحته وإذا كبر سقطت عنها للضرر عليه[6].

---

[1] أبو عبد الرحمن النسائي، سنن النسائي الكبرى، ج3، ص381.
[2] الشيخ محمد الشربيني الخطيب، مغني المحتاج، ج3، ص452.
[3] سورة النساء الآية رقم (141). عبدالله بن يوسف أبو محمد الزيلعي، نصب الراية، ج3، ص270.
[4] أبو داود، سنن أبي داود، ج1، ص681. الإمام أحمد بن حنبل، مسند أحمد بن حنبل، ج5، ص446. الدار قطني، سنن الدارقطني، ج4، ص43.
[5] أبو داود، سنن أبي داود، ج1، ص681. الإمام أحمد بن حنبل، مسند أحمد بن حنبل، ج5، ص446.
[6] المرغيناني، الهداية، ج1، ص383. الإمام الكاساني، بدائع الصنائع، ج3، ص456.

2- أن الأنظر للصغير أن يكون عند الأم لوفور شفقتها إذ الشفقة لا تختلف باختلاف الدين. وأما ما فيه من احتمال الضرر الديني فإنه يرتفع بما ذكر من سقوط حضانتها إذا ظهر منها ما يخاف عليه[1].

مذهب الشافعية:

الذي عليه الشافعية أن الحضانة لا تثبت على المسلم لغير المسلم حتى وإن كانت الحاضنة أما للمحضون فالإسلام شرط من شروط الحاضن[2]. واستدلوا بما يأتي:

أولا: الكتاب:

قوله تعالى: ﴿ وَلَن يَجْعَلَ ٱللَّهُ لِلْكَـٰفِرِينَ عَلَى ٱلْمُؤْمِنِينَ سَبِيلاً ﴿١٤١﴾ ﴾[3].

ثانيا: السنة:

قوله ﷺ ((الإسلام يعلو ولا يعلى))[4].

وجه الدلالة من الكتاب والسنة أن فيهما النص على أن لا ولاية لغير المسلم على المسلم والحضانة نوع من أنواع الولاية[5].

ثالثا: المعقول:

قياسا على عدم جواز تسليم الصبي المسلم إلى الكافر بالإجماع. فلما لم يجز تسليمه إلى الكافر كذلك لا يجوز تسليمه إلى الكافرة بجامع الضرر من كفرهما[6].

إن الشريعة مبناها على المصالح ودرء المفاسد ومن روح الشريعة أنها تقضي بمصالح المحضون. فمما لا شك فيه أن إلقاءه في أحضان الكفر قضاء على صلاحه في الدنيا والآخرة[7]. ثم إن الحضانة شرعت لحظ الصبي ولا حظ له في حضانة الكافر.

ولكن رد على هذا بأن هذا الاحتمال مدفوع لأن الصغير والصغيرة إذا عقلا سقط حقها في الحضانة[8].

---

[1] ينظر الإمام كمال الدين ابن الهمام، شرح الفتح القدير، ج4، ص373. ينظر الهروي القاريء، فتح باب العناية بشرح النقاية، ج2، ص184.
[2] الشيخ محمد الشربيني الخطيب، مغني المحتاج، ج3، ص452.
[3] سورة النساء، الآية رقم (141).
[4] الإمام البخاري، صحيح البخاري،ج1، ص454.
[5] الشيخ محمد الشربيني الخطيب، مغني المحتاج، ج3، ص452. حاشيتا قليوبي وعميرة، ج4، ص92.
[6] الشيرازي، المهذب، ج3، ص164.
[7] المجموع بشرح المهذب، ج20، ص222.
[8] علاء الدين السمرقندي، تحفة الفقهاء، ج2، ص231.

رابعا: الآثار:

عن عمر بن الخطاب رضي الله عنه أنه قال في نصرانيين بينهما ولد صغير فأسلم أحدهما "أولاهما به المسلم"[1].

الرأي الراجح:

الذي يبدو أن الراجح هو ما ذهب إليه الحنفية لقوة أدلتهم فتخيير النبي صلى الله عليه وسلم الصبي نص في الباب. وما قيل في تأويله بعيد. ثم إن الإسلام قد أعطى لغير المسلم حقوقا لا عد لها ولا حصر. فما المانع من أن يكون هذا أيضا من الحقوق المعطاة لغير المسلم في شريعة الإسلام. وأما ما فيه من محاذير بأن يتعود الكفر وأخلاق الكفار فمدفوع بإسقاط الحضانة عنها إن ظهر منها ما يدعو إلى الخوف. عليه فالراجح هو ما ذهب إليه الحنفية و الـلـه أعلم.

قلت هذه هي الشروط التي ينبغي توفرها في الحاضن كي يستحق الحضانة, عليه فلو كان الحاضن امرأة أو رجلا حاضنا للطفل بهذه الشروط ثم طرأ عليه جنون أو فسق أو كفر أو زواج بأجنبي عن الطفل المحضون فإن الحضانة تسقط عنه لانعدام الشروط.

ومما ينبغي الإشارة إليه أن المشرع العراقي قد أخذ برأي الحنفية حيث عد الأم أحق بحضانة الولد. وهو عام في كل أم مسلمة كانت أم لا.

وأما فيما يتعلق بإسقاط الحضانة عن الأم فإن المشرع العراقي لم يسقطها عن الأم وإن تزوجت بأجنبي عن الولد ما لم يكن فيه ضرر على الأجنبي. وهذا ما نصت عليه المادة السابعة والخمسون من قانون الأحوال الشخصية العراقي.

المطلب الثالث
الخلاف في أجرة الحاضن

قد ذكر بعض الباحثين نصوص الفقه الحنفي والفقه الشافعي فيما يتعلق بأجرة الحاضن مشيرا إلى وجود خلاف بينهما في استحقاق الحاضن الأجرة على الحضانة مقررا أنه عند الحنفية أن الأم تستحق أجرة الحضانة إذا لم تكن منكوحة الأب أو معتدته. وعند الشافعية تستحق الحاضنة أجرة الحضانة ولو كانت أما[2].

---

[1] عبد الرزاق بن همام الصنعاني، مصنف عبد الرزاق،ج6، ص30.
[2] الدكتور عبد الكريم زيدان، المفصل في أحكام المرأة والبيت المسلم، ج10، ص57 و60.

قلت قد يكون هذا الحكم واحدا عند الحنفية والشافعية لأن الحنفية جعلوا الحاضنة مستحقة للأجرة إذا كانت مطلقة والذي عليه الشافعية أن الحضانة إنما تكون بعد الفراق فحينما أطلق الشافعية القول باستحقاق الحاضنة الأجرة فإنما أرادوا بذلك الحاضنة المطلقة.

عليه قد لا يكون بين الحنفية والشافعية خلاف في استحقاق الحاضن أجرة الحضانة يقول صاحب أسنى المطالب "[1] والمحضون الطفل ونحوه مع أبويه ما داما في النكاح يقومان بكفايته الأب بالإنفاق والأم بالحضانة" فالذي يبدو من كلامه أنه لا حديث لأجرة الحضانة مادامت الزوجية قائمة فهذا يقوم بالإنفاق على الزوجة وعلى المولود وهذه تقوم بالحضانة و الـلـه أعلم.

وأما مؤنة الحضانة فهي في مال المحضون فإن لم يكن له مال فعلى من تلزمه نفقته لأنها من أسباب الكفاية كالنفقة[2].

يقول صاحب البحر الرائق "وقد رأيت في كتب الشافعية مؤنة الحضانة في مال المحضون إن كان له مال وإلا فعلى من تجب عليه نفقته وعلى ما أجاب به قاريء الهداية من استحقاقها الأجرة إذا لم تكن منكوحة ولا معتدة. لا يبعد أن يكون مذهبنا كمذهب الشافعية وتكون كالرضاع هذا هو السابق للأفهام ويتعين القطع به"[3].

المطلب الرابع
الخلاف في انتهاء الحضانة وتخيير المحضون

لا خلاف بين الحنفية والشافعية في أن للحضانة مدة تنتهي فيها عن المحضون الصغير أو الصغيرة. ولكن حصل بينهما خلاف في الوقت الذي إذا بلغه الصغير أو الصغيرة به تنتهي الحضانة، وإذا انتهت فهل يخير الصبي أم أنه يسلم إلى الولي؟

مذهب الحنفية:

الذي عليه الحنفية أن الحضانة تنتهي بالنسبة للصغير إذا بلغ سن التمييز ويقدر بسبع أو تسع سنين ومنهم من حدده بوقت يستطيع فيه الصبي أن يأكل وحده ويشرب وحده ويستنجي وحده.

---

(1) زكريا بن محمد بن زكريا الانصاري ، ابو يحيي (823 – 962هـ) فقيه شافعي محدث مفسر قاض. من أهل مصر. لقب بشيخ الاسلام. كان فقيرا معدما، ثم طلب العلم فنبغ. ولي قضاء قضاة مصر. مكثر من التصنيف. من مؤلفاته: (الغرر البهية في شرح البهجة الوردية). و(أسنى المطالب شرح روض الطالب) و(منهج الطلاب). و(أسنى المطالب شرح لب الاصول) في أصول الفقه. وله تآليف في المنطق والتفسير والحديث وغيرها. ينظر الاعلام للزركلي، ج3، ص80. معجم المطبوعات لإيليان سركيس، ج1، ص155، ص483.

(2) الدر المختار ورد المحتار، ج3، 562. الشيخ محمد الشربيني الخطيب، مغني المحتاج، ج3، ص452.

(3) زين الدين بن ابراهيم (ابن نجيم)، البحر الرائق، ج4، ص180.

وأما الصغيرة فلا تنتهي حضانتها إلا إذا بلغت المحيض أو سنا فيه تشتهى. وإذا انتهت الحضانة فلا يخير المحضون بين أبويه وإنما يسلم إلى وليه[1]. استدلوا بما يأتي:

أولا: السنة:

قوله ﷺ للأم ((أنت أحق به ما لم تنكحي))[2].

وجه الدلالة من الحديث أن الرسول ﷺ قد أعطى هذا الحق للمرأة من دون أن يعطي الخيار للمحضون، فالحديث على اطلاقه يدل على أن الحق ثابت للمرأة وإذا انتهت حقها في الحضانة سلم المحضون للأب[3].

ثانيا: المعقول:

1- إن تخيير الصبي ليس بحكمة لأنه لغلبة هواه يميل إلى اللذة الحاضرة من الفراغ والكسل والهرب من الكتاب وتعلم آداب النفس ومعالم الدين فيختار شر الأبوين وهو الذي يهمله ولا يؤدبه[4].

2- إن الحجة في تسليم الصبي إلى الولي أنه إذا استغنى يحتاج إلى التأديب والتخلق بآداب الرجال وأخلاقهم والأب أقدر على التأديب والتثقيف فلا يعطى له الخيار وإنما يفرض عليه ذلك. لأنه لو بقي في صحبة النساء بعد هذه الفترة باختياره كان مفسدة له، فإذا ترك عندها قد ينكسر لسانه ويميل طبعه إلى طبع النساء، فربما يجيء مخنثا[5].

3- إن القياس أن يستوي الغلام والجارية في ذلك فإذا استغنيا كان الأب أحق بهما لأن حضانتها انتهت بالاستغناء. ولكن ترك القياس في حق الجارية لأنها وإن استغنت عن التربية فقد احتاجت إلى تعلم الغزل والطبخ وغسل الثياب والأم على ذلك أقدر. وإذا دفعت إلى الأب اختلطت بالرجال فيقل حياؤها والحياء في النساء زينة وإنما يبقى ذلك إذا كانت تحت ذيل أمها فكانت أحق بها حتى تحيض. فإذا بلغت احتاجت إلى التزويج وولاية التزويج إلى الأب وصارت عرضة للفتنة ومطمعة للرجال، وبالرجال من الغيرة ما ليس للنساء فيتمكن الأب من حفظها على وجه لا تتمكن الأم من ذلك[6].

---

(1) الشيخ عبد الغني الغنيمي، اللباب في شرح الكتاب، ج3، ص24.
(2) قال الحاكم هذا حديث صحيح الإسناد و لم يخرجاه. أبو عبد الله الحاكم، المستدرك على الصحيحين، ج2، ص225.
(3) الإمام الكاساني، بدائع الصنائع، ج3، ص459.
(4) الإمام الكاساني، بدائع الصنائع، ج3، ص459. السرخسي، المبسوط، ج4، ص99.
(5) ينظر المرغيناني، الهداية، ج2، ص38. إبراهيم بن أبي اليمن، لسان الحكام، ج1، ص334.
(6) السرخسي، المبسوط، ج4، ص99.

مذهب الشافعية:

مذهب الشافعية أن المحضون تنتهي حضانته ببلوغه سن التمييز وسن التمييز سبع أو ثمان وإذا انتهت حضانته فإنه يخير بين أبويه فأيهما اختار ضم إليه[1]. واستدلوا بما يأتي:

أولا: السنة:

عن أبي هريرة: أن النبي ﷺ ((خير غلاما بين أبيه وأمه)).قال الترمذي حديث أبي هريرة حديث حسن صحيح[2].

ولكن رد على هذا الحديث من وجهين أحدهما: أن النبي ﷺ دعا أن يوفق الصبي لاختيار الأنظر على ما رواه أبو داود.

الثاني: إن الذي خيره النبي ﷺ كان بالغا ولا خلاف في أن البالغ يخير. والدليل على أنه كان بالغا الاستقاء من بئر أبي عنبة ومن كان دون البلوغ لا يرسل إلى الآبار[3].

قلت الذي في سنن أبي داود[4]. حجة على الحنفية لا لهم بدليل: أن الرسول ﷺ لم يدع للمحضون بالهداية وإنما الذي دعا له بالهداية إنما هو في حديث عبد الحميد بن جعفر عن أبيه عن جده رافع بن سنان أنه أسلم وأبت امرأته أن تسلم.

ثم إن الرسول ﷺ قد قال في حديث أبي هريرة: "هذا أبوك وهذه أمك فخذ بيد أيهما شئت " فأخذ بيد أمه فانطلقت به[5].

وأما القول بأنه كان بالغا لأن دون البالغ لا يرسل إلى الآبار فمردود. لأنه ليس بالضرورة أن يكون هو الذي يخرج الماء من البئر بنفسه فقد يعاونه في ذلك احد. فذهابه إلى البئر بحد ذاته ليس دليلا على صغره أو كبره.

---

[1] الإمام الشافعي، الأم، ج5، ص133. الشيخ محمد الشربيني الخطيب، مغني المحتاج، ج3، ص452.

[2] الترمذي، سنن الترمذي، ج3، ص638. ابن ماجه، سنن ابن ماجه،ج2، ص787. البيهقي، سنن البيهقي الكبرى، ج8، ص3.

[3] الإمام كمال الدين ابن الهمام، شرح الفتح القدير، ج4، ص373. الإمام الكاساني، بدائع الصنائع، ج3، ص459.

[4] أخرج أبو داود في سننه عن هلال بن أسامة: أن أبا ميمونة سلمى مولى من أهل المدينة رجل صدق. قال: بينما أنا جالس مع أبي هريرة جاءته امرأة فارسية معها ابن لها فادعياه وقد طلقها زوجها. فقالت: يا أبا هريرة (ورطنت (تكلمت) له بالفارسية) زوجي يريد أن يذهب بابني. فقال أبو هريرة: استهما عليه (ورطن لها بذلك). فجاء زوجها فقال: من يحاقني في ولدي؟ فقال: أبو هريرة اللهم إني لا أقول هذا إلا أني سمعت امرأة جاءت إلى رسول الله ﷺ وأنا قاعد عنده فقالت: يارسول الله إن زوجي يريد أن يذهب بابني وقد سقاني من بئر أبي عنبة وقد نفعني. فقال رسول الله ﷺ: " استهما عليه " فقال زوجها من يحاقني في ولدي؟ فقال النبي ﷺ: "هذا أبوك وهذه أمك فخذ بيد أيهما شئت " فأخذ بيد أمه فانطلقت به. أبو داود، سنن أبي داود، ج1، ص693.

[5] أبو داود، سنن أبي داود، ج1، ص693.

قلت إن تخيير الرسول ﷺ الغلام دليل على صغره لأن البالغ الكبير لا يحتاج إلى التخيير لأن بقاءه عند أبيه أو أمه حق له. ولا يبقى في هذه الفترة حق للوالدين في حضانته فلا يحتاج إلى التخيير و الـلـه أعلم.

ثانيا: الآثار:

رويت آثار عن عدد من الصحابة قالو بتخيير الغلام بين أبويه لو بلغ سن التمييز فقد روي أن عمر بن الخطاب رضي الله عنه "خير غلاما بين أبيه وبين أمه"[1].

ولكن رد على هذا بأنه محمول على أنه عرف ميل الابن إلى أمه وهي في الواقع أحق بحضانته فأحب تطييب قلب الأب من غير مخالفة للشـرع فخـيره[2]. وروي ذلك عـن علـي أيضا رضي الله عنه فقد قال عمارة الجرمي: خيرني علي بن أبي طالب بين أمي وعمي ثم قال لأخ لي أصغر مني وهذا أيضا لو قد بلغ مبلغ هذا لخيرته[3]. وروي ذلك أيضا عن ابن سيرين وعن شريح[4]. بل ذهب ابن قدامة إلى أبعد من هذا حيث عد ما روي عن عمر وعلي وأبي هريرة بمثابة إجماع حيث يقول: "وهذه قصص في مظنة الشهرة ولم تنكر فكانت إجماعا"[5].

ثالثا: المعقول:

1- إن التفريق بين الغلام والغلامة من حيث انتهاء الحضانة لا يستند إلى دليل معقول مقبول لأن الغلامة كالغلام في الانتساب ولأن القصد بالكفالة الحفظ للولد والمميز منهما ذكرا كان أو أنثى أعرف بحظه فيرجع إليه[6].

2- إذا كان الأصل في الحضانة مصلحة الصبي فإن المحضون بعد بلوغه سن التمييز يكون أعرف بحظه، لأنه قد يعرف من أبويه ما يدعو إلى اختياره الأنسب والأصلح له[7].

3- وأما ما يقال بأن الصغير المميز لا يعرف اختيار ما هو لصالحه، لأنه سيختار من يسمح له باللعب دون التعلم فمدفوع بأن الصبي إذا لم يكن قد بلغ مرحلة التمييز الذي فيه مصلحته فإن هذا التخيير يؤخر "لأن المدار على التمييز الصحيح وهذا قد يحصل بسبع سنين أو دونه أو فوقه فلا بد مع التمييز إذا من أن يكون المحضون عارفا بأسباب الاختيار وإلا أخر إلى حصول

---

[1] الإمام الشافعي، الأم، ج4، ص391. سنن سعيد بن منصور، ج2، ص110. البيهقي، سنن البيهقي الكبرى، ج8، ص4.
[2] الإمام كمال الدين ابن الهمام، شرح الفتح القدير، ج4، ص374.
[3] الإمام الشافعي، مسند الشافعي، ج1، ص288. البيهقي، سنن البيهقي الكبرى، ج8، ص4.
[4] ابن عبد البر، الاستذكار، ج7، ص291.
[5] ابن قدامة، المغني، ج9، ص301.
[6] الشيخ محمد الشربيني الخطيب، مغني المحتاج، ج3، ص452.
[7] الامام تقي الدين الحسيني الحصني، كفاية الأخيار، ج1، ص585.

ذلك"[1]. بل الأبعد من هذا إذ له بعد اختيار أحدهما اختيار الآخر إذا ظهر له الأمر على خلاف ما ظنه كأن يظن أن في الأب خيرا فيظهر له أن فيه شرا أو يتغير حال من اختاره أولا فيحول إلى من اختاره ثانيا وهكذا حتى إذا تكرر منه ذلك نقل إلى من اختاره ما لم يظهر أن ذلك لقلة تمييزه وإلا ترك عند من كان عنده قبل التمييز[2].

عليه فالنتيجة واحدة عند الحنفية والشافعية لأن الحنفية إنما منعوا ذلك لأن في اختياره ضررا. والشافعية قالوا إذا تبين أنه كان مخطئا في اختيار فإن اختياره يلغى ويعود إلى من كان عنده قبل التخيير.

الرأي الراجح:

الذي يبدو أن الراجح هو ما ذهب إليه الشافعية لقوة أدلتهم وأما ما استدل به الحنفية فمردود. وأما ما اعترض به على الشافعية فمجاب عنه. فالراجح إذا ما ذهب إليه الشافعية مع ملاحظة أن يكون المحضون أهلا للاختيار الصحيح فإذا ثبت بعد الاختيار أن اختياره لم يكن لصالحه فله الاختيار ثانية فإذا ثبت عدم قدرته على الاختيار الجيد فيوضع عند من كان عنده قبل الاختيار و الله أعلم.

---

[1] الامام تقي الدين الحسيني الحصني، كفاية الأخيار، ج1، ص585.
[2] ينظر أبوبكر الدمياطي، إعانة الطالبين، ج4، ص102.

الخاتمة

بعد أن انتهيت من كتابة هذه الأطروحة بإذن الله عَزَّوَجَلَّ، أود أن ألخص أهم النتائج التي توصلت إليها في النقاط الآتية:

إن الخلاف بين فقهاء الأمة الإسلامية منهم الحنفية والشافعية من حيث العموم لم يكن خلاف هوى أو تعصبا لمذهب. بل كان اختلافهم مستندا إلى حجج شرعية. كل مذهب يحتج بحجة يراها شرعية محتجا بها على مخالفه.

إن الخلاف الذي وقع بين فقهاء الأمة الإسلامية كان رحمة بهذه الأمة ودليلا على سعة هذه الشريعة في أحكامها. فكان سببا لسعة أفق الفقيه المسلم. من ذلك الخلاف بين الحنفية في عدد الرضعات المحرمة القائلين بحرمة قليل الرضاع وكثيره، وبين الشافعية القائلين باشتراط الخمس رضعات في التحريم. عليه يمكن أن يفتى بمذهب الحنفية فيما لو ثبت الرضاع بين زوجين قبل العقد أو الدخول. ويمكن اللجوء إلى مذهب الشافعية فيما لو ثبت الرضاع بينهما بعد ذلك.

لما لعقد الزواج من خطورة وأهمية بالغة في حياة الناس ولما يترتب على هذا العقد من آثار نرى بأن أصول المسائل هي في أكثرها متفق عليها بين الحنفية والشافعية. كما في مسألة المحرمات في الزواج. وأركان عقد الزواج. ووجوب المهر و النفقة والشروط المقترنة بعقد الزواج.

إن الشريعة الإسلامية قد عالجت جميع القضايا المتعلقة بالزواج والطلاق علاجا يتوافق مع طبيعة الرجل والمرأة. إستنادا إلى ثوابت وحدود لا يمكن تغييرها ولا تجاوزها كالصيغة والشهود في عقد الزواج، وتماشيا مع المتغيرات التي لا تؤثر على الثوابت كما في النفقة الزوجية والشروط المقترنة بعقد الزواج وغيرها من المسائل. فكان القول بأن هناك مسائل لم تعط الشريعة الإشلامية الجواب الشافي فيها ضربا من الخيال.

إن بعضا من حالات الاتفاق بين الحنفية والشافعية في أصل المسألة لم يكن مانعا من وجود الخلاف بينهما في تفاصيل المسألة بسبب الاختلاف في العرف والزمان لا الحجة والبرهان. كما في الكفاءة في الزواج ومقادير النفقة الزوجية ومتعة الطلاق.

هناك العديد من المسائل ظن الكثير من الباحثين أن الخلاف فيها بين الحنفية والشافعية قائم. ولكن من خلال تتبع كتبهما وملاحظتها بدقة يظهر أن لا خلاف بينهما في المسألة. وإنما الفهم الخاطئ لعبارة إمام المذهب قد يلبس على الباحث فهمه. كما في مسألة حكم الخطبة وما يباح النظر إليه من المخطوبة وطلاق الغضبان وغيرها من المسائل.

ليس بالضرورة أن يكون الصواب إما مع الحنفية أو الشافعية فقد يكون الصواب مع غيرهما مع الاختلاف بينهما. كما في مسألة الرجوع في الهدايا وعدة الممتدة الطهر فقد رأينا بأن الراجح هو قول المالكية.

قد يحصل أن يخالف أصحاب المذهب قواعدهم التي ساروا عليها. كما في مسألة وقت الرضاع المحرم. فالحنفية حينما قالوا بأن وقت الرضاع المحرم سنتان ونصف بحجة أن المدة (ثلاثون شهرا) في قوله تعالى: ﴿ وَحَمْلُهُۥ وَفِصَـٰلُهُۥ ثَلَـٰثُونَ شَهْرًا ﴾(15) سورة الأحقاف. مضروبة لكل من الحمل والرضاع على انفراد. فقد خالفوا قولهم بأن أكثر الحمل سنتان المستند إلى حديث عائشة رضي الـلـه عنها.

إن الخلاف بين الحنفية والشافعية ليس بالضرورة أن تترتب عليه آثار مختلفة. فقد يكون الخلاف بينهما شكليا من حيث الآثار إذ قد تكون آثارهما شيئا واحدا. كما في مسألة الزواج دون شهود فهو فاسد عند الحنفية ويجب أن يفرق بين الزوجين. كذا الحكم عند الشافعية ولكن بلفظ "إنه باطل".

على ما يبدو لنا إن الخلاف في مسائل الزواج والطلاق بين أبي حنيفة وبين تلامذته أكثر من الخلاف بين الشافعي وبين تلامذته. والذي يبدو أن السبب في ذلك هو أن الإمام أبي حنيفة لم يدون مذهبه بنفسه وإنما ترك ذلك لتلامذته فيدرج التلميذ رأيه مع رأي شيخه إن كان مخالفا له. وأما الشافعي رحمه الـلـه تعالى فقد دون مصنفاته فجاء تلامذته يستقون منها ويجتهدون في آرائه و الـلـه أعلم.

الذي بدا لنا في مسألة الولي في عقد الزواج من خلال النظر إلى أدلة الفريقين وما فيها من مناقشة أنها لا ترجح مذهبا على آخر بتمامه، وذلك لأن الأدلة من الكتاب والسنة وحتى آثار الصحابة كما أسندت النكاح إلى الأولياء كذا أسندته إلى المرأة. مما يدل على أن الأمر مشترك بينهما. فليس لكل واحد منهما الاستقلال بعقد الزواج دون الآخر، بل لا بد من رضا الاثنين أثناء العقد. لذا نرى بأنه على المشرع العراقي أن يأتي بنص يعالج مسألة الولي في زواج البالغة فلا يجعل الأمر مقصورا على المرأة وحدها. بل يجعله بينهما مشتركا فهو المتوافق لنصوص الشريعة وقواعدها وفيه أيضا حماية للمرأة من أن تغر أو تجبر على النكاح.

إن بعضا من مسائل الخلاف بين الحنفية والشافعية والتي لا تستند إلى دليل قوي قد لا يبقى لها أثر في مثل هذا الوقت. كما في مسألة أكثر مدة الحمل. فالأجهزة الطبية الحديثة كافية لبيان وجود الحمل من عدمه فتكون بذلك وسيلة يمكن اللجوء إليها لبيان نوع العدة التي ينبغي على المرأة أن تعتدها. شرط أن لا تتعارض مع ما هو منصوص عليه. فلا يمكن القول بانقضاء العدة بشهر واحد لذات القرء وإن تيقنا عدم وجود الحمل لتعارضه مع نص القرآن يقول الـلـه تعالى: ﴿ وَٱلْمُطَلَّقَـٰتُ يَتَرَبَّصْنَ بِأَنفُسِهِنَّ ثَلَـٰثَةَ قُرُوٓءٍ ﴾ (228) سورة البقرة.

من خلال مناقشتنا للخلاف بين الحنفية والشافعية في مسائل عديدة منها الخلاف في شروط الحاضن من حيث كونها مسلمة أم لا؟ قد تبين لنا أن الراجح هو أن إسلام الأم الحاضن ليس

بشرط لاستحقاق الحضانة. فغير المسلمة أحق بحضانة طفلها في شريعة الإسلام من الأب وإن كان مسلما. مما يدل على أن لغير المسلم حقوقا في شريعة الإسلام تظاهي حقوق المسلمين. فلهم ما للمسلمين وعليهم ما على المسلمين.

إن المشرع العراقي في قانون الأحوال الشخصية ولا القضاء لم يأخذ بمذهب الحنفية فقط وإنما أخذ بمذهب الحنفية في بعض مواده القانونية وفي أخرى أخذ بمذهب الشافعية وفي غيرها أخذ بقول غيرهما كالمالكية أوالشيعة الجعفرية. كما في مسألة عدة الحامل المتوفى عنها زوجها حيث جعل عدتها أبعد الأجلين من الأربعة أشهر أو وضع الحمل. فكان ينبغي على المشرع الرجوع إلى مذهب الجمهور القائل بأن عدة الحامل هي وضع الحمل مطلقة كانت أم متوفى عنها زوجا إذ هو الموافق لنص القرآن.

على ما يبدو لنا أن المشرع العراقي في مواد الزواج والطلاق من قانون الأحوال الشخصية لم يخرج عما قرره فقهاء المسلمين. فمواد قانون الأحوال الشخصية مستمدة من مصادر التشريع الإسلامي من قرآن أوسنة أو إجماع أو قياس وغيرها من مصادر التشريع.

إن المشرع العراقي في قانون الأحوال الشخصية العراقي لم ينص على جميع الحالات. وإنما ترك الأمر للقضاء يبت فيها ملزما إياه بالرجوع إلى تطبيق أحكام الشريعة الإسلامة.

إن نصوص قانون الأحوال الشخصية العراقي وإن اشترطت لزواج الصغار موافقة الولي الشرعي إلا أنها خلت من الإشارة إلى شروط الأولياء وترتيبهم مما يشكل هذا نقصا في التشريع. فكان على المشرع العراقي أن يتداركه بتشريع مواد فيها الإشارة إلى الأولياء وما يجب أن يتوفر فيهم من شروط.

بدا لنا بوضوح تام أن ما ذهب إليه الشافعية من أن تقدير النفقة يجب أن يعتبر بحال الزوج يسرا أو عسرا وكان هذا هو الظاهر من مذهب الحنفية. فكان مما يؤخذ على المشرع العراقي أيضا أنه اعتبر حال الزوجين في تقدير النفقة يسرا أو عسرا ففي هكذا رأي إلحاق ضرر كبير بالزوج و الله أعلم.

إن ما سار عليه المشرع العراقي من إعطاء الزوجة وحدها الحق دون الزوج في التفريق بسبب العيوب. سيرا على ما ذهب إليه الحنفية بحجة أن فيه رفعا للظلم عن المرأة وتعويضا لها عن الضرر الواقع عليها. هو بحد ذاته يشكل ضررا على الزوج الذي هو الطرف الثاني في العقد حيث يثقل كاهله بالمهر المؤخر. فلا يجوز رفع ظلم عن شخص ووضعه على آخر. فكان هذا أيضا مما يؤاخذ عليه المشرع العراقي وكان ينبغي و الله أعلم أن يأخذ برأي الشافعية والجمهور بإعطاء هذا الحق أيضا للزوج كما هو للزوجة.

والحمد لله أولا وآخرا

Abstract

The importance of the study of (*The difference between "Al-hanafia" and "Shafia" ideologies in marriage and divorce study compared with the Personal Status Law in Iraq*) comes from the great importance of these propositions due to their wide spread in most countries of the world. As for the subject of a profound impact on a person's life.

The stand on this controversy and its implications ,likely to help jurisprudent in their "fatwa", as well as the judge in those facts which are not in the law text ,in which the rule would be left to work Islamic jurisprudence.

Through this comparative study between "Sharia" and law and the details of the marriage and divorce in terms of the elements ,conditions of the marriage contract , taboo in marriage ,its implications in terms of dowry and alimony ,good marital cohabitation, the divorce from a sane adult, drunk, wrathful or wrong & ...etc. show that the Iraqi legislature did not come out in the legislation on Personal Status Law .from jurists "Alahnaf" and "Shafia" ideology but only in few issues (God better knows).

المصادر بعد القرآن الكريم

1. إبراهيم بن أبي اليمن، لسان الحكام، ط2، مطبعة البابي الحلبي، القاهرة، سنة الطبع 1973.

2. ابراهيم بن علي ابن يوسف الفيروز ابادي أبو اسحاق الشيرازي، المهذب في فقه الإمام الشافعي، دار الفكر، بيروت – لبنان.

3. ابراهيم بن علي ابن يوسف الفيروز ابادي أبو اسحاق الشيرازي، اللمع في أصول الفقه، ط1 دار الكتب العلمية، بيروت، سنة الطبع 1405هـ- 1985م.

4. إبراهيم بن محمد بن سالم بن ضويان، منار السبيل، تحقيق عصام القلعجي، ط2، مكتبة المعارف، الرياض، سنة الطبع 1405هـ

5. إبراهيم بن محمد بن سبط ابن العجمي أبو الوفا الحلبي الطرابلسي، التبيين لأسماء المدلسين، تحقيق محمد إبراهيم داود الموصلي، ط1، مؤسسة الريان للطباعة والنشر والتوزيع – بيروت، سنة الطبغ 1414هـ - 1994م.

6. ابراهيم بن موسى بن محمد اللخمي الشاطبي، الاعتصام، دار الفكر، بيروت – لبنان، دون عدد وسنة الطبع.

7. ابن نجيم الحنفي الإمام سراج الدين عمر بن ابراهيم، النهر الفائق شرح كنز الدقائق، تحقيق احمد عزو عناية، ط1، منشورات محمد علي بيضون، دار الكتب العلمية، بيروت – لبنان، سنة الطبع 2002م.

8. أبو بكر بن علي الرازي (الجصاص)، احكام القرآن، دار الفكر، بيروت – لبنان.

9. أبو بكر بن علي الرازي (الجصاص)، الفصول في الاصول، تحقيق د. عجيل جاسم النشمــي، ط1، وزارة الأوقاف والشئون الإسلامية – الكويت، سنة الطبع 1405هـ

10. أبو بكر عبد الله بن محمد بن أبي شيبة الكوفي ابن أبي شيبة ، المصنف في الأحاديث والآثار، تحقيق كمال يوسف الحوت، ط1، مكتبة الرشد – الرياض، سنة الطبع 1409.

11. أبوبكر بن أحمد بن محمد بن قاضي شهبة، طبقات الشافعية، تحقيق عبد الحليم خان، ط1، عالم الكتب، بيروت – لبنان، سنة الطبع 1407هـ

12. أحمد ابن العماد الأقفهسي، توقيف الحكام على غوامض الأحكام، تحقيق د. نصير خضر سليمان الشافعي، ط1، دار الكتب العلمية، بيروت - لبنان، سنة الطبع 2005، ص158.

13. احمد الحجي الكردي، الزواج، دار إقرأ، دمشق - سوريا، ط1.

14. أحمد بن الحسين بن علي بن موسى أبو بكر البيهقي، السنن الصغرى، تحقيق د. محمد ضياء الرحمن الأعظمي، ط1، مكتبة الدار – المدينة المنورة، سنة الطبع 1989م.

15. أحمد بن الحسين بن علي بن موسى أبو بكر البيهقي، سنن البيهقي الكبرى، تحقيق: محمد عبد القادر عطا، مكتبة دار الباز، مكة المكرمة، سنة الطبع 1414هـ - 1994م، ص 77.

16. أحمد بن حسن بن يوسف العلامة فخر الدين الجاربردي، السراج الوهاج في شرح المنهاج، دار المعراج – السعودية، ط1، 1996.

17. الإمام أحمد بن حنبل، مسند الإمام أحمد بن حنبل أبو عبدالله الشيباني، مؤسسة قرطبة – القاهرة.

18. أحمد بن شعيب أبو عبد الرحمن النسائي، المجتبى من السنن المسمى سنن النسائي، تحقيق عبدالفتاح أبو غدة، ط2،
مكتب المطبوعات الإسلامية - حلب، سنة الطبع 1406 - 1986.

19. أحمد بن عبد الله أبو نعيم الأصبهاني ، حلية الأولياء وطبقات الأصفياء، ط4، دار الكتاب العربي - بيروت، سنة الطبع
1405هـ

20. أحمد بن عبد الله بن صالح أبو الحسن الكوفي العجلي، معرفة الثقات، تحقيق عبد العليم عبد العظيم البستوي، ط1،
مكتبة الدار - المدينة المنورة، سنة الطبع 1985.

21. أحمد بن علي ابن حجر العسقلاني أبو الفضل، لسان الميزان، تحقيق دائرة المعرف النظامية - الهند، مؤسسة الأعلمي
للمطبوعات - بيروت، سنة الطبع 1406 - 1986.

22. أحمد بن علي ابن حجر العسقلاني أبو الفضل، تحقيق د. عاصم بن عبدالله القريوتي، ط1، مكتبة المنار - عمان، سنة
الطبع 1403 - 1983هـ

23. أحمد بن علي ابن حجر العسقلاني أبو الفضل، تعجيل المنفعة بزوائد رجال الأئمة الأربعة، تحقيق: د. إكرام الله إمداد الحق،
ط1، دار الكتاب العربي - بيروت.

24. أحمد بن علي ابن حجر العسقلاني أبو الفضل، تهذيب التهذيب، ط1، دار الفكر - بيروت، سنة الطبع 1984.

25. أحمد بن علي ابن حجر العسقلاني أبو الفضل، الإصابة في تمييز الصحابة، تحقيق علي محمد البجاوي، ط1، دار الجيل -
بيروت، سنة الطبع 1412هـ

26. أحمد بن علي ابن حجر العسقلاني أبو الفضل، تقريب التهذيب، تحقيق محمد عوامة، ط1، دار الرشيد - سوريا، سنة الطبع
1406هـ - 1986م.

27. أحمد بن علي ابن حجر العسقلاني أبو الفضل، تلخيص الحبير في أحاديث الرافعي الكبير، تحقيق السيد عبدالله هاشم اليماني
المدني، المدينة المنورة، سنة الطبع 1384 - 1964.

28. أحمد بن علي ابن حجر العسقلاني أبو الفضل، تهذيب التهذيب، ط1، دار الفكر - بيروت، سنة الطبع 1984.

29. أحمد بن علي ابن حجر العسقلاني أبو الفضل، طبقات المدلسين، تحقيق د. عاصم بن عبدالله القريوتي، ط1، مكتبة المنار -
عمان، سنة الطبع 1403 - 1983.

30. أحمد بن علي ابن حجر العسقلاني أبو الفضل، فتح الباري شرح صحيح البخاري، دار المعرفة، بيروت، 1379هـ

31. أحمد بن علي بن ثابت أبو بكر الخطيب البغدادي ، الكفاية في علم الرواية، تحقيق: أبو عبدالله السورقي، إبراهيم حمدي
المدني، المكتبة العلمية - المدينة المنورة، دون عدد وسنة الطبع.

32. أحمد بن علي بن ثابت أبو بكر الخطيب البغدادي ، تاريخ بغداد، دار الكتب العلمية - بيروت.

33. أحمد بن محمد الأدنروي ، طبقات المفسرين، تحقيق سليمان بن صالح الخزي، مكتبة العلوم والحكم - المدينة المنورة، سنة
الطبع 1997.

34. أحمد بن محمد الحموي، غمز عيون البصائر، دار الكتب العلمية، بيروت - لبنان، دون عدد وسنة الطبع.

35. أحمد بن محمد بن إسماعيل الطحاوي ، حاشية الطحطاوي على مراقي الفلاح، دون عدد ومكان وسنة الطبع.

36. أحمد بن محمد بن سلامة الطحاوي، مشكل الآثار، ج3، دار الكتب العلمية، بيروت – لبنان، دون عدد وسنة الطبع.

37. أحمد بن محمد بن سلامة بن عبدالملك بن سلمة أبو جعفر الطحاوي، شرح معاني الآثار، تحقيق: محمد زهري النجار، ط1، دار الكتب العلمية – بيروت، سنة الطبع 1399.

38. احمد بن محمد بن علي ابن حجر الهيتمي، الفتاوى الفقهية الكبرى، ط1، دار الكتب العلمية، بيروت – لبنان، 1929.

39. احمد بن محمد بن علي ابن حجر الهيتمي، تحفة المحتاج في شرح المنهاج. دار إحياء التراث العربي، بيروت - لبنان، دون عدد وسنة الطبع.

40. أحمد بن محمد بن علي المقري الفيومي، المصباح المنير في غريب الشرح الكبير للرافعي، المكتبة العلمية – بيروت.

41. أحمد علي وآخرون، شرح قانون الأحوال الشخصية، وزارة التعليم العالي والبحث العلمي، العراق، ط1، سنة الطبع 1980م.

42. أحمد محمود الشافعي وآخرون، المدخل لدراسة الفقه الإسلامي، منشورات الحلبي، بيروت – لبنان، سنة الطبع 2003م.

43. أسعد محمد سعيد الصاغرجي، التيسير في الفقه الحنفي من شرح تنوير الأبصار ورد المحتار على الدر المختار، دار الكلم الطيب، دمشق، ط1، سنة الطبع 2006.

44. إسماعيل بن باشا البغدادي، هدية العارفين، دار الفكر، بيروت – لبنان، سنة الطبع 1982دون عدد الطبعة.

45. الإمام إسماعيل بن عمر (ابن كثير)، البداية والنهاية، ط2، مكتبة المعارف، بيروت – لبنان، دون عدد وسنة الطبع.

46. الإمام إسماعيل بن عمر (ابن كثير)، تفسير القرآن العظيم، ط1، مطتبة الصفا، القاهرة، سنة الطبع2004.

47. الإمام اسماعيل بن يحيى المزني ، مختصر المزني، ط1، دار الكتب العلمية، بيروت – لبنان، سنة الطبع 1998م.

48. إليان سركيس، معجم المطبوعات، مكتبة آية الـلـه العظمى المرعشي، دون عدد وسنة الطبع.

49. جمال الدين الأسنوي التمهيد في تخريج الفروع على الأصول، تحقيق د. محمد حسن هيتو، ط1، مؤسسة الرسالة – بيروت، سنة الطبع 1400.

50. جمعة سعدون الربيعي، المرشد إلى إقامة الدعاوى الشرعية وتطبيقاتها العملية، ط1، مطبعة الجاحظ- بغداد، سنة الطبع1994.

51. حسن بن محمد بن محمود العطار، حاشية العطار على شرح الجلال المحلي، دار الكتب العلمية، بيروت – لبنان، دون عدد وسنة الطبع.

52. حسين بن مسعود بن محمد بن الفراء الإمام البغوي ، التهذيب في فقه الإمام الشافعي، تحقيق الشيخ عادل احمد عبد الموجود و الشيخ علب محمد عوض، ط1، منشورات محمد علي بيضون، دار الكتب العلمية، بيروت – لبنان، سنة الطبع 1997م.

53. الإمام الحسين بن مسعود بن محمد بن الفراء الإمام البغوي، معالم التنزيل.

54. خليل بن احمد الفراهيدي، كتاب العين، تحقيق، مهدي المخزومي، مؤسسة الرسالة، ط2.

55. خليل بن كيكلدي أبو سعيد العلائي، جامع التحصيل في أحكام المراسيل، تحقيق حمدي عبد المجيد السلفي، ط2، عالم الكتب – بيروت، سنة الطبع 1407 - 1986.

56. خير الدين الزركلي، الأعلام، ط3، دون عدد ومكان وسنة الطبع.

57. الدمياطي أبوبكر محمد بن شطا، إعانة الطالبين، دار الفكر، بيروت – لبنان.

58. رضا كحالة، معجم المؤلفين. دار إحياء التراث العربي، بيروت – لبنان، دون عدد وسنة الطبع.

59. زكريا الأنصاري، اسنى المطالب شرح روض الطالب، دار الكتب العلمية، ط1، بيروت – لبنان، سنة الطبع، 2001م.

60. زكريا الانصاري، الغرر البهية في شرح البهجة الوردية، ط1، المطبعة الميمنية، مصر، سنــة الطبع 1319هـ.

61. زين الدين بن عبد العزيز المليباري، فتح المعين.

62. سبط ابن الجوزي، إثيار الإنصاف، ط2، دار السلام – القاهرة.

63. الإمام السرخسي، المبسوط، دار المعرفة، بيروت – لبنان، سنة الطبع 1406.

64. سليمان بن أحمد بن أيوب أبو القاسم الطبراني ، المعجم الكبير، تحقيق حمدي بن عبدالمجيد السلفي، ط2، مكتبة العلوم والحكم ، الموصل – العراق، سنة الطبع 1404 – 1983.

65. الإمام سليمان بن أحمد بن أيوب أبو القاسم الطبراني، المعجم الأوسط، تحقيق طارق بن عوض الـلـه بن محمد وعبد المحسن بن إبراهيم الحسيني، دار الحرمين – القاهرة، سنة الطبع 1415.

66. الإمام سليمان بن أحمد بن أيوب أبو القاسم الطبراني، مسند الشاميين، تحقيق حمدي بن عبد المجيد السلفي، ط1، مؤسسة الرسالة – بيروت، سنة الطبع 1405 – 1984.

67. سليمان بن الأشعث الأزدي أبو داود السجستاني ، سنن أبي داود، تحقيق محمد محيي الدين عبد الحميد، دار الفكر.

68. سليمان بن خلف بن سعد أبو الوليد الباجي، التعديل والتجريح لمن خرج له البخاري في الجامع الصحيح، تحقيق: د. أبو لبابة حسين، ط1، دار اللواء للنشر والتوزيع – الرياض، سنة 1406 – 1986.

69. سليمان بن داود أبو داود الفارسي البصري الطيالسي ، مسند الطيالسي، دار المعرفة - بيروت.

70. سليمان بن محمد بن عمر البجيرمي، البجيرمي على الخطيب المسماة تحفة الحبيب على الخطيب، تحقيق الدكتور نصر فريد محمد واصل، المكتبة التوفيقية، القاهرة ، د س ط.

71. سليمان بن منصور العجلي، حاشية الجمل، ج4 دار الفكر، بيرروت – لبنان، دون عدد وسنة الطبع.

72. صديق بن حسن القنوجي ، أبجد العلوم الوشي المرقوم في بيان أحوال العلوم، تحقيق عبد الجبار زكار، دار الكتب العلمية - بيروت ، 1978.

73. صلاح الدين خليل بن آبيك الصفدي ، الوافي بالوفيات، اعتناء هلموت ريتر، دار النشر فرانز شتاينر بفيسبادز، سنة الطبع 1961م.

74. عبد الرحمن بن أبي بكر السيوطي ، الأشباه والنظائر، دار الكتب العلمية، ط1، بيروت - لبنان، 1403 هـ

75. عبد الرحمن بن أبي بكر السيوطي، تاريخ الخلفاء، تحقيق محمد محي الدين عبد الحميد، الطبعة الأولى،مطبعة السعادة - مصر، سنة الطبع 1371هـ - 1952م.

76. عبد الرحمن بن أبي بكر السيوطي، طبقات المفسرين، تحقيق علي محمد عمر، ط1، مكتبة وهبة - القاهرة، سنة الطبع 1396 هـ

77. عبد الرحمن بن إسماعيل أبو شامة المقدسي، مختصر المؤمل، تحقيق: صلاح الدين مقبول أحمد، مكتبة الصحوة الإسلامية - الكويت، 1403هـ

78. عبد الرحمن بن حسن الجبرتي ، تاريخ عجائب الآثار في التراجم والأخبار، دار الجيل - بيروت، سنة الطبع 1978، دون عدد الطبع.

79. عبد الرحمن بن علي بن محمد أبو الفرج ابن الجوزي ، الضعفاء والمتروكين، تحقيق عبد الله القاضي، ط1، دار الكتب العلمية - بيروت، سنة الطبع 1406هـ

80. عبد الرحمن بن علي بن محمد أبو الفرج ابن الجوزي، التحقيق في أحاديث الخلاف، تحقيق مسعد عبد الحميد السعدني، ط1، دار الكتب العلمية، بيروت، سنة الطبع 1405هـ

81. عبد الرحمن بن علي بن محمد أبو الفرج ابن الجوزي، العلل المتناهية في الأحاديث الواهية، تحقيق خليل الميس، ط1، دار الكتب العلمية - بيروت، سنة الطبع 1403هـ

82. عبد الرحمن بن محمد بن محمد بن الحسن ابن خلدون، تاريخ ابن خلدون، دار الفكر، بيروت - لبننان، دون عدد وسنة الطبع.

83. عبد الرحيم بن الحسين العراقي، طرح التثريب في شرح التقريب. دار إحياء الكتب العربية، بيروت - لبنان، دون عدد وسنة الطبع.

84. عبد الرزاق بن همام الصنعاني أبو بكر الصنعاني، مصنف عبد الرزاق، تحقيق حبيب الرحمن الأعظمي، الطبعة الثانية، المكتب الإسلامي، بيروت -لبنان، سنة الطبع 1403.

85. عبد الرزاق بن همام الصنعاني أبو بكر الصنعاني، تفسير القرآن، تحقيق د. مصطفى مسلم محمد، ط1، مكتبة الرشد - الرياض، سنة الطبع 1410هـ

86. عبد الغني الميداني الغنيمي الشيخ، اللباب في شرح الكتاب، تحقيق محمود أمين النواوي، د س ط، دار إحياء التراث العربي، بيروت - لبنان، سنة الطبع 1985م.

87. عبد القادر بن بدران الدمشقي، المدخل إلى مذهب الإمام أحمد بن حنبل، تحقيق د. عبد الله بن عبد المحسن التركي، ط2، مؤسسة الرسالة - بيروت، سنة الطبع1401.

88. عبد الكريم زيدان، المفصل في أحكام المرأة والبيت المسلم، ط3، مؤسسة الرسالة، بيروت – لبنان، سنة الطبع 2000م.

89. عبد الكريم زيدان، الوجيز في أصول الفقه، ط3، الناشر دار إحسان - طهران، سنة الطبع1995.

90. عبد اللـه بن أحمد المعروف بابن قدامة المقدسي ، روضة الناظر وجنة المناظر، تحقيق د. عبد العزيز عبد الرحمن السعيد، الطبعة الثانية، جامعة الإمام محمد بن سعود - الرياض،- 1399.

91. عبد اللـه بن أحمد المعروف بابن قدامة المقدسي، المغني في فقه الإمام أحمد بن حنبل الشيباني، دار الفكر – بيروت، سنة الطبع 1405هـ.

92. عبد اللـه بن عبد المحسن التركي ، أسباب اختلاف الفقهاء، ط3، مؤسسة الرسالة - سوريا، سنة الطبع 1997.

93. عبد اللـه بن محمود بن مودود الموصلي، الاختيار لتعليل المختار، تحقيق بشار بكري عرابي، المكتبة العمرية، دمشق – سوريا.

94. الإمام عبد الملك بن عبد اللـه بن يوسف الجويني أبو المعالي، البرهان في أصول الفقه، تحقيق د. عبد العظيم محمود الديب، ط4، دار الوفاء، المنصورة – مصر، سنة الطبع 1418.

95. عبداللـه بن عبدالرحمن أبو محمد الدارمي ، سنن الدارمي، تحقيق فواز أحمد زمرلي وخالد السبع العلمي، ط1، دار الكتاب العربي، بيروت، سنة الطبع 1407.

96. عبداللـه بن عدي بن عبداللـه بن محمد الجرجاني أبو أحمد ، الكامل في ضعفاء الرجال، تحقيق يحيى مختار غزاوي الكامل، ط3، دار الفكر ، بيروت – لبنان، سنة الطبع 1409.

97. عبداللـه بن محمد بن جعفر بن حيان أبو محمد الأنصاري، طبقات المحدثين بأصبهان والواردين عليها، تحقيق عبدالغفور عبدالحق حسين البلوشي، ط2، مؤسسة الرسالة – بيروت، سنة الطبع 1992.

98. عبداللـه بن مسلم بن قتيبة أبو محمد الدينوري ، تأويل مختلف الحديث، تحقيق محمد زهري النجار، دار الجيل - بيروت ، 1393 - 1972.

99. عبداللـه بن يوسف أبو محمد الحنفي الزيلعي ،نصب الراية لأحاديث الهداية، تحقيق محمد يوسف البنوري، دار الحديث - مصر، سنة الطبع 1357.

100. الإمام عثمان بن علي الزيلعي، تبيين الحقائق شرح كنز الدقائق، زين الدين بن ابراهيم (ابن نجيم)، البحر الرائق شرح كنز الدقائق، دار المعرفة، بروت – لبنان.

101. علاء الدين ابي بكر بن مسعود الكاساني الإمام ، بدائع الصنائع في ترتيب الشرائع، تحقيق محمد خير طعمة حلبي، ط 1، دار المعرفة، بيروت – لبنان، سنة الطبع 2000م.

102. علاء الدين الماردينى الشهير بابن التركماني، الجوهر النقي، دار الفكر، دون عدد وسنة الطبع.

103. علاء الدين بن عبد العزيز البخاري، كشف الاسـرار، اعتنـاء محمد المعتصم بالله، ج4، ط1، دار الكتاب العربي، بيروت، سنة الطبع1991.

104. الإمام علاء الدين محمد السمرقندي، تحفة الفقهاء، ج2، دار الكتب العلمية، بيروت – لبنان، دون عدد وسنة الطبع، ص 124.

105. الإمام علي بن أحمد بن حزم الأندلسي ابن حزم أبو محمد الظاهري ، الإحكام في أصول الأحكام، ط1، دار الحديث – القاهرة، سنة الطبع 1404هـ

106. علي بن الحسن ابن هبة الـلـه بن عبد الـلـه الشافعي ابن عساكر ، تاريخ دمشق، دراسة وتحقيق علي شيري. دار الفكر للطباعة والنشر والتوزيع.

107. علي بن الحسين بن محمد السغدي، فتاوى السغدي تحقيق طلاح الدين الدين الناهي، ط2مؤسسة الرسالة ومؤسسة الفرقان، بيروت وعمان، سنة الطبع 1404هـ

108. علي بن حسام الدين المتقي الهندي ، كنز العمال في سنن الأقوال والأفعال، مؤسسة الرسالة – بيروت، سنة الطبع 1989.

109. علي بن سلطان بن محمد الهروي القارئ الإمام نور الدين أبو الحسن ، فتح باب العناية بشرح النقاية، إعتناء محمد نزار تميم وهيثم نزار تميم، دار الأرقم بن أبي الأرقم، بيروت – لبنان، دون عدد وسنة الطبع.

110. الإمام علي بن عبد الكافي السبكي ، الإبهاج في شرح المنهاج على منهاج الوصول إلى علم الأصول، تحقيق جماعة من العلماء، لطبعة الأولى، دار الكتب العلمية – بيروت، سنة الطبع 1404.

111. علي بن عمر أبو الحسن البغدادي، الدارقطني سنن الدارقطني، تحقيق السيد عبد الـلـه هاشم يماني المدني، دار المعرفة - بيروت ، 1386 – 1966.

112. علي بن محمد أبو الحسن الآمدي ، الإحكام في أصول الأحكام، تحقيق د. سيد الجميلي، ط1، دار الكتاب العربي – بيروت، سنة الطبع 1404.

113. علي بن محمد أبو القاسم الجرجاني، تاريخ جرجان، تحقيق: د. محمد عبد المعيد خان، ط3 عالم الكتب – بيروت، سنة الطبع 1981.

114. الإمام علي بن محمد البزدوي، كنز الوصول الى معرفة الأصول المسمى أصول البزدوي، مطبعة جاويد بريس – كراتشي، دون عدد وسنة الطبع.

115. الإمام علي بن محمد بن حبيب البصري أبو الحسن الماوردي، الحاوي الكبير، تحقيق الشيخ علي محمد معوض والشيخ عادل أحمد عبد الموجود، ط1، دار الكتب العلمية، بيروت – لبنان، سنة الطبع 1994م.

116. الإمام علي بن محمد بن حبيب البصري أبو الحسن الماوردي، كتاب النفقات، تحقيق عامر سعيد الزيباري، ط1، دار ابن حزم، بيروت – لبنان، سنة الطبع 1998.

117. علي بن محمد بن محمد بن عبد الكريم ابن الأثير، أسد الغابة في معرفة الصحابة. عز الدين بن الأثير الجزري، دار الفكر، بيروت – لبنان، سنة الطبع 1993.

118. علي بن هبة الـلـه بن أبي نصر بن ماكولا، الإكمال في رفع الارتياب عن المؤتلف والمختلف في الأسماء والكن،ط1، دار الكتب العلمية – بيروت، سنة الطبع 1411هـ

119. عمر بن علي بن الملقن سراج الدين، خلاصة البدر المنير، تحقيق حمدي عبد المجيد السلفي، دار الرشد، الرياض، دون عدد وسنة الطبع.

120. الفتاوى الهندية، جمع من أفاضل الهند رئيسهم الشيخ نظام الدين.

121. الفتوحي، شرح الكوكب المنير.

122. فريد فتيان، شرح قانون الأحوال الشخصية، ط2، دار واسط – لندن، سنة الطبع 1986.

123. قاسم بن عبد الـلـه بن أمير علي القونوي ، أنيس الفقهاء في تعريفات الألفاظ المتداولة بين الفقهاء، تحقيق د. أحمد بن عبد الرزاق الكبيسي، ط1، دار الوفاء – جدة، سنة الطبع 1406هـ 264.

124. مالك بن أنس أبو عبدالـلـه الأصبحي، موطـأ الإمام مالك، تحقيق د. تقي الدين الندوي، ط1 دار القلم - دمشق، سنة الطبع1991م.

125. محمد إبراهيم الحفناوي، الزواج، مكتبة الإيمان ، المنصورة – مصر، دون عدد وسنة الطبع.

126. محمد ابن إسحاق أبو الفرج النديم، الفهرست، دار المعرفة ، بيروت – لبنان، سنة الطبع 1398هـ - 1978م، دون عدد الطبع.

127. الإمام محمد أبو زهرة الإمام، تأريخ المذاهب الإسلامية، دار الفكر العربي، القاهرة، سنة الطبع 1996.

128. محمد الخضري الخضري بك الشيخ ، تأريخ التشريع الإسلامي، ط1، دار القلم، بيروت – لبنان، سنة الطبع 1983.

129. الإمام محمد أمين بن عمر (ابن عابدين)، تنقيح الفتاوى الحامدية، ج1، دار المعرفة، بيروت – لبنان، دون عدد وسنة الطبع.

130. محمد أمين بن عمر ابن عابدين، رد المحتار على الدر المختار، المسمى حاشية ابن عابدين، تحقيق عبد المجيد طعمة حلبي، ط1، دار المعرفة، بيروت – لبنان، سنة 2000م.

131. محمد بلتاجي، في أحكام الأسرة.ط1، دار التقوى، شبر الخيمة، سنة الطبع 2001م.

132. محمد بن أبي الفتح البعلي الحنبلي أبو عبد الـلـه، المطلع على أبواب الفقه، تحقيق محمد بشير الأدلبي، المكتب الإسلامي - بيروت، سنة الطبع 1401 – 1981.

133. الإمام محمد بن أبي بكر ابن القيم الجوزية، اعلام الموقعين عن رب العالمين، تحقيق عصام الدين الضبابيطي، ج4، دار الحديث، القاهرة، دون عدد وسنة الطبع.

134. الإمام محمد بن أبي بكر ابن القيم الجوزية، الطرق الحكمية، ترتيب صالح أحمد الشامي، ط1، المكتب الإسلامي، بيروت، سنة الطبع 2002.

135. محمد بن أحمد أبو عبدالـلـه الذهبي الدمشقي، الكاشف في معرفة من له رواية في الكتب الستة، تحقيق محمد عوامة، الطبعة الأولى، دار القبلة للثقافة الإسلامية , مؤسسة علو – جدة، سنة الطبع 1413 – 1992.

136. الإمام محمد بن أحمد أبو عبدالـلـه الذهبي الدمشقي، تذكرة الحفاظ، دار إحيار التراث العربي.

137. محمد بن أحمد الأسيوطي ، جواهر العقود ومعين القضاة والموقعين والشهود، ضبط ودراسة الشيخ محي الدين العتيبي، دار اليوسف – بيروت.

138. الإمام محمد بن أحمد الرملي، غاية البيان شرح زبد ابن رسلان، دار المعرفة، بيروت – لبنان.

139. الإمام محمد بن أحمد بن أبي بكر بن فرح أبو عبد الـلـه القرطبي ، الجامع لأحكام القرآن، تحقيق أحمد عبد العليم البردوني، دار الشعب- القاهرة، سنة الطبع 1372هـ

140. الإمام محمد بن أحمد بن رشد القاضي أبو الوليد ابن رشد ابن رشد، بداية المجتهد ونهاية المقتصد، تحقيق الشيخ علي محمد معوض والشيخ عادل أحمد عبد الموجود، ط3، دار الكتب العلمية، بيروت - لبنان، سنة الطبع 2002.

141. محمد بن إدريس أبو محمد الرازي التميمي ابن أبي حاتم ، الجرح والتعديل، ط1، دار إحياء التراث العربي - بيروت، سنة الطبع 1952.

142. الإمام محمد بن إدريس الشافعي الإمام الشافعي، الأم.ط2، دار قتيبة، سوريا، 2003.

143. الإمام محمد بن إدريس الشافعي الإمام الشافعي، أحكام القرآن، تحقيق عبد الغني عبد الخالق، دار الكتب العلمية - بيروت، سنة الطبع 1400م.

144. الإمام محمد بن إدريس الشافعي الإمام الشافعي، مسند الشافعي، دار الكتب العلمية - بيروت.

145. الإمام محمد بن إسماعيل أبو عبدالله البخاري، التاريخ الصغير، ت تحقيق محمود إبراهيم زايد، ط1، دار المعرفة، بيروت - لبنان، سنة الطبع 1986.

146. الإمام محمد بن إسماعيل أبو عبدالله البخاري، التاريخ الكبير، تحقيق السيد هاشم الندوي، دار الفكر.

147. الإمام محمد بن إسماعيل أبو عبدالله البخاري، الجامع الصحيح المختصر المسمى صحيح البخاري، تحقيق د. مصطفى ديب البغا، ط3، دار ابن كثير، اليمامة - بيروت، سنة الطبع 1987.

148. محمد بن إسماعيل الصنعاني، سبل السلام، ط1، مكتبة الصفا، القاهرة، سنة الطبع 2005م.

149. محمد بن الحسن الإمام الشيباني ، الجامع الصغير، ط1، عالم الكتب، بيروت - لبنان، دون عدد وسنة الطبع.

150. الإمام محمد بن إسماعيل أبو عبدالله البخاري محمد بن بهادر أبو عبد الله الزركشي، المنثور في القواعد الفقهية، تحقيق محمد حسن محمد حسن اسماعيل، ط1، دار الكتب العلمية، بيروت - لبنان، سنة الطبع 2000م.

151. الإمام محمد بن إسماعيل أبو عبدالله البخاري محمد بن جرير بن يزيد بن خالد أبو جعفر الطبري، جامع البيان عن تأويل آي القرآن المسمى تفسير الطبري، دار الفكر - بيروت، سنة الطبع 1405هـ.

152. محمد بن جعفر الكتاني، الرسالة المستطرفة لبيان مشهور كتب السنة المصنفة، تحقيق محمد المنتصر محمد الزمزمي، ط4، دار البشائر الإسلامية - بيروت، سنة الطبع 1406 - 1986.

153. محمد بن جلال الدين (ابن منظور)، لسان العرب، ط1، دار صادر - بيروت.

154. محمد بن حبان ابن حبان البستي أبو حاتم، المجروحين، تحقيق: محمود إبراهيم زايد، دار الوعي - حلب.

155. محمد بن حبان ابن حبان البستي أبو حاتم، الثقات، تحقيق السيد شرف الدين أحمد، الطبعة الأولى، دار الفكر، سنة الطبع 1395 - 1975.

156. محمد بن حبان ابن حبان البستي أبو حاتم، صحيح ابن حبان بترتيب ابن بلبان، تحقيق وتذييل شعيب الأرنؤوط، الطبعة الثانية، مؤسسة الرسالة، بيروت - لبنان، سنة الطبع 1414 - 1993.

157. محمد بن حبان ابن حبان البستي أبو حاتم، مشاهير علماء الأمصار، تحقيق م. فلايشهمر، دار الكتب العلمية - بيروت، - 1959.

158. محمد بن سعد بن منيع البصري الزهري، الطبقات الكبرى، دار صادر - بيروت، دون عدد وسنة الطبع.

159. محمد بن شهاب الدين الرملي المشهور بالشافعي الصغير، نهاية المحتاج إلى شرح المنهاج، دار الفكر.

160. محمد بن عبد الواحد السيواسي الإمام ابن الهمام الحنفي، شرح الفتح القدير على الهداية شرح بداية المبتدي، تعليق الشيخ عبد الرزاق غالب المهدي، ط1، دار الكتب العلمية، بيروت - لبنان، سنة الطبع 2003.

161. محمد بن عبدالله أبو عبدالله النيسابوري الحاكم، المستدرك على الصحيحين، تحقيق مصطفى عبد القادر عطا، الطبعة الأولى، دار الكتب العلمية - بيروت، سنة الطبع 1411 - 1990.

162. محمد بن علي بن محمد الشوكاني، السيل الجرار المتدفق على حدائق الأزهار، تحقيق محمود إبراهيم زايد، دار الكتب العلمية - بيروت، سنة الطبع 1405.

163. الإمام محمد بن علي بن محمد الشوكاني، الفوائد المجموعة في الأحاديث الموضوعة، تحقيق عبد الرحمن يحيى المعلمي، ج1، ط3، المكتب الإسلامي - بيروت، سنة الطبع 1407هـ ص139.

164. الإمام محمد بن علي بن محمد الشوكاني، نيل الاوطار، اعتناء د. محمد محمد تامر، دار ابن الهيثم، القاهرة.

165. محمد بن علي بن وهب بن مطيع القشيري ابن دقيق العيد، إحكام الأحكام شرح عمدة الأحكام، دار الكتب العلمية، بيروت- لبنان، دون عدد وسنة الطبع.

166. الإمام محمد بن عمر بن الحسين الرازي ، المحصول في علم الأصول، تحقيق طه جابر فياض العلواني، ط1، الناشر جامعة الإمام محمد بن سعود الإسلامية - الرياض، سنة الطبع 1400.

167. محمد بن عمر بن موسى أبو جعفر العقيلي، الضعفاء الكبير، تحقيق عبد المعطي أمين قلعجي، ط1، دار المكتبة العلمية - بيروت، سنة الطبع 1404هـ - 1984م.

168. محمد بن عمر عتين، حقوق المرأة في الزواج، دار الاعتصام- مصر، د. سنة الطبع ورقم الطبعة.

169. محمد بن عيسى السلمي الترمذي، الجامع الصحيح سنن الترمذي، تحقيق أحمد محمد شاكر وآخرون، دار إحياء التراث العربي، بيروت - لبنان.

170. محمد بن محمد (ابن أمير حاج)، التقرير والتحبير، دار الكتب العلمية، بيروت - لبنان، دون عدد وسنة الطبع.

171. الشيخ محمد بن محمد الشربيني الخطيب، الإقناع في حل ألفاظ أبي شجاع،تحقيق أبو عبد الله أيمن محمد عرفة، ج2، المكتبة التوفيقية، القاهرة - مصر، د س ط.

172. الشيخ محمد بن محمد الشربيني الخطيب، مغني المحتاج إلى معرفة ألفاظ المنهاج.

173. الإمام محمد بن محمد الغزالي أبو حامد الغزالي، المستصفى في علم الأصول، تحقيق محمد عبد السلام عبد الشافي، ط1، دار الكتب العلمية - بيروت، سنة الطبع 1413هـ

174. الإمام محمد بن محمد الغزالي أبـو حامد الغـزالي، المنخول في تعليقات الأصـول، تحقيـق د. محمد حسن هيتو، ط2، دار الفكر - دمشق، سنة الطبع1400هـ

175. الإمام محمد بن محمد الغزالي أبو حامد الغزالي، الوسيط في المذهب، تحقيق ابي عمرو الحسيني عمر بن عبد الرحيم، ط1، منشورات محمد علي بيضون، دار الكتب العلمية، بيروت - لبنان، سنة الطبع 2001م.

176. الإمام محمد بن نصر المروزي، اختلاف الفقهاء، تحقيق د. محمد طاهر حكيم، ط1، أضواء السلف - الرياض، سنة الطبع 2000م.

177. محمد بن يزيد أبو عبدالـلـه القزويني ابن ماجه ، سنن ابن ماجه، تحقيق وتعليق، محمد فؤاد عبد الباقي، باب فضل النكاح، دار الفكر - بيروت، والأحاديث مذيلة بأحكام الألباني عليها.

178. محمد بن يعقوب الفيروز آبادي ، القاموس المحيط.

179. محمد شمس الحق العظيم آبادي أبو الطيب ، عون المعبود شرح سنن أبي داود، ط2، دار الكتب العلمية - بيروت، سنة الطبع 1415هـ

180. محمد طاهر بن علي الصديقي الفتني ، تذكرة الموضوعات، دون مكان وسنة الطبع.

181. محمد عبد الرحمن بن عبد الرحيم المباركفوري أبو العلا ، تحفة الأحوذي بشرح جامع الترمذي، الكتب العلمية - بيروت، دون عدد وسنة الطبع.

182. الشيخ محمد ناصر الدين الألباني إرواء الغليل في تخريج أحاديث منار السبيل، ط2، المكتب الإسلامي - بيروت، سنة الطبع 1405 - 1985.

183. محمود بن أحمد الزنجاني أبو المناقب ، تخريج الفروع على الأصول، تحقيق د. محمد أديب صالح، ط2، مؤسسة الرسالة - بيروت، سنة الطبع 1398.

184. الإمام محي الدين بن شرف النووي أبو زكريا، روضة الطالبين وعمدة المفتين، إشراف زهير الشاويس، ط3، المكتب الإسلامي، بيروت، سنة الطبع 1991.

185. الإمام محي الدين بن شرف النووي أبو زكريا، صحيح مسلم بشرح النووي، تحقيق الشيخ خليل مأمون شيحا، ط12، دار المعرفة، بيروت - لبنان، سنة الطبع 2006.

186. الإمام محي الدين بن شرف النووي أبو زكريا، كتاب المجموع شرح المهذب للشيرازي، تحقيق محمد نجيب المطيعي، دار احياء التراث العربي، بيروت- لبنان، سنة الطبع 1415هـ - 1995م.

187. الإمام محي الدين بن شرف النووي أبو زكريا، منهاج الطالبين وعمدة المفتين، ط1، دار الفكر، بيروت - لبنان، سنة الطبع 2005.

188. مسلم بن الحجاج أبو الحسين القشيري النيسابوري، صحيح مسلم، تحقيق محمد فؤاد عبد الباقي، دار إحياء التراث العربي - بيروت.

189. مصطفى الخن، وآخرون، الفقه المنهجي على مذهب الإمام الشافعي، ،ط3، دار القلم، دمشق، سنة الطبع 1998.

190. مصطفى الزلمي، أصول الفقه الإسلامي في منهجه الجديد، ط2، دار الكتب للطباعة، الموصل، سنة الطبع 1997.

191. مصطفى الزلمي، مدى سلطان الإرادرة في الطلاق في شريعة السماء وقانون الأرض خلال أربعة آلاف سنة، ط1، مطبعة العاني - بغداد، سنة الطبع 1984.

192. مصطفى الشكعة، الإمام محمد بن إدريس الشافعي، ط3، دار الكتاب اللبناني، سنة الطبع1991.

193. مصطفى بن عبد الـله القسطنطيني ،كشف الظنون، ط2، دار الكتب العلمية، بيروت - لبنان، سنة الطبع 1992م.

194. مصطفى سعيد الخن، أثر الاختلاف في القواعد الأصولية في اختلاف الفقهاء، ط2، مؤسسة الرسالة، بيروت - لبنان، سنة الطبع 2003.

195. المليباري، نهاية الزين، ط1، دار الفكر، بيروت - لبنان.

196. مناع القطان، تأريخ التشريع الإسلامي، ط24، مؤسسة الرسالة، بيروت - لبنان، سنة الطبع 1996.

197. منلا خسرو، درر الحكام شرح غرر الاحكام، دون عدد وسنة ومكان الطبع.

198. ناصر الدين بن عبد السيدبن علي بن المطرز أبو الفتح ، المغرب في ترتيب المعرب، تحقيق محمود فاخوري وعبدالحميد مختار، ط1، مكتبة أسامة بن زيد-حلب، سنة الطبع 1979م.

199. نور الدين علي بن أبي بكر الهيثمي ، مجمع الزوائد ومنبع الفوائد، دار الفكر، بيروت - 1412 هـ

200. الهيثمي الحافظ الحارث نور الدين بن أبي أسامة ، بغية الباحث عن زوائد مسند الحارث، تحقيق د. حسين أحمد صالح الباكري، ط1، مركز خدمة السنة والسيرة النبوية - المدينة المنورة، سنة الطبع 1413 - 1992.

201. د. وهبة الزحيلي ج9، ط8، دار الفكر، دمشق، سنة الطبع 2005.

202. الإمام يحيى بن أبي الخير العمراني، البيان في مذاهب الإمام الشافعي، تحقيق د. أحمد حجازي أحمد السقا، ط1، دار الكتب العلمية، بيروت - لبنان، سنة الطبع 2002م.

203. يوسف بن الزكي عبدالرحمن أبو الحجاج المزي ، تهذيب الكمال، تحقيق د. بشار عواد معروف، ط1، مؤسسة الرسالة - بيروت، سنة الطبع1400 - 1980.

204. الإمام يوسف بن عبد الـله النمري ابن عبد البر ، الاستذكار، تحقيق سالم محمد عطا ، محمد علي معوض، ط1، دار الكتب العلمية - بيروت، سنة الطبع 1421 - 2000.

205. الإمام يوسف بن عبد الـله النمري ابن عبد البر، التمهيد، تحقيق مصطفى بن أحمد العلوي ومحمد بن عبد الكبير البكري، وزارة الأوقاف والشؤون الدينية، المغرب، دون عدد وسنة الطبع154.

Printed in the United States
By Bookmasters

T0304576